예배 개혁을 위한 비전

개혁주의 예배학

필립 그레이엄 라이큰 · 데릭 토마스 · 리곤 던컨 3세 편집
김병하 · 김상구 옮김

개혁주의신학사

KOREA
Presbyterian and Reformed Publishing

P&R(Presbyterian and Reformed Publishing Company)은
미국 뉴저지 주에 소재한 기독교 출판사로서
웨스트민스터 신앙고백서와 요리문답에 기초하여
성경적인 이해와 경건한 삶을 증진시키는
탁월한 도서를 출판하고 있습니다.
P&R Korea(개혁주의신학사)는
P&R과 CLC가 공동으로 운영하는 출판사로서
P&R의 도서를 우선적으로 번역출판하고 있습니다.

Give Praise to God

Edited by
Philip Graham Ryken
Derek W. H. Thomas
J. Ligon Duncan III

Translated by
Byung Ha Kim
Sang Koo Kim

Copyright © 2003 by Philip Graham Ryken, Derek W. H. Thomas,
J. Ligon Duncan III.
Originally published in English under the title as
Give Praise to God: a vision for reforming worship:
celebrating the legacy of James Montgomery Boice
Edited by Philip Graham Ryken, Derek W. H. Thomas, J. Ligon Duncan III.
Translated and used by the permission of
P&R Publishing Company, P. O. Box 817
Phillipsburg, New Jersey 08865-0817.

All rights reserved.

Korean Edition
Copyright © 2012, 2018 by Presbyterian and Reformed Publishing Company
Seoul, Korea

CONTENTS
목차

추천사　황성철 박사　/10
　　　　이승진 박사　/13
서문 _ R. C. 스프롤(R. C. Sproul) /16
역자 서문 /23
제임스 몽고메리 보이스와 위그노회 _ 윌리엄 에드가(William Edgar) /26
서론 _ 필립 그레이엄 라이큰(Philip Graham Ryken) /31

1부: 성경과 예배　/53

1. 하나님은 우리가 드리는 예배의 방법에 관심이 있으신가?　/57
　_ 리곤 던컨 3세(J. Ligon Duncan III)

2. 성경적인 지침을 따르는 예배를 위한 토대　/109
　_ 리곤 던컨 3세(J. Ligon Duncan III)

3. 규정적인 원리: 최근의 비평에 대한 응답　/143
　_ 데릭 토마스(Derek W. H. Thomas)

4. 공동 예배: 은총의 수단　/175
　_ 에드먼드 클라우니(Edmund Clowney)

2부: 성경적 예배의 요소 /187

5. 강해 설교: 기독교 예배의 핵심 /191
   _ 앨버트 몰러(Albert Mohler)

6. 복음 전도적인 강해 설교 /213
   _ 마크 데버(Mark Dever)

7. 공동 예배에서 성경 읽기와 성경의 내용으로 기도하기 /241
   _ 테리 존슨(Terry L. Johnson), 리곤 던컨 3세(J. Ligon Duncan III)

8. 세례: 복음의 기쁜 표지 /289
   _ 매리언 클라크(D. Marion Clark)

9. 주님의 만찬: 개관 /323
   _ 리차드 필립스(Richard Phillips)

10. 후기-찬송가 세계에서의 찬송가 /367
    _ 폴 존스(Paul Jones)

11. 우리 예배에서 시편 찬양을 회복하기 /419
    _ 테리 존슨(Terry L. Johnson)

3부: 성경적 예배를 위한 준비 /467

12. 개인 예배 /471
    _ 도날드 휘트니(Donald S. Whitney)

13. 가정 예배로의 부름 /507
    _ 리곤 던컨 3세(J. Ligon Duncan III), 테리 존슨(Terry L. Johnson)

14. 평생 예배 /535
    _ 윌리엄 에드가(William Edgar)

15. 예배와 감정 /561
    _ 로버트 갓프리(W. Robert Godfrey)

4부: 예배, 역사 그리고 문화 /581

16. 각 시대의 예배 /585
   _ 닉 니덤(Nick R. Needham)

17. 칼빈의 예배신학 /633
   _ 휴스 올리펀트 올드(Hughes Oliphant Old)

18. 오늘날 목회사역에 대한 도전과 기회 /669
   _ 마이클 호튼(Michael S. Horton)

후기 _ 에릭 알렉산더(Eric J. Alexander) /683
기고자 명단 /685
제임스 몽고메리 보이스에 대한 전기적 요약 /691
주제 및 인명 색인 /695

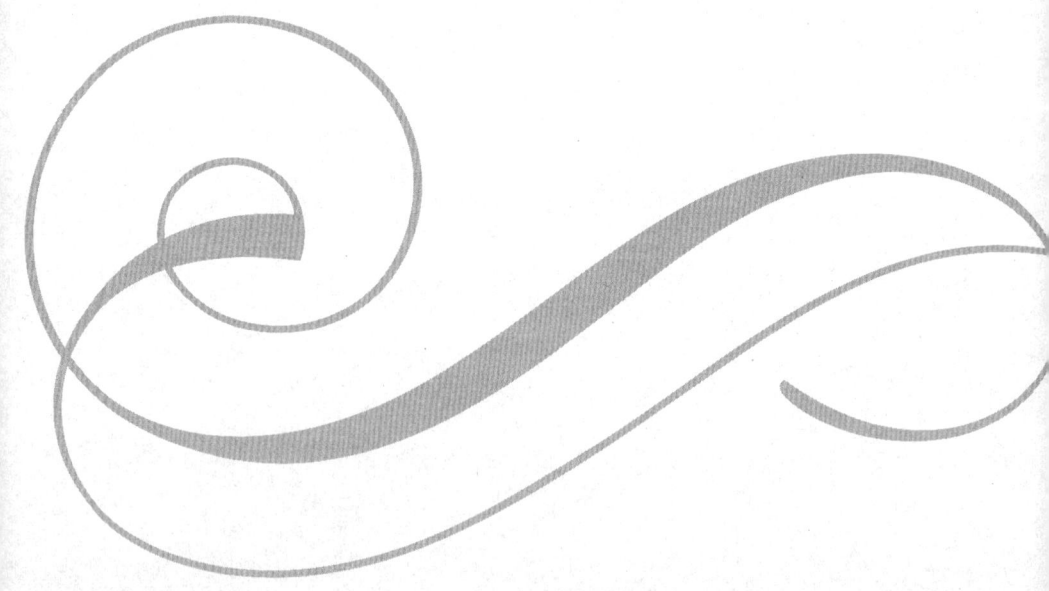

우리는 하나님께 예배하기 위해서
하나님이 누구이신지 알아야만 한다
그러나 하나님이 먼저 자신을 우리에게
계시해주시는 것을 선택하지 않으신다면
우리는 하나님이 누구이신지 알 수 없다
하나님은 이미 성경에 이러한 계시를 해 놓으셨다
이것이 바로 우리의 예배에서
왜 성경과 성경의 가르침이 핵심이 되어야만 할
필요가 있는 것인지에 대한 대답이다

- 제임스 몽고메리 보이스 James Montgomery Boice

RECOMMENDATION

추천사

| 황성철 박사
전(前) 총신대학교 신학대학원 교수

    시중에 출간된 예배학에 관한 서적은 참 많다. 개인 저서라든가 혹은 번역서 등 예배에 관한 책들은 어느 신학 서점에서나 쉽게 눈에 들어오는 책 중에 하나다. 모든 책들은 나름대로 최선의 학문적 역량을 기울여서 저술되었다는 데 의심의 여지가 없지만, 그런 가운데서도 금번 CLC에서 출간한 『개혁주의 예배학』(*Give Praise to God*)은 그 가운데서도 가장 으뜸의 자리에 놓아도 손색이 없을 만큼 성경신학적으로나 실천신학적으로 거의 완벽에 가까운 책이라고 생각한다. 예배학에 관한 종합지침서가 되기에 부족함이 없는 책이다.

    사실 오늘날 한국교회의 예배는 예배로서의 본질을 많은 부분 상실했다. "예배가 무엇인가"라는 물음에 대한 성경적인 바른 대답을 듣는 게 쉽지 않다. 그 이유는 무엇일까? 예배에 대한 명확한 성경적 이해가 부족하기 때문이다. 예배의 목적과 동기 그리고 내용 등을 성경적으로 바로 이해하고 있지 못하기 때문에 추상적으로만 알고 예배를 드리는 것이다. 예배를 추상적으로 이해하면 하나님을 추상적으로 이해할 수밖에 없다. 하나님을 추상적으로 아는 사람들의 예배 역시 추상적일 수밖에 없다.

사람이란 아는 만큼 행동한다. 추상적으로 알면 추상적으로 행동한다. 구체적으로 알면 구체적으로 행동한다. 그러므로 예배에 관해 알면 알수록 하나님께 참다운 예배를 드릴 수 있는 것이다. 바로『개혁주의 예배학』은 예배에서의 가장 기본적인 하나님께 드리는 참다운 예배를 성경적으로 명쾌하게 정리하여 주고 있다. 하나님에 관한 지식의 여하는 바로 예배의 진정성을 그대로 보여주는 것이기 때문에 이와 같은 점에 주의를 환기시키면서 본서는 그리스도인들이 어떻게 하나님께 바른 예배를 드려야 하는지를 체계적으로 가르쳐주고 있다.

본『개혁주의 예배학』은 평소 필자가 한국교회의 예배에 관해 특별히 고민하고 있던 두 가지 문제에 분명한 해답을 주고 있어 너무도 반가웠다. 예배의 주체에 대한 문제가 그 하나이다. "예배의 주체는 하나님인가 아니면 회중인가" 다른 말로 바꾸면 "예배는 하나님을 위한 것인가 아니면 회중들을 위한 것인가?" 예배의 주체는 하나님이시다. 이것에 대한 이해가 분명하지 않을 때 예배는 하나님을 위한 것이 아니라 사람들을 위한 인본주의적인 예배로 전락하게 된다.

또한 예배에서 설교의 자리문제는 대단히 심각하다. 정직하게 말해서 한국교회의 예배는 설교의 들러리에 불과하다는 생각을 떨칠 수가 없다. 회중들은 종종 예배에서 은혜 받았다는 말을 한다. 이 말은 설교에서 은혜를 받았다는 말이다. 물론 이러한 고백이 잘못되었다는 것은 아니다. 안타까운 것은 한국교회 교인들에게는 "예배드림"에서 설교만 있고 예배는 없다는 점이다. 한편의 은혜로운 설교를 듣는 것이 바로 은혜로운 예배를 드리는 것으로 상식화되어 있다.

본서는 한국교회의 예배에 있어서 이러한 오류들을 성경적으로 바로 잡아주는 데 좋은 길잡이가 되고 있다. 뿐만 아니라 더 나아가서 성경석 바른 예배의 기초에서부터 그 예배를 어떻게 느려야 하는지에 대한 방법론과 그의 구체적인 틀까지 친절하게 도와주고 있다. 비록 제임스 몽고메리 보이스를 사랑하고 존경하는 여러 석학들이 뜻을 모아 저술한 책이지만 분명한 신학적 일관성을 신실하게 유지하고 있는 책이기에 일선 목회자뿐만 아니라 신학생 그리고 평신도 지도자와 일반 성도들에게까지 읽도록 권하고 싶은 좋은 책이다. 앞으로도 예배학에 관한 『개혁주의 예배학』(*Give Praise to God*)을 교리적으로나 역사적으로나 실천적으로 뛰어넘는 책이 없으리라고 여겨질 만큼 예배학에 관한 역작이기에 기쁜 마음으로 추천하는 바이다.

RECOMMENDATION

추천사

| 이승진 박사
합동신학대학원대학교 교수

    이 땅의 혼돈과 공허와 온갖 슬픔과 절망이 밀려올 때마다 기독교인들은 눈을 들어 하늘을 바라본다. 그리고 이 땅에서 우리 신자들과 함께 동행하시는 성령 하나님의 인도를 따라 예수 그리스도 안에서 삼위일체 하나님께 나아가 그 분께 전심으로 예배드리기 원한다. 삼위일체 하나님의 무한한 영광과 거룩과 권세 앞으로 나아가 그 분의 성호에 합당한 경배와 찬양을 영원무궁토록 돌려드리기를 사모한다. 왜냐하면 예배를 통해서 신자는 자신의 죄가 사하여지고(사 6:7), 자신의 존재가 변화를 받으며, 삶의 지향점이 새로워지는 경험을 하기 때문이다(사 6:8). 그래서 기독교인들에게 예배는 본능이고, 존재의 이유이며 삶의 출발점이며, 삶의 지향점이다.
    문제는 급변하는 현대 문명 앞에서 기독교 신자가 진정 하나님이 받으실만한 예배의 형식과 방법에 대해서 분명한 가르침을 얻기가 쉽지 않다는 점이다. 다감각적인 시청각 매체의 영향을 받은 현대 청년들은

CCM과 같은 경쾌한 찬송을 강조하는 열린 예배를 선호한다는 이야기도 들린다. 오랜 신앙의 경력을 가진 중년 이후 세대는 옛날 찬송을 고집하기도 하며, 찬송 시간에 박수를 쳐야 하는지 말아야 하는지에 대해서도 다양한 입장들이 상존하는 실정이다. 이렇게 혼란스럽고 다양한 예배 양식들이 공존하는 시대 속에서 하나님의 절대 주권을 존중하는 개혁주의자들은 이 시대 예배가 과연 하나님의 영광과 거룩하심을 경배하는 예배인지, 아니면 하나님의 이름을 빌어 종교적인 잔치에 참여한 참가자들의 은밀한 욕망과 탐욕을 공론화시키고 공인하는 자리인지 혼란스러운 생각을 하기 마련이다.

　이러한 상황에서 본서 『개혁주의 예배학』(Give Praise to God)은 현대 예배 개혁을 위한 바람직한 비전을 제시한다. 본서는 에드먼드 클라우니(Edmund P. Clowney), 윌리엄 에드가(William Edgar), 로버트 갓프리(W. Robert Godfrey), 마이클 호튼(Michael S. Horton)과 같은 웨스트민스터신학교(Westminster Theological Seminary) 교수들이 저명한 개혁주의 신학자이자 목회자이고 설교자였던 제임스 몽고메리 보이스(James Montgomery Boice)를 추모하기 위하여 '성경적이고 개혁주의적인 예배'에 관한 주제로 논문을 헌정하여 출판된 기념 논문집이다. 제임스 몽고메리 보이스에게 헌정된 기념 논문집임에도 불구하고 각각 기고된 논문들의 내용은 "성경적이고 개혁주의적인 예배"라는 논문집의 주제에 매우 충실한 내용들을 담고 있다. 이 책의 전체 내용은 "성경과 예배"(1부), "성경적 예배의 요소"(2부), "성경적 예배를 위한 준비"(3부), "예배, 역사 그리고 문화"(4부)로 구성되어 있으며, 모두 18편의 논문에서 성경적인 예배에 관한 예배신학으로부터 개혁주의 예배의 규정적인 원리(regulative principle), 강해설교, 성경읽기, 세례, 성만찬, 찬송가, 시편 찬양, 개인 예배, 가족 예배, 평생 예배, 예배와 감정을 심도 있게 다루고 있다. 특히 개혁주의 예배철학의 근간을 형성하는 '규정적인 원리'를 오늘과 같이 다원주의적이고 상대주의적인 현대 문화 속에서 어떻게 적용할 것인지에 대한 사려 깊은 논의들은, 개혁주의 예배 원리와 그에 합당한 예배 형식을 추구하는 목회자들과 신학생들에게 중요한 예배신학의 토대를 제공한다. 본서 『개혁주의 예배학』이 성경적이고 개혁주의 전통에 기초한 예배신학과 예배실제를 모색하는 모든 목회자들과 신학생, 그리고 예배 현장에서 하나님이 받으실만한 예배를 찾는 모든 신자들에게 해갈(解渴)의 기쁨이 될 수 있기를 기대하며 일독을 권한다.

Foreword
서 문

| R. C. 스프롤(R. C. Sproul) 박사
Saint Andrew's Chapel 목사

    교회사의 커다란 아이러니 중에 하나는 16세기의 파리에서 일어났다. 권위 있는 종교개혁자 존 칼빈(John Calvin)이 대학에서 모든 과정을 마치고 대학을 떠나던 날, 한 젊은이가 거지 행색의 남루한 차림으로 캠퍼스에 도착하여 학생으로 등록을 했다. 그 젊은이는 일반적으로 예수회(Jesuits)로 더욱 알려진 Society of Jesus의 설립자가 될 이그나티우스 로욜라(Ignatius Loyola)였다. 16세기의 나머지 시간과 그 이후 내내 칼빈의 추종자와 로욜라의 추종자는 교리와 교회론의 대적자로서 격렬한 신학적 논쟁을 벌였다.

    물론 제임스 몽고메리 보이스(James Montgomery Boice)와 나는 신학적으로 전혀 대적 관계가 아니었다. 칼빈과 로욜라가 그랬던 것처럼 우리는 지리적으로 가까이 있었다는 공통적인 요소를 가지고 있었다. 우리는 펜실베이니아주 피츠버그 교외에서 서로 5마일 정도의 거리를 두고 자랐다. 그러나 기억으로는 우리가 신학적으로 '열렬하게 개혁을 옹호하는 자'로서의 역할을 감당하면서 30대에 이르러 필라델피아에서 맞대하게 될 때까지는 서로 만나지 못했던 것 같다.

짐(Jim, 제임스의 애칭)은 펜실베이니아주 마키즈포트에서 살았다. 마키즈포트는 머낭거힐러(Monongahela) 강둑에 있는 제강(製鋼)도시였다. 마키즈포트는 클레어톤(Clairton)에서 강을 똑바로 가로지른 곳에 있었다. 클레어톤은 헐리우드 영화 "디어헌터"(The Deerhunter)에서 그려진 도시인 스틸 벨리(Steel Valley)에 있는 또 다른 철강 도시였다. 나는 클레어톤고등학교에 다녔다. 우리 학교의 클레어톤 베어스(Clairton Bears)는 마키즈포트 타이거즈의 최대 라이벌이었다. 이 비유적인 육식동물이 펼치는 화려한 운동 경기는 기운 넘치는 대회와 불꽃놀이, 응원단의 함성이 어우러진 한 폭의 작품이었다.

나는 축구와 농구와 야구 경기에 참여하기 위해서 마키즈포트를 많이 방문했다. 내 다리가 마키즈포트의 골라인에서 부러졌던 적이 있다. 2미터나 되는 마키즈포트 선수가 코스에서 나를 내동댕이쳤을 때, 나는 "이를 악무는 고통을 참아야만 했었다." 전국 야구 챔피언을 차지하려고 했던 우리의 바람은 렌지 파크(Renzie Park)에서 1:0으로 마키즈포트에게 짐으로써 물거품이 되고 말았다. 한 마디로 마키즈포트에 대한 내 기억은 소름끼치고 지겨운 것이어서, 나는 종종 "마키즈포트에서 선한 것이 나올 수 있겠어?"라고 말하곤 했다.

그러나 그런 감정은 내가 짐 보이스를 만나기 이전 그리고 내가 증오하는 타이거즈의 손아귀에서 수없이 패배했던 그 치욕의 순간에 보이스가 가담하지 않았다는 것을 깨닫기 전까지의 감정이었다. 짐은 뉴욕에 있는 스토니브룩고등학교에 진학했다. 그곳에서 짐은 자신이 다니는 고등학교 축구팀에서 뛰었나.

남자는 단지 다 자란 소년에 불과할 뿐, 내면에 있는 소년과는 결별할 수 없다고 한다. 만약에 이것이 사실이라면, 소년의 내면은 앞으로 그 소년이 자라서 될 남자의 내면을 엿볼 수 있다고 할 수 있다. 한 소년이 축구팀에서 감당하는 위치는 그의 인격과 성품에 대한 한 단서를 제공한다. 이 격언을 따르면, 짐 보이스는 쿼터백이나 유능한 하프백이었음에 틀림없을 것 같다. 그러나 사실은 그렇지 않았다. 짐 보이스는 풀백을 담당했다. 그는 격려의 응원가에 이름이 등장하고, 팀의 첫 번째 터치다운이 절대적으로 필요할 때 뛰는 그런 선수였다. 머리를 아래로 숙이고 발로 3야드의 공간을 확보하여 다리로 먼지를 일으키며 교란하다가 갑자기 솟아오르는 선수는 바로 보이스였다.

풀백의 모델에게서 우리는 용기, 인내, 끈기 그리고 인격을 구비하고 있음에 틀림없는 사람을 보게 된다. 이런 특성은 다름 아닌 바로 제임스 몽고메리 보이스의 삶에서 명백하게 드러났다. 보이스는 학자, 설교자, 정치가, 개혁자, 저자, 강연자, 편집자, "성경공부시간"(*The Bible Study Hour*)의 진행자로서의 역할 등을 감당했다. 이런 수많은 일을 이루어내기 위해서 그는 비범할 뿐만 아니라 초인적인 훈련으로 구비된 은사를 부여받았어야만 했다. 그러나 그 일이 무엇이든지, 그 장애물이 무엇이든지, 짐 보이스는 머리를 낮추고 두려움 없이 문제의 가운데로 나아갔다.

내가 짐 보이스의 사역을 회고할 때, 그의 영혼을 사로잡았던 네 가지 열정, 즉 네 가지 뚜렷한 일이 내게 두드러지게 떠오른다. 그 네 가지는 서로 구분될 수도 있다. 그러나 그 네 가지 모두 분리될 수 없도록 서로 연결되어 있고, 독립적으로는 결코 제대로 기능할 수 없는 그런 것이다. 짐 보이스의 기독교적인 삶과 사역 속에서 볼 수 있는 네 가지 열정은 (1) 성경의 영감과 권위, (2) 은총의 교리, (3) 말씀 강해를 통한 설교, (4) 교회의 삶에 있어서 경건한 예배 등이었다.

내가 읽었던 첫 번째 기념 논문집은 암스테르담(Amsterdam)의 자유대학에 있는 나의 대학원 멘토이셨던 벌카우어(G. C. Berkouwer)에게 헌정하는 논문집이었다. 벌카우어는 성경적 토대 위에 자신의 신학을 세우는 것을 열정적으로 추구했기 때문에, 그를 기념하는 논문집은『말씀을 들음에서』(*Ex auditu verbi*)로 명명되었다.

분명히 짐 보이스는 말씀을 듣는 정교한 감각을 가진 사람이었다. 물론 그는 말씀을 듣는 것 이상의 그 무엇을 했다. 그는 말씀을 설명했고, 가르쳤으며, 설교했고, 변론했으며, 그 말씀에 따라 살았다. 16세기 개혁자를 따르는 한 사람으로서 짐은 그 자신 이전의 루터와 같이 하나님의 말씀에 사로잡힌 양심을 가지고 있었다. 성경에 의해 그의 양심이 사로잡힌 모습은 그를 무심결에 관찰하는 것만으로도 쉽게 관찰될 수 있을 것이다. 그는 성경의 여러 책에 대한 많은 주석을 썼다. 그는 필라델피아에 있는 제10장로교회의 강단에서 자신이 감당한 30년 이상의 설교를 통해 성경의 많은 부분을 전했다.

거룩한 성경에 대한 보이스 박사의 변치 않는 헌신은 국제성경무오협회(International Council on Biblical Inerrancy)를 섬기면서 그가 보여준 열정에서 볼 수 있을 것이다. 짐은 성경의 신적인 기원, 영감성 그리고 권위에 대한 교회의 신뢰와 확신을 회복하려는 그 협회의 10년에 걸친 사역 기간 동안 줄곧 회장직을 담당했다. 그 협회에는 프란시스 쉐퍼(Francis Schaeffer), 제임스 패커(J. I. Packer), 에드먼드 클라우니(Edmund Clowney), 로저 니콜(Roger Nicole), 존 거스트너(John Gerstner), 노르만 가이슬러(Norman Geisler)와 같은 기독교 지도자가 포함되어 있다. 이 협회가 해온 일 중 가장 중요한 것은 성경 무오(無誤)에 대한 시카고선언(Chicago Statement)의 초안을 잡고 작성하여 채택한 200명의 학자와 지도자들이 자리를 함께 했던 시카고 정상회의였다.

첫 번째 열정에서 기인된 두 번째 열정은 개혁 신학의 중심인 은총 교리에 대한 보이스 박사의 열정이었다. 종교개혁의 오직(*solas*)이라는 말로 축약된 이 교리에서 보이스는 성경신학의 결정(結晶)적인 본질을 보았다. 보이스가 개혁 신학에 대한 필라델피아협의회(Philadelphia Conference)를 발의하도록 한 것은 바로 이런 교리에 대한 그의 사랑과 열정이었다. 그 협의회는 '형제 사랑'이라는 의미를 가지고 있는 도시의 범위를 넘어서서 선 미국의 모든 지역에서 매년 개최되는 것으로 확대되었다.

짐 보이스와 함께 나눈 시간의 중요한 기억 중의 하나는 동일한 유형의 다른 협의회에서 뿐만 아니라 이런 수많은 협의회 강단에서 함께 강연을 나눈 것이다. 나는 짐과 함께 강의들을 감당했던 한 주간 동안 계속된 긴 회의를 기억한다. 우리는 신학적 성향이 거의 획일적으로 알미니안적이었던 일단의 청중들에게 최고 수준의 정통(5 points) 칼빈주의를 가르쳤다. 나에게 그 경험은 번갈아 노래하는 윤창(輪唱)과 같은 것이었다. 내가 어느 정도 당당하고 힘찬 열정을 가지고 강의를 하고 나면, 짐은 좀 더 당당하게 자신의 강의를 했던 것 같다. 그리고 짐의 열정으로 인해서 나는 더욱 불이 붙어 다음 강의를 좀 더 열정적으로 했다. 그렇게 강의는 진행되었다. 비록 강의에 참석한 그 어느 누구도 우리가 말하는 것에 의해서 감동을 받지 않았을지라도, 우리는 서로에게 감명을 주고 있었다는 것을 분명하게 느끼고 알 수 있었다.

또한 은총 교리에 대한 그의 열정은 고백적 복음주의 연맹(Alliance of Confessing Evangelicals)을 설립하도록 하였다. 그 연맹이 담당하는 사역은 교회가 세속성에서 벗어나 고백적인 뿌리로 돌아가도록 촉구하는 것이다. 고백적 복음주의 연맹은 짐의 모교인 하버드대학교에서 가까운 매사추세츠주 캠브리지에서 주요 회의를 열었다. 이 집회는 종교개혁의 오직(solas)을 다시 확증적으로 천명하면서 '캠브리지 선언'(Cambridge Declaration)을 만들어냈다.

보이스 박사의 삶과 사역의 세 번째 열정은 강해 설교였다. 이 강해 설교는 한 사람의 목사로서 보이스 박사를 나타내는 상징과 같은 특징이었다. 짐에게는 청중을 즐겁게 하거나 아니면 그들의 필요들을 채워주기 위한 심리학을 전하기 위해 강단을 사용할 시간이 없었다. 구약의 제사장들이 입구와 제단 사이에서 눈물을 흘리도록 부름을 받은 것과 같이, 짐은 연구와 강단 사이에서 떨리는 마음으로 서는 것을 자신의 의무로 여겼다. 짐은 청중이 들어야 될 필요가 있는 것이 최근의 기독교적인 유행이나 목사의 사적인 견해가 아니라는 걸 알고 있었다.

청중은 하나님으로부터 온 말씀, 즉 하나님의 말씀에 대한 솔직하고, 윤색되지 않으며, 희석되지 않고, 정확하며, 신실한 해설을 듣는 것이 필요했다. 짐 보이스가 가지고 있는 내면의 힘을 부추겨 요동치게 했던 것은 바로 선포된 하나님의 말씀이었다. 보이스 박사가 성례를 사랑했음은 물론이다. 그러나 항상 그는 말씀의 가르침이 나타내 보여주는 표지와 인증으로서 말씀에 묶여 있는 것으로 성례를 보았다.

보이스 박사의 네 번째 열정은 경건한 예배를 위한 그의 열정이었다. 그는 오직 믿음에 의해서만(sola fide) 의롭게 된다는 칭의 교리를 위한 루터의 열심과 오직 하나님께 영광(soli deo gloria)이라는 예배개혁을 위한 칼빈의 열심을 동시에 가지고 있었다.

보이스 박사에게 예배는 영과 진리 가운데 하나님을 영화롭게 하는 것이었다. 그 예배는 경건한 태도로 찬양의 제사를 드리는 것을 요구했다. 그는 세상의 방법, 즉 즐겁게 하는 데 사용되며 복음주의에 대해 잘못된 이해로 인한 방법이 신성한 교회에 잠식해 들어오는 것을 깊이 염려했다. 신성한 교회에 말씀과 성례가 함께 속한 것과 같이, 짐 보이스는 말씀과 예배 사이의 필요한 연합을 보았던 것이다.

우리가 교회의 위대한 찬송을 부를 때, 나는 성단소(聖壇所, 교회의 성상 안치소로 보통 동쪽 끝의 성가대[choir]와 성직자의 자리-역주)층에서 짐의 옆에 서는 것을 얼마나 좋아했던가! 짐은 찬송을 부를 때, 그의 양복바지 오른 쪽 뒷주머니에 오른 손을 찔러 넣곤 했었다. 열의에 넘치는 찬양 속에서 그의 목소리를 높일 때, 짐은 발가락을 올리고 내리곤 했었다. 그는 고전적인 찬송의 모든 구절을 놀라울 정도로 기억했다. 우리가 "전능한 요새"(A Mighty Fortress) 혹은 "거룩 거룩 거룩"(Holy, Holy, Holy)을 부를 때면, 나는 찬송가 없이 그와 함께 노래 부르는 것을 좋아했다. 그러나 그 두 가지 찬송 외에 나는 찬송가를 힐끔힐끔 보아야만 했다. 내가 심오한 찬송의 가사를 되새기기 위해서 재빨리 찬송가를 바라볼 때, 짐은 눈가에 장난기 어린 눈빛을 띄며 나를 바라보곤 했었다. 그 눈빛으로 인해 나는 모든 구절을 암송하지 못한 나의 태만함을 곧바로 깨닫곤 했었다.

성경에 토내를 둔 찬송가에 대한 짐의 사랑은 전통적인 찬송을 부르는 것에 의해 소진되지 않았다. 찬송에 대한 짐의 사랑으로 인해 짐은 교회에 또 다른 공헌을 하게 되었는데, 그것은 바로 그의 펜으로 찬송을 쓴 것이다. 그 찬송은 성경의 웅장한 주제들을 찬양하며 장엄한 어휘로 은총의 교리를 선포한다.

본서는 제임스 몽고메리 보이스를 추모하며 헌정하는 기념 논문집이다. '기록된 찬사'로서, 본서는 짐의 사역에 대한 기억으로서 역할을 할 뿐만 아니라, 그의 생애와 사역의 기간 동안 온 힘을 기울여 행해왔던 커다란 문제들에 대한 숙고가 계속되는 데에 하나의 기반을 제공하는 역할을 하도록 계획된 것이다. 만약에 그가 아직도 우리와 함께 이 세상에 살아 있다면, 이 주제들에 대해서 매우 기뻐하는 모습을 보여주었을 것이고, 본서의 내용으로 인해 잔잔한 미소를 머금은 빛난 얼굴도 보였을 것이다.

PREFACE BY THE TRANSLATOR

역자 서문

    우리 시대에 예배 개혁을 위해서 고귀한 삶을 헌신한 분이 있다. 제임스 몽고메리 보이스이다. 참된 예배 개혁을 위해서 한 평생을 헌신했던 그를 기념하기 위해 예배 개혁에 뜻을 같이 해왔던 여러 학자들이 진정한 예배 개혁을 위해 귀한 글들을 써서 책으로 묶었다. 예배 개혁을 위한 본서는 논쟁적인 주제가 되는 예배에 대한 명쾌한 대답을 준다. 본서는 다양한 교파는 물론이고 각 교파에 속해 있는 개별적인 교회들마저도 각각 나름대로 드리고 있는 수많은 예배 형태에 대한 바른 진단을 보여주면서 예배 개혁을 위한 소중한 제안들을 말해준다.

    본서는 참된 예배를 위한 원리를 '규정적인 원리'라고 말한다. 우리의 신앙과 삶의 최종적인 권위가 되는 하나님의 말씀인 성경은 우리가 드리는 공동 예배의 원리와 방법에 대해서도 분명하게 그 지침들을 가르쳐준다고 보는 것이다. 이것은 '오직 성경'이라는 기치를 내걸고 개혁을 이루어내었던 종교개혁자들이 가졌던 정신의 또 다른 확장이기도 하다.

성경만이 우리가 드리는 예배에 대한 유일하고 궁극적인 권위가 된다는 관점으로 볼 때, 하나님이 받으시는 참된 예배를 위해서는 그분의 말씀인 성경의 가르침에 귀를 기울여야만 한다. 규정적인 원리는 예배의 중요한 면면이 하나님이 지시하시는 방향을 따라야만 한다고 말한다. 예배의 내용, 동기, 목적은 하나님에 의해서만 결정되어야 한다고 말하는 것이다. 우리의 공적인 예배가 성경으로 채워지고 성경으로 인도를 받게 해야만 한다는 것으로, 그 본질과 구조가 성경적이며 내용과 순서가 성경적인 것이 되도록 하는 데 도움을 주는 원리가 규정적인 원리이다.

본서는 이와 같이 규정적인 원리를 정의하면서 그 규정적인 원리에 비추어보았을 때 적나라하게 드러나는 오늘날 우리가 드리는 예배 요소의 문제를 다음과 같이 공감할만하게 지적한다.

> 오늘날 공동 예배에서 드리는 기도는 하나님의 속성을 언급하고 있지 않으며 하나님의 거룩하고 영광스러운 것들을 대항하여 지은 죄에 대한 고백이 없다. 신구약성경을 예배 중에 읽는 것은 하나님이 말씀을 통해 회중에게 직접적으로 말씀하시는 시간을 가지도록 하는 것인데, 그런 성경 읽기가 오늘날 예배에서 거의 사라져버렸다. 오늘날 강단은 성경 자체 내용을 진지하게 연구하고 신실하게 전하는 강해 설교 대신에, 설교자가 스스로를 품위 있게 보이려 하며 치유기법 혹은 철학적인 유행에 토대를 둔 메시지들을 전함으로 회중의 마음을 사거나 재미있는 내용으로 회중에게 다가가려는 설교가 만연하다. 그러므로 오늘날 회중은 참된 마음으로 죄의 고백을 드리는 대신에, 오히려 자신들이 교회에 참석해주는 것에 대한 감사를 받을 자격이 있는 사람들이라고 생각한다. 또한 심오하고 통찰력 있는 방법으로 그리고 명쾌하고 기억할만한 언어를 사용해서 교회의 신학을 표현해주는 탁월한 찬송(시편 찬송)들이 사멸해 가고 있고, 현대 광고성으로 만연한 곡들과 매우 흔한 상업성을 지닌 짧은 노래가 교회 찬송의 자리를 차지한다.

본서를 통해 이런 지적을 대하면서 오늘날 우리가 드리는 예배의 모습 속에 만연해 있는 인위적이고 인본주의적인 요소를 분명하게 깨닫게 된다. 독자 제현들도 본서를 대하면서 우리 믿음의 선조들과 개혁자들로부터 물려받은 교회사와 보배롭고도 풍부한 유산 속에서 예배를 위한 귀한 성경적인 원리를 만나게 되길 바란다. 그리고 참된 하나님을 예배하는 합당한 방법은 하나님 자신에 의해 제도화되었다는 것과 하나님 자신의 특별한 계시인 성경은 공동 예배를 드리고 공동 예배에 접근하는 데 있어 가장 중요한 원리를 담고 있음을 깨닫게 되기 바란다.

우리가 알고 있듯이 형식은 내용에 영향을 끼치게 된다! 성경에 따르는 바른 예배의 모습을 회복하여 이 땅의 모든 예배자가 하나님을 바로 이해하고 그분에 합당한 참된 예배를 드리는 참된 예배 개혁이 이루어지게 되기를 바란다. 귀한 책을 번역할 수 있도록 해준 기독교문서선교회와 섬기고 있는 여러분에게 감사를 드린다. 기독교문서선교회가 문서선교를 통해서 한국 교회와 성도들에게 더욱 귀한 섬김으로 이바지하게 되기를 바라고 기원한다. 본서가 이 땅의 참된 예배개혁을 위해 한 모퉁이 초석을 놓는 귀한 디딤돌이 되기를 바란다!

김병하/김상구 識

JAMES MONTGOMERY BOICE AND
THE HUGUENOT FELLOWSHIP

제임스 몽고메리 보이스와 위그노회

| 윌리엄 에드가(William Edgar) 박사
Westminster Theological Seminary 변증학 교수

 본서의 인세는 프랑스 액상 프로방스(Aix-en-Provence)에 있는 개혁신학교 실천신학의 제임스 몽고메리 보이스 교수직을 위한 위그노회의 특별 기금에 전달될 것이다. 많은 대학 기구의 관행을 따르는 교수직을 위한 원칙은 개별 교수직에 충분한 재원을 지원해야만 한다는 것이다. 그렇게 함으로써 급여, 수당 그리고 고용주의 세금 관련 의무는 그 수익으로부터 재원이 지원될 수 있을 것이다.
 이 교수직을 짐 보이스의 이름을 따라 짓는 것은 그에 대한 기억을 존중해줄 뿐만 아니라, 그가 행한 매우 중요한 일 중의 하나에 대해서 감사하는 가장 의미 있는 방법이 되는 것이다. 위그노회의 설립 일원이며 부의장이었던 짐은 프랑스어를 말하는 유럽에서 교회 사역하는 것을 특별히 좋아했다. 짐은 프랑스어를 잘했다. 그와 그의 가족은 프랑스와 스위스를 정기적으로 방문하곤 했다. 짐은 스위스 로망드(Suisse Romande)에서 복음적인 회중이 형성되는 일을 감당한 주요 지도자 중의 한 사람이었다. 그가 쓴 수많은 책이 프랑스어로 번역되었고, 이에

유럽으로부터 아프리카에 이르는 독자들이 많은 감사를 표한다.

그렇지만 짐의 사역과 액스(Aix)에 있는 신학교가 친분을 가지게 된 것은 그보다 훨씬 이전으로 거슬러 올라간다. 지금 신학교가 서있는 장소는 필라델피아에 있는 제10장로교회의 훌륭한 목사였던 도날드 그레이 반하우스(Donald Grey Barnhouse)와 짐의 선임자가 제공한 자금으로 1940년에 매입되었다. 반하우스는 친(親)프랑스파였고, 지역에 있는 여러 개혁 교회에서 설교를 하며 누린 자유로운 시간의 많은 부분을 프랑스에서 보냈다.

웨스트민스터신학교의 학장이었던 에드먼드 클라우니가 1978년에 위그노회를 설립했을 때, 그는 짐(Jim)을 이사진의 실행 위원으로 위촉하기 위해 곧바로 그를 방문했다. 모임은 제10장로교회에서 있었다. 오늘날까지 위그노회는 액상 프로방스에 있는 신학교와 그 신학교에 관련된 모든 일을 후원하기 위해 있다.

개혁신학교는 1974년에 여러 교회의 예배에서 신앙고백적으로 토대를 두는 기관이 되어 프랑스어를 말하는 세계 전역에 새로운 교회를 설립하는 일에 헌신된 신학교로 재구성되었다. 그 신학교의 이사회와 교수들은 오늘날 개신교의 대부분이 종교개혁적 뿌리를 잃어버렸다고 생각한다. 역사적으로 주요한 교파들 속에는 상당한 신학적 혼란이 있다. 그러므로 신학교는 단호하게 복음적이며 개혁적으로 남아있는 모습으로 반응해야 한다. 루터와 칼빈이 활동했던 당시와 마찬가지로, 개혁신학교는 역사의 한 특별한 순간에 시계가 멈추는 것을 원하지 않는다. 종교개혁은 성경적 교리의 모습 속에서 이루어진 교회 모습을 다시 만들려고 했다. 중세에서 그 성경적 교리는 불분명했었다. 마찬가지로, 액스에 있는 개혁신학교는 교회의 삶에 대한 성경적 진리의 빛을 비춤으로 교회를 새롭게 하는 것을 추구한다.

개혁신학교를 상징하는 마크는 출애굽기 3장에서 나오는 불붙는 떨기나무를 보여준다. 이 불붙는 떨기나무는 프랑스에서 박해받는 교회를 나타내는 전통적인 상징이다. 그 마크에는 주님의 이름을 나타내는 위대한 네 글자인 YHWH가 불꽃 속에 새겨져 있다. 그 글자 밑에는 출애굽기 3:15에 있는 "나의 영원한 이름이요"(*mon nom pour l'eternité*)라는 말씀이 있다. 사실 주님은 프랑스 교회가 수많은 고난의 때를 통과해 나올 수 있도록 인도하셨다. 이 떨기나무는 수세기를 걸쳐 남아있다. 유사하게 수많은 장애물에도 불구하고 액스에 있는 신학교 사역은 하나님 자신의 빛을 반사하여 비추면서 어두운 세상에서 밝은 불꽃과 같이 빛나고 있다. 이 신학교는 구약과 신약, 변증학, 조직신학, 교회사 그리고 실천신학 교육을 포함하는 전 신학 교육과정을 갖추고 있다. 이런 분야는 모두가 중요하다. 우리는 이런 각각의 훈련 과정에 있는 개개의 교수직을 온전하게 지원할 수 있는 날을 기대하며 바라볼 수 있을 것이다.

왜 실천신학으로 시작하는가? 첫째, 실천신학은 다른 모든 것을 종합해서 목양의 필요에 그 모든 것을 적용하는 마지막 훈련이기 때문이다. 둘째, 액스에 있는 실천신학과는 그 특별한 영향력을 이미 증명하고 있기 때문이다. 무엇보다도 특히 피에르 쿠르티엘(Pierre Courthial)과 해롤드 칼리메앙(Harold Kallemeyn)의 지도력을 통해서, 실천신학과는 학생들이 전하는 사역을 위해 훈련하도록 하는 수많은 방법을 마련해 준다. 칼리메앙에 따르면, 실천신학은 신학교로부터 교회의 실제적인 세계와 선교지에 이르도록 연결해주는 일종의 다리와 같은 것이다. 실천신학은 기본적인 가르침에서 실제적인 가르침으로 옮겨가는 것을 탐구한다. 설교에서 상담, 교리문답, 선교, 교회설립 그리고 구제활동에 이르기까지 액스에서 받게 되는 준비는 철저하고도 효과적이다.

세 번째 이유는 실천신학이 특별한 방법으로 짐 보이스의 마음을 사로잡았기 때문이다. 우리는 그 이유에 대한 모든 것을 알지 못한다. 그렇지만 리차드 멀러(Richard A. Muller)가 다음과 같이 말한 대로이다.

> 실천신학은 신학이며 여러 가지 신학적인 하위 훈련 과정을 모두 합한 범주이다. 그러므로 실천신학은 신학의 개별적 훈련 과정의 특징적인 이론적 항목들 그리고 모든 신학적인 훈련 과정의 특성인 구원의 목표

를 지향하는 신학적 실제 두 가지 모두를 가져와 소화시키는 것이다.[1]

많은 미국 기독교인과 같이, 짐은 신학적 훈련의 실질적인 성취를 위해 특별한 고민과 부담을 가지고 있었다. 이런 이유로 인해 우리는 본서가 수많은 독자들의 관심을 받게 될 것임을 믿는다.

본서를 구입하면 위그노회에 기부금이 직접적으로 전해질 것이다. 우리는 자선적이며 이익을 추구하지 않는 재단 501(c)(3) 유형에 속한다. 모든 기부금에는 세금 면제 혜택이 있다. 그 기부금은 총예산을 위해 배정될 것이다. 그 총예산의 대부분은 개혁신학교의 특별 계획들 혹은 실천신학의 제임스 몽고메리 보이스 교수직을 위해서 배당되게 된다. 기부금은 The Huguenot Fellowship, P. O. Box 877, Glenside, PA 19038로 보내주길 바란다. 오직 하나님께 영광을!(Soli deo gloria!)

---

[1] Richard A. Muller, *The Study of Theology: From Biblical Interpretation to Contemporary Formulation* (Grand Rapids: Zondervan, 1991), 155.

INTRODUCTION

서론

| 필립 그레이엄 라이큰(Philip Graham Ryken)
필라델피아 제10장로교회 목사

제임스 보이스는 예배드리는 것을 사랑했다. 그가 공적으로 감당한 사역 가운데 놀랄만한 일 중 하나는 하나님께 찬양을 드릴 때 그가 가졌던 분명하고도 강렬한 기쁨이었다. 보이스 박사는 자신이 인기 있는 강연자로 활동했던 많은 성경학회뿐만 아니라 특별히 성탄절과 부활축하주일에서도 풍성한 은혜를 끼쳤다. 그 당시 필라델피아개혁신학회가 있었다. 보이스에게 이 학회는 예배를 드리며 지내는 한 해(年)의 중요한 시점이었다. 참석했던 사람들은 악보의 앞뒤를 오가며 루터의 위대한 찬송인 "내 주는 강한 성이요"의 승리에 넘치는 마지막 부분에서 웃음을 머금으며 찬송가 없이 찬양을 불렀던 보이스의 모습을 회상할 것이다.

제임스 보이스의 열의는 보이기 위한 것이 아니었다. 제10장로교회(Tenth Presbyterian Church)에서 드려지는 매 주일 예배를 항상 기쁨으로 인도했다. 하나님이 찬양을 통해 친히 영광을 받으시길 기대하면서 예배를 인도했다. 예배, 즉 장엄하고 역사적이며 말씀 중심적이고 하나님 중심적이며 그리스도 중심적인 예배는 그의 절절하고 통절한 열정 중의 하나였다.

1. 예배의 삶

어떤 사람의 사역을 축하하는 기념 논문집에서 그 사람의 삶에 대해 이야기 하는 것은 일종의 상례이다. 이 기념 논문집은 온전한 전기(傳記)를 기술하려는 것이 아니다. 그런 온전한 전기적 기술은 어느 정도 불필요 할 수도 있다. 보이스 박사가 겪었던 많은 일과 업적은 『제임스 몽고메리 박사의 생애』(The Life of Dr. James Montgomery Boice, 1938-2000)[1]라고 명명된 특별 추모 잡지에 기술되어 있기 때문이다. 그러나 이 기념 논문집은 교회에서 그가 드린 예배의 삶을 추적하여 그려보고자 한다.

제임스 보이스가 가졌던 가장 이른 시기의 공적인 예배에 대한 경험들 몇 가지는 필라델피아에 있는 역사적인 제10장로교회에서 이루어졌다. 보이스의 첫 번째 생일이 지나고 얼마 되지 않아 그의 부모들은 필라델피아로 이사 했다. 보이스의 아버지인 뉴턴(Newton)은 그곳에 있는 펜실베니아대학교에서 의학을 전공하였다. 뉴턴의 어머니인 네티(Nettie)는 도날드 그레이 반하우스(Donald Grey Barnhouse)가 인도하는 "성경공부시간"을 열심히 들었다. 그리고 네티는 시내 중심에 있는 반하우스의 유명한 교회에 가족들이 출석하도록 했다.

보이스 가족은 제10장로교회에서 약 2년여 동안 예배를 드렸다. 지금도 여전히 가족 앨범에 보관되어 있는 자신의 첫 번째 성경 구절을 어린 지미(Jimmy, 제임스의 애칭)가 배웠던 곳이 바로 그곳이었다. 멋지

---

[1] 이 잡지는 제10장로교회에 의해서 출판되었고, 고백적 복음주의 연맹(Alliance of Confessing Evangelicals)의 웹사이트를 통해서 보는 것이 가능하다(www.alliancenet.org). 또한 Philip Graham Ryken, ed., *Tenth Presbyterian Church of Philadelphia: 175 Years of Thinking and Acting Biblically* (Phillipsburg, N.J.: P&R Publishing, 2004)에 있는 보이스 박사의 목회사역에 대한 윌리엄 바커(William S. Barker)의 소논문을 보라.

고 훌륭한 만남이 이루어졌던 곳 역시 그곳이었다. 크리스마스 바로 직전 어느 날 밤에 뉴턴은 아내 진(Jean)과 아들을 교회 문 앞에 내리게 하고 주차할 곳을 찾으러 갔다. 안으로 들어갔을 때 "밤에 이곳에서 무엇을 하는 것이지요?"라고 말하는 인상적인 반하우스 박사를 만났다.

진은 "오늘 밤이 어린이들을 위한 크리스마스 파티가 있는 날이지 않나요?"라고 말했다. "아닙니다. 다음 주일입니다. 그때 오세요."

진은 다음과 같이 회상하곤 한다.

> 갑자기 반하우스는 짐(Jim)을 들어 올려 짐의 머리에 손을 얹고 소리가 들리지 않는 음성으로 기도해주었다. 나는 그 기도를 듣지는 못했다. 그러나 나는 주님이 그 기도를 짐의 생애에서 특별한 방법으로 사용하셨다는 것을 항상 느끼곤 했었다.[2]

마침내 뉴턴 보이스(G. Newton Boice) 박사는 펜실베니아에 있는 마키즈포트(McKeesport)에서 의료 연수를 시작했다. 그 가족은 그곳에 있는 제일 복음주의 자유교회(The First Evangelical Free Church)에서 평생 친구가 될 많은 사람을 만났다. 그 교회의 목사인 필립 핸슨(Philip Hanson)은 명쾌하고 성경적인 설교를 전했다. 보이스 가족의 자녀들은 그 교회에서 성경에 토대를 둔 주일 성경학교를 통해 양육되었다. 보이스 가족의 장남이 설교할 첫 번째 기회를 얻은 것은 약 열두 살 정도 되었을 때였다. 그는 설교를 마치고 나서 회중 가운데 있는 연장자들로부터 격려 어린 칭찬을 받았다. 그 소년은 하나님이 자신을 복음 사역으로 부르고 계신다는 첫 번째 확신을 얻었다.

제임스 보이스는 그 이후 오래지 않아 8학년을 시작하기 직전에 마키즈포트를 떠났다. 그 당시 반하우스 박사는 설교 여행차 서부 펜실베니아로 종종 여행을 했으며, 보이스 가정을 자주 방문했다. 1951년 늦

---

[2] 여기에 수어진 이 대화의 이야기와 많은 다른 전기적 세부 사항은 *The Life of Dr. James Montgomery Boice, 1938-2000* (Philadelphia: Tenth Presbyterian Church, 2001)에 있는 Linda M. Boice, "A Life in Ministry"에서 가져온 것이다.

은 여름 어느 날 저녁에 반하우스 박사는 보이스 가족과 함께 이야기를 나누었다. 롱아일랜드에 있는 기독교 사립 초등학교인 스토니브룩에 보이스 가족의 아들을 보내는 것에 대해서 이야기를 나누었다. 나중에 동생 보이스는 졸업생 잡지에 그 대화를 다음과 같이 다시 서술했다.

> 어느 금요일 저녁 식탁에 둘러앉았을 때, 우리는 스토니브룩에 대해서 이야기를 나누고 있었다. 그날은 스토니브룩에서 가을 학기가 시작되고 있었던 금요일이었다. 대화 중에 그[반하우스]는 "지미, 너는 올해 스토니브룩에 가고 싶니?"라고 물었다. 나는 "예"라고 대답했다. 그는 "좋아!"라고 대답했다. 반하우스는 저녁 식탁에서 일어서서 전화가 있는 곳으로 갔다. 우리는 식사를 마치고 식후에 먹는 디저트를 기다리고 있었다. 그러고는 그 당시에 교장 선생님이었던 프랭크 게블린(Frank E. Gaebelein) 박사에게 전화를 했다. 나는 전화로 입학이 허락되었다. 이틀 뒤인 주일날 나는 롱아일랜드(Long Island)에 있었다.[3]

스토니브룩은 학문적인 도전들과 운동을 위한 체력적인 도전들과 극적인 도전들뿐만 아니라 경건한 면에서 모범이 되는 그리고 기독교적인 목적에 훌륭한 면면을 갖춘 곳으로 풍성한 배움의 기회를 주는 곳이었다.

스토니브룩을 졸업하고서 제임스 보이스는 하버드대학교에 진학했다. 하버드대학교의 학문적 우수성은 말할 나위가 없었지만, 영적인 분위기에 있어서는 염려되는 면들이 있었다. 그렇지만 보이스는 국제기독학생회(Inter-Varsity Christian Fellowship)에서 활동적으로 지냈고, 역사적인 파크 스트리트 교회(Park Street Church)에 출석했다. 보이스는 파크 스트리트 교회에 앉아서 해롤드 존 옥켕가(Harold John Ockenga)의 강해설교를 들었다.

1960년 가을에 제임스 보이스는 프린스턴신학교에서 신학 공부를 시작했다. 입학을 허락받은 직후에 보이스는 도날드 그레이 반하우스

---

[3] *Stony Brook* (Dec. 1970): 11.

가 뇌종양을 앓다가 갑작스럽게 소천하셨다는 소식을 들었다. 반하우스는 종국에 자신의 후계자가 된 보이스에게 심대한 인격적 영향을 끼쳤다. 그리고 그의 죽음은 보이스로 하여금 하나님을 섬기는 데 자신을 다시금 헌신하도록 하는 계기가 되었다. 엘리야가 하늘로 들려 올라갈 때 엘리사가 요청했던 것(왕하 2:1-14)을 기억하면서, 보이스는 하나님 영력의 갑절을 구했다.

제임스 보이스는 프린스턴에서 성경적 권위를 평가절하하는 경향이 있는 신정통주의에 직면하게 되었다. 자신의 신념들을 명확하게 하기 위한 몸부림에 대한 보이스의 회상들은 온전하게 인용할만한 가치있는 내용이다.

> 나는 신학교에 다니는 동안 성경의 무오성(無誤性)을 가지고 씨름을 했다. 내가 무오성에 대해서 의구심을 가졌던 것은 아니다. 내가 직면해야만 했던 문제는 나의 선생님들이 무오성을 믿지 않는다는 것이었으며, 강의실에서 내가 들었던 것 중 많은 것이 성경의 오류를 드러내는 것에 의미를 부여하기에 학생들이 성경을 깊이 신뢰할 수 없게 되곤 했었다는 데에 있었다. 일개의 학생이 무엇을 할 수 있었겠는가? 교수님들은 모든 사실을 가지고 있는 듯했다. 교수님들은, 최근의 학계가 성경이 무오하다는 이전의 단순한 견해는 더 이상 유효하지 않으며 우리는 성경이 오류들로 가득하다는 것을 받아들여야만 한다고 주장했다. 이렇게 교수님들이 주장하고 있을 때, 그 교수님들에게 어떻게 도전했어야만 했는가?
>
> 내가 이런 문제를 가지고 씨름할 때, 나는 흥미로운 몇 가지 사안을 발견했다. 첫째, 성경에 내재해 있는 것으로 생각되는 문제들은 전혀 새로운 문제들이 아니었다. 그 문제들의 대부분은 심지어 어거스틴과 제롬 같은 고대의 신학자들에 의해 수 세기 전에 알려진 내용이었다. 어거스틴과 제롬은 자신들의 주요 서신들에서 분명하게 보이는 모순들을 논의했다.
>
> 나는 또한 다음과 같은 사실을 알게 되었다. 나의 교수님들은 더욱 적게 드러내는 것이 더욱 많은 '착오'를 드러내고 있다고 말했는데, 그런 교수님들의 말과 같이 정통 학자들의 연구 결과는 더욱더 많은 문제가

드러나게 하지 않으려는 경향이 있는 듯해 보였다. 대신에 그 정통 학자들은 문제를 해결하고, 이전에 오류로 생각되었던 것이 전혀 오류들이 아니라는 것을 보여주려는 공헌을 해왔던 것이라는 사실을 알게 되었다.[4]

이런 문제들을 해결하는 것은 앞으로 보이스의 사역을 위해 매우 중요한 것이었다. 보이스의 사역은 하나님의 권위 있는 말씀으로서 성경을 강해하는 것에 그 토대를 두고 있었다. 수많은 세월이 지난 뒤 제10장로교회에서 사역을 감당한지 25년이 되는 기념식을 맞이해 보이스는 성경에 대한 자신의 견해를 다음과 같이 말했다.

> 우리는 성경을 유일하고 무오한 믿음과 행함의 법칙인 하나님 말씀으로 믿는다…우리는 성경을 교회의 삶에 있어서 가장 가치 있고 귀 기울여 들어야만 할 보배로운 것이 되어야 한다고 믿는다.[5]

제임스 보이스는 성경에 대한 전적인 헌신으로 신약을 더 깊이 공부하게 되었다. 그즈음에 보이스는 린다 맥나마라(Linda McNamara)와 결혼했고, 둘은 스위스 바젤(Basel)로 갔다. 그곳에서 보이스는 보 라이케(Bo Reicke) 교수의 지도 아래 박사과정을 공부하게 된 이 준비의 시간을 통해 얻게 되는 가장 뚜렷한 유익은 학문적인 것이었다. 보이스는 성경주석학에 있어서 1등급 교육을 받았다. 그러나 또한 기독교 목회 사역도 경험하는 중요한 시간들이었다. 예배와 성경공부에 대한 커다란 필요성을 느낀 한 필리핀 부부는 영어권 다국민을 위한 예배를 시작할 것을 제안했다. 보이스의 거실에서 만남을 가짐으로 곧바로 교회가 세워졌다. 몇몇 친구들이 찬송을 반주할 피아노를 대여해주었고, 가족들은 국제기독학생회(Inter-Varsity) 찬송가 30권을 배로 보내주었다. 그

---

[4] James Montgomery Boice, *Whatever Happened to the Gospel to Grace? Recovering the Doctrines That Shook the World* (Wheaton, Ill.: Crossway, 2001), 69-70.
[5] 기념 연설의 출판되지 않은 원고, 1979.

리고 보이스는 자신이 신약성경 연구한 것으로 매주 설교를 했다. 이 교회는 그 당시 바젤 커뮤니티 교회(Basel Community Church)로 불렸는데, 월요일 밤 기도회와 사업가들을 위해 주중 성경공부를 주관했고, 때로는 회중 만찬을 나누었다.

훗날 제임스 보이스는 자신에게 참된 교회를 위해 본질적인 것이 무엇인지 가르쳐준 공을 그 작은 모임에 돌렸다. 매주 진행된 성경공부모임의 참석자들은 "우리가 예배를 위해 함께 만날 수는 없나요? 짐, 당신이 우리를 가르쳐 줄 수는 없는지요?"라고 물었던 사람들이었다. 교제의 시간들은 기독교 공동체를 위해 필요하다는 인식으로부터 생겨나게 되었다. 이와 유사하게 매주 모인 기도회 모임은 전통으로 인해 이루어진 것이 아니라 기도가 분명히 필요하다는 인식으로 인해 이루어졌다. 얼마 뒤에 교회는 보이스의 아파트가 수용하지 못할 정도로 성장해 모라비안 교도들이 소유한 건물에서 만남을 가졌다. 공간이 넓어지자 어린이 주일학교도 시작할 수 있었다. 교회는 작았지만 성경을 가르치고 기도하며 예배를 드리고 교제를 나누기엔 완벽하리만큼 충분했다. 더욱이 각국에서 모여든 교회 구성원들은 성도들이 나누는 전 세계적인 교제를 분명하게 증언해주었다.

스위스에 있는 이 회중에 대한 이야기는 이곳을 다음과 같이 만들었다. 즉 프랑스어를 말하는 유럽의 개신교 교회들 중에 보이스 박사가 개혁 신학을 장려하는 것에 일생 동안 가졌던 관심을 말해주는 지역으로 만들었다. 임종을 맞을 때까지 보이스 박사는 위그노회 부의장으로 섬겼다. 그는 수년 동안 이 부의장직을 제10장로교회에 있는 그의 집무실에서 감당했다. 그를 기리기 위해 위그노회는 액시앙 주에 있는 개혁신학교 실천신학부에 제임스 몽고메리 보이스 교수직을 만들었다. 본서의 편집자들과 기고자들은 이 새로운 연구직의 재원을 돕기 위해 그들의 인세를 기꺼운 마음으로 헌납하고자 한다.

스위스에서 돌아왔을 때 보이스 박사는 성경적 정통성을 위한 불굴의 옹호자였던 칼 헨리(Carl F. H. Henry) 아래서 「크리스채너티 투데이」(*Christianity Today*)의 부편집장으로 일했다. 그렇지만 보이스는 복음 사역자로서 섬기는 열정을 포기하지 않았다. 그는 특별히 주말에 버지니아주에 있는 맥린 장로교회(McLean Presbyterian Church)에서 종종 말씀을 전했다. 또한 1967년 4월에 목사 안수를 위한 모든 이수과정을 마쳤는데, 피츠버그에 있는 제일 장로교회 목회자였던 로버트 라몬트(Robert Lamont)에 의해서 모든 절차가 준비되었다. 헨리는 다음과 같은 잊지 못할 말씀으로 설교를 전하고 마쳤다.

> 제임스 보이스! 당신 이름은 우리 주님의 동생 이름(야고보, James)과 같습니다. 당신은 모든 사도의 메시지를 소중히 간직하고 있습니다. 당신은 우리 세대의 신화들을 하나님 말씀의 계시가 가지고 있는 영원한 진리와 조화를 이루게 하면서 그 사도의 힘을 이방인들에게 나누어주도록 하십시오.

그 이듬해 봄에 정황을 주관하시는 일련의 하나님 섭리에 의해 제임스 몽고메리 보이스는 제10장로교회 목회자가 되도록 부르심을 받았다. 그곳에서 보이스는 성경을 토대로 하고 하나님을 영화롭게 하는 예배에 대해 자신이 배웠던 모든 것을 그 지역 교회의 정황에 적용하는 기회를 가질 수 있었을 것이다.

2. 예배하는 교회

제임스 보이스는 강단과 방송매체 그리고 글을 통해 예배에 대한 주제를 종종 가르쳤다. 대개 그는 예배의 우선성을 강조함으로 시작했다. 하나님께 찬양을 드리는 것이 바로 인간이 만들어진 목적이다. 달리 말하면, 그는 웨스트민스터 소요리 문답집에서 인용하는 것을 즐겨했다. "사람의 제일가는 목적은 하나님을 영화롭게 하는 것이며 그를 영원히 즐거워하는 것이다"(Q. 1). 보이스 박사는 또한 존 스토트(John Stott)의 글을 인용했다. "기독교인은 참된 예배가 하나님의 은혜를 통해서 인간이 행할 수 있는 지고하고 가장 거룩한 행위라는 것을 믿는다."[6]

예배란 무엇인가? 제임스 보이스는 초서(Chaucer)로부터 셰익스피어(Shakespeare)에 이르는 영문학 공부를 통해 예배라는 어휘가 '가치 있음'(worth-ship)이라는 단어에서 파생된 것을 알고 있었다. 그러므로 하나님을 예배한다는 것은 하나님이 거룩한 성경에 계시된 창조자이며 구세주가 되심을 고백하면서 하나님께 최고의 가치를 돌려드리는 것이다. 이와 유사하게 헬라어 신약성경에 있는 영광(doxa)이라는 어휘는 몇몇 뛰어나게 훌륭한 개인에 대해 좋고 바른 견해를 가진다는 것을 의미한다. 그렇다면 하나님을 예배한다는 것은 그분에 대한 바른 견해를 가진다는 것, 즉 그분의 거룩한 주권을 바르게 인식한다는 것이다.

하나님은 "영과 진정으로"(요 4:24) 예배드려져야만 한다. 보이스 박사는 우물가의 여인에게 말씀한 예수님의 이 말씀을 종종 인용했다. 그리고 그 말씀은 예배에 대한 보이스의 가르침에 중요한 영향력을 끼치게 되었다. 다음과 같은 그의 말은 길게 인용할 만한 가치가 있다.

> 많은 사람이 몸으로 예배를 드린다. 이것이 의미하는 바는 만약 그들이 바른 시간에 바른 일을 하면서 바른 장소에 있다고 하면, 자신들이 예배를 드리고 있다고 생각한다는 것이다. 그리스도 당시에 이 (수가) 여인은 이것을 성전이 있는 예루살렘 혹은 사마리아 성전이 있는 그리심산을 의미한다고 생각했다. 우리 시대에 이것이 의미하는 것은 다음과 같은 생각을 가지고 있는 사람들을 가리키는 것 같다. 즉 주일 아침에 교회 의자에 앉아 있거나, 찬송을 부르거나, 촛불을 밝히거나, 십자가를 목에 걸고 있거나, 교회에서 무릎을 꿇는 것으로 인해 자신들이 하나님을 예배한다고 생각하는 바로 그런 사람들을 가리키는 것 같다. 이런 것은 예배가 아니라고 예수님은 말씀하신다. 이런 관례들은 예배를 위한 수단이 될 수는 있다. 어떤 경우에는 그 수단이 예배를 방해할 수도 있다. 그러나 그런 것 자체는 예배가 아니다. 그러므로 우리는 예배와 주일 아침에 우리가 하는 특별한 일과 혼동해서는 안 된다.

---

[6] John R. W. Stott, *Christ the Controversialist: A Study in Some Essentials of Evangelical Religion* (London: Tyndale, 1970), 160.

더욱이 우리는 예배를 감정과 혼동해서는 안 된다. 예배는 몸에서 기인된 것이 아닌 것과 마찬가지로 영혼에서 기인된 것도 아니기 때문이다. 영혼은 우리의 감정이 자리 잡고 있는 곳이다. 감정은 참된 예배에서 움직여질 수 있고 종종 그렇기도 하다. 때때로 눈물이 눈에 고이거나 기쁨이 마음에 넘쳐나게 되지만 불행하게도 그곳에 예배가 없을 수도 있다. 감정은 노래나 웅변적인 연설에 의해서 움직일 수도 있지만 이렇게 해서 움직여진 감정은 하나님을 참되게 인식하고 그분의 방식과 본성을 좀 더 온전히 찬양하는 데는 아직 이르지 못할 수도 있다.

참된 예배는 하나님의 본성(하나님은 영이시기 때문임)과 유사한 사람의 일부분인 영혼이 실제적으로 하나님을 만나고 그분의 사랑, 지혜, 아름다움, 진리, 거룩, 긍휼, 자비, 은혜, 권능 그리고 그분의 다른 모든 속성으로 인해서 그분을 찬양하는 것을 발견할 때만 이루어지게 된다.[7]

보이스 박사는 예배에서 하나님을 영화롭게 하는 데 우선순위를 둔다. 그렇기 때문에 그는 오늘날 교회가 하나님 중심의 예배에서 사람 중심의 예배로 전환되는 것에 당황스러워하고 걱정스러워 한 것은 당연한 일이었다. 특별히 그의 목회사역 마지막 몇 년 동안 보이스는 꽤 많은 (대부분은 아닐지라도) 기독교인이 참된 예배의 의미를 잊어버렸다고 생각했다. 이런 불행한 현상을 설명하기 위해 보이스 박사는 현대 문화와 복음적 교회 간에 다음과 같은 연결점들을 관찰했다. (1) 우리의 세대는 경박한 세대이다. 그리고 교회는 이렇게 만연된 경박성에 심각하게 영향을 받아왔다. (2) 우리의 세대는 자신에게 심취된 인간 중심적인 세대이다. 그리고 교회는 슬프게도 심지어는 반역적일 만큼 자기중심적으로 변했다. 그리고 (3) 우리의 세대는 하나님이 안중에도 없다. 그리고 소위 예배를 드리는 관점에서 판단해볼 때 교회도 나은 점이 거의 없다.[8]

보이스 박사의 관점에서 보았을 때, 기독교 예배에서 하나님이 극적으

---

7 James Montgomery Boice, *The Gospel of John, vol 1: The Coming of the Light: John 1-4* (1985; repr. Grand Rapids: Baker, 1999), 296-97.

8 Boice, *Whatever Happened to the Gospel of Grace?* 176-78을 보라.

로 사라진 것이 초래하는 결과는 우리의 예배에서 뿐만 아니라 기독교적인 삶의 모든 면에서 하나님의 초월성이 절망적으로 상실된 것일 수 있다. 보이스 박사가 세상에 선포되도록 도움을 준 캠브리지선언(Cambridge Declaration)은 그가 염려하는 것에 대해서 다음과 같이 말한다.

> 교회에서 성경적 권위가 상실되고, 그리스도가 대치되며, 복음이 왜곡되고, 혹은 믿음이 변질될 때마다, 항상 다음과 같은 한 가지 이유로 그렇게 되어 왔다. 우리의 관심사항이 하나님의 관심사항을 대치했으며, 우리는 그분의 일을 우리 방식으로 감당한다. 오늘날 교회의 삶에 있어 하나님 중심성이 상실되어 버렸는데, 그것은 흔한 일이며 서글픈 일이다. 우리로 하여금 예배를 오락으로, 복음 선포를 매매(賣買)라는 마케팅으로, 믿음을 과학기술로, 선한 것을 우리 자신에 대해 느끼는 좋은 감정으로 그리고 신실함을 성공하는 것으로 전환하도록 만든 것은 바로 이런 상실로 인한 것이다. 결과적으로 하나님, 그리스도 그리고 성경은 우리에게 너무나 적은 의미가 되어버렸고, 우리에게 너무나 대수롭지 않은 것으로 남겨지게 되었다.[9]

회복하는 유일한 방법은 우리 예배에서 하나님을 영화롭게 하는 것이다. 이 목적을 위해서 제임스 보이스는 제10장로교회에서 사용된 예배 순서를 강하게 옹호하는 사람이 되었다. 한 세기 이상 대부분 바뀌지 않고 남아있는 그 순서는 오늘날에도 여전히 사용되고 있다.

예배 의식은 예배로의 부름으로 시작된다. 보이스 박사는 설교 주제와 관련된 본문을 종종 선택했다. 그렇지만 하나님의 말씀 사역을 강조하는 이사야 55장에서 뽑은 내용은 특별히 애용되는 구절이었다.

> 비와 눈이 하늘에서 내려서는
> 다시 그리로 가지 않고 토지를 적시어서
> 싹이 나게 하며 열매가 맺게 하여

---

[9] 캠브리지선언(Cambridge Declaration)의 전문은 고백적 복음주의 연맹 웹사이트(www.alliancenet.org)에서 볼 수 있을 것이다.

파종하는 자에게 종자를 주며
먹는 자에게 양식을 줌과 같이
내 입에서 나가는 말도
헛되이 내게로 돌아오지 아니하고
나의 뜻을 이루며
나의 명하여 보낸 일에 형통하리라(사 55:10-11).

예배로의 부름에 이어서 송영, 기원, 찬양을 드리는 개회 찬송이 이어진다. 이어서 시편을 통해 응답하는 성경 봉독이 있다. 매주 회중은 시편을 연속적으로 읽는다. 시편 150편을 읽는 것이 끝났을 때, 시편 1편으로 그 순환은 다시 시작된다. 다음으로 회중은 시편에 대한 응답으로 '아버지께 영광을'(Gloria Patri)을 부르기 위해 일어서며, 사도신경 말씀으로 그 신앙을 고백한다. 이런 고대 예식의 요소는 시간과 공간을 가로질러 하나님의 백성을 성도들의 교제로 연결해주는 역할을 한다.

예배 의식은 목회기도로 계속해서 이어진다. 목회기도는 대개 긴 내용의 기도다. 보이스 박사는 피상적이고 형식적인 기도를 몹시 싫어했고, 공적인 예배는 경배, 고백, 감사와 간구로 이루어진 종합적인 기도를 포함해야만 한다고 생각했다.

제10장로교회에서 목회기도는 개인적이며, 회중적이고, 국가적이며, 국제적인 사안을 모두 망라하는 넓은 범위를 포괄한다. 또한 제10장로교회는 예배 의식에서 강해하기 약 5분 전에 정규적으로 성경 읽는 것을 포함하는 청교도적인 예전들을 다시 사용한다. 비록 청교도적인 기준들에 비추어 볼 때 사전에 이루어지는 설명들은 간략하게 보일지라도, 방문객들은 때때로 자신들이 이미 설교를 들은 것으로 잘못 생각하기도 한다! 성경 봉독 자체는 신약에서 연속적으로 이어지는 본문에서 선택된다. 보이스 박사가 주관하는 순서의 마지막에는 '살아 있는 교회'(Living Church)라고 불리는 부분이 예배 의식 순서의 마지막에 첨가되어 있었다. '살아 있는 교회'라는 순서는 세례, 새로운 구성원을 공적으로 받아들이는 것, 목사안수, 임직, 위임, 선교와 다른 목회적 보고

들 그리고 교회에서 이루어진 하나님의 사역에 대한 공적인 증언들과 같은 일들을 위해 사용된다.

'살아 있는 교회'라는 순서에 이어서 설교 이전에 또 다른 찬송이 있고 헌금을 드리는 순서가 있다. 아마도 이 부분에서 예배 음악에 대해 무엇인가 좀 더 이야기되어야만 할 것이다. 보이스 박사는 전반적으로 탁월한 수준을 유지하는 데 자신의 온 정성을 다하면서 제10장로교회의 음악 목회사역을 확장하기 위해 재능 있는 일련의 음악가들과 함께 일했다. 그의 최우선 순위는 믿음의 위대한 찬송을 온 회중이 열정적으로 부르는 것이었다. 보이스는 세계의 주요 종교 중에 오직 기독교만이 사람들에게 예수 그리스도의 죽음과 부활을 통해 주어진 영생의 내용을 전해준다고 말하기를 좋아했다. 보이스 박사는 또한 악기 연주자들, 성가대원들 그리고 독창자들이 하나님의 백성으로 하여금 기도와 찬양으로 나아가도록 하며 하나님의 말씀을 선포하도록 할 수 있다는 것을 알고 있었다.

예배의 절정은 설교다. 사실 예배의 모든 요소는 이 시점, 즉 하나님의 말씀에 대한 분명하고도 사려 깊은 강해를 위해 이루어지는 것이다. 예배를 인도할 때 보이스 박사가 보여주는 힘차고도 진지한 태도를 통해 우리는 그가 설교를 하기 위해 강당에 들어섰을 때 이루어지게 될 것에 대한 엄숙하고도 강한 기대감을 가질 수 있었다. 조직적인 강해 설교에 대한 그의 헌신적인 노력은 잘 알려져 있으며 그의 많은 책과 주석 속에 풍성하게 자료화되어 남아있다. 그는 목회자의 주요한 목적이 다른 것이 아니라 성경을 가르치는 것이라고 종종 말했다. 그의 목회사역 특징은 진지하게 성경을 가르치는 것이었다. 보이스는 32년 동안의 목회사역 기간에 보이스는 성경의 모든 책을 본문별로 강해해 나가면서 하나님의 전반적인 의도를 전하려고 노력했다. 보이스가 남긴 중요한 설교 유산은 여호수아와 느헤미야와 같은 책에 대한 좀 더 짧은 일련의 자료들뿐만 아니라 신약 서신서들의 많은 부분, 마태와 요한복음, 창세기, 소선지서들, 시편 그리고 로마서에 대한 그의 유명한 설교들을 포함한다.

일 년에 여섯 번 주님의 만찬을 경건하게 축하하는 것으로 아침 예배는 그 절정을 이룬다. 예배 의식은 항상 찬송과 축도로 끝을 맺는다. 이 순서에서 다시금 보이스 박사는 본문을 자신의 설교 주제와 연결시켰다. 그러나 그는 로마서 11장의 끝 부분에 나오는 내용을 특별히 좋아했다.

> 깊도다 하나님의 지혜와 지식의 부요함이여
> 그의 판단은 측량치 못할 것이며
> 그의 길은 찾지 못할 것이로다
> 누가 주의 마음을 알았느뇨
> 누가 그의 모사가 되었느뇨
> 누가 주께 먼저 드려서 갚으심을 받겠느뇨
> 이는 만물이 주에게서 나오고 주로 말미암고 주에게로 돌아감이라
> 영광이 그에게 세세에 있으리로다 아멘(롬 11:33-36).

예배의 전통적인 순서와 형식에 대한 제임스 보이스의 헌신은 널리 알려져 있다. 아마도 좀 덜 알려진 것은 예배에 어린아이들이 참석하는 것에 대한 그의 헌신적인 모습일 것이다. 보이스는 어린이를 위한 예배의 내용과 질을 떨어뜨려도 된다는 생각을 하지 않았다. 보이스는 그렇게 하는 것을 "어리석게 만드는 것"이라고 했다. 이와 반대로 그는 하나님께 찬양드리는 방법을 어린이에게 가르침으로써 영적으로 성숙한 상태로 자라도록 도와주어야 한다고 생각했다. 보이스는 다음과 같이 서술한다.

> 우리가 우리 자녀들과 함께 가져야만 하는 목표는 어린이를 어른들의 수준으로 끌어올려야만 하는 것이다. 즉 어린이로 하여금 하나님과의 관계에 있어 어른 수준의 역할을 감당할 수 있도록 하는 것이다. 비록 어린이가 진행되는 것을 처음에는 따라갈 수 없을지라도, 우리가 해야 할 일은 그들로 하여금 그렇게 할 수 있고 그렇게 해야만 한다는 것을

가르쳐주는 것이다.[10]

특별히 보이스 박사는 그의 사역 마지막 몇 년 동안 제10장로교회의 어린이가 예배에서 하나님을 영화롭게 하며 즐거워하도록 하는 일을 돕는 데 협력했다. 어린이를 위한 특별한 신문을 통해서 사도신경 혹은 찬송에 있는 어려운 어휘들을 분명하게 설명했으며 어린이가 설교를 이해하도록 돕기 위한 질문을 게재했다. 1, 2학년은 예배에서 다른 부가적인 가르침을 받기 위해 설교 전에 본당에서 다른 곳으로 나갔다. 어린이는 찬송을 부르고, 사도신경을 공부했으며, 설교 본문을 배웠다. 그러나 보이스 박사는 직접 가장 중요한 변화를 시도했다. 어린이 성경학교의 과목을 시작할 때, 그는 자신이 전하는 설교의 주요 요점들에 대해 5분 정도 요약적인 내용을 전해주기 시작했다. 이렇게 하는 것을 통해 어린이는 예배를 드리는 동안 이해하며 들을 수 있었다. 또한 그런 일은 어린이가 자신의 목사와 가지는 관계를 강화시켜주었다.

보이스 박사의 예배를 위한 열정은 결코 줄어들지 않았다. 무엇인가 특이하게 다른 것이 있었다고 한다면, 그의 사역 마지막 몇 해 동안은 하나님과 그분의 영광을 위해 점점 커지는 열심을 보였다는 것이다. 아마도 이런 열정은 부분적으로는 1989년에서 1997년까지 계속적으로 이어진 시편 설교를 통해 진작 되었을 것이라 생각된다. 이 설교들은 이후에 출판되었다. 보이스 박사는 세 번째와 네 번째 책 서문에 다음과 같이 기록했다.

> 마지막 시편에서 특별히 현저하게 눈에 띄는 것은 그 시편 모두가 이런 저런 모양으로 예배에 대해서 다루고 있다는 점이다. 모든 시편은 예배를 위한 것이고 세대를 이어 예배에서 사용되었다. 그러나 특별히 이 마지막 시편은 우리에게 진정한 예배가 무엇인지, 누가 예배를 드려야만 하는지 그리고 우리는 언제 어떻게 하나님을 찬양해야만 하는지에 대해서 가르쳐준다. 그렇기에 많은 오늘날 교회에서 하나님을 예배하는

---

[10] James Montgomery Boice, "Children's Sermons," *Modern Reformation* (Nov./Dec. 1999): 52.

것이 쇠퇴한 이때에, 나는 오늘날 교회를 위해 더욱더 중요한 성경의 가르침에 대한 몇 가지 점을 생각할 수 있다.[11]

　시편의 마지막과 같이, 보이스 박사의 목회사역은 찬양이 점점 커져 가는 것으로 끝을 맺었다. 그가 전한 설교의 마지막 시리즈는 요한계시록에 대한 것이었다. 잊지 못할 설교였다. 보이스의 회중 가운데 천국의 예배에 대해 목회자가 전한 설교를 잊을 사람은 아마도 거의 없을 것이다. 하나님 찬양을 통해 우리의 믿음을 고백하는 중요성에 대해 말하면서, 그는 "그것보다 더 즐겁고 우리의 마음을 들뜨게 하는 그 어떤 것이 있을 수 있습니까?"라고 물었고, "우리의 구세주와 하나님 앞에서 그런 찬양의 고백을 완전하게 드리게 될 때까지는 아마 그 어떤 것도 그렇게 즐겁고 마음을 들뜨게 하는 것은 건 것입니다"라고 말했다. 하나님은 보이스 박사를 명예롭게 하고자 그와 그의 교회를 준비하고 계셨던 것이다.

　이외의 다른 중요한 일들이 그의 사역에서 마지막 몇 년 동안 일어났다. 제임스 보이스는 자신의 생애에서 처음으로 찬송을 썼는데, 열두 개의 찬송과 어린이를 위한 찬송 두 개였다. 이렇게 찬송가를 쓰는 것 역시도 그가 들어갈 영광을 위한 준비의 일부분이었다. 그것은 또한 교회에 주는 그의 마지막 선물이었다. 보이스 박사는 종종 현대 기독교 찬양에 대한 염려를 표현하곤 했다. 그의 염려는 곡의 형식에만 국한된 것이 아니라, 가사의 내용에 좀 더 구체적으로 초점을 맞추었다. 보이스 박사는 가사의 내용이 신학적으로 일천(日淺)하고 성경적인 내용을 담고 있지 않다고 생각했다. 단순한 불평의 차원이 아니라, 보이스 박사는 오늘날 개혁 운동을 위한 적극적인 무엇인가를 하기로 결정했다. 그의 새로운 찬송 주제는 아마도 찬송을 시작하는 다음과 같은 첫 번째 절에 가장 잘 요약되어 있을 것이다.

---

11 James Montgomery Boice, *Psalms: An Expositional Commentary* (Grand Rapids: Baker, 1998), 3.x.

위에서 다스리시는 하나님께 찬양을 드려라
완전한 지식, 지혜, 사랑을 찬양하라
그분의 판결은 신성하고 헌신적이라네
그분의 길은 알 길이 없다네
오라, 하늘의 높은 보좌를 향해 당신의 목소리를 높여라
그리고 하나님께만 영광을 돌려라![12]

3. 본서에 대해서

"하나님께 찬양을 드려라"(*Give Praise to God*, 원서 제목)는 이 소논문 모음집의 주제이며 목적이다. 본서의 제목은 보이스 박사가 지은 첫 번째 찬송에서 온 것이다. 이 제목은 그가 인용하기를 즐겨했던 다음과 같은 종교개혁 슬로건 중의 하나를 나타낸다. 라틴어 솔리 데오 글로리아(*soli deo gloria*[오직 하나님께 영광])와 솔라 스크립투라(*sola scriptura*[오직 성경])는 제임스 몽고메리 보이스의 예배에 대한 견해에서 본질을 잘 그려준다. 성경이 다른 모든 것에 대한 유일하고 궁극적인 권위가 되는 것과 같이, 예배를 위한 우리의 유일하고 궁극적인 권위가 된다. 우리가 예배에서 어떻게 하나님께 찬양을 드려야만 하는 것인지에 대해서 오로지 성경만이 결정한다. 솔라 스크립투라(*sola scriptura*). 우리 예배의 모든 것은 하나님의 더욱 커다란 영광에 바쳐진다. 하나님만이 우리가 드리는 모든 찬양의 주된 목적이 되신다. 솔리 데오 글로리아(*Soli deo gloria*).

본서의 제1부는 "성경과 예배"이다. 예배에 대한 성경 자체의 신학은 무엇인가? 이 부분은 신학자들이 예배의 규정적인 원리라고 부르는 것에 강하게 옹호하며 답변한다. 간단히 말하자면, 인간은 하나님 말씀

---

[12] James M. Boice and Paul S. Jones, *Hymns for a Modern Reformation* (Philadelphia: Tenth Presbyterian Church, 2000). 찬송 사본들과 안내 CD는 고백적 복음주의 연맹(www.alliancenet.org)을 통해서 볼 수 있을 것이다.

속에서 분명하게 명령한 그런 예배만을 드려야 한다는 원리이다. 비록 보이스 박사는 그 규정적인 원리를 자주 언급하지는 않았을지라도, 우리의 예배는 성경에 따라야만 한다는 규정적인 원리의 본질적 원리에 동의했다.

본서의 제2부인 "성경적 예배의 요소"는 가장 길다. 기고자들은 이 부분에서 예배 순서의 표준이 되는 요소를 말한다. 우선순위는 강해 설교에 주어진다. 공적인 예배의 다른 중요한 요소를 도외시하는 것은 아니지만, 강해 설교는 보이스 박사 자신의 목회사역에서 핵심이었기 때문이다.

본서의 제3부인 "성경적 예배를 위한 준비"는 전반적인 기독교적 삶의 좀 더 넓은 정황 속에 예배를 놓는다. 모든 기독교적인 삶은 하나님의 영광에 드려져야만 한다.

본서의 제4부인 "예배, 역사 그리고 문화"는 기독교 예배를 역사적이며 교회적인 정황 속에 놓으려는 시도를 한다. 보이스 박사는 우리가 믿음의 선조들과 개혁자들로부터 물려받은 교회사와 보배롭고 풍부한 유산에 대한 열심을 가진 연구자였다. 이것은 바로 그가 공동 예배에 높은 우선순위를 두고 또한 우리 세대에서 공동 예배의 개혁을 추구한 부분적인 이유였다.

본서는 하나님 예배하기를 사랑하는 모든 사람을 위한 것이다. 우리가 바라는 것은 예배에서 회중을 인도하는 목회자들, 자신들이 감당하는 사역의 영적인 목적을 좀 더 깊게 이해하고자 하는 음악가들, 성경적인 예배에 드리는 자신들의 헌신을 분명히 하고자 하는 신학교 학생들 그리고 하나님께 찬양을 신실하게 드리고자 하는 다른 모든 사람에게 본서가 도움이 되는 것이다.

모든 기고자는 제임스 몽고메리 보이스와 친분이 있다. 대부분 기고자들은 그의 친구들이다. 그 중 몇몇은 제10장로교회에서 이루어진 보이스 목회사역의 동료들이었다. 다른 사람들은 고백적 복음주의 연맹(Alliance of Confessing Evangelicals)에서 보이스와 함께 일했다. 먼 거리에 떨어져 있었지만 다른 사람들도 여전히 그의 모범을 주목해 보았던 사람들이다. 우리 모두는 보이스 박사에게 하나님을 예배하는 데 있어 그가 보여준 격려에 커다란 감사의 빚을 지고 있다. 그를 기념하며 본서를 그에게 헌정하는 것을 통해 이루 헤아릴 수 없는 빚의 일부분을 갚는 길이 될 것이다.

예배는 일종의 논쟁적인 주제일 수 있다. 그렇다면 하나님을 예배하는 것에 대한 모든 문제에 관해 기고자 모두가 완전히 일치하는 견해를 가지지 않는다는 것은 놀라운 일이 아니다. 또 한 가지, 우리 모두는 장로교인들이 아니다(보이스 박사는 고백적 복음주의 연맹을 결성하고 발전시키기 위해서 다함이 없는 노력을 기울인 분이기 때문에 이점을 충분히 이해할 것이다). 보이스 박사가 이 글에 있는 모든 내용을 찬성하거나 승인할 필요도 없을 것이다. 아마도 다음과 같은 점은 강조되어야만 할 것이다. 비록 본서의 모든 장에 보이스가 끼친 흔적이 있고 예배에 있어서 하나님께 드리는 그의 자세가 보여주는 정신을 받아들인다 할지라도, 우리는 보이스 박사가 썼을 것으로 여겨지는 그런 책을 쓰려고 한 것은 아니다. 주제에 대한 보이스 박사 자신의 견해는 넓은 범위에서 찾아볼 수 있을 것이고, 그의 견해는 본서에서 사용하는 접근법과 일반적으로 일치한다. 그러나 우리는 보이스 박사를 대변하려는 것은 아니다. 대신에 우리는 보이스 박사가 즐겨 읽었을 것으로 여겨지는 그런 종류의 책, 즉 예배에 대한 유용한 책을 쓰려고 했다.

본서가 기념 논문집으로 여겨질 수 있는 것인지에 대해 편집자들 사이에 약간의 논의가 있었다. 엄격한 의미로서의 독일어 용례에 따르면, 기념 논문집(festschrift)은 탁월한 교수직으로 승진과 같은 중요한 의미를 가진 학문적 업적을 축하하는 소논문들을 모은 것이다. 통상적으로 이 용어는 작고한 누군가에게 경의를 표하기 위해 쓰이고 있지는 않다. 그러나 이 용어는 좀 더 넓은 용례로 즐겨 사용되고 있다. 특별히 미국에서 그렇다. 따라서 어떤 기념 논문집에 무방하게 적용될 수 있을 것이다. 『옥스퍼드 영어 백과사전』(the Oxford Encyclopedic English Dictionary)에 따르면, 기념 논문집은 "학자에게 경의를 표하여 출판된 글들의 모음집"이다.

이 용어는 특별히 여기에 적절한 것으로 여겨진다. 비록 제임스 보이스가 어떤 대학 교수직을 결코 수락한 적은 없었을지라도, 그는 복음 사역을 위해 최고의 지적인 수준을 세운 참된 학자였다. 그는 교수가 아니었기 때문에, 교수직 승진을 받아 본 적이 없다. 그런 승진 대신에 제임스 보이스는 자신의 목회사역 처음부터 교회가 줄 수 있는 가장 높은 직책인 목사로서 교회를 섬겼다. 그렇지만 보이스는 이제 자신이 받을 수 있는 마지막이자 가장 좋은 승진이라는 말을 정말 들을 수 있게 되었다. 그는 모든 한계와 혼돈을 가진 지상의 예배로부터 하늘의 영원한 예배로 들림을 받아 그리스도의 존전에 있다. 소논문들을 모은 이 기념 논문집은 과거 좋았던 시절 승진하던 제임스 몽고메리 보이스를 추모하며 증정되었다.

보이스 박사가 소천하고 난 뒤 얼마 되지 않은 어느 토요일 저녁에 나는 작고한 멘토이자 친구였던 보이스를 잃은 것을 애도하며 기도하고자 제10장로교회 본당으로 갔다. 나는 기도를 마치고 위층에 있는 내 사무실로 갔다. 거기서 문에 기대어 놓인 액자에 들어 있는 인쇄물을 발견했다. 린다 보이스(Linda Boice)가 자신의 남편 사무실에서 발견한 것을 내가 보도록 남겨놓은 것이었다.

그 인쇄물은 윌리엄스버그(Williamsburg, 과거 영국 식민지였던 미국 버지니아주의 오래된 도시-역주)에서 남긴 유명한 서명 날인을 복사한 것이었다. 삼각모를 쓰고 있는 위쪽에 그려진 작은 사람은 삶의 염려로 짓눌린 듯이 보였다. 그는 상점 주인임에 틀림없다. 서명 날인에 다음과 같이 쓰여 있었기 때문이다.

> 모든 후원자에게 통지하도록 하시오! 나는 일을 그만둘 정도로 완전한 피곤감에 싸여 있습니다. 그리고 평정을 되찾을 때까지 나의 거처를 수리할 것입니다. 내가 돌아올 때 나의 모든 후원자는 나에게서 기분이 좋아진 모습과 함께 사업 혹은 협의에 준비되어 있는 모습을 발견하게 될 것입니다.

소유자이자 주인의 이름이 빨간 색으로 아래쪽에 새겨져 있었다. 제임스 몽고메리 보이스(James Montgomery Boice).

그 서명 날인은 현재 상황을 다음과 같이 완벽하게 그려준다. 인생의 심한 피로로 보이스 박사는 자신의 목회사역을 떠나 은퇴하였고 하나님의 품으로 돌아갔다. 그곳에서 그는 자신이 늘 가졌던 평정을 되찾을 것이다. 그를 다시 볼 때, 우리는 기분이 좋아진 것과 삼위일체 하나님께 영광을 돌리는 하늘의 중요하고도 즐거운 사역을 감당하는 것을 그에게서 보게 될 것이다. 그런데 그 서명 날인의 마지막 구절인 "돌아올 때"라는 말에 대해 애매모호 하지만 기분 좋은 의미를 느끼게 된다. 누가 누구에게 돌아갈 것인가? 제임스 몽고메리 보이스는 우리에게 돌아오지 않을 것이지만, 언젠가 곧 우리는 위에서 주관하시는 하나님께 찬양을 드리며 그분을 만날 것이다.

"이는 만물이 주에게서 나오고 주로 말미암고 주에게로 돌아감이라 영광이 그에게 세세에 있으리로다! 아멘!"(롬 11:36)

1부 성경과 예배

The Bible and Worship

거의 물어볼 필요가 없는 질문인 것 같지만, 그럼에도 불구하고 우리는 다음과 같이 묻곤 한다. 성경은 우리가 어떻게 하나님을 경배해야만 하는지에 대해 말해주는가? 그렇다. 성경은 우리가 하나님을 예배해야만 하며 하나님을 예배하기 위해서 창조되었다고 말한다. 어떤 점에서 예배는 창조된 본성의 자연스러운 반응이다. 어쨌든 우리는 이런저런 방법으로 예배 속에서 이루어지는 창조주의 자기 계시에 반응한다. 칼빈이 자신의 『기독교 강요』에서 말하는 바와 같이, 우리가 타락한 죄인들이라는 것은 본성에 의한 우리의 마음이 하나님께 감사와 찬양을 드리는 장소라기보다는 "우상을 만들어내는 공장"이라는 것을 의미한다. 그러나 예배는 참된 것이든 거짓된 것이든 인간 마음의 자연스러운 본능이다.

그렇다면 다음과 같은 질문이 제기된다. 예배를 위한 합당한 방법은 있는가? 이에 대한 대답은 언뜻 보이는 것보다 더 복잡하다. 어떤 차원에서 보면 그 대답은 너무나 간단하다. 그렇다. 성경은 우리가 어떻게 예배를 드려야만 하는지 말해준다! 우리가 좋아하는 어떤 방법으로 하나님을 예배하는 자유는 없다! 합당한 방법이 있고 그렇지 못한 방법이 있다. 옛 언약 아래서 이루어진 희생제사 제도가 주의 깊게 설명되고 있는 정교한 방법을 생각해보라. 그 희생제사 제도는 하나님이 어떻게 경배되어야만 하는지에 대한 어떤 규정적인 원리를 말해준 것이었다.

다음과 같은 또 다른 질문이 제기된다. 우리가 옛 언약에서 새 언약으로 옮겨질 때 이 원리는 바뀌는 것인가? 신약의 예배에는 어떤 규정적인 원리가 없는 것인가? 그리고 이 질문에 바로 이어서 또 다른 질문이 여전히 제기된다. 그 원리는 개인 혹은 가족 예배보다는 공적인 예배에만 적용되는 것인가? 혹은 모든 예배에 단지 다르게 적용되는 것인가?

이런 질문이 이 부분에서 다루어지는 문제들이다. 리곤 던컨(J. Ligon Duncan)은 "성경은 예배에 대한 어떤 신학을 가지고 있는가?"라는 기본적인 질문에 대한 답변을 시도한다. 성경에는 어떤 규정적인 원리와 같은 것이 있는가? 만약에 있다면, 어떻게 이루어져 있는가? 역사적으로 형성된 규정적인 원리는 오늘날 교회에서는 유행에 뒤떨어진 것인가?

데릭 토마스(Derek Thomas)는 규정적인 원리를 향해 최근에 주어진 비평에 대한 답을 시도하면서 이 문제를 한 단계 더 진척시킨다. 그는 특별히 이런 비평이 아니었으면 예배에 대한 역사적인 이해에 전적으로 의지하고 있을 사람들에서 생겨난 비평에 초점을 두고 자신의 의견을 개진한다.

예배와 교회에 대한 에드먼드 클라우니(Edmund Clowney)의 글들은 여러 세대의 기독교인에게 영향을 미쳐왔다. 그는 은총의 수단으로 공동 예배가 가지는 중요성을 말한다. 하나님은 기독교인을 위한 공동 예배를 자라나는 예식으로 계획하셨다. 성경을 읽고, 성경의 내용으로 기도하고, 성경을 해석하고, 성경의 내용을 노래함으로, 이 땅에 있는 그리스도의 신부인 하나님의 백성은 "성령에 의해 하나님을 위한 거처"로 자라나는 것이다(엡 2:22).

CHAPTER 1

하나님은 우리가 드리는 예배의 방법에 관심이 있으신가?

| 리곤 던컨 3세(J. Ligon Duncan III)
First Presbyterian Church 목사

제임스 몽고메리 보이스는 지난 20여 년 동안 북미 복음주의/개혁주의 목회-신학자들의 장(長)으로 섬겨왔다. 그 어떤 사람도 보이스의 사역을 인정하여 드리는 이 기념 논문집을 받을 만한 자격을 갖출 수는 없었을 것이다. 그러나 또한 그 어느 누구도 보이스의 자비롭고 주권적인 하나님께 모든 찬양을 돌려드리는 데 있어서 그보다 더 빠를 수도 없었을 것이다. 하나님의 현명하시나 헤아릴 수 없는 섭리로 인해, 이 선물은 자신의 생애 동안에 주어질 수 없었다. 그래서 보이스가 준 지혜와 사역에 감사하는 마음으로 하나님께 찬양을 드리고자 하는 것이 우리의 간절한 바람이다.

다음과 같은 면에서 본서의 주제는 매우 적전히다.

첫째, 보이스 박사는 교회의 공동 예배, 즉 성경과 역사에 뿌리를 두고 하나님께 열중하고 그리스도를 높이는 장엄하고 경이로운 예배를 위한 열정을 가졌다. 보이스 박사는 공동 예배에 대해 매우 많은 생각을 했다. 공동 예배는 그의 가르침과 저술 사역 모두에 있어서 중요한 주제다. 우리는 그를 대변하지는 않을 것이다. 그러나 중요한 문제에 대해서 말하는 그의 소리에 뜻을 같이하여 말하기를 원한다.

둘째, 당연히 이것은 붙잡고 씨름해볼 만한 중요한 문제다. 정말로 이것은 간절하게 이야기되어야만 하는 주제이다. 현대 복음주의 교회의 이론과 실제 양면에 있어서 기본적인 문제들에 대한 혼돈이 있는 것이 분명하다. 우리 중의 많은 수가 휴스 올리펀트 올드(Hughes Oliphant Old)와 테리 존슨(Terry Johnson)과 같은 사람들의 연구와 글들의 도움을 받고 있는 것이 분명하다. 목회자-신학자들은 우리를 개혁주의 예배 유산 가운데서 전해진 성경 보고(寶庫)를 좀 더 지혜롭게 이해할 수 있도록 인도해준다. 목회자-신학자들은 거의 400년 동안 회중교회, 독립교회, 성공회, 침례교회, 장로교회 그리고 개혁 교회들이 다양한 공적인 예배 방법의 영향을 받으며 형성한 안내 지침들을 우리에게 가르쳐 준다.

그러나 이런 주축이 되는 개혁 개신교 예배 관행은 새로운 압력과 물음들에 직면한다. 이제 다시금 기본적인 성경 원리에 귀 기울일 때이다. 더욱이 고려해야 할 중요한 문화적인 문제가 있다. 데이비드 웰스(David Wells), 켄 마이어스(Ken Myers), 진 에드워드 베이스(Gene Edward Veith), 마르바 던(Marva Dawn)과 다른 많은 사람이 이런 문제를 기독교인의 입장에서 그리고 교회의 차원에서 접근하는 데 크게 도움을 준다. 이 문제에 대한 분명히 개혁적이며, 전 범위에 걸치고, 성경에 토대를 두었고 역사적으로 해박한 21세기 토론이 여전히 기다리고 있다. 우리는 그런 대화를 시작하려고 한다. 그렇게 함으로써 우리는 몽고메리 보이스의 발자취를 따라가는 것이 된다. 보이스는 현재 복음주의 교회의 공동 예배에 대해 진단했고, 그것을 위해 처방을 내렸던 사람으로 그가 하나님의 부름을 받기 바로 전에 다음과 같은 글을 썼다.

최근 몇 년 동안 나는 하나님을 예배하는 것과 항상 관련된 예배의 요소가 사라지는 것을 그리고 몇몇 경우에는 그런 예배의 요소가 전무한 것을 목도해 왔다.

기도. 나는 예배가 중요한 기도 없이 유지될 수 있다는 것을 거의 생각할 수도 없다. 그러나 바로 그런 일이 일어나고 있다. 대개 예배가 시작될 때 짧은 기도가 드려진다. 그러나 그 기도는 바로 사라져 버린다. 그 짧은 기도는 사람들이 환영받고 안락하게 느껴지도록 하는 친근한 인사로 대치되어 버리고 있다. 때때로 사람들은 주변을 돌아보고 교회 의자에 앉아 있는 옆 사람들과 악수를 나누도록 권면을 받는다. 일반적으로 계속 유지되고 있는 또 다른 기도는 헌금을 위한 기도이다. 우리는 그런 기도를 이해할 수 있다. 그런 기도가 자기중심적인 사람들로 하여금 교회가 유지되기 위한 충분한 헌금을 내도록 하는 전능한 하나님의 간섭을 일으킨다는 것을 우리는 알고 있기 때문이다. 그러나 좀 더 긴 기도인 목양을 위한 기도는 사라지고 있다. 경배(adoration)를 말하는 A, 죄의 고백(confession of sin)을 말하는 C, 감사(thanksgiving)를 말하는 T 그리고 간구(supplication)를 말하는 S로 이루어진 이합체(아크로스틱, 각 행의 처음 혹은 끝 글자를 맞추면 어구가 되는 시-역주)시라고 할 수 있는 ACTS에 도대체 어떤 일이 발생한 것인가? 하나님의 속성을 보여주는 것이 없거나, 하나님의 거룩하심을 이루고 있는 빛나고 영광스러운 것을 대항해서 지은 죄의 고백이 없다.

메리 존스(Mary Jones)가 곧 수술을 받게 되고 사람들이 그것을 알고 있으며 존스는 기도가 필요할 것임을 생각할 때, 무슨 일이 일어나는가? 그와 같은 사람들을 위한 기도는 헌금기도에 덧붙여져 함께 이루어지는 것이 다반사이다. 예배에 그런 기도를 위한 다른 시간이 없기 때문이다. 우리가 심지어 기도도 하지 않을 때, 어떻게 우리가 예배를 드리고 있다고 말할 수 있겠는가?

성경 읽기. 성경의 중요한 부분을 읽는 것 또한 사라지고 있다. 청교도 시대에 목사들은 구약에서 한 장과 신약에서 한 장을 정기적으로 읽었다. 성경을 연구하는 학생들은 매튜 헨리(Matthew Henry)의 6권으로 이루어진 성경주석에서 유익함을 얻는다. 그러나 그 주석은 헨리의 설교가 아니라 헨리의 성경 읽기 산물이었다는 것을 우리는 잊어서는 안 된다. 헨리의 회중은 설교와 더불어 성경 읽은 것에 대한 해박한 주해를 들었던 것이다. 그러나 우리의 성경 읽기는 점점 짧아지고 있다. 성경이 읽혀지기만 하면 된다고 한다면, 때때로 2-3절에 그칠 때도 있다. 많은 교회에서 심지어는 설교를 위한 본문조차도 없다. 내가 한 복음주의 교회에서 성장할 때, 하나님은 성경에서 우리에게 말씀하시고 우리는 기도 가운데 하나님과 이야기를 나누는 것이라고 배웠다. 만약에 우리가 기도도 하지 않고 성경도 읽지 않는다면, 우리 교회에서는 도대체 무슨 일이 벌어지고 있는 것이란 말인가? 무엇이 되었든지, 그것은 예배가 아니다.

말씀 강해. 오늘날 우리는 사려 깊은 강해를 언급하지 않으면서 성경에 대해 거의 진지하게 가르치고 있지 않다. 그런 강해 대신에 설교자들은 품위 있게 보이려 하고, 재미있는 이야기를 하려 하며, 웃는 인상을 주려 한다. 그리고 무엇보다도 사람들로 하여금 설교자 교회에 대해 불만을 가지게 해서 그 교회를 떠나게 할 수 있는 주제들을 회피하려 한다. 매우 인기 있는 어떤 텔레비전 설교자는 죄를 언급하려고 하지 않을 것이다. 죄를 언급하는 것이 사람들을 기분 나쁘게 할 것이라고 생각하기 때문이다. 그는 사람들이 이미 스스로에 대해서 충분히 나쁘게 느끼고 있다고 말한다. 설교자들은 진정한 필요들이 아닌, 느껴지고 요구되는 필요들을 말한다. 통상적으로 이것은 사람들에게 오로지 그들이 가장 듣기 원하는 것만을 말하는 것임을 의미한다. 설교자들은 사랑 받고, 인기를 누리거나 혹은 즐기는 것을 원한다. 그리고 성공하는 것을 원하고 있음은 물론이다.

그리스도의 사역자들을 위한 정당하고 성경적인 목표가 성공하는 것인가? 우리에게 우리 자신을 부인하고, 날마다 우리 십자가를 지고, 그분을 따를 것(눅 9:23)을 가르치신 분의 종들을 위한 정당하고 성경적인 목표가 성공하는 것인가?

죄의 고백. 하나님의 겸비하고 회개하는 백성이 하나님 앞에 머리를 조아리고 자신들이 하지 말았어야 할 일들을 저질렀고, 마땅히 행했어야 할 일들을 하지 않았으며, 그들 속의 사정이 건강하지 않다고 고백하는 것과 같이, 오늘날 교회 안은 말할 것도 없이 그 어느 곳에서 누가 죄를 고백하는가? 죄의 고백은 참된 기독교 예배의 필요한 요소였다. 그러나 하나님에 대한 의식이 거의 없기 때문에, 그 죄의 고백은 오늘날 이루어지고 있지 않다. 우리의 죄가 용납되고 용서를 구하기 위해서 교회에 오는 대신에, 우리는 용서받을 필요가 없는 정말로 멋진 사람들이라는 것을 듣기 위해서 교회에 온다. 사실상 우리는 너무나 바쁜 사람들이라서, 우리가 그렇거나 바쁜 일정 속에서 교회에 오는 시간을 낸 것을 하나님은 기쁘게 여기셔야만 한다고 생각한다.

찬송. 오늘날 예배의 가장 슬픈 양상 중에 하나는 교회의 탁월한 찬송이 사멸해가고 있다는 것이다. 그 위대한 찬송이 완전히 없어진 것은 아니지만, 없어지고 있다. 시편보다는 현대 광고성 곡들과 더욱 공통점이 있는 매우 흔한 상업성의 짧은 노래가 교회의 탁월한 찬송의 자리를 차지한다. 비록 진부한 말이 진부한 운율과 화음에 더 적합하기는 할지라도, 여기서 문제가 되는 것은 음악의 형태가 아니다. 오히려 문제는 노래의 내용에 연관된 것이다. 옛 찬송은 심오하고 통찰력 있는 방법으로 명쾌하고 기억할만한 언어를 사용해서 교회의 신학을 표현했다. 그 찬송은 예배자의 생각을 하나님께 올려드렸고, 예배드리는 사람에게 하나님의 속성을 기억하게 하는 놀라운 말씀을 주었다. 오늘날의 노래는 우리의 얕고도 신학이 없는 것을 반영해주고 있고, 그 어떤 것도 하나님에 대한 예배의 생각을 고양시켜주는 것이 거의 없다.

그 무엇보다도 최악의 것은 어떤 흔해빠진 개념, 어휘나 어구가 계속해서 단순하게 반복되는 노래이다. 비록 이와 같은 노래가 교회를 다니는 사람에게 종교적인 감흥을 줄 수는 있을지라도, 그런 노래는 예배가 아니다. 그 노래는 하나님을 예배하는 사람 중에서보다는 뉴에이지 운동으로 모이는 자들에게서 더욱더 볼 수 있는 일종의 주문이다.[1]

본서의 기고자들은 오늘날 다양한 복음주의 교회에서 이루어지는 예배의 개혁을 위해 보이스 박사가 짊어진 짐을 공유한다. 비록 우리에게 어떤 차이점이 있다 할지라도, 우리는 성경을 믿으며, 그리스도를 높이고, 복음을 전하는 오늘날의 교회들 속에서 회복되고 융성해지는 성경적 예배를 보기 원한다는 점에서 하나가 되어 있다. 본서는 우리 세대에서 기독교 예배의 부흥을 위한 성경적인 프로그램의 한 개요이다.

---

1 James Montgomery Boice, *Whatever Happened to the Gospel of Grace? Recovering the Doctrines That Shook the World* (Wheaton, Ill.: Crossway, 2001), 178-80.

1. 예배 개혁의 열쇠로서 성경

만약에 그런 회복이 이루어져야만 한다면, 어떤 원리에 토대를 둘 것인가? 우리가 오직 하나님께 영광(*soli deo gloria*)을 위하여 살고 함께 예배드려야만 한다면, 도대체 무엇이 그 토대와 형태가 될 것인가? 복음적 기독교인을 위한 유일한 대답은 오직 성경(*sola scriptura*)이다. 하나님 말씀 그 자체만이 기독교 예배의 원리와 형태와 내용을 제공해주어야 한다. 참된 기독교 예배는 성경에 의한 것이다. 참된 기독교 예배는 성경에 따르는 것이다. 성경만이 기독교 예배의 형태와 내용을 궁극적으로 규정한다.

이것은 종교개혁적인 강조점으로 특별히 16세기 위대한 프로테스탄트 종교개혁의 개혁적 계파(루터파와 급진적 개혁 전통들과는 대조되는 것이며, 로마 가톨릭 전통과는 정면으로 대조되는 것임)에서 열매를 맺었다. 성경 중심적인 예배는 칼빈과 종교개혁 1세대의 다른 신학자들에게서 발견된다. 그것은 존 낙스(John Knox)와 스코틀랜드 전통에서 발견된다. 그것은 엘리자베스 1세(Elizabeth I)의 시대로부터 영연방 시기에 이르기까지 성공회 청교도 전통에서와 이후 영국 비국교도(English Nonconformity)에서 발견된다. 그것은 침례교 신앙고백서(Baptist confessions)와 회중교회 신경(Congregational creeds) 속에 단단히 뿌리 내리고 있다.

성경의 지침들 속에서 분명하게 발견되는 하나님을 공적으로 예배하는 것에 대한 이런 강하고 특별한 강조는 규정적인 원리로 알려지게 되었다. 그것은 오직 성경(*sola scriptura*)이라는 종교개혁 원리의 확장이다. 성경이 신앙과 삶의 최종적인 권위이듯이, 성경은 또한 우리가 어떻게 공적으로 예배 드릴 것인지(분명하고 특별한 방법으로)에 대한 최종적인 권위가 된다. 우리는 모든 삶의 순간을 성경에 따라 살아야 하지만, 성경은 우리 삶의 모든 구체적인 순간에 대해서 직접적으로 말해주고 있지는 않다. 우리가 일반적인 성경적 원리를 의지해야만 하고 다양한 상황 속에서 구체적인 지침 없이 기독교인답게 생각해야 하는 많은 상황이 있다.

 개혁자들은 공적으로 예배드리는 일이 이와는 조금 다른 것이라고 생각했다. 그들은 하나님이 말씀 속에서 공적으로 예배드리는 일에 온전한 관심을 보여주셨다고 가르쳤다. 공적으로 예배드리는 일은 기독교인의 삶과 하나님의 영원한 목적에 중심이 되는 중요성 중의 하나이기 때문이었다. 그러므로 우리는 공적으로 예배드릴 때 특별한 주의를 기울여야만 한다. 그 특별한 주의는 우리가 기독교적인 삶의 다른 곳에서 기울일 수 있는 그런 것과는 차원이 다르다.

 하나님은 우리에게 무엇을 어떻게 해야만 하는지 말씀하셨다. 예배의 중요한 면은 하나님이 지시하시는 방향을 따르는 일이라는 것을 말씀하신 것이다. 따라서 적극적인 성경적 보장이 없이 성경의 일반적인 원리와 성화된 상식에 따라 생각하면서 우리가 정하도록 남겨진 결정은 상대적으로 적다. 개혁적 전통의 초기로부터 우리의 세대에 이르기까지 그리고 개혁적 공동체의 모든 대표적인 계파 속에서 여러 가지 방법으로 분명하게 표현된 이런 원리를 발견하는 것은 어렵지 않다.

 예를 들어 칼빈은 다음과 같이 말했다. "하나님은 그분의 말씀으로 분명하게 인증되지 않는 그 어떤 예배의 형식도 인정하지 않으신다."[2] 벨직 신앙고백서(Belgic Confession, 32항)와 하이델베르크 교리문답(Heidelberg Catechism, Q. 96)에 반영되어 있는 유럽대륙 개혁 전통(Continental Reformed Tradition)은 동일한 내용을 주장한다. 1969년의 제2 런던 침례교 신앙고백서(The Second London Baptist Confession)와 1974년의 필라델피아 침례교 신앙고백서(Philadelphia [Baptist] Confession) 모두는 다음과 같이 말한다. "참된 하나님을 예배하는 합당한 방법은 하나님 자신에 의해 제도화되었으며, 하나님 자신의 계시된 뜻에 의해 제한을 받고 있다. 그러므로 하나님은 사람의 생각과 만들어진 고안물로 경배될 수 없다. 하나님은 어떤 보이는 형상들 아래에서 사단이 제안하는 바들이나 혹은 거룩한 성경에 명기되어 있지 않는 어떤 다른 방법으로 경배

---

2 John Calvin, *The Necessity of Reforming the Church* (repr. Audubon, N.J.: Old Paths, 1994), 7.

될 수도 없다"(22.1).

그 신앙고백서들은 또한 다음과 같이 천명한다. "하나님 자신의 영광, 인간의 구원 그리고 믿음과 삶에 필요한 모든 것에 대한 하나님의 총체적인 지략은 거룩한 성경에 분명하게 기록되어 있거나 필요충분하게 포함되어 있다. 새로운 성령의 계시나 인간의 전통들에 의해서건 이 성경의 내용에 언제든 그 무엇인가가 더해져서는 안 된다. 그런데도 우리는 하나님을 예배하는 것에 대한 다음과 같은 상황이 있음을 인정한다. 즉 사람들의 행위와 사회에 일반적으로 상존하는 경우이다. 이런 경우는 늘 준수되어야만 하는 말씀의 일반적인 원칙에 따라서 본성과 기독교적인 분별력의 빛을 통해 규정되어야만 한다"(1.6). 사보이 선언(Savoy Declaration of Faith and Order, 1658), 웨스트민스터 신앙고백서의 회중교회주의자 수정안(Congregationalist Emendation of the Westminster Confession, 1647)은 동일한 원리를 증언해준다.

좀 더 최근에 성공회 교인 데이비드 피터슨(David Peterson)은 예배를 "하나님이 제안하신 조건에 그리고 하나님만이 가능하게 하실 수 있는 방법에 약속하며 계약을 맺는 것으로 정의를 내린다."[3] 휴스 올드(Hughes Old)는 규정적인 원리(regulative principle)라는 용어를 사용하고 있지만, 그런데도 그는 좀 더 구체적으로 웨스트민스터회의(Westminster Assembly)를 만족시켜 주었을 이 근본적인 개혁적 공동 예배 원리에 대해서 다음과 같이 묘사한다.

> 우리는 예배에서 우리가 하는 대부분을 행한다. 하나님이 행하라고 우리에게 명하셨기 때문이다. 우리가 복음을 전하고, 시편과 찬송으로 하나님을 찬양하며, 기도 가운데 하나님을 섬기고, 그리스도의 이름으로 세례를 주는 것은 바로 하나님이 명령하신 것이기 때문이다. 우리가 예배에서 행하는 몇 가지 일은 그것이 성경에서 구체적으로 가르쳐지고 있기 때문이 아니라, 성경에 부합되기 때문이다. 이것을 통해서 의미하

---

[3] David Peterson, *Engaging with God: A Biblical Theology of Worship* (Grand Rapids: Eerdmans, 1992), 20.

는 바는 우리가 예배에서 행하는 것 중에 몇몇 가지는 성경의 원리에 의해서 요청되는 것이기 때문이라는 것이다. 예를 들어, 우리는 성부와 성자와 성령의 이름으로 세례를 준다. 이렇게 세례를 주는 것이 성경에 의해 구체적으로 지시되어 있기 때문이다. 세례를 주기 전에 성령께서 외적인 표지에 약속되어 있는 것을 내적으로 이루시도록 세례기도는 성경적인 원리에 그 토대를 둔다. 우리는 예배의 기본적인 것들을 한다. 그것이 성경에 분명하게 명령되어 있기 때문이다. 성경적 원리에 따라 우리는 예배드리는 방법과 수단을 정리하여 규제하려고 한다. 어떤 것은 구체적으로 명령되거나 규정되거나 지시되지 않을 때가 있다. 혹은 우리가 어떻게 예배의 어떤 특별한 면을 해야 할 것인지를 안내해주는 성경적인 예가 없을 때가 있다. 그런 때일지라도 우리는 성경의 원리에 의해서 인도되도록 노력해야만 한다.[4]

여기서 주장되고 있는 바는 우리가 행하는 모든 것을 위한 성경적인 근거가 있어야만 한다는 것이다. 그런 근거는 분명한 지시들, 내재적인 요구사항, 성경의 일반적인 원리, 긍정적인 명령, 예들 그리고 선하고 필요한 결과들로부터 파생된 사항의 형태 속에서 나올 수 있다. 또한 예배에 대한 개혁적 접근법의 이러한 형태는 다음과 같은 사실을 인정한다. 즉 공동 예배에 대한 사안은 어떤 구체적인 성경적 명령이 없는 속에서 그러나 성경적 원리와 성화된 이성 그리고 일반계시의 영향 아래에 있는 신실하고 성경적인 기독교적 사고에 따라서 결정될 수 있는 것이 생각보다 적음을 인정한다(예를 들어, 소식지를 사용할 것인지, 예배는 몇 시에 시작할 것인지, 예배를 어느 정도 길게 드릴 것인지, 어디서 만날 것인지, 성직자들과 회중은 무엇을 입을 것인지, 찬송가를 사용할 것인지, 찬송은 어떻게 인도되어야 하는지 등등). 그러나 무엇보다도 중요한 것(중심이 되는 요소, 원리 부분, 긴요한 것)은 어떤 긍정적인 근거를 가지고 있는 것이다. 부차적이고 비본질적인 사안은 성경적인 원리에 의해서 인도받게 될 것이다.

---

4 Hughes Oliphant Old, *Worship That Is Reformed according to Scripture* (Atlanta: John Knox, 1984), 171.

이 원리를 정교하게 하고 더욱 명쾌하고 유용하게 하기 위해 개혁 신학자들은 공동 예배의 본질(공동 예배의 규정된 부분 혹은 요소의 내용), 예배의 요소(공동 예배의 구성요소 혹은 구체적인 부분), 예배의 형태(예배의 이런 요소가 수행되는 방법) 그리고 예배의 상황(어떤 결정이 요구되는 것이 필요하지만 말씀에는 구체적으로 명령되어 있지 않는 부수적인 사안)에 대해서 이야기한다. 개혁 신학자들은 예배의 전반적인 본질은 성경적이어야만 한다고 주장한다.

성경에서 온 말씀만 사용될 수 있다는 것이 아니라, 예배에서 이루어지고 이야기되는 모든 것은 건전한 성경신학과 일치되어야 한다. 각 구성요소의 내용은 하나님의 말씀 속에 계시된 것과 같은 하나님의 진리를 전해주어야만 한다. 또한 개혁 신학자들은 하나님이 예배에서 자신이 원하시는 요소를 구체적으로 명령하셨다고 주장한다(말씀 읽기, 말씀 선포, 찬송, 기도, 성례 집례, 서원과 서약 등등). 이러한 것에 그리고 이러한 것으로부터 우리는 더해서도 빼서도 안 된다. 요소의 형태에 대해서는 다음과 같은 어떤 다양한 변화가 있을 것이다. 다른 기도의 형식으로 기도할 수 있을 것이고, 다른 찬송이 불릴 수 있으며, 다양한 번역 성경이 읽혀지고 선포될 수 있고, 예배의 구성요소는 때때로 다시 배열될 수 있으며, 간혹 이루어지는 요소(성례, 서원과 서약과 같은 것)는 선택되는 다양한 시간에 이루어질 수 있을 것이다.

이런 사안을 실행하는 데 있어서 인간의 어떤 분별력이 필요할 것이다. 바로 이런 부분에서 일반적인 성경적 원리, 형태 그리고 비율들의 지침 아래에 있는 기독교적인 상식을 통해서 결정해야만 한다. 마지막으로, 우리가 앉을 것인지 설 것인지, 전통적인 교회 의자 혹은 평이한 의자를 가질 것인지, 교회 건물에서 만날 것인지 혹은 상가에서 만날 것인지, 찬송가를 가지고 부를 것인지 혹은 찬송을 암기해서 부를 것인지, 주일 예배는 몇 시에 드릴 것인지 등등과 같은 정황에 대해서는 다음과 같이 말할 수 있다. 즉 이런 사안은 구체적인 성경적 지침이 없는 가운데 결정되어야만 한다. 따라서 그런 사안은 "말씀의 일반적인 원칙에 따라서 본성과 기독교적인 분별력의 빛"에 일치하는 가운데 이루어져야만 한다(믿음에 대한 웨스트민스터 신앙고백서[Westminster Confession of Faith] 1.6; 침례교 신앙고백서[Baptist Confession of Faith] 1.6).

이런 규정적인 원리의 신실한 이행을 통해서, 다양한 개혁 교회는 기독교 혁신을 이루어냈고, 기독교 역사에서 찾아볼 수 없는 제자도 프로그램을 만들어냈으며, 오늘날까지 생존해 이어지는 문화(비록 줄어든 범위와 질적인 차원에서 일지라도)를 만들어냈고, 공동 예배의 사도적 규범들이 다시 활기를 띠게 만들었다. 본 장은 복음적 교회 속에 공동 예배를 의도적으로 다시 제도화하려는 것을 위한 하나의 요청을 기술한다. 즉 하나님이 공동 예배를 의도하신 것과 같은 공동 예배를 위한, 없어서는 안 될 자명한 원리이며 필수적인 요건으로서 다시 제도화하려는 것이다. 이것은 바로 보이스 박사가 다음과 같이 이야기했을 때 그가 친히 문제로 제기한 요청이다. "우리는 성경적 계시를 토대로… [그리고] 성경의 원리에 따라서 예배를 드려야만 한다."[5] 규정적인 원리가 주는 주된 이점은 다음과 같은 것이다. 즉 규정적인 원리는 하나님(인간이 아니라)이 공동 예배가 어떻게 드려져야 하는지에 대한 최상의 권위를 갖는다는 점을 분명히 하는 데 도움을 준다. 하나님 자신의 특별한 계시(우리 자신의 견해, 흥미, 기호 그리고 이론이 아닌)인 성경은 공동 예배를 드리고 공동 예배에 접근하는 데 있어서 가장 중요한 요소라는 것을 확실하게 보여줌으로써 도움을 준다.

2. 규정적인 원리는 시대착오적인 것인가?

그러나 규정적인 원리는 많은 복음주의자에게 시대에 뒤떨어진 인상을 준다. 많은 복음주의자가 그 규정적인 원리를 예배에 대한 한 역사적인 표현으로 보고는 있지만, 그 원리가 필요하고 오늘날에도 적용 가능한 것이라는 확신을 가지고 있지는 못하다. 예배의 이런 역사적인

---

[5] Boice, *Whatever Happened to the Gospel of Grace?* 188.

개혁적 견해에 대한 좀 더 지적인 비평 중에 몇몇 가지는 이 규정적인 원리를 단지 다음과 같은 청교도적인 원리로 보고 있다. 칼빈의 접근법보다 더 좁은 입장으로 17세기 현학적인 신학자들에 의해서 만들어진 북유럽 문화의 특징으로 가톨릭 기독교가 있는 대부분의 곳에서는 채택되지 않는 것이다.[6] 우리는 본 장과 이어지는 다음 두 개의 장에서 이런 몇 가지 반대 견해에 대해서 반론을 펼칠 기회를 가지게 될 것이다. 그러나 나는 많은 복음주의자가 이 규정적인 원리를 채택하는 데 있어서 어려운 시간을 가지고 있는 것에 대한 주된 이유는 다음과 같다고 말하고 싶다. 즉 그들은 하나님이 자신의 말씀 속에서 어떻게 공동적으로 예배를 드릴 것인지를 우리에게 말씀하고 계신다(혹은 우리에게 그에 대한 많은 것을 말씀하고 계심을)는 것을 믿지 않기 때문이다.

복음주의자는 한 세기 그 이상이 지나도록 성경이 우리에게 교회에 대해서 전반적으로 가르쳐준다고 생각하는 면에 있어서 그리고 교회론(교회에 대한 교리)의 상대적인 중요성을 평가하는 데 있어서 모든 개신교도 중에서 가장 미미한 생각을 견지해왔다. 복음주의자는 교회 통치권이 말씀 속에 확실하게 설정되어 있다는 것을 일반적으로 믿지 않는다. 그들은 종종 지역 교회를 지상명령의 성취 혹은 기독교적인 제자도를 이루어내는 것에 대한 긴요한 요소로서 보지 않는다. 그들은 예식을 보기를 자유를 제한하는 것으로서 의혹에 찬 눈으로 바라본다. 그리고 그들은 믿는 자들의 제사장직과 지역 교회 자율권을 다음과 같은 것, 즉 설립된 교회 규율의 가르치는 권위, 고백적 신학 그리고 (성경 아래서) 세대를 걸쳐 이루어진 거룩한 교제(communio sanctorum)의 증언에 대항해서 일반적으로 병치시켜 놓는다. 결과적으로 예배에 대한 교리는 성경이 교회의 교리에 대해 가르쳐주는 것의 일부분이기 때문에, 그들은 공동 예배를 드리는 것에 대한 중요하고도 결정적인 가르침의 방법

---

[6] 이런 종류의 비평은 R. J. Gore의 *Covenantal Worship: Reconsidering the Puritan Regulative Principle* (Phillipsburg, N.J.: P&R Publishing, 2002)에서 발견할 수 있다. 그리고 아마도 "Reformed Worship in the Global City," in *Worship by the Book* (ed. D. A. Carson; Grand Rapids: Zondervan, 2002), 193-99에 있는 팀 켈러(Tim Keller)의 설명에 암시되어 있을 것이다.

에 있어서 일반적으로 많은 것을 기대하지 않게 된다.

그러므로 이것을 다시 다르게 말하자면, 오늘날 복음적 교회에서 예배를 개혁하는 데 유일하고도 가장 커다란 장애물은 신약 기독교인이 공동으로 하나님을 예배해야만 하는 것에 대한 특별한 지침들을 거의 가지고 있지 않거나 아니면 전혀 가지고 있지 않다고 복음주의자가 믿고 있는 것이다. 즉 예배에 어떤 요소가 들어가야 하는지, 잘 구성된 예배에는 어떤 요소가 항상 있어야만 하는 것인지, 예배에는 어떤 요소가 속해서는 안 되는 것인지 등에 대한 지침이 없다고 생각한다. 좀 더 구체적으로 말하자면, 모든 윤리적인 행위는 어떤 기준(규범), 원동력(누군가로 하여금 규범 가운데 심사숙고된 행동을 할 수 있도록 하거나 힘을 부어주는 것), 동기(행위를 하도록 누군가를 강제로 몰아가는 것), 목표(행위의 마지막 결과물 혹은 목적)가 있다는 기독교 윤리를 공부한 것을 되새겨 볼 때, 우리는 다음과 같은 것을 말할 수 있다. 즉 복음주의자는 기독교 예배의 원동력(성령의 은총)과 그 동기(은총에 대한 감사, 하나님을 위한 열정)를 강조하지만, 기준(성경)과 목표(하나님을 영화롭게 하고 즐거워하는 지고한 목적)는 강조하지 않는다는 것이다.

복음주의자는 예배가 중요하다고 생각한다. 그러나 그들은 또한 종종 예배를 하나님을 영화롭게 하고 즐거워하는 것보다 다른 어떤 목적에 대한 수단으로 본다. 어떤 사람은 예배를 복음 전도로 본다(따라서 그 목표를 잘못 이해하고 있다). 어떤 사람은 사람의 마음, 의도, 동기 그리고 신실성이 우리가 예배드리는 방법에 있어 유일하게 중요한 것이라고 생각한다(따라서 예배를 위한 성경의 기준, 원리 그리고 규칙을 경시한다). 그리고 어떤 사람은 예배를 통한 경험의 감정적인 산물을 "좋은" 예배에 있어서 중요한 요소로 본다(따라서 주관을 지나치게 강조함 그리고 종종 감정적인 표현에 대한 특별한 문화적인 견해를 모든 예배자에게 무의식적으로 부과한다). 복음주의자는 예배에 대한 이런 것을 믿는다. 그러나 그들은 예배드리는 방법에 대한 혹은 우리가 예배에서 행해야 할 것과 하지 말아야 할 것에 대한 많은 성경적인 원리가 있다는 것을 생각하지 못한다.

부분적으로 이런 현상은 옛 언약과 새 언약 속에 있는 하나님 백성의 예배 사이에 존재하는 불연속성의 명확한 본질에 대한 나름대로 납득이 가는 오해의 결과일 수 있다. 대체적으로 복음주의자는 그리스도의 오심에 대한 히브리인들과 신약의 나머지 부분의 관점을 옛 언약의 정교한 예전적 예배의 유형들과 그림자들이 가지고 있는 목적으로서 이해한다. 따라서 그들은 또 다시 정당하게 고교회파(high church) 전통들(로마 가톨릭, 동방정교, 혹은 잉글랜드 국교회 가톨릭)을 거절했다. 그 고교회파 전통들은 옛 언약 예배의 제사장적 예식 존중주의의 기독론적인 해석을 부과하고 재적용하려 하거나 계시의 예전적 상징주의(그 자체가 옛 언약의 예배 관행에 토대를 두고 있다)를 새 언약의 교회 전사(戰士)를 위한 규범으로 삼게 하려고 한다. 복음주의자는 이런 접근법이 혼돈될 뿐만 아니라 잘못되었고 비성경적이라고 알고 있다.

결과적으로 복음주의자는 이스라엘이 비록 예배에서 무엇을 해야만 했었는지에 대한 지침들을 구약이 포함한다고 알지라도, 그 복음주의자는 구약에서 기독교 예배를 위해 얻어질 것이 비록 있다 하더라도 거의 없는 것이라 생각하는 경향을 보인다. 혹은 그들이 신약은 마음, 성령의 역사를 강조하고 있으며 전 생애에 있어서 예배는 이런 구약 원리를 대치한다고 생각한다. 혹은 그들이 신약은 공동 예배를 드리는 방법에 대해 거의 말하고 있지 않거나 아무것도 말하고 있지 않다고 생각한다. 심지어 어떤 사람들은 공동 예배라는 범주가 하나님의 경륜에 대한 새 언약적 표현에서는 완전히 사라졌다고 생각하기도 한다. 그러나 다른 한편으로 고교회파 접근법이 잘못된 것과 같이, 이런 생각은 또 다른 한편으로 보았을 때 잘못된 것이다. 그리고 이런 생각이 하나님의 백성이 가지는 회집된 예배를 접근하는 데 있어 개인주의, 상대주의 그리고 상황주의 문화 속에 포장된 복음주의를 조장시키는 것은 놀라운 일이 아니다. 즉 개인주의에 강하지만 공동에는 약하며, 주관적인 것에는 강하지만 객관적인 것에는 약하고, 마음에는 강하지만 원리에는 약한 그런 복음주의를 조장시킨다.

3. 하나님이 경배되는 방법에 대해 하나님이 가지시는 지대한 관심

그렇지만 하나님은 우리가 어떻게 예배를 드려야 하는지에 대해 매우 많은 관심을 가지고 계신다는 것을 성경 전체를 통해서 충분할 정도로 분명하게 말씀해 놓으셨다. 이 질문에 대한 성경의 대답은 구약에서 뿐만 아니라 신약에서도 분명히 그렇다는 것을 명확하게 이야기 한다. 성경 어디서 이것에 대해 가르쳐주는가? 분명하게 나타나는 한 곳은 레위기뿐만 아니라 출애굽기 25-31, 35-40장에서 보이는 성막 예배를 위한 상세한 규정 가운데 발견된다. 예를 들어, 성소와 성소에서 사용하는 기구들을 위한 하나님의 지침들을 말해주는 내용의 중간 부분에 있는 출애굽기 25장은 하나님의 백성이 예배하는 방법에 대한 적어도 세 가지 국면을 말해준다(따라서 예배의 기준, 동기 그리고 목표와 간접적으로는 원동력에 관하여).

첫째, 이스라엘의 예배는 기꺼이 자원해서 드리는 자발적인 예배이어야만 했다. 성소에 물건을 드리는 자는 "즐거운 마음으로 내는 자"(출 25:2)이어야만 했다(출 32:2의 금송아지 사건 속에 있는 경우와는 현저히 다른 것을 주목하라). 만약에 예배가 하나님의 은총에 대한 감사로부터 기인되는 것이 아니라고 한다면, 만약에 하나님이 누구이신지 그리고 그분이 행하신 것에 대해서 마음에서 우러난 반응이 아니라고 한다면, 그 예배는 헛된 것이다.

둘째, 참된 예배(언약 자체의 목표와 같이)는 살아계신 하나님과 영적인 교제를 목표로 한다. 하나님은 그분의 백성 "중에 거할" 성소의 건축을 명하신다(출 25:8). 이것이 예배를 위한 옛 언약 법령 속에 있는 하나님의 목적이다. 그러므로 백성은 그들 자신이 성막을 짓고 성막으로 올 때 마음에 이 목표를 간직하고 있어야만 했다. "너희로 내 백성을 삼고 나는 너희 하나님이 되리니"라는 말씀은 언약의 핵심이고 목적이다. 또한 예배의 핵심이고 목적이다. 만약에 이것보다 더 못한 그 어떤 것을 목적으로 한다면, 그것은 전혀 예배가 아니며, 다만 예배를 대치하는 헛된 것일 뿐이다.

셋째, 하나님의 예배는 그분의 지침들에 따라서 주의 깊게 배열되어야만 한다. 하나님이 주체가 되어 주관하시는 주도권은 성막 설계에 있어서 가장 중요한 면이다(또 다시 금송아지 사건과 현저히 다른 것). 하나님은 성막과 그 성막에서 쓰이는 모든 기구는 "이 산에서 네게 보인 식양대로"(출 25:40) 만들어져야 한다고 하셨다. 백성의 창의성도 아니고, 심지어 장인들의 창의성도 아니며, 그분의 백성이 그분을 만날 장소를 만드는 데 있어서(그리고 이 예배에서 섬길 제사장들의 모든 행위에 있어서) 하나님의 계획이 결정적인 요소가 되어야만 했다. 본질적으로 이것은 개혁자들이 기독교 예배를 위한 근본적인 원리(규정적인 원리로서 알려진 접근법)로서 보았던 것이다. 요컨대, 이 원리는 그 내용, 동기 그리고 목적에 있어서 예배는 하나님에 의해서만 결정되어야 한다는 것을 말한다. 그렇다면 그분의 지침들로부터 우리가 점점 더 멀리 떨어져 나갈수록, 실제로 우리는 점점 예배를 덜 드리게 되는 것이다.

그러나 많은 훌륭한 복음주의적 신학자는 이 점에 대해서 반대하며 다음과 같이 말한다. "그렇다. 이 원리는 성막 예배를 위해서는 맞는 참된 것이나, 새 언약 예배를 위해서는 참된 것이 되지 못한다." 이 반론의 뒤에 있는 생각은 다음과 같은 것이다. 구약의 독특한 모형론적 중요성으로 인해서 구약 성막 예배는 독특한 요구사항을 통해 보호되었다. 그 요구사항은 하나님이 구약 혹은 신약에 있는 그 어느 부분도 그분 백성의 공동 예배에 적용하지 않으셨던 것이다. 그러므로 그들은 이렇게 말한다. 비록 우리가 드리는 예배가 성경적인 원리(삶의 나머지 부분에서와 같은 동일한 방법 가운데)에 의해 보호되어야만 할지라도, 그것은 말씀에 의해서 확실하게 보증되는 것(성막 예배에서와 같이)에 국한되지는 않는다.[7]

그러나 성경, 즉 성경 전체 내용은 이런 입장과 대치된다. 예배의 방

---

[7] 존 프레임(John Frame)은 *Worship in Spirit and Truth* (Phillipsburg, N.J.: P&R Publishing, 1996), 특별히 xii-xiii, 44-45에서 이런 종류의 주장을 한다(비록 다른 사람들만큼 급진적이지는 않을지라도, 이것은 언급되어야만 한다).

법(예배의 기준, 동기, 원동력 그리고 목표)에 대해 하나님이 가지시는 관심을 강조하는 것은 많은 부분에 두루 널리 퍼져 있다. 즉 예식 법전뿐만 아니라 도덕법에도, 모세오경뿐만 아니라 예언서에도, 구약뿐만 아니라 신약에서도, 바울에게서 뿐만 아니라 예수님의 가르침에서도 널리 찾아볼 수 있다. 아래에 나오는 성경의 내용을 생각해보라.

1) 가인과 아벨의 이야기

특별계시의 맨 처음 시작 부분에서 여자의 후손과 뱀의 후손의 타락 후 이야기에 대한 매우 중요한 요소가 가인과 아벨 이야기에서 발견된다(창 4:3-8). 아벨은 "자기도 양의 첫 새끼와 그 기름으로" 드렸고, 가인은 "땅의 소산으로" 드렸다. 그런데 주님은 "아벨과 그 제물은 열납하셨으나 가인과 그 제물은 열납하지 아니하신지라." 왜 그랬는가? 글쎄! 내러티브는 상세한 내용을 가지고 있지 않으나 그에 대한 대답을 제시한다. 그 형제들 각각이 드린 제물에 대해 언급된 대조적인 표현과 결부된 하나님의 꾸짖음("네가 선을 행하면 어찌 낯을 들지 못하겠느냐?")은 다음을 나타낸다. 즉 가인의 제물은 하나님이 요구하신 기준들(모세가 자신의 글을 읽는 독자들이 미리 생각할 것을 기대한다면 몰라도 그렇지 않는 한, 그 요구사항이 무엇이었는지 우리를 위해서 여기에 상세히 설명되고 있지는 않다)에 비추어 보면 결함이 있는 불충분한 것이었거나 아니면 제물을 드리는 가인의 마음 태도/동기가 불완전했던 것임을 나타낸다. 달리 말하면, 가인은 영적으로나 진리적으로 혹은 그 둘 모두에 있어서 예배드리는 것에 실패한 것이었다.

예배드리는 방법이 그 기준이나 동기에 있어서 부족했다. 그래서 하나님은 가인의 예배를 거절하신 것이다. 따라서 하나님은 예배의 시작과 그 중요성에 대해 강조하는 것이 매우 많은 창세기 부분인 계시의 초기 부분에서 모든 독자와 청자에게 하나의 경고를 말씀하고 계신다. 즉 하나님은 그분의 백성이 예배에서 자신에게 다가오는 방법에 대해 매우 특별한 관심을 가지고 계신다는 것이다. 이것은 시내 산에서 도덕법이 상술되기 전이다. 그것은 결코 출애굽기의 성막 예배에 혹은 레위기 제도에 연관되어 있지 않다. 그런 것이 선포되기 이전에, 이 이야기는 우리에게 하나님이 예배드리는 방법에 대해서 관심을 가지고 계시며 마음을 쏟고 계신다는 것을 말해준다.

2) 출애굽 이야기

출애굽기의 위대한 구속 이야기에는 다음과 같은 것을 말해주는 또 다른 원리가 그 토대를 둔다. 즉 하나님은 공동 예배에 애착을 가지고 계시기 때문에 우리가 예배드리는 방법에 관심을 가지도록 하신다는 굉장히 중요한 사실을 보여준다. 예를 들어, 출애굽 전체 이야기는, 특별히 출애굽기 3:12로부터는 하나님의 백성이 하나님을 예배하도록 하기 위해 구속되었다는 것을 강조한다. 하나님은 그분의 백성이 하나님을 예배하도록 하기 위해 구원하려고 모세를 애굽에 보낸 것이 그의 소명임을 강조한다. 다음과 같은 구절의 반복되는 강조사항을 들어보라. "네가 백성을 애굽에서 인도하여 낸 후에…하나님을 섬기리니"(출 3:12). "우리가 우리 하나님 여호와께 희생을 드리려 하오니 사흘길쯤 광야로 가기를 허락하소서"(출 3:18). "내 아들을 놓아서 나를 섬기게 하라"(출 4:23). "내 백성을 보내라 그들이 광야에서 내 앞에 절기를 지킬 것이니라"(출 5:1). "우리가 사흘길쯤 광야에 가서 우리 하나님 여호와께 희생을 드리려하오니"(출 5:3).

이 반복되는 말씀을 과소평가하지 말라. 이 말씀은 바로가 임시적으로 이스라엘 자손을 놓아 보내주도록 하려는 단순한 책략이 아니다. 하나님을 예배하는 것은 하나님이 그분의 백성을 해방하는 가장 중요한 이유이다. 따라서 믿는 자의 삶에서 예배의 중요성은 공표되었다. 우리는 예배를 드리기 위해서 구원되었다! 물론 이런 구절은 삶의 모든 면에서 이루어지는 예배와 공동 예배의 구체적인 행위 그 둘 모두에 주어지는 어떤 관심을 반영해준다.

그러나 출애굽기에 나오는 성막 이전 예배 시대에서(즉, 예배의 두 가지 유형[함께 모여 찬양드리는 것과 삶의 예배]에 대한 모세의 차별화에 있어서, 함께 모여 이루어지는 예배의 구체적인 내용에 대한 모세의 묘사에서, 그 함께 모여 이루어진 예배의 첫 장소[하나님이 보여주셨던 산]에서 모세가 보인 관심에서, 도덕법에 있는 공동 예배에 대한 규정들에 포함된 내용에서, 금송아지 반역 사건 속에서 이루어진 공동 예배의 남용에 대한 모세가 보여준 몹시 크게 강조된 이야기 가운데 그리고 등등) 예배에 대한 모세의 말과 가르침 속에 나타난 공동 예배의 구체적인 행위에 대한 두드러진 강조는 우리에게 공동 예배에 대한 우리의 접근법에 있어서 신중해져야 할 것을 가르쳐준다.

3) 첫 번째와 두 번째 계명

하나님은 공동 예배를 드리는 사람뿐만 아니라 공동 예배를 드리는 방법에도 관심을 가지고 계신다는 기본적인 표지는 도덕법 자체에 그 토대를 두고 있고 첫 번째와 두 번째 계명에 나타나 있다(출 20:2-6). 이 명령이 어떻게 그 명령의 개수가 세어진다 할지라도, 본문은 여전히 두 가지 모두가 가리키는 요점을 말해준다!

> 나는 너를 애굽 땅 종 되었던 집에서 인도하여 낸 너의 하나님 여호와로라 너는 나 외에는 다른 신들을 네게 있게 말지니라 너를 위하여 새긴 우상을 만들지 말고 또 위로 하늘에 있는 것이나 아래로 땅에 있는 것이나 땅 아래 물 속에 있는 것의 아무 형상이든지 만들지 말며 그것들에게 절하지 말며 그것들을 섬기지 말라 나 여호와 너의 하나님은 질투하는 하나님인즉 나를 미워하는 자의 죄를 갚되 아비로부터 아들에게로 삼 사대까지 이르게 하거니와 나를 사랑하고 내 계명을 지키는 자에게는 천대까지 은혜를 베푸느니라(출 20:2-6).

이 본문에서 하나님은 자신만이 예배되어야 할 뿐 아니라 자신은 형상을 통해 예배되어서는 안 된다는 것을 나타내고 계신다. 게다가 하나님은 이런 일들에 대해 극도의 민감성을 강조하고 계신다. 형상의 사용을 언급하는 내용은 이 본문을 공동 예배를 위한 관심을 나타내는 부분으로 분명하고도 확실하게 보여준다(물론 이 본문은 전 생애를 걸쳐 드려지는 예배를 위한 함축된 의미를 가지고 있기는 할지라도). 단지 성막의 예식적인 제도만이 아니라 영원하고 영속적인 도덕법을 표현하는 이 본문은 "예배에 있어서 신중함"을 위한 개혁적 관심을 나타내는 바로 그 토대가 되는 본문이다. 하나님은 그분이 예배의 대상과 방법에 대해서 질투를 발하실 정도로 관심이 있다는 것을 나타내시기 때문에, 우리는 예배의 대상과 방법에 대해서 굉장히 조심스러워야만 한다. 그렇게 행하기 위한 가장 좋은 방법은 규정적인 원리를 따르는 것이다.

그 열 가지 말씀 자체는 임시적인 사회적, 종교적 그리고 도덕적 규범들의 단순한 계시가 아니라 하나님 자신의 본성을 드러내는 것이다. 첫 번째 명령은 우리에게 홀로만 하나님이신 주님을 보여준다. 두 번째 명령은 우리가 그분에 대해 말하는 방법에 있어서 조차도 주권적인 하나님에 대해서 증언한다(그 두 번째 명령에서 하나님은 우리에게 다음과 같이 가르쳐주고 있기 때문이다. 즉 두 번째 명령은 우리는 우리 자신인 인간의 범주들에 따라서 하나님을 생각해서도 예배해서도 안 되며, 그분이 가진 요건과 계시에 의해서 그분을 알고 예배해야만 한다고 가르쳐준다). 이 명령은 우리에게 하나님이 어떤 분인지에 대해 제일 먼저 가르쳐준다. 그렇기 때문에 이 명령은 또한 우리에게 우리가 하나님을 어떻게 생각해야만 하는지, 우리가 하나님을 어떻게 예배해야만 하는지 그리고 하나님은 우리가 그분을 어떻게 생각하는지와 예배하는지에 정말 커다란 관심을 보이고 계신다는 것에 대한 영원한 지침을 말해준다.

두 번째 명령을 주의 깊게 고찰해보면 다음과 같은 세 가지 요점을 얻게 된다.

(1) 하나님에 대한 우리의 지식을 하나님의 말씀이 통제해야만 한다. 따라서 예배를 하나님의 말씀이 주관하는 것은 매우 중요하다

하나님의 계시가 하나님에 대한 우리의 생각을 통제해야만 한다. 그

러나 예배는 하나님에 대한 우리의 생각에 도움을 준다. 그렇기 때문에, 하나님의 계시가 하나님에 대한 우리의 생각에 있어서 제일 먼저인 우선순위로 남을 수 있는 유일한 방법은 하나님의 계시가 또한 하나님에 대한 우리의 예배를 통제할 경우이다. 하나님이 그분 자신을 드러내는 하나님의 자기 계시는 그분에 대한 우리의 개념을 주도해야만 한다. 그러므로 하나님의 백성은 하나님 혹은 신들의 형상을 만들어서는 안 된다. "너를 위하여 새긴 우상을 만들지 말고 또 위로 하늘에 있는 것이나 아래로 땅에 있는 것이나 땅 아래 물속에 있는 것의 아무 형상이든지 만들지 말며." 우상 혹은 조각한 형상 혹은 새긴 형상은 문자적으로 어떤 형상으로 잘라지고 깎아진 것을 지칭한다.

따라서 이 명령은 이스라엘 속에는 하나님을 나타내는 형상이 있어서는 안 된다는 것을 말한다. 출애굽기 20:4의 어법은 어떤 이유로든 하나님 혹은 신들의 형상을 만들어서는 안 된다는 것을 나타낸다. 이 금지는 참되신 한 분 하나님의 형상뿐만 아니라 다른 신들의 형상에까지 확대되어 적용되는 것이 분명하다. 신명기 4:15-18은 다음과 같이 말한다.

> 여호와께서 호렙산 화염 중에서 너희에게 말씀하시던 날에 **너희가 아무 형상도 보지 못하였은즉** 너희는 깊이 삼가라 두렵건대 스스로 부패하여 자기를 위하여 아무 형상대로든지 우상을 새겨 만들되 남자의 형상이라든지, 여자의 형상이라든지, 땅 위에 있는 아무 짐승의 형상이라든지, 하늘에 나는 아무 새의 형상이라든지, 땅 위에 기는 아무 곤충의 형상이라든지, 땅 아래 물속에 있는 아무 어족의 형상이라든지 만들까 하노라 또 두렵건대 네가 하늘을 향하여 눈을 들어 일월성신 하늘 위의 군중 곧 너희 하나님 여호와께서 천하 만민을 위하여 분정하신 것을 보고 미혹하여 그것에 경배하며 섬길까 하노라(첨가된 강조).

이 도덕법은 우리에게 다음과 같은 것을 분명하게 가르쳐준다. 우리가 어떻게 공동으로 예배를 드려야 하는지, 심지어는 하나님에 대해서 어떻게 생각해야 하는지에 대한 우리의 규칙은 성경이 되어야만 한다.

성경(하나님 자신의 자기 드러내심과 계시)은 우리 자신이 새롭게 한 것, 창의력, 경험, 견해 그리고 표상이 아니라 하나님에 대한 우리 개념의 원천이 되어야만 한다. 그런데 개신교 예배처소는 바로 이런 면을 반영한다. 즉 개신교 예배처소는 역사적으로 소박하고, 명백한 종교적인 상징주의를 가지고 있지 않으며, 신들을 나타내는 표상들이 분명히 없는 이유이다.

하나님에 대한 우리의 형상을 형성하는 데 있어서 그리고 그분을 경배하는 우리의 예배에 대한 정보를 알려주는 핵심적인 자료는 성경이 되어야만 한다. 그리고 공동 예배의 방법이 하나님에 대한 우리의 형상을 형성하는 데 도움을 주기 때문에, 우리가 성경에 따라 예배하는 것은 정말로 중요하다. 유대인 주석학자 나훔 사르나(Nahum Sarna)는 두 번째 명령이 가진 영향력 있는 뜻을 다음과 같이 나타내고 있다.

> 예배의 형태는 이제 규정되어 있다. 하나님에 대한 혁신적인 이스라엘의 개념은 그분의 창조 세계로부터 온전히 구별된 그리고 인간의 마음이 생각할 수 있는 혹은 인간의 상상력이 그릴 수 있는 것과 전적으로 다른 하나님의 존재를 포함한다. 그러므로 신성을 나타내는 그 어떤 형상도 금지되었다. 백성은 시내 산에서 "말소리만 듣고 형상은 보지 못하였느니라"라고 말하는 신명기 4:12, 15-19에는 상세한 금지조항이 있다. 이스라엘의 관점에서 볼 때, 하나님에 대한 어떤 [인간적으로 주도된] 상징적인 표상은 불충분하며 왜곡된 것임에 틀림없을 것이다. 형상은 그 형상이 나타내는 것과 그 신성의 장소와 임재에 따라서 보이는 것과 동일시되기 때문이다. 결국에 그 형상 자체는 경외의 중심과 예배의 대상물이 되고야 말 것이다. 이런 모든 것은 이스라엘 유일신주의의 독특한 본질을 완전히 무효화 해버리고 만다.[8]

그러나 두 번째 계명이 제일 중요한 이유에 대해서는 좀 더 이야기되어야만 한다. 다시금 우리는 왜 이스라엘에서는 형상을 만드는 일이

---

8 Nahum M. Sarna, *The JPS Torah Commentary: Exodus* (Philadelphia: Jewish Publication Society, 1991), 110 [괄호 안의 내용은 필자가 첨가한 것임].

있어서는 안 되는가? 라고 묻는다. "매개물은 메시지이다"라는 마샬 맥루한(Marshall McLuhan)의 유명한 격언은 닐 포스트만(Neil Postman)에 의해 이루어진 다음과 같은 흥미 있는 관찰에 관심을 불러일으켜 준다.

> 문화를 통해서 보는 가장 분명한 방법은 대화를 위한 그 문화의 도구들을 주의하여 살펴보는 것이다. 이런 견해에 대한 나의 관심은 먼저 맥루한(McLuhan)보다 훨씬 더 굉장한, 플라톤(Plato)보다 훨씬 더 오래된 어떤 선지자에 의해서 도전되어 야기되었다는 것을 첨언하고 싶다. 한 젊은이로서 성경을 공부하면서, 나는 어떤 특별한 종류의 내용에 우호적이어서 문화에 대한 명령을 주도할 수 있는 매체를 형성하는 개념에 대한 암시를 발견했다. 나는 십계명 중에 특별히 [하나님을 나타내는 것으로서] 어떤 것에 대한 구체적인 형상을 만들지 말 것을 이스라엘 백성에게 말하는 두 번째 계명을 언급하고자 한다. "너를 위하여 새긴 우상을 만들지 말고 또 위로 하늘에 있는 것이나 아래로 땅에 있는 것이나 땅 아래 물 속에 있는 것의 아무 형상이든지 만들지 말며." 다른 많은 사람과 마찬가지로, 나는 왜 이 백성의 하나님은 그들이 [하나님을] 경험한 것을 상징화하거나 상징화하지 않거나 하는 방법에 대한 지침들을 포함하는 것인지에 대해서 의아스럽게 생각했다. 만약에 이 부분을 기록한 저자가 인간의 의사소통의 형태와 어떤 문화의 특성 사이의 연결성을 가정하고 있었던 것이 아니라고 한다면, 그 명령은 어떤 윤리적 제도의 부분을 포함하는 일종의 이상한 명령이다. 우리는 위험을 감수하면서 다음과 같은 추측을 해볼 수 있다. 즉 추상적이고 우주적인 신을 신봉하도록 요청을 받고 있는 백성은 어떤 구체적이고 도상(圖像)학적인 형태로 [그 신에 대한] 그림들을 그리거나 형상을 만들거나 그에 대한 그들의 생각을 묘사하는 관행을 통해서 그 신을 신봉하는 데 부적절한 모습을 가시게 될 수 있을 것이다. 유내인들의 하나님은 말씀 속에 그리고 말씀을 통해서 존재하셨다. 그것은 추상적인 사고의 가장 높은 단계를 요구하는 전례 없는 개념이었다. 따라서 도상학은 신성모독으로 인식되어서, 새로운 종류의 하나님이 문화로 유입해 들어갈 수 있었다. 말씀 중심에서 이미지(像) 중심으로 우리이 문화가 바뀌어가고 있는 과정에 있는 우리와 같은 사람들은 이 모세의 명령을 숙고

해봄을 통해 유익을 얻을 수도 있을 것이다.⁹

따라서 하나님에 대한 이스라엘의 관점, 하나님에 대한 이스라엘의 이해는 인간의 상상력이나 상징적으로 나타내는 그 무엇에 의해서가 아니라 하나님의 자기 계시에 의해서 통제를 받아야만 했다. 그러므로 하나님에 대한 예배는 신성에 대한 이미지들과 눈에 보이는 어떤 것이 없는, 즉 우상(偶像)이 없는 것이어야만 했다. 예배에 대한 방법은 하나님에 대한 우리의 개념을 형성하는 중요한 요소에 기여하기 때문이다. 물론 이것은 기독교 예배 역시도 우상이 없는 것이어야만 한다는 것을 의미한다. 고려해야 하는 두 번째 요지에서 우리는 이런 생각을 확장해 보고자 한다.

(2) 하나님 자신의 성품과 말씀이 하나님에 대한 우리의 예배를 통제해야만 한다

하나님의 본성과 계시는 하나님에 대한 우리의 예배를 통제해야만 한다. 그러므로 하나님의 백성은 다른 신들의 형상을 예배하거나 참된 하나님을 이미지들을 통해서 예배해서는 안 된다. "그것들에게 절하지 말며 그것들을 섬기지 말라"(출 20:5a). 이 어구는 새긴 우상들은 예배되어서도 안 되고 섬겨져서도 안 된다는 것을 좀 더 구체적으로 말해준다. 그렇다! 거짓 신들은 섬겨져서도/예배되어서도 안 되는 것은 물론이다(이것은 첫 번째 명령에도 명백하게 내포되어 있다). 그러나 더욱이 참되신 한 분 하나님은 우상들을 사용해서 섬겨지거나/예배되어서도 안 된다. 바로 이런 중요한 개념은 금송아지(출 32:1-5)와 여로보암의 우상숭배(왕상 12:28) 이야기에서 구체적으로 드러나고 있다.

이 명령은 로마 가톨릭과 동방정교와 심지어 개신교의 일부 분파들(이제 우리는 유감스럽게도 이야기해야만 한다)에서 이루어지는 예배와 기도 가운데 사용되고 있는 형상에 직접적으로 그리고 분명하게 연관

---

9 Neil Postman, *Amusing Ourselves to Death* (New York: Penguin, 1985), 8-9 [괄호 안의 내용은 필자가 첨가한 것임].

된다. 여전히 우리는 다음과 같이 감히 말할 수 있다. 우리 세대 가운데 이 계명을 가장 커다랗게 범하는 것은 눈에 보이지 않는 그렇지만 오히려 정신적이고 의지적인 면에서이다. 사람들이 "글쎄…나는 성경이 그런 것을 말한 것을 알기는 하지만, 나는 하나님을…으로 생각하는 것을 좋아한다"라고 말할 때, 그들은 송아지와 더불어 영적인 음행을 저질렀던 치명적인 날에 이스라엘이 시내 산자락에서 있었던 것과 같이 자신들의 생각에 우상숭배적인 것이 있으며 그렇게 예배드리고 있는 것이다.

인간적인 모든 창의성과 주도권이 아니라, 우리가 하나님을 예배하는 방법에 대한 규범은 성경이 되어야만 한다. 성경은 우리가 어떻게 하나님에 대해 생각해야만 하는지를 말해주는 규범이기 때문이며, 우리가 예배하는 방법이 하나님에 대한 우리의 개념에 또한 영향을 끼치기 때문이다. 달리 말하자면, 우리가 예배하는 방법은 우리가 예배하는 대상을 결정한다. 이것이 바로 매체와 메시지, 수단과 대상 모두가 참된 예배에 있어 주목되어야만 하는지에 대한 이유이다. 그러므로 우리 자신의 어떤 혁신적인 행위나 생각, 상상, 경험, 견해 그리고 나타내어지는 표상이 아니라, 바로 성경(하나님 자신과 그분의 예배에 대해서 하나님 자신이 주신 계시)이 하나님을 예배하는 방법을 결정해야만 한다. 이것은 우리에게 우상숭배를 하게 되는 다음과 같은 두 가지 경우가 있다는 것을 되새겨준다.

참된 하나님 이외의 다른 어떤 것을 예배하는 것 혹은 잘못된 방법으로 참된 하나님을 예배하는 것. 도덕법(moral law)의 두 번째 말씀은 이스라엘 백성에게 두 가지 모두를 말해준다. 사실상 두 번째 계명은 다음과 같은 세 가지를 용인하지 않는다. 거짓 신들 혹은 참된 하나님에 대한 형상을 만드는 것, 예배에서 인간적으로 발상된 (보증되지 않은) 형상을 사용하는 것 그리고 넓게는 하나님이 우리에게 예배를 위해 정해주신 것 이외에 다른 수단 혹은 매체를 사용하는 것. 우리의 청교도 조상들은 공동 예배 속에 있는 이런 새롭게 도입된 것을 '의지적인 예배'(will-worship)라고 불렀다. 그렇다면 두 번째 계명이 종교개혁자들이 규정적인 원리라고 부른 것에 대한 성경적 자료 중의 하나라는 것은 놀랄만한 일이 아니다.

테리 존슨(Terry Johnson)은 이것을 다음과 같이 말한다. "우상들을 통해서 드려지는 예배를 금지하는 말씀 가운데 하나님은 그분 자신만이 어떻게 예배되어야 하는지 결정한다는 것을 선언하신다. 비록 그 우상들을 사용하는 것이 그렇게나 신실하고 현명하게 (예배를 돕는 것으로서) 이루어진다고 할지라도, 형상은 하나님께 열납되지 않는다. 그리고 암시적으로 하나님이 거룩하게 하지 않으신 그 어떤 것도 안 된다는 것이다."[10]

(3) 예배에 대한 하나님의 진지하심과 엄숙하심은 그분의 말씀에서 벗어나는 것에 대하여 경고하시는 그분의 위협들 속에 드러나 있다

우리 예배의 태도와 순결성에 대한 중요성은 두 번째 계명에 표현되어 있는 하나님의 본성, 경고들 그리고 약속들에서 드러난다. 그러므로 하나님의 백성은 하나님 되심과 하나님이 경고하고 약속하신 것으로 인해서 두 번째 계명을 삼가 지켜야만 한다. 출애굽기 20:5b-6은 다음과 같이 말한다. "나 여호와 너의 하나님은 질투하는 하나님인즉 나를 미워하는 자의 죄를 갚되 아비로부터 아들에게로 삼 사대까지 이르게 하거니와 나를 사랑하고 내 계명을 지키는 자에게는 천대까지 은혜를 베푸느니라." 여기서 하나님의 성품은 관용이 만연된 우리의 문화에 충격적인 방법으로 나타내어진다.

하나님은 질투하신다. 하나님은 그분의 영광 혹은 예배를 그 어떤 것 혹은 그 어느 누구와도 나누어 가지기를 거부하신다. 표현 자체는 신인동감론(神人同感論, 인간적인 감정의 수준과 질을 하나님께 적용하는 것-역주)적이지만, 언어적으로 혹은 언어학적으로는 신인동형동성론(神人同形同性論, 인간의 육신적인 수준과 질을 하나님께 적용하는 것-역주)적이다. '질투하다' 혹은 '미워하다'라는 용어 뒤에 있는 단어의 좀 더

---

[10] Terry Johnson, *Reformed Worship: Worship That Is according to Scripture* (Greenville, S.C.: Reformed Academic Press, 2000), 24 (원래적인 강조).

오래된 의미는 하나님은 '화를 내신다'[11]는 것이다. 알란 콜(Alan Cole)은 하나님의 성품을 이해하는 데 있어서 사용되는 관용구가 가지고 있는 힘을 우리가 이해하도록 다음과 같은 도움을 준다.

> 구약에 있는 '사랑'과 '미움'과 같이(말 1:2, 3), '질투'는 폭력과 격렬함과 같은 행위에서 보이는 행위에 수반되는 감정을 말하는 것이 아니다. 그런 폭력과 격렬함에서 수반되는 감정은 결혼으로 맺어진 관계가 깨어지는 것과 같은 개인적인 관계의 파열에서 기인된다. 그러므로 이런 질투는 관용하지 못하는 것으로서가 아니라 배타적인 것으로 여겨져야만 한다. 그 질투는 하나님의 독특성(많은 것 중에 하나가 아니신 분)과 이스라엘에 대한 그분의 관계 그 모두에서 기인된다. 자신의 아내를 정말로 사랑하는 남편 그 어느 누구도 그 아내를 다른 남자와 함께 공유하는 것을 참을 수 없을 것이다. 하나님은 이스라엘을 어떤 경쟁적인 상대와 더 이상 공유하지 않을 것이다.[12]

그 관용어구, 그 표현은 명백하다. 하나님은 부당한 취급을 받는 어떤 남편이 가지는 정당한 질투를 우리로 하여금 생각하도록 부르고 계신다. 사르나(Sarna)는 이 질투를 다음과 같이 바르게 정의한다. "질투하는 하나님이라는 것은 결혼으로 맺어진 결속을 하나님과 그분의 백성 사이에 맺어진 언약을 나타내는 암시적인 은유로 보는 표현이다… 이 은유는 배교와 하나님 자신에게 열납되지 않는 예배의 형태에 대해서 보이는 하나님의 단호하고 강렬한 징벌적인 반응을 강조해준다."[13] 달리 말하면 하나님은 이 경고에서 다음과 같이 말씀하는 것이다. "내 백성아! 만약에 너희들이 드리는 예배에서 영적으로 간음을 한다면, 나는 너희들이 알고 있는 부당한 취급을 받고 있는 남편이 보이는 가장 두려운 모습과 같은 반응을 정당하게 보일 것이다." 이 관용어구 속에는 하나님과 인간 행위 사이의 단절이 가정되어 있고 암시되어 있다.

---

11 Sarna, *Exodus*, 110을 보라.
12 R. Alan Cole, *Exodus: An Introduction and Commentary* (Leicester: IVP, 1973), 156.
13 Sarna, *Exodus*, 110.

그렇지만 그 말하고자 하는 요점은 매우 분명하다. 영적인 간음인 우상숭배를 통해서 하나님을 배반하는 것이다. 그리고 하나님은 그런 자를 버림받은 배우자의 노기등등함으로 다룰 것이다.

그렇다면 우리는 예배에서 신중함을 가져야 할 것을 말하는 개혁적 교리를 위한 또 다른 근거들을 다시금 보게 된다. 여기서 언급된 하나님 자신의 정의에 대한 엄격함, 즉 하나님은 죄를 철저하게 끝까지 징벌하신다는 것은 신중할 것에 대한 주의 깊은 관심을 더해준다. 다음과 같은 어법을 주목해보는 것은 황홀할 정도로 매혹적인 것이다. 우상숭배적인 사람들은 하나님을 미워한다. 그러나 하나님의 명령에 따라서 예배하는 자들은 하나님을 사랑한다. '미워하다'(불순종하는 것)와 '사랑하다'(순종하는 것)라는 각각의 의미가 여기에서 이해되어야만 한다. 이 모든 것은 다음과 같은 것을 강조하며 결론을 내린다. 즉 우리가 예배하는 방법 혹은 좀 더 구체적으로는 우리가 예배를 위한 그분의 명령을 따르는 방법은 하나님에 대한 우리의 지식을 그리고 우리가 얼마나 진지하게 그분을 받아들이는 것인지를 반영해주는 것이다.

"성경의 내용으로 노래하라. 성경의 내용으로 기도하라. 성경을 읽어라. 성경을 전하라." 이것이 내가 목양하는 회중이 드리는 예배의 표어가 된 한 가지 이유는 이 계명을 존중함에서 나온 것이다. 우리는 우리가 노래하는 모든 것이 성경적이고, 우리의 기도가 성경의 내용에 흠뻑 젖어 있기를 위해 노력하며, 하나님의 많은 말씀이 각각의 공적인 예배에서 읽혀지고, 설교가 성경에 토대를 두게 하기 위해서 애쓰며 노력한다. 우리가 참되신 한 분 하나님께 존영을 돌리되 우리 자신이 만든 어떤 우상에게 돌리지 않기 위함이다. 성경은 우리가 드리는 예배를 위한 본질과 방향을 말해주고 있으므로, 하나님이 누구이신지 그리고 그분은 어떤 분이신지를 아는 가장 분명한 방법을 제공한다.

4) 금송아지 이야기

예배 방법에 대한 명백한 중요성을 말해주는 또 다른 증언은 금송아지 사건(출 32-34장)에 관련된 마음의 상처와 쇼크에 그 토대를 둔다. 만약 여기에 어떤 교훈이 있다고 한다면, 우리가 하나님 예배하는 것을 우리 자신의 손으로 좌지우지할 수 없다는 것이다. 예배에 대한 도덕법의 명령을 거역하는 이스라엘의 반역은 여기서 언약을 깨고 하나님을 거절하는 것으로 나타나고 있기 때문이다. 이것은 예식법 혹은 성막 예배를 이행하지 않은 것이 아니라는 것을 기억하는 것이 중요하다. 백성은 아직 이런 것을 받지 않았다. 모세는 이스라엘의 행위를 도덕법에 모순되는 것으로 말한다. 그러므로 이 이야기는 특별히 영원하게 지속되는 의미를 갖는다. 여러 가지 커다란 주제가 출애굽기의 이 부분에서 동시에 작용한다. 여러 다른 주제 가운데서 이 전체의 부분은 죄에 대한 교리를 강조한다. 이 부분은 '타락 이야기', 즉 이스라엘이 언약을 깨뜨린 이야기이다. 우리는 출애굽기 32:1-6에서 이 의무 불이행에 대한 요약적인 이야기를 발견하게 된다.

> 백성이 모세가 산에서 내려옴이 더딤을 보고 모여 아론에게 이르러 가로되 일어나라 우리를 인도할 신을 우리를 위하여 만들라 이 모세 곧 우리를 애굽 땅에서 인도하여 낸 사람은 어찌 되었는지 알지 못함이니라 아론이 그들에게 이르되 너희 아내와 자녀의 귀의 금고리를 빼어 내게로 가져 오라 모든 백성이 그 귀에서 금고리를 빼어 아론에게로 가져오매 아론이 그들의 손에서 그 고리를 받아 부어서 각도로 새겨 송아지 형상을 만드니 그들이 말하되 이스라엘아 이는 너희를 애굽 땅에서 인도하여 낸 너희 신이로다 하는지라 아론이 보고 그 앞에 단을 쌓고 이에 공포하여 가로되 내일은 여호와의 절일이니라 하니 이튿날에 그들이 일찌기 일어나 번제를 드리며 화목제를 드리고 앉아서 먹고 마시며 일어나서 뛰놀더라(출 32:1-6).

모세가 오래 지체하는 것을 참지 못한 이스라엘은 아론에게로 나아온다. 신 혹은 하나님의 현존을 나타내는 상징물을 구하기 위해서 뿐만 아니라, 본질적으로 새로운 중재자를 찾기 위함이었다(이스라엘 백성이 모세를 대신해서 금송아지와 아론을 선택한 것으로 나타나는 장면이 있다).

백성의 요구는 다른 신, 즉 야웨 이외의 다른 신을 요구하는 것이 아닌 듯하다. 다른 신을 요구한 것이 아니라 야웨(혹은 그 중재자)를 나타내는 상징을 요구한 듯하다. 백성은 또한 하나님이 손수 뽑으신 중재자인 모세를 경시하며 경멸적으로 말한다. 아이러니하게도 모세와 모세의 이어지는 중보가 없었다고 한다면, 그들은 모두 여기서 멸망했을 것이다! 이스라엘 백성이 아론에게 요구한 것, 즉 새긴 우상을 만드는 것(첫 번째와 두 번째 계명을 범하는 것과 관련해서 이 행위에 어떤 해석이 주어지든지 간에)은 놀라운 것이다. 아론은 그들의 요구들을 손쉽게 들어준다. 아론이 왜 그렇게 하는지에 대해서는 우리에게 아무런 설명도 주어지지 않는다. 그러나 아론은 이 내러티브에서 우호적으로 묘사되고 있지 않다.

애굽인들에게서 얻은 몇 가지 물건이 우상을 만드는 데 사용되고 있다. 그리고 그런 반역은 널리 퍼져나갔다("모든 백성"). 아론은 금송아지 혹은 소 우상을 만들고(그것은 아피스[Apis] 혹은 가나안 신들[Canaanite deities]을 나타내는 그림자인가? 아니면 여로보암의 우상숭배를 미리 나타내는 그림자인가?), 그것을 이스라엘 백성을 애굽에서 이끌어내신 하나님과 동일시 혹은 하나님으로 동일시한다. 몇몇 주석가는 그 금송아지가 신을 나타내는 상징물이었다고 주장하는 반면에, 다른 몇몇 주석가는 그 금송아지를 눈에 보이지 않는 이스라엘의 하나님이 서 계셨던 대좌(臺座)였다고 말한다. 어찌되었든지 간에 그 금송아지는 두 번째 계명을 범한 것이다! 그 우상은 중재자를 나타내는 상징이었다는 주장은 어떤 면에서 보면 이 본문과 두 번째 계명에 대한 전통적인 개혁적 해석을 더욱 더 강화시켜 주는 면이 있다.

'자신 스스로 행하는 신' 혹은 자신을 나타내는 것 혹은 자신의 존재의 물질적인 중재적 대상물이 만들어졌기 때문에, 아론은 예배와 만남의 '자신 스스로를 나타내는 제단/성소/장소'를 만들기 시작한다. 그러나 아론은 여전히 이것이 주님, 즉 참된 하나님을 예배한다고 주장한다. 이 모든 것은 모세가 두 번째 계명을 지키지 않는 것을 강조한다는 것을 말해준다. 축제날이 다가오자, 백성은 그들 자신의 방법으로 그들 자신이 만들어내 신을 예배하고 엄청난 패덕을 초래한다. 우상숭배는 도덕적 타락을 낳는다. 다음과 같은 것이 바로 거짓 예배에서 나타나는 연이어지는 고리이다. 경건하지 않은 잘못된 예배는 도덕적 타락을 낳는다. 콜(Cole)은 다음과 같이 말한다. "이것은 우연하고 생각지도 않은 뜻밖의 사건이 아니다. 이 사건은 조상(彫像), 제단, 제사장 그리고 축제가 모여 이루어진 조직화된 예전이다."[14] 심지어 어떤 사람은 이 사건이 애굽에서 머문 시기 내내 우상 예배에 익숙해졌던 사람들에 의해 이루어진 십계명에 선포된 우상이 없는 예배에 의도적인 반대 반응이었을 수는 없는가 하고 생각하기도 한다.

혼합주의 혹은 다원주의 그 모두가 이스라엘 진영에서 벌어지고 있었던 일의 한 부분이다. 비록 하나님의 계명이 이스라엘의 예배는 전적으로 우상이 없는 가운데 드려지는 것이어야만 했다고 분명하게 밝혔음에도 불구하고, 이스라엘 백성 중의 몇몇은 이교의 방법(이 사건의 경우에는 눈에 보이는 조상[彫像]을 통해서)으로 이스라엘의 하나님을 예배하려고 했다. 이런 면에서 볼 때 이 사건은 혼합주의였다. 만약에 이 사건에서 보이는 다원주의가 있다고 한다면, 그것은 야웨와 더불어 혹은 야웨 이외의 다른 어떤 사람 혹은 어떤 것을 예배하는 것을 포함하고 있었던 것인데, 이것 또한 우상숭배이다.

어떤 경우이든, 전체 본문은 우리가 예배를 드리는 방법이 하나님께 매우 중요하다는 것을 (다시금) 지적해준다. 다음과 같은 여러 가지 적용점들이 금송아지 사건 속에 있는 이 원리와 그 원리를 범한 것으로부터 도출된다. (1) 하나님의 시간을 기다리지 못하는 것은 믿음의 적이다. (2) 우리는 우리 자신의 중재자를 선택할 수 없다. (3) 우리는 우리가 원하는 대로 혹은 뜻하는 대로 참된 하나님을 그릴 수 없다. (4) 우리는 참된 하나님과 더불어 다른 어떤 것을 예배할 수 없다. (5) 우리는 하나님이 명하신 방법 이외의 그 어떤 방법으로 참된 하나님을 예배할 수 없다. 그리고 (6) 기짓 예배는 기짓된 삶과 부도덕을 초래한다.

---

[14] Cole, *Exodus*, 215.

콜(Cole)은 다음과 같은 사실을 통찰력 있게 주목한다. "이스라엘의 이야기가 그렇게나 본보기가 되는 가치를 가지고 있는 것(고전 10)은 이스라엘이 여러 면에서 우리와 유사하기 때문이다."[15] 테런스 프레타임(Terence Fretheim)은 금송아지 전체 사건에 대해서 다음과 같은 놀라운 통찰들을 말해준다.

> 모든 중요한 점에서 백성이 만들려는 계획은 하나님이 이제 막 선포하신 성막과 대조를 이루고 있다. 이것은 이야기에 매우 커다란 아이러니한 영향을 끼치고 있다. (1) 백성은 하나님이 이미 주신 것을 만들어내려고 한다. (2) 하나님이 아니라 백성들이 주도권을 잡고 있다. (3) 제물들은 자원해서 드려지기보다는 내놓으라고 요구되고 있다. (4) 정성들여 준비한 것이 모두 빠져있다. (5) 만드는 데 필요한 정성을 들이는 긴 시간이 하룻밤 사이에 이루어지는 성급하게 서두르는 일이 되었다. (6) 거룩한 분의 임재를 보호하기 위해 주의 깊게 마련된 것이 즉시 접근 가능한 공개된 대상물이 되었다. (7) 보이지 않고 만질 수 없는 하나님이 보이고 만질 수 있는 형상이 되었다. 그리고 (8) 인격적이고 움직이는 하나님이 보거나 말하거나 행동할 수 없는 비인격적인 대상물이 되었다. 백성이 자신들에게 좀 더 가까이 결속시켜 두기를 바랐던 그 하나님의 임재를 자신들이 상실한 것은 아이러니한 결과이다. 계명들의 가장 중요한 것이 문제의 핵심에서 위반되었던 것이다.[16]

출애굽기 32:7-10에 있는 하나님의 판결은 이점을 다음과 같이 강화시켜준다.

> 여호와께서 모세에게 이르시되 너는 내려가라 네가 애굽 땅에서 인도하여 낸 네 백성이 부패하였도다 그들이 내가 그들에게 명한 길을 속히 떠나 자기를 위하여 송아지를 부어 만들고 그것을 숭배하며 그것에게 희생을 드리며 말하기를 이스라엘아 이는 너희를 애굽 땅에서 인도하여

---

15 Ibid., 212.
16 Terence E. Fretheim, *Exodus* (Interpretation; Louisville: John Knox, 1991), 280-81.

낸 너희 신이라 하였도다 여호와께서 또 모세에게 이르시되 내가 이 백성을 보니 목이 곧은 백성이로다 그런즉 나대로 하게 하라 내가 그들에게 진노하여 그들을 진멸하고 너로 큰 나라가 되게 하리라(출 32:7-10).

비록 모세는 아무 것도 몰랐을지라도, 하나님은 어떤 일이 벌어지고 있는지 알고 계셨다. 그래서 하나님은 모세에게 그 자신이 내려가서 보라고 말씀하신다. 여기서 하나님은 "네가 인도하여 낸 네 백성"이라는 자신과 상관이 없다는 듯한 어법을 사용하신다. 1절에서 백성이 모세에 대해서 자신들과 관계없는 듯한 이야기를 한 것에 비추어 볼 때, "네가 인도하여 낸 네 백성"이라는 표현 또한 아이러니하다. 하나님은 자신들의 죄악 속에 있는 백성을 다음과 같이 정확하게 그리고 구체적으로 폭로하신다.

백성은 (1) 하나님이 그들에게 명하신 (즉, 그들은 그 언약적 지침들을 범했다) 그 길에서, (2) 빠르게 (참지 못하고), (3) 외면하여 돌아섰다(즉, 주님의 삶의 방식에서 살아야 하는 그들의 언약적 의무를 저버리고). (4) 좀 더 구체적으로, 백성은 우상을 만들고 섬김으로써 그리고 (5) 그 우상이 이스라엘의 구원의 하나님이라고 주장함으로써(따라서 참되신 한 분 하나님의 품위를 떨어뜨린다) 그런 일을 자행했다. 하나님의 고발적인 말에서("그들이 내가 그들에게 명한 길에서 속히 떠나"), 하나님은 이스라엘이 하나님으로부터 떠난 것이 아니라 예배에 대한 그분의 길, 그분의 명령에서 떠난 것(이것은 결과적으로 하나님 자신으로부터 떠난 것을 의미한다)이라고 고발하는 것을 주목하는 것이 중요하다.

사르나(Sarna)는 다음과 같은 사실에 주목한다. "의미심장하게도 본문은 '나로부터'라고 말하지 않는다. 이스라엘 백성은 예배의 이방 형태를 택했지만, 이스라엘의 하나님을 예배하는 것이다."[17] 이 모든 고발은 예배 방법의 중요성을 강조한다. 예배에 대한 하나님의 명령을 범하는 것은 언약을 범하는 것으로 그리고 그것은 격변적인 엄청난 결과를

---

[17] Sarna, *Exodus*, 204.

초래하는 것으로 여겨지고 있다. 이스라엘은 의절을 당하고 끊어짐을 당해 마땅했다. 이것이 바로 "히브리 사람들이 성막을 세우고 그곳에서 예배를 드리기 전에, 자신들이 지은 죄를 회개하고 언약을 갱신해야만 했던 이유이다."[18]

이제 우리는 공동 예배의 방법에 대해서 말하는 성경의 네 가지 옛 언약의 예를 살펴보았다. 그 예 중의 어떤 것도 예식 법전 혹은 성막 예배에 연결되어 있지 않다. 그렇지만 기독교인은 신약성경이 이런 문제에 대해서 정말로 증언을 하는 것인지를 간절히 알기 원할 것이다. 그래서 우리는 우리의 주장을 확실하게 보강해주는 구약의 수십 개 본문을 뒤로 하고 서두르려 한다. 구약의 본문 가운데 다음과 같은 것이 있다.

1. 나답과 아비후의 이야기(레 10장). 나답과 아비후는 주께 "다른 불"을 드렸다. 즉 "하나님이 그들에게 명하시지 않는" 방법으로 제물을 드린 것이다(레 10:1). 그래서 하나님이 그들을 쳐 죽이셨다(레 10:2). 모세는 다음과 같은 하나님의 판결 가운데 우레와 같은 엄청난 원리를 기록한다. "나는 나를 가까이 하는 자 중에 내가 거룩하다 함을 얻겠고"(레 10:3).
2. 하나님의 요구를 강조하는 신명기의 경고들(신 4:2; 12:32). 특별히 예배에서 하나님이 명령하시는 것이 무엇이 되었든지 그 요구를 다음과 같이 강조한다. "내가 너희에게 명하는 이 모든 말을 너희는 지켜 행하고 그것에 가감하지 말지니라."
3. 지시되지 않은 사울의 예배를 하나님이 거절하신다(삼상 15:22). 사울이 하나님의 지침을 벗어나서 희생제사를 드렸을 때, "순종이 제사보다 낫고"라는 말로 꾸지람을 듣는다.
4. 다윗과 웃사 그리고 법궤의 이야기이다. 이 이야기는 다윗이 예배의 규정적인 원리를 범한 것을 자신이 알았다는 것을 분

---

[18] John Currid, *Exodus* (Darlington, England: Evangelical Press, 2001), 2:268.

명하게 나타내준다(삼하 6장, 특별히 3, 13절).
5. 예레미야 당대의 이방 예전을 "이는 내가 명하거나 뜻한 바가 아니니라"(렘 19:5; 32:35)고 말씀하시며 하나님이 거절하신다.

5) 바리새적인 예배를 거절하신 예수님

예수님이 바리새적인 예배를 거절하신 것(마 15:1-14)에 토대를 두고, 우리는 예배드리는 방법의 중요성에 대한 주님의 새로운 언약적 확신을 발견한다. 예수님은 예배를 드리는 방법에 대해 관심을 가지고 계신다. 이 본문은 매우 종종 오해되고 있다. 그것은 다름이 아니라 바로 우리가 반(反)전통적 세대에 살고 있기 때문이다(반전통적 세대에서 '새로운'은 일반적으로 '좋은'이라는 의미를 나타낸다). 우리는 바리새인들이 하나님의 율법을 연구하고 적용하는 데 있어서 지나치게 주도면밀한 사람들이라고 보는 경향이 있다. 그러나 예수님은 그들에 대해 결코 그런 비난을 하시지 않는다. 예수님의 비판은 항상 다른 방향을 향한다. 도덕법의 중요한 힘을 훼손하고 예수님의 분노를 유발한 것은 다름이 아니라 바로 하나님의 율법에 대한 그들의 방종적인 부주의함과 빈약한 궤변이다. 마태복음 본문은 바리새인들의 종교가 가지고 있는 인간이 만든 예전을 묘사해준다.

> 그때에 바리새인과 서기관들이 예루살렘으로부터 예수께 나아와 가로되 당신의 제자들이 어찌하여 장로들의 유전을 범하나이까 떡 먹을 때에 손을 씻지 아니하나이다 대답하여 가라사대 너희는 어찌하여 너희 유전으로 하나님의 계명을 범하느뇨 하나님이 이르셨으되 네 부모를 공경하라 하시고 또 아비나 어미를 훼방하는 자는 반드시 죽으리라 하셨거늘 너희는 가로되 누구든지 아비에게나 어미에게 말하기를 내가 드려 유익하게 할 것이 하나님께 드림이 되었다고 하기만 하면 그 부모를 공경할 것이 없다 하여 너희 유전으로 하나님의 말씀을 폐하는도다 외식하는 자들아 이사야가 너희에게 대하여 잘 예언하였도다 일렀으되

이 백성이 입술로는 나를 존경하되
마음은 내게서 멀도다
사람의 계명으로 교훈을 삼아 가르치니
나를 헛되이 경배하는도다 하였느니라 하시고.

무리를 불러 이르시되 듣고 깨달으라 입에 들어가는 것이 사람을 더럽게 하는 것이 아니라 입에서 나오는 그것이 사람을 더럽게 하는 것이니라 이에 제자들이 나아와 가로되 바리새인들이 이 말씀을 듣고 걸림이 된줄 아시나이까 예수께서 대답하여 가라사대 심은 것마다 내 천부께서 심으시지 않은 것은 뽑힐 것이니 그냥 두어라 저희는 소경이 되어 소경을 인도하는 자로다 만일 소경이 소경을 인도하면 둘이다 구덩이에 빠지리라 하신대(마 15:1-14).

이 본문에서 바리새인들은 예수님을 고발한다. 손을 씻는 예식에 대한 "장로들의 유전"을 제자들이 범하도록 예수님이 용인했다는 것이다. 당시 손을 씻는 것은 위생적인 것이 아니라 종교적인 것이었다. 이 문제를 특별히 예배 행위에 대한 문제에 적용하는 사람은 바로 다름이 아닌 예수님이라는 것을 주목해보라.

신약에 있는 전통은 정황에 따라 긍정적일 수도 있고(살후 2:15; 3:6) 부정적일 수도 있다(막 7:3, 9, 13; 골 2:8; 벧전 1:18). 여기서 전통은 장로들의 유전을 가리키고 있는데, 그 유전은 다음과 같은 내용을 포함하고 있다. (1) 장로들에 의해서 이루어진 율법의 구체적인 해석과 적용은 매우 높은 존중을 받고 있었다. 이런 견해와 유추가 말하는 요점에 다가가는 것은 하나님의 율법 자체와 같이 동등하게 구속력이 있는 것으로 여겨졌다. (2) 하나님의 율법에 대한 적용은 율법 자체가 가르치고 있었던 것을 넘어서서 이루어졌을 뿐만 아니라, 종종 율법의 가르침을 넘어 잘못된 방향으로 진행되기도 했었다. 그리고 (3) 율법에 대한 해석과 적용은 율법이 말하는 어떤 중심이 되는 도덕적인 요구들을 정확하게 처리하는 데 실패했다(오히려 예식/의식에 대한 초점을 맞추고 있다). 전통의 문제에 대한 이런 견해를 주고받는 것은 예수님으로 하여금 예식적인 더럽힘과 도덕적인 더럽힘 간의 중요한 문제 그리고 궁극적으로는 예배에 대한 중요한 내용을 논의할 수 있는 기회를 가지도록 해준다.

예수님은 바리새인들이 고발하는 내용과 매우 유사한 어구를 사용해서 그들이 하나님의 계명을 범한다고 고발하는 반응을 보이신다. 그런 뒤에 예수님은 하나님의 명령을 바리새인들이 만들어내고 승인한 관행, 즉 고르반(korban) 규칙과 병행시켜 놓으신다. 예수님이 바리새인들을 상대로 한 고발은 인간이 만든 규칙들을 위해서 그들이 하나님 말씀의 권위를 약화시켰다는 것이다. 그들은 말씀에 무엇인가를 더함으로써 말씀의 가치를 줄였다. 그들의 가르침은 "더함으로써 빼는 것"이다. 예수님은 바리새인들이 도덕법과 관련된 예식법(마 15:3-6)을 근본적으로 잘못 이해했고 그 예식법의 오용을 조장하는 것임을 보이셨다. 그리고 예수님의 판결은 이런 잘못된 이해/오용은 위선적인 마음에서 비롯되는 것이다(마 15:7-9).

예수님은 바리새인들이 예전에 형성된 관행에 너무나 얽매여 있다거나, 율법이 말하는 것에 너무나 마음을 쓰고 있다거나, 아니면 하나님의 율법에 대해서 너무나 까다롭다고 비난하고 계신 것이 아니라는 것을 주목해보는 것은 중요하다. 예수님은 그들이 하나님의 율법을 무시하고 그 하나님의 율법에 무엇인가를 더함으로써 율법을 공격하는 것을 고발하고 계시는 것이다! 참으로 예수님은 이사야가 전한 말씀이 바리새인들의 예배를 묘사하는 데 완벽하게 적절한 것이라고 말씀하신다.

(1) 바리새인들의 예배는 하나님을 영화롭게 하기보다는 입에 발린 말로 드리는 예배이다. 이런 예배에서 그들의 마음은 하나님을 진정으로 사랑하기보다는 하나님으로부터 멀리 떨어져 있다. (2) 그들의 예배는 단지 형식뿐인 헛된 예배이다. 그리고 (3) 그들의 예배는 말씀의 지침들에 토대를 두고 있는 것이 아니라 인간이 만든 것이다. 그런 뒤에 예수님의 비판은 내적이면서 외적인 것임을 주목하라. 예수님의 비판은 마음과 하나님의 말씀에 대한 외적인 순종 모두를 포함하는 것이다.

예수님의 비판은 '전 삶의 예배'뿐만 아니라 공동 예배에 대한 궁극적인 적용성이 있다. 마가복음 7장에 있는 병행적인 이야기는 마태복음에 암시되어 있는 것을 분명하게 보여준다. 이 예수님의 가르침은 예식법과 관련된 기독교 공동 예배를 위한 참으로 커다란 중요성을 갖는다.

마가복음 7:19는 우리에게 다음과 같은 것을 말해준다. 즉 예수님의 말씀은 새 언약을 믿는 모든 사람을 위해서 예식법의 음식법은 폐기되었다는 것을 의미한 것이었다. 음식법이 폐기된 것에 대한 근본적인 이유(이것은 예전적 제도의 온전성을 주님이 성취하신 것임)에 토대를 두고 있는 히브리서는 다음과 같은 것을 보여주기 위해서 이 동일한 원리를 적용한다. 즉 우리는 더 이상 옛 언약적 공동 예배의 예식적/희생적 형태를 통해서 공동적으로 예배를 드리지 않는다. 우리가 방금 전에 말하고 있던 요점으로 돌아가서, 여기서 예수님은 다음과 같은 것을 매우 분명히 하고 계신다. 즉 예수님은 전 생애에 걸쳐서 이루어지는 예배뿐만 아니라 우리가 드리는 공동 찬양에서 예배드리는 방법, 즉 우리의 마음과 말씀에 대한 순종에 관심을 가지고 계신다는 것이다.

6) 우물가에 있는 여인에게 주신 예수님의 말씀

사마리아 여인에게 주신 예수님의 말씀에서(요 4:20-26) 우리는 예배를 드리는 방법이 새 언약 아래 있는 신자들을 위해서 얼마나 중요한 것인지를 나타내는 표시를 찾게 된다. 예수님이 우물가에 있는 여인과 만난 감동적인 이야기에서, 그 여인의 감추어진 죄와 부끄러움을 예수님이 드러내신 뒤에, 그 여인은 예수님께 유대인들과 사마리아인들 사이에 오래된 예배에 대한 논쟁에 대해서 묻는데, 이것은 그들 모두에게 매우 중요한 문제였다.

> 우리 조상들은 이 산에서 예배하였는데 당신들의 말은 예배할 곳이 예루살렘에 있다 하더이다 예수께서 가라사대 여자여 내 말을 믿으라 이 산에서도 말고 예루살렘에서도 말고 너희가 아버지께 예배할 때가 이

르리라 너희는 알지 못하는 것을 예배하고 우리는 아는 것을 예배하노니 이는 구원이 유대인에게서 남이니라 아버지께 참으로 예배하는 자들은 신령과 진정으로 예배할 때가 오나니 곧 이 때라 아버지께서는 이렇게 자기에게 예배하는 자들을 찾으시느니라 하나님은 영이시니 예배하는 자가 신령과 진정으로 예배할지니라 여자가 가로되 메시아 곧 그리스도라 하는 이가 오실 줄을 내가 아노니 그가 오시면 모든 것을 우리에게 고하시리이다 예수께서 이르시되 네게 말하는 내가 그로라 하시니라(요 4:20-26).

예수님의 대답은 그분의 삶, 사역, 죽음 그리고 부활 가운데 성취하신 중요한 구속적-역사적인 전환에 대한 여러 가지 중요한 요점들을 우레와 같은 소리로 웅변해준다. 또한 그 대답은 오늘날의 기독교인에게 중요한 것으로 남아있는 공동 예배의 수많은 원리를 구체적으로 말해준다. 우리는 여기서 그 원리 중 세 가지만 지적하고자 한다.

(1) 예수님은 예배의 장소에 대해서 구속적, 역사적인 전환을 나타내신다

400년여 동안 희생제사를 드리는 예배를 위해서 하나님이 지정해주셨던 장소는 예루살렘이었다. 예루살렘은 출애굽기에서 성막의 구조와 법령들이 주어질 때 원래 합법적으로 인정된 예배의 행위가 이루어지는 유일한 장소였다. 예루살렘은 하나님의 임재가 이스라엘과 함께 하는 것을 나타내는 한 초점과 같은 장소였다. 그러나 이 산에서 혹은 예루살렘에서 예배를 드려야만하는 것인지를 묻고 있는 여인의 물음에 대해 예수님은 "이 산에서도 말고 예루살렘에서도 말고 너희가 아버지께 예배할 때가 이르리라"라고 강조하여 말씀하심으로 대답을 시작하신다. 달리 말하면, 예수님은 한 문장으로 성막/성전/예식/희생제사적인 예배를 위한 옛 언약 장소가 참된 마음으로 믿는 자들에게는 더 이상 상관성이 없게 될 그리 멀지 않은 미래의 시간임을 나타내주신다. 그 시간은 예수님의 부활과 승천 그리고 성령의 오순절 부어주심으로 도래했다. 그 시간에 예배의 장소는 더 이상 지리적인 것이 아니라 교회적인 것이 되는 것이다.

　믿는 자들이 예수님의 이름으로 모이는 곳은 그 어디나 예배의 처소가 될 것이다. "두 세 사람이 내 이름으로 모인 곳에는 나도 그들 중에 있느니라"(마 18:20). 예수님의 백성이 속해 있는 곳은 그 어떤 물질적인 구조가 되었든지, 예수님의 임재가 있는 처소는 그분 백성의 처소이다. 이것이 개혁자들이 그들의 교회 문들을(공동 예배 시간 이외에) 닫고 잠근 하나의 이유이다. 어떤 장소 혹은 건물도 특별한 영적인 의미성과 가치를 가지고 있지 않다는 것을 강조하기 위해서이다. 이것은 예배에 대한 새 언약 원리이다. 즉 예배는 어떤 특별한 장소에 얽매여 있지 않다. 웨스트민스터 신앙고백서는 예수님의 이런 가르침을 다음과 같이 표현한다.

> 기도나 예배의 다른 어떤 부분도 복음시대에는 예배장소에 매이거나 예배장소 때문에 하나님이 더 받으시는 것이 아니다. 어디서나 신령과 진정으로 하나님께 예배드려야 한다. 즉 각 가정에서는 날마다, 홀로는 은밀하게 예배드릴 것이며 공동집회에서는 보다 더 엄숙히 예배드릴 것이니, 하나님이 그의 말씀이나 섭리에 의해서 그곳에 예배드리도록 부르시는 때에 부주의로나 고의로나 그 모임을 경시하거나 외면해서는 안 된다(21.6).

(2) 예수님은 예배는 계시에 대한 반응이므로 계시에 따라야만 한다는 것을 강조하신다

　"이 산에서도 말고 예루살렘에서도 말고"라는 예수님의 대답은 사실상 사마리아 사람이 드리는 예배의 합법성이 무엇인지를 묻는 물음에 대한 대답에 있어서 예수님이 말씀하셔야만 했던 모든 것은 아니었다. 예수님은 "너희는 알지 못하는 것을 예배하고 우리는 아는 것을 예배하노니 이는 구원이 유대인에게서 남이니라"라고 계속해서 말씀하셨다. 달리 말하면, 사마리아 사람들은 그들 자신 스스로가 선택한 장소에서 예배를 드리는 것이 잘못된 것이었다. 그들이 드리는 예배는 하나님의 계시에 일치되는 것이 아니었기 때문에, 자신들이 예배를 드리고 있는 분에 대해서 혼돈되었던 것이다. 여기에 있는 예수님의 말씀은 다음과 같은 사실을 확증해준다. 즉 성막/성전 예배의 핵심적인 중요성에 대한 구약의 가르침은 이스라엘에 의해서 바르게 이해되었다. 그리고 구약의 가르침에서 떠나는 것(구체적으로 그렇게 하는 것은 하나님의 계시의 명령에서 떠나는 것을 수반하기 때문에)은 그 어떤 것이 되었든지 예배자들로 하여금 그들이 아무리 신실하다 할지라도 하나님에 대한 혼돈에 빠져들게 만들 수 있었던 것이다.

이스라엘은 하나님을 그분의 계시에 따라 예배했기 때문에 이스라엘 자신의 하나님을 알았다. 그러나 사마리아 사람들은 계시에 따라 예배를 드리지 않았기 때문에, 그들은 자신들의 하나님을 알지 못했던 것이다. 이것은 "당신이 예배하는 방법은 당신이 무엇이 되는지를 결정한다"는 격언의 새 언약적 실증이 되는 것이다. 이것은 나중에 예수님이 예배는 "진리로" 드려져야만 한다고 말씀하신 이유가 된다. 사마리아 사람들(그리고 우리가)이 그들 자신의 예배를 고안해 내서 드리는 한, 그들이 진정한 예배를 드리는 것은 불가능하다.

(3) 예수님은 새 언약 시대에 드려질 예배의 중요성을 다시금 강조하신다

예수님은 다음과 같이 말씀하신다. "아버지께 참으로 예배하는 자들은 영과 진리로 예배할 때가 오나니 곧 이 때라 아버지께서는 이렇게 자기에게 예배하는 자들을 찾으시느니라 하나님은 영이시니 예배하는 자가 영과 진리로 예배할지니라." 하나님을 영화롭게 하고 즐거워하며 하나님을 만나고 연합하는 것은 너무나 중요하다. 그러므로 하나님은 친히 우리가 그분의 예배자들이 되는 것을 찾으신다. 새 언약의 믿는 자들에게 예배 행위의 엄청난 중요성에 대해서 이보다 더 높은 위임이 주어진 것을 생각할 수 없을 것이다. 복수로 된 예배하는 자들이라는 어휘는 미래 왕국의 범위뿐만 아니라 하나님이 찾으시는 예배의 공동적, 회중적인 본질을 나타내준다. 더우 더 많은 것이 이야기될 수 있을 것이다. 그러나 이런 사실은 새 언약 속에는 예배드리는 방법에 대해서 결코 무관심하시지 않는 예수님은 우리가 하나님을 예배하는 것에 대해서 취해야 할 방법이 지극히 중요하다는 것을 친히 강조하셨음을 보여주기에 충분하다.

7) 바울이 거절한 골로새 이단

새 언약 시대에도 예배의 방법이 여전히 매우 중요한 문제가 된다는 것을 일깨워주는 또 다른 예는 바울이 골로새 이단(골 2:16-19)을 거절한 것에 그 토대를 둔다. 잘못을 행하는 자들의 윤리적 가르침을 바울이 강하게 거부하지 않는다 할지라도, 골로새에서 이루어지고 있는 예배에 대한 거짓 가르침에 대해서 응수하고 있었던 것은 분명하다. "그러므로 먹고 마시는 것과 절기나 월삭이나 안식일을 인하여 누구든지 너희를 폄론하지 못하게 하라 이것들은 장래 일의 그림자이나 몸은 그리스도의 것이니라." 여기서 바울은 기독교인에게 다음과 같은 것을 강하게 요청한다. 즉 사람들이 인간이 만든 혹은 폐기된 옛 언약 의식들, 심지어는 옛 언약적 일곱 번째 안식일에 따라서 자신들을 판단하지 않도록 요청한다.

바울이 여기서 말하는 그 어떤 것도 새 언약적 주일을 그 어떤 방법으로든 훼손하고 있지 않다. 바울이 골로새서 2:16에서 언급하는 종교적인 행위는 새 언약 기독교인에게 더 이상 결부되어 있는 것이 아니라 옛 언약 예배가 가지고 있는 모든 부분이다. 단지 바울은 기독교인에게 그들이 예식법 아래 있지 않다는 것을 되새겨주고 있을 뿐이다. 그리고 바울은 바로 그 사실이 새 언약 기독교인 사이에 드려지는 바른 공동예배를 위해 절대적으로 필요한 것으로 보고 있다. 바울의 말은 옛 언약의 정교하고 의식적이며 상징적인 예배를 동경하는 사람들에게 오늘날에도 여전히 말한다. 바울은 본질을 지나쳐버리고 그림자로 돌아가지 말라고 말한다. 그러므로 바울의 이런 응답은 구속사의 불연속성을 이해하는 것과 관련되어야만 한다.

그런 뒤에 바울은 천사숭배 그리고 천사숭배와 결부되어 있는 거짓된 겸손함을 다룬다. "누구든지 일부러 겸손함과 천사숭배함을 인하여 너희 상을 빼앗지 못하게 하라 저가 그 본 것을 의지하여 그 육체의 마음을 좇아 헛되이 과장하고 머리를 붙들지 아니하는지라 온 몸이 머리로 말미암아 마디와 힘줄로 공급함을 얻고 연합하여 하나님이 자라게 하심으로 자라느니라." 바울의 비판은 그와 같은 예배가 "본 것"에 토대를 두는 경향에 대한 거부이며, 그런 행위 속에 본질적으로 수반되어 있는 그리스도께 충분하게 의존하지 않는 견해를 비난하는 것이다. 또한 그 비판은 적어도 부분적으로는 공동 예배에 관련되어 있는 것이 분명하다.

비록 천사숭배라는 악명 높을 정도로 어려운 어구를 가지고 그 어떤 추론을 할지라도, 그와 같은 것을 "전 생애에서 이루어지는 천사숭배"로 생각하기는 어렵다.[19] 더욱이 이런 예배의 잘못된 방향성은 단지 내적이고 주관적인 것뿐만 아니라 외적이고 객관적인 것과도 관련되어 있다는 점이다. 그렇다! 바울은 자기 과장과 병치되어 있는 자기 비하에 대한 자신의 설명에서 마음에 자리 잡고 있는 불성실한 위선을 암시해준다.

그러나 바울이 주로 지적하여 말하고자 하는 것은 (1) 바로 그런 예배는 하나님이 명하신 것이 아니라 인간적인 면에서 기원된 것임과 (2) 그런 예배는 그리스도의 인격과 승귀 혹은 우리가 가지는 그리스도와의 연합을 정당화해주지 않는다는 것이다. 지혜로운 옛 청교도 성직자들이 의지적인 예배(will-worship)라는 어구를 얻게 된 것은 바로 이 본문에서이다. 아무리 신실하다 할지라도, 우리의 생각에 따라 예배를 드리는 것은 자아-예배의 행위이며 특별히 우리 자신의 의지와 원하는 것을 반영하는 예배일 뿐이다. 다시 한 번 우리는 여기서 예배의 방법에 정말로 관심을 보이고 있는 신약의 본문을 발견하게 된다. 바울에

---

19 마틴(R. P. Martin)은 "어떤 방법으로든 이 종교의 예전적 기구의 한 부분으로서의 천사들에게 경의가 표현될 수밖에 없다"라고 말한다. *Colossians and Philemon* (New Century Bible Commentary: Grand Rapids; Ferdmans, 1973), 94. 니는 이 본문이 공동 예배에 적용되지 못하도록 하는 규정적인 원리에 대한 현대 개혁적 비평가들의 대단한 노력을 잘 알고 있다. 그러나 문맥을 통해 드러나는 바울의 논의는 그들이 의도하는 바에 치명적이다. 바울은 무엇에 대해서 말하는가? 세례이다! 전체 단락은 공적 예배의 실행에 대한 암시를 포함한다.

게는 이것이 너무나 중요했다(만약에 그런 발견이 가능한 것이라면). 다음 본문 속에서 이 사실은 좀 더 명백하게 드러난다.

8) 고린도를 위한 바울의 지침들

우리가 예배드리는 방법의 새 언약적 중요성에 대한 전무후무한 표현은 고린도에서 이루어진 참된 은사적 예배를 위해 바울이 준 놀라운 지침들(고전 14장)에 그 토대를 둔다. 바울은 삼위일체의 삼위 되시는 성령 하나님의 실제적이고 강력한 역사 속에 그 토대를 두고 있는 은사적 예배의 형태와 내용을 완전히 흔쾌한 마음으로 규정한다! 우리가 계시, 방언, 예언 그리고 그와 같은 것의 연속성에 대해서 어떤 생각을 가지고 있든지, 이 본문(이 본문의 극단적인 해석학적 도전들에도 불구하고)은 모든 세대의 기독교인에게 적용 가능한 공동 예배에 관련된 수많은 사안에 대한 매우 명백한 가르침을 보여준다.

(1) 바울은 이해할 만하고 서로에게 유익이 되는 공동 예배에 대해 높은 가치를 부여한다

그러므로 바울은 해석되지 않는 방언보다는 예언에 더 가치를 둔다. 예언은 교회에 유익이 되는 것이 분명하기 때문이다.

> 방언을 말하는 자는 사람에게 하지 아니하고 하나님께 하나니 이는 알아 듣는 자가 없고 그 영으로 비밀을 말함이니라 그러나 예언하는 자는 사람에게 말하여 덕을 세우며 권면하며 안위하는 것이요 방언을 말하는 자는 자기의 덕을 세우고 예언하는 자는 교회의 덕을 세우나니 나는 너희가 다 방언 말하기를 원하나 특별히 예언하기를 원하노라 방언을 말하는 자가 만일 교회의 덕을 세우기 위하여 통역하지 아니하면 예언하는 자만 못하니라(고전 14:2-5).

바울이 심사숙고하는 교화(敎化)는 생각, 이해 그리고 성숙한 사고에 그 뿌리를 둔다. 이 덕을 세우는 것을 위한 어휘는 시종일관 분명하다. 그러므로 교화(敎化), 이해할 수 있는 것, 설교의 중심성 그리고 이해력과 양심에 호소하는 설교의 목적은 르네상스 이후, 즉 북유럽 합리주의에서 파생된 문화적인 선호도가 결코 아니다. 대신에 성령 하나님에 의해서 이루어질 수 있는 특이한 행위를 증거하는 새 언약적 예배의 사도적인 원리 혹은 특성이다.

(2) 바울은 사도 시대에 드려진 공동 예배에 대해 기술한다

바울의 어휘와 어구를 사용함으로써 우리는 은사적, 사도 시대의 공동 예배의 내용과 특성에 대한 묘사를 할 수 있다.

- 신령한 것(1)
- 예언(6)
- 방언(5, 그외 다른 곳)
- 덕을 세움, 권면 그리고 안위하는 것(3)
- 통역함(26)
- 계시, 지식 그리고 가르치는 것(6)
- 뜻(10)
- 마음으로 하는 기도와 찬미(15)
- 네가 무슨 말을 하는지 앎(16)
- 가르침(19)
- 지혜에 장성함(20)
- 책망을 들음(24)
- 판단을 받음(24)
- 마음의 숨은 일이 드러남(25)
- 엎드리어 하나님께 경배함(25)
- 너희 가운데 계시는 하나님(25)
- 찬송시(26)

- 잠잠함(28)
- 배우게 함(31)
- 어지러움의 하나님이 아닌 화평의 하나님이심(33)
- 모든 교회에서와 같이(34)
- 주의 명령(37)
- 모든 것을 적당히 하고 질서대로 하라(40)

이런 어휘들과 어구들은 모든 세대의 하나님의 백성과 함께 드리는 공동 예배에 들어 있는 중심적인 요소(설교, 찬송, 기도), 공동 예배 속에 있는 주된 동기와 목적(회중을 덕으로 세움, 하나님과 만남, 믿지 않는 자들에 대한 증언의 부산물), 참된 예배의 핵심적인 국면(위로, 뉘우침, 드러남, 복종) 그리고 형태와 순서에 관한 것(침묵, 복종, 예절)을 지적하여 나타내준다. 이런 예배에 대한 재고(再考)를 통해서 얻게 되는 압도적인 인상은 다음과 같은 바울의 인지력 있는 강조이다. 바울은 사람들이 무엇을 부르고 기도하는지 그리고 다른 사람들이 무엇을 말하고 전하는지 그들 자신이 알기를 원한다. 바울은 지침, 가르침, 배움, 지식 그리고 성숙한 사고를 원한다. 아마도 개혁적 전통이 가지고 있는 과도히 지적인 공동 예배를 흉내내려는 사람들이 있을 것이다. 그런데 고린도 전서 14장에 있는 은사적 예배에 대한 묘사 속에는 그들을 위해서 그들에게 적용되는 면들은 전무할 것이다![20]

(3) 바울은 공동 예배를 드리는 동안 성령에 의해서 사람들 속에 부여된 기이한 은사들을 행하도록 허용된 사람들의 수와 질서를 규정한다!

"전 생애에서 드려지는 예배"에 대한 그런 제한을 생각할 수 없다. 여기에 다음과 같은 바울의 규칙들이 있다. "만일 누가 방언으로 말하

---

[20] 예를 들어, 로버트 웨버(Robert Webber)는 이 비난을 자주 언급한다. 이것은 전형적인 식이요법적 메뉴이다. "수세기 동안 예배에 대한 개신교 사고의 초점은 사색적인 행위로서의 예배에 대한 것이었다." Robert Webber, "Reaffirming the Arts," *Worship Leader* 8.6 (Nov./Dec. 1999): 10.

거든 두 사람이나 다불과 세 사람이 차서를 따라 하고 한 사람이 통역할 것이요 만일 통역하는 자가 없거든 교회에서는 잠잠하고 자기와 및 하나님께 말할 것이요"(고전 14:27-28). "예언하는 자는 둘이나 셋이나 말하고 다른 이들은 분변할 것이요 만일 곁에 앉은 다른 이에게 계시가 있거든 먼저 하던 자는 잠잠할찌니라 너희는 다 모든 사람으로 배우게 하고 모든 사람으로 권면을 받게 하기 위하여 하나씩 하나씩 예언할 수 있느니라 예언하는 자들의 영이 예언하는 자들에게 제재를 받나니"(고전 14:29-32). 당신은 이 말씀을 이해했는가?

바울은 주어진 예배에서 많아야 세 명이 방언 혹은 예언을 할 수 있는데, 그것도 만약에 하나님이 친히 누군가에게 어떤 예언적 계시를 허락했다면, 한 번에 한 사람씩만 할 수 있다고 말했다. 거룩한 성경의 모든 곳에 있는 교회의 사도들에게 주님의 전권대사적인 권위를 순전하게 서임(敍任)한 것에 대한 예를 우리가 이 본문에서 발견한 것보다 더욱 놀랍게 잘 보여주는 예는 없을 것이다. 만약에 내가 공손한 마음으로 한 가지 상상적인 대화를 말할 수 있다고 한다면, 그것은 다음과 같은 것일 수 있다. "그런데 바울 선생님, 나는 방금 하나님의 예언적 계시를 받았습니다. 나는 그것을 드러내도록 강요를 받고 있습니다."

바울은 "한 번에 하나씩 하시오"라고 말한다. "그런데 바울 선생님, 하나님의 성령께서 이 말씀을 저에게 주셨습니다." 바울은 "나는 이해합니다. 다시 말하겠소. 한 번에 하나씩 하시오. 만약에 세 명이 이미 말했다면, 침묵하시오"라고 답변한다. "바울 선생님, 당신이 어떻게 그럴 수 있습니까? 나는 주님의 선지자요!" 바울은 "나의 사랑하는 형제여, 내가 이야기한 것은 모든 교회를 위한 주님의 명령이기 때문이오"라고 말한다. 여기서 우리는 삼위일체의 삼위에 의해서 발생되고 가능해진 행위에까지 확대되고 있는 공동 예배의 계시적인 규정을 가지게 된다.

질서 혹은 질서에 대한 관심은 성령의 역사와 성령에 대한 우리의 반응에 해가 된다는 생각은 이 새 언약 본문을 통해서 논파된다. 성경의 규칙과 질서를 적용하는 것은 공동 예배에서 어느 정도 성령을 억누르게 된다고 보는 견해는 이 본문에 비추어볼 때 꽤 어리석은 생각으로 보인다. 주님의 명령을 기록하신 성령 하나님은 참된 예배를 가능하게 하는 동일한 영이시다. 그렇기 때문에 형식과 자유 사이, 성경의 규칙들과 찬양의 간절한 표현 사이, 예배의 교훈들과 하나님과의 속박되지 않는 연대성 사이에 궁극적인 갈등이 있을 수 없다.

(4) 바울은 교회의 공동 예배에서 말씀을 전하는 자들에 대한 제한들을 언급한다

바울은 다음과 같이 말한다. "모든 성도의 교회에서 함과 같이 여자는 교회에서 잠잠하라 저희의 말하는 것을 허락함이 없나니 율법에 이른 것 같이 오직 복종할 것이요 만일 무엇을 배우려거든 집에서 자기 남편에게 물을지니 여자가 교회에서 말하는 것은 부끄러운 것임이라"(고전 14:34-35). 바울은 이 명령을 고린도에 있는 어떤 일시적인 문화적인 문제에 그 토대를 두고 있는 것이 아니라 하나님의 기록된 말씀 안에 둔다("율법에 이른 것 같이"). 심지어 외관상 복음주의권에서 조차도 여성 설교자들(그렇지만 그 여성 설교자들은 신실하고, 헌신적이고, 은사가 있고, 다른 점에서는 정통적일 수도 있다)의 지속적인 숫자의 증가를 보인다. 교회 예배에서 성경의 권위에 대한 광범위한 거절을 보여주는 눈에 띄는 예를 이런 여성 설교자의 증가에서 보다 쉽게 관찰할 수 있는 경우는 없다. 그러나 바울의 명령은 실수로 인한 것이 아니다. 하나님의 말씀만이 공적인 예배에서 누가 전할 수 있고 전할 수 없는지를 결정한다.

(5) 바울은 자신의 명령을 단지 고린도를 위한 것이 아니라 모든 교회의 공동 예배를 위해 없어서는 안 될 것으로서 보고 있다

바울은 다음과 같이 말한다. "만일 누구든지 자기를 선지자나 혹 신령한 자로 생각하거든 내가 너희에게 편지한 것이 주의 명령인줄 알라 만일 누구든지 이것을 알지 못하면 그는 알지 못한 자니라"(고전 14:37-38). 이 말씀은 여성들이 가르치는 것을 바울이 금하는 것뿐만 아니라 방언, 해석, 예언, 설교 그리고 찬양의 순서에 대한 자신의 규칙들을 바울이 선포한 것의 결과로서 나온 것이다. 왜 이런 방식을 따라야만 하는가? 바울이 이전에 "하나님은 어지러움의 하나님이 아니시요 오직 화평의 하나님이시니라"(고전 14:33)라고 말하고 있기 때문이다. 하나님은 대혼란의 하나님이 아니시다. 그리고 그 동일한 하나님이 그분의 모든 교회의 하나님이시기 때문에, 다음과 같은 동일한 규칙들을 얻게 된다. "모든 것을 적당하게 하고 질서대로 하라"(고전 14:40).

우리는 이 본문 전체의 주된 취지는 다음과 같은 것임을 다시 한 번 보게 된다. 즉 하나님은 우리가 예배드리는 방법에 대해서 많은 관심을 가지고 계신다. 하나님은 단지 우리의 태도들과 동기들에 대해서만 관심을 보이시는 것이 아니라, 우리의 행위와 질서에 대해서도 관심을 보이신다. 비록 예배의 방법에 대한 구체적인 사안은 옛 언약의 의식적 체계의 것과는 달리 바뀌었을지라도, 새 언약 시대에 하나님은 우리가 예배드리는 방법에 대해서 계속적으로 관심을 가지고 계신 것에 대해서는 논의할 여지가 없다.

또한 심지어 예배에 대한 신약 가르침의 위에서와 같은 요약적인 내용으로부터도 (고린도전서 11장과 같은 주요 본문에 대한 연구의 도움 없이) 다음과 같은 사실이 분명히 드러난다. 즉 신약은 공동 예배에 대한 독특한 범주를 가지고 있으며, 독특하고도 눈에 띄는 공동 예배에 대한 특별한 관심을 보인다. 이것을 언급하는 것은 중요하다. 예배 논쟁에 있어서 진지하게 논의를 벌이는 사람들의 목소리는 공동 예배에 대한 분명한 범주가 새 언약 시대에서 발견될 수 있는 것인지를 묻고 있기 때문이다.

어떤 사람들은 첫째로 우리는 왜 교회가 모이는지를 다시 생각할 필요가 있다고 말한다. 예배를 위해서인가? 그들은 다음과 같이 주장한다. 아니다. 그것은 신약의 대답이 아니다. 신약은 구약의 공동 예배라는 말과 용어들을 지역 교회의 모아진 활동에 적용하는 것이 아니라 전 생애에 적용한다. 그러므로 우리가 함께 모이는 가장 중요한 이유는 교제하고, 성경을 공부하며, 설교를 듣고, 함께 기도하는 것과 같은 것을 위한 것이지 하나님을 예배하기 위한 것이 아니다. 그것은 우리가 우리의 가정에서, 공동체에서 그리고 직장에서 행하는 것이다.[21]

그러므로 이런 관점에서 볼 때 구약 공동 예배의 신약적 성취는 전 생애에 있어서의 예배이다. 기껏 말해서, 이것은 창의적인 접근법이다. 그리고 그것은 전 생애에 있어서 드려지는 예배(이것은 물론 구약 안에 선례가 없는 것은 아니다)에 대한 신약의 강조를 바르게 해주고 있으며, 예배에 대한 어떤 모든 규범적인 고교회파의 의식적 접근법들의 중대한 결과를 증명하는 충분한 주석적 토대와 신학적인 비평을 제공한다. 그러나 그 접근법의 어휘-연구 방법은 구약과 신약의 모이는 예배의 요소(성경 읽기, 성경 강해, 찬송, 기도 그리고 성례) 사이에 분명한 연결성들을 바르게 나타내고 있지는 못하다.

하나님의 백성이 모이는 전반적인 활동을 위해 신약에서 그 어떤 어의론적인 명칭이 주어진다 할지라도, 그 어의론적인 명칭이 읽기, 기도, 설교 그리고 찬송을 부르는 어휘에 관련될 때, 이것은 공동 예배를 구성하는 것이며 그런 것은 특별히 새 언약에서도 존재한다. 오로지 개인주의와 차별성에 대해서 언급을 하지 않는 쪽으로 나아가는 오늘날 경향만이 우리로 하여금 이런 사실에 눈을 뜨지 못하게 만든다.

그러나 성경은 우리에게 공동 예배와 같은 것이 있다는 것과 하나님은 그 공동 예배가 어떻게 이루어져야 하는지에 대해서 관심을 가지고 계심을 보여주는 것 그 이상의 무엇을 보여준다. 성경은 공동 예배가 하나님의 계시에 대한 사려 깊은 반응 속에서 수행되어야만 한다는 것을 증언한다. 하나님과 하나님의 영원한 도덕적 규범들에 대한 그 가르침이 있는 신구약 모두에서 교훈과 예를 통해 증언한다. 따라서 우리는 성경 자체가 개혁적 전통이 때때로 예배의 규범적인 원리라고 이름 붙여주는 것을 우리에게 제공한다고 말할 수 있다.

우리가 이미 배워온 많은 것은 이런 주장을 입증한다. 그러나 의심

---

21 예를 들어, Phillip Jensen and Tony Payne, "Church/Campus Connections," in *Telling the Truth: Evangelizing Postmoderns* (ed. D. A. Carson; Grand Rapids: Eerdmans, 2000), 202-3.

의 그림자를 넘어서 이점을 확고히 하기 위해서 우리는 다음 장에서 단순히 개별적인 본문이 아니라 성경의 좀 더 넓은 신학적 주제 중의 몇 가지를 생각해 볼 것이다. 그 좀 더 넓은 신학적 주제들은 성경적 공동 예배의 형식과 내용에 대한 이런 독특한 접근법을 위한 토대를 제공한다.

CHAPTER 2

성경적인 지침을 따르는 예배를 위한 토대

| 리곤 던컨 3세(J. Ligon Duncan III)
First Presbyterian Church 목사

성경은 우리에게 기독교 예배의 형식과 내용을 위한 하나님의 지침들을 제공해준다. 우리가 "참 하나님을 예배하는 최선의 방법은 하나님 자신에 의해 제정되었고 그분의 계시하신 뜻에 의해 제한되었으므로, 사람의 상상이나 고안이나 사단의 지시에 따라 어떤 가견적 예배 대상 앞에 혹은 성경에 말씀하지 않은 방법으로 예배드리면 안 된다"(웨스트민스터 신앙고백서 21.1)라고 말할 때, 우리는 수많은 방법 가운데서 그런 주장을 하는 것이다. 우리의 주장은 특별한 본문(출 20:4-6; 신 4:15-19; 12:32; 마 4:9-10; 15:9; 행 17:24-25; 고전 11:23-30; 14:1-40; 골 2˙16-23과 같은)의 주석에서 뿐만 아니라, 하나님은 인간적으로 고안된 예배를 원하시지 않는다는 성경 전체적으로 반복되는 말씀에 그 토대를 둔다. 우리는 또한 특별히 다음과 같은 좀 더 넓은 일련의 성경신학적 실체 위에 우리 주장의 토대를 둔다.

하나님에 대한 교리, 창조주-피조물 간의 구별, 계시의 개념, 도덕법의 바뀌지 않는 특성, 믿음의 본질, 신중성에 대한 교리, 교회 권위의 이차적인 본질, 그리스도인의 자유에 대한 교리, 성경적 경건에 대한 참된 본질 그리고 우상숭배에 대한 타락한 인간 본성의 경향과 같은 예배의 성경적 교리에 대한 개혁적 견해를 위한 이런 주요 토대 각각은 고려해볼 만한 가치들이 있다. 예배에 대해서 주어지고 있는 성경의 가르침에 대한 교회사의 증언을 살펴보고 결론을 내리면서, 우리는 그 각각의 것에 대해 간략하게 살펴볼 것이다.

1. 기본적인 실체

1) 하나님의 본성

하나님이 누구신가 라는 하나님 자신의 본성은 우리가 그분을 예배드려야만 하는 방법을 결정한다. 이것은 옛 언약과 새 언약 모두에 있는 예배에 대한 기본적인 원리이다. 신명기 4:15-19에 있는 예배에서 형상을 만들지 말라는 두 번째 계명은 이스라엘이 하나님의 형상을 보지 못한 것에 그 토대를 두고 있는 것이 분명하다. 이것은 또한 하나님 존재의 본질에 그 토대를 두고 있음이 당연하다. 또한 이것은 예수님이 요한복음 4:24에서 사마리아 여인에게 말씀하신 바로 그 내용이다. "하나님은 영이시니 예배하는 자가 신령과 진정으로 예배할지니라." 신령과 진정으로 예배하는 것이 무엇을 의미하든지 간에, 예수님은 "하나님은 영이시다"라는 개념 위에 그 요구사항을 명백하게 놓고 계신다. 즉 예수님은 그 요구사항을 하나님의 본성, 즉 바른 신학 안에 그 토대를 놓고 계신다. 그러므로 어떤 의미에서 예배에 대한 우리의 교리는 하나님에 대해 우리가 가지는 교리를 함축하는 것이다.

이것은 새 언약 예배의 방법이 일시적이고, 과도적이며, 현실적인 율법 혹은 심지어 새 언약적 규범들로부터 파생된 것이 아니라 궁극적으로 하나님 자신의 성품에 토대를 둔다는 것을 의미한다. 스프롤(R. C. Sproul)이 종종 우리에게 일깨워주는 것과 같이, 하나님에 대한 개혁적 교리의 독특성은 바른 신학이 우리의 예배를 포함해서 우리 신학의 모든 면을 통제한다는 데 있다. 이와 유사하게 하나님 은총의 주된 수단의 장소로서 공동 예배는 우리가 하나님과 가지는 특별한 지상적인 교제의 수단(마 18장)으로서 뿐만 아니라 하나님에 대한 지식에 있어서 그분의 교회를 자라게 하고 교화(敎化)하기 위해 하나님이 선택하신 수단이다. 따라서 규정적인 원리는 하나님의 성품에 그 토대를 두고 있는 것이지 단순히 시내 산 언약의 어떤 특성에 그 토대를 두고 있는 것은 아니다.

위에서 지적한 내용(하나님의 본성이 그분을 향한 예배의 본질을 결정한다)과 동일한 진리는 다음과 같은 것이다. 즉 공동 예배는 하나님에 대한 우리의 이해에 필요한 정보를 준다. 그러므로 만약에 하나님의 자기 계시가 우리가 그분을 아는 데 있어서 가장 중요한 요소가 되어야만 한다면, 공동 예배는 그분에 의해서 통제되어야만 한다. 이런 점은 출애굽기 20:4-6이 가지고 있는 근본적인 이유 중의 하나이다. 만약에 당신이 형상을 사용해서 하나님을 예배한다면, 그것은 하나님을 바라보는 당신의 관점을 바꾸게 된다. 형식은 내용에 영향을 준다. 예배의 수단은 하나님에 대한 예배자들의 이해에 영향을 준다. 그래서 기독교 공동 예배는 하나님에 대한 성경의 가르침에 대한 우리의 이해를 요구하며 동시에 그 이해를 형성한다. 하나님에 대한 교리는 우리의 공동 예배에 대해 알려주고, 또한 우리의 공동 예배는 하나님에 대한 우리의 실제적인 이해를 세련되게 다듬어주며 하나님에 대한 교리를 포함한다.

전 생애에 걸쳐 이루어지는 예배는 우리의 공동 예배에 영향을 미치고 있음이 물론 사실이다. "[그들의] 몸을 거룩한 산 제사로 드리지" 않는 사람들은 말씀에 나타나는 대로 온전한 공동 예배에 참여하는 것이 준비되어 있지 않으며, 공동 예배가 의도하는 중요한 윤리적인 결과 중의 하나를 표현하고 있지 못한 것이다. 사실상 모여 함께 드리는 예배에서의 행위와 삶의 나머지 부분에서 드려지는 예배 사이에 실제 경험적으로 일어나는 불일치가 있는 사람은 치명적인 영적 위선이 자라나는 토대를 가진 병행적으로 나란히 놓인 이중적인 삶을 살아갈 위험이 있다. 그럼에도 불구하고 우리가 하나님을 알게 되는 것은 공동 예배 가운데 이루어지는 교회의 교화(敎化)를 위한 하나님에 의해 약속된 은혜의 수단 아래에 있는 교회, 특별히 지역 교회들에서이다. 즉 말씀(성경을 읽고, 전하며, 노래하기), 기도(성경의 약속들을 간구하기, 성경의 하나님을 경배하며 감사하기, 죄를 고백하기, 성도를 위해 도고하기), 성례(성경의 약속들에 대해 하나님이 지정하신 만져서 알 수 있는 확증하는 표지)를 통해서 우리는 하나님을 알게 된다.

이런 정황은 하나님에 대한 지식에 있어서 자라는 데 필요한 기독교적 제자도의 계시적이며 관계적인 국면 모두를 말해준다. 결과적으로 예배의 방법은 참되신 한 분 하나님의 은총과 지식 안에서 우리가 자라는 데 너무나 중요한 것이다. 예배의 방법은 참되신 한 분 하나님에 대한 우리의 이해를 제공해주기 때문이다. 우리는 종종 "우리는 우리가 예배하는 것과 같이 된다"는 격언을 듣고 그에 대해서 동의한다. 그러나 예배에 대한 개혁적인 이해는 우리에게 "우리는 우리가 예배하는 방법과 같이 된다"는 말 또한 참이라는 것을 가르쳐준다.

2) 창조주-피조물 간의 구분

성경의 범할 수 없는 창조주-피조물 간의 구분은 우리가 예배하는 방법에 영향을 주며 규정적인 원리가 필요함을 말해준다. 성경은 그런 차이를 처음부터 끝까지 알려준다. 창세기 1장은 하나님이 세상을 만드셨고 그 세상을 다스리고 계시며, 하나님은 그 창조의 한 부분이시거나 그 창조에 포함되지 않으신다는 것을 강조한다. 거듭해서 그분이 하나님이시지 우리가 하나님인 것은 아니라고 우리에게 되새겨준다. "여호와가 우리 하나님이신 줄 너희는 알지어다 그는 우리를 지으신 자시요 우리는 그의 것이니 그의 백성이요"(시 100:3; 겔 28:2). 하나님이 가지고 계신 말로 전하고 표현할 수 없는 속성과 하나님의 존재와 우리의 존재 사이의 거역할 수 없는 불연속성에 대해서 우리는 거듭 반복해서 가르침을 받고 있다. "하나님은 인생이 아니시니 식언치 않으시고 인자가 아니시니 후회가 없으시도다 어찌 그 말씀하신 바를 행치 않으시며 하신 말씀을 실행치 않으시랴"(민 23:19).

하나님 그분의 도덕성뿐만 아니라 그분의 장엄한 거룩성이 우리에게 두드러지게 드러난다. "내가 본즉 주께서 높이 들린 보좌에 앉으셨는데 그 옷자락은 성전에 가득하였고 스랍들은 모셔 섰는데 각기 여섯 날개가 있어 그 둘로는 그 얼굴을 가리었고 그 둘로는 그 발을 가리었고 그 둘로는 날며 서로 창화하여 가로되 거룩하다 거룩하다 거룩하다 만군의 여호와여 그 영광이 온 땅에 충만하도다"(사 6:1-3). 이 모든 것은 하나님의 초월성과 그분을 헤아리는 우리의 제한적인 마음의 무능력함을 두드러지게 강조해준다. 따라서 만약에 예배가 그분의 본성과 일치되어야 한다면 그리고 그분의 본성은 초월적이고, 무한하며 그리고 이해할 수 없는 것이라면, 우리가 어떻게 그분의 말씀이 가리키는 지침 이외의 것을 따라 예배할 수 있는 것인가?

다시 한 번 더 말하지만, 하나님에 대한 우리의 교리는 예배에 대해 가지고 있는 우리의 교리에 영향을 준다. 만약에 창조주와 피조물 사이의 차이점이 주어졌다면(칼빈, 스콜라철학자들[the Scholastics], 웨스트민스터, 반틸[Van Til] 그리고 심지어 바르트[Barth]까지도 강조하여 지적한 것) 그리고 마치 하늘이 땅보다 높음 같이 하나님의 길과 생각이 우리의 것보다 높다는 부인할 수 없는 성경적인 실체가 주어졌다고 한다면(사 55:8-9), 하나님이 우리에게 그분의 말씀 속에서 해야 할 것을 말씀해주시지 않는다면, 그 어떤 것이 우리가 하나님을 기쁘시게 할 수 있는 것을 우리로 하여금 깨달아 알 수 있도록 할 수 있겠는가?[1] 350년보다 훨씬 더 이전에 웨스트민스터회의(Westminster Assembly)는 이 주장에 대해서 다음과 같이 언급했다. "하나님과 피조물의 격차는 너무 커서, 이성적인 피조물이 그들의 창조자인 하나님께 순종할 의무가 있지만, 그들이

---

[1] 이 단락 전체를 통해서 전개된 나의 생각에 있어서 나는 T. David Gordon의 "Nine Lines of Argument in Favor of the Regulative Principle of Worship"에 의해서 크게 고무되었다. 이 소논문은 Gordon-Conwell Theological Seminary에서 진행된 그의 교회론 강좌에서 시작되었고, 인터넷 여러 곳에 실려 회람되고 있다. 그의 말은 필자의 글 속에서 종종 발견될 수 있다.

결코 그를 만족시켜 축복이나 보상을 받을 수 없고, 오로지 하나님 편에서 자원하신 모종의 겸하에 의해서만 가능한데, 하나님은 그것을 계약의 방식으로 나타내기를 기뻐하셨다"(7.1).

3) 계시와 지식의 특성

계시와 지식에 대한 성경적 개념은 계시 지향적인 예배를 요청한다. 성경적 예배는 본질적으로 계시에 대한 어떤 반응을 포함한다. 하나님이 족장들을 찾으시고 약속과 축복에서 주도권을 가지시며 족장들은 믿음과 감사함으로 반응을 보였던 언약들에서와 같이, 하나님은 또한 예배에서도 주도권을 가지고 계신다. 이런 견해는 이제 필요한데, 그분의 본성이 예배를 결정하고 그분의 본성이 무한하기 때문만이 아니라, 죄의 현혹시키는 장애와 방해 때문이다. "비록 자연의 빛과 창조 및 섭리의 사역이 사람들로 하여금 변명할 수 없도록 하나님의 선하심과 지혜와 능력을 명백하게 나타내지만, 그럼에도 불구하고 그것들은 구원에 필요한 하나님과 그의 뜻에 대한 지식을 줄만큼 충분하지 못하다"(롬 1:18-20; 고전 1:21; 2:12-14; 웨스트민스터 신앙고백서 1.1).

우리의 죄로 인해서 그것은 또한 바른 예배를 위해서 필요하다. "그러므로 주님께서 여러 때에 다양한 방식으로 자신을 계시하여 자기 교회를 향한 그의 뜻 선포하기를 기뻐하셨으며"(히브리서 1:1; 웨스트민스터 신앙고백서 1.1). 특별히 예배의 핵심적인 문제에 대하여 그분의 뜻을 선포하는 것을 기뻐하셨다. 인간이 구원을 이해하는 하나님의 토대는 계시인 것과 같이, 계시는 또한 우리가 하나님을 예배하는 하나님의 토대이다. 그 예배가 바르게 이해될 때, 예배 그 자체가 계시에 대한 반응이 된다. 그리고 만약에 예배가 계시에 대한 바른 반응이어야만 한다면, 예배는 계시에 따라 방향을 제시받아야만 한다.

따라서 우리는 하나님의 소명과 우리의 반응으로 이루어진 예배 가운데 대화적인 국면을 보게 된다. 하나님은 계시, 약속 그리고 축복을 통해서 예배에서 주도권을 가지고 계신다. 하나님의 백성은 예배에서 들음으로, 믿음으로 그리고 찬양/경배/고백/감사 등을 통해서 반응한다. 이런 하나님의 언약적 형태는 그 독특한 특성이 무엇이든지 간에 모든 성경적 세대의 참된 예배 속에 반영되어 있다. 그리고 그런 하나님의 언약적 형태는 하나님의 계시에 따른 읽기, 설교하기(계시 속에 있는 하나님의 주도권), 찬양하기 그리고 기도하기(계시에 대한 우리의 반응) 등을 낳는다. 마틴(R. P. Martin)은 이에 대해서 다음과 같이 말한다.

> 공동 예배의 독특한 특성은 계시와 반응의 두 박자 리듬이다. 하나님은 말씀하시고 우리는 대답한다. 하나님은 행하시고 우리는 받아들이며 나누어준다. 하나님은 주시고 우리는 받는다. 이런 그림의 당연한 결과로서, 예배는 하나님께 인간이 드리는 희생제사를 위한 암호적인 어휘를 암시한다. 예배자는 부동(不動)의 수동적인 수혜자가 아니라, "제물을 드리도록" 부름을 받은 능동적인 참여자이다.[2]

4) 두 번째 계명

두 번째 계명의 영구적인 도덕적 규범은 규범적인 원리에 일치하는 참된 예배를 필요로 한다. 우리는 이미 두 번째 계명의 연구에서 다음과 같은 사실을 보았다. 즉 두 번째 계명은 우상들을 만드는 것뿐만 아니라 참되신 한 분 하나님을 예배하는 데 있어서 형상을 사용하는 것 그리고 하나님을 예배하는 데 있어서 금지된 것들을 도입하는 것뿐만 아니라 명령되지 않고 정당한 이유가 주어지지 않은 것들을 금한다. 이 명령이 가지는 영구적인 가치는 그 놓인 위치가 의식법이 아니라 도덕법에 있다는 점에, 변하는 도덕적 규범들이 아니라 하나님의 성품을 반영한다는 점에, 성경 전체를 통해서 그 핵심적인 원리를 지속적으로 반복한다는 점에 그리고 기독교의 본질로서 그 명령에 순종할 것을 말하는 바울의 특징적인 묘사 속에 있다("너희가 어떻게 우상을 버리고 하나님

---

[2] R. P. Martin, *The Worship of God: Some Theological, Pastoral, and Practical Reflections* (Grand Rapids: Eerdmans, 1982), 6.

께로 돌아와서 사시고 참되신 하나님을 섬기며", 살전 1:9).

그런데 이것이 바로 로버트 다브니(Robert Dabney)가 신약을 "우상숭배를 타파하려고 의도된 책"[3]이라고 부르는 이유이기도 하다. 정말로 신약은 우상숭배에 대한 구약의 비판을 좀 더 확장해서 적용한다. 그것은 다름이 아니라 바로 변하지 않는 도덕 규범으로서의 두 번째 계명이 가지고 있는 영속적인 본질 때문이다. 두 번째 명령에 금지된 우상숭배에 대한 이중의 본질이 있기 때문에(참되신 한 분 하나님 이외의 다른 것을 예배하는 것 혹은 하나님이 명령하시지 않는 방법으로 참되신 한 분 하나님을 예배하는 것), 우리는 우상숭배적인 예배를 피하는 데 있어서 우리를 도와주는 규정적인 원리에 의존해야만 한다. 따라서 예배의 요소는 하나님 자신에 의해서 제정되어야만 한다. 그 요소가 시행되는 형식은 그 요소의 특성 혹은 내용에 유해한 것이거나 혹은 예배의 본질과 목적에서 벗어나도록 해서는 안 된다. 그리고 예배의 상황은 그 요소의 빛을 잃게 하거나 그 가치를 결코 손상시켜서는 안 되며, 오히려 은총의 방편들이 작용하는 역사를 사려깊게 조성해야만 한다.

5) 믿음의 본질

예배에 대한 개혁적 접근의 또 다른 중요한 건축 토대는 계시와 지식에 관련된 성경적 가르침에 연관되어 있다. 그것은 "믿음으로부터의 논증"(그리고 예를 들어 존 오웬[John Owen]은 이것을 확신적으로 말한다)이라고 불린다. 믿음은 참된 예배에 가장 중요하고 본질적인 것이기 때문에, 예배의 요건들은 참된 믿음의 실행과 조화를 이루어야만 한다. 본질적으로 믿음은 하나님의 계시, 특별히 언약과 약속에 대한 그분의 계시에 대해 믿는 반응이다. 웨스트민스터 신앙고백서가 다음과 같이 말하는 바와 같다.

이 신앙에 의해 "그리스도인은 그 안에서 말씀하시는 하나님 자신의

---

[3] Robert L. Dabney, *Lectures in Systematic Theology* (Grand Rapids: Baker, 1985), 183.

권위 때문에 말씀에 계시된 모든 것을 참되다고 믿으며, 그 모든 구절의 내용에 따라 다르게 행동하는데, 명령에는 순종하며 위협에는 두려워 떨고 현세와 내세에 대한 하나님의 약속은 받아들인다"(14.2). 하나님이 그분 자신을 계시하시지 않는 곳에는 믿음의 본질 그 힘을 통해서 하나님의 계시에 신실하게 응답할 수 없다. "믿음이 없이는 [하나님을] 기쁘시게 못하기"(히 11:6) 때문에 그리고 "믿음으로 좇아 하지 아니하는 모든 것이 죄이기"(롬 14:23) 때문에, 하나님의 계시에 순종적으로 반응하지 않는 예배를 통해서 하나님은 기쁘게 되실 수가 없다. 자명하게도 그런 예배는 "신실하지 못한" 예배이기 때문이다. 따라서 우리는 예배가 긍정적으로 하나님의 말씀 위에 그 토대가 놓여야만 한다는 것을 또 다시 보게 된다.

6) 신중함에 대한 교리

성경은 우리가 예배에 있어서 신중해야만 한다는 것을 매우 분명하게 말해준다. 우리 하나님은 소멸하는 불이시며 만홀히 여김을 받지 않으신다. 때때로 분명히 믿음이 좋은 사람들이었지만 명령되지 않은 예배를 하나님께 드린 사람들 위에 내린 징벌의 엄중성은 우리의 주의를 환기시킨다. 나답과 아비후와 그들이 드린 "다른 불"의 이야기(레 10:1-2) 그리고 웃사와 다윗과 법궤의 이야기(삼하 6장)가 그렇다. 그러나 예배에 있어서 신중성에 대한 성경적인 교리는 이런 깜짝 놀랄만한 경고를 주는 본문보다는 좀 더 넓은 토대 위에 세워지고 있다.

(1) 우리는 하나님을 예배하기 위해서 지음을 받았다. 그러므로 바로 그런 목적을 이루기 위해 우리는 우리가 예배하는 방법에 있어서 신중할 필요가 있다. (2) 공동 예배는 전 생애에 있어서 드려지는 우리 예배의 높은 수준을 제시하고 있으며, 우리가 신중성을 가지도록 채근한다. (3) 하나님이 신령과 진정으로 하나님을 예배할 자들을 친히 찾으신다는 것은 그런 예배자들이 되기를 원하는 모든 사람에게 그들 자신이 신중하게 신령과 진정으로 예배드리는 것으로 나아가는 방법에 익숙해질

것을 강하게 요청한다. (4) 하나님은 예배에 있어서 부주의한 자들에게는 그들이 아무리 신실하게 보인다 할지라도 그들에게 위험할 정도로 엄위한 분이시다. 따라서 개혁적 전통은 특별히 예배에서 파멸에 이르는 길은 좋은 의도나 목적들로 포장되어 있다는 것을 늘 이해한다. 의도나 목적들로는 충분하지 않다. 우리는 우리 자신을 말씀의 권위에 복종시켜야만 하며, 그 말씀을 배우고 순종하는 데 사려 깊어야만 하며, 그 말씀의 어떤 부분도 소홀히 여기지 말아야 한다. 신중함의 길은 그 말씀의 길이며, 규정적인 원리를 확증해준다.

7) 교회의 이차적인 권위

교회가 가진 권위의 이차적인 본질에 대한 성경의 가르침은 예배에서 교회의 자율권을 제한하며, 규정적인 원리의 준수를 요구한다. 예수님은 교회의 유일한 왕이시며 교회를 위한 법률 입안자이시다(마 28:18-20). 교회의 모든 권위는 그분으로부터 나온다. 교회를 세우는 그리스도의 은사들로서(엡 4:11-13) 교회의 일반적인 직분자는 그들 자신의 법과 규범을 세울 권위가 없다. 그들이 감당해야 하는 일은 말씀 속에 계시된 하나님의 규칙과 법을 집행하는 것이다. 이것이 바로 장로교인들이 그들의 교회 회의와 모임을 '법정'(法庭[입법부가 아니라])으로 말하는 하나의 이유이다. 그들의 일은 왕의 법을 만드는 것이 아니라 집행하는 것이다. 따라서 모든 교회의 권력은 "행정적이며 선포적이다." 즉 교회는 말씀을 섬기며 교회의 왕의 뜻을 선포한다.

제임스 배너만(James Bannerman)은 『그리스도의 교회』(*The Church of Christ*)에서 다음과 같은 주장을 한다. "교회는 일종의 기관(機關)이다. 부활하신 그리스도의 적극적인 명령에 의해서 제도화된 그리고 그분의 명령에 대한 순종과 그분의 법령 속에 참여를 요청하기 위해 그분에 의해 위임된 기관이다. 교회는 그 자체의 명령에 순종할 것을 요청할 권한이 주어져 있지 않으며, 그 자체가 만든 법령에 참여를 요청할 권한도 주어져 있지 않다."⁴ 만약에 이것이 바로 그런 경우라고 한다면, 그리스도가 교회에 예배의 본질과 요소에 관련된 일에 있어서 자유재량적인 권한을 주시지 않았다는 것은 놀라운 일이 아니다. 말씀에 있는 대로 예배를 위한 그분의 규칙을 단순하게 집행하는 것이 바로 교회의 일이다. 따라서 교회 행정에 대한 이와 같은 규정적인 원리는 배후에 놓여 있는 것이며 예배에 대한 규정적인 원리를 필요로 한다.

8) 그리스도인의 자유에 대한 교리

그리스도인의 자유에 대한 성경적인 교리는 예배에 대한 우리의 교리에 중요한 것이며, 오직 규정적인 원리에 의해서만 보호될 수 있다. 웨스트민스터 신앙고백서는 다음과 같은 대담한 선언을 한다. "하나님만이 양심의 주가 되신다. 이 하나님은 신앙이나 예배 문제에 있어서 말씀을 거스르거나 떠난 사람들의 교리와 계명에 매이지 않는 자유를 주셨다. 양심을 떠나서 이런 교리를 믿는 것이나 이런 계명을 따르는 것은 양심의 참 자유를 저버리는 것이니 맹종하는 신앙과 절대적이며 맹목적인 순종은 양심의 자유와 이성을 파괴하는 것이다"(20.2). 기독교적 자유에 대한 이런 선언서는 로마서 14:1-4, 갈라디아서 4:8-11 그리고 골로새서 2:16-23에서 발견되는 사도 바울의 원리에 그 토대를 둔다.

규정적인 원리는 예배에서 인간의 주도적인 견해로부터 믿는 자들의 자유를 안전하게 지켜주기 위해서 계획된 것이다. 그러나 어떤 사람들은 규정적인 원리를 법률적이며 강제하는 것으로 본다. 그들은 규정적인 원리가 다양한 행위를 금하고 있으며 다른 것들을 제한한다는 것을 잘 알고 있다. 그러나 이것은 단지 다음과 같은 것을 말해주는 것일 뿐이다. 즉 잘 생각해보면 규정적인 원리는 자유하게 하는 성경적 규범들을 강화시키는 데 도움을 준다는 것을 단순하게 말해주는 것이다. 인

---

4 Gordon, "Nine Lines of Argument"에서 인용.

간의 견해로부터 기인되는 자유는 오로지 하나님의 선하고 은혜롭고 지혜로운 법의 규칙에서만 발견될 수 있다. 만약에 말씀을 별개로 하고 혹은 말씀 이외에, 인간이 우리가 예배드리는 방법을 명령할 수 있다고 한다면, 그때 우리는 그들의 명령에 포로가 될 것이다.

공동 예배가 이루어지는 정황 속에 있는 기독교적 자유(인간적인 교리와 명령으로부터의 자유)의 주된 축복들 가운데 한 가지를 우리가 진정으로 경험할 수 있는 유일한 방법은 공동 예배가 오로지 하나님의 말씀에 따라서만 이루어지게 하는 것이다. 이것은 규정적인 원리를 따르는 것을 의미한다. 더욱이 "하나님은 우리에게 그분이 계시하신 대로 오로지 그분만을 예배할 것을 요구하신다. 그러므로 공동 예배에서 어떤 사람에게 하나님이 요구하시지 않은 것을 행하도록 요청하는 것은, 하나님이 그들이 행하도록 부르시지 않았다고 믿는 것을 행하도록 함으로써, 그 사람으로 하여금 그의/그녀의 양심에 죄를 짓도록 강요하는 것이다."[5]

9) 참된 경건의 본질

하나님은 그분이 말씀하신 것을 정확하게 행하는 사람들과 함께 있는 즐거움과 그들 가운데 느끼는 기쁨을 거듭해서 표현하신다. 이사야 66:1-4에서 참된 종교("사람의 영혼 속에 있는 하나님의 생명")는 자신들의 길을 선택한 자들과는 대조적으로 "무릇 마음이 가난하고 심령에 통회하며 나의 말을 인하여 떠는" 사람을 통해 특징적으로 표현되고 있다. 신명기 12:29-32는 만연하는 문화적인 규범들 위에 토대를 두고 있는 예배 관행을 세우는 것에 대해 분명하게 경고한다.

참된 경건은 하나님의 말씀에 순종하는 자들 가운데 눈에 보이도록 드러난다. "내가 너희에게 명하는 이 모든 말을 너희는 지켜 행하고 그것에 가감하지 말지니라." 사울 이야기 속에 있는 한 가지 주된 주제는

---

5 Ibid.

"순종이 제사보다 낫다"(삼상 15:3-22)는 것이다. 이것은 공동 예배에서 이루어지는 하나님의 말씀에 대한 엄격한 순종에 그 가치를 더하는 생각이다. 참된 경건은 우리가 예배를 표현하는 데 있어서 하나님의 말씀에 대한 겸손한 순종 가운데서 그 자체를 명백하게 나타낸다. 따라서 우리로 하여금 말씀에 전반적으로 일치하는 예배를 드리도록 해준다.

10) 우상숭배를 하려는 우리의 경향

우상숭배에 대한 타락한 우리 인간의 경향에 대한 성경적인 가르침은 하나님을 예배하는 것에 대한 우리의 접근법에 영향을 주며, 우리로 하여금 규정적인 원리를 받아들이도록 해준다. 칼빈은 우리의 마음을 "영원한 우상 제작소"라고 불렀다. 우리의 경험은 칼빈의 말이 결코 과장이 아님을 확증해준다.

이론적인 무신론이 아닌 우상숭배는 인간 마음이 가지고 있는 기본적인 문제임이 분명하다. 루터는 "우리는 본질적으로 우상숭배의 경향이 있다. 우상숭배는 선천적으로 우리에게 기분 좋게 다가온다"라고 말했다. 그 마음에 영원히 기록된 신적인 감각과 더불어 하나님의 형상으로 만들어진 인간성은 어찌할 도리없이 종교적인 것이다. 그러나 타락 이후로 우리는 우리 자신의 형상으로 하나님을 만들려고 시도하는 경향이 있다. 따라서 우리가 만들어진 형상을 가지신 분보다는 우리 자신을 예배하는 것이다. 바로 이것이 로마서 1:19-25에서 바울이 주장하는 바이다.

> 이는 하나님을 알만한 것이 저희 속에 보임이라 하나님께서 이를 저희에게 보이셨느니라 창세로부터 그의 보이지 아니하는 것들 곧 그의 영원하신 능력과 신성이 그 만드신 만물에 분명히 보여 알게 되나니 그러므로 저희가 핑계치 못할찌니라 하나님을 알되 하나님으로 영화롭게도 아니하며 감사치도 아니하고 오히려 그 생각이 허망하여지며 미련한 마음이 어두워졌나니 스스로 지혜 있다 하나 우준하게 되어 썩어지지

아니하는 하나님의 영광을 썩어질 사람과 금수와 버러지 형상의 우상으로 바꾸었느니라. 그러므로 하나님께서 저희를 마음의 정욕대로 더러움에 내어 버려두사 저희 몸을 서로 욕되게 하셨으니 이는 저희가 하나님의 진리를 거짓 것으로 바꾸어 피조물을 조물주보다 더 경배하고 섬김이라 주는 곧 영원히 찬송할 이시로다(롬 1:19-25).

이 고발의 내용은 다음과 같은 것이다. 즉 비록 하나님 그분에 대한 일반적인 계시는 좀 더 커다란 창조 세계뿐만 아니라 자연인 속에 그리고 자연인에게 분명하게 나타나기 때문에 우리는 우리의 반역에 대한 하나님의 고발에 아무런 방어를 할 수 없다 할지라도, 그와 같은 지식은 예배와 감사로 이끄는 것이 아니라 우상숭배로 나아가게 한다고 고발한다. 이것은 유대인과 이방인을 모두 포함하는 전체 인간을 상대로 바울이 하는 고발의 일부분이다. 이것은 존 웨슬리(John Wesley)가 심지어 세상에 태어난 모든 사람은 그 자연적인 상태에서는 순전한 우상숭배자라고 말할 수 있었던 이유이기도 하다.

한편 만약에 이것이 하나님의 구원하시는 은총과 무관한 우리에게는 참된 사실이라면, 기독교적인 삶의 계속되는 비행(非行), 내재하는 죄의 실재성, 주된 죄들이 어떻게 역사하는 것인지에 대한 이해, 진행적인 성화에 대한 점차적이고 부분적인 이해 그리고 적합한 인간성과 자아-지식에 대한 바른 이해는 우리로 하여금 인간적인 창안을 피하도록 해주고 예배에서 인간적인 창의성에 대한 주의를 기울이도록 해줄 것임에 틀림없다. 우리는 모두 회복되고 있는 우상숭배자들이다. 우리가 예배드리는 방법을 생각할 때, 극도로 조심스러운 마음이 필요하다. 요컨대 세상은 우상파괴자들과 우상숭배자들로 나누어진다. 당신은 어느 편에 설 것인지를 결정해야만 한다.

11) 교회사의 증언

예배에 대해서 성경이 가르쳐주는 것에 대한 교회사의 증언(긍정적이고 부정적인 것 모두)은 우리의 예배에 대해서 가르쳐주고 있고 우리에게 성경에 따라서 예배하라고 명령한다. 교회사는 기독교 예배를 위한 어떤 기준이 되는 권위를 말해주고 있지는 않다. 그러나 교회사는 우리가 어리석게도 무시해버릴 수도 있는 어떤 교훈적인 권위를 말해준다. 휴스 올드(Hughes Old)가 다음과 같이 말한 것과 같다. "요컨대 우리는 전통이 예배에 대해 우리에게 말해주는 것에 대해서 관심을 갖는 것이 아니라, 성경이 예배에 대해 무엇을 이야기해주어야 하는 것에 대해서 전통이 우리에게 무엇을 이야기해주는지에 대해서 관심을 갖는 것이다."[6] 기독교 역사는 우리에게 무엇을 가르쳐주는가? 여러 가지를 가르쳐준다.

(1) 전성기의 교회 예배는 단순하지만 항상 강력한 성경적 예배를 드리는 것을 그 특징으로 한다. 가장 유익하고 좋은 기독교의 증언은 성경으로 가득 차고 성경의 지도를 받는 예배를 말한다. 그 예배 안에서는 성경이 읽혀지고, 전해지며, 노래되고, 기도가 이루어진다. 그리고 눈에 보이는 말씀으로의 성례가 기록된 말씀에 따라 집례된다. 이런 예배가 바로 규정적인 원리가 오늘날 교회에서 진작시키려고 추구하는 것이다.

(2) 공동 예배가 내리막길에 있는 것은 종교의 타락과 결부되어 있다는 것에 대한 성경적 교회사와 성경 이후의 교회사 모두에서 발견되는 충분한 증거가 있다.

(3) 이런 사실과 더불어 자신들이 만들어낸 고안물에 남겨진 기독교인은 불가피하게 비성경적이며 경건하지 못한 예배를 만들어내는 것을 교회사는 보여준다. 종교개혁은 바로 이런 것에 반대해서 커다란 이의를 제기한 것이다.

(4) 역사가 표준이 되는 규범적인 것은 아니다. 그렇지만 역사는 우리가 성경을 이해하는 것을 도와준다. 그리고 역사는 우리 자신의 세대

---

6 Huges Oliphant Old, *Worship That Is Reformed according to Scripture* (Atlanta: John Knox, 1984), 170-71.

가 갖고 있는 특별한 경향과 유혹에 대한 견해를 우리에게 제공해준다. 기독교 역사를 훑어보는 것은 거룩한 교제(sanctorum communio)로부터 주어지는 가르침을 받을 기회를 준다. 그리고 무게가 가늠되고 측량된 우리의 우선순위와 비교되고 대조된 우리의 실천을 가지게 될 기회를 준다. 역사가 아니면 존재할 수 없었던 그런 방법으로 기회를 준다. 우리가 우리 자신의 시간과 문화의 상황 속에서 성경에 따라 신실하게 예배를 드리려고 시도할 때, 과거의 업적과 실수 모두는 우리에게 교훈적이고 진단에 도움을 준다.

(5) 마지막으로 기독교 역사는 오늘날 우리의 예배를 위한 가르침을 주고 영감을 준다는 것에서 가장 좋다. 우리의 예배는 과거의 단순한 복사판이 될 수 있는 것이 아니다. 교회의 역사적 예배의 유산 가운데 우리에게 전해진 세대의 경건한 유산에 대한 이해는, 우리가 우리 세대의 만연한 상습적인 속물근성에 저항하도록 도움을 준다.

2. 공동예배의 실재 내용, 대상, 때, 장소, 이유, 방법을 아는 것

위에서 묘사된 근본 토대가 되는 실체는 규정적인 원리, 즉 우리는 성경의 확실한 근거에 일치하여 하나님을 예배해야만 한다는 원리의 합법성과 중요성에 연결되어 혼합되어 있으며, 그 합법성과 중요성을 더욱 강화시켜준다. 적용된 이 원리는 또한 예배의 전 범위에 걸쳐서 우리를 도와준다. 따라서 역사적으로 개혁적인 예배는 공동 예배의 실재(that), 무엇(what), 누구를(whom), 언제(when), 어디서(where), 왜(why) 그리고 어떻게(how)에 대해서 가지는 하나님의 관심에 감사를 표한다.

우리가 공동적으로 예배를 드리는 것(that)은 중요하다. 하나님은 그분의 예배와 다른 예배자들과 함께 하는 공동체를 위해서 우리를 만드셨기 때문이다. 예배는 그분이 "찾으시는"(요 4:23) 한 가지이다.

공동 예배가 '무엇'(what)인가 라는 것은 하나님께도 역시 중요한 문제이다. 공동 예배는 복음 전도가 아니며, 상호 간에 교제를 세워나가는 것 또한 아니다. 공동 예배는 하나님과 가족적인 관계에서 만나는 것이다. 공동 예배는 그분의 백성과 함께 하시는 하나님과 연합하는 언약적 모임이다. 하나님의 얼굴을 찾고, 그분을 영화롭게 하고 즐거워하며, 그분의 말씀을 듣고, 그분과 함께 연합하고 교제하는 영광 가운데 드러나며, 그분의 이름에 합당한 영광을 그분께 돌려드리기 위한 것이다. 존 파이퍼(John Piper)는 이렇게 말한다.

> 예배의 인증할 만한 내적인 본질은 그리스도와 함께 만족하고, 그리스도를 존중하며, 그리스도를 소중히 여기고, 그리스도를 보배롭게 여기는 것이다…[이것은] 예배 의식이 무엇에 관한 것이어야만 하는지에 대한 이해를 위해 아주 타당한 것이다. 그것들은 "하나님을 매우 힘써 따라가는 것"에 대한 것이다.
>
> 우리가 일요일 아침에 행하는 것은 "하나님을 매우 힘써 따라가는 것이라고 말할 때, 우리가 의미하는 것은 우리는 하나님 안에 있는 만족함을 힘써 따라간다는 것이며, 우리가 소중히 여기는 것으로서 하나님을 힘써 따라간다는 것이다. 그리고 우리의 보화, 우리 영혼의 양식, 우리 마음의 기쁨, 우리 영혼의 즐거움이 되시는 하나님을 힘써 따라간다는 것이다. 혹은 그리스도를 그분의 정당한 곳에 있도록 한다는 것이다. 그것은 십자가에 달려 돌아가시고 부활하신 예수 그리스도 안에서 하나님이 우리를 위한 모든 것을 힘써 따라간다는 것을 의미한다.[7]

예배는 능동적이면서 수동적인 것이다. 우리는 하나님을 찬양하기 위해서 나아오며, 하나님의 축복을 받기 위해서 나아온다(시 134편). 기독교 공동 예배는 하나님 아버지 중심석이며, 그리스도 중심적이며, 성령이 운행하시도록 하는 것이다(엡 1:3-14). 그리고 기독교 공동 예배는 "믿는 자들의 몸이라는 맥락에서 드려지는 것이다. 그 믿는 자들은 하나님께 합당한 모든 것에 대한 그들의 마음을 다한 헌물의 모든 형태를

---

[7] John Piper, *Borthers, We Are Not Professionals: A Plea for Pastors for Radical Ministry* (Nashville: Broadman & Holman, 2002), 236.

이전 계시 그리고 예견되는 완성의 영광을 성취하는 새 언약의 명령과 예들의 장엄한 모습과 일치시키는 사람들이다."[8]

물론 '누구를'(whom) 예배하는가 하는 예배의 대상은 참된 예배의 중심이 되는 문제이다(요 4:22, 24). 예배의 대상은 바로 첫 번째 계명이 말하는 모든 것이다. 우리는 성경의 하나님, 하나님이 그분 자신을 계시하신 대로의 하나님을 예배하는 것을 목적으로 한다. 만약에 우리가 하나님 그대로 그분을 알지 못한다면, 우리는 그분을 예배할 수 없기 때문이다. 그리고 하나님이 그분의 말씀 안에서 우리에게 그분 자신을 계시해주시지 않는 한 우리는 그분을 그대로 알 수 없다. 우리가 원하는 신과 본질이 하나님이신 분은 동일하지 않다.[9] 우리가 바른 예배의 대상을 가진다고 확신할 수 있는 유일한 방법은 하나님의 기록된 자기 계시에 따라서 예배를 드리는 것이다.

공동 예배가 '언제'(when) 드려져야 하는 것인지는 새 언약 시대에 중요한 문제로 남아있다. 옛 언약 시대에서 예배는 일곱 번째 날에 드려져야만 했다. 하나님의 창조 뒤에 이루어진 쉼과 새 언약의 실체를 예시했던 여러 가지 절기를 나타내는 날들 때문이었다. 이제 세대들의 끝 날에는 공동 예배가 한 주의 첫 번째 날인 주의 날에 이루어져야만 한다. 기독교적 안식일에 대한 개혁적인 견해를 가지고 있지 않는 사람들을 위해서조차도, 다음과 같은 네 가지 엄청난 사실은 주의 날에 이루어지는 공동 예배의 중요성을 분명하게 말해준다.

(1) 첫째는 그리스도의 부활이다. 이것은 그리스도가 그분 자신을 위한 한 백성을 만드시는 데 있어서 그분의 창조적인 사역에 토대가 되는 것이다(막 16:1-8; 9절 참고; 고후 5:14-17; 갈 6:15-16; 골 1:15-22). (2) 주의 날 속에 예시된 영원한 안식(히 4:9), (3) 신약 교회의 주의 날이

---

[8] D. A. Carson, "Worship under the Word," in *Worship by the Book* (ed. D. A. Carson; Grand Rapids: Zondervan, 2002), 26.

[9] 나는 이 말을 패트 몰리(Pat Morley)의 설득력 있는 관찰에서 빌려와서 모방하여 사용한다. "우리가 원하는 하나님이 있다. 그리고 하나님이신 분이 계시다. 그들은 동일한 하나님이 아니다. 우리 삶의 전환점은 우리가 원하는 하나님을 찾는 것을 중단하고, 하나님이신 분을 찾기 시작할 때이다." *The Rest of Your Life* (Nashville: Nelson, 1992), 120 (원래적인 강조).

라는 말과 준수(계 1:10;마 28:1 참고; 눅 24:1; 요 20:1, 19-23; 행 20:7; 고전 16:2) 그리고 (4) 성도들에게 함께 모이라는 신약의 명령, 우리가 그렇게 할 때 우리와 함께 하신다는 그리스도의 약속, 신약 그리스도인들이 모이는 신실한 모범 그리고 우리가 지역 교회의 정황 속에서 새로운 회심자들을 제자화할 것을 말씀하시는 예수님의 분명한 명령(히 10:24-25; 마 18:20; 28:18-20; 행 1:4).

비록 예배의 장소 또한 옛 언약 시대와는 달라졌을지라도, 새 언약의 예배가 '어디서'(where) 드려져야 하는 것인지도 역시 중요하다. 어디서 드려져야 하는 것에 대한 대답은 한 때 "성막" 혹은 "성전" 혹은 "예루살렘"이었던 반면에, 이제 그 대답은 "주님의 가족(즉, 그분의 백성)이 모이는 곳 어디서나"이다. 예수님은 이것을 사마리아 여인에게 (요 4:21) 그리고 회중으로 모이는 제자들을 말할 때 그분의 제자들에게 강조하여 말씀하신다. 모이는 교회가 가지는 생명력의 중요한 요소임이 분명하다. 새 언약 예배의 장소는 더 이상 지역적인 장소와 물질적인 구조물에 필연적으로 결부되어 있는 것이 아니라 모이는 사람들에 연관되어 있다. 이것이 바로 고대 스코틀랜드 전통에서 사람들이 교회 건물에 들어가기 위해서 모여들 때, 우리가 종종 "우리가 교회에 갑니다"라고 말하는 대신에 "교회가 들어갑니다"라고 이야기되는 이유이기도 하다. 하나님의 특별한 임재가 지상의 전투적 교회에 함께하는 새 언약적 장소(*locus*)는 그곳이 카타콤이든, 상점이든, 혹은 아름다운 콜로니얼 교회 건물이든 그 어느 곳이든 모이는 몸 안에 있는 것이다.

공동 예배가 드려지는 '왜'(why)라는 이유 또한 하나님께 매우 중요하다. 그리고 이에 대한 하나 이상의 올바른 성경적인 대답이 있다. 그 대답 중에 가장 중요한 것은 바로 "하나님의 영광을 위하여"(고전 10:31; 시 29:1-2)이다. "왜 우리가 예배를 드리는가?"라는 질문에 하나님의 영광은 모든 피조 세계의 그 어떤 것보다도 더 중요하기 때문이라는 것보다 더 높은 대답은 없다. 교회의 주된 목적은 함께 영원히 하나님을 영화롭게 하며 즐거워하는 것이다. 세상 모든 것에서 가장 중요한 것은 하나님의 영광이기 때문이다(빌 2:9-11). 존 파이퍼(John Piper)는 이에 대해서 우리 세대의 그 어느 누구보다도 더 효과적으로 이야기한다. 또한 이에 대한 다른 대답들이 있다. 하나님이 예배에 대해 말씀하셨기 때문이다. 하나님이 우리를 예배하도록 창조하셨기 때문이다. 하나님이 우리를 예배하도록 구원하셨기 때문이다.

예배하는 것은 피조물로서 우리의 당연한 의무이며 기독교인으로서 우리의 즐거운 의무이기 때문이다. 우리의 예배는 구원의 은총에 대한 감사의 반응이기 때문이다. 새로운 마음을 가진 사람들은 그분의 말씀을 듣는 것과 그들의 헌신을 표현하기를 갈망하기 때문이다. 하나님은 그분 자신으로 우리를 축복해주시기 원하기 때문이다. 하나님은 우리를 그분의 유업을 위해서 선택하셨고 그분의 율례 속에서 우리와 친밀하게 교제하기 원하시기 때문이다. 등등…

공동 예배를 '어떻게'(how) 드려야 하는 것인지는 두 번째 계명에 관련된 일이다. 그렇지만 우리가 보아왔듯이, 이것은 신약 교회에서 또한 중심이 되는 사안이기도 하다(요 4장; 고전 11, 14장; 골 2장). 어떻게 예배를 드려야 하는 것인지는 규정적인 원리가 매우 분명하게 나타나는 곳이다. 표준, 원동력, 동기 그리고 목표 등등 모든 면에 있어서 공동 예배가 성경적이라는 것을 확신하는 것이 중요하다. 성경적인 것이 되게 하는 표준은 예배의 본질과 요소와 공동성 등이 절대적으로 성경을 따른다는 것을 의미하기 때문이다.

성경적인 것이 되게 하는 원동력은 예배가 성경의 가르침에 일치하는 가운데 성령으로 인해 모여들고, 성령을 의지하며, 성령으로 시작되고, 성령을 덧입는 것을 의미하기 때문이다. 성경적인 것이 되게 하는 동기로 인해서, 그 예배는 또 다시 성경의 가르침에 일치하는 가운데 은총에 대한 감사, 하나님을 위한 열정의 표현, 우리가 지음을 받고 구속받은 것의 성취, 감사한 순종 속에 즐거운 참여 그리고 그리스도께서 제공해주시는 삼위 하나님과의 공동의 만남에 대해 동시적으로 일어나는 공동적인 반응이 된다. 모든 참된 공동 예배의 목표는 하나님 자신의 영광을 표현하는 것이고, 승리하는 교회의 하나님과의 영원한 연합과 교제 가운데 영원한 언약의 성취를 기대하는 것이기 때문이다.

규정적인 원리는 예배의 요소가 성경에 명료하게 그리고 확실하게 토대를 둔다는 것을 그리고 예배의 형태와 정황이 성경에 따라서 이루어진다는 것을 교회가 확신하도록 도와주는 것을 목표로 한다. 개혁적 전통은 예배의 요소와 본질 그리고 예배의 목적과 목표를 위해서 생각하는 것만큼 형태와 정황에 대해서는 그 자체를 그렇게 중요하게 생각하지 않는다. 종교개혁자들 또한 현대인들이 종종 잃어버리는 두 가지 일을 이해하고 있었다.

첫째, 그들은 예배의 의식, 매체, 수단 그리고 방편이 결코 중립적이지 않다는 것 그래서 "의도하지 않은 결과의 법칙"에 극도의 주의를 기울여야만 한다는 것을 알고 있었다. 종종 매체는 메시지를 압도하고 바꾸기도 한다. 둘째, 그들은 예배의 방법은 예배의 본질, 대상 그리고 이유를 위해서 존재한다는 것을 알고 있었다. 공동 예배의 요소와 형태와 정황의 목적은, 실제적으로 성경의 하나님에 의해서 정의된 대로 예배를 드리고 있다는 것을 확실하게 보증해주는 것이다. 그러므로 종교개혁자들은 예배의 방법에 대해서 관심을 기울였다. 그들이 예식은 신비하거나 신성한 것이라고 생각했기 때문이 아니라, 예식은 살아계신 하나님과 더불어 나누는 모인 교회의 교제 방법에서 나올 수 있다고 생각했기 때문이다.

예식의 기능은 그 자체에 주의를 집중시키는 것이 아니라, 모인 성도들의 무리 속에서 하나님의 말씀을 하나님의 백성으로부터 하나님께로 그리고 하나님으로부터 하나님의 백성에게 전달해줌으로써 영혼이 하나님과 더불어 교제하도록 도와주는 것이다. 이것은 바로 위대한 침례교 설교자 제프리 토마스(Geoffrey Thomas)가 다음과 같이 말한 이유이기도 하다. 참된 예배에서 사람들은 예배의 수단에 대한 생각을 거의 하지 않는다. 그들의 생각은 하나님에 대한 것이기 때문이다. 참된 예배는 자아-의식이 없는 자아-소멸로 특징된다. 즉 성경적인 예배에서 우리는 하나님 그분 자신에 초점을 맞춘다. 그리고 그분이 확징직으로 세우신 그분의 고유하고 독특한 가치를 우리가 인정하려는 것이다. 따라서 예배는 우리가 원하는 것 혹은 좋아하는 것에 대한 것이 아니다

(그분이 지정하신 수단도 그분으로부터 우리의 눈을 돌리게 하지 못한다). 예배는 하나님과 만나는 것에 대한 것이며 그분의 즐거움 안에서 즐거워하는 것이다. 찬양은 자아를 그 중심에서 분산시킨다.

우리는 또한 개혁자들이 가진 예배에 다가가는 접근법에 대한 또 다른 면을 주목해야만 한다. 많은 현대 복음주의적 예배 이론가가 문화적인 적응에 관심을 보이듯이, 그들은 그런 문화적 적응에 그와 동일한 관심을 가지고 있지 않았다. 그들은 문화에서 파생되어 나온 예배를 상대로 대항했다. 그리고 그들은 기독교적인 용도를 위해서 현재 문화적 형태를 이용하기보다는 그들의 특별한 문화 속에 성경의 원리를 세워나가고 영향을 주는 데 더욱 많은 관심을 갖고 있었다(그리고 심지어 성경으로 영감된 문화 중의 가장 좋은 것을 열심히 배우려는 데 관심을 두고 있었다). 이것은 우리 세대에서 가장 커다란 논쟁을 불러일으키는 영역 중의 하나임이 분명하다.

3. 예배의 형태와 내용

지금까지 우리는 예배에 대한 역사적 개혁주의적인 접근법을 위한 한 가지 경우, 즉 종종 규정적인 원리라고 불리는 것에 대해 개략적으로 살펴보았다. 규정적인 원리는 우리의 공동 예배가 성경으로 채워지고 성경으로 인도를 받는, 즉 본질과 구조가 성경적이며 내용과 순서가 성경적인 것이 되도록 확신하는 데 도움을 준다. 좀 다르게 표현하자면, 개혁적 공동 예배는 성경에 의해서 다음과 같은 두 가지 방법 안에서 이루어지는 것이다. 그 예배의 골격과 수단 모두가 성경에 의해서 이루어진다. 그렇다면 도대체 규정적인 원리에 따라서 이루어지는 예배 의식은 무엇과 같은 것이란 말인가? 웨스트민스터 신앙고백서는 그 구성요소를 다음과 같이 개략적으로 말한다.

경건한 경외심을 가지고 성경을 읽어야 한다. 건전한 설교와 이해 및 신앙과 존경심을 가지고 하나님께 순종할 마음으로 말씀을 경청하는 것과 마음에 감사함으로 시를 부르는 것[10]과 그리스도께서 세우신 성례를 바로 거행하며 합당하게 받는 것은 모두 하나님께 드리는 일반적 예배의 부분이다. 이외에 종교적 맹세와 서원과 엄숙한 금식과 특별한 때를 따라 드리는 감사 등이 있으니, 이것은 여러 때와 절기에 따라 거룩하고 신령한 태도로 해야 한다(21.5)

예배에 대한 개혁적 접근법에 있어서 인상적인 것은 공동 예배의 본질은 성경과 성경적 신학으로 가득 차 있어야만 한다고 요구한다는 사실이다. 그렇다면 규정적인 원리를 갖고 있는 사람들을 위한 적절한 표어는 "성경을 읽어라, 성경을 전하라, 성경의 내용으로 기도하라, 성경의 내용으로 노래하라 그리고 성경을 보라"[11]가 될 것이다.

우리는 공적인 예배에서 성경을 읽어야만 한다. 바울은 디모데에게 "성경을 읽는 것에 착념하라"(딤전 4:13)고 말했다. 그러므로 규정적인 원리에 영향을 받은 예배 의식은 성경을 실질적으로 견실하게 읽는 것(설교 본문으로부터만 읽는 것이 아니라)을 포함할 것이다. 성경을 공적으로 읽는 것은 구약 시대 이후로 하나님을 예배하는 의식의 핵심이 되어 왔다. 하나님의 말씀을 읽는 가운데 하나님은 그분의 백성에게 가장 직접적으로 말씀하신다. 오늘날 복음주의 예배에 대한 슬픈 고발 중의 한 가지는 복음주의적인 예배는 예배 중에 성경을 거의 읽지 않는다는 것이다. 이와는 대조적으로 하나님을 공적으로 예배하는 것을 위한 웨스트민스터회의의 예배모범은 장 전체를 읽을 것을 명령한다!

우리는 성경을 전해야만 한다. 설교는 하나님의 교회를 세우기 위해 하나님이 제일 중요한 방편으로 정하신 도구이다. 바울이 "믿음은 들음에서 나며"(롬 10:14, 17)라고 말한 바와 같다. 신실하게 성경적으로 설교하는 것은 모인 무리에게, 즉 믿는 자나 믿지 않는 자 모두에게 성경

---
[10] 웨스트민스터회의는 이 용어를 통해서 회중이 부르는 찬양을 구약의 시편에 국한시키려 하지 않았다는 것을 믿을 만한 타당한 이유가 있다.
[11] 성경적 예배에 대한 이런 각각의 구성요소는 이어지는 장들에서 상세히 설명될 것이기 때문에, 우리는 여기서 단지 그 구성요소의 본질에 대해서 간단히 요약만 하고자 한다.

을 동일하게 설명하고 적용하는 것이다. 제임스 더럼(James Durham)은 신실하게 성경적으로 설교하는 것을 다음과 같이 말한다. "모든 설교의 위대한 목적은 언약을 가지고 있지 않은 자들을 언약 안으로 들어오게 하는 것이며, 언약 안에 있는 자들을 언약에 합당하게 행하도록 만드는 것이다. 그리고 그 사람들이 주님의 편에서 결코 분리되지 않는 것과 같이, 그들은 우리 편에서 결코 분리되어서는 안 된다."[12] 이것은 하나님 말씀의 본문에 분명히 토대를 두고 있는 강해적이며 복음적인 설교를 의미한다. 이것은 바로 우리가 좋아하는 성공회 주교 라일(J. C. Ryle)이 다음과 같이 말할 수 있는 이유가 되는 것이기도 하다.

> 나는 내 책을 읽는 독자에게 이것을 기억하도록 간곡하게 부탁한다. 옛 원리 위에 견고하게 서도록 하라. 옛 길을 버리지 말라. 그 어떤 것도 당신들로 하여금 다음과 같은 것을 믿도록 유혹하지 못하게 하라. 즉 형태와 예식을 증가시키는 것, 예전적 순서를 계속해서 읽는 것, 혹은 빈번한 성찬식은 하나님 말씀을 강력하고 열렬하게 그리고 뜨겁게 전하는 설교만큼 영혼에 너무나 좋은 것이 될 것이라고 당신을 유혹하지 못하게 하라. 설교 없이 매일 드려지는 예배는 믿는 자 중의 소수를 만족시키고 교화(敎化)할 수 있을 것이다. 그러나 그러한 예배는 결코 많은 사람에게 다가가서 그들을 끌어들이며, 매료시키고 사로잡지는 못할 것이다. 만약에 사람들이 다수에게 유익을 끼치기를 원한다면, 만약에 사람들이 다수의 마음과 양심에 이르기를 원한다면, 그들은 위클리프(Wycliffe), 라티머(Latimer), 루터(Luther), 크리소스톰(Chrysostom), 성 바울(St. Paul)의 예를 따라서 걸어야만 한다. 그들은 믿는 자들의 귀를 통해서 그들에게 공격적으로 다가가야만 한다. 그들은 영원한 복음의 나팔을 크고 길게 불어야만 한다. 그들은 말씀을 선포해야만 한다.[13]

규정적인 원리를 단단히 붙잡고 있는 사람들은 설교에 대한 높은 안

---

12 James Durham, *The Blessed Death of Those who Die in the Lord* (repr., Morgan, Pa.: Soli Deo Gloria, 2003).
13 J. C. Ryle, *Light from Old Times* (London: Chas. J. Thynne & Jarves, 1924), 7-8.

목을 가지고 있을 것이다. 그리고 그들은 오늘날 통용되고 있는 신학적으로 공허하고, 피상적으로 실행되는 장광설로 일관되는 분위기에 기울일 시간이 거의 없을 것이다. 올드(Old)는 다음과 같이 말한다. "초기부터 설교는 성경을 읽은 것에 대한 설명이어야만 한다고 생각되었다. 설교는 어떤 종교적인 주제에 대한 강의가 아니다. 대신에 설교는 성경 본문에 대한 설명이다."[14] 바울은 디모데에게 "말씀을 전파하라"(딤후 4:2)고 말한다. "책 별로 한 절 한 절 성경 전체를 연속적으로 강해하여 '하나님의 뜻을 다'(행 20:27) 전하는 설교는 많은 교부(예를 들어, 크리소스톰, 어거스틴), 모든 종교개혁자 그리고 그 이후로 후손의 대부분이 행했던 것이다. 설교로 전해진 말씀은 개혁적 예배가 가진 핵심적인 특성이다."[15]

우리는 성경의 내용으로 기도해야만 한다. 우리는 목회 기도를 그 이전에 가지고 있었던 존엄한 상태로 회복해야만 한다. 우리의 기도는 성경의 어법과 사고로 젖어 있어야만 한다. 아마도 오늘날 개혁 교회들 안에서 규정적인 원리로부터 가장 분명하게 멀리 떠나 있는 면은 실제 기도에서 바로 이것이 빠진다는 것이다. 그렇지만 예수님은 아버지의 집은 "기도하는 집"(마 21:13)이라고 말씀하셨다. 테리 존슨(Terry Johnson)은 이것을 다음과 같이 말한다.

> 개혁 교회들의 강단 기도는 성경적이고 신학적인 내용으로 풍부해야만 한다. 우리는 기독교 경건 어법을 성경으로부터 배우지 않는가? 우리는 고백과 회개의 어법을 성경으로부터 배우지 않는가? 우리는 하나님의 약속을 믿고 기도에서 주장하는 것을 성경에서 배우지 않는가? 우리가 기도에서 간구하는 하나님의 뜻, 하나님의 명령 그리고 그분의 백성을 위한 하나님의 소원을 우리는 성경에서 배우지 않는가? 이런 모든 것이 성경에서 온 것이기 때문에, 공적인 기도는 성경 전체에 두루 퍼져 있는

---

[14] Old, *Worship*, 59-60. 또한 다음을 보라. Idem, *The Reading and Preaching of the Scriptures in the Worship of the Christian Church* (Grand Rapids: Eerdmans, 1998), esp. vols. 1-2.

[15] Terry Johnson, *Reformed Worship: Worship That Is according to Scripture* (Greenville, S.C.: Reformed Academic Press, 2000), 35.

어법을 반복하고 반영해야만 한다. 이런 생각은 한 때 널리 이해되었다. 매튜 헨리(Matthew Henry)와 아이작 왓츠(Isaac Watts)는 세대를 이어 개신교 목사들이 성경의 어법에 따라 기도하는 것을 훈련시켰던 기도서를 만들었는데, 그 기도서는 오늘날에도 여전히 사용되고 있다. 휴스 올드(Hughes Old)는 최근에 그와 비슷한 기도서를 만들었다.[16]

여기서 말하는 것은 기록되고 읽혀진 기도가 아니라, 깊이 생각한 자유로운 기도를 말한다. 목사들은 공적인 예배 인도를 위한 준비에 있어서 성경의 어법을 차용하는 데 시간을 투자해야만 한다.

우리는 성경의 내용으로 노래해야만 한다(시 98:1; 느 12:27, 46; 마 26:30; 행 16:25; 엡 5:19; 골 3:16; 계 5:9). 이것은 우리가 단지 시편 혹은 성경의 언어(어법)만을 노래할 수 있다는 것을 의미하는 것은 아니다. 비록 교회의 엄청나게 많은 이런 송영 자원을 간과해서는 안 된다고 할지라도, 그런 것들만을 의미하는 것은 아니다. "성경의 내용으로 노래한다"라는 말을 통해서 우리가 의미하고자 하는 것은 우리의 노래는 성경적이어야만 하며, 성경의 어법, 범주 그리고 신학을 통해서 이루어져야만 한다는 것을 의미한다. 그것은 성경의 본질과 비중뿐만 아니라 성경의 주제들과 내용을 반영해야만 한다. 존슨(Johnson)은 이에 대해서 다음과 같이 조언한다.

> 우리의 찬양은 성경적이고 신학적인 내용으로 풍부해야만 한다. 예배 음악에 대한 견해차이는 오늘날 우리가 예배에 대해서 벌이는 논쟁의 핵심 가운데 하나다. 그렇지만 어떤 원리는 분별하기에 충분할 정도로 쉬운 것임에 틀림없다. 첫째, 기독교 예배에서 불리는 찬양은 무엇과 같은가? 이에 대한 대답은 기독교 예배 찬양이 시편과 같다는 것이다. 개혁 개신교인은 한 때 전적으로 시편만을 노래했다. 비록 그것이 어떤

---

16 Ibid., 36-37. 관련된 책은 다음과 같다. Matthew Henry, *Method for Prayer* (ed. J. Ligon Duncan III; Greenville, S.C.: Reformed Academic Press/Tain: Christian Focus, 1994); Isaac Watts, *A Guide to Prayer* (repr. Edinburgh: Banner of Truth, 2001); Hughes Oliphant Old, *Leading in Prayer* (Grand Rapids: Eerdmans, 1995).

사람의 회개는 아니라 할지라도, 우리는 여전히 그 시편 자체는 노래되어야만 하며, 그 시편은 기독교 찬송가를 위한 모델을 제공해준다는 것을 고백해야만 한다. 만약에 우리가 예배에서 부르는 노래가 시편과 같은 것이라면, 그 노래는 최소한의 반복구와 더불어 많은 행에 걸쳐서 주제를 발전시킬 것이다. 그 노래는 신학적이고 경험적인 내용으로 풍부할 것이다. 그 노래는 하나님, 인간, 죄, 구원 그리고 기독교 삶에 대해서 많은 것을 우리에게 말해줄 것이다. 그 노래는 인간 경험과 감정의 모든 것을 표현할 것이다. 둘째, 기독교 예배 찬양은 무슨 소리와 같은가? 많은 사람이 하나님은 우리에게 곡조 있는 책을 주시지 않았다고 재빠르게 지적할 것이다. 그러나 하나님은 우리에게 서정적인 책(시편)을 주셨다. 그 서정적인 책의 형태는 사용될 곡조의 종류를 결정할 많은 것을 제공해줄 것이다. 간단히 말해서, 곡조는 말씀에 맞을 것이다. 그 곡조는 여러 행과 연에 걸쳐서 본질적인 내용을 전달하기에 충분할 정도로 고도로 세련되었을 것이다. 곡조는 최소한으로 반복되는 곡을 사용할 것이다. 곡조는 시편 혹은 성경을 토대로 한 기독교 찬양의 감정적인 분위기에 적절할 것이다. 성경의 내용으로 노래하라.[17]

우리는 성경을 보아야만 한다. 우리는 성경을 "본다"라고 말한다. 하나님의 성례는 "볼 수 있는 말씀"(어거스틴이 사용한 어구)이기 때문이다. 성례(세례와 주님의 만찬)는 기독교 예배에서 명령된 유일한 두 가지의 극(劇)이다(마 28:19; 행 2:38-39; 골 2:11-12; 눅 22:14-20; 고전 11:23-26). 이 성례를 통해 우리는 하나님의 약속을 본다. 그러나 또한 성례를 통해 우리는 말씀을 보고, 냄새 맡으며, 만지고, 맛본다고 말할 수 있을 것이다. 은총의 다른 방편으로 하나님은 듣는 것을 통해서 우리 마음과 양심에 말씀하신다. 성례 가운데 하나님은 다른 감각을 통해서 우리의 마음과 양심에 독특하게 말씀하신다. 하나님의 약속은 감각 속에서, 감각을 통해서 그리고 감각에 만져진 바가 된다.

성례는 언약적 표지이며 인증이다. 언약적 표지와 인증이라는 것은 성례가 우리에게 약속을 되새겨주고 확신시켜준다는 것을 의미한다.

---
17 Johnson, *Reformed Worship*, 36-37.

즉 성례는 하나님의 은혜로운 약속을 그분의 백성에게 지적하여 가르쳐주며 확증해준다. 성례를 말하는 다른 방법은 성례가 하나님의 권능과 은총에 의해서 성취된 언약적 실체를 나타내주고 인증하기 위해 하나님이 계획하신 행위라는 것이다. 그 언약적 실체의 중요한 의미성은 하나님의 말씀에 의해서 이야기된 것이고, 그 실체는 믿음으로 받아들여지고 그에 들어가게 된다는 것이다. 그러므로 인간 믿음의 약함과 덧없음으로 인해서 이런 재확증의 은혜로운 행위는 기꺼이 받아들여진다.

따라서 복음적 진리들에 대한 이런 눈에 보일 수 있는 상징들은 우리 공동 예배의 한 부분으로서 시행되어야만 한다. 성례는 비록 자주는 아닐지라도 때때로는 시행되어야 할 것이다. 그렇게 때때로 시행됨으로써 그 성례는 모든 예배에 필요불가결하지는 않다는 것을 우리에게 되새겨주게 된다. 이것은 그 성례를 조금도 훼손하는 것이 아니다. 결국 그 성례는 본질적으로 말씀 속에 제공된 약속에 대한 부가적인 것이고 보충적인 것이다. 그리고 그 성례 속에 전달되는 은총은 설교의 수단을 통해서 제공되는 은총과 동일한 것이다.

그렇다. 간단히 말해서 예배를 위한 개혁적 프로그램이 있다. 그것은 간단하고, 성경적이며, 이동하여 옮길 수 있는 면이 있고, 융통성이 있으며, 경건한 것이다.

그것은 간단하다. 개혁적 예배는 복잡하고 정교한 예전을 요구하지 않고, 공동 기도문을 요구하지도 않는다는 점에서 간단하다. 교훈과 예를 통해서 성경에서 발견되는 간소하고 허세부리지 않는 원리와 순서에 단순하게 토대를 둔다. 그 원리와 순서는 새 언약 예배의 본질을 말해준다. 물론 개혁적 복음주의 안에는 형식에 치우친 예전적 개혁을 지지하는 작지만 분별력 있고 소양 있는 운동이 있다. 이 운동은 대개 초대 교회 그리고 스트라스부르(Strasbourg)와 제네바(Geneva)의 초기 개혁적 예식의 공헌을 강조한다. 그리고 그 성례의 중요성에 대한 19세기 후반에 이루어진 고교회(Scoto)-가톨릭의 해석을 무의식적으로 받아들인다. 그러면서 이 운동은 성례에 대한 루터주의적인 견해에 좀 더 문을 열고 있으며(머서스버그 신학[Mercersburg theology]을 통해서), 일반적으로 웨스트민스터 예배모범(Westminster Directory)과 청교도 예배에 대한 평가에 있어서 냉혹한 면을 보인다. 이런 특색을 가진 이 운동은 개혁적이면서 복음주의적인 공동 예배를 "예전주의화"하려 한다.[18]

이 그룹은 올드(Old)가 "예전주의적 낭만주의"라고 부른 것, 즉 만약에 우리가 부처(Bucer)의 예전으로 되돌아 갈 수 있다고 한다면, 오늘날 교회에서 모든 것은 바르게 될 것이라는 생각에 심취해있다! 이런 개혁적 노력은 보수주의적이고 개혁적인 많은 훌륭한 성직 수임(受任) 후보자의 생각을 사로잡고, 좀 더 넓은 복음주의 안에서 분명하게 보이는 "위대한 전통"(great tradition) 운동과 친족관계를 형성한다. 그렇지만 이런 운동이 우리가 받은 소명은 아니다. 우리의 소명은 좀 더 간단하고 좀 더 심오한 그 어떤 것에 대한 것이다. 우리는 과거로부터 얻어진 고정된 형태에 속한 교회에 귀를 기울이지 않는다. 비록 그 형태가 우아하고 혹은 심지어 개혁적 예배에 일치한다고 할지라도 그런 교회에 대해서 귀를 기울이지 않는다. 대신에 우리는 교회를 성경으로 향하도록 부른다. 성경의 단순한 원리와 형태로 부른다.

그것은 성경적이다. 우리는 거듭해서 이 문제를 주장해왔다. 그러므로 우리는 여기서 이것을 반복하거나 심지어 요약하지도 않을 것이다. 그러나 우리는 다음과 같은 두 가지 점을 주목할 것이다.

(1) 오늘날의 많은 예배 이론가는 공동 예배의 형태, 특별히 문화적인 동향에 대한 음악적 형태를 채택하기 위해서 많은 시간을 소비하고 있으며 그런 문화적인 순응을 문화에 다다르기 위한 열쇠로 보는 반면에, 종교개혁자들은 자신들이 성경적이었기 때문에 그런 것에 거의 관심을 기울이지 않았다.

(2) 규정적인 원리에 의해서 장려되는 예배의 종류에 대해 최근에 다음과 같이 이루어지는 일반적인 비평이 있다. 즉 역사적 개혁 예배라고

---

[18] 이런 경향의 대표적인 예는 Jeffrey J. Meyers, *The Lord's Service* (St. Louis: Providence Presbyterian Church, 1999)에서 발견된다.

불리는 것의 대부분은 북유럽 문화에서 파생된 것이며, 교회를 과거 문화에 너무 밀접하게 묶고 있다. 이런 비평에 대한 답변으로 어떤 대답이 주어질 수 있는가? 역사적인 개혁적 개신교 예배라고 불리는 것이 교회의 예배 의식에 대한 북유럽 문화를 단지 옮겨놓은 것에 불과한 것인가? 아니다. 역사적인 개혁적 개신교 예배의 원리와 요소가 북유럽 문화에서 파생된 것인가?

이에 대해 거듭 강조되는 대답은 아니다 이다. 비록 다른 어느 곳에서보다도 종교개혁과 종교개혁 이후의 개신교적인 전통에서 더욱 온전한 영향을 받았고, 오늘날 전 대륙에 있는 교회 안에서 나타난다 할지라도, 그 원리와 요소는 성경에서 파생된 것이다. 믿음을 통한 은총에 의해서만 의롭게 되었다는 교리가 16세기 유럽에 그 기원을 둔다는 오늘날 널리 퍼진 주장이 설득력 없는 것과 같이, 혹은 프린스턴에 있는 19세기 미국인들이 성경 무오의 교리를 생각해냈다는 진부하고 오래된 와전된 이야기가 설득력이 없는 것과 같이, 역사적인 개신교 예배가 본질적으로 북유럽적이라는 주장 역시도 설득력이 없다. 이런 경멸적인 주장을 하는 바로 그 사람 중 어떤 사람들은 그들 스스로가 기독교 예배를 작은 하위문화에 조화시키려고 무진 애를 쓴다는 것은 아이러니하다.

5세기 전에 유럽에서 재주장된 역사적 예배 규칙들은 그 기원이 유럽적인 것이 아니다. 그 규범들은 유대교적인 것이다! 이것은 유럽 문화(만약에 우리가 그 당시에 그런 것을 말할 수 있다고 한다면)는 우리가 이제 "역사적인 예배"라고 말하는 것에 대해 영향을 주지 않는다고 말하는 것이 아니다. 다만 종교개혁자들과 그 후계자들은 하나님의 말씀에 따라 그들의 예배를 드리는 것만큼 자신들의 문화를 조화시키는 것(혹은 예배의 형태를 통해서 문화를 구속하는 것)에 관심을 가지고 있지 않았다는 것을 말한다.

그것은 옮길 수 있는 이동적인 면이 있다. 개혁적 예배는 예배의 성경적인 원리에 전념하는 역사적 개신교 교회가 있는 모든 상황과 문화에서 역할을 감당해왔고 지금도 감당한다. 개혁적 예배는 또한 좀 더 정교한 고교회파(high-church) 형태 혹은 현대 예배의 좀 더 전자음악적이며 여흥 지향적인 형태보다는 선교 사역을 위해 문화적으로 좀 더 전달할 수 있는 면이 있다. 어떻게 이 원리가 세계적으로 적용되는 것인지에 대한 예를 드는 것은 쉽다. 당신은 다음과 같은 다양한 정황에서 그 원리를 발견할 수 있다.

페루의 안데스 산맥 고지대에 있는 페루의 카하마르카에 있는 알론조 라미레스(Alonzo Ramirez)의 작은 회중은 그들 자신의 손으로 만든 건물에서 모인다. 때때로 그들은 모국어인 스페인어 성경에 있는 시편 본문에서 직접 노래를 부른다. 때때로 페루의 곡조를 사용하며, 때때로는 미국과 영국의 곡조를 사용한다. 여기에 명목상으로는 로마 가톨릭이며, 경제적으로는 빈곤한 상황에 처해 있는 역사적인 개혁적 예배가 회중을 모은다. 이와 같은 것은 필라델피아에 있는 유명한 제10장로교회에서도 분명하게 보인다. 그 교회에는 1천 명이 넘는 회중이 역사적이며 개혁적인 개신교 예배에 참석하기 위해서 매 주일 아침에 19세기에 지어진 매우 커다란 건물에 모인다. 그 건물은 라벤나(Ravenna)에 있는 고대 교회를 건축적으로 암암리에 암시해주고 있기도 하다. 그 역사적이며 개혁적인 개신교 예배는 장엄하며, 단순하고, 하나님을 경건하게 찬양한다. 그 예배는 긴 성경 봉독, 전통적 찬양들 그리고 유능한 필립 라이큰(Philip Ryken)에 의해서 전해지는 무게 있는 강해 설교와 더불어 누구든 언제 무엇을 해야 하는지 알고 있는 적절하게 짜여 있는 정해진 순서를 사용한다.

혹은 웨스트 필라델피아(West Philadelphia) 시를 가로질러 크라이스트 리버레이션 펠로우십(Christ Liberation Fellowship)에 있는 란스 루이스(Lance Lewis)를 방문해보라. 그러면 당신은 역사적인 개혁적 예배에 전적으로 헌신된 신실한 아프리카-미국계 목사를 보게 될 것이다. 당신은 또한 캔 톰빙(Khen Tombing)이 인도에서 설립한 수많은 무리에서도 그 예배를 볼 수 있을 것이다. 가장 단순한 구조 가운데, 종종 위험스러운 여건 속에서, 가난과 테러에 의해 난파된 사람들이 매 주일 선포되는 은총의 교리를 듣기 위해 모인다. 그들의 예배는 어떤가?

성경을 읽고, 성경의 내용을 전하며, 성경의 내용으로 노래하고 성경의 내용으로 기도한다. 관행과 순서에 있어서 다양성이 있는 것이 사실이다. 그러나 그 예배는 승인할 수 있는 것이다. 자신의 회중에게 말씀의 양식을 먹일 때, 캔(Khen)은 위대한 로버트 레이번(Robert G. Rayburn)의 강해 설교 전통을 신중하게 따른다. 그 역사적인 개혁적 예배는 데이비드 로버트슨(David Robertson)이 지금 목회하는 스코틀랜드 던디(Dundee)에 있는 성 베드로 자유교회(St. Peter's Free Church)에서 볼 수 있다. 한 때 로버트 머레이 맥체인(Robert Murray M'Cheyne)의 강단이었던 유서 깊은 이 건물은 젊고 성장하고 포스트 모던적이고 시편을 노래하는 회중을 수용한다. 이 회중은 생각할 수 있는 가장 넓은 문화적 배경으로 특징되는 그런 사람들이다. 그들이 모인 장소에서 12개 이상의 언어를 들을 수 있다. 그들은 던디 시내 안으로 뻗어 들어가고 있으며, 스코틀랜드를 횡단하여 교회를 세우는 운동을 촉진한다. 물론 그들의 예배는 성경을 읽고, 성경의 내용을 전하며, 성경의 내용으로 노래하고 성경의 내용으로 기도한다.

당신은 또한 그 역사적인 개혁적 예배를 신실한 윌리엄 카스트로(William Castro)가 수고하는 리마(Lima)의 빈민가에 있는 로스 올리보스(Los Olivos)에서 발견할 것이다. 거리에서 떠도는 아이들이 넘쳐나고, 가난이 널리 퍼져있다. 이 신실한 지역 교회는 성경을 읽고, 전하며, 기도하고, 노래한다. 이야기해야만 할 것은 이 새로운 페루 시편은 페루, 미국, 스코틀랜드, 웨일즈, 잉글랜드, 프랑스, 독일, 스위스, 이태리, 이집트 그리고 중동 유대적 기원들로부터 이루어진 곡조로 특징을 이루고 있다. 그 다음은 캠브리지에서 교육을 받은 마크 데버(Mark Dever)가 회중을 이끌고 있는 워싱턴 DC에 있는 캐피톨 힐 침례교회(Capitol Hill Baptist Church)가 있다. 교회의 음악적 형식의 몇몇 가지는 현대적인 것으로 인정될 수 있을 것이지만, 그 형식은 본질적이고, 도전적이며, 경건하다. 그리고 그들의 예배 순서는 목양적 신념에 의해서 매주 바뀐다. 설교는 대개 한 시간 이상이다. 내가 어떻게 그들 예배의 특성을 묘사할 수 있는가?

성경을 읽으라. 성경의 내용을 전하라. 성경의 내용으로 노래하라.

성경의 내용으로 기도하라. 대서양을 건너서 잉글랜드 런던 캠버웰(Camberwell)에 있는 그로브 채플(Grove Chapel)에 가보라. 그곳에서 마크 존스턴(Mark Johnston)은 신실하게 말씀을 선포한다. 당신은 그곳에서 무엇을 발견하는가? 역사적이며, 단순하고, 경건하며, 개혁적인, 개신교 예배를 발견하게 될 것이다. 말라위(Malawi)의 싱그런 녹지 속에 있는 아프리카의 사하라 지역(Saharan Africa) 아래 남쪽 깊숙이 들어가 보라. 어거스틴 므퓬(Augustine Mfune)의 수천 회중이 주일 아침에 모일 때 무엇을 하는가? 그들은 성경을 읽고, 성경이 선포되는 것을 듣고, 성경의 내용으로 노래하고, 성경의 내용으로 기도한다. 게다가 런던으로 돌아가면 세인트 헬렌 비숍스게이트(St. Helen Bishopsgate, 딕 루카스[Dick Lucas]가 목회했던 곳)가 있다.

나는 제네바식으로 영감된 예배 순서를 갖고 있는 서배너(Savannah)에 있는 독립 장로교회(Independent Presbyterian Church), 혹은 호주 멜버른(Melbourne)에 있는 롤런드 워드(Rowland Ward)의 회중(동부 호주의 녹스 장로교회[Knox Presbyterian Church]), 혹은 일본과 이스라엘의 내가 알고 있는 개혁 교회들을 언급하지 않았다. 그 어느 누구도 당신에게 역사적 개혁 예배는 후세로 전달되지 않을 것이라거나, 아니면 그 예배는 앵글로-아메리카 문화 밖에서나 포스트모던 세대의 정황 속에서는 그 역할을 감당할 수 없을 것이라고 말하지 못하게 하라.

그것은 융통성이 있다. 개혁적 예배는 획일적으로 잘라낸 쿠키 형태를 만들어내지 않는다. 공동 예배 안내서에 대한 웨스트민스터 예배모범을 따르는 것은 공동 예배의 형태와 상황에 있어서 다양성 혹은 다른 문화적인 표현들(비록 이런 요소가 예배 방법의 "우선적인 것들"은 아니라는 것을 강조적으로 의미한다고 할지라도)을 배제하지 않는다. 여섯 개 대륙의 제 1세계와 세계 2/3에 있는 생각할 수 있는 모든 사회 계층을 목회하고, 침례교, 장로교, 회중교 그리고 저교회파(low-church) 성공회 전통들을 대표하는 위에서 언급된 교회들을 다시금 생각해보리.

모두 역사적인 개혁적 개신교 예배의 열(列)을 따른다. 그들 각각의 예식은 장점과 단점이 있다. 음악적인 형태도 어떤 것은 좀 더 현대적인 자료를, 어떤 것은 좀 덜 현대적인 것을 사용하는 것에 이르기까지 다양하다. 그들의 예배 순서와 그 예배 가운데 있는 상당한 다양성에 대한 강조점에 있어서 눈에 띨만한 차이점들이 있다. 그러나 이런 모든 차이점 속에서 기독교 교회는 2천 년 동안 이런 방법으로 예배드려 왔음을 잊어버릴 수 없는 것을 우리는 발견하게 될 것이다(그리고 그것은 오늘날 많은 북아메리카와 유럽의 복음주의적인 교회에서 이야기될 수 있는 것보다 훨씬 더하다). 그들과 함께 예배를 드려보라. 그러면 당신은 어떤 진부함이나 유행을 발견하지 못할 것이다.

하나님 당신보다 더욱 상관성이 있는 그 어떤 기인한 것도 발견하지 못할 것이다. 단지 고기와 감자 같이 단순하고, 영적이며, 열정적이고, 성경적이며, 경건한 예배만을 발견하게 될 것이다. 그리고 이 회중은 역사적이며 개혁적인 예배를 찾고 있다. 그 예배는 하나님을 섬기는 것에, 기독교적인 제자도를 일구어 내는 데 그리고 심지어는 그들 주변에 있는 일시적인 유행을 쫓는 교회들(그리고 그런 교회들은 북미인들에 의해서 전파된 이래로 어느 곳에든 있다)의 접근들보다도 좀 더 문화적으로 융통성이 있는 그런 예배이다.

그것은 경건하다. 만약에 예배가 하나님과 만나는 것이라면, 그것은 경건한 것이 아니고 무엇이겠는가? 개혁적 예배를 가장 특징적으로 나타내는 것은 다른 것이 아니라 바로 하나님의 위대함을 경외한다는 것이다. 위에서 언급된 모든 목사와 회중은 다음과 같은 올드(Old)의 말에 동의할 것이다. "개혁적인 예식 유산이 우리와 동시대의…개신교 교회에게 할 수 있는 가장 크고 유일한 공헌은 하나님의 장엄하심과 주권에 대한 생각, 경외감, 순전한 존엄성, 예배는 무엇보다도 하나님을 찬양하는 데 사용되어야 한다는 것에 대한 확신이다."[19]

그렇다면 이것은 우리 공동 예배 선언서, 즉 오직 성경 그리고 오직 하나님께 영광이라는 교회의 송영적 개혁을 위한 우리의 소명이다.

---

[19] Old, *Worship*, 176-77.

CHAPTER 3

규정적인 원리: 최근의 비평에 대한 응답

| 데릭 토마스(Derek W. H. Thomas)
First Presbyterian Church 목사

"기독교 예배의 놀라움은 다음과 같은 사실에 있다. 즉 우리가 하나님이 세우신 방법으로 그분께 나아올 때, 우리는 그분이 무궁무진하다는 것을 알게 되고 그분을 알고 예배하기를 원하는 우리의 갈망이 더욱더 커진다는 것을 발견하게 된다는 데 있다." 제임스 몽고메리 보이스가 소천하기 바로 몇 년 전인 1996년에 기록한 것이다.[1] 제임스의 특징적인 면은 그의 주된 관심이 신학적임과 동시에 찬미적이라는 데에 있다. 하나님에 대한 지식은 그분을 예배하려는 갈망을 북돋우어준다. 예배는 하나님에 대한 좀 더 깊은 지식을 가지도록 장려해준다. 소요리문답이 놀랍게 말해주는 대로, 하나님을 알고 영화롭게 하는 것이 우리의 주된 목적이다. 존 칼빈(어거스틴의 견해를 반영해주면서)은 하나님과 우

---

[1] James Montgomery Boice, "Reformation in Doctrine, Worship, and Life," in *Here We Stand! A Call from Confessing Evangelicals* (ed. James Montgomery Boice and Benjamin E. Sasse; Grand Rapids: Baker, 1996), 190. 이 말은 또한 Boice의 *Gospel of John: An Expositional Commentary* (Grand Rapids: Zondervan, 1985), 256에서 발견된다.

리 자신에 대해서 아는 것이 우리를 지혜롭게 만들어준다고 주장한다.[2] 그 목적에 비추어볼 때 제임스 몽고메리 보이스는 매우 현명한 사람이었다. 그리고 그의 명민함은 그가 일생을 걸쳐 흠모하고 높인 주님 밑에서 배운 결과였다.

어떤 면에서 생각해볼 때, 공통적인 신학적 견해를 함께 공유하는 기독교인이 공동 예배의 실행에 대해서 견해가 통일되지 못하고 나뉘어져야만 한다는 것은 슬픈 일이다. 예배에 대한 신학교 과정을 가르치는 사람으로서, 나는 변함없이 늘 다음과 같은 말을 함으로써 수업을 시작한다. "이 과목은 당신이 선택하게 될 가장 중요한 과목입니다!" 전능하신 하나님에 대한 우리의 예배가 가지고 있는 복잡한 내용을 가르치기 위해 계획된 과목보다 더 중요한 것이 있을 수 있는가? 우리가 지음을 받고 구원받은 것은 바로 예배를 위해서 이다. 그리고 예배의 목적(telos)을 아는 것은 예배의 형태를 이루는 데 도움을 준다.

이와 같은 사실은 우리로 하여금 본 장의 문제를 바라보도록 해준다. 예배의 규정적인 원리를 위한 성경적인 논거는 이미 이전 장들에서 리곤 던컨(Ligon Duncan)에 의해 다루어졌다. 그 원리를 언급하는 것과 비평에 대항해서 그 원리를 변호하는 것은 다른 문제이다. 그리고 규정적인 원리는 개혁적 교리와 관행에 주로 호의적인 사람 그리고 훨씬 더 많은 예전을 가진 사람 양측 모두로부터 주어지는 그들이 공유하는 비평을 받아왔다. 이런 비평에 대한 대답을 시도하는 데 있어서 나는 나 자신을 "나쁜 사람"(미국어투를 사용해서)으로서 분명하게 드러내고자 한다. 그러나 나는 본서의 취지를 지키는 방도 안에서 그와 같은 시도를 할 것이다.

간결하게 언급하자면, 예배에 대한 규정적인 원리는 역사적으로 이해된 바와 같이 다음과 같은 방법으로 정의될 수 있다. 하나님의 말씀

---

[2] "우리가 소유하는 거의 모든 지혜, 즉 참되고 건전한 지혜는 다음과 같은 두 부분으로 구성되어 있다. 하나님에 대한 지식과 우리 자신에 대한 지식이다." John Calvin, *Institutes of the Christian Religion* (2 vols.; ed. John T. McNeill; trans. Ford Lewis Battles; Philadelphia: Westminster, 1960), 1:35 §1.1.1.

에 의해서 명령된 것 이외에 그 어떤 것도 공적인 예배에 필수적인 것으로 요구되어서는 안 된다. 예배의 규정적인 원리에 대한 비평은 수많은 다른 방면에서 기인된다. 몇 가지는 포스트모더니티의 자연스러운 문화적 표현이다. 그리고 어떤 것들은 '개혁된 것은 항상 개혁되어야 한다'(semper reformanda reformata est)라는 계속적인 개혁에 때때로 일치하지는 않을지라도, 이는 신중하고 사려 깊은 것이다.

때때로 우리는 어떤 신학적인 표면상의 이름이 특별한 관행을 규정하는 데 주어진다고 생각한다. 그리고 때로는 어떤 신학적인 정당한 변호도 전혀 주어지지 않는다. 우리의 문화가 예배에 대한 우리의 태도나 형식에 우리가 생각하는 것보다 더욱 강하게 영향을 줄 수 있다는 것은 아주 좋지 않은 사실이다. 이 문제에 대해서 광범위하게 글을 쓴[3] 마르바 던(Marva Dawn)은 데이비드 웰스(David Wells)가 다음과 같이 좀 더 일반적으로 널리 알린 것을 예배에 다음과 같이 적용한다. "문화는 깊고도 심각한 방법으로 우리에게 영향을 끼친다. 우리는 문화에 눈을 뜨고 우리 자신이 문화의 자비 속에 있는 것을 발견하는 것이 더 나을 것이다."[4] 교회가 참으로 반(反)문화적(존 스토트[John Stott]의 어구를 빌려 온 것)[5]으로 되어야만 한다는 것에 대한 부름, 돈(Dawn)이 이름을 붙인 대로 "대안적인 사회"[6]는 지금 이 때보다 더욱 긴급하게 요구된 적은 결코 없다.

주일 아침 11시보다 이것이 더욱 감동적으로 보인 곳은 그 어느 곳에도 없다. 공적인 예배는 평범한 일상 생활과는 다른 것이어야만 한다. 그러나 어떤 방법에서 다른 것이어야만 하는가? 어떤 사람들이 지

---

3 Marva Dawn, *Reaching Out without Dumbing Down: A Theology of Worship for the Turn-of-the-Century Culture* (Grand Rapids: Eerdmans, 1995), idem, *A Royal Waste of Time: The Splendor of Worshiping God and Being Church of the World* (Grand Rapids: Eerdmans, 1999).

4 David Wells, *No Place for Truth; or, Whatever Happened to Evangelical Theology?* (Grand Rapids: Eerdmans, 1993).

5 스토트(Stott)는 이것을 자신의 산상설교 연구에 대한 제목으로 삼았다. *Christian Counter-Culture: The Message of the Sermon on the Mount* (Leicester: IVP, 1978).

6 Dawn, *Reaching Out without Dumbing Down*, 9.

식인 문화(나는 백스트리트 보이즈[Back Street Boys]보다는 바하[Bach]를 좋아한다)로서 간주하는 어떤 경우를 제시하는 것은 상대적으로 쉬울 수 있다. 그리고 그런 경우는 단순한 편견보다는 어떤 근거에 대해서 이루어질 필요가 있다(이루어질 수 있다). 그러나 여기서 말하고자 하는 요점은 예배를 다르게 만드는 것은 다음과 같다는 것이다. 즉 예배의 문화적 정서는 개인적 혹은 집단적인 기호와 사회적 관행에 의해서라기보다는 성경적인 명령과 원리에 의해서 결정된다는 것이다.

짐 보이스의 재직기간 동안에 만들어졌던 제10장로교회의 예배 순서지를 일견 바라보면, 예배의 요소와 순서에 대한 깊은 관심을 발견하게 된다. 존 파이퍼(John Piper)는 교회의 주된 목적이 선교가 아니라 예배[7]라고 말했는데, 그의 말은 옳다. 비록 보이스는 호전적인 사람은 아니었을지라도, 오늘날 예배의 대부분에 대한 그의 평가는 냉혹하고 통렬한 것이었다. "참된 예배는 하나님의 은총을 통해서 인간이 할 수 있는 지고하고 가장 귀한 행위이다"라고 한 스토트의 말을 인용한 뒤에, 보이스는 "복음적인 교회의 많은 부분, 아마도 참된 예배는 거의 존재하지 않을 것이다"[8]라는 말을 덧붙인다. 보이스가 본 대로, 시간이 필요한 중대한 것은 예배에서의 개혁이었다. 그 정도로 그의 통찰력은 제네바 개혁가들의 통찰력과 놀라울 정도로 비슷했다. 1544년에 마틴 부처(Martin Bucer)의 주장에 대한 답변에서 칼빈은 교회 개혁이 필요한 이유에 대해서 다음과 같이 말했다.

> 만약 기독교가 우리 가운데 존재하고 그 진리를 유지하는 것이 주로 어떤 것에 의한 것인지에 대해서 질문을 받게 된다면, 다음과 같은 사실에서 그 대답은 발견될 것이다. 즉 다음과 같은 두 가지가 그 원리의 자리를 차지하고 있을 뿐만 아니라, 그 두 가지 아래에서 다른 모든 부분 그리고 결과적으로 기독교의 모든 본질이 포함되어 있다는 것에서 그

---

[7] John Piper, *The Supremacy of God in Missions* (Grand Rapids: Baker, 1993), 11.

[8] Boice, "Reformation in Doctrine, Worship, and Life," 183. 스토트의 말은 *Christ the Controversialist: A Study in Some Essentials of Evangelical Religion* (London: Tyndale, 1970), 160에서 가져온 것이다.

대답은 발견될 것이다. 즉 첫째, 하나님이 합당하게 예배되는 형태와 둘째, 구원이 얻어지게 되는 원천에 대한 지식이다.[9]

칼빈에게 있어서 종교개혁을 위해 가장 중요하게 여겨지는 필요사항은 예배 관행과 관련된 것이었다. 칼빈은 "교회개혁의 필요성에 관하여"(*On The Necessity of Reforming the Church*)에서 다음과 같이 기술한다.

> 하나님은 그분의 말씀을 통해 명백하게 인증되지 않은 예배의 모든 형태를 인정하시지 않는다는 것을 세상에 설득하는 것이 얼마나 어려운 것인지를 나는 알고 있다. 말하자면 그들의 뼈와 골수에 자리 잡고 있는 그들에게 달라붙어 있는 반대적인 신념은 다음과 같은 것이다. 즉 그들이 행하는 것은 무엇이든지 그 자체 안에 하나님의 영예를 위한 열심과 같은 것을 보인다고 한다면, 충분한 인증을 가지고 있는 것이다. 그러나 만약에 하나님의 명령과 모순된다고 한다면, 하나님은 우리가 하나님의 예배에 대한 열심을 통해서 수행하는 것은 무엇이나 무익한 것으로 간주하실 뿐만 아니라 분명히 혐오하신다. 그렇다면 반대의 과정을 통해서 우리는 무엇을 얻겠는가?[10]

---

9 John Calvin, *The Necessity of Reforming the Church* (1554; repr. Audubon, N.J.: Old Paths, 1994), 4. 물론 여기서 칼빈을 인용하는 것은 16세기 종교개혁자와 17세기 청교도와의 관련성에 대한 문제를 제기하는 것이다. 청교도가 칼빈화된 칼빈에서 나온 것이라는 이론은 이제 즐겨 사용하는 말이 되었다. 그러나 그 문제는 여기서도 역시 제기된다. 칼빈과 웨스트민스터 신앙고백서 사이에 분열의 쐐기를 그려 넣으려는 사람들은 유기적으로 자라난 것보다는 발생한 패러다임 전환을 본다. 규정적인 원리는 적절한 예이다. 이 논지를 위해서는 다음의 글을 보라. Ralph Jackson Gore, "The Pursuit of Plainness: Rethinking the Puritan Regulative Principle of Worship" (Ph. D. thesis, Westminster Theological Seminary, 1988); idem, "Renewing the Puritan Regulative Principle of Worship," *Presbyterion* 20 (Spring, 1994): 41-50; 21 (Spring 1995): 29-47.

10 Calvin, *Necessity of Reforming the Church*, 7. Cf. *Institutes* 1:383 §2.8.17에서 칼빈은 "합법적인 예배"는 하나님이 "그분 자신에 의해서" 제정한 것이라고 주장한다. 공적인 예배에 대한 칼빈의 견해를 명시해주는 다른 중요한 자료는 신명기와 목회 서신들에 대한 그의 설교이다. 칼빈의 예전적인 형태는 다음과 같은 두 개의 작품에서 나타나 있는 것을 보게 된다. 1542년에 제네바에서 출판된 *La frome des prières et chantz ecclésiastiques, avec la manière d'administer les sacremens, et consacrer le marriage, selon la coutume de l'églis ancienne*라고 명명된 소책자(그러나 칼빈을 저자로서 언급하고 있지는 않다) 그리고 1545년 스트라스버그(Strasbourg)에서 나온 *La manyère*라는 흥미 있는 어휘로 시작하는 매우 긴 제목을 가지고 있는 약간 다른 판본의 내용

그러나 그것은 16세기였다! 왜 보이스는 참된 예배가 복음적인 교회에서 거의 존재하지 않는다고 결론을 내리고 있는가? 비록 보이스 자신은 개인적으로 "예배 전쟁"에서 빈번하게 이루어지는 신랄한 논쟁에 가담하지 않았을지라도, 그는 관련된 문제가 내분보다 더한 것임에 대해서 동의를 했다. 결국 우리는 이 문제를 매 주일 직면하는 것이다. 그렇다면 다음과 같은 평가를 내리고 있는 엘머 타운스(Elmer Towns)는 옳은 것인가? "예배는 우리가 있는 곳에서 하나님이 우리가 있기를 원하시는 곳으로 우리를 데려다주는 교통수단과 같은 것이다. 운송과 통신은 명령되어 있다. 그러나 형식 혹은 매개물은 명령되어 있지 않다."[11] 나는 보이스가 "오직 성경!"[12]을 외치고 싶었을 것이라고 생각한다. 오늘날 공적인 예배 관행을 분석한 뒤 보이스는 "하나님의 예배와 항상 관련되어왔던 예배 의식의 요소가 빠진 것"에 대해서 한탄한다.[13]

짐 보이스를 잘 알았던 사람들은 이것은 어중간하게 바뀌어버리고 날이 무디어진 칼빈주의의 부정적인 면을 나타내는 것도 아니고 지나간 시대에 대한 완고한 집착을 나타내는 것도 아니라는 것을 안다. 대신에 이것은 다음과 같은 두 가지 것을 위한 보이스의 관심이었다. 한편으로는 성경에 대한 그리고 우리가 하는 모든 것 특별히 우리가 연합하여 하나님을 예배하는 방법을 통제하고 감독하는 성경의 권한에 대한 전적인 헌신 그리고 또 다른 한편으로는 현대적인 것의 교만과 그

에 대한 좀 더 상세한 정보를 위해서는 다음의 자료를 보라. W. de Greef, *The Writings of John Calvin: An Introduction Guide* (trans. Lyle D. Bierma; Grand Rapids: Baker, 1989), 126-31; William D. Maxwell, *A History of Christian Worship* (1936; repr. Grand Rapids: Baker, 1982), 112-19; Bard Thomson, ed., *Liturgies of the Western Church* (Cleveland/New York: Meridian, 1961), 197-210.

11 Elmer Towns, *Putting an End to Worship Wars* (Nashville: Broadman & Holman, 1997), 3.

12 Cf. John F. MacArthur Jr., "How Shall We Then Worship?" in *The Coming Evangelical Crisis* (ed. John H. Armstrong; Chicago: Moody, 1996), 175-87.

13 보이스는 이제 많은 예배는 말씀을 실제적으로 읽는 순서를 가지고 있지 않으며, 설교는 "성경에 대해서 진지한 가르침이 거의 없고," 죄에 대한 고백도 없으며, 예배 순서에 "중요한 기도"가 거의 없다는 것은 생각조차 못할 일이라고 본다. 그는 찬양이 "사라져 가고 있는 것"은 "오늘날 예배의 가장 서글픈 면"이라고 첨언한다. Boice, "Reformation in Doctrine, Worship, and Life," 186-87.

현대성이 과거를 혐오하는 것에 대해 맞서는 칼빈적이며 개혁적인 전통을 존중하는 것이다.

첫 번째 것에 대해서는 다음과 같은 질문이 제기된다. 성경은 우리가 하나님을 공적으로 예배하는 방법에 대해 말하는가? 하나님의 말씀 안에는 받으실 만한 예배의 형태를 말해주는 원리가 들어있는가? 몇몇 가지는 필수적인 것이고 몇몇 가지는 부수적인 것으로 이루어진 예배의 요소는 받으실 만한 예배를 구성하는가? 예배에 대한 규정적인 원리와 같은 것이 있는가?

두 번째 것에 대해서는 규정적인 원리에 대해서 현재 일어나는 반감을 설명하기 위해 여러 가지 요소가 인용될 수 있다. 다음과 같은 반감이 있다. 한 저자는 "오늘날 실제적으로 복음주의적인 장로교인 가운데 예배에 대해 널리 받아들여지는 형태를 이루거나 규정하는 원리가 없다고 말하는 것은 공정하다"[14]라고 말한다. 이런 평가가 과도한 것인지에 대해서는 길게 논의가 이루어질 수 있다. 그러나 복음주의적 장로교주의(당분간 우리 자신을 이 그룹에 속하는 것으로 국한한다)가 공적인 예배에 대한 그 전통으로부터 점점 더 분리되어가는 것과 같이, 그 교리적 지주가 되는 노선에서도 멀어져간다는 것을 부인할 수 없다. 이런 현상에 대한 부분적인 이유는 역사를 고려할 가치가 없다고 보는 오늘의 멸시와 역사에 대한 무시 모두에 있다.

예수 그리스도의 부활과 그 예배는 순전히 취미와 같은 기호의 문제이기 때문에, 우리는 그 지난 2천년으로부터 배울 것이 아무것도 없다[15]고 말하는 사람들에게 C. S. 루이스(C. S. Lewis)의 어구인 "연대기적인 속물근성"(chronological snobbery, 이전 시기의 사고, 예술 혹은 과학은 오늘날과 비교했을 때 본질적으로 열등하다고 보는 견해-역주)을 적용한다. 많은 다른 사람들에게서와 마찬가지로, 이 문제에 있어서 복음주의적이

---

14 Gore, "Renewing the Puritan Regulative Principle" (1994), 41-42.
15 루이스(Lewis)의 진술은 다음과 같다. "그 어떤 것도 젊은이를 경멸하는 것보다 더 두드러지게 유치한 것은 없다…젊음의 특징적인 연대기적 속물근성." *An Experiment in Criticism* (Cambridge: Cambridge University Press, 1961), 73.

며 개혁적인 전통에 대한 건전한 존중, 즉 믿음과 실천의 모든 문제에 있어서 우리가 성경의 절대적인 권위를 고수하는 것에 절대적으로 모순되지 않는 그런 존중은 우리로 하여금 건전한 노선을 걸어가도록 지켜줄 것이다. 매주 하나님의 백성이 여러 장소에서 예배를 드리기 위해서 모일 때, 다음과 같은 질문이 제기된다. 이것은 하나님을 예배하는 바른 방법인가? 이 질문에 대한 대답은 우리의 개혁적 선조들을 위해서 멜랑히톤(Melanchthon)이 종교개혁의 공식적인 원리로 부른 오직 성경을 인용한 것을 생각해보는 방법을 통해 이루어졌다. 이런 고려를 통해서, 개인과 공동의 삶 모두에서 하나님의 법의 자리에 인간적으로 기원된 규칙을 부과할 수도 있는 율법주의에서 양심이 자유롭게 된다. 근본적으로 문제는 양심의 문제였다.[16]

청교도적인 사고방식 그리고 여기서 그들의 생각은 아주 절묘하게도 성경적이었기 때문에, 성경적인 예배 의식에 대한 주된 관심은 양심의 문제(안전)였다. 에드먼드 클라우니(Edmund Clowney)가 다음과 같이 바르게 지적한 바와 같다. "칼빈과 웨스트민스터 성직자들에게는 양심의 자유가 중요한 문제였다. 어떤 공공단체적인 행위는 방향을 요구한다. 그리고 공동의 공적인 예배도 예외는 아니다."[17]

규정적인 원리는 다음과 같은 두 가지 이유로 인해서 중요하다. 첫째, 교회는 예배자에게 그들이 무엇을 할 수 있고 할 수 없는지를 강요할 힘이 없다. 단지 교회는 모든 기독교인이 어떤 주어진 문제에 대해서 성경이 명하는 것을 따라야 한다고 주장할 수 있을 뿐이다. 1520년에 쓰인 마틴 루터(Martin Luther)의 책 제목을 인용하면, 규정적인 원리는 기독교인의 자유에 관한 것이다. 그 규정적인 원리만이 예배에서 참된 기독교적인 자유를 방어할 수 있다. 폭정에 대한 교회의 경향은 그

---

[16] Cf. J. I. Packer, "'Sola scriptura' in History and Today," in *Collected Shorter Writings of J. I. Packer, vol. 4: Honoring the People of God* (Carlisle, Cumbria: Paternoster, 1999), 121-40.

[17] Edmund P. Clowney, *The Church* (Leicester: IVP, 1995), 122; cf. idem, "Distinctive Emphases in Presbyterian Church Polity," in *Pressing toward the Mark: Essays Commemorating Fifty Years of the Orthodox Presbyterian Church* (ed. Charles G. Dennison and Richard Gamble; Philadelphia: Committee for the Historian of the Orthodox Presbyterian Church, 1986), 99-110.

폭정에 대항해서 지속적으로 보호될 필요가 있다는 것이다. 이것은 근본적으로 중요하다. 둘째, 우상숭배에 빠지는 경향이다. 칼빈이 인간의 마음은 "우상을 만들어내는 영원한 공장이다"[18]라고 말할 때마다, 그는 성경의 증언을 잘 집어냈다. 예배에서 이것은 매우 중요한 문제가 된다. 성경과 개혁적인 전통에 따르면, 예배에서 인정되지 않은 모양을 놓아두는 것은 좀 심하게 들릴지 모르겠지만 두 번째 계명을 어기는 우상숭배적인 것이다. 우상숭배는 인간의 가장 커다란 죄이다. 그리고 성경은 그에 대해서 단호히 정죄한다(고전 10:14; 요일 5:19-21).

그렇다면 이제 우리는 규정적인 원리의 적용에 반대해서 이야기하는 주장을 생각해보아야 할 차례이다. 우리가 그런 주장을 고려하게 되는 순서는 반드시 그 주장의 장점(혹은 단점!)의 순서를 나타내는 것은 아니다.

1. "칼빈과 청교도 사이의 대비"

규정적인 원리가 청교도를 위한 보조적인 것도 아니며 그들의 한 부분을 이루는 어떤 고안물도 아니라는 것은 "거룩한 성경에 대하여"라고 제목이 붙은 믿음에 대한 웨스트민스터 신앙고백서의 제1장에 있는 다음과 같은 진술 속에서 볼 수 있을 것이다.

> 하나님 자신의 영광과 인간의 구원, 신앙 그리고 삶을 위해 필요한 모든 것에 대한 하나님의 완벽한 권고가 성경에 명시적으로 기록되어 있거나, 아니면 성경으로부터 정당하고 필연적인 결론으로 유추될 수 있다. 따라서 결코 성령의 새로운 계시나 인간의 전통에 의하여 어떤 때에도 첨가되어서는 안 된다(1.6).

이 항목은 다음과 같은 내용을 확증하기 위해서 계속된다. "…하나

---
[18] Calvin, *Institutes*, 1:108 §1.11.8.

님의 예배와 교회의 운영 문제에 있어서…말씀의 보편적인 규범에 따라 자연의 빛과 그리스도인의 분별력에 의해 정해야 하는 특수한 상황도 있다는 점을 인정한다." 이것은 요소, 상황, 형태 사이의 전형적인 구분을 만들어준다. 이런 견해에 따르면, 모든 공적인 예배는 성경에 혹은 성경으로부터 추론되는 내용에 직접적으로 그 토대를 두고 있어야만 한다.

웨스트민스터 신앙고백서에 있는 이 진술은 그 당시 일반적인 청교도적 생각을 반영한다. 1646년에 쓴 글에서 존 게리(John Geree)는 가장 중요한 청교도 사고방식을 다음과 같이 요약적으로 기술한다. "옛 영국 청교도는 그 무엇보다도 하나님께 영광을 돌리는 사람들이었고, 그런 영광을 돌리는 가운데 그들이 보기에 좋은 것을 행하지 않았으며, 하나님의 말씀을 자신이 드리는 예배의 규칙으로 삼으면서 하나님 보시기에 좋은 것을 행했다."[19]

그 원리의 가장 분명한 표현은 믿음에 대한 웨스트민스터 신앙고백서 21.1의 서론 부분에서 찾을 수 있다.

> 자연은 만물을 다스리시며 주관하시는 하나님의 계시를 보여준다. 그는 선하시어 만물에게 선을 행하시며 따라서 마땅히 마음을 다하고 힘을 다하여 경외하고 사랑하고 찬송을 드리고 사정을 아뢰고 신뢰하고 섬겨야 될 하나님이시다. 그러나 참 하나님을 예배하는 최선의 방법은 하나님 자신에 의해 제정되었고 그분 자신의 계시하신 뜻에 의해 제한되었다. 그러므로 사람의 상상이나 고안이나 사단의 지시에 따라 어떤 가견적 예배 대상 앞에 혹은 성경에 말씀하지 않은 방법으로 예배드려서는 안 된다.

이 견해에 따르면, 받으실만한 예배는 하나님 자신의 뜻에 따라 그분의 영광을 높이려는 목적을 위해 하나님이 제정하신다. 17세기 청교도에게 그 매체는 메시지였고, 예배의 형태는 결코 부수적인 것으로 고

---

19 Horton Davies, *Worship and Theology in England* (Grand Rapids: Eerdmans, 1996), 1:257.

려될 수 없었다. 우리가 예배드리는 방법은 좋은 것이든 나쁜 것이든 어떤 모습으로든 우리의 신학적인 선입관을 반영하게 된다. 더욱 중요한 것은 하나님의 성품 자체를 반영한다.

그런데 "하나님의 말씀을 그분의 예배의 규칙으로 삼는다"라는 것은 무슨 의미인가? 1843년 스코틀랜드 교회 분열(1843년 국교에서 독립하여 자유교회를 조직한다) 이후 에딘버러에 있는 뉴 칼리지(New College)에서 변증학과 목회신학 교수로 재직하고 있었던 제임스 배너만(James Bannerman)은 그 의미를 다음과 같이 요약한다.

> 웨스트민스터 규범과 우리 교회의 공식적인 가르침은 다음과 같은 것이다. 즉 말씀 속에 혹은 말씀에서 필연적으로 추론되는 것을 통해서 명백하게 명령되어 있지 않은 어떤 것을 명령하는 교회 자체의 권위를 교회가 행사하는 것은 합법적이지 않다. 교회는 그런 권위를 제한하면서, 하나님 자신의 분명한 어법 속에서 가지거나 암시적으로 제정된 것 이외에 하나님을 공적으로 예배하는 데 있어서 그 어떤 것도 선포하고 강화하지 않아야 할 것이다.[20]

이것은 종교개혁의 신학적 논쟁 그리고 종교개혁과 17세기와의 관계(즉 웨스트민스터회의)를 반세기 동안 특징지었던 가장 중요한 문제를 수면 위로 부상시키게 된다. 규정적인 원리를 이렇게 나타내는 표현은 17세기가 만들어낸 그 어떤 것인가? 그 표현은 어떤 전통 속에 있는 신학자들이 극도로 극단적인 것에 대한 그 어떤 것을 선택한 방법을 보여주는 하나의 예인가? 그 표현은 청교도주의의 다음과 같은 잘못된 점을 정확하게 강조하는 것인가? 즉 다른 사람들 그리고 특별히 성경은 강조하고 있지 않을 때, 여러 가지 예 가운데 절대화하려는 경향을 정확하게 강조하는 것인가? 그렇지 않은가?

이 비평은 청교도주의의 대표적인 인물로 잘 알려진 두 사람, 패커(J. I. Packer)와 호튼 데이비스(Horton Davies)에 의해서 아주 온건한 형

---

20 James Bannerman, *The Church of Christ* (1869; repr. Edinburgh: Banner of Truth, 1974), 1:340.

식으로 제기되었다. 그들은 비록 칼빈과 녹스는 규정적인 원리에 대한 청교도적 표현이 자신들에게서 실제적으로 시작되었다는 것을 잘 깨닫지는 못했을지라도, 실제적으로는 그들에게서 비롯된 것이라고 주장한다.[21] 아주 다른 사안이지만 훨씬 더 강렬하게 다음과 같은 견해가 제기되고 있다. 즉 웨스트민스터 신앙고백서에 의해서 소중히 간직된 17세기 교리의 형식화는 칼빈에게서 나온 것이다.

그것이 예정론(원죄이후설[原罪以後說], 즉 후정론[後定論, infralapsarianism] 혹은 원죄전예정론[原罪前豫定論, supralapsarianism]의 문제), 율법의 역할(성화에 있어서, 혹은 특별히 안식일), 구원의 확신(구원의 은총을 확신하는 것을 더욱 어렵게 만드는 성화의 표지로써 율법을 지키는 것에 대한 웨스트민스터의 강조), 혹은 다른 많은 문제라 할지라도, 칼빈과 웨스트민스터 사이에 넘을 수 없는 커다란 간격이 존재한다는 데 비판의 공격이 있는 것이다. 우리가 칼빈에게로 좀 더 일찍 돌아가면 갈수록 더욱 좋을 것이다. 이 비판적인 공격은 또한 예배와 관련해서 제기되었다. 적절한 예로서 이는 제네바와 17세기 청교도적인 영국에서 실행된 안식일의 몇 가지(그러나 불행하게도 칼빈은 그 이론을 나타내고 있을 수 있다)에 의해서 잘못 그려진 넘을 수 없는 커다란 간격을 증언한다.[22] 그렇지만 그 증거는 무엇인가? 예를 들어, 17세기는 칼빈이 의도하지 않았던 방향으로 규정적인 원리를 받아들인 경우인가?

그런 비평을 하는 사람 중에 하나인 고어(R. J. Gore)는 이 문제에 대한 긴 논의를 다음과 같이 요약한다.

> 예배의 규정에 대한 칼빈의 견해는 "성경에 의해서 보증되는 어떤 형태의 예배에 대한 자유"로 형성되었을 것이다. 달리 말하면, 언약적 삶과

---

21 다음을 보라. J. I. Packer, "The Puritan Approach to Worship," in Packer's *Among God's Giants: The Puritan Vision of the Christian Life* (Eastborne: Kingsway, 1991), 327; Horton Davies, *The Worship of the English Puritans* (1948; repr. Morgan, Pa.: Soli Deo Gloria, 1997), 48.

22 소위 유럽풍의 안식일을 지지하는 모든 사람은 1540년대 중반의 제네바에서 1년 정도 있을 필요가 있으며, 그런 뒤에 만약에 그들이 여전히 동일한 견해를 가지고 있는지 보기 위해 풀려날 필요가 있다!

일관성이 있는 것은 무엇이든지 간에 허용되는 것이다. 루터주의와는 달리, 이 원리는 금지되지 않은 모든 것을 허용하지는 않는다. 루터교회의 원리는 긍정적인 방향을 충분하게 말해주고 있지 못한 것이 사실이다. 웨스트민스터의 RPW(예배의 규정적인 원리)와는 달리, 이 원리는 예배의 어떤 특별한 [형태/요소]에 대해 보증하는 어떤 명령 혹은 논리적인 필요성을 요구하지 않는다…웨스트민스터의 형식은 너무 제한적이다.[23]

칼빈은 사소한 문제(adiaphora)의 범주에 예배 예식과 의례를 포함할 것을 주장했기 때문에, 고어(Gore)는 칼빈이 청교도적이며 규범적인 원리를 통해서 인식되는 것보다는 다른 어떤 요소를 포함하기를 원했던 것이라고 말한다.[24] 고어는 그 요소가 "때때로" "예배의 중요한 부분 혹은 '요소'가 될 수 있다"는 막연한 언급 이외에는 그것이 무엇이 될 수 있다는 것을 결단코 한 번도 말한 적이 없다.

칼빈에 대한 좀 더 주의 깊은 분석은 다음과 같은 결론에 이르도록 해준다. 즉 칼빈이 마음에 가지고 있었던 것은 어떤 특별한 날에 대한 축전(웨스트민스터 예배모범은 특별한 감사의 날에 대한 예배규정 아래에서 이것을 허용한다) 혹은 아마도 예를 들어 주기도문을 말하는 것과 같은 예식의 어떤 부분에 대한 것이었다(성직자가 어떤 요소보다는 어떤 형태로서 간주했던 어떤 것)는 결론에 이르도록 해준다. 17세기 성직자들이 이런 문제에 대해서 동의하는 것은 어려웠을 것임이 분명하다. 그러나 그 어디에도 이것은 예배의 요소이거나 요소가 아니라는 것에 대한 논의는 없다.

결국 웨스트민스터 신앙고백서와 예배모범을 채택한 것은 스코틀랜드 교회였다. 그리고 예배의 형태에 있어서 더욱 큰 유연성을 보인 것도 스코틀랜드 교회였다. 다음과 같은 것에 대해서 분명한 견해의 차이가 있었다. 즉 예배 의식이 아무리 예식적으로 복잡한 것이 될 수 있을

---

[23] Gore, "Renewing the Puritan Regulative Principle" (1995), 46.
[24] Ibid., 44.

지라도, 여전히 그 의식은 예배의 규정적인 원리에 충실하게 붙어있는 것을 유지해야만 한다는 것에 대해 분명한 견해의 차이가 있었다. 그렇지만 규정적인 원리 자체는 이에 대해 어느 정도 비난한다고 말하는 것이 잘못된 방향으로 가는 것이다.

규정적인 원리를 열성적으로 지지하는 사람들이 그들의 견해에 이 문제에 대한 루터주의와 그 동맹자, 즉 잉글랜드 국교회주의를 포함하고 있을 때마다, 이 문제는 가장 첨예하게 느껴지게 된다고 패커(Packer) 또한 생각한다. 패커는 루터적/성공회적 예배와 칼빈적/청교도적 예식 사이의 차이점은 다음과 같은 성경의 권위에 대한 헌신의 정도라는 비난이 때때로 주어진다고 주장하는데 이것은 잘못된 주장이다. "법칙과 판례의 형태로 직접적인 성경적 보증이 하나님을 공적으로 예배하는 것에 포함되는 모든 항목을 인증하기 위해 요청된다는 개념은 사실상 새롭게 도입된 청교도적인 것이었다. 이런 청교도적인 혁신은 엘리자베스 1세의 승계에 이어 나온 오래 지속된 논쟁의 과정에서 구체적으로 드러난 것이었다."[25] 패커는 계속해서 말한다. "이 문제를 언급하는 좀 더 참된 방법은 다음과 같이 말하는 것 같다. 즉 기독교인과 교회 삶의 모든 국면에 있어서 성경의 권위와 충족성은 기독교인과 교회 삶 모두의 공통적인 토대였다. 그러나 그 양편은 이 원리가 어떻게 적용되어야만 하는지에 대해서는 동의하지 않았다."[26]

패커는 예배에 대한 루터교와 성공회의 접근법과 청교도적(제네바의 칼빈) 접근법의 차이점은 교리적이라기보다는 해석학적인 것, 즉 대적이라기보다는 친구 사이의 불일치라고 말한다. 비록 이런 열정은 칭찬할만한 것일 수 있을지라도, 칼빈이 그렇게 쉽게 설득되었을 것인지는 매우 미심쩍다. 패커가 말하는 바와 같이 규정적인 원리가 엘리자베스 1세 승계에 대한 "청교도적인 혁신"이라고 말하는 것은 전적으로 잘못된 견해다. 칼빈은 제네바에 있는 교회의 용도를 위한 자신의 『세례

---

25 Packer, "Puritan Approach to Worship," 326.
26 Ibid., 325.

집례를 위한 형태』(*Form for Administering Baptism*)에서 다음과 같은 부록을 썼다.

> 매우 오래되었기 때문이 아니라, 즐거움을 위해서 혹은 비록 예식이라 할지라도 적어도 사소한 이유임에 분명한 근거로 해서 만들어진 우리가 부정하는 많은 다른 예식이 도처에 있다는 것을 우리는 알고 있다. 그런 예식은 하나님의 말씀으로부터 나온 권위가 없이 고안된 것이기 때문에, 또 다른 한편으로는 그런 예식으로부터 그렇게나 많은 미신이 유발되기 때문에, 우리는 그런 예식을 폐기하는 것을 주저하지 않는다. 사람들로 하여금 예수 그리스도께 직접 나아가는 것을 그 어느 것도 방해하지 못하도록 하기 위함이다. 첫째, 명령되지 않는 것은 그 무엇이나 우리는 선택할 자유가 없다. 둘째, 교화(敎化)를 목적으로 하지 않는 것은 그 무엇이나 교회 안으로 받아들여져서는 안 된다.[27]

칼빈의 언어는 개선적인 것이라기보다는 좀 더 대적적인 것이 분명하다. 그러나 패커는 요지를 잘 전달한다. 그가 이 충실한 지지가 실제적으로 무엇을 의미하는 것인지를 깨닫는 인식의 넓이를 주장하는 것은 옳다. 따라서 마치 짐 보이스가 사역을 감당하는 동안 제10장로교회에서 이루어지고 있었던 예배의 순서가 북미에 있는 어떤 동료 장로교인들에게 고민거리가 되었던 것과 같이, 스트라스부르와 제네바에서 이루어진 칼빈의 예식은 존 오웬(주기도문을 공적으로 말하는 것이 흥미있는 읽을거리로 만드는 것을 포함하는 예식을 오웬은 경멸한다)에게 고민거리가 되었을 것임이 분명하다.[28] 더욱 적절하게 표현하자면, 오웬이 매

---

27 John Calvin, "Form of Administering the Sacraments, Composed for the Use of the Church at Geneva," in *Tracts and Treatises of the Doctrine and Worship of the Church* (Edinburgh: Calvin Tract Society, 1849; repr. Grand Rapids: Eerdmans, 1958), 2:118. 칼빈의 말은 일반적으로 예배에 대한 것이 아니라 특별히 그 당시 많이 논의된 문제인 성례 문제에 연관되어 있는 것임에 대한 이의가 제기될 수도 있다. 그러나 찰스 5세에 대한 그의 간곡한 권유는 이것을 논박하는 듯하다.

28 "A Discourse concerning Liturgies, and Their Imposition," in *The Works of John Owen* (repr. London: Banner of Truth, 1966), 15:2-55에 있는 예전에 대한 그의 논의를 보라.

튜 헨리(Matthew Henry)와 달랐던 것처럼, 칼빈의 예배 순서는 그가 존경하는 존 녹스(John Knox)의 예배 순서와 달랐다.

우리가 이미 말해왔던 것처럼, 규정적인 원리에 충실한 지지를 통해서 예배 의식의 통일성을 가져오는 것은 아니다. 규정적인 원리가 오늘날에 적용되어 사용되지 못하는 것과 같이 17세기에도 그러했다. 부분적으로 이것은 웨스트민스터 성직자들이 예배 메뉴얼(manual) 소책자보다 예배모범(directory of worship)을 모아 편집한 이유를 설명해준다. 마침내 1645년에 의회의 인준을 받은 공적 예배를 위한 예배모범은 다른 것이 아니라 바로 예배에 있어서 좀 더 통일적인 형태를 이루어내기 위해 의도된 것이었다.[29] 그 예배모범의 의도는 1662년의 공동기도서가 성공회 성찬식을 위해서 행했던 것과 같은 방식으로 예배의 순서를 합법화하려고 한 것은 결코 아니었다.

부분적으로 이와 같은 사실은 널리 인식되었고, 때때로 오늘날 이루어지고 있는 "예배 전쟁"에서 감지된 상대편 사이에 존재하는 넘을 수 없는 커다란 간격을 다리로 연결하는 방법으로써 활용되었다. 사안이 때때로 나뉘어져 있는 것처럼 보이듯이 나뉘어져 있지 않을 수 있다. 고도로 조직화된 예전으로 이루어진 예배 순서는 전형적인 웨스트민스터 예배모범을 따르는 예배 순서와 다르게 보이고 들릴 수 있다. 그러나 외관상 보이는 모습은 거짓적인 것일 수 있다. 그리고 그 두 가지 모두의 예배 의식에서 이루어지는 예배는 규정적인 원리에 매우 헌신적으로 충실할 수도 있을 것이다. 문제는 다음과 같은 질문을 던지는 데 초점을 두어야만 한다. 예배 의식 속에 있어서는 안 되는 어떤 것이 있으며 그리고 예배에 필수적인 것은 모두 있는가?[30] 이런 질문은 예배

---

[29] 다음을 보라. Alexander F. Mitchell, *The Westminster Assembly: Its History and Standards* (1883; repr. Edmonton: Still Waters Revival Books, 1992), 212-45; W. Spear, "Covenanted Uniformity in Religion: The Influence of the Scots Commissioners on the Ecclesiology of the Westminster Assembly" (Ph. D. diss., Pittsburgh University, 1976).

[30] 종교개혁적인 이해는 공적인 예배 속에 있는 부차적인 요소와 필수적인 요소에 대한 이해에 있어서 다르다. 예를 들어, 성례는 예배의 한 요소이지만, 모든 예배에서 지켜질 필요는 없다. 여기서 매주 이루어지는 성례 문제를 말하는 것은 잘못이다. 주님의 만찬은 매주 지켜져

의 규정적인 원리의 타당성에 대해 오늘날 이루어지고 있는 논의의 틀을 어느 정도 만들어준다.

예를 들어, 그 질문은 예배에 대한 다음과 같은 두 가지 매우 다양한 출판물 뒤에 놓여 있는 것이다. 하나는 어니스트 라이징거(Ernest C. Reisinger)와 매튜 알렌(Matthew Allen) 공저인 『목회사역 설립자들』(*Founders Ministries*, 일전에는 *The Southern Baptist Founders Conference*로 불렸다)로부터 나온 것이다.[31] 전적으로 다른 전통의 관점으로부터 휴스 올리펀트 올드(Hughes Oliphant Old)는 "종교개혁자들과 매우 다른 방식으로" 규정적인 원리가 받아들여졌던 "바로크"(baroque)와 "매너리스트"(mannerist) 시기라고 자신이 명명한 시기에 대해서 기술한다.[32] 올드가 염두에 두고 있었던 것은 규정적인 원리에 대해서 과도하게 엄격한(정확한, 율법주의적인) 정의라고 여겨질 수 있는 것을 피하려고 했던 것으로 보인다. 그런 시도는 획일주의에서 보이는 유사한 시도이다.

이런 시도를 통해 지난 4백 년에 걸쳐 이 원리에 의해서 만들어진 다양한 교회의 사용에 의해서 소개된 역사적인 숨결을 무효화시킨다. 이런 것은 우리가 동일한 규칙에 의해서 동일한 원리를 토론한다는 것을 확실히 보증하는 내부적 시도이다. 좀 더 심각하고 진지한 반대가 규정적인 원리에 대해서 쏟아져왔다. 이제 우리는 그런 비평을 다루어보려고 한다. 규정적인 원리는 하나님을 공동으로 찬미하는 것을 나타내는 그 표현 속에서 교회를 속박하는 최악의 율법주의를 나타낸다는 비난이다.

야만 한다는 것을 옹호하는 사람들조차도 성만찬은 아침과 저녁 모든 예배에서 지켜져야만 한다고 말하지 않기 때문이다. 즉 그들은 주님의 만찬을 지키지 않는 예배 의식을 허용한다.

31 Ernest C. Reisinger and D. Matthew Allen, *Worship: The Regulative Principle and the Biblical Practice of Accommodation* (Cape Coral, Fla.: Founders Press, 2001).

32 Huges Oliphant Old, *Worship That Is Reformed according to Scripture* (Atlanta: John Knox, 1984), 158.

2. "최악의 종류인 율법주의"

성공회 신학자이며 잉글랜드 국교도였던 리차드 후커(Richard Hooker, 약 1554-1600)가 웨스트민스터 신앙고백서가 형성되기 반세기 전에 주장했던 바와 같이 왜 규정적인 원리는 그렇게나 율법적인 것으로 들리는 것인가? 그것은 합법적이지 않고 예배가 아니라는 어휘가 정말로 그 동일한 문장에 포함되어 있는가? 규정적인 원리는 편견적인 이유를 지지해주는 어떤 예배의 형태를 보증하기 위한 바리새적인 고안물인가? 하나님은 그분이 예배되어야 하는 방법을 규정하셨다는 생각에 대해서 왜 교회는 부정적으로 반응하는가? 이런 질문에 대한 대답은 많고도 다양하다. 어떤 대답은 편견적이고 어떤 대답은 원칙에 의거해 있다.

그러나 하나님은 친히 예배되어야만 하는 방식을 규정하실 수 있다는 것이 왜 이상스러운 생각이어야만 하는가? 한 편으로 생각해보면, 하나님이 예배 방식을 규정하신다는 것은 성경의 권위로부터 기인되는 당연한 결과이다. 그것은 성경이 우리에게 이야기하는 모든 것의 근원이 되시는 창조주의 권위이다. 그것은 성경이 우리에게 이야기하는 것을 통해서 자신의 왕권을 행사하시며 통치하시는 주님이신 예수 그리스도의 권위이다. 그것은 성경이 말하는 모든 것을 영감시키시고, 입증하시며, 해석하시고, 적용하시는 성부와 성자의 사역을 수행하시는 성령의 권위이다.

권위에 완강하게 저항하는 것은 우리의 포스트모던 사회의 특징을 형성한다. 마치 고백적 복음주의 교회가 행했던 것과 같다. 모든 외관적인 모습에서 도덕률 폐기론 주의가 만연해있다. 우리가 여기서 목도하는 것은 사실상 권위적인 구조를 오늘날 우리가 받아들이기 어려워하는 것을 보여주는 또 다른 예인 것이다. 마치 공적인 예배의 관행을 통제하고, 규정하며, 확증하려는 그 누구 혹은 그 어떤 것에 대한 조건반사적인 반감인 것이다. "그 모든 것은 당신이 어떻게 성경을 해석하느냐에 달려있는 것이다"라고 말하면서, 복음주의자는 성경적인 권위

(그들이 받아들이는 권위)에 반응한다.

물론 해석은 지극히 중요하다. 그리고 오직 성경에만 복종하는 것은 사실상 바르게 이해된 성경에 복종하는 것이어야만 한다.[33] 그러나 때때로 이런 반응은 원리에 토대를 두고 있는 것이 아니라 편견에 그 토대를 두고 있는 반대라는 것이 분명하게 드러난다. 해석학적인 단서를 인용하는 것은 속박적이며 율법주의적인 것으로부터 누군가를 이끌어 내려는 데 있어서 유용하다. 오직 성경으로만이라는 자세 속에 진행된 개혁은 성경적 예배 의식의 동인이 무르익는 가운데 그 진행이 이루어지기 이전에 필요했던 것이라고 사람들은 생각한다.

도덕률 폐기론 주의의 다른 형태는 오순절 이후 삶의 복음적인 결과인 영적-중심주의가 되어야 하는 것을 주장한다. (사실상 말씀과 성령은 결코 대적적인 관계가 아니다). 예배를 어떤 규정에 묶는 것은 본질적으로 성령의 (그리고 영의) 활동을 소멸시킬 것이다. 이런 근거를 토대로 해서 보면, 개방성은 의미 있는 예배 경험을 향해 문을 열어주는 열쇠이다. 그리고 이런 근거를 토대로 해서 보면, 규정적인 원리에 대한 헌신자들은 과거에 얽매여 있는 그리고 해방이 필요한 시대에 뒤진 사람들로 보인다. 윤리에서와 같이 예식에서도 성경은 기독교 행위를 위한 엄지손가락과 같은 규칙을 제공해준다.

그러나 조셉 플레처(Joseph Fletcher)가 자신의 책 『상황윤리: 새로운 도덕성』(*Situation Ethics: The New Morality*, 1966)에서 주장하는 바와 같이, 우리가 새로운 방법으로 예배를 드려야만 하는 가능성에 대해서 문을 여는 것을 요청하는 상황적인 실체는 훨씬 더 복잡하다. 예배의 목적은 그 방향이 바뀌어지고 있다. 하나님을 찾는 대신에, 예배 의식은 모든 것을 가능한 한 매력적인 것으로 만들려고 하면서 구도자들을 추구한다. 윌로우 크릭(Willow Creek) 모델은 다음과 같은 기본적인 질문을 주장한다. 당신은 이 예배에 누가 오는 것을 기대하는가? 그 원리에 따르

---

[33] J. I. Packer, *Aspects of Authority: In Our Message, in Our Preaching and Counseling, in Our Decision-Making* (Orthos Papers 9; Cornhill, London: Proclamation Trust, n.d.), 3을 보라.

면, 우리의 현재 문화에 대한 전적인 속박을 피할 길은 전혀 없다. 교회는 피난처와 같은 곳이 결코 될 수 없다. 교회는 현재 사회를 너무나 잘 반영해주고 있기 때문이다.

만약에 우리가 하나님이 계시해주신 방법 이외의 다른 방법으로 하나님을 공동으로 예배하는 것에서 자유롭지 않다고 한다면, 우리는 폭정과 속박으로 향하는 것이 분명하다. 그때에 우리는 누군가의 개인적인 입맛이나 새로이 발견된 통찰에 좌우되기 때문이다. 그러나 하나님을 예배하는 것은 하나님의 뜻이 문제이지 우리의 뜻이 문제가 되는 것은 아니라고 성경은 주장한다(골 2:23). 정녕 웨스트민스터 성직자뿐만 아니라 칼빈에게도 그것은 양심의 역할에 대한 문제이다.

웨스트민스터 신앙고백서를 여는 장에서 그 원리를 이미 언급한 바와 같이, 웨스트민스터 신앙고백서 20.2는 이 교리의 중요성과 그 교리의 예배와의 연관성에 대해서 다음과 같이 강조한다. "하나님만이 양심의 주가 되신다. 이 하나님은 신앙이나 예배 문제에 있어서[34] 말씀을 거스르거나 떠난 사람들의 교리와 계명에 매이지 않는 자유를 주셨다. 양심을 떠나서 이런 교리를 믿는 것이다. 그러나 이런 계명을 따르는 것은 양심의 참 자유를 저버리는 것이니 맹종하는 신앙과 절대적이며 맹목적인 순종은 양심의 자유와 이성을 파괴하는 것이다." 윌리엄 커닝엄(William Cunningham)은 이 문제를 규명하기 위해 다음과 같이 좀 더 개진한다.

이 본문[1.6]에 있는 신앙고백의 직접적인 목적은 양심 자유의 권리와 범위를 옹호하는 것임에 틀림없다. 그러나 이것과 더불어 다음과 같은 교리 또한 매우 분명하게 선언한다. 즉 교회는 믿음에 대한 것과 예배에 대한 것 모두에서 성경에 기록된 것 이외에 혹은 넘어서는 그 어떤 권위를 가지고 있지 못한다. 그리고 교회는 성경적 믿음의 부문에서 새로운 진리를 가르치거나 나타낼 수 없는 것과 같이 성경적 예배 부문에서

---

[34] 웨스트민스터 신앙고백서 원문은 "만약에…"라는 어구가 있다. 대부분의 오늘날 판본은 이 어휘가 "… 안에"라는 것이 되어야만 한다는 것을 인식한다.

도 새로운 규율 혹은 제도를 정하거나 강화할 권한을 가지지 못한다.[35]

이 문제는 경건한 예배에 대한 규율을 지키는 것이었다. 그와 동일한 만큼 커닝엄에게는 이 문제가 직분자의 규율을 억제하는 것이었다. 하나님을 향한 선한 양심을 유지하는 것은 하나님이 제정하신 율법의 규칙을 그리고 그 율법만을 따른다는 것을 의미한다. 다른 대안은 폭압적인 것이다. 나는 영국에서 드린 예배에서 수신호의 요구에 따르지 않았다고 해서 공적으로 꾸중을 들었던 것을 회상한다. 개신교인들은 성령이 충만한 자유의 이름으로 로마와 같은 포학한 폭정을 경험할 수 있다! 오직 규정적인 원리만이 참된 기독교적인 자유를 유지할 수 있다. 규정적인 원리는 다음과 같은 단순한 이유로 인해서 율법주의가 아니다. 즉 하나님을 기쁘시게 하려는 갈망으로 그리고 하나님이 보여주신 은총에 대한 반응으로 하나님이 명령하신 것을 복종하는 것은 결코 율법주의가 아니다.

그렇지만 또 다른 비평이 기다리고 있다. 그 비평은 이 원리를 받아들인다고 주장하는 사람들에게서 기인된다.

3. "나는 규정적인 원리를 믿는다. 나는 단지 그 규정적인 원리를 다르게 이해할 뿐이다."

개혁적 울타리 안에서 최근에 제기된 규정적인 원리에 대한 단연 가장 중요하고도 가장 영향력 있는 비평은 존 프레임(John Frame)에 의해서 주어진 것이다. 그의 책 『영과 진리로 드리는 예배』(*Worship in Spirit and Truth*)는 1996년에 처음으로 출판되었고 많은 관심을 받았다. 그 관심의 몇몇 가지는 우호적인 것이었고, 다른 몇몇 가지는 엄청나게 비평

---

[35] Bannerman, *Church of Christ*, 1:337에서 인용.

적인 것이었다.[36] 이듬해에 프레임은 후속편을 냈는데, 이번에는 현대 예배 음악의 구체적인 문제를 언급하는 것이었다.[37]

프레임이 규정적인 원리의 전통적인 형식에 대해서 반대할 만한 것으로 찾은 것은 무엇인가? 이 주제에 대해서 그가 가장 최근에 쓴 출판되지 않은 글을 인용하면, 그것은 다음과 같은 것이었다. "예배를 위한 규정적인 원리는 남은 여생을 위한 규정적인 원리와 같다."[38] 프레임의 주장 한 가운데에는 개인적인 예배와 공적인 예배를 분리하는 것이 공

---

[36] John Frame, *Worship in Spirit and Truth* (Phillipsburg, N.J.: P&R Publishing, 1996). 또한 Robert A. Morey, *Worship Is All of Life* (Camp Hill, Pa.: Christian Publications, 1984)를 보라.

[37] John M Frame, *Contemporary Worship Music: A Biblical Defense* (Phillipsburg, N.J.: P&R Publishing, 1997). 본서에 대해 계속되는 많은 논의는 인터넷을 통해서 이루어졌다. 존 프레임(John Frame)과 D. G. 하트(Darryl Hart) 사이에 주고받은 이메일 모음은 앤드류 웹(Andrew Webb)에 의해서 조정이 된 다음 나중에 가지런히 편집되어 *The Regulative Principle of Worship: Scripture, Tradition, and Culture; A Debate Featuring Dr. D. G. Hart and Professor John Frame* (ed. Charles B. Biggs; Philadelphia: Westminster Campus Bookstore, n.d.)로 출판되었다. D. G. 하트는 또한 프레임의 책에 대한 긴 서평을 썼다. "It May Be Refreshing, But Is It Reformed?" *Calvin Theological Journal* 32 (1997): 423-31을 보라. 같은 해에 칼빈신학대학원의 리차드 멀러(Richard Muller)가 또 다른 서평을 썼다. 그러나 이 서평은 규정적인 원리에 대한 프레임의 특별한 해석에 대한 것이 아니라, 그의 역사편찬적인 방법론에 대한 것이었다. "Historiography in the Service of Theology and Worship: Toward Dialogue with John Frame," *Westminster Theological Journal* 59 (1997): 301-10. 멀러의 소논문은 공개토론회의 한 부분을 이루었는데, 그 토론회에서 우리 시대의 또 다른 신학-사회적 비평가인 데이비드 웰스(David Wells) 역시 프레임의 방법론에 대해서 동일하게 부정적인 평가를 제기했다. "On Being Framed," *Westminster Theological Journal* 59 (1997): 293-300. 프레임은 그 공개토론회에 대해서 다음과 같은 후기를 첨가했다. "Reply to Richard Muller and David Wells," *Westminster Theological Journal* 59 (1997): 311-18. 멀러와 웰스가 쓴 소논문은 존 프레임 자신이 기고한 다음과 같은 글에 대한 댓글이었다. "In Defense of Something Close to Biblicism: Reflections on sola scriptura and History in Theological Method," *Westminster Theological Journal* 59 (1997): 269-92. 테리 존슨(Terry Johnson)은 자신의 때맞추어 나온 책 *Reformed Worship: Worship That Is according to Scripture* (Greenville, S.C.: Reformed Academic Press, 2000)에서 프레임의 주장을 요약해서 서술하고 받아들이지는 않았다. 프레임 또한 다음과 같은 두 개의 소논문에서 그의 견해에 대해서 첨언했다. "A Fresh Look at the Regulative Principle" (unpublished) and "Some Questions about the Regulative Principle," *Westminster Theological Journal* 54 (1992): 357-66. 데이비드 고든(T. David Gordon)에 의해서 주어진 다음과 같은 답변을 보라. "Some Answers about the Regulative Principle," *Westminster Theological Journal* 55 (1993): 321-29.

[38] Frame, "Fresh Look at the Regulative Principle." 그는 많은 개혁적 사상가는 이 주장에 만족하지 않을 것임을 받아들인다.

정한 것인지에 대한 문제가 놓여있다. 필요한 요소의 어떤 상관관계가 개인적인 예배 혹은 "남은 여생"에서 역할을 하지는 않지만, 공적인 예배에서는 어떤 역할을 감당한다고 주장하는 것은 이 주장에 따르면 잘못 인도된 것이다.

그런 상관관계가 정말로 성경에 존재한다는 것은 예배에 대한 개혁적인 사고가 역사적으로 기록되어 있는 페이지에서이다. 이것을 증명하는 것에는 두 가지 방법이 있다. 하나는 다음과 같이 묻는 것 같다. 공적인 예배에는 전적으로 적합하지 않을 수 있지만, 기독교인이 "전 생애"에서 예배적으로 행할 수 있는 행위가 있는가? 클라우니는 결혼을 통한 연합을 인용한다. 결혼을 통한 연합은 가정의 사적인 생활 안에서는 전적으로 적합하지만, 교회 예배 의식에서는 전적으로 부적합하다.[39]

말하고자 하는 요점은 다음과 같다. 즉 성경은 우리가 공적인 예배라고 분류하여 표를 붙일 수 있는 사안을 가르쳐준다. 그 사안에는 어떤 일들을 행하는 것은 적절하고 어떤 일들은 금지되어 있다. 그러나 금지하는 일들이 다른 곳에서는 하나님의 영광을 위해 행해질 수 있을 것이다. 나는 에머릴 라가세(Emeril Lagasse)의 방식으로 요리하면서 하나님의 영광을 위해서 할 수 있다. 그러나 공적인 예배에서 요리를 하는 것은 허락되지 않으면, 요리 접시를 주일 아침 예배에 나르는 것 또한 허락되지 않았다(비록 예배 후에 교제를 나누는 점심을 위해서는 그렇게 하는 것이 더욱 적절할지라도).

넓은 예배 그리고 좁은 예배라고 부를 수 있는 것에 대해서 신학적으로 사소한 것을 헤아려 따지려는 그 어떤 것도 하나님의 언약적 백성이 함께 모이는 것으로 한정할 수 있는 순간(예배로의 부름으로 표시되는 순간)을 정의할 수는 없다. 그리고 합법적이지 않는 어떤 것들을 더 이상 행하도록 허락되지 않는다. 테리 존슨(Terry Johnson)을 인용하면 다음과 같다. "공적인 예배의 상황에서 내가 도랑을 파든지 그렇지 않든

---

[39] Clowney, *Church*, 125-26.

지, 연을 날리든지 그렇지 않든지, 혹은 내 아이를 목욕시키든지 그렇지 않든지 하는 것과 그런 모든 것에 의해서 하나님이 영광을 받으시게 되는지 그렇지 않게 되는지는 동일한 질문이 아니다."⁴⁰

전 생애가 성경에 의해서 규정을 받아야만 하는 것이기 때문에, 이것은 웨스트민스터 신앙고백서와 이어지는 전통에서 상술된 바와 같은 규정적인 원리의 무효를 증명한다고 말하는 것은 불충분하다. 존슨이 설득력 있게 표현하는 것과 같이, 말하고자 하는 요점은 규정적인 원리가 전 생애에 적용되느냐 그렇지 않느냐에 있는 것이 아니다. 이는 전 생애에 적용된다! 그러나 다음과 같은 다른 방법으로 적용된다.

> 예를 들어, 가족 예배에서 성경을 읽고, 시편을 노래하고, 기도를 당연히 할 수 있는 반면에, 염소를 희생제사로 드리거나 향을 사르는 것을 자유롭게 할 수는 없을 것이다. 이런 경우에 있어서는 그 적용이 공적이든 개인적이든 동일하다. 다른 한편으로, 가족 예배에서 성례를 집례할 수는 없을 것이다(청교도가 주장하는 대로). 왜 그런가? 적어도 한 면에서 보았을 때, 그 대답은 규정적인 원리가 다르게 적용되기 때문인 것이다. 공식적으로 일컬어지고 인증된 예배 의식에서 공적으로 허락된 것은 개인적으로 허락되지 않는다. 그렇다면 모든 예배는 하나님의 말씀에 의해서 규정된다. 그렇지만 그 적용은 공식적 혹은 비공식적, 공적 혹은 개인적인 각각 다른 상황에서 다르게 이루어진다.⁴¹

"성경으로 돌아가자!"라는 표어는 만들기 쉽고 형식에 있어서 호소적이다. 복음주의적 그리고 개혁적 기독교인은 전해 받은 교리의 기준을 비판하는 것이 오직 성경만을 위해서라는 생각에 이끌린다. 그러나 이것은 현재를 위해서 과거를 멸시하는 루이스가 말한 "연대기적인 속물근성"에 지나지 않을 수도 있다.

---

40 Johnson, *Reformed Worship*, 6.
41 Ibid., 4n. 4.

4. "예수님이 참석한 비규정적인 원리의 예배 의식"

규정적인 원리에 대한 또 다른 비평은 회당의 존재를 포함한다. 규정적인 원리에 대한 맹렬한 공격은 스티브 슬리셸(Steve Schlissel)이 쓴 일련의 소논문을 통해서 이루어졌다. 그의 첫 번째 소논문 제목은 "내가 예배에 대해서 정말로 알아야 할 필요가 있는 모든 것: 나는 규정적인 원리로부터 배우지 않는다"(*All I Really Need to Know about Worship: I Don't Learn from the Regulative Principle*)이다.[42]

슬리셸은 규정적인 원리를 "성경적이지 못한 것"이라고 비난한다. 즉 규정적인 원리는 "사람의 고안물이므로, 그것을 받아들이도록 강요를 받은 사람들의 양심 위에 부담이 되고", "판단을 흐리게 하는 경향이 있으며", "성경에 비추어 판단되었을 때 살아남을 수 없는 것"이라고 비난한다. 슬리셸은 다음과 같이 넌지시 말한다. 즉 예배에 대한 주장에 있어서 16-17세기는 로마와 너무나 유사했다고 말한다. 종교개혁자와 청교도는 유사-로마주의자였기 때문에, 그들은 규정적인 원리가 가진 율법주의적으로 구속하는 복장을 원했던 것이다!

슬리셸이 말한 두 가지 주장은 생각해볼 가치가 있다(비록 그 두 가지 어떤 것도 그에게는 독특한 것이 아닐지라도). 첫 번째는 규정적인 원리

---

[42] Steve Schlissel, "All I Really Need to Know about Worship (I Don't Learn from the Regulative Principle)," *Chalcedon Report* 1 (March 1999): 23-26; 2 (May 1999): 31-34. 이 소논문은 쉴리셸의 시사회보인 *Messiah's Mandate*에 먼저 실렸다. Brian M. Schwertley, "A Brief Critique of Steve M. Schlissel's Articles against the Regulative Principle of Worship," at http://www.all-of-grace.org/pub/schwertley/schlissel.html을 포함해서 이 글에 대한 몇 가지 답변이 곧 나올 계획이었다. 솔직히 말하자면, 인터넷에서 수고받는 말 중에 어떤 것은 진지한 답변의 가치가 없기도 하다. 진지한 조사의 실험을 하지 않는 성공적이지 못한 판단을 만들어내는 사고의 유아기적인 상태에 있는 것은 바로 이런 매체가 가진 특성이다. Joe Morecraft III, *How God Wants Us to Worship Him: An Exposition and Defense of the Regulative Principle of Worship* (Cumming, Ga.: Triumphant, 2001), 91-104에서 유사한 비평을 발견할 수 있다. 가장 설득력 있는 반응은 G. I. Williamson, "A Critique of Steve Schlissel's 'All I Need to Know About Worship, I Don't Learn from the Regulative Principle'" *Blue Banner* 9.1-3 (2000)에서 보게 된다. 이 소논문은 또한 다음의 웹싸이트에서 검색 가능하다. http://www.fpcr.org/blue_banner_articles/schlissel.htm.

를 옹호하는 사람들은 서로 의견이 일치될 수 없다는 것이다. 예를 들어, 그 원리는 몇몇 사람을 무반주의(아카펠라[a cappella]) 배타적인 시편 찬양을 부르는 입장에 이르도록 한다. 그런 배타적인 입장은 본서에서 채택되지 않는 것이기도 하다. 그렇지만 그 원리의 어떤 무엇이 그렇게 하도록 하는가? '오직 성경'이라는 원리 또한 몇몇 사람에게 성경의 공인 역본(King James Version, 1611)에 정경적인 지위를 부여하도록 한다. 그러나 '오직 성경'이라는 원리는 공인본문(Textus Receptus)의 유효성을 받아들이지 않는 사람들을 위한 원리를 거절하지는 않는다.

제임스 몽고메리 보이스의 감독 아래 있었던 제10장로교회에서의 예배 형식은 그 정신에 있어서 규정적인 원리에 일치되도록 배열되어 있었다. 그러나 예배의 형식은 매주 달랐고, 규정적인 원리에 동일하게 충실하고 있던 다른 교회들과도 어느 정도 달랐다. 규정적인 원리는 예배의 다양한 요소를 확인해주고 그 요소를 그 형식으로부터 구별해주는 일을 한다. 이런 요소는 설교, 기도, 찬양, 성경 봉독(이것은 웨스트민스터 신앙고백서가 "말씀을 경청하는 것"[21.5]이라고 부르는 것을 포함한다), 성례(세례와 주님의 만찬), 맹세, 서원, 엄숙한 절기, 감사 등이다.

이런 요소(그 요소의 몇 가지는 예를 들어 성례와 같이 때때로 이루어지는 요소이다)의 본체를 확인하는 것은 그 예배 순서의 예전이 다음과 같은 예배 순서를 닮았다는 것을 의미한다. 즉 16세기 중엽 제네바에서 이루어진 존 칼빈, 혹은 17세기 중엽에 있었던 "회중적인 방법"에 따른 리덴홀 스트리트(Leadenhall Street)에 있던 존 오웬(John Owen)의 회중교회, 혹은 18세기 노스햄프턴(Northampton)에 있던 조나단 에드워즈(Jonathan Edwards)의 회중, 19세기 찰스 해돈 스펄전(Charles Haddon Spurgeon)의 메트로폴리탄 성막 회중, 혹은 20세기 후반의 제10장로교회의 예배 순서를 닮았다는 것이다. 이 교회들은 원리에 있어서 규정적인 원리를 고수하는 것을 확실히 보여준다. 적어도 나에게 있어서 이런 사실은 해방감을 주는 것이며 흥미진진한 일이다. 그것은 기본적인 일치 안에 있는 폭을 말해준다.

규정적인 원리를 반대하는 슬리셀의 두 번째 주된 주장은 회당 예배에 대한 문제이다. 간단히 말해서 예수님은 회당에서 예전에 따라 예배를 드리셨다. 그러나 성경은 그 어느 곳에서도 회당의 존재 혹은 회당의 용도를 합법화하는 곳이 없다. 슬리셀은 매우 명쾌하게 자신의 견해를 다음과 같이 말한다.

> 그러나 회당의 존재 자체는 규정주의자의 입지를 무효화시킨다! 그 규정주의자는 회당이 존재했다는 것을 알고 있기 때문이다. 그리고 회당이 제도적으로 혹은 예전적으로 불법적이라는 말은 없었기 때문에 그리스도와 사도들은 정기적으로 회당에서 예배를 드렸다는 것을 그 규정주의자는 알고 있었다. 그리고 회당에서 마땅히 이루어져야만 하는 것에 대해서 말하는 하나님 명령의 한 부분도 발견할 수 없다는 것을 규정주의자 자신도 알고 있었다. 그리고 그 규정주의자의 원리에 따르면, 만약에 하나님이 마땅히 이루어져할 것에 대해서 아무것도 명령하지 않으신다면, 모든 것은 금지된 것이다. 그리고 만약에 모든 것이 금지된 것이었다면, 모든 것(제도와 예전)은 죄악에 찬 혐오스러운 것이었다. 그런데 무엇이 그로 하여금 하나님의 예배에 그리스도가 참여하고 그리스도가 그 예배의 예전을 따르는 것으로 돌아오게 하는 것인가? 그는 하나님의 보증이 나타나있지 않은 예배의 전체 순서에 참여함을 통해서 죄를 짓는 것인가? 그런 생각은 참람한 것이다!⁴³

이 주장은 좀 자주 등장한다! 예를 들어, 고어(Gore)는 자신의 웨스트민스터신학교 논문에서 이 점을 좀 강하게 나타내고 있다.⁴⁴ 이 점과 관련해서 이루어지는 규정적인 원리에 대한 최근의 비평은 마치 우리 선조들은 이 문제에 대해서 전혀 염두하지 않았던 것처럼 서술한다. 교회학과 예전에 대한 개혁적인 학자들은 회당을 모르고 있었는가? 사무엘 밀러(Samuel Miller), 존 기라르도(John Girardeau), 토마스 펙(Thomas

---

43 Schlissel, "All I Really Need to Know about Worship," 34. 이 주장에 대한 좀 더 시종일관된 진술을 위해서는 Peter J. Leithart, "Synagogue or Temple? Models for the Christian Worship," *Westminster Theological Journal* 63 (2002): 119-33을 보라.

44 Gore, "Pursuit of Plainness": idem, *Covenantal Worship: Reconsidering the Puritan Regulative Principle* (Phillipsburg, N.J.: P&R Publishing, 2002).

E. Peck)과 같은 사람들은 미국 장로교인들에게 이런 옥에 티와 같은 사실을 알려주지 않았던 것인가? 윌리엄 커닝엄 혹은 제임스 배너만(James Bannerman) 혹은 더글러스 배너만(Douglas Bannerman)은 커닝엄랜드 교회를 해체하는 것이 두려워서 회당에 대한 그 어떤 토론도 생략한 것인가?[45]

존 오웬은 회중교회주의자에게 그들이 사보이선언(Savoy Declaration)에 충실한 지지를 보내는 것에 대해 심각한 오류를 범하고 있음을 알려주는 데 실패를 한 것인가? 이에 대한 참된 결론은 다음과 같은 것이다. 즉 이 문제는 상세하게 검토되었고 그들의 주장은 연결되지 않는 불합리한 추론에 불과한 것임이 드러났다는 것이다.

그 주장은 다음과 같이 진행된다. 예수님은 회당(직접적인 구약의 근거에 의해서 인가되지 않은 제도)에서 이루어지는 예배와 구약 율법에 의해서 정해진 절기 이외의 성전 절기, 예를 들어 하누카(Hanukkah, 요 10:22)와 부림절(5:1)에 참석하셨다. 이 주장은 또한 유월절과 연관된 그리고 유대 미쉬나(Mishnah), 즉 기원전 3세기까지 거슬러 올라가는 랍비 구전 전승에 토대를 둔 유월절 밤 축제 예식과도 관련하여 이루어졌다. 예를 들어 유월절 밤 축제에는 의식적으로 손을 씻는 것이 포함되었다.

그러나 예수님이 유월절 밤 축제 의식과 관련된 일 중 어떤 것을 행하신 증거는 없다. 요한복음 5:1에 있는 절기가 부림절이었는가 하는 것은 상당한 논쟁을 불러일으킨 주제였으나,[46] 이 구절은 정말 부림절이었을 경우라고 가정해서 생각한다. 예수님이 그런 절기에 참여하셨다는 것에 대한 암시는 규정적인 원리에 대한 우리의 이해를 위해 어떤

---

[45] 예를 들어, 더글라스 배너만(Douglas Bannerman)은 *The Scripture Doctrine of the Church Historically and Exegetically Considered* (1887; repr. Grand Rapids: Baker, 1976), 123-62에서 회당에 대해 광범위하게 썼다.

[46] 요한복음 5:1에서 가리키고 있는 정확한 절기에 대해서는 논쟁 중이다. 예를 들어, 카슨(D. A. Carson)은 부림으로 보는 견해는 너무나 많은 불확실한 연결점에 의존되어 있어서 설명 가능한 것으로 고려될 수 없다고 말한다. *The Gospel according to John* (Grand Rapids: Eermans, 1991), 241을 보라.

의미를 가지는 것인가? 절대적으로 그 어떤 암시도 아무런 미동조차 일으키지 않는다.

부림절(에 9:20-22)을 "때때로 드리는 감사의 날"에 대한 성경적인 예로 인용하면서, 웨스트민스터 성직자들은 이미 그 주장을 예견하고 있었다. 그들은 다음과 같은 말을 첨언한다. "특별히 긴급한 경우에 있어서, 공적인 금식과 감사를 하기 위한 하루 혹은 며칠을 분리하는 것은 합법적이고 필요한 것이다. 하나님의 섭리 중 현저하게 두드러지고 특이한 몇 가지로 인해 하나님은 그분의 백성에게 대의와 기회를 주실 것이기 때문이다"(하나님의 공적인 예배를 위한 예배모범[Directory for the Public Worship of God], 부록 "Touching Days and Places for Public Worship").

어떤 사람들은 다음과 같이 말하면서 위의 견해에 대해 반박한다. 즉 회당은 사실상 구약 자체에 의해서 보증된 것이었기 때문에, 회당에 참여한 것은 규정적인 원리를 범한 것이 아니었다고 말한다! 어떤 사람들은 안식일은 "거룩한 공회의 날"이라는 것을 증명하기 위해서 레위기 23:3을 인용한다.[47] 어떤 사람들은 출애굽기 18:20을 인용한다.[48]

여기서 우리가 관심을 기울이고 있는 것은 회당 예배가 그 안에 규정적인 원리를 반대하는 것으로 생각되는 것을 포함하고 있었는지에 대한 것이다. 회당 예배는 구약에 의해서 보증되지 않는 어떤 예배의 요소를 포함하고 있었는가? 그에 대한 대답은 분명히 부정적이다. 전형적인 회당 예배 순서는 어떻게 보였는가? 그 어떤 것도 더 큰 자유를 열망하는 사람들에게 기쁨을 주지 못할 것이다! 회당 예배는 다음과 같은 순서를 포함하는 것으로서 놀라울 정도로 예견할 수 있는 것이었음이 분명하다. 예배로의 부름, 일련의 기도 순서, 시편 찬양, 성경 일부의 암송(특별히 세마), 성경 읽기, 우리가 설교 혹은 강해라고 부를 수 있는 것 그리고 축복 기도,[49] 이 모든 것은 전통적인 예배 순서와 매우 유사하다!

---

[47] James Jordan, *The Sociology of the Church* (Tyler, Tex.: Geneva Ministries, 1986), 62를 보라.
[48] R. J. Rushdooney, *The Institutes of Biblical Law* (N.P.: Craig, 1973), 763.
[49] S. Safrai, "The Synagogue and Its Worship," in *Society and Religion in the Second Temple Period* (ed. Michael Avi-Yonah and Zvi Baras; *World History of the Jewish People* 8; Jerusalem: Massada,

5. "일관성은 우리 모두를 배타적인 시편 찬양자로 만든다"

간략하게 생각해볼 문제가 한 가지 더 있다. 일관성은 우리 모두를 배타적인 시편 찬양자로 만들거나 아니면 개혁적 침례주의자로 만들 것이라는 비난이다!

다음과 같이 말하는 주장(좀 더 정확하게는 해석학적인 토대)이 있다. 만약에 신약이 구체적으로 그와 같은 것을 보증해주지 않는다고 하면, 우리는 그와 같은 것을 자유롭게 소개하지 못한다. 이와 같은 주장에 있어서, 때때로 다음과 같은 두 가지 결론이 개혁적 신앙을 가지고 있는 사람들에 의해서 도출된다. 하나는 반주가 없는 예식, 즉 배타적인 시편 찬송이다.[50] 다른 하나는 믿는 자들의 배타적인 침례 예식이다.[51] 주장의 유사성만을 주목하면서 나는 침례에 대한 문제는 뒤로하고자 한다. 그들의 무반주 배타적인 시편을 방어하는 데 있어서 전자의 그룹에게 확신을 주는 것은 신약의 침묵이다. 그런 신약의 침묵은 배타적 무반주 시편 찬양은 규정적인 원리와 일치하는 공동 예배에 대한 유일하게 적절한 표현이라고 보는 견해에 이르도록 해준다.[52]

1977), 65-98을 보라.

50 몬트 윌슨(Monte Wilson)이 그 요점을 지적했다. Monte Wilson, "Church-o-Rama or Corporate Worship," in *The Compromised Church* (ed. John H. Armstrong; Wheaton, Ill.: Crossway, 1998), 74; *Reisinger and Allen, Worship*, 52-53. 이상하게도 라이징어와 알렌은 나중에 동일한 책에서 규정적인 원리는 "믿는 사람의 세례와 침례에 의한 세례의 구별이 분명한 침례교도를 위한 유일한 신학적인 토대가 된다"(77)라는 것을 받아들인다.

51 나는 그것을 "배타적으로 믿는 자의 세례"라고 말한다. 유아세례자 또한 전혀 세례를 받지 않았지만, 믿음을 고백하는 사람들의 경우에 믿는 사람의 세례를 시행한다는 것을 종종 간과하지 않도록 하기 위해서이다.

52 이 사안에 대한 문헌은 방대하다. 그러나 대표적인 견본을 위해서는 미카엘 부쉘(Michael Bushell)의 어느 정도 신랄한 *Songs of Zion: A Contemporary Case for Exclusive Psalmody* (Pittsburgh: Crown & Covenant, 1977); John Murray and William Young, "Minority Report of the Committee on Song in the Public Worship of God," in *the Minutes of the Orthodox Presbyterian Church, 14th General Assembly* (1947); J. L. Girardeau, *Instrument Music in the Public Worship of the Church* (Richmond: Whittet & Shepperson, 1888); *The Voice of the Reformed Presbyterian Church on the Psalmody of the Church and Instrumental Music in the Worship of God* (Londonderry: Standard Steam Printing Office for a Committee of Synod, 1873)을 보라.

포괄적인 시편 찬양을 위한 경우(시편과 찬송 모두를 사용하는 예배)는 본서의 다른 곳에서 테리 존슨(Terry Johnson)이 언급할 것이다. 여기서 내가 염려하는 것은 규정적인 원리가 적절하지 않다고 간주하여 그 자격을 박탈하고자 하는 사람들에 의해서 주장되는 대로 인용하는 것이다. 따라서 이 주장이 말하고 있듯이, 우리가 악기를 동반해서 찬양을 부르는 것은 그 자체가 타협한 것을 나타내는 증거이다(또한 나는 오르간 이외의 다른 악기는 규정적인 원리를 부정하는 것이라는 터무니없는 주장을 논의에서 제해버린다. 그것은 말도 되지 않는다. 오르간 이외의 악기들이 성경에서 언급되기 때문이다. 그런데 정작 오르간은 성경에서 언급하는 악기에 포함되지 않지 않는가!). 그렇다면 규정적인 원리는 전체 성경에서 하나님에 의해 보증되는 것에 토대를 둔 주장이지, 단지 신약 교회에서만 그 토대를 두고 있는 것은 아니라는 것이 확립되고 주장되어야만 할 필요가 있는 사안이다. 악기와 합창을 함께 사용하는 것을 말하는 이 경우와 관련해서 성전 예배 의식은 필요한 모든 보증을 제공한다.

6. 그리고 마지막으로

규정적인 원리가 좁고 제한적이라고 주장하는 것은 꽤 용이하다. 규정적인 원리는 창의성을 방해한다. 규정적인 원리는 동기를 없앤다. 규정적인 원리는 기분이 고조되는 것을 소멸시킨다. 규정적인 원리는 앞으로 전개될 순서에 대한 예견성을 조장한다. 그렇게 주장하는 것은 용이할 수는 있지만, 그런 주장은 다음과 같은 또 다른 사안에 직면했을 때 전혀 중요한 원리가 되지 못한다.

오지에 있는 스테이크 전문점을 운영하는 예배 인도자의 재량에 주일 아침 예배를 맡기는 것에는 규칙이 없다! "나에게 예수님은 세상의 모든 것"이라는 찬양을 부르는 것과 헌금 봉헌 사이에 "애완동물 축성 시간"을 추가하지 못하게 하는 것은 무엇인가? 혹은 설교의 자리에 상담가 스미스가 인도하는 "감각을 가지고 접촉하기"라는 부분을 추가하지 못하게 하는 것은 무엇인가? 혹은 예배의 마지막 부분으로서 "비티 (Beattie) 여사의 빵을 만드는 판: 예수님과 함께 요리하기"라는 부분을 추가하지 못하게 하는 것은 무엇인가? 그에 대한 대답은 "아무것도 아닌 무가치다"라는 것이다! 만약에 예배 순서와 삶의 다른 국면 사이에 아무런 차이점이 없다고 한다면, 오로지 문화적 관행과 편견만이 예배를 분별력 있는 온전한 것으로 유지할 수 있다.

본 장의 서두에서 인용된 동일한 소논문에서, 보이스는 루이스의 다음과 같은 말에 동의하면서 인용했다.

> 춤의 단계를 인식하고 헤아리는 한, 당신은 아직 춤을 추고 있는 것이 아니며, 다만 춤을 추는 것을 배우는 것일 뿐이다. 좋은 신발은 당신이 좋은지 그렇지 않은지를 인식하지 못하는 신발이다. 당신이 눈, 빛, 인쇄된 글씨, 혹은 철자를 의식적으로 생각할 필요가 없게 될 때, 훌륭한 독서가 가능하게 된다. 완전한 교회 예배 의식은 거의 우리가 의식하지 못하는 것 같다. 우리의 관심은 하나님께만 있기 때문이다.[53]

어떤 점에서 이것이 바로 규정적인 원리가 예배에서 우리에게 이루어주고자 하는 것이다. 우리가 보증되지 않은 구조의 일시적인 것으로부터 자유롭게 해줄 수 있는, 그래서 우리의 관심이 하나님께만 주어지도록 하는 그런 방법이다. 즉 하나님이 인정하고 축복해주시는 방법을 통해 이루어지는 "품위와 질서"를 유지시켜주는 방법이다. 규정적인 원리가 아니면 우리는 포학과 어리석음에 좌지우지될 것이다.

---

[53] Boice, "Reformation in Doctrine, Worship, and Life," 190에서 인용된, C. S. Lewis, *Letters to Malcolm: Chiefly on Prayer* (New York: Harcourt, Brace & World, 1963), 4.

CHAPTER 4

공동 예배: 은총의 수단

| 에드먼드 클라우니(Edmund Clowney)
전(前) 웨스트민스터신학교 교장

공동 예배는 제임스 몽고메리 보이스 기념 논문집의 주제이다. 보이스 박사는 하나님의 사람들이 드리는 예배를 사랑했다. 제10장로교회의 회중이 설교에서 전해지는 하나님 말씀의 부름에 반응할 때, 그는 매번 그들과 함께 기쁨을 같이했다. 비록 자주는 아니었지만, 그 회중과 함께 예배를 드렸던 우리는 음악과 더불어 부르는 찬양과 강단에서 흘러나오는 가르침에 대한 좋은 추억이 있다.

도로변에 접해있는 건물교회 혹은 성당과 같은 도시 교회에서 정기적으로 예배를 드리는 사람들은 공적인 예배를 변호하는 글을 대하게 되면 다소 당황스러울 것이다. 보는 사람이 그와 같은 공적인 예배가 무엇인지 알고 있으며 그런 공적인 예배를 당연스럽게 여기고 있는 것이 분명하다. 우리는 다문화 사회 속에 있는 모든 종교는 그 자신의 공동 예배를 가진다고 생각한다. 텔레비전을 통해서 이슬람을 새롭게 알게 되고, 이로 인해 우리는 이슬람교와 친숙해진다. 이슬람 집단 예배의 한 인도자가 워싱턴 성당에서 말한다면, 그 인도자가 모스크에서 배워 알고 있는 동일한 친숙한 형태를 따르고 있다고 우리는 생각한다.

그렇지만 몇 가지 다른 점이 분명하게 있다. 우리는 기도 중에 그들이 일렬로 늘어서서 맨발바닥으로 절하는 것을 본다. 그런 예배는 사도 바울이 세운 고린도 교회에서 아주 낯설었을 것이다. 고린도 교회에서 회중은 성경을 듣기 위해서, 주님을 찬양하는 노래를 부르기 위해서 그리고 주님의 식탁에 다가가기 위해서 모였다. 회중은 선포된 말씀에 반응했다. 회중 가운데 남자들은 질문을 할 수 있었다. 찬양 중에 사람들은 주님께 그리고 서로 이야기를 나누었다.

교제는 고린도에서 드려진 예배의 핵심이었다. 그들의 교제는 성령 안에서 이루어졌다. 바울은 자신의 서신들에서 공적인 예배를 위한 어떤 형태도 결코 이야기하고 있지 않다. 주님의 식탁을 지키는 데 좀 더 나은 질서를 위해서, 교회가 그리스도로부터 주님의 만찬을 받았던 대로(고전 11:23-34), 바울은 그 경축의식에 대한 개요를 말해준다. 바울은 예언의 자유가 질서 있는 방식으로 유지되기를 바란다. 고린도 교회에 하나님의 은사들이 풍성하게 주어졌기 때문에, 장로교가 중요한 본문으로 보는 바울의 말인 "모든 것을 적당하게 하고 질서대로 하라"(14:40)라는 것에 대한 충분한 이유가 있었다. 바울에게 있어서 율법으로부터의 자유는 성령 안에서의 자유였다. 이것은 예배에 대한 그의 가르침의 지침이었다.

복음적인 기독교인은 종종 예배(경건)를 개인적인 것으로 생각한다. 많은 가정에서 좋아하는 예배 찬송은 "가든에서"(In the Garden)이다. 주님과 나누는 개인적인 교제의 소중함을 말하는 구절로 인해서 믿는 사람들은 이 찬송을 친근하게 생각한다. "그분은 나와 함께 걷는다네. 그리고 그분은 나에게 말씀하시네 그리고 그분은 나에게 내가 그분의 것이라고 말씀하시네." "우리가 그곳에 머물 때, 우리가 나눈 그 기쁨을 그 누구도 알지 못한다네"라는 자랑스레 이야기하는 말에 그 어느 누구도 싫증을 내지는 않는 듯하다.

우리가 매일 드리는 예배는 주님과 나누는 우리 개인적인 교제 속에 기쁨을 가져다준다. 우리가 드리는 기도에 감사함으로 다른 사람의 이름을 부르며 드리는 기도가 포함되는 것은 바람직하다. 우리를 주님과 묶어준 그 은총이 그분의 몸의 구성원으로 묶여진 모든 사람과 우리를 묶어준다는 것을 기억하는 것이 필요하다.

무엇보다도 우리는 공동 예배의 축복을 소중히 여기고 존중해야만 한다. 예배를 위해서 모인 주님의 교회는 우리가 주님과 더불어 그리고 우리 서로 나누는 교제의 절정을 이룬다. 교회는 하나님의 사람들, 새 인류, 새 창조의 시작, 하늘의 거류지(히 13:14)이다. 서방 사회에 대한 이슬람의 군사적인 위협은 우리 시대에 이루어지고 있는 전쟁을 나타내는 것은 아니다. 우주적인 투쟁은 영적인 것이다. 우리가 가지고 있는 전쟁을 위한 무기는 비행기를 납치하는 것이거나 테러주의자들의 화생방 공격이 아니다. 그 무기들은 다음과 같은 하나님의 사랑의 무기들이다. 복음을 전하고 그리스도의 이름으로 자비를 베푸는 것이다.

공동 예배에서 우리는 그리스도와 연합된다는 의미를 경험한다. 우리가 우리에게 전해지는 주님의 말씀을 함께 듣고 은총 안에서 그리고 세상에 대한 증인으로서 함께 자라나도록 서로가 격려할 때, 우리는 가장 온전한 예배를 드리게 되는 것이다.

주님은 공동 예배를 드리는 우리 가운데 계신다. 주님의 영의 권능으로 우리는 그분의 것이며 그분은 우리의 것임을 주님은 우리에게 보증해주신다. 함께 예배드리는 가운데 오순절의 약속은 새로워진다. 눈에 보이는 불꽃 속에서가 아니라, 우리가 기도할 때 우리를 위해서 중보하시는 성령의 임재 가운데 새로워진다. 또한 정말로 성령의 증거는 개인적인 것이다. 우리가 주님의 것임을 우리 영과 더불어 증거하기 때문이다. 그렇지만 개인적인 믿는 자들을 성령의 전으로 만드시는 성령은 또한 교회를 그분의 성전으로 만드신다(고전 3:16; 6:19). 그리스도와의 연합은 그 둘 모두의 비밀이다.

주님은 자신의 영의 임재를 통해서 우리가 예배할 때 그 회중 속에 친히 임재하신다. 시편 22:22는 감사제가 드려질 때 예배를 위한 하나님의 집에서 하나님을 찬양하는 노래를 그리고 있는데, 예수님은 회중 속에서 아버지를 찬양하는 노래를 하신다(히 2:11-12). 하나님은 고난

당하는 자의 서원(誓願)에 응답하셨다(혹은 분명히 응답하실 것이다). 이 시편은 개인적인 애가의 형식을 갖는다. 이 시편에서 구원을 위한 기도 이후에 고난당하는 자의 서원이 회상되고 감사와 결합된다. 송영이 뒤이어 나온다. 시편 66:13-15에서 우리는 서원을 하는 온전한 문장을 발견한다. 고난 속에 있는 탄원자는 하나님이 구원하실 때 하나님을 찬양할 것을 서원한다. 하나님은 구원하신다. 그러면 이제 탄원자는 기도를 거절하지 않으신 혹은 그분의 고난 받는 자에게 자신의 사랑을 거두지 않으신 하나님을 찬양할 것이다. 예수님은 자신의 버려짐 가운데 울부짖는 고난 받는 분이시다. 그분 역시도 하나님을 찬양하신 승리자이다.

예수님은 겟세마네와 갈보리로 가시기 전에 다락방에서 제자들과 함께 시편을 노래하셨다. 예수님과 함께 노래를 부른 시몬 베드로를 생각해보라! 우리 주님은 이제 구속받은 회중 가운데 우리와 함께 노래하신다. 예수님은 하늘의 찬양을 인도하시는 이스라엘의 멋진 찬양자이시다.

공동 예배에서 우리는 성도들과 천사들의 하늘 모임에 들어가기 위해서 믿음으로 올라간다. 우리는 하늘의 찬양에 함께 한다. 우리는 "너희가 이른 곳은 시온산과 살아 계신 하나님의 도성인 하늘의 예루살렘과 천만 천사와 하늘에 기록한 장자들의 총회와 교회와 만민의 심판자이신 하나님과 및 온전케 된 의인의 영들과 새 언약의 중보이신 예수와 및 아벨의 피보다 더 낫게 말하는 뿌린 피니라"(히 12:22-24) 이기 때문이다.

영으로 우리는 예수님이 계신 하늘의 커다란 모임에서 예배한다. 영으로 예수님은 우리가 있는 이 땅위의 회중에서 예배하신다. 하늘과 땅에서 우리는 예수님의 임재하심 가운데 있다. 우리의 공동 예배 속에 함께 하시는 예수님의 임재는, 공동 예배가 우리를 위한 은총의 수단임을 우리에게 확신시켜준다. 주님이 우리와 함께 계신 것을 영으로 알 때, 우리는 공동 예배에서 은총을 맛본다. 우리는 믿음으로 그런 실상을 인식한다.

공동 예배는 교회의 찬양 가운데 이루어지는 은총의 수단이다. 찬양 가운데 우리는 주님을 찬양하는 것에 함께 하고, 주님의 구원하시는 권능을 위해 주님의 이름을 부르며, 서로를 격려한다. 하나님이 이루신 구원의 위대한 행위를 기억하는 것은 우리의 마음을 그분께로 인도한다. 우리는 하나님의 행위뿐만 아니라 그분의 말씀으로 인해 그분을 찬양한다. 시편 119편 전체 내용은 하나님 말씀의 풍성한 축복을 반영한다.

우리는 교회의 찬양에 대한 바울의 두 가지 본문(엡 5:19; 골 3:16)을 함께 볼 수 있을 것이다. 이 본문에서 우리는 그리스도의 풍성하게 내주하는 말씀이 우리에게 서로를 가르치고 훈계하는 성령의 지혜를 준다는 것을 배우게 된다. 우리 마음속에서 은혜로 주님께 노래하고 예수님의 이름으로 하나님 아버지께 감사를 드리면서, 우리는 시편과 찬송과 영적인 노래 속에 이와 같은 것을 배우게 된다.[1] 이 본문 속에 있는 바울의 논거를 통해서볼 때 바울은 시편이라는 정경 책을 말하는 것이 아니라 공동 예배 속에 이루어지는 새 언약의 노래를 말하는 것이 분명하다. 바울이 "신령한 노래들"(골 3:16)을 말할 때, 우리는 이 묘사를 영감된 노래에만 국한시킬 수 없다. "신령한(영적인)"이라는 용어는 골로새서 1:19에서 "신령한 지혜"로 사용되고 있다. 신령한 지혜는 노래 속에서 말하는 능력을 발견하는 지혜이다.

이런 신령한 노래는 성령에 의해서 축자적으로 영감된 것은 아니다. 그러나 우리가 그 말씀과 그 말씀이 적용되는 상황 모두를 숙고할 때, 성령이 주시는 지혜로부터 그 노래가 흘러나온다.

공동 예배에서 은혜의 수단은 말씀을 전하는 것뿐만이 아니다. 하나님 백성의 찬양 역시도 은혜를 끼친다. 찬양들은 기도와 간구로 주님께 전해질 뿐만 아니라, 우리가 가르치고, 권면하고, 격려할 때[2] 서로에게 전해진다. 예배에서 말씀을 전하는 것은 성도들이 시온의 새 노래를 부

---

[1] 시편, 찬송 그리고 노래와 같은 용어들은 시편의 머리말에 사용되고 있으며, 구약의 시편을 가리킬 수 있다. 그러나 이 문맥에서 이 용어들은 새 언약의 새로운 노래를 묘사한다. 그 새 노래는 교회 속에 있는 성령의 지혜로부터 온다.

[2] Lawrence C. Roff, *Let Us Sing: Worshiping God with Our Music* (Norcross, Ga.: Great Commission, 1991); David Peterson, "Worship in the New Testament," in *Worship: Adoration and Action* (ed. D. A. Carson; Grand Rapids: Baker/Carlisle, UK: Paternoster, 1993), 51-91.

를 때 서로에게 이루어지는 성도들의 사역과 함께 이루어지고 그 사역을 통해서 지지된다. 동시에 한 목소리로 노래를 부르는 것은 음악 혹은 가사가 인쇄되기 오래 전에 이루어졌다. 우리는 이제 가사와 음악 모두를 담고 있는 찬송가가 있다. 옥스퍼드 장로교회와 미국에 있는 장로교회에 의해서 출판된 『트리니티 찬송가』(Trinity Hymnal)는 찬송의 보고(寶庫)를 담고 있다. 기독교 개혁교회의 『시편 찬송가』(Psalter Hymnal)는 모든 시편의 시형(詩形)과 많은 찬송을 포함한다.

좀 더 최근의 노래가 나오게 됨으로 인해서 회중이 부르는 노래를 위한 또 다른 범주가 만들어졌다. 찬송집이 만들어지고 있고, 새로운 노래가 작사되고 있다. 많은 노래는 대중음악으로부터 가져온 매력을 가지고 있기는 하지만, 바울의 말씀 안에 강조되어 있는 성경적인 가르침을 결여한다. 교회의 교육을 담당하는 부서는 찬송에 대한 지침을 주는 데 있어서 다시금 주도적으로 일을 해야만 한다. 우리는 음악적인 재능이 자신의 담대한 설교를 지원해주었던 마틴 루터(Martin Luther)를 기억한다.

그렇다면 우리는 하나님이 아들과 성령의 임재와 참여를 통해서 이루어지는 공동 예배를 통해 그분의 은총을 주신다는 것을 보게 된다. 예수님은 회중 속에서 노래하신다. 그리고 성령은 우리의 찬송 속에서 인도하신다.

공동 예배에 대한 우리의 생각은 새 언약 예배에서 변화를 강조하는 사람들에 의해 도전받고 있다. 히브리서는 예배의 구약 형태로 돌아가려고 시도했던 기독교인을 설득하여 단념하도록 하기 위해서 기록되었다. 구약의 제사는 폐기되었다. 예수님이 참된 성전을 그분의 몸과 동일시했기 때문이다(요 2:19-21; 4:22-24). 새 언약의 성례는 할례의 피를 흘리는 예전 혹은 유월절의 피를 바르는 것이 아니다. 그리스도가 친히 그분 자신을 마지막 최후의 희생제물로 드리셨기 때문이다.

도출되는 결론은 신약은 적어도 우리가 요한계시록에 이르기까지는 예배의 공동 의식에 대해서 아무것도 이야기하고 있지 않다는 것이다. 데이비드 피터슨(David Peterson)은 긴 글에서 이 점을 강조하고 있으며,

신약은 공적인 예배를 위한 예식 혹은 예전을 포함하고 있지 않다고 주장한다.[3] 오로지 요한계시록에만 하늘의 예식이 묘사되어 있다.

그렇지만 단순히 성경에 이야기될 필요가 없기 때문에 성경에 이야기되고 있지 않는 것들을 경시하는 것이 주는 위험이 상존한다. 그런 것들은 독자들이 당연하게 여긴 것들이었다. 신약이 교회를 회당이 아닌 에클레시아로 말하는 데에는 이유가 있다. 그러나 회당은 바울 서신의 독자들에게 친숙했다. 초기 기독교 예배를 연구하는 역사가들은 교회 모임에서 함께 사용된 두 가지 요소를 구분한다. 하나는 회당이었고, 다른 하나는 주님의 만찬이었다.[4]

주님의 만찬은 가정-교회들에서 규칙적으로 준수되었던 것으로 보인다. 회당에 유대인들이 안식일에 모이는 모임에 우리 주님은 자신의 사역을 감당하는 데 있어서 정기적으로 참석하셨고 바울도 자신의 선교 여행에서 정기적으로 참석했다. 사도 바울이 에베소에 있는 두란노 학교로 쓰이는 회당을 떠났을 때, 그는 그곳에서 가르쳤다. 그것은 아마도 그 주의 첫째 날에 교회를 위한 만남의 장소였을 것이다. 두 가지 변화가 일어났다. 회당에서 교회로 그리고 안식일에서 첫째 날로. 바울은 드로아에 있는 교회에서 만나기 위해 그 주의 첫째 날까지 기다렸다.

고린도에서 드려진 공동 예배는 가정에서 모이는 것들과는 다른 것이었다. 바울은 그들이 교회로서 함께 모이러 왔을 때 분명하게 나뉜 것을 보고 그들을 꾸짖었다. 그 말은 분명하고 명확하다. "너희가 교회에 모일 때에…"(엔 에클레시아[en ekklēsia]; 고전 11:18).[5] 이것은 그들의 집에서 모이는 것과는 다른 것이다. 바울은 그들에게 집에서 음식을 먹는 것과 교회의 교제에서 주님의 식탁에서 함께 모이는 것과의 차이를 상

---

[3] Peterson, "Worship in the New Testament."
[4] 윌리엄 맥스웰(William D. Maxwell)은 주님의 만찬의 배경으로서 매주 이루어지는 카네쉬(Qadeoh)의 중요성을 시사하는 주장을 한다. *An Outline of Christian Worship: Its Development and Its Forms* (London: Oxford University Press, 1949), 5-7을 보라.
[5] 번역은 "너희들은 함께 모임으로 오라"라는 것일 수 있다.

기시켜준다. 아마도 사랑의 축연(祝宴)인 아가페(*agape*)는 만찬과 연관되어 먹는 것이었을 것이다. 예배 순서에서 주님의 만찬을 지키는 것을 질서 있게 하기 위해서 바울은 질서가 없는 것을 꾸짖었다.

고린도 교회에서 선지자들은 참된 것인지 거짓인지 판결될 수 있었다(고전 14:29). 적어도 그런 정황에서 남편들은 예배 순서에 있는 의문점들을 묻고 집에서 그 아내들을 가르치라고 바울은 지시한다(14:34-35). 그러나 말씀을 가르치는 권위는 질문을 배제하지는 않는다. 성령은 은사를 받은 교사들의 말씀 속에서 뿐만 아니라 공동 예배에서도 교회를 밝게 조명해주신다.

신약 교회에서 공동 예배는 은총의 수단이었다. 우리는 공동 예배를 인식할 필요가 있을 뿐만 아니라 신약 교회의 예를 추구할 필요가 있다. 예배에서 전해지는 말씀이 차지하는 중심 되는 위치를 우리는 인식해야만 한다. 뿐만 아니라, 우리는 찬양에서, 질문에서, 신앙의 고백에서 서로 말씀을 이야기하면서, 우리가 그 말씀을 사용하는 빈도수를 증가시켜야만 한다. 우리가 기도에서 주님께 이야기하듯이, 우리는 또한 서로를 격려하며 한 목소리가 된 우리의 찬양, 감사, 간구를 드려야만 한다.

에클레시아(*ekklēsia*)라는 어휘는 하나님의 선포된 말씀을 듣기 위해 하나님의 백성이 시내 산에 모인 것에서 그 구약적 배경이 있다. 교회는 주님 앞에 함께 서기 위해 거주하는 처소에서 부름을 받은 모임이다. 작은 모임들이 어떤 특별한 장소에 모인 믿는 사람들의 모임("고린도에 있는 하나님의 교회"[고전 1:2])을 대치할 수 있다는 것을 우리는 전혀 생각하지 못할 것이다. 정말로 보편적인 교회를 위해 분명하게 묘사된 모임은 하늘의 시온에 있는 모임이다(히 12장). 그러나 바로 그런 이유로 인해서, 하늘의 축제적인 모임에 믿음으로 다가가는 사람들은 "모이기를 폐하는 어떤 사람들의 습관과 같이 하지 않는다"(10:25).

고린도전서 12장에 있는 영적인 은사들을 말하는 바울의 목록은 교회의 소집된 모임을 나타낸다. 예언의 은사들은 평가되어야만 한다. 그 예언들은 참된 예언들인가? 다른 사람들이 판단해야만 한다. 만약에 예언들이 서로 훼방이 되고 있다면, 모임에서 질서가 회복되어야만 한다. 바울 서신들은 모인 교회에 읽혀진다. 그리고 이것은 신약에 있는 다른 서신서들에 있어서도 마찬가지이다.

하나님의 부름 받은 사람들로서, 서로의 존재 속에서 기능하는 그리스도의 몸으로서 그리고 성령에 의해서 이루어지는 교제로서, 교회는 공동 예배로 모여야만 한다. 격심한 박해 속에서는 좀 더 커다란 숫자의 성도들이 모이는 것은 불가능한 시간이었을 것이다. 그러나 주님의 부르심만이 남는다. 그리고 그분의 성도들은 그분의 이름을 찬양하기 위해서 함께 서있는 기쁨을 갈망한다.

하나님의 백성이 모이는 놀라움과 예배의 신비는 가정-교회들 속에서 나타날 수 있다. 바울은 브리스가와 아굴라의 가정에 있는 교회에 인사를 전하며(롬 16:3), 동일한 마음으로 "이방인의 모든 교회"에 대해서 말한다(롬 16:4). 주님의 백성은 좀 더 작은 모임과 좀 더 큰 모임에서 모인다. 크기는 다르지만 그들은 정말로 모인다. 가정-교회들은 가족 혈통의 끈으로 결합된 것이 아니라, 그리스도의 피를 통해서 결합된 것이다.

공동 예배는 은총의 수단이다. 공동 예배는 하나님의 구원하시는 부름의 계획을 표현한다. 즉 모든 족속, 언어 그리고 나라에서 하나님이 하나님의 백성으로 함께 모으는 것이다. 인종적인 정체성이 모든 것을 평정하는 시대 속에서, 모인 교회는 모든 사람의 주되신 주님께 인도된 수많은 나라의 진정한 다수 인종 간의 동질성을 보여줄 것이다.

하나님의 말씀은 죄인들의 회심과 성도들의 본질을 위한 주된 수단이다. 그러므로 주님은 그 말씀을 그분의 백성에게 선포하는 설교자들과 선생들을 부르신다. 사도 바울은 이것을 로마서에서 다음과 같이 강조한다. "그런즉 저희가 믿지 아니하는 이를 어찌 부르리요? 듣지도 못한 이를[6] 어찌 믿으리요? 전파하는 자가 없이 어찌 들으리요 보내심을

---

6 많은 역본과 더불어 (여기에 인용된) 영어 표준 역(English Standard Version)은 듣는다는 의미를 가진 헬라어 동사가 소유격을 직접 목적어로서 취한다는 것을 인식하고 있지 못하다. 번역에서 "…의"는 생략되어야만 한다.

받지 아니하였으면 어찌 전파하리요?"(롬 10:14-15).

　개혁 교회에서 말씀은 항상 중심을 차지한다. 그리고 성례는 말씀과 결코 분리되지 않는다. 복음주의자는 어떤 기독교인도 설교할 수 있다고 종종 생각하는데 정말로 그렇다. 그러나 그 성직 안수식은 세례를 주고 주님의 만찬을 기념하는 사람들을 위해서 필요하다. 이런 견해는 하나님의 말씀 속에서 주님 자신이 우리에게 말씀하시기 때문에 권위를 주는 것은 하나님의 말씀이라는 점을 보지 못한 것이다.

　기도는 대요리문답에서 은총의 수단에 포함되기 때문에, 우리는 다음과 같이 물을 수 있다. "주님은 우리에게 그분의 은총을 주시는 수단으로서 기도를 어떻게 사용하시는가?" 만약에 우리가 그것을 이해한다면, 우리는 그 대답을 공동 예배에 대한 질문에 적용할 수 있다. 예배는 하나님의 임재로 들어가는 것이고 기도를 포함하고 있기 때문이다.

　공동 예배는 정말로 하나님 은총의 열매이다. 주님은 우리를 부르셨기 때문에, 우리는 그분께 요청한다. 주님은 그분의 구원하시는 이름을 계시하셨다. 그리고 우리는 그 이름을 예배와 찬양에서 높인다. 주님은 우리에게 은총을 주시기 위해서 우리의 응답 또한 사용하시는가? 그 기본적인 질문은 우리가 우리의 기도와 예배 속에서 성령의 역사를 기억할 때 쉽게 대답된다. 우리는 마땅히 어떻게 기도해야 할지 모른다. 그러나 성령께서 우리의 스승이 되신다. 우리를 기도하도록 움직이시며 우리가 그 거룩한 장소로 들어갈 수 있도록 하늘의 문을 여시며, 성령은 우리를 위해서 그리고 우리 안에서 기도하신다. 성령께서는 우리의 중재자이시며 우리의 하늘 제사장이신 그리스도의 임재를 확실히 증거하신다.

　바울은 이것을 로마서에서 가르쳐준다. 바울은 세 가지 탄식을 말한다. 새롭게 되기를 고대하는 창조물의 탄식, 부활시에 우리 몸의 구속을 고대고 있는 기독교인으로서 우리의 탄식 그리고 우리를 위해서 중보하시는 성령의 탄식(롬 8:19-27).

　정말로 우리 안에 계시는 성령의 역사는 성령이 그리스도가 가지고 계신 모든 유용한 것을 우리에게 적용하는 주된 수단이다. 은사주의적 예배는 우리의 예배 속에서 이루어지는 성령의 역사를 위한 우리의 필요에 관심을 집중시키기만 하는 것이 아니다. 성령 속에서 이루어지는 공동 예배는 은총의 수단임이 분명하다. 성령께서 그 예배를 축복하시기 때문이다.

2부 성경적 예배의 요소
Elements of Biblical Worship

역사적으로 개혁된 예배를 알려주는 핵심이 되는 생각 중에 하나는 예배는 "성경에 따라야"만 한다는 확신이다. 웨스트민스터 신앙고백서는 이것을 다음과 같이 말한다. "그러나 참 하나님을 예배하는 최선의 방법은 하나님 자신에 의해 제정되었고 그분 자신의 계시하신 뜻에 의해 제한되었다. 그러므로 사람의 상상이나 고안이나 사단의 지시에 따라 어떤 가견적 예배 대상 앞에 혹은 성경에 말씀하지 않은 방법으로 예배드리면 안 된다"(21.1). 구체적으로 이 고백은 어떤 것은 필수적인 것이고 어떤 것은 부수적이라는 어떤 정해진 요소를 말해준다. "경건한 경외심을 가지고 성경을 읽어야 한다. 건전한 설교와 이해 및 신앙과 존경심을 가지고 하나님께 순종할 마음으로 말씀을 경청하는 것과 마음에 감사함으로 시를 부르는 것과 그리스도께서 세우신 성례를 바로 거행하며 합당하게 받는 것은 모두 하나님께 드리는 일반적 예배의 부분이다"(21.5). 본서의 이 부분에서는 이런 요소에 대해서 고찰한다.

앨버트 몰러(Albert Mohler)와 마크 데버(Mark Dever)는 말씀을 전하는 것에 대한 두 가지 국면에 대해서 기술한다. 몰러는 "강해 설교는 하나님을 기쁘시게 하는 진정한 예배에 대해 성경이 말하는 핵심적이고 축소할 수 없는 그리고 타협할 수 없는 것이다"라고 담대하게 말하면서 강해 설교를 변호한다. 데버는 그 중요성을 설명적이면서(본문의 관점에서) 복음 전도적인(그 청중의 관점에서) 설교의 중요한 국면을 고려한다. 설교가 복음 전도적인지를 결정하는 것은 설교의 방법 혹은 의도보다는 내용이라고 주장하면서, 데버는 기독교인과 비기독교인 모두가 전해진 복음(복음 전도적인)을 들을 필요가 있다고 주장한다.

만약에 한 세기 전에 살았던 누군가가 우리가 드리는 예배 중 한 예배에 참석한다면, 그들은 무엇인가 다른 것을 알아챌 수 있는가? 많은 것 중에서 아마도 성경 읽는 것이 없고 목회 기도가 빈약하다는 것을 감지할 것이다. 리곤 던컨(Ligon Duncan)과 테리 존슨(Terry Johnson)은 강단에서의 목회 기도와 성경을 공적으로 읽는 것이 자주 무시되는 사안에 대해서 말한다. 그들은 특별히 이런 요소 중에서 공동 예배에 들어간 성경에 대해서 옹호한다.

성례는 교회사에서 평가절하되기도 했고 평가절상되기도 했었다. 성례를 집례하는 목적에 대한 바른 균형을 얻는 것은 매우 힘들며, 세례와 주님의 만찬 모두의 신학에 대한 진지한 성찰을 요구한다. 세례를 받는 것과 관련된 이런저런 면에 대한 정당하지 못한 공격을 조심스럽게 피하면서, 매리언 클라크(Marion Clark)는 세례를 제임스 몽고메리 보이스(James Montgomery Boice) 당시에 제10장로교회에서 세례가 집례된 것을 떠올리면서 한 사건으로서의 중요한 의미를 가지는 세례가 되게 할 것을 주장한다. 리차드 필립스(Richard Phillips)는 성경적이고 역사적인 논의들에 민감한 주님의 만찬에 대한 견해를 능숙하게 지지하며 발언한다. 그는 주님의 만찬 집례는 주님의 만찬이 약속하고 선언하는 이점들을 극대화하기 위해서 그 집례는 개선될 수 있다는 실제적인 방법에 초점을 맞추고 있다.

    찬양을 부르는 것은 예배에 대한 대부분의 토의 속에서 불일치되는 쟁점이 되어왔다. 그에 대한 해결책은 원리보다는 타협에 의해서 종종 이루어졌다. 음악이 논의의 주제가 될 때, 원리가 어떤 부분의 역할을 감당한다고 생각하는 사람은 정말로 거의 없다. 결국 음악은 단순한 기호(嗜好)와 유행적 형태의 문제이지 않은가? 만약에 어떤 무엇이 있다고 한다면, 우리는 성경 시대의 음악에 대해서 무엇을 알고 있는가? 제10장로교회의 오르간 연주자이며 음악 지휘자였던 폴 존스(Paul Jones)는 이 문제에 대해서 장고(長考)를 해왔는데, 그가 내린 결론은 모든 사람이 진지하게 생각해볼만한 가치가 있다. 성경적으로 역사적으로 논리적으로 주장하면서 특별히 그는 예배에서 찬송가의 사용에 대해서 기술한다. 이것은 제임스 몽고메리 보이스의 마음에 가까운 그런 문제였다. 그가 작곡한 찬송가 중의 몇 가지는 존스(그리고 보이스)가 오늘날 교회에서 사용되는 것을 보기 원했을 원리를 보여주기 위해 사용되고 있다.

    물론 배타적인 시편영창을 전적으로 사용하는 교단들을 제외하고는, 시편을 노래하는 전통은 오늘날 개혁 교회에서 거의 존재하지 않는다. 테리 존슨은 찬송과 더불어서 시편(성경의 찬송책)을 노래하는 포용적인 시편영창을 지지하는 주장을 한다. 그 어떤 경우도 이보다 더 강력한 예가 없다. 독자들은 그 결론을 진지하게 생각해보도록 촉구될 것이다. 하나님을 영화롭게 하는 예배는 시편의 사용 없이는 불가능하다.

CHAPTER 5

강해 설교: 기독교 예배의 핵심

| 앨버트 몰러(Albert Mohler)
Southern Baptist Theological Seminary 교장

대부분의 기독교인은 예배가 교회 삶의 중심이라고 확신한다. 예배에 대해 가지는 관심의 부흥은 기독교 교단들과 운동들의 모든 범위를 망라해 현대 기독교 전역에 퍼져나갔다. 복음주의 기독교인은 특별히 최근 몇 년에 걸쳐 예배에 대한 관심을 보였다. 일전에 토저(A. W. Tozer)가 "복음주의 예배의 잃어버린 보석"이라고 불렀던 것이 회복되고 있는 것 같다.

그럼에도 불구하고 비록 대부분의 복음주의자가 예배는 교회 삶의 중심이라는 사실에 곧 동의한다 할지라도, 다음과 같은 피할 수 없는 질문에 일치된 의견을 이끌어내지는 못한다. 무엇이 기독교 예배의 중심인가? 역사적으로 좀 더 예전적인 교회들은 성례가 기독교 예배의 핵심을 형성한다고 주장했다. 이런 교회들은 주님 만찬의 요소와 세례 시 사용하는 물이 복음을 가장 강력하게 나타낸다고 주장한다.

복음주의자 가운데 있는 어떤 사람들은 복음 전도를 위한 부름을 예배의 핵심으로 말한다. 많은 교회에서 예배 순서의 모든 면은 마음에

복음적인 초대를 하도록 계획되어 있다. 복음주의는 찬양과 기도 그리고 설교에 대단한 관심을 갖고 있다. 다른 모든 사안은 복음 전도적인 명령 뒤로 가려진다.

비록 대부분의 복음주의자가 말씀의 선포를 예배의 필요불가결한 혹은 관례적인 부분으로 언급한다 할지라도, 복음주의 교회들 속에서 예배의 주도적인 형태는 드라마와 비디오 상연과 같은 것과 더불어 음악에 의해 점증적으로 정의되고 있다. 설교가 물러날 때, 수많은 유흥적인 고안물이 그 자리를 대신할 것이다.

예배에 대한 전통적인 규율은 이제 적절성과 창의성을 요구하는 수요에 종속되고 있다. 매체가 주도하는 이미지 문화는 종교개혁 교회들을 낳았던 말씀 중심적인 문화를 대치해왔다. 어떤 의미에서 현대 복음주의의 이미지를 주도하는 문화는 종교개혁자들이 참된 성경적 예배를 요구하는 데 있어서 그들이 거절했던 바로 그 관행들을 포함하는 것이다.

음악이 대부분의 복음주의적 예배 시간을 채우고 있다. 그리고 이 음악의 대부분은 중요한 신학적 내용이 거의 없는 것으로 특징되는 현대 합창의 형식에서 온 것이다. 일종의 음악적 형태인 합창의 인기를 넘어서서, 많은 복음주의 교회는 방송사 수준의 음악적인 상연을 따라 하려는 데에 강한 관심을 두고 있는 것 같다. 기호(嗜好)와 기대가 어쿠스틱 악기 소리와 일정한 음율적 박자에 의해 형성된 베이비 붐 세대 사람들은 많은 회중 속에서 이제 "시대에 뒤떨어진 사람들"이 되고 만다. 젊은 예배자들은 좀 더 급진적인 음악 형태와 양식을 바란다.

음악적 형태의 관점에서 볼 때, 좀 더 전통적인 교회들은 종종 오케스트라를 동반한 커다란 성가대를 가지고 있는 것이 그 특징이다. 그리고 전통적인 많은 교회는 기존의 믿음의 찬양들을 부를 수도 있다. 찬양의 기여도는 종종 커다란 범위를 차지하고 있으며, 그 수준적인 질은 전문적인 차원이다. 어쨌든 음악이 시간을 채우고 예배 순서의 힘을 주도한다. 열정적으로 계획을 세우고, 재정적으로 투자를 하며, 준비하는 것이 예배의 음악적인 차원들에 투입되고 있다. 전문적인 직원들과 자원하는 수많은 사람이 연습하고 시연(試演)해보는 데 한 주의 많은 시간을 사용한다. 미리 주의 깊게 생각된 연결부분과 변조와 더불어 세세한 부분에 엄청나게 많은 관심을 쏟아 붓는 것이 이런 예배 순서의 많은 부분에 나타나 있다. 그러므로 예배 체험은 마치 텔레비전과 같이 한 부분에서 다음 부분으로 부드럽게 넘어간다.

이 모든 것이 회중에 대해 집중된다. 어떤 기독교인은 자신들의 기대에 맞는 예배 양식과 체험을 주는 교회를 찾아내기 위해 두루 찾아다닌다. 대부분의 공동체 중에서 교회는 예배 형태와 음악적 프로그램들을 통해서 알려진다. 한 교회에서 발견한 것에 만족하지 못한 사람들은 또 다른 교회로 재빨리 옮겨간다. 때때로 그들은 그 새로운 교회가 "우리의 필요에 맞는다"거나 "우리가 예배를 드릴 수 있도록 해준다"고 설명하는 자신들의 표현을 나타내는 언어를 사용하기도 한다.

참된 성경적 예배를 위한 관심은 종교개혁의 핵심에 드리워져 있었다. 그러나 찬송가를 쓰고 자신의 설교자들에게 찬양 부르는 것에 훈련 받을 것을 말한 마틴 루터조차도 오늘날 이렇게 음악에 몰두하는 것을 합법적이라거나 건강한 현상이라 생각하지 않을 것이다. 왜 그런가? 종교개혁자들은 참된 성경적 예배의 핵심은 하나님 말씀의 선포라는 것을 확신했기 때문이다.

하나님께 감사하게도 복음 전도는 기독교 예배 속에서 발생한다. 복음을 전하고 말씀을 선포하는 것에 직면하게 될 때, 죄인들은 예수 그리스도 안에 있는 믿음으로 인도를 받으며, 그렇게 반응하는 모든 사람에게 구원의 제시가 주어진다. 마찬가지로 주님의 만찬과 세례는 주님 자신의 명령에 의해 세워진 규례들로서 존중된다. 그리고 그 각각은 참된 예배에서 그 위치를 발견하게 된다.

더욱이 음악은 하나님이 자신의 백성에게 주신 하나님의 가장 귀중한 선물 중 하나이다. 그리고 음악은 우리가 영과 진리로 하나님을 예배할 수 있는 언어이기도 하다. 믿음의 찬송은 풍성한 고백적이며 신학적인 내용을 전달한다. 현대에 함께 부르는 많은 찬양은 많은 복음석인 교회에서 이전에 상실한 송영의 감각을 회복시킨다. 그러나 음악은 기독교 예배의 중심적인 행위는 아니다. 복음 전도도 아니고 심지어 성례도 아니다. 기독교 예배의 핵심은 하나님 말씀의 권위 있는 선포이다.

1. 예배로서의 강해 설교

강해 설교는 하나님을 기쁘시게 하는 권위 있는 설교에 대한 성경의 사역에 있어서 핵심적이며 축소할 수 없는 그리고 타협할 수 없는 것이다. 존 스토트(John Stott)의 간략한 선언은 이 문제를 다음과 같이 담대하게 언급한다. "설교는 기독교에 절대적으로 필요한 것이다."[1] 좀 더 구체적으로 말하자면, 설교는 기독교 예배에서 절대적으로 필요한 것이다. 절대적으로 필요한 것일 뿐만 아니라 핵심이 되는 것이다."

설교의 중심성은 구약과 신약 모두의 주제에 있다. 느헤미야 8장에서 우리는 서기관 에스라가 율법책을 회중에게로 가져올 것을 요구하는 백성을 발견하게 된다. 에스라와 그의 동료들은 높이 세워진 단에 서서 율법 책을 읽는다. 에스라가 읽을 책을 펼 때, 회중은 하나님의 말씀에 경의를 표하며 일어섰다. 그리고 말씀을 읽은 것에 대한 그들의 응답은 "아멘, 아멘!"이었다.

흥미롭게도 그 성경 본문은 에스라와 그를 돕는 사람들이 "하나님의 율법책을 낭독하고 그 뜻을 해석하여 백성으로 그 낭독하는 것을 다 깨닫게 하매"(느 8:8)라고 설명한다. 이 놀라운 본문은 강해 설교에 대한 상세한 묘사를 보여준다. 본문이 읽혀진 뒤에, 그 본문은 회중에게 사려 깊게 설명되었다. 에스라는 어떤 일을 도모하거나 보여주기 위한 쇼를 획책하지 않았다. 그는 단순하게 그리고 조심스럽게 하나님의 말씀을 선포했다.

이 본문은 대부분의 현대 기독교를 진지하게 고발한다. 본문에 따르

---

[1] John R. W. Stott, *Between Two Worlds: The Art of Preaching in the Twentieth Century* (Grand Rapids: Eerdmans, 1982), 15.

면, 성경적인 설교에 대한 요구는 백성의 마음속에서 분출되었다. 그들은 회중으로 모였고 설교자를 모셨다. 이것은 하나님의 말씀을 선포하는 설교에 대한 강렬한 굶주림과 목마름을 반영하는 것이다. 오늘날 복음주의자 가운데 그 어느 곳에 이렇게 분명한 바람이 있는가?

너무나 많은 교회에서 성경은 거의 침묵한다. 성경을 공적으로 읽는 것은 많은 예배 순서에서 빠졌다. 그리고 설교는 주변으로 밀려나 음악에 부수된 간략한 경건 정도로 줄어들었다. 많은 설교자는 이것을 유흥을 즐기는 세대에 대한 필요한 양보로 받아들인다. 어떤 사람들은 예배 순서의 결론 이전에 간략한 격려 혹은 권고 안에 설교를 넣기 원한다.

마이클 그린(Michael Green)은 이런 정황을 다음과 같이 잘 묘사한다. "오늘날 설교 수준은 통탄할 정도다. 위대한 설교자들이 거의 없다. 많은 성직자는 설교를 복음을 전하고 삶을 변화시키는 강력한 방법으로 더 이상 믿지 않는 것 같다. 이 세대는 가짜 설교의 세대이고, 가짜 설교는 가짜 기독교인을 만든다."[2]

그렇지만 만약에 설교가 기독교 예배의 중심이라면, 우리는 어떤 종류의 설교에 대해서 말하는가? 그린(Green)이 묘사하는 가짜 설교들을 말하는 것이 아닌 것은 분명하다. 대부분 현대 설교의 얇은 경박성을 지적하는 것은 우리의 피상적인 기독교에 대한 심각한 고발이다. 강단 목회가 본질을 결여할 때, 교회는 하나님 말씀에 대한 심각한 갈증을 느끼게 된다. 교회의 건강과 신실성은 즉각적으로 감소된다.

많은 복음주의자는 주제적인 그리고 내러티브 설교를 지지하는 자들에 의해서 유혹을 받는다. 성경의 선포적인 힘은 이야기를 요구하는 것에 의해서 무디어진다. 그리고 성경 본문의 모습은 주제를 고려하는 생각에 의해서 내지된다. 많은 강단에서 성경이 언급될 때, 그것은 단지 간결한 경구 혹은 용이한 내러티브를 위한 자료로서만 사용되고 있다.

문화의 치유적인 관점들이 너무나 자주 복음주의적 설교의 의제를 형성한다. 자아의 문제들이 주도를 이루고 있고, 회중은 복잡한 문제들

---

[2] Michael Green, "Editor's Preface," in ibid., 7.

에 대해서 단순한 대답을 듣기를 기대한다. 대부분 치유 설교의 본질은 자아 확신의 문제로 그리고 그 중요성에 귀결된다.

자신들의 세속적인 이웃과 너무나 유사하게도 이제 복음주의자는 필립 라이프(Philip Reiff)에 의해서 잘 묘사된 "심리학적인 사람"[3]의 세대를 나타내고 있다. 복음주의자가 듣기를 원하고 받기를 기대하는 설교를 정직하게 평가할 때, "치유적인 사람들의 승리"라는 말은 그 정곡을 찌르는 말이 된다.

더욱이 포스트모더니즘은 문화에서 지식 제일주의를 주창한다. 그리고 미국인들은 점차적으로 객관적이고 절대적인 진리의 존재에 대해서 혼돈되고 있다. 그들은 도덕적 상대주의에 전적으로 모든 것을 내어주지는 않을 수도 있다(적어도 아직까지는 아니다). 그러나 그들은 도덕적 자율주의와 지적이며 도덕적인 요구사항의 최소한을 허용하며 요구한다. 교리적 설교는 제안의 기법에 의한 것이다. 평범한 회중은 세계관에서 삶의 형태에 이르기까지 삶의 모든 중요한 문제에 대해서 그 혹은 그녀 자신의 마지막 결정을 내리게 되는 것을 기대한다.

교회-마케팅의 전문가인 조지 바나(George Barna)는 전통적인 설명에 우호적이지 않은 사람으로서 다음과 같이 설명함으로써 현대 회중을 묘사한다. "또한 청중 구성원들의 더욱더 많은 사람은 감정이입적인 대중 연설('나는 당신의 고통을 느낍니다')을 하는 빌 클린턴(Bill Clinton) 설교 학교에서 온 설교자들을 찾고 있다."[4] 그런 청중은 강해 설교의 직접성에 의해서 아마도 십중팔구는 충격을 받을 것이다.

진정한 기독교 설교는 권위적인 어조와 사회의 다른 곳에서는 발견되지 않는 결정을 내리도록 하는 요청을 담지한다. 기독교의 견고한 진리는 포스트모더니티의 근거가 박약한 주장과는 대조적인 견고한 토대 위에 든든히 서있는 것이다.

---

[3] Philip Rieff, *The Triumph of the Therapeutic: Uses of Faith after Freud* (New York: Harper & Row, 1968).

[4] Geroge Barna, "The Pulpit Meister: Preaching to the New Majority," *Preaching* 12 (Jan./Feb. 1997): 12.

신학자 데이비드 웰스(David F. Wells)가 다음과 같이 서술하는 바와 같다. "정통을 유지하고 교리적인 용어 안에서 기독교적인 믿음을 형성하는 것은 성찰과 판단의 습성들을 요구한다. 그 습성들은 우리 문화 속에 있는 장소에서 단순히 빠져나오는 것이다. 또한 그 습성들은 점차적으로 복음주의로부터 사라져가고 있는 그런 것이다."[5] 진지한 설교에 대한 갈망은 많은 기독교인 가운데서 사실상 사라졌다. 그 많은 기독교인은 강단으로부터 격려를 받는 자신들에 대해서 자신들이 매혹을 느끼는 것에 만족하는 사람들이며, 이런 자아도취에 대해 대적하거나 그에 대해 모순되게 하는 그 어떤 설교에도 극렬하게 저항하는 그런 사람들이다.

현대 미국인들은 모든 외적인 권위와 강제하는 도덕적인 규약으로부터 자유롭게 되는 것을 요구한다. 모든 메시지와 메신저는 데이비드 트레이시(David Tracy)가 현대성의 "해방적인 가치들"[6]로 부르는 것을 옹호하는지 여부에 따라서 판단된다. 이런 도덕적인 어휘는 분명하게 "너는…해서는 안 된다"라는 어구를 위한 여지를 거의 가지고 있지 못함은 말할 필요도 없다.

모든 음악과 힘은 차치하고서라도, 복음적인 예배의 무기력함은 참된 강해 설교의 부재에서 직접적으로 기인된다. 참된 강해 설교는 살아있고 운동력 있는 하나님의 말씀으로 회중을 대면할 것이다. 성령이 말씀을 동반하고, 눈을 열며, 그 말씀을 사람의 마음에 적용할 때, 그런 대면함은 회중을 바른 모습으로 빚어낼 것이다.

오늘날 우리가 혼돈 가운데 있다는 것을 보여주는 한 증상은 강해의 개념에 대한 몇몇 설교자들과 교회 자문의원들의 반응에서 발견된다. 사실상 강해 설교의 개념은 어떤 정의를 요구한다. 우리가 진정한 설교를 강해로서 논의할 때, 우리가 의미하는 것이 무엇인지에 대해 우리는 정의 내려야만 한다. 많은 설교자가 자신들은 강해하는 사람들이라고

---

5 David F. Wells, *No Place for Truth; or, Whatever Happened to Evangelical Theology?* (Grand Rapids: Eerdmans, 1993), 173.
6 David Tracy, *The Analogical Imagination* (New York: Crossroad, 1981).

주장한다. 그러나 많은 경우에 있어 이것은 단지 다음과 같은 것을 의미할 뿐이다. 즉 비록 성경 본문과 설교 사이의 실제적인 관계가 아무리 보잘것없고 희박하다 할지라도, 설교자는 자신의 마음에 혹은 참고하는 문헌에 성경 본문을 포함한다는 것을 의미할 뿐인 것이다.

생각해보는 하나의 틀로서 나는 강해 설교에 대한 정의를 다음과 같이 제안한다.

> 강해 설교는 성경 본문을 소개하고 적용하는 것을 그 핵심 목적으로 삼는 기독교 설교의 방식이다. 다른 모든 문제와 사안은 성경 본문을 드러내고 소개하는 이 핵심이 되는 일에 종속된다. 하나님의 말씀으로서 성경 본문은 설교의 본질과 구조 모두를 형성할 권한이 있다. 설교자가 성경 본문의 의미와 메시지를 설명하고, 하나님의 말씀이 하나님의 백성으로서 교회의 정체성과 세계관을 어떻게 형성하는지를 분명하게 할 때, 참된 강해는 이루어진다.

강해 설교는 성경 본문을 자신의 회중에게 제시하고 설명하려는 설교자의 결단 속에서 시작된다. 이런 단순한 출발점은 오늘날 설교학이 나누어지게 되는 주된 문제가 된다. 해리 에머슨 포스딕(Harry Emerson Fosdick) 이후로 계속해서 많은 설교자가 다음과 같이 생각하고 있기 때문이다. 즉 그 많은 설교자는 사람의 문제 혹은 의문점들로부터 시작해서 성경 본문으로 다시 돌아가서 문제를 풀어야한다고 생각하고 있기 때문이다. 강해 설교는 본문과 더불어 시작해서 본문에서부터 작업을 해서 그 드러난 진리를 믿는 자들의 삶의 진리에 대한 적용을 이끌어 내는 것이다. 만약에 이런 결정과 실행이 처음부터 분명하지 않다고 한다면, 강해 설교라기보다는 다른 무엇이 그 결과로 나타나게 될 것이다.

설교자는 마음에 많은 사안과 우선순위를 가지고 본문에 다가가며 설교하는 것에 다가간다. 그들이 염려하는 많은 것은 명백하게 합법적이며 당연히 중요하다. 그럼에도 불구하고, 만약에 하나님의 말씀에 대한 참된 강해가 이루어진다면, 다른 모든 사안은 성경 본문을 설명하고 나타내는 핵심이 되고 바꿀 수 없는 일에 종속되어야만 한다.

성경 진리의 적용은 강해 설교에 없어서는 안 될 필수적인 일이다. 그러나 적용은 본문 자체를 설명하며 열심히 애쓰고 훈련된 일을 따라 이루어져야만 한다. 칼빈의 설교학 방법론에 대한 논평을 하면서 파커(T. H. L. Parker)는 다음과 같이 설교를 묘사한다. "강해 설교는 성경의 어떤 본문에 대한 설명과 적용으로 이루어져 있다. 설명이 없다면, 그 설교는 강해적인 것이 아니다. 적용이 없다면, 그 설교는 설교가 아니다."[7]

강해 설교는 주해라는 심혈을 기울이는 작업에 불가피하게 결부되어 있다. 만약 설교자가 본문을 설명하려고 한다면, 그는 먼저 그 본문을 연구해야만 하고 그 본문을 이해하기에 필요한 연구와 탐색에 필요한 시간을 들여야만 한다. 이런 태도가 인정될 때, 설교자는 우선순위의 긴박한 문제에 직면하게 된다. 그 설교자는 자신의 힘과 지적인 일의 많은 부분을 "진리의 말씀을 옳게 분변하는"(딤후 2:15) 일에 투자해야만 한다. 참된 강해에 이르는 지름길은 없다. 설교자는 성경의 메시지를 나타내고 선포하는 데 그리고 회중을 성경 본문에 직면하도록 인도하는 데 준비되어 서 있어야만 한다. 강해자는 그 여정의 이야기를 하기 위해 되돌아가는 탐구자가 아니다. 강해자는 사람들을 본문으로 인도하며, 자신이 성경공부와 해석의 기법들을 보여줄 때에, 그런 기법들을 사람들에게 가르쳐주는 안내자이다.

설교의 형태는 설교자마다 다를 수 있으며 본문마다 달라야만 한다. 성경은 무오(無誤)한 하나님의 말씀이다. 자구적 영감에 대한 확증은 우리에게 성경의 모든 말씀이 전적으로 영감되었다는 것을 일깨워준다. 그러므로 성경 본문의 형태 또한 신적으로 지시된 것이다.

하나님은 성경의 영감된 저자들을 통해 말씀하셨다. 그리고 성경의 풍성함은 성경 문학의 다양한 장르 속에서 분명하게 드러난다. 성경은 역사적인 내러티브, 직접적인 담론 그리고 묵시적 상징주의 등을 포함

---

[7] T. H. L. Parker, *Calvin's Preaching* (Louisville: Westminster/John Knox, 1992), 79.

한다. 문학적 구조의 이런 다른 양식들로 인해 설교자는 본문에 주의를 집중하며 본문이 메시지를 형성하도록 해야만 한다는 요청을 받고 있다. 너무나 많은 설교자가 마음에 설교적인 형태와 손에 제한적인 도구들을 가지고 본문에 다가간다. 참된 강해는 본문이 설교의 본질뿐만 아니라 형태도 만들어 내도록 하는 것을 요청한다.

설교자는 성경 본문의 메시지와 의미를 전한다는 하나의 주된 목적을 이루기 위해 강단에 오른다. 가장 믿을만하고 사려 깊은 도구들과 주석의 실제적인 방법을 사용해 설교자는 그 본문의 메시지를 전한다. 이것은 역사적인 연구, 문학적인 분별 그리고 성경에 의한 성경을 해석하는 믿음의 유비(*analogia fidei*)의 신실한 사용을 요구한다.

그렇게 함으로써 강해자는 본문이 의미했던 것은 반드시 그 본문이 의미하는 것은 아니라는 오늘날의 속임수를 거절해야만 한다. 만약에 성경이 정말로 영속적이며 영원한 하나님의 말씀이라면, 비록 그 말씀이 모든 세대에 새롭게 적용된다 할지라도, 그 말씀은 그 말씀이 의미했던 것을 의미한다.

일단 본문의 의미가 설명되면, 설교자는 적용으로 옮겨간다. 이 단계는 절대적으로 필요하지만 위험이 따른다. 첫 번째 위험은 설교자가 인간의 마음을 조정할 수 있다거나 조정해야만 한다고 믿는 유혹이다. 설교자는 성경의 외적인 말씀을 설명할 책임이 있다. 오로지 성령님만이 그 말씀을 인간의 마음에 적용하실 수 있거나 혹은 그 본문을 이해하도록 눈을 열어주시고 받아들이도록 하실 수 있다.

많은 설교자가 주석하는 작업에는 신실하지만 적용의 시점에서 본문을 훼손한다고 경고하면서, 해돈 로빈슨(Haddon Robinson)은 "적용의 이단성"(heresy of application)에 대해 말한다.[8] 다른 극단에 있는 설교자들은 적용을 전혀 하지 않는 설교자들이다. 어떤 사람들은 적용이 성령의 사역을 대신하려는 시도라고 주장한다. 그러나 신실한 설교자는 본문

---

[8] Haddon Robinson, "The Heresy of Application: An Interview with Haddon Robinson," *Leadership* 18 (Fall 1997): 20-27.

을 삶에 외적으로 적용하는 것과 그 말씀을 성령께서 마음에 내적으로 적용하는 것 사이의 차이점을 알고 있다.

참된 강해는 하나님의 백성에게 듣는 것을 요구하며, 듣는 모든 사람에게 어떤 결단을 제시한다. 존 맥아더(John MacArthur)가 다음과 같이 말한 바와 같은 것이다. "나는 설교의 목적은 사람들로 하여금 어떤 결단을 내리도록 촉구한다고 믿는다. 나는 나의 설교를 듣는 사람들이 내가 설교를 진행하여 나갈 때 하나님의 말씀이 그들에게 요구하는 것을 정확하게 이해하기를 원한다. 그런 뒤에 그들은 '알겠습니다. 제가 하나님이 말씀하시는 것을 행할 것입니다.' 혹은 '아닙니다. 저는 하나님이 말씀하시는 것을 행할 수 없습니다'라는 둘 중에 하나를 대답해야만 한다."[9]

하나님의 말씀으로서 성경 본문은 하나님 백성으로서 우리의 정체성을 말해주고 우리의 세계관을 결정할 권한이 있다. 성경은 우리에게 우리가 누구인 것을 말해주고, 우리로 하여금 예수 그리스도의 주권 아래 있도록 해주며, 하나님의 영광과 주권에 의해서 형성된 세계관을 형성하도록 해준다. 간단히 말해서 성경은 교회를 위한 실상을 결정해주며, 구속받은 사람들을 위한 하나님 중심적인 세계관을 규정해준다.

성경 본문을 전하는 데 있어서 설교자는 성경이 어떻게 우리의 사고와 삶을 지도하는지 설명해준다. 이와 같은 사실은 강해 설교가 담당하는 일이 포스트모던 세계관과 인간 죄성의 명백한 사실에 직접적으로 대면하도록 해준다. 우리는 어떻게 생각해야 한다거나 어떻게 살아야 한다는 것에 대해 듣기를 원하지 않는다. 우리 각각은 우리 자신 삶의 대본을 쓰는 작가, 즉 우리 자신의 운명의 주인, 우리 자신의 재판관, 법률가 그리고 안내자가 되기를 간절하게 원한다.

그러나 하나님의 말씀은 그리스도의 몸으로서의 교회 위에 독특하고 특별한 주장을 한다. 모든 본문은 우리의 기본적인 세계관과 삶의 방식에 대한 근본적인 재조정을 요구한다. 따라서 교회는 시대의 정신

---

[9] John MacArthur, *Rediscovering Expository Preaching* (Chicago: Moody, 1992), 343.

에 맞서는 혁명으로 항상 거슬러 올라간다. 그리고 설교는 성도들이 이 전쟁과 그에 맞서기 위해서 무장되고 갖추어지도록 하는 하나님이 기름 부으신 수단이다.

모든 설교는 듣는 사람에게 어떤 강요된 결정을 제시한다. 우리는 하나님의 말씀에 순종하던지 아니면 불순종하든지 하게 될 것이다. 하나님의 주권적인 권위는 그분의 백성으로부터 순종을 요구하는 그분의 말씀에 대한 설교를 통해서 역사한다. 설교는 성령께서 그 말씀의 선포와 함께 하실 때, 하나님이 자신의 백성을 만드시는 긴요한 도구이다. 종교개혁자들이 우리에게 일깨워주듯이, 그리스도께서 그분의 백성 가운데 임재하시는 것은 설교를 통해서이다.

진정한 강해 설교는 다음과 같은 세 가지 분명한 표지 혹은 특성이 있다. 권위, 경의 그리고 핵심. 강해 설교는 하나님 말씀으로서의 성경의 권위에 서있기 때문에 권위적이다. 그런 설교는 하나님 백성 편에 경의적인 기대감을 요구하며 강화시킨다. 마지막으로 강해 설교는 기독교 예배의 핵심 위치를 요구하며 살아계신 하나님이 그분의 백성에게 말씀하시는 사건으로 존중된다.

2. 권위

우리 세대에 대한 날카로운 분석은 뉴욕대학교 사회학자인 리차드 세넷(Richard Sennett)으로부터 보게 된다. 과거에는 대부분 사람들이 가지고 있는 주된 걱정이 통치하는 권위의 상실이었다는 점을 세넷은 주목한다. 이제 그런 상황은 바뀌어졌다. 현대 사람들은 그들 위에 있는 어떤 권위에 대해 우려한다. "우리는 가족 속에서 그리고 좀 더 넓게는 사회 속에서 우리의 자유를 위협하는 실체로서의 권위의 영향을 두려워하게 되었다." 이전 세대가 권위의 부재를 두려워했다고 한다면, 오늘날 우리는 "권위가 존재할 때 권위에 대한 두려움을 보게 된다."[10]

비록 계몽주의 문화가 사회 전반에 걸쳐 영향을 미치는 권위에 대항해서 일으킨 이런 반란을 이루어내기까지 수세기가 걸리기는 했을지라도, 현대를 낳았던 계몽주의 문화는 권위의 모든 형태를 전복시키는 파괴분자였다. 서방의 포스트모던 문화에서 권위는 모든 형태의 공격을 받고 있다. 그리고 개인적인 자율성이라는 의미는 인간 권리와 자유의 현대적인 최상의 이상들을 이루는 기본이다. 우리는 우리를 다스리는 왕을 가지지 않을 것이다. 우리는 우리를 훈련시키는 그 어떤 부모도 가지지 않을 것이다. 우리는 우리를 가르치는 그 어떤 선생도 가지지 않을 것이다. 그리고 우리는 우리를 얽어매는 그 어떤 진리도 가지지 않을 것이다. 최근의 두 명의 관찰자들이 다음과 같이 한탄한 바와 같다. "미국인들은 너무나 단단하게 자유를 껴안고 있다. 그들은 오로지 그 자유의 한 면, 즉 자율의 측면만을 볼 수 있다."[11]

설교자들은 이런 새로운 세계관을 단순하게 포용하고 어떤 권위적인 메시지를 지지하는 주장을 포기해야만 한다고 어떤 설교학자들은 말한다. 하나님 말씀으로서 성경이 가지고 있는 권위에 대한 자신감을 잃어버린 사람들은 말할 것이 거의 없으며 자신들의 메시지를 위한 권위가 없다. 최근의 설교학에 대한 견해에 있어서 가장 영향력 있는 인물 중에 프레드 크래덕(Fred Craddock)은 오늘날의 설교자를 "권위가 없는 자"로 잘 묘사한다.[12] 설교자의 곤경에 대한 다음과 같은 그의 묘사는 뇌리에 늘 맴돌고 있다. "목회자가 자신의 회중을 상대성과 근사(近似)한 가능성의 늪을 통과해서 인도하려고 노력하는 동안, 낡은 천둥번개들은 다락방에서 녹슬고 있다."[13] 크래덕은 "설교자는 이제는 더 이상 성직자로서 사신의 권위에 대한 일반적인 인식, 혹은 자신의 단체의 권

---

10 Richard Sennett, *Authority* (New York: Norton, 1980), 15.
11 Willard Gaylin and Bruce Jennings, *The Perversion of Autonomy* (New York: Free Press, 1996), 10.
12 Fred B. Craddock, *As One without Authority* (Nashville: Abingdon, 1971).
13 Ibid., 13.

위, 혹은 성경의 권위를 전제할 수 없다"라고 주장한다.¹⁴ 포스트모던 설교자의 곤경을 요약적으로 말하면서, 크래덕은 설교자는 "대화의 세계 속에서 독백을 계속해서 해주어야만 하는 것인지를 자기 자신에게 진지하게 물어야만 한다."¹⁵고 주장한다.

크래덕의 분석에 대해 던지게 되는 분명한 질문은 다음과 같다. 만약에 우리가 권위가 없는 메시지를 가진다면, 왜 전하는 것인가? 권위가 없다고 한다면, 설교자와 회중은 소중한 시간을 크게 손실하는 데 함께 가담하게 되는 것이다. 설교는 강단과 성도들의 자리 사이에 이루어지는 대화로 전환될 수 있다는 생각은 우리 시대의 혼돈을 그대로 나타낸다.

이와는 대조적으로 모든 참된 강해 설교에서 발견되는 권위에 대한 기록이 있다. 마틴 로이드 존스(Martyn Lloyd-Jones)가 다음과 같이 기록하는 바와 같다. "교회사에 대한 연구 그리고 특별히 부흥과 재각성의 위대한 시기에 대한 모든 연구는 무엇보다도 먼저 다음과 같은 한 가지 사실을 보여준다. 그런 모든 기간 동안에 있었던 기독교 교회는 권위를 가지고 말했다. 모든 부흥의 커다란 특징은 설교자가 권위를 가지고 있었다는 것이다. 그 설교자가 하나님을 위해서 선포했던 것에는 새롭고, 특별하며, 거부할 수 없는 그 어떤 것이 있었던 것 같다."¹⁶

설교자는 감히 하나님을 대신해서 말한다. 설교자는 "하나님의 비밀을 맡은 자"(고전 4:1)로 강단에 서며, 하나님 말씀의 진리를 전하고, 그 말씀의 권능을 선포하며, 그 말씀을 삶에 적용한다. 이것은 대담한 행위임이 분명하다. 그 어느 누구도 설교하도록 하나님이 부르신 소명과 거룩한 성경에 대한 한 점 흠이 없는 권위에 대한 절대적인 확신이 없이는 그런 시도에 대한 생각조차도 해서는 안 된다.

설교 사역은 가입되어 감당하는 직업이 아니라 응답되어야만 하는 소명이다. 교회는 최근의 치유기법 혹은 철학적인 유행에 토대를 둔 최

---

14 Ibid., 14.
15 Ibid., 16.
16 D. M. Lloyd-Jones, *Authority* (Edinburgh: Banner of Truth, 1957), 10.

신의 메시지들을 전하는 종교적인 직원들을 필요로 하지 않는다. 찰스 스펄전(Charles Spurgeon)은 자신의 학생 설교자들에게 그들 자신의 소명에 유의하도록 다음과 같이 가르쳤다. "만약에 우리가 복음을 전하지 않는다면, 화가 우리에게 미칠 것임을 우리는 느껴야만 합니다. 하나님의 말씀은 우리 뼛속에 불과 같이 우리 위에 임해야만 합니다. 그렇지 않고 만약에 우리가 그 사역을 감당한다면, 우리는 그 사명을 감당하면서 불행할 것이고, 그 사명에 따르는 자기부인의 열매들을 맺지 못할 것이며, 우리가 사역하는 사람들에게 줄 우리의 섬김이 거의 없을 것입니다."[17]

설교의 소명은 한 개인이 가지고 있는 단순한 실존적인 경험 혹은 인식이 아니라, 교회에 의해서 인증되고 확증되는 소명이다. 가르치는 직분은 "돕는 직업"을 위한 어떤 직업 통로가 아니라, 하나님 자신의 백성에게 주어진 하나님의 은사 중 하나이다.

설교의 권위는 설교를 위한 하나님의 소명에 그 뿌리를 둔다. 그리고 교회는 그런 설교의 직분을 존중해야만 한다. 그렇지만 결국 설교를 위한 궁극적인 권위는 하나님 말씀으로서 성경의 권위이다. 이 권위가 없다면, 설교자는 회중과 바라보는 세상 앞에 벌거벗고 서서 침묵해야 한다. 만약에 성경이 하나님 말씀이 아니라고 한다면, 설교자는 자기기만과 전문적인 허식의 행위에 가담되고 있는 것이다.

성경의 권위에 서서, 설교자는 만들어낸 메시지가 아니라 받은 진리를 선포한다. 가르치는 직분은 종교적인 전문 지식에 토대를 둔 일종의 조언을 주는 역할이 아니라, 하나님이 그분의 백성에게 말씀하시는 예언적인 기능이다.

마틴 루터(Martin Luther)는 이런 책임성을 매우 분명하게 이해했으며, 목사와 신학자로서 "성경을 순종적으로 듣는 사람과 학생이 되는 것 이외에 그 어떤 것이 되는 것을 결코 원하지 않았다."[18] 폴 알트하우

---

17 Charles H. Spurgeon, *Lectures to My Students* (London: Passmore & Alabaster, 1881), 23-24.
18 Paul Althaus, *The Theology of Martin Luther* (trans. Robert C. Schultz; Philadelphia: Fortress, 1966), 5.

스(Paul Althaus)는 이런 견해를 다음과 같이 확대한다.

> 여기서 루터는 교회에서 이루어진 거룩한 성경의 권위에 대한 그 자신의 가르침에 대한 완벽한 본보기였다. 성경은 그리스도에 대한 사도적 증언의 기록이며, 교회 안에 있는 그와 같은 분명한 권위이다. 사도들은 교회의 토대이기 때문에, 그들의 권위는 기본적인 것이다. 그 어떤 권위도 사도들의 것과 동등할 수 없다. 교회 안에 있는 다른 모든 권위는 사도들의 가르침을 따르는 것에서 파생되고, 오직 그들의 가르침에 일치하는 것에 의해서만 그 정당함이 인정된다. 이것은 오직 성경만이 믿음의 항목들을 세우고 입증할 수 있다는 것을 의미한다. 성경은 구원에 필요한 모든 것을 말해준다. 기독교인은 그들의 구원을 위해서 성경 속에 선포되어 있는 것 그 이상의 어떤 다른 진리를 필요로 하지 않는다.[19]

뉴욕시에 있는 브릭 장로교회(Brick Presbyterian Church)에서 60년 이상 목자로 섬긴 가디너 스프링(Gardiner Spring)은 다음과 같은 놀라운 말로 설교자의 권위를 묘사한다. "복음 사역자들은 교회의 머리이며 왕이신 분의 지명된 대사들이다. 그분은 그들을 그들의 크고 책임질 만한 사명을 위해 파송하신다. 그리고 그들은 그분의 이름으로 복음을 전할 권위를 소유한다. 그 권위는 그들 자신에게 전적으로 속한 것이다. 그 권위는 그들이 빼앗을 그런 권위가 아니며, 그들 자신이 찾을 그런 직분도 아니다. 그것은 그들 위에 지워진 것이다."[20]

이것은 상상력과 창의성이 설교 사역의 중심되는 특성이 아니라는 것을 의미한다. 그런 것 대신에 참된 사역자는 우리가 거룩한 성경에서 받은 메시지를 신실하게 가르치고 전하며 선포하는 것을 추구하는 사람이다. 스프링이 참된 설교자들에 대해 다음과 같이 묘사하는 것과 같다. "그들은 영감된 사람들이 아니라 그들의 동료와 마찬가지로 죄를 짓고 틀리기 쉬운 사람들이다. 그렇지만 그들은 그들 자신의 책임에 의

---

19 Ibid.
20 Gradiner Spring, *The Power of the Pulpit* (1848 ; repr. Edinburgh : Banner of Truth, 1986), 69-70.

지해서가 아니라, 하나님이 책임지심을 의지하여 그분의 진리를 전한다. 그들의 이름으로 전하는 것이 아니라, 그분의 이름으로 전한다. 그들 자신을 위해서가 아니라, 그분을 위해서 전한다. 단지 사람으로서가 아니라, 그들을 보내신 그들의 하나님이신 주님이 인정하신 사역자들로서 전한다."[21]

대부분의 현대 설교에 있어서 권위가 부재(不在)한 것은 성경의 권위에 대한 확신이 없는 것에서 직접적으로 기인된다. 일단 성경의 권위가 훼손되고 감퇴되면, 설교는 거짓된 것이 되어버리고 만다. 설교자는 최신의 세속적인 배움과 그 시대의 "영"에 토대를 두고 있는 종교적인 조언을 주기 위해 서 있다. 죽음의 재가 이 땅 전역에 있는 수천의 강단을 뒤덮고 있다.

그러나 성경의 권위가 인식되고 존중될 때, 강단은 하나님의 말씀을 듣고 그에 순종하는 부름으로 서 있게 된다. 참된 예배는 성경의 권위가 바르게 존중될 때 그리고 말씀의 선포가 하나님이 그분의 백성에게 그분의 종들 설교자들인 인간 도구를 통해서 그분의 말씀을 전하시는 사건으로 이해될 때 이루어진다.

3. 경의

에스라와 다른 설교자들 앞에 모인 회중은 하나님 말씀에 대한 사랑과 경의를 보였다(느 8장). 율법책이 읽혀질 때, 사람들은 일어섰다. 이렇게 일어서는 행위는 율법책이 읽혀지고 선포될 때 백성의 마음과 그들의 기대감을 나타낸다.

강해 설교는 회중 편에서 경의를 나타내 보이는 태도를 요청한다. 설교는 일종의 대화가 아니다. 그러나 설교는 적어도 설교자와 회중이라는 양자를 포함한다. 설교에 있어서 회중의 역할은 하나님의 말씀을

---

21 Ibid.

들고, 받고, 순종하는 것이다. 그렇게 함으로써, 교회는 성경을 전하고 가르치는 것에 대한 경의를 나타낸다. 그리고 그렇게 함으로써, 설교는 그리스도의 말씀을 회중에게 가까이 인도하는 것임을 교회가 이해하게 된다. 이것이 참된 예배이다.

하나님 말씀에 대한 경의가 없기 때문에, 많은 회중은 예배 속에서 의미를 찾기 위해 세속적인 요구에 사로잡히게 된다. 예배는 점차적으로 어떤 신비한 체험의 가능성이 혼재된 유흥을 위한 기회로 취급되고 있다. 사람들은 자신들이 생각한 영적인 필요들을 충족시켜 줄 예배 체험을 찾아 이 회중에서 저 회중으로 옮겨 다닌다. 예배는 단지 또 다른 소비자 상품에 불과한 것으로 전락되었다.

자아(自我)와 그 인식된 영적인 필요들에 이렇게 초점을 맞추는 것은 인간 죄성의 한 가운데 있는 기본적인 자기애의 또 다른 징후이다. 기독교인은 "당신은 예배에서 무엇인가를 얻었습니까?"라고 서로 물으며 교회 예배를 떠나간다. 교회는 예배를 위해서 기대하는 것들이 무엇인지 알아보기 위해 설문지를 돌려 의견을 들어본다. 당신은 좀 더 많은 음악을 좋아하십니까? 어떤 종류의 음악입니까? 드라마는 어떻습니까? 우리의 설교자는 매우 창의적입니까?

강해 설교는 매우 다른 일련의 질문을 요구한다. 나는 하나님의 말씀에 순종할 것인가? 나의 사고는 성경에 의해 어떻게 재조정되어야만 하는가? 나는 내 행위를 말씀에 온전히 순종하게 하기 위해서 어떻게 바뀌어야만 하는가? 이런 질문은 하나님의 권위에 대한 복종과 그분의 말씀으로의 성경에 대한 경의를 나타낸다.

설교자는 본문을 신실하게 그리고 책임감 있게 다룸으로 하나님의 말씀에 대한 그 자신의 경의를 나타내야만 한다. 그는 경박하거나 일시적이어서는 안 된다. 하물며 경멸적이거나 경시해서는 더더욱 안 된다. 이런 모든 것을 통해서 우리는 다음과 같이 확신할 수 있다. 즉 어떤 회중도 설교자가 성경을 경의하는 것보다 더 경의감을 가질 수는 없다.

칼빈(Calvin)은 자신의 회중에게 설교의 목적을 상기시켜줌으로 진정한 예배에 대해 다음과 같이 가르쳤다. "우리는 주님의 이름으로 모였습니다. 즐거운 노래를 듣기 위한 것이 아닙니다. 허공을 치려는 것, 즉 허황되고 유익이 없는 호기심을 위한 것이 아니라, 영적인 양식을 얻기 위한 것입니다. 하나님은 유익을 남기고 교화(教化)하지 않는 그 어떤 것도 그분의 이름으로 선포하지 않을 것이기 때문입니다."[22]

경의는 성경이 하나님의 말씀이며 설교는 그 말씀을 하나님의 백성에게 선포하는 것임을 인정하는 것을 보여주는 유일하고도 적절한 반응이다. 루터(Luther)는 하나님을 그 말씀의 신적인 저자로서 지속적으로 주장한다. "그렇다. 나는 설교를 듣는다. 그러나 누가 말씀하시는가? 목회자인가? 아니다. 정녕코 목회자가 아니다! 그 목소리는 목회자의 목소리가 맞다. 그러나 내 하나님이 목회자가 전하거나 말하는 그 말씀을 말씀하고 계신다. 그러므로 나는 그 말씀의 좋은 학생이 되도록 하나님의 말씀을 존중해야만 한다."[23]

4. 중심

하나님의 영예와 영광을 위해 적절하게 인도되는 예배는 하나님의 말씀을 읽고 전하는 속에서 그 중심을 발견하게 될 것이다. 강해 설교는 예배 행위에 있어 보조적인 역할로 치부될 수 없다. 강해 설교는 예배의 중심이 되는 핵심이다.

종교개혁의 과정에서 루터가 추진한 목적은 기독교 예배에서 설교를 본래의 위치로 회복시키는 것이었다. 누가복음 10장에 있는 마리아와 마르다 사이에 있었던 사건을 말하면서 루터는 자신의 회중과 학생

---

[22] John H. Leith, "Calvin's Doctrine of the Proclamation of the Word and Its Significance for Today," in *John Calvin and the Church: A Prism of Reform* (ed. Timothy F. George; Louisville: Westminster/John Knox, 1990), 222에서 인용.

[23] 1540년 9월 11일에 선포된 요한복음 4:9-10에 대한 마틴 루터(Martin Luther)의 설교로 *What Luther Says* (ed. Ewald M. Plass; St. Louis: Concordia, 1959), 1125에서 인용.

들에게 예수 그리스도가 "오직 하나의 일만이 필요한 것"이라고, 즉 말씀을 전하는 것만이 필요한 것(눅 10:42)이라고 선포하셨다고 일깨워주었다. 그러므로 "루터에게는 그 당시 교회 예배에 있어서 필요한 가장 중요한 개혁은 공적인 예배에서 말씀을 읽고 선포하는 중심을 재확립하는 것이었다."[24]

그와 동일한 개혁이 오늘날 미국 복음주의에도 필요하다. 강해 설교는 다시 한 번 교회 삶의 중심이며 기독교 예배의 핵심이 되어야만 한다. 종말에 교회는 그 교회 음악의 질적인 수준으로 주님의 심판을 받지는 않을 것이지만, 그 교회 설교의 신실성으로 심판을 받게 될 것이다. 이 심판에서 설교자와 회중은 서로 심판하는 자리에 설 것이다. 설교자는 자신의 설교로 심판받을 것이다. 그리고 회중은 그 설교를 들은 것으로 인해 심판받을 것이다. 회중은 설교를 요청했고 그 설교에 순종했기 때문이다. 물론 야고보 사도가 우리에게 일깨워준 대로, 선생은 더 큰 심판을 받을 것이다(약 3:1).

전 교회사를 통해서 설교에 대한 휴스 올리펀트 올드(Hughes Oliphant Old)의 기념비적인 연구는 성경이 기록될 시기의 설교로 시작한다. 사도 바울의 설교를 바라보면서 올드는 사안의 핵심을 다음과 같이 갈파한다.

> 하나님 말씀을 전하는 것과 듣는 것은 결국 예배, 즉 가장 심오한 의미에서의 예배다. 설교는 예배의 보조적인 행위가 아니다. 설교는 어떤 사람이 바라고 따를 예배를 위한 어떤 종류의 준비도 아니다. 선교적 설교, 교리문답적 설교 그리고 참회적 설교는 예배를 위해 회중을 준비시켜주는 것이 분명하다. 그러나 설교는 동시에 예배다. 설교는 세례의 한 부분이기 때문이다. 그것은 정말이다. 그리고 우리는 그 어느 곳에서든 그 점을 말해왔다. 그렇지만 하나님의 말씀을 선포하는 것은 단순히 그 자체가 하나님에 대한 존귀한 예배인 것은 더더욱 참된 말이다. 만약에

---

[24] Hughes Oliphant Old, *The Reading and Preaching of the Scriptures in the Worship of the Christian Church, vol. 4: The Age of the Reformation* (Grand Rapids: Eerdmans, 2002), 39.

우리가 회중 가운데서 성경을 엄숙하게 읽는 것과 전하는 용어를 구약의 희생제사와 관련지어 사용한다면, 성경을 읽는 것과 전하는 것은 일종의 예전적인 행위다. 더욱이 예배는 이런 고대 예전적 행위를 성취하는 것이다. 구약 희생제사들은 훨씬 더 커다란 무엇, 즉 복음 선포의 예징(豫徵), 그림자였다. 성경을 읽는 것과 전하는 것은 성전의 희생제사들보다 좀 더 커다랗게 강렬하고 깊으며 위대한 예배다.[25]

오늘날 복음주의자가 예배와 설교 사이의 구분에 대해서 별생각 없이 말할 때(교회가 짧은 설교를 하기 전에 음악을 드리는 것을 즐길 것을 의미하는 것), 그들은 예배와 설교의 행위에 대한 그들의 오해를 드러내고 있다. 예배는 우리가 하나님 말씀을 위해 몰두하기 전에 행하는 어떤 것이 아니다. 예배는 한 분 참되고 살아계신 하나님이 그분의 백성에게 말씀하시는 것을 듣기 위해 그리고 하나님이 찬양을 받는 것을 위해 그들의 모든 주의를 집중시키는 행위이다. 하나님의 백성이 하나님의 말씀을 듣고, 사랑하며, 순종할 때, 하나님은 가장 아름다운 찬양을 받으신다. 올드(Old)가 우리에게 일깨워주는 바와 같이, 이것은 희생제사보다 훨씬 더 커다란 특권이며 의무다.

종교개혁 시기와 같이, 우리의 타락한 예배에 대한 가장 중요한 교정(그리고 그날의 소비자적 요구들에 대항한 방어)은 강해 설교와 하나님의 말씀을 공적으로 읽는 것을 예배에서 그 마땅한 제일 되고 중심이 되는 위치로 되돌려 놓는 것이다. 오직 그럴 때에만 "잃어버린 보석"이 정말로 다시 발견되게 될 것이다.

제임스 몽고메리 보이스의 사역은 강해 설교와 말씀 사역을 통해서 하나님의 영광을 보여주는 기념비적인 것이었다. 그는 "나의 사역은 규정적이고, 조직적인 성경 강해에 토대를 둔다"라고 설명했다.[26] 이런 명료한 진술의 진리는 필라델피아에 있는 제10장로교회 강단에서 그가

---

[25] Hughes Oliphant Old, *The Reading and Preaching of the Scriptures in the Worship of the Christian Church, vol. 1: The Biblical Period* (Grand Rapids: Eerdmans, 1998), 189.

[26] James Montgomery Boice, "Exposition Not Entertainment," *Leadership* 14 (Spring 1993): 27.

전한 수천의 강해 설교 메시지들 속에서 증명되었다.

동료 사역자들에게 끼친 그런 경건하고 신실한 영향을 받지 않은 사람은 거의 없다. 그는 성경의 무오성과 온전한 권위를 옹호했고, "[강해 설교]의 첫째 되며 본질적인 요구사항은 하나님의 기록된 계시의 절대적인 권위에 대한 즐겁고 전적인 헌신이다"라고 주장했다. 그는 계속해서 "이런 확신을 확고히 가지지 않은 위대한 강해 설교자들은 없었다. 이런 확신을 가지지 않은 설교꾼들이 있었지만, 그들은 결코 강해 설교자들이 아니었다"[27]고 말했다. 이런 구분은 매우 중요하다. 나라와 방송들이 설교꾼들로 넘쳐나고 있다. 그러나 참된 강해 설교자들은 매우 드물다.

주님을 사랑하고, 그분의 말씀을 사랑하며, 참된 예배에서 그분의 영광을 추구하는 사람들은 강해 설교를 그 온당한 자리, 즉 예배의 중심으로 회복시켜야만 한다.

---

[27] James Montgomery Boice, "The Great Need for Great Preaching," *Christianity Today* (Dec. 20, 1974), 7 (291).

CHAPTER 6

복음 전도적인 강해 설교

| 마크 데버(Mark Dever)
전(前)Capitol Hill Baptist Church 목사

복음 전도적인 설교에 대해 그리고 강해 설교에 대해 쓰여진 글이 많다. 그런데 우리는 종종 그 두 가지가 일반적으로 분리할 수 없는 것이라기보다 서로 배타적인 것으로 생각하는 경향이 있다. 우리는 회심한 사람들은 성경 가르침이 필요하고 회심하지 않은 사람들은 복음 전도적인 말이 필요하다고 생각한다. 본 장은 그런 결론에 대해서 의문을 제기하고자 한다. 그런 결론 대신에 나는 우리가 기독교인과 비기독교인 모두에게 설교하는 데 있어서 우리의 의무를 생각해야만 한다는 또 다른 방법을 제안하기 원한다. 우리는 회심자들과 회심하지 않은 사람들 모두가 하나님 말씀의 온전성이 드러나고 그리스도 사죄의 역사가 탐구되는 설교가 필요하다는 확신을 가지고 계속 이야기를 전개할 것이다.

기독교 설교는 하나님의 말씀을 설명해야만 하고 그분이 좋은 소식을 선포해야만 한다는 것은 놀라운 것이 아니다. 사실 그 문장을 쓰는 데 있어서(강해적 그리고 복음 전도적이라는 일반적인 어휘들을 사용하지 않

는) 다른 경우를 생각하는 것은 부당한 것 같다. 그러나 많은 사람이 그렇게 한다. 아마도 우리 자신은 때때로 어떻게 우리가 좀 더 나은 강해자들이 될 수 있는지에 대해서 생각하기는 할 것이다. 그러나 우리는 설교에서 복음을 드러내는 것을 결코 생각하지는 않는다. 혹은 아마도 좀 더 나은 복음주의자가 되기를 원할 것이다. 그러나 그것이 어떻게 우리의 설교와 연관을 가지는지를 알 수 없다. 그 두 가지가 정말로 어떻게 연결되고 있는지를 분명하게 보여주는 것이 본 장의 목적이다. 이전 장에서 한층 더 구체적으로 강해 설교의 본질을 생각해보았다. 본 장에서 그런 강해적인 설교가 어떻게 특별하게 복음 전도적인 것이어야만 하는지 그리고 어떻게 우리가 그렇게 되도록 도울 수 있는지를 생각해보려고 한다.

1. 성경적인 형태

복음은 성경의 이야기이다. 만약에 우리가 성경을 전하는 것에 관계되어 있다고 한다면, 우리는 복음을 전하는 우리 자신을 발견하게 될 것이다. 그레이엄 골즈워디(Graeme Goldsworthy)는 이에 대해 다음과 같이 설득력 있게 말한다. "성경적 관점에 참된 모든 설교는 어떤 의미에서 복음을 전하는 것이어야만 한다…강해적, 성경적 설교는 항상 복음과 그 내포하는 의미에 대한 설명이다."[1] 하나님의 말씀은 구약 전체를 통해서 선포의 원천이며 초점이다. 신약에서 그분의 약속들이 그리스도 안에서 이루어지는 것은 가르침의 중심을 이루고 있다.

주 예수님의 사역은 그분의 정체성과 사명에 대한 진리를 가르치는 것에 그 중심을 두었다. 마가복음 2장에서 우리는 다음과 같은 내용을 본다. 즉 예수님은 구약의 주제들의 참된 의미는 그 모든 것이 예수님

---

1 Graeme Goldsworthy, *Preaching the Whole Bible as Christian Scripture* (Grand Rapids: Eerdmans, 2000), 95-96.

자신을 가리키고 있는 데서 발견된다는 것을 설명하시면서 구약의 성경적 주제들을 차용하는 것을 본다. 그러므로 예수님은 자신을 그분의 신부를 위해서 오신 신랑으로, 사람의 아들로, 안식일의 주인으로 나타내신다. 이런 모든 칭호는 구약에서 하나님 자신과 밀접하게 연결되어 있다. 이제 예수님은 그 모든 칭호가 그분 자신 안에서 성취되었음을 선포하셨다.

신약 전체를 통해 우리는 성경의 의미를 드러내는 것과 그리스도 안에서 하나님의 복음을 지적하는 것 사이에 어떤 밀접한 연관을 발견한다. 누가복음 24장에서 부활하신 그리스도는 자신의 두 제자와 함께 특별한 성경공부를 하신다. 우리는 누가복음 24:27에서 다음과 같은 내용을 읽게 된다. "이에 모세와 및 모든 선지자의 글로 시작하여 모든 성경에 쓴 바 자기에 관한 것을 자세히 설명하시니라." 같은 장에서 조금 뒤에 그리스도는 "열 한 사도와 및 그와 함께한 자들"(눅 24:33)과 함께 있기 위해 오셔서 다음과 같이 말씀하셨다. "또 이르시되 내가 너희와 함께 있을 때 너희에게 말한바 곧 모세의 율법과 선지자의 글과 시편에 나를 가리켜 기록된 모든 것이 이루어져야 하리라 한 말이 이것이라 하시고 이에 저희 마음을 열어 성경을 깨닫게 하시고 또 이르시되 이같이 그리스도가 고난을 받고 제 삼일에 죽은 자 가운데서 살아날 것과 또 그의 이름으로 죄 사함을 얻게 하는 회개가 예루살렘으로부터 시작하여 모든 족속에게 전파될 것이 기록되었으니"(눅 24:44-47).

그 제자들이 전했고, 사도행전에 기록된 복음 전도적인 설교들은 이와 동일한 형태를 따른다. 그 설교들은 본문에서 나왔고 그리스도를 가리키고 있다. 그래서 오순절에 베드로는 요엘 선지자의 글에서 한 본문을 인용하고 그것과 그 내용의 관점에서 본 현재의 사건들을 설명하면서 이야기를 시작한다. 그런 뒤에 베드로는 다양한 시편으로부터 예수에 대한 소식들을 철저하게 강조한다.

또 다시 사도행전 3장에서 기적적인 치료를 목도한 군중들과 베드로가 마주했을 때, 그는 하나님이 "나와 같은 선지자"를 일으키실 것에 대해 말하는 신명기 18장에 있는 모세를 통해 주신 주 여호와의 예언을 사용해서 예수님이 바로 그 선지자라고 선언한다. 그때 베드로는 이에 대한 그들의 반응이 어떠해야 마땅한지를 분명히 하면서 시작한다. 사도행전 전체를 통해 이것은 우리가 발견하게 되는 형태이다. "바울이 자기의 규례대로 저희에게로 들어가서 세 안식일에 성경을 가지고 강론하며 뜻을 풀어 그리스도가 해를 받고 죽은 자 가운데서 다시 살아야 할 것을 증명하고 이르되 내가 너희에게 전하는 이 예수가 곧 그리스도라 하니 그 중에 어떤 사람 곧 경건한 헬라인의 큰 무리와 적지 않은 귀부인도 권함을 받고 바울과 실라를 좇으나"(눅 17:2-4).

모든 복음 전도적인 강론이 성경의 한 본문에 대한 직접적인 해설이어야만 하는 것이 아닌 것은 분명하다. 사도행전 17장의 헬라어를 배우는 중심인 아덴에서 바울은 "어떤 에비구레오와 스도이고 철학자들"과 쟁론에 휩싸인다. 10절에 걸친 내용(눅 17:22-31)은 아레오바고에서 만난 사람들에게 전하는 바울의 말(그 어떤 말도 구약의 본문에서 인용하고 있지 않다)을 기록한다. 오늘날 복음 사역자들은 기독교 교회의 정규적인 모임 밖에서, 예를 들어 대학 캠퍼스 혹은 분명히 이 목적을 위한 다른 만남들에서 행하는 일련의 복음 전도적인 혹은 변증적인 이야기 속에서 유사한 기회들을 가질 수 있다. 우리는 우리가 정기적으로 감당하는 강해 사역 밖에서 그리스도의 복음을 분명하게 선포할 수 있다.

그러나 우리의 정규적인 하나님 말씀 선포는 그리스도를 가리키는 것에 있어서 결코 실패해서는 안 된다. 우리가 신약 혹은 구약 그 어느 곳에서 전하든지, 사도적인 형태는 항상 그리스도 안에서 하나님의 약속들의 성취를 가리키는 하나님의 말씀을 하나님의 백성에게 선포하는 것이어야 한다. 이런 형태는 영감된 기독교 설교학의 보고(寶庫)인 신약의 서신서들 속에서 계속된다. 갈라디아 기독교인과 로마에 있는 기독교인에게 보낸 서신에서 바울은 구약에서 기인된 복음에 대해 면밀하게 논증했다.

바울이 선택한 본문은 종종 창세기 15:6이었다. "아브람이 여호와를 믿으니 여호와께서 이를 그의 의로 여기시고." 갈라디아서 3장과 로마서 4장에 있는 이 본문으로부터 바울은 우리가 그리스도 안에서 가지고 있는 소망을 주도면밀하게 논증했고 열정적으로 선포했다. 믿음의 눈을 가지고 히브리서 저자는 구약의 이야기와 성전에서 이루어지는 일들을 통해서 우리를 인도한다. 그 저자는 이런 인도를 매우 심혈을 기울여 하고 있고, 모든 것은 우리에게 그리스도를 보여준다. 성경적 형태는 하나님의 백성에게 하나님의 말씀을 전하고 설명하는 기독교 설교자를 위한 것이다. 그리고 그 말씀의 핵심은 항상 그리스도이다. 그러므로 오늘날 역시도 우리는 강해적이면서 복음 전도적인 설교가 필요하다. 이제 이들 각각에 대해서 간략하게 생각해보도록 하자.

2. 하나님 말씀의 모든 것을 위한 필요: 강해 설교

강해 설교는 하나님의 백성에게 하나님의 말씀을 주는 것을 나타내는 모든 것이다. 성경 본문의 요점이 설교자가 전하는 메시지의 요점이 되는 것은 바로 설교 속에서이다. 이것은 해설적으로 전하는 것, 즉 하나님의 말씀을 드러내는 것을 의미한다.

기독교인은 하나님의 말씀으로 양육되는 것이 분명하다. 우리 주님이 시험하는 자에게 다음과 같이 말씀하신 것과 같다. "사람이 떡으로만 살 것이 아니요 하나님의 입으로 나오는 모든 말씀으로 살 것이라"(마 4:4; 눅 4:4). 그분의 대답에 있어서 조차도, 예수님은 하나님 말씀에 자신이 철저하게 의존되어 있는 것을 보여주셨다. 예수님은 신명기 8:3을 인용하셨는데, 그 구절은 주님(야웨)이 모세를 통해 백성들의 광야 생활 마지막 시기에 주님의 가장 중요한 양식이 만나가 아니라 그분의 말씀이었다는 것을 가르친 절이다.

우리는 이전 장에서 어떻게 강해 설교들이 하나님이 우리에게 말씀을 먹이시는 전형적인 부분과 같은 것인지를 보았다. 그렇지만 비기독교인도 하나님의 말씀이 필요하다. 아직 복음을 믿지 못하는 사람들은 그리스도 이외에 소망이 없다는 것을 들을 필요가 있다. 그들은 그들에게 제시되는 하나님의 말씀을 받을 필요가 있다. 그들은 그들에게서 자신의 죄와 절망을 고백하게 하는 하나님의 영이 필요하다. 그렇게나 하나님의 심판을 피할 수 없기 때문에, 그들은 하나님의 은총을 들을 필요가 있다.

이 모든 것이 강해 설교를 통해서 이루어질 수 있다. 그런 성경적으로 신실한 설교들을 통해서, 비기독교인은 그들에게 드러난 사단의 거짓말, 계시된 하나님의 진리, 되찾은 그들의 마음 그리고 극대화된 그리스도의 은총 등을 가질 수 있다.

오늘날 우리는 믿는 자들의 교화(敎化)가 인내를 가지고 주의 깊게 이루어져야만 하는 반면에, 복음전파는 대개 간결하고 긴급하게 이루어지는 그 어떤 것으로 여긴다. 사실 참된 복음전파는 종종 매우 인내를 가지고 추구되고 매우 주의 깊게 이루어져야 할 필요가 있다. 당신의 교회에 있는 믿는 자들은 그들을 만드신 분이 거룩하시며, 이 거룩하신 하나님이 주권자이시며, 혹은 그 믿는 자들이 그 하나님의 자비에 회개와 믿음으로 응답해야만 한다는 것을 좀 더 온전하게 이해하기 위해서 창세기에 있는 진리들을 배울 필요가 있다. 그러나 분명히 우리의 비기독교 친구들도 이런 것이 동일하게 필요하다.

하나님은 누군가를 그분 자신에게로 인도하시기 위해서 얼마나 자주 창세기 1-3장 혹은 마가복음 혹은 로마서의 처음 몇 장에 대한 인내 어린 설명을 사용하시곤 하는가? 우리 주변에 있는 비기독교인은 일생 동안 죄와 사단의 속임수에 깊이 빠져 있다. 하나님이 결혼과 성별을 위해, 일과 그분께 최상의 연합을 위해, 회개와 믿음을 위해 의도된 그분의 창조를 계획하실 때, 만약에 하나님이 사단의 거짓말을 파하고 죄인을 회개로 이끄시기 위해 2-3분보다 조금 더 긴 시간을 들이신다고 한다면, 우리에게 놀라운 일이 되겠는가? 우리 모두는 마음으로부터 (마지못해 하는 것이 아니라) 그리고 완전하게(부분적으로가 아니라) 아담의 반역에 가담했다. 우리는 우리가 무시한 그리고 심지어 거부한 우리의 창조주에 대한 책임감들을 철저하게 일깨움을 받을 필요가 있다.

강해 설교를 통해서 비기독교인은 진리 안에서 가르침을 받을 필요가 있고, 하나님이 그들을 포함해서 세상을 어떻게 보고 계시는지 배울 필요가 있다. 그들은 그들의 우선순위들, 그들의 일, 그들의 가족 그리고 무엇보다도 그들 자신의 삶을 다시 생각해볼 도전을 받을 필요가 있다. 그들은 하나님의 말씀에 의해 다시 진단을 받을 필요가 있다. 기독교인과 비기독교인 모두는 해설된 하나님의 말씀을 들을 필요가 있다.

3. 복음의 필요성: 복음 전도적인 설교

복음 전도적인 설교를 위한 필요성 역시 분명하다. 로마서 10장에 있는 사도 바울의 굳건한 주장은 "믿음은 들음에서 나며"(롬 10:17)라는 말에 토대를 둔다. 아직도 예수 그리스도의 복음을 듣지 못한 사람들은 그 복음을 들을 필요가 있다. 이것은 간단하다. 그러나 복음 전도적인 설교에 대해 그렇게 간단하지 않은 생각해야 할 몇 가지 중요한 사안이 있다.

1) 복음 전도적인 설교는 무엇인가?

첫째, 몇몇 사람은 복음 전도적인 말(연설)을 구성하는 것에 대한 잘못된 개념을 갖는다. 어떤 사람들은 복음 전도적인 설교가 연극과 같은 것들이어야만 한다고 생각한다. 다른 사람들은 아주 반대, 즉 사실상 당신을 찾아온 사람에게 복음을 권하는 데 있어 당신의 모든 목표는 다음과 같은 것을 결정한다고 생각한다. 즉 복음 전도적인 설교는 얻으려고 애를 쓰는 민감한 추구자여야만 한다. 여전히 다른 사람들은 어떤 좋은 복음 전도적인 메시지는 최근의 변증적인 주장들로 채워져 있을 것이라고 생각한다. 그러나 복음 전도적인 설교는 어떤 양식과 결합되어 있지 않다. 어떤 사람들은 복음 전도적인 설교는 한 주일간의 긴 사역, 부흥회, 혹은 주일 저녁과 같은 여건에서 전해져야만 힌다고 느끼기도 한다(20세기 영국에 있었던 많은 복음적 교회 속에 있었던 전통과 같이). 그러나 확실히 그런 장소와 때는 무엇이 정말로 복음 전도적인 설교인지를 결정해주지는 못한다.

여전히 다른 사람들은 회심자들에게 맞는 설교 유형은 복음 전도적인 설교이어야만 한다고 생각한다. 반대로 그들은 정말로 복음적이지 않은 복음적일 수 없는 그 어떤 것을 말하는 것일 수 있다. 그러나 정말로 그 결과는 우리가 신실한 것이었는지를 충분하게 평가하지 않는다. 그리고 여전히 다른 사람들은 만약에 그들이 복음 전도적인 메시지를 의도한다면, 그 메시지는 복음 전도적일 것임에 틀림이 없다고 생각할 수도 있다. 그러나 단순히 설교자의 동기가 그 설교가 복음 전도적인 것이어야만 하기 때문에, 메시지가 당연한 귀추로서 정말 복음 전도적이 되는 것은 아니다.

우리의 의도들은 우리의 설교에서 항상 실현되지는 않는다. 어떤 설교가 정말로 복음 전도적인 것인지는 우리의 동기에 의해서, 혹은 나중의 결과 혹은 배경 혹은 형태, 시간 혹은 장소에 의해서 결정되는 것이 아니다. 한 가지 오직 한 가지만이 어떤 설교가 복음 전도적인 것이라고 정당하게 이야기될 수 있는지를 결정한다. 그것은 그 설교의 내용이다. 복음, 즉 좋은 소식이 있는가? 좀 더 나은 표현은, 그 설교는 곤경에 처한 죄인들에게 설득력 있게 마음으로 제시되고 있는가? 내용에 대한 이런 질문은 특별히 어떤 설교가 정말로 복음 전도적인 것인지를 결정하는 질문이다.

2) 누가 복음 전도적인 설교를 들을 필요가 있는가?

우리의 복음 전도적인 노력들에 있어서 우리를 혼동시키는 또 다른 일은 누가 비기독교인 인지 항상 분명하지는 않다는 것이다. 때때로 비기독교인들에게도 분명하지 않다. 아마도 어떤 사람은 꽤 도덕적이고 심지어 종교적일 수 있다. 아마도 그들은 심지어 교회의 구성원들일 수도 있을 것이다. 위대한 청교도 설교자인 윌리엄 퍼킨스(William Perkins)는 다음과 같이 말했다. 일반적으로 교회에는 "믿는 자와 믿지 않는 자" 모두 있다. "이것은 우리 회중 속에 있는 전형적인 상황이다."² 그런 거듭나지 않은 구성원들은 그들 스스로를 선포되고 설명된 복음을 들을 필요가 있는 사람들로 결코 보지 않을 수도 있을 것이다. 그러나 그들은 교회의 가장 견실한 자들 속에서 수년 동안 그들 자신의 죄를 고백하지 않고 그들의 영혼이 회심되지 않은 상태로 존재할 수도 있다.

이런 혼돈은 심지어 말씀을 설교로 전하는 사람들이 사람들의 상태를 파악하지 못할 때 형성된다. 하나님의 말씀을 하나님의 백성에게 전하도록 부름을 받은 사람들은 평균 이상의 통찰력을 갖추고 있어야만 한다. 그러나 어떤 목자도 주 예수님이 하셨던 것과 같이 인간의 마음을 꿰뚫어 볼 수는 없다. 청교도들이 그들을 "복음적 위선자들"이라고 지칭한 대로, 어떤 회중 속에 분명히 헌신적으로 속해 있는 사람들 가운데 실제적으로 독선적인 사람들이 있을 수 있다. 청교도 문학에서 유명한 예는 존 번연(John Bunyan)이 "배드맨 씨(나쁜 사람)"라고 부른 등장인물이다. 번연의 소설 속에 등장하는 가상적인 위선자는 자신의 교회에 가담한 몇몇 가지로 생각해볼 때 고결한 삶을 살았음이 분명하다. 그리고 심지어 그는 결백한 양심을 가지고 죽었다! 번연이 『천로역정』(*Pilgrim's Progress*)의 첫 번째 부분 마지막에서 다음과 같이 말한 것과 같다. "나는 파멸의 도성에서 뿐만 아니라 하늘의 문에서 조차도 지옥으로 향하는 길이 있음을 보았다!" 설교자들은 이에 대한 확신을 가져서, 복음은 항상 선포될 필요가 있다는 것을 깨달을 필요가 있다.

그러나 건전한 복음 전도적인 설교는 또한 기독교인에게 도움을 준다. 그리스도 안에서 우리의 구원을 이루어주시는 데 있어서 우리에게 주어진 하나님의 선하심에 대해 그 누구의 마음이 아직도 온전히 감사하고 있지 않는가? 당신이 전하는 다음번 설교를 듣는 사람 중에 누가 그리스도 안에서 우리를 위한 하나님의 사랑을 온전히 이해하는가? 누구의 감사가 온전할 수 있는가? 누구의 소망이 뚜렷할 수 있는 것인가? 누구의 믿음이 강할 수 있는 것인가? 이 보는 것은 하나님의

---

2 William Perkins, *The Art of Prophesying* (1606; repr. Edinburgh: Banner of Truth, 1996), 62.

말씀을 드러내는 설교를 통해서 복음의 진술을 찾음으로 이루어질 수 있다.

하나님의 거룩함을 탐구하고, 그분의 권리를 깊이 생각하며, 우리의 목적을 생각하고, 우리의 죄를 찾아내며, 그리스도를 묵상하고, 그분 사역의 다양한 면을 묘사하며, 믿음의 본질을 뽑아내고, 혹은 거짓 회개를 드러내는 본문, 이 모든 본문은 설교의 주제가 될 수 있다. 그 설교는 하나님의 백성을 말씀에 드러내는 것을 통해 복음을 전혀 듣지 못한 사람들에게 복음을 제시할 뿐만 아니라 그 복음을 가진 사람들을 세워준다. 강해 설교는 본질적으로 복음적이며 교화(敎化)적이다. 존 파이퍼(John Piper)는 설교 자체를 "하나님에 의해서 보내진 사자(使者)에 의해 복음이 선포되는 것"[3]으로 간결하게 정의한다. 좋은 복음 전도적인 설교는 하나님의 복음을 사려 깊게 제시함을 통해서만 항상 하나님의 백성을 교화해야만 한다.

그런 복음 전도적인 설교는 듣는 기독교인을 위해서 중요하다. 그런 설교는 우리가 믿는다고 주장하는 복음을 우리가 더 잘 이해하도록 도와주기 때문이다. 그리고 우리 머리의 이해와 더불어, 우리 마음의 이해는 자라며 깊어진다. 어떤 믿는 자가 하나님의 거룩함, 그분이 오셔서 심판하심, 인간의 목적, 우리의 죄, 그리스도의 인격과 사역, 혹은 회개와 믿음에 대한 요구된 반응 등에 대해서 좀 더 분명한 이해를 가짐으로 인해서 유익을 얻지 못하겠는가?

그런 자라나는 복음 이해로부터 기독교인 가운데서 어떤 결과가 도출되는가? 여러 가지 결과가 있다. 그러나 나는 세 가지만 거론해 보고자 한다. 첫째, 기독교인 가운데 자라나는 복음 이해는 우리로 하여금 찬양하도록 인도한다. 하나님은 우리가 그분을 찬양하기를 원하신다. 그분의 말씀은 우리를 위한 격려와 우리로 하여금 하나님을 찬양하도록 하는 간곡한 권유들로 가득하다(신 8:10; 시 33편; 사 12:4; 행 15:14; 롬 9:17; 벧전 2:9). 영원은 우리가 하나님께 충분히 감사하기에, 혹은

---

[3] John Piper, *The Supremacy of God in Preaching* (Grand Rapids: Baker, 1990), 27.

우리가 그분을 찬양해야만 하는 온전한 이유를 찾는 충분히 긴 시간이 되지 못할 것이다. 그분의 복음을 선포하는 것은 우리에 대한 그분의 성품을 가장 은혜롭고 사랑하는 정점에서 나타내는 것이다. 사무엘 크로스만(Samuel Crossman)의 아름다운 찬양이 다음과 같이 선포하는 것과 같다.

> 내 노래는 알려지지 않은 사랑이라네
> 나에 대한 내 구주의 사랑
> 사랑이 없는 사람들에게 보인 사랑
> 사랑 없는 사람들이 사랑스러울 수 있는 그런 사랑.

크로스만은 하나님이 우리를 사랑하신 상세한 방법을 계속해서 말한다. 이런 관찰보다 더 통렬할 수는 없는 그런 표현이다.

> 살아 생전에는 내 주님이 가지셨을
> 집도 가정도 없으셨다네
> 죽어서는 좋은 무덤도 없으셨고
> 그러나 낯선 사람이 준 것
> 내가 무엇을 이야기할 수 있을까?
> 하늘이 그분의 집이었네
> 그러나 무덤은 나의 것
> 그곳에 그분이 누우셨네.

우리를 위한 우리 주님의 사랑을 점점 더 알아가는 것은 우리로 하여금 하나님을 찬양하도록 해준다.

기독교 청중들의 삶에 있어서 그런 복음 지향적인 복음 전도적인 설교의 또 다른 결과는 그들의 매일의 삶에 성경 지식을 점증적으로 통합하는 것임이 틀림없다. 복음이 탐구되고 설명될 때, 내포된 의미가 도출되고 거짓 결론들이 논파될 때, 복음은 더욱 더 우리 삶의 날줄과 씨줄로 짜이게 된다. 복음은 우리가 세상을 이해하는 여과장치가 된다.

복음은 죄로부터 우리를 지키는 보호막으로서 그리고 거룩에 대한 지침으로서 역할을 감당한다. 하나님의 거룩에 대한 건전한 감사는 우리로 하여금 하나님을 우리가 존중하는 가운데 그리고 그분의 능력을 우리가 존경하는 속에서 자라도록 해준다. 우리는 그분 말씀의 무오성을 인간 저자들의 높은 지각을 토대로 해서가 아니라 하나님의 높은 지각과 하나님의 뜻이 무엇인지를 이해할 수 있는 피조물들을 만드신 그분의 능력을 토대로 방어할 수 있다. 우리가 하나님의 형상으로 만들어졌다는 것에 대한 점증하는 이해는 우리가 다음과 같은 사실을 이해하는 것을 도와줄 수 있을 것이다. 즉 비기독교적인 예술가들 혹은 소설가들 혹은 사업가들 혹은 과학자들을 통해서 얼마나 좋은 작품들이 만들어질 수 있는지, 혹은 비기독교인이 얼마나 좋은 결혼 생활과 좋은 집을 가질 수 있는지 등등을 이해하는 것을 도와줄 수 있을 것이다.

우리는 그런 사실에 의해서 곤란을 겪지 않는다. 우리는 우리가 하나님의 형상으로 만들어진 것을 이해한다. 복음에 대해서 점증하는 감사는 하나님을 향한 죄의 공격성을 더욱 깊게 이해하도록 해주고, 그럼으로 인해 우리의 삶은 더욱 거룩한 삶이 되도록 해준다. 신학의 모든 지혜가 복음에서 나올 때, 우리는 그 모든 신학의 지혜를 통해 앞으로 나아갈 수 있을 것이다. 그리고 이런 모든 신학적인 지혜의 각각을 좀 더 이해하는 것은 그날 우리가 가지는 모든 생각 그리고 우리 삶의 모든 국면과 좀 더 즉각적으로 연결되는 속에서 복음이 서있도록 하는 방법을 생각하도록 해줄 수 있을 것이다.

만약에 이것이 그런 경우라고 한다면, 복음을 충실하게 가리키고 있는 그런 강해적 설교의 세 번째 결과는 우리 자신의 개인적 복음 전도가 우리 삶에서 좀 더 설득적이고 좀 더 자연스러운 것이 되어야만 한다는 것이다. 만약에 우리가 복음과 이런 영화 혹은 저런 논설 속에서 지지되고 있는 세계관, 당신의 자녀가 내리는 이런 결정 혹은 당신의 친구가 작업장에서 직면하게 되는 그런 윤리적인 진퇴양난 사이의 연관성을 분명하게 본다면, 그때에 복음은 좀 더 자연스럽게 우리 대화 속에 들어오게 된다. 비기독교 친구와 더불어 나누는 주제를 갑작스럽게 바꾸는 대신에, 그렇게 갖추어진 기독교인은 어떻게 복음이 논의되는 사안에서 주제가 되는지를 볼 수 있다. 대화에서 복음과 더불어 그런 준비성을 풍자적으로 그릴 수 있음이 분명하다. 그러나 우리의 매일 일상 삶에서 복음과 그 복음이 암시적으로 의미하는 것 속에서 잘 교육된 회중은 좀 더 자연스럽게 그리고 일상적으로 복음을 전하는 회중이 되어야만 한다.

이런 모든 이유와 그런 이유 이상의 이유로 인해 정규적으로 목자들이 강해 설교를 그들 자신의 회중에게 복음 전도적으로 전하는 것은 성경적으로 옳은 것일뿐더러 실제적으로 도움이 되는 것이다. 기독교인과 비기독교인 모두는 설교로 전해지는 복음을 들을 필요가 있다.

4. 강해 설교를 복음 전도적으로 전하는 방법

사람들이 물을 수 있는 질문은 '어떻게 설교가 신실하게 복음 전도적이면서 동시에 신실하게 강해적일 수 있는가?'라는 것이다. 아마도 그런 질문을 던지는 사람은 어떻게 어떤 단락이 본문으로서 그런 경우가 될 수 있는 것인지에 대해 이해하고 있을 것이다. 그렇지만 성경의 모든 본문이 그 강해에 중심적인 내용이 복음이 될 것이라는 기대를 가지고 설명될 수 있는 것인가? 그 질문에 대한 대답이 분명히 그렇다! 라는 것이 본 저자의 확신이다!

복음 전도적이면서 강해적인 설교에 대해 쓴 글은 거의 없다. 그러나 좋은 성경적 설교의 본질은 그 두 가지 모두가 되어야만 하는 것이 분명하다. 강해적인 설교는 가장 좋은 복음 전도적 설교가 될 수 있다. 그와 같은 생각에 동의하지 않고 창세기 혹은 로마서 초반부에 있는 장들을 통해서 전해진 제임스 몽고메리 보이스의 설교 혹은 에베소서 2장을 전한 마틴 로이드 존스의 설교를 누가 들을 수 있으며 읽을 수 있는가?

비록 본 장에서 강해와 복음 전도가 동의어적인 것(아주 분리할 수 없는 것도 아니지만)이라는 주장이 제기되지는 않을지라도, 다음과 같은 사실은 분명해야만 한다. 즉 그 둘은 일반적으로 깊이 연관되어 있으며, 메시지가 강해와 복음 두 가지 모두 사려 깊게 통합된 것을 가지게 될 때, 커다란 유익이 듣는 사람들에게 흘러 들어가는 것이 틀림없다는 점이다.

우리는 어떻게 그런 성경적이고 복음 전도적인 설교를 정확하게 전할 수 있는 것인가? 이것이 본 장의 남은 부분 주제이다. 그러나 우리가 그렇게 하는 것을 도울 수 있는 그런 실제적인 사안을 다루기 전에, 우리는 먼저 성경의 메시지가 무엇인지에 대한 우리 자신의 이해를 점검해야만 한다.

하나님의 말씀을 공적으로 다루는 사람들로서 설교자들과 교사들은 성경 전체가 복음으로 형성되어 있다는 것을 이해해야만 한다. 창세기와 출애굽기에 있는 이야기, 시편의 지혜, 이사야와 에스겔의 경고와 예언, 예수님의 비유 그리고 바울의 서신 이 모두는 복음으로 형성되어 있다. 이 모든 본문은 하나님이 누구시며, 왜 그분은 우리를 만드셨는지, 어떻게 우리가 실패했는지, 하나님이 그리스도 안에서 무엇을 행하셨는지 그리고 이 모든 면에 비추어서 우리는 회개와 믿음으로 초대되고 있다는 것과 같은 커다란 주제들을 포함하고 전한다.

설교에서 우리는 구약의 도덕적인 메시지 속에 어떤 복음적 개요를 그저 단순하게 삽입해서는 안 된다. 그렇게 하기보다는 우리는 어떻게 하나님의 율법이 우리를 하나님의 복음으로 이끌어 가는지를 이해할 필요가 있다. 그리고 우리는 성경의 모든 본문 가르침에서 그와 같은 것을 실행할 필요가 있다. 성경에 대한 그와 같은 적절한 이해와 더불어, 강해 설교는 복음을 이끌어주는 훨씬 더 자연스러운 도관(導管)이 된다. 우리가 그런 이해가 있음을 확신하는 것은 우리의 강해와 복음 전도를 함께 묶을 수 있는 첫 번째 실제적인 걸음이 된다.

성경에 대한 이런 복음으로 형성된 이해를 가정한다면, 우리 자신의 강해적 설교 사역이 더욱 신실한 복음 전도적인 것이 될 수 있는 수많은 특별한 방법이 있는 것이다.

1) 조정

교회에 매주 주일 날 모이는 것은 일차적으로 비기독교인이 아닌 기독교인을 위한 것이다. 그러므로 우리는 예배 의식 정하는 것을 신중하게 해야만 한다. 즉 설교를 포함해서 우리의 일차적인 목적은 하나님의 교회를 교화시키는 것을 통해 하나님을 영화롭게 하는 것으로 순서가 정해져야만 한다. 내가 위에서 주장했듯이, 복음 전도는 그 순서의 한 부분이 될 수 있는 것이 분명하다. 그러나 그 복음 전도는 주된 순서가 아니다. 우리의 강해 설교는 돌봄에 맡겨진 양떼를 먹이기 위해 선포되는 것이다.

물론 당신이 강해적으로 잘 전할 때, 반드시 복음 전도적으로 전해야만 한다. 이것이 바로 우리가 종종 위대한 강해 설교자들의 사역이 복음 전도적으로 축복을 받는 것을 발견하게 되는 이유이기도 하다. 하나님은 그분의 말씀이 선포되는 것을 존중하신다. 우리는 주일 아침에 모이는 회중이 빌리 그레이엄(Billy Graham)의 집회에 모여드는 군중이 아니라는 것을 깨닫게 된다. 그들은 일시적으로 도전을 받고 머물러 있는 청중들이 아니라, 목양적으로 돌보아지고 먹여져야만 하는 회중이다. 그렇지만 우리가 하나님의 말씀을 신실하게 전할 때, 위선자들이 새로 태어나는 역사가 일어나게 될 것이다. 그리고 비기독교인은 그들의 가족과 친구들 속에서 일어나는 변화를 볼 것이다. 그러면 그들 역시도 필연적으로 하나님의 은혜를 향해 나아올 것이다.

그러므로 우리가 우리의 예배 의식에서 비기독교인의 존재를 고려하는 것은 바람직한 것이다. 우리의 예배 의식이 모든 것을 처음 방문하는 사람의 수준에 맞출 필요는 없지만, 비기독교인에게 적절하게 감수성이 있으며 우호적일 수는 있다. 우리가 교회로서 모일 때, 생명을 유지하는 음식이 필요한 가족으로서 모인다. 예배 드리는 동안 우리가 하는 것 중의 어떤 부분에서 아직 기독교인이 아닌 사람들을 위해 기도하고 그들에게 전하는 것은 매우 자연스러운 일일 것이다. 그리고 그렇게 할 때, 우리는 그들이 이해할 수 있는 언어를 사용해야만 한다.

때때로 우리는 사람들에게 왜 우리가 예배에서 행하는지 상기시켜 주어야만 한다. 우리는 사람들이 이해할 수 있는 설명으로부터 전해야만 한다. 때때로 우리는 장과 절을 나타내는 숫자가 무엇인지도 그리고 여러 해 동안 기독교인인 우리가 당연히 여기고 있는 것들이 무엇인지 설명할 필요가 있을 수 있다. 어떤 믿지 않는 사람도 자신들이 온전하게 이해하지 못하는 점들에 대해 설득력 있게 전해진 성경을 대하게 되는 것을 통해서 상처를 받지는 않는다. 이와 마찬가지로, 어떤 믿는 사람도 자신들에게 간략하게 그리고 단순하게 설명되는 진리를 대하는 것으로 인해서 상처를 받지 않는다. 모든 주변의 교회가 도움을 받을 때, 그들 역시도 도움을 받게 될 것이다.

2) 제목

심지어 설교 제목들조차도 사람들로 하여금 자신들의 삶을 생각해 보도록 하고 설교에 귀를 기울이도록 자극할 수 있다. 귀가 솔깃한 말로 설득하는 것에 대해 관심을 가진다고 해서 전하고자 하는 요지에 대한 양보를 해야 할 필요는 없는 것이다. 당신은 출애굽기에서 "새로운 출발"이라는 일련의 시리즈 제목을 정할 수도 있을 것이다. 당신은 "기본적인 질문"이라고 불리는 요한일서를 통해서 다음과 같은 일련의 시리즈 명칭들을 정할 수도 있을 것이다.

- "나는 죄와 더불어 무엇을 하는 것인가?"(요일 1:1-2:2)
- "내게 영생이 있다는 것을 나는 어떻게 알 수 있는가?"(요일 2:3-27)
- "진정한 사랑은 무엇인가?"(요일 2:28-3:24)
- "나는 심판을 어떻게 직면할 것인가?"(요일 4장)
- "믿음은 무엇인가?"(요일 5장)

이런 제목은 설명될 본문의 내용에 충실하면서도 동시에 아직 기독교인이 되지 않은 사람들을 위한 내용으로도 적절성이 있어서 관심을 불러일으키는 데 도움을 준다. 제목은 자연스럽게 비기독교인과 기독교인 모두 동일하게 관심을 가지는 것이어야만 한다. 단지 당신의 비기독교인 친구가 "요한일서에 대하여"라는 제목으로 광고된 설교 시리즈에 관심이 없기 때문에, 요한이 서신서들에서 말한 일을 전하는 설교를 듣는 것에 그 혹은 그녀가 관심을 가지지 않을 것임을 의미하지는 않는다. 본문의 내용을 드러내고 그들이 삶과 교차할 수도 있을 방법이 가지는 그 어떤 것을 제안하는 것은 위에 열거된 제목이 실행하도록 의도된 것이다.

우리 삶의 사건조차도 하나님의 말씀에 관심을 만들어내는 데 일조하기도 한다. 제목은 그런 관심을 반영할 수 있다. 위기(2001년 9월 11일의 사건과 같은), 특별한 사건(새천년과 같은), 혹은 정규적인 절기(감사절, 성탄절, 새해, 부활절) 등에 의해서 만들어지는 기독교에 문화적인 관심을 불러일으키는 시간들은 복음의 목적을 위해 잘 사용될 수 있다. 조금만 생각하면, 관련성이 있고 심지어는 관심을 불러일으키는 제목은 널리 알리는 광고로서 사용될 수 있다.

3) 서론

설교 서론 역시도 우리가 하나님의 말씀을 설명하는 데 있어서 가지게 되는 복음적인 의도를 증거할 수 있다. 우리는 모여든 사람들의 관심을 예상하면서 그러나 잘못 생각하지는 않으면서 설교를 시작할 수 있다. 회중의 신실한 구성원들은 관심을 가져야만 하는 것이 분명하다. 그러나 그들이 항상 그렇게 관심을 가지는 것은 아니다. 몇몇은 딴전을 피우게 될 것이고, 다른 사람들은 무감각하게 될 것이며, 또 다른 사람들은 전달받지 못할 것이고, 여전히 다른 사람들은 지루해할 것이다. 만약에 이런 모든 사람이 실제로 설교를 듣기 전에 왜 그들이 설교를 들어야만 하는지 먼저 이야기를 듣는다면, 그들 모두는 도움을 받게 될 것이다. 서론에서 유용한 일은 우리 본문의 교리적인 중심이 왜 그리고 어떻게 중요한 것인지를 우리 자신에게 일깨워주는 것이다.

그리고 만약에 서론이 우리 기독교 청중들을 위해 그렇게나 유용한 것이라면, 그 서론은 우리의 비기독교 청중들에게도 동일하게 중요한 것임이 분명하다. 어떤 인기 있는 주제에 대한 관련성을 보여주고, 어려운 요점들을 주의 깊게 묘사해주며, 불확실성을 용인해주는 것을 강조해주고 찾는 모든 서론은 청자로 하여금 그 설교에 자신들의 관심을 집중하도록 하는 데 도움을 준다.

4) 교리적 강해

복음 전도적인 좋은 강해들은 복음 자체를 사람들에게 분명히 설명해주어야만 한다. 성경 전체(성경 안에 있는 모든 본문)가 복음적으로 형성되어 있을지라도, 복음 자체가 분명하게 그리고 단순하게 언급된 설교에 약간의 시간을 가지는 것은 여전히 유용하다. 바울은 이런 것을 고린도전서 15장의 서두에서 그렇게 했다. 우리 역시도 이런 바울의 모습을 따를 수 있다. 다음과 같은 어떤 단순한 설명을 가지는 것을 생각해보라.

> 이 거룩하신 창조주는 그분 자신을 위해 우리를 만드셨다. 우리는 죄를 지었고 그분으로부터 우리 자신이 떨어져 나왔다. 그러나 우리는 그분께 계산을 맡겨야 할 것이다. 우리는 당분간 그분을 무시할 수 있다. 우리는 그분을 영원히 피할 수는 없을 것이다. 그 결산의 회계에서 그분은 우리 죄로 인해서 우리를 정당하게 심판하실 것이다. 그 시간까지 우리가 누렸던 그분의 자비는 끝날 것이다. 그분의 정의가 시작될 것이다. 우리의 유일한 희망은 그분이 그리스도 안에서 행하신 것 속에 있다. 하나님은 사람이 되셨고, 완벽한 삶을 사셨으며, 자신들의 죄로부터 돌아오며 그분을 신뢰할 모든 사람의 모든 죄를 그분이 친히 담당하셨다. 십자가 위에서 그분이 죽으심으로 그분께 속한 모든 사람의 죄를 담당하셨다. 원고(原告)이신 그리스도는 죄악의 백성인 우리를 위해 죄를 담당하셨다. 그리스도는 우리의 대속물이 되셨다. 그리고 그분은 하

나님이 희생제사를 받으신 것, 즉 그리스도 안에 있는 사람들을 향한 하나님의 공의가 다한 것을 우리가 이제 그분의 부활 안에서 인식하도록 우리를 부르신다. 그리고 죄를 회개하고 그리스도를 믿어 죄 사함과 새 삶을 발견하도록 우리를 부르신다.

복음 전도적인 강해 설교는 설명되는 본문의 주제에 따라 아마도 이런 개념들의 하나 혹은 그 이상을 충분히 설명하면서 이와 같은 간단한 진술을 포함해야만 한다. 명확한 요약은 본문에 드러난 복음의 다른 모든 면에 빛을 더해줄 수 있다. 아름다운 석양의 광채처럼, 그 광채들은 우리로 하여금 하나님이 그리스도 안에서 우리를 위해 자신을 주시고 구원하시는 사랑에 대한 신선하고 강한 광채 안에서 설교를 검토할 수 있도록 해주면서 설교 속에 포함된 영역을 거슬러 올라갈 수 있다. 우리가 이렇게 할 때, 복음을 제시하게 된다.

우리가 설교에서 복음을 제시할 때, 죄인들의 삶의 개선을 위해 시행될 하나의 대안으로 제시하는 것을 특별히 인식하고 있어야만 한다. 결국 세속적인 사람이 무엇을 생각하는 것이 더 나은 것인가? "당신은 죽음을 두려워합니까?" 혹은 "당신은 행복을 원하십니까?" 혹은 "당신은 당신의 삶의 의미를 알기 원하십니까?"와 같은 질문을 유도하는 것은 모두 잘 의도된 것이다. 그리고 그런 질문의 어떤 것은 어떤 사람이 죄를 깨닫게 하고 그들의 개종을 이끌어내는 하나님의 영에 의해서 사용될 수 있다. 그러나 그런 질문은 또한 단순하게 아니오! 라는 말로 응답될 수도 있다. 그런 질문이 복음을 고려하는 사람들을 위한 출발점인 것처럼 그런 질문을 사용하는 것은 모든 질문 역시도 선택적이라는 것을 분명히 한다.

잠시 개인적으로 말하자면, "죽어가는 사람들에 대한 죽어가는 사람으로서"라고 백스터(Baxter)가 말한 바와 같이, 내가 전하도록 부름을 받은 상황에 있을 때, 나는 나의 청중들이 죽음을 두려워하는지, 행복을 원하는지, 혹은 삶에 있어서 의미를 찾고 있는지 등에 대해서 상관하지 않는다. 나는 그들이 죽을 것이고 그들 자신의 삶에 대해 이야기하기 위해서 하나님 앞에 설 것임을 알고 있기 때문이다. 더욱이 나는 그들이 스스로를 의롭다고 하려는 시도가 실패할 것을 알고 있다. 그러므로 나는 하나님이 영원한 지옥에 그들을 정당하게 정죄하실 것임을 알고 있다.

그들이 일반적으로 가지고 있는 약함과 악행을 공유하는 한 사람으로서, 나는 그들에게 공감을 느끼고 있는데, 이런 공감하는 동정심은 나로 하여금 그들에게 진리를 말하도록 채근한다. 그것은 그들의 스쳐 지나가는 관심에 의존되어 있는 것도 아니고, 그들을 얽어매는 올바른 서론을 시작하는 것을 발견하는 나의 재능에 의존되어 있는 것도 아니다. 그들은 사실상 하나님께 해명할 의무가 있다. 하나님은 그들의 창조주이시며, 그분은 분명히 재판관처럼 그들을 심판하실 것이다. 그러므로 나는 마가복음 8:38과 같은 절이 유용함을 발견하게 된다.

그곳에서 예수님은 이렇게 가르치셨다. "누구든지 이 음란하고 죄 많은 세대에서 나와 내 말을 부끄러워하면 인자도 아버지의 영광으로 거룩한 천사들과 함께 올 때에 그 사람을 부끄러워하리라." 혹은 사도행전 17:31에 있는 바울의 진술: "이는 정하신 사람으로 하여금 천하를 공의로 심판할 날을 작정하시고 이에 저를 죽은 자 가운데서 다시 살리신 것으로 모든 사람에게 믿을만한 증거를 주셨음이니라 하니라." 혹은 로마서 3:19-20: "우리가 알거니와 무릇 율법이 말하는 바는 율법 아래 있는 자들에게 말하는 것이니 이는 모든 입을 막고 온 세상으로 하나님의 심판 아래 있게 하려 함이니라 그러므로 율법의 행위로 그의 앞에 의롭다 하심을 얻을 육체가 없나니 율법으로는 죄를 깨달음이니라." 혹은 히브리서 9:27: "한번 죽는 것은 사람에게 정하신 것이요 그 후에는 심판이 있으리니."

이런 구절은 우리 삶의 어떤 시점에서 우리가 하나님에 대해서 관심을 가졌는가 라는 것과 관계없이, 하나님이 우리를 심판하시는 불가피성을 강조하여 예고해준다. 시장 상인의 호소보다는 이런 요구가 우리 설교 속에서 복음 전도적인 부름의 기본이 되어야만 한다. 복음을 전하는 우리의 설교들은 판매를 위해 제시하는 유혹과 같은 것이 아니라 재판관의 호출과 같은 것이다.

5) 예화

좋은 복음 전도적인 예화들은 그 예화들 속에 전체적인 복음을 포함하지 못할 수도 있다. 실존주의 문학은 하나님 없는 삶의 공허감과 무의미성의 어떤 것을 잘 그려내고 있다. 인기 있는 소설들, 영화들, 논설들 그리고 정치적인 상황은 복음과 밀접하게 관련된 위선, 탐욕, 산산이 조각난 허영, 책임 그리고 많은 다른 주제를 드러내준다. 그런 자료를 사용하는 것은 우리의 비기독교 청중이 우리가 말하는 것을 생각해보도록 하는 데 도움을 준다. 사도행전 17장에서 바울이 헬라인들의 비문들과 시들을 인용했을 때, 바울이 말하는 것에 헬라인들이 귀를 기울였던 것과 같은 것이다. 우리 모두는 우리가 기원된 곳을 누군가 이해한다고 생각할 때, 그 누군가의 말에 더 잘 귀를 기울이는 경향이 있다. 우리의 비기독교인 친구들도 이 점에서는 다를 바가 없다.

성경적 진리에 대한 하나의 특별하게 적절한 종류의 예화는 개인적인 간증이다. "예수님이 나를 위해 행하신 것"에 대한 간증은 복음의 명확한 제시를 포함하고 있지 않을 수도 있는 것이 분명하다. 그렇지만 동일하게 그 간증은 복음을 분명히 포함하고 있을 수도 있다. 그리고 만약에 우리가 그런 견해를 갖는다면, 그 간증은 복음을 포함할 것이다. 당신의 설교에 개종시가 되었던 혹은 조금 나중의 어느 시점이 되었든지 사람들의 삶 속에서 절실하게 느끼게 되는 복음의 진리들에 대한 예를 포함하도록 하라. 그런 예화의 생생함은 누군가의 마음에 살아있는 현저하게 두드러진 그 어떤 점에 도움을 줄 수 있다. 그 예화는 수많은 근접한 이유가 설명할 수 없는 방법으로 여러 사안을 비유를 통해 설명해줄 수 있다. 하나님은 그분의 은총에 대한 간증을 통해 영광 받으신다. 당신의 설교에 예화를 넣어라.

6) 적용

그리고 물론 우리의 적용은 수많은 방법으로 복음 전도적일 수 있다. 우리가 본문으로부터 이끌어내는 암시 자체도 이 세상과 인간이 만든 종교적 해법이 가지는 얕은 의를 드러내는 데 도움을 줄 수 있다. 마치 의사의 진단이 누군가로 하여금 처방된 약을 먹도록 할 수 있는 것과 같이, 그리스도 이외의 대답들이 가지는 불충분성을 드러내는 강해들은 복음을 제시하는 데 있어서 도움적인 것이 될 수 있다. 의사들이 "좋은 진단은 절반의 치료이다"라고 말하는 것과 같다.

기독교 설교자들은 죄에 대한 진리를 말하기 위한 사려가 특별히 깊어야만 한다. 우리의 설교는 결과적으로 다음과 같은 것들로 인해서 타협되어서는 결코 안 된다. 즉 우리가 공동체 안에 있는 비기독교 청중들이 동의할 것이라고 생각되는 것은 말할 것도 없고, 우리가 청중들이 감정적으로 담지하고 있을 수 있다고 생각되는 것에 의해서 타협되어서는 안 된다. 우리 설교의 목표는 청중들의 자존감을 고양시키는 것이 아니라, 그들이 영원한 구원을 상속받은 것을 보도록 하는 것이다. 애정을 기울여 죄를 드러내는 것은 진리 이야기를 향한 우리들 부름의 필요한 한 부분이다. 그렇게 죄를 드러내는 것은 종종 처음에는 사람들이 좋아하지 않는 일일 수 있다.

육신 가운데 있는 죄인은 성령께서 그분의 확실하고 회개하는 사역을 행하실 때까지 그 혹은 그녀가 회개해야만 하는 것에 대해 결코 동의하지 않을 것이다. 한 죄인이 그런 일들에 대해 다른 사람들에게 말할 때, 적절한 겸손함을 가지고 우리는 인간 죄에 대한 진리를 선포해야만 한다. 우리는 의사들이 우리의 건강에 대해서 진실을 말해주기를 바란다. 특별히 그 소식이 나쁠 때, 매우 특별하게 그 소식이 극단적으로 비참한 것일 때, 우리에게 진실을 말해주기를 바란다. 이와 마찬가지로 우리는 분명하게 인간의 죄에 대해 선포해야만 한다. 고대 그리스의 잠언이 이야기하는 바와 같이, 친구의 반대는 대적이 아니다. 대적은 아첨꾼이다. 우리가 우리의 청중들에게 아첨할 때, 우리는 그 어느 누구도 도와주지 못한다. 그 도움을 절실히 필요로 하는 모든 사람 중의 최소한의 사람들도 도와줄 수 없다.

죄에 대한 진리를 탐구하고, 우리 마음에 있는 죄의 경로를 추적하며, 죄에 대한 하나님의 판결과 죄의 파멸적인 종말에 대한 진리를 드러내는 것은 기독교 설교가 가지고 있는 가장 중요한 기능 중의 하나이다. 우리는 신실하게 해설되는 말씀 앞에 자신을 맡겨야만 한다. 특별히 말씀이 우리를 바로잡고 죄를 깨닫게 하는 말씀이 있는 곳에 우리를 맡겨야 한다. 우리가 잘못을 저질러 가고 있을 때, 바르게 해놓는 것이 가장 절실히 필요한 것이다. 공손하고 예의 바른 것은 정직함에 대한 미흡한 대체물이다. 만약에 스쳐 지나가는 인간관계에서 그런 말이 사실이라면, 우리가 하나님과 가지는 영원한 관계 속에서 그 말은 얼마나 더 참이겠는가?

더욱이 심지어 가장 타락한 인간의 마음속에 있는 그 무엇조차도 우리의 죄에 대해서 하나님이 드러내시는 것에 대한 진리를 증언한다. 우리 속에 있는, 우리 양심 속에 있는 하나님의 형상이 각인의 마음속에서 외치고 있다. 비록 그 외침이 종종 소리를 내지 않고 지속적이지는 않을지라도 각인의 마음속에서 외치고 있다. 우리는 우리의 비기독교 친구의 인정함을 얻기 위해서가 아니라, 그들의 영혼을 얻기 위해서 우리의 강단에 올라가야만 한다. 하나님의 영은 그와 같은 것을 행하기 위해 진리를 신실하게 선포하는 것을 사용하실 것이다.

성경을 사려 깊게 그리고 동시에 복음 전도적으로 적용하기 위해 준비하는 데 있어서 내가 도움이 되는 것으로 발견한 한 가지 방법은 격자를 만드는 것이다. 그 격자는 설교의 각 요점을 가로지르는 횡렬과 내려가는 종렬을 가지고 있는 격자이다. 다음으로 종렬은 나에게 다음과 같은 것들을 생각하게 하는 데 도움을 준다. 즉 본문에 있는 구원사에서 독특한 것은 무엇인지, 그 본문의 적용은 비기독교인에게 그리고 사회 속에 있는 우리의 공적인 삶을 위해서 무엇인지, 그 본문이 그리스도 안에서 어떻게 성취되고 있는지, 적용이 개별적인 기독교인에게 그리고 지역 교회로서의 우리를 위해서 무엇인지 등을 생각하는 데 도움을 준다.

　어떤 한 설교에서 각 요점을 위한 이 모든 적용을 이루어내는 데는 시간이 거의 부족할 것이다. 그렇지만 이와 같은 판을 가로지르는 암시와 적용을 주의 깊게 생각해보는 연습은 나에게 다음과 같은 면에서 도움을 준다. 즉 비기독교 친구가 그 설교를 들었을 경우와 같이 성경을 듣도록 해주어서, 그 설교에 기대는 그리고 이해를 촉구하는 부분에 대해서 기도하게 하는 것을 도와주는 효과가 있다. 인간의 필요와 하나님의 공급하심에 대한 복음적인 요점들을 차근차근 가장 잘 이해하도록 알려주기 위해 설교 전에 요점들을 기도하는 마음으로 검토하는 것은 항상 유익한 면이 있다.

　그렇지만 복음 전도적 강해 설교에서, 복음은 단지 내가 인식하는 어떤 빈약한 연결 수단에 의해서가 아니라(예를 들어, 여호수아 2장과 6장에 있는 붉은 줄과 그리스도의 피의 색을 상상적으로 연결하는 것) 이야기 자체의 구조에 의해서 제시되어야만 한다(예를 들어, 스파이들이 라합에게 전해준 하나님 말씀의 진리를 믿고 라합이 실질적으로 회개하고 믿음으로 하나님의 백성으로 구원되어 포함되는 것). 이런 방법에서 비기독교인은 하나님의 말씀과 세월의 시간을 가로지르는 구원 행위에 대한 통합된 증언, 즉 비기독교인의 필요와 그리스도 안에서 하나님의 공급하심을 가리켜 주는 모든 것을 보는 도움을 얻게 된다. 삶의 여러 가지 다른 영역을 위한 본문의 암시와 더불어 본문을 차근차근 설명해주는 철저함은 그리스도 없는 삶의 일천함과 하나님께서 우리를 부르신 삶의 풍성함을 드러내준다. 우리는 본문을 복음 전도적으로 적용해야만 한다.

7) 초대

　하나님의 말씀에 대한 그 어떤 강해도 반응을 촉구하는 초대 없이 주어져서는 안 된다. 어떤 초대 그 이상의 무엇, 즉 정말로 어떤 것을 요구하는 것이 설교에 들어가야만 한다. 그 요구는 듣는 모든 사람이 그들 자신을 하나님께 드리고, 그들의 죄와 하나님의 주되심을 고백하며, 그들의 죄로부터 회개하고, 구원을 위해 그리스도를 신뢰하는 것이다. 이 세대에서 우리와 같은 죄악된 피조물에게 향하는 우리의 거룩하신 창조주로부터 나오는 말씀은 항상 회개하라 그리고 믿으라는 명령어들을 포함해야만 한다. 만약에 우리가 하나님의 구원하시는 목적들을 반영하지 않는다고 한다면, 어떻게 우리가 성경의 어떤 부분을 신실하게 나타낼 수 있겠는가?

우리가 사람들을 반응하도록 초청하는 일의 한 부분은 예배 후 어떤 정해진 장소 혹은 시간에 그들과 더불어 이야기해보는 것일 수 있다. 그들을 격려하여 그들 주변에 있는 사람들 혹은 어떤 기독교인 친구들에게 말하도록 하는 것일 수 있다. 우리는 그들에게 어떤 책 혹은 일련의 성경공부를 제공해줄 수 있다. 우리의 초대에 응답하는 데 있어서 그리스도에게 구원적으로 응답한다는 생각을 그들로 하여금 가지게 하는 그 어떤 종류의 초대도 피하는 것이 최선이다. 오늘날 그렇게나 많은 복음적 교회를 지배하는 혼돈과 세속성은 그런 선의의 잘못이 사람들의 삶속에서 이루어지고 있는 커다란 실수들을 보여준다. 그럼에도 불구하고 적시에 간파된 신중성을 가지고 우리는 사람들을 정직하게 그리고 긴급하게 복음에 반응하도록 불러야만 한다. 어떤 것을 덜 행하는 것은 하나님이 그분의 사역자들에게 그분의 말씀을 선언하도록 하신 바로 그 소명을 이행하지 않는 것이다.

이 시점에서 다음과 같은 말이 주어져야만 한다. 즉 만약에 우리가 우리의 일상적인 매일의 삶 속에서 잃어버린 자들을 위한 마음을 가지고 있지 않다고 한다면, 우리의 설교는 복음이 된 복음 전도적인 열정으로 불붙을 기회는 거의 없을 것이다. 우리는 우리를 불렀고 우리가 이제 선포하도록 부름을 받은 복음에 의해서 깊이 감동되어야만 한다.

5. 결론

이런 것들은 우리가 강해 설교를 복음전파의 견해를 가지고 전하는 데 우리에게 도움을 주는 요소 중에 몇몇 가지이다. 우리는 성경 전체가 복음 중심적이라는 것을 이해해야만 한다. 우리는 우리 가운데 알려진 혹 알려지지 않은 비기독교인의 존재를 고려해야만 한다. 우리는 그들에게 흥미를 줄 수 있는 주제들(설교 자체가 히브리서 혹은 말라기에 대한 직접적인 강해일 때에 조차도)에 대해서 전할 것을 알려줄 수 있다. 우리는 공통적인 사안에 대한 성경의 관련성을 보여주는 데 도움이 되는 방법으로 설교를 시작할 수 있다. 우리는 복음을 분명히 언급할 수 있고, 복음을 감동적으로 그리고 개인적으로 예시할 수 있으며, 복음을 엄격하게 적용하는 기도를 할 수 있고, 분명하게 그리고 정직하게 반응을 촉구할 수 있다. 이런 모든 방법으로 우리의 강해 설교는 복음을 제시할 수 있다.

복음 전도적인 강해 설교의 힘에 대해서 내가 그렇게나 자신감을 가지는 한 가지 이유는 대학생이었을 때 어느 여름에 들었던 일련의 메시지들 때문이다. 내가 참여한 대학 친교 캠프에서, 제임스 몽고메리 보이스는 창세기의 처음 몇 장과 그리고 로마서의 처음 몇 장을 강해적으로 설교를 했다. 그 메시지들은 내가 들어왔던 가장 강력한 강해 중의 몇 가지였다. 말씀이 설명되었다. 그리고 명확하게 제시되는 말씀은 이미 영광스러운 진리들을 더욱 영광스러운 것으로 만들었다.

우리 죄의 어두움과 하나님이 보여주신 자비의 깊이가 나에게 그보다 더 이상 분명할 수가 없었다. 동시에 이 메시지는 나에게 전해진 복음에 대한 가장 명쾌한 설명 중 몇 가지에 해당하는 것이었다. 그리스도의 십자가와 회개와 믿음의 필요성은 더 이상 분명할 수 없었다. 나의 남침례 동료들, 즉 부흥을 향해 가는 동료들이 자신들의 귀로 들었던 가장 강력한 복음적 설교 중 몇몇 가지가 바로 그 깊이 있는 성경 강해들 가운데 있었다. 하나님의 은혜는 분명히 장엄했다. 그때 이후로 지난 수십 년의 세월이 흘렀지만 그 설교들 속에 있었던 복음 전도와 강해와 가졌던 행복한 만남에 대한 나의 기억은 희미해지지 않았다.

그리고 하나님의 선하신 섭리 속에서 나는 복음 전도적이면서 강해적인 설교들을 듣는 많은 다른 기회를 가지는 축복을 받았다. 하나님의 도움으로 나 역시도 그와 같은 설교가 내가 전하는 방법이 되었다고 생각하고 싶다. 그리고 만약에 당신이 여전히 본 장을 읽고 있다면, 당신 역시도 동일한 것을 해왔을 것이라고 나는 생각한다. 우리가 위대한 설교자들만큼 전하지는 못한다 하더라도, 우리는 적어도 동일한 메시지와 동일한 목적을 전할 수는 있다. 즉 하나님은 죄인들을 구원하심으로 그리고 그분 교회의 교화(敎化)를 통해서 영화롭게 되실 수 있다는 것이다.

만약에 당신이 여전히 이것에 대해 의문점들을 가지고 있는 설교자라고 한다면, 다음번에 당신이 강해적으로 전하지 않고 복음 전도적으로 전할 때, 성경의 한 본문에서 동일한 그룹에 전하는 설교를 통해 어떻게 메시지가 강해질 수 있고, 전하는 요점들이 예시되며, 열정이 불이 붙고, 전하는 말씀의 구조가 깊어지는지를 생각해보도록 하라. 청중들이 파악하도록, 이해하도록 그리고 기억하도록 하는 데 어떤 특별한 본문이 유용한가? 그런 강해 설교는 복음 전도를 고양시켜주는가?

그리고 더욱이 다음번에 당신이 강해적으로 설교할 때, 복음 전도적으로 설교하지 않는다면, 그 설교가 무엇을 전하는 것과 같은지를 생각해보도록 하라. 복음으로 다가감이 없이 구약에 있는 율법의 주제를 정말로 탐구할 수 있는가? 그리스도 없이 하나님과 그분의 말씀 안에서 다윗이 즐거워한 것을 이해할 수 있는가? 하나님이 그리스도 안에서 행하실 것에 대한 이해 없이 이사야의 소망 혹은 에스겔의 비전을 나타낼 수 있는가? 하나님의 거룩하심, 우리의 죄, 그리스도의 희생 그리고 회개와 믿음에 대해 우리에게 요구되는 반응을 분명하게 말하지 않고 예수님의 가르침 혹은 요한의 서신서들을 설명할 수 있는가?

복음을 잘 전하는 것은 종종 하나님의 말씀을 사려 깊게 설명하는 것을 내포할 것이다. 하나님의 말씀을 사려 깊게 설명하는 것은 항상 복음을 전하는 것을 내포한다. 그 둘 중의 어느 것도 무시될 수 없다. 만약에 우리가 하나님의 말씀을 하나님의 백성에게 전해야만 한다면, 그 둘 모두는 설교에서 이루어져야만 한다.[4]

---

4 설교에 대한 많은 책이 있지만, 다음의 세 가지 책을 제안하고자 한다. Edmund P. Clowney, *Preaching and Biblical Theology* (Grand Rapids: Eerdmans, 1961; repr. Phillipsburg, N.J.: P&R Publishing, 1979); Graeme Goldsworthy, *Preaching the Whole Bible as Christian Scripture* (Grand Rapids: Eerdmans, 2000); John Piper, *The Supremacy of God in Preaching* (Grand Rapids: Baker, 1990).

CHAPTER 7

공동 예배에서 성경 읽기와 성경의 내용으로 기도하기

| 테리 존슨(Terry L. Johnson) / 리곤 턴컨 3세(J. Ligon Duncan III)
Independent Presbyterian Church 목사 / First Presbyterian Church 목사

우리 세대의 복음주의적 공동 예배와 관련된 놀라운 일 중의 하나는 성경이 눈에 띄게 결핍되어 있다는 것이다. 우리의 모임에서 성경이 읽히고, 성경의 내용으로 기도하고 찬양하는 일은 거의 없다고 할 수 있다. 고도의 예식적인 전통이 성구집과 다른 방편을 통해서 예배 의식에 성경적 언어를 계속적으로 불어 넣어주고 있고, 심지어는 기록된 하나님의 말씀이 가진 최종적인 권위에 대한 성직자 혹은 회중의 실제적인 존중이 거의 없는 때일지라도, 복음주의적인 예배(모든 기독교인 가운데서 성경을 가장 진지하게 받아들인다고 고백하는 사람들이 모인 찬양)에서 성경이 종종 거의 사라지고 있는 것은 극단적으로 아이러니한 상황이다.

본 장은 하나님에 대한 공동 예배에서 성경을 공적으로 읽고 성경의 내용으로 기도하는 것을 교화(教化)하려는 외침이다. 우리가 찾고 있

는 것은 다음과 같은 매우 간단한 것이다. 회중 예배에서 성경의 상당 부분을 정규적으로 읽는 것을 다시 등장하게 하는 것, 설교 본문과 다른 성경 읽기, 하나님의 백성이 듣게 될 부분을 이해하는 데 도움을 줄 (따라서 그들 자신을 위해서 하나님 말씀을 읽는 방법을 그들이 배우는 데 도움을 주는) 간결한 서론이 동반된 읽기, 회중의 구성원들 가운데서 하나님의 말씀을 공적으로 읽는 것의 중요성을 기대하며, 바라고, 이해하도록, 그래서 만약에 예배 의식이 하나님 말씀의 본질적인 제시를 포함하지 못한다면 그들이 어떤 개인적인 손실감을 느낄 수 있도록 하는 지역 교회 사역 등등을 찾는 것이다.

게다가 본 장에서 우리는 사역자들의 강단 기도 중요성에 대한 더 높은 판단을 사역자들이 가지도록 동기부여 하는 것을 목표로 한다. 스펄전(Spurgeon)은 한 때 다음과 같이 신랄한 경구적인 말을 했다. "글쎄…만약에 내가 설교와 기도 사이에 선택을 해야만 한다면, 나는 설교가 사라져야만 한다고 생각한다." 이 진술은 이론상으로나 실제적으로 전능하신 하나님에 대한 공적인 예배에서 선포되는 말씀의 중심성을 결코 훼손하지 않은 사람이 한 말이다. 구약학자이며 주석가인 존 커리드(John Currid)는 출애굽기 32장과 모세의 중보기도를 해설하고 적용하면서 다음과 같이 주석한다.

> 웨스트민스터 신앙고백서(1645)는 목사직의 여덟 가지 기본적인 의무를 열거한다. 그중에 첫 번째 의무가 중보기도 문제를 다루고 있다는 것은 매우 중요하다. "첫째, 하나님에 대한 백성의 입으로서 자신의 양떼를 위해 그리고 더불어 기도하는 것은 그의 직분에 속한다. 사도행전 6:2, 3, 4와 20:36에서 설교와 기도는 동일한 직분의 여러 가지 부분으로서 연결되어 있다. 장로(즉, 목사)의 직분은 사적으로라도 병든 자를 위해 기도하는 것이다. 이런 기도에 축복이 특별하게 약속되어 있다. 그러므로 더욱이 목사는 자신의 직분의 일부분으로서 그의 직분의 공적인 수행에 있어서 이것을 실행해야만 한다."[1]

---

[1] 이 인용은 실제로는 웨스트민스터 성직자 회의 주관으로 만들어졌고, 1645년 2월에 총회

목사(그리고 다스리는 장로들)에게 자신의 양떼를 위해서 기도하는 것보다 더 커다란 일은 없다. 불행하게도 교단들, 신학교들, 개별적인 교회들은 이 주제에 대해서 관심을 거의 전적으로 보이고 있지 않다. 그리고 많은 목사는 중보 기도를 근본적인 것으로 여기기보다는 부수적인 것으로 여기고 있는 것 같다. 물질주의와 세속주의의 부패함이 오늘날 교회를 부패시킨다는 것은 놀라운 일이 아니다.[2]

하나님 말씀을 읽는 것을 회복시키는 것과 성경의 언어와 사고로 가득찬 기도로 공적인 목양적 중보기도를 강하게 실행하는 것을 다시 일으키는 것은 오늘날 교회를 위해 유익함이 되는 것은 분명할 것이다.

1. 예배에서 말씀을 읽기

휴스 올드(Hughes Old)는 교회 전체 역사에서 기독교 예배의 본질적인 구성요소로서 하나님 말씀을 읽는 것의 핵심적인 중요성을 의심할 여지없이 분명하게 세웠다.[3] 그러나 어느 누구도 이 문제에 대해 신약에 있는 바울과 목회서신들 이외의 다른 곳에서 보다 더 깊은 내용을 얻지는 못할 것이다. 바울과 목회서신들은 하나님의 말씀을 정규적이면서 공적으로 읽는 것과 관련해 교회를 설립하는 사람에게 주어진 분명한 지침을 준다.

바울은 디모데에게 다음과 같이 말했다. "내가 이를 때까지 읽는 것

에서 인준된 자료인 "Pastors"라는 제목 아래에 있는 "The Form of Presbyterial Church Government"에서 발견된다. 웨스트민스터회의(Westminster Assembly) 글들의 많은 판본에서 이용 가능하다. 특별히 도움이 되는 판본은 아래와 같다. *The Subordinate Standards and Authoritative Documents of the Free Church of Scotland* (Edinburgh: Free Church of Scotland, 1973), 172(첨가된 강조).

2 John Currid, *A Study Commentary on Exodus* (Darlington, England: Evangelical Press, 2001), 2:277.

3 Hughes Oliphant Old, *The Reading and Preaching of the Scriptures in the Worship of the Christian Church* (Grand Rapids: Eerdmans, 1998). 이 시리즈는 올드의 대작이다. 이 문제에 대한 어떤 지적인 토론을 위해서는 이 시리즈가 출발점이 되어야만 한다.

과 권하는 것과 가르치는 것에 착념하라"(딤전 4:13). 이런 지침은 새로운 것이 아니었다. 성경을 공적으로 읽는 것은 구약시대 이후로 하나님을 예배하는 데 있어서 핵심이 되는 일이었다. 오늘날 우리에게 절실히 필요한 것은 이러한 지침을 진지하게 받아들이는 사역자들이다. 예배가 온전히 성경적인 내용으로 이루어지는 특징을 가지고 있는 복음적 교회가 드물기 때문이다.

하나님의 말씀을 읽을 때, 하나님은 그분의 백성에게 가장 직접적으로 말씀하시게 되는 것이다. 그러므로 하나님의 말씀 계시가 모여든 그분 자신의 백성 마음에 편집되지 않고 전해지는 예배의 이런 모습은 결코 무시되거나, 간과되거나, 폐쇄되어서는 안 된다. "나는 오늘 본문을 읽을 시간이 없습니다"(마치 "우리는 설교를 전하는 자의 말씀을 받기 위해 하나님의 말씀은 빨리 지나쳐버려야 할 필요가 있다!"고 말하는 것처럼)라고 말하는 설교자들을 참고 견디어주는 것은 매우 괴로운 일이다. 하나님의 말씀을 공적으로 읽는 것이 없는 전반적인 예배를 드리는 것은 말씀의 기근을 자초하는 것이다.

더욱이 존 리드 밀러(John Reed Miller)가 "하나님의 말씀을 읽는 것은 하나의 사건이어야만 한다"라고 말한 것과 같다. 그것은 회중의 흥미를 끄는 것이어야만 한다. 그것은 회중의 관심을 사로잡는 것이어야만 한다. 그것은 때때로 회중을 전율하게 하고, 때때로 기쁘게 하는 것이어야만 한다. 그것은 예배의 다른 성경적 요소와 동일한 지위와 중요성에 이르기까지 높여져야만 하며, 공동 예배에서 복음 사역의 본질적인 삼중 직분(*triplex munus*)의 부분으로 목양적 설교와 기도가 결합된 것으로 보여야 한다. 따라서 하나님의 말씀을 읽는 것은 마치 공적인 기도와 같이, 마치 설교와 같이, 마치 예배 의식의 전체와 같이 준비되어야 할 필요가 있다. 말씀의 사역자는 자신이 말씀을 전달하는 방법에 있어서 말씀을 읽는 것의 지고한 중요성을 전달할 수 있다.

그러면 어떻게 그와 같은 것을 할 수 있는가? 어떻게 우리는 이것이 공동 예배에서 이루어지도록 접근해야만 하는가? 공적 예배를 위한 웨스트민스터 예배모범의 규범은 의사가 환자에게 명령한 것과 같다.

하나님을 공적으로 예배(이 예배에서 우리는 우리가 그분께 의존되어 있음과 그분께 종속되어 있음을 고백한다)하는 것의 한 부분인 회중 속에서 말씀을 읽는 것 그리고 하나님의 백성의 교화를 위해서 하나님에 의해 거룩하게 된 하나의 수단은 목사들과 교사들에 의해 시행되어야만 한다. 그렇지만 장로회에 의해서 허락이 된다고 한다면, 성직을 수행하려는 사람들은 때때로 말씀을 읽고 회중에서 말씀을 전하는 그들의 은사를 실행할 수 있다.

구약과 신약(그러나 일반적으로 외경이라 불리는 책은 그 어떤 것도 안 됨)의 모든 정경은 모두 명료하게 들을 수 있고 이해할 수 있는 가장 좋은 허락된 번역으로부터 각국의 대중이 사용하는 평범한 말로 낭독될 수 있다.

한 번에 얼마나 많은 분량을 읽을 것인지는 사역자의 재량에 맡겨진다. 그러나 일반적으로 매번 모일 때 신구약 한 장을 읽는 것이 편리하고 적절하다. 때때로 장이 짧거나 일관성이 요구되는 경우에는 한 장 이상 읽을 수도 있다.

사람들이 성경 전체에 좀 더 익숙해질 수 있도록 모든 정경을 두루 읽는 것은 필수적인 사안으로 매우 중요하다. 그리고 대개는 주님의 날에 구약이든 신약이든 어느 곳에서 읽기가 끝난 곳에서 다음번에 시작할 수 있다.

우리는 또한 읽는 사람이 자신의 청중의 교화(敎化)를 위해서 가장 좋은 것이라고 생각할 그런 성경, 즉 시편과 같은 것들을 좀 더 자주 읽을 것을 권한다.

읽는 사역자가 읽은 것의 어느 부분을 설명할 필요가 있다고 판단할 때는 그 전체의 장 혹은 시편이 끝날 때까지는 설명하지 말도록 하라. 그리고 항상 시간을 고려해서 설교나 다른 어떤 의식들 어느 것도 제한되거나 지루해지지 않도록 해야 한다. 어느 규칙이든 다른 모든 공적인 실행 속에서 준수되어야만 한다.

거룩한 성경을 공적으로 읽는 것 외에, 읽을 수 있는 사람은 모두 개인적으로 성경을 읽도록(그리고 나이나 다른 이유로 인해서 장애를 가지고 있지 않다고 한다면, 읽을 수 없는 다른 모든 사람은 읽는 것을 배우도록 권면을 받아야만 한다) 그리고 성경을 가지도록 권면을 받아야만 한다.[4]

---

[4] 공적 예배를 위한 규칙서: "Of Public Reading of the Holy Scriptures," in *Subordinate Standards*

다음은 매우 현명하고 성경적이며 목양적인 열한 가지 조언이다.

1. 성경을 공적으로 읽는 것은 공동 예배의 한 부분, 엄밀히 말하면 한 요소이다. 그것은 어떤 선택사항이 아니다. 공적으로 성경을 읽는 것이 무시될 때, 기독교 예배에 본질적으로 중요한 하나의 국면이 돌이킬 수 없이 상실된다. 웨스트민스터 신앙고백서가 다음과 같이 기술하는 것과 같다. "경건한 경외심을 가지고 성경을 읽어야 한다. 건전한 설교와 이해 및 신앙과 존경심을 가지고 하나님께 순종할 마음으로 말씀을 경청하는 것과 마음에 감사함으로 시를 부르는 것과 그리스도께서 세우신 성례를 바로 거행하며 합당하게 받는 것은 모두 하나님께 드리는 일반적 예배의 부분이다"(21.5). 성경을 읽지 않는 것은 동일한 순서에서 설교 순서를 가지지 않은 것 혹은 회중이 부르는 찬양을 빼먹는 것과 같다.
2. 성경을 공적으로 읽는 것은 은총의 수단이다. 공적으로 성경을 읽는 것은 우리가 공개적으로 그리고 공동으로 그분의 말씀 아래 앉는 기회로서 역할을 할 뿐만 아니라(그분의 권위를 인정하고, 우리가 그분의 자기 계시의 주도권에 의지되어 있음을 인정하며, 우리가 그분의 말씀의 주권에 즐거이 항복하는 것을 인정하는 것), 그것은 또한 우리가 강해지는 그리고 그분의 은총을 받는 하나님이 지정하신 수단이다. 하나님은 성경을 공적으로 읽는 것을 통해 그분의 백성을 축복하시고 교화(敎化)하셨다.
3. 성경을 공적으로 읽는 것은 말씀을 전하는 책임이 있는 사람들에 의해서 이루어져야만 한다. 다양한 교회 전통에서 성경을 읽음으로 교회를 인도하도록 청함받은 회중 구성원들을 보는 것은 흔한 일이다. 때때로 이와 같은 청함은 교회 의

---

and Authoritative Documents, 138-39.

식이 좀 더 참여적인 것이 되도록 하는 바람을 가지고 이루어진다. 때때로 이것은 반교권주의의 긍정적인 형태 혹은 모든 믿는 자의 제사장직을 강조하기 위해서 이루어진다. 때때로 그와 같은 청함은 의혹의 눈으로 바라보는 문화에 다음과 같은 것을 증거하기 위해서 이루어진다(사람들은 의혹을 가진다). 즉 보수적인 복음주의적 교회들이 그들의 위치에서 여성 설교자들을 반대하여 자동적으로 반응하지 않는다는 것, 그래서 때때로 만약에 선포의 영역이 아니라고 한다면, 여성들은 그 영역에서 교회를 이끌도록 초대되고 있다는 것을 증거하기 위해서 이루어진다. 이제 우리는 다음과 같은 것을 의심하지는 않는다. 즉 교회 예배에서 목사가 아닌 사람들이 성경을 공적으로 읽는 관행을 따르는 많은 기독교인은 그들이 성경적으로 행하는 것이라는 분명한 의식을 가지고 그렇게 한다는 것을 의심하지는 않는다. 그러나 웨스트민스터회의(Westminster Assembly)는 이런 관행에 대해서 반박한다. 성경적인 근거를 토대로 반박한다. 교회 직분에 대한 웨스트민스터회의의 지고한 견해뿐만 아니라, 말씀을 읽는 것에 대한 지고한 견해로 인해서 반박한다. 대요리문답 156번에서 성직자들은 "누구나 다 공적으로 회중에게 말씀을 봉독하도록 허락되어 있지는 않다"(구약 제사장직의 예를 토대로)라고 말했다. 교회 정치 형태(Form of Church Government)는 이 주장을 상세히 설명한다. 그러나 근본적인 이유는 하나님의 말씀을 읽는 것에 있어서 하나님은 그분의 백성에게 가장 직접적으로 말씀하신다는 것이었다. 하나님의 말씀을 선포하는 것은 목사들의 독특한 책임이어야만 하기 때문에, 그 동일한 말씀을 읽는 것 역시도 그런 것이라고 보는 것이다. 그것은 읽힌 말씀과 선포된 말씀 시이의 동등성에 관한 것이다. 읽힌 말씀은 선포된 말씀보다 중요성이 좀 낮은 그 어떤 것이 아니다. 그러나 만약에 교회에서의 설교가 목사들과 장로들에게 국한되고 말씀을 읽는 것은 그렇지 않다고 한다면, 읽힌 말씀과 선포된 말씀은 동일하다는 생각은 전해진 중요한 메시지인 것이다. 교회 질서에 대한 미국 장로교회 예배모범 부분은 이와 동일한 주제를 다루고 있는데, 다음과 같이 말한다. "거룩한 성경을 공적으로 읽는 것은 하나님의 종인 목사에 의해서 이루어진다. 성경을 읽는 것을 통해서 하나님은 회중에게 가장 직접적으로 말씀하신다. 심지어 설교를 통하는 것보다 더 직접적이다. 목사가 성경을 읽는 것은 목사와 회중에 의해서 성경의 어떤 부분을 교독하는 것과는 구분되어야만 한다. 전자의 경우에서 하나님은 그분의 백성에게 말씀하시며, 후자의 경우에서 하나님의 백성은 성경의 말씀 속에서 그들의 회개, 예찬, 감사 그리고 다른 거룩한 생각을 드리는 표현을 전한다."[5]

4. 목사는 성경의 모든 것을 자신의 회중에게 읽어주도록 노력해야만 한다. 정경인 모든 성경은 "교훈과 책망과 바르게 함과 의로 교육하기에 유익하다"(딤후 3:16). 그러므로 하나님의 백성은 하나님의 모든 말씀으로부터 들을 필요가 있다. 잘 알려진 부분과 격려하는 본문 혹은 신약과 시편뿐만 아니라, 모세오경, 선지서, 지혜 문학, 역사서, 복음서, 서신서, 사도행전과 요한계시록 모두를 들을 필요가 있다. 종교개혁자들은 오직 성경(*sola scriptura*)교리의 필요성을 믿었을 뿐만 아니라, 모든 성경(*tota scriptura*)교리의 필요성도 믿었다. 청교도들은 그 당시 왕실 성직자들이 성경의 균형감을 유지하면서 계속적으로 읽지 못하는 것을 종종 비난했다. 이것은 우리가 창세기에서 시작해서 요한계시록에서 끝나야만 한다는 것을 의미하는 것은 아니다. 이것은 다음과 같은 것들을 의

---

5 *The Book of Church Order of the Presbyterian Church in America* (6th ed.; Atlanta: Committee for Christian Education and Publication, 2001), 50-51.

미한다. 즉 우리는 어떤 읽는 방법을 따라야만 한다는 것 그리고 우리는 장별로 혹은 중요한 부분별로 전체 성경을 읽어야만 한다는 것이다.

5. 목사는 가장 유용하게 번역된 역본을 가지고 읽어야만 한다. 물론 우리는 어느 번역이 가장 유용한 것인지에 대해서 간략한 논의를 시작할 수 있을 것이다. 그러나 여기서 말하고자 하는 유익하고 좋은 점을 놓치지 않도록 하라. 목사는 사람들이 쉽게 다가갈 수 있는 건전한 번역본에서 읽어야만 한다. 자신들의 구약 교수가 아침 설교 전에 히브리어로 된 본문을 읽을 때, 황홀경에 빠진 비현실적인 신학교 학생들을 나는 종종 만난다. 그 학생들은 그들이 즉석에서 복잡한 히브리어 내러티브를 감동적으로 번역하는 것으로 자신의 회중을 한눈에 반하게 만드는 꿈을 꾼다. 글쎄…나 역시도 일어서서 나의 번역을 들려줄 수는 있을 것이다. 그러나 나 이외에 그 공간 안에 있는 어느 누구도 예배가 끝난 뒤에 그들 스스로 그 말씀에 대해 늘 다가가서 볼 수 있는 기록된 히브리어 책을 가지고 있지 못할 수도 있고 혹은 그것을 연구하지 못할 수도 있을 것이다. 그렇게 해서는 안 된다! 헬라어, 히브리어, 아람어를 읽을 수 있는 설교자들이라 할지라도 목양적 돌봄을 위한 의도적인 행위로서 가장 유용하게 문자적으로 번역된 역본에서 읽어야만 한다. 이것은 웨스트민스터 회의가 "읽을 수 있는 모든 사람은 성경을 개인적으로 읽도록 권면되어야만 한다…그리고 성경을 가지는 것도"라고 말했을 때, 그 회의가 의도했던 것을 장려하게 될 것이다. 유능한 주석가는 자기 나라의 말로 된 좋은 번역을 가지고 그 자신이 분명하게 읽은 본문에 대한 강해에 자신의 통찰을 항상 적용할 수 있다. 그러나 그의 청중 중에 그의 개인적인 번역을 읽고 연구할 수 있는 사람은 거의 없다. 그러므로 그 주석가는 그 청중들이 접근하고 암기하고 연구할 수 있는 번역을

사용해야만 한다.

6. 목사는 상식 선에서 한 번에 읽을 성경의 양이 얼마나 되어야 하는지 결정해야만 한다. 만약에 회중이 그 예배에서 많은 성경을 읽어보지 못했다고 한다면, 민수기, 레위기, 역대기 혹은 욥을 한 번에 한 장씩 힘들여 읽는 것은 말씀을 읽는 것을 중단하게 만드는 가장 좋은 방법이 될 것이라고 나는 생각한다. 분별력을 사용하라! 쉽고 잘 알려진 부분을 가지고 시작하라. 중요한 부분을 읽은 것에 대한 요점을 파악하는 데 전념하라. 하지만 처음에는 좀 더 작은 부분으로 시작하라. 매우 긴 장들은 나누라. 자연스럽게 여겨지는 단락을 구분하라. 하나님의 사람들이 천천히 습관에 젖어들도록 하라. 하나님의 사람들이 불을 끄는 소화전(消火栓)에서가 아니라 먼저 천연수에서 먹도록 하라. 먼저 복음서, 그 중에 마가복음으로 시도하라. 장들을 나누라. 하나님의 사람들에게 예수님의 목회와 사역에 대한 전체적인 이야기를 느끼게 하라. 당신은 공격적인 빠른 속도가 아니라 하더라도 마가복음을 반년이 못되어서 읽을 수 있을 것이다. 그런 뒤에 좀 더 도전적인 일을 시도하라.

7. 목사는 구약과 신약을 읽는 균형을 유지해야만 한다. 만약에 당신이 예배에서 신약을 가지고 설교를 한다면, 구약에서 읽도록 하라. 만약에 당신이 구약을 가지고 설교를 한다면, 신약에서 읽도록 하라. 웨스트민스터 예배모범(Westminster Directory)은 설교 본문과 메시지 이외에 구약에서 한 장과 신약에서 한 장을 매 예배에서 읽도록 심사숙고 하여 정한다! 그것은 아마도 오늘날 그리고 우리의 전형적인 예배 시간의 길이를 생각하면 좀 과도하게 도전적인 것일 수 있다. 그러나 당신이 읽는 것에서 구약과 신약의 균형에 관심을 기울이는 원리는 신구약이 그 균형감을 처음 이야기했을 때와 같이 현명한 것이다. 당신의 예배 길이에 따라 결국 성경 읽기는

한 번 읽는 것보다 좀 더 많이 읽는 것이 가능할 수도 있을 것이다.

8. 목사는 성경 통독을 위한 순서를 만드는 계획을 발전시켜야만 한다. 예배모범은 "모든 정경이 순서대로 읽혀져 사람들이 성경 전체에 좀 더 친숙해질 수 있도록 하는 것은 매우 필요한 일이다"라고 말한다. 네 번째 항에서 언급한 대로 목사는 성경을 전반적으로 살펴보는 실제적이고 합리적인 방법을 발전시키고 따라야할 필요가 있다. 목사는 연대기적으로 혹은 성경 문학 유형을 번갈아서 혹은 정경적 순서에 따라 읽어나갈 수 있다. 그러나 어떤 경우이든 목사의 실행에 대한 어떤 방법이 있을 필요가 있다.

9. 목사는 자신이 멈춘 곳에서 시작해야만 한다. 지난 조항에 이어 예배모범은 "일반적으로 주일에 구약이든 신약이든 읽기를 마친 곳에서 다음번에 시작해야 한다"라고 권한다. 청교도들은 왕실 성직자들이 간략하게 읽는 것조차도 끊임없이 거르는 것을 종종 놀리곤 했다. 청교도들은 그 왕실 성직자들의 길이 토끼가 남긴 흔적을 닮았다고 말했다. 사람들에게 지난번에 읽은 것을 되새겨주고, 그들에게 오늘 읽는 것과의 관련성을 보여주며, 그들에게 커다란 그림에 대한 감(感)을 심어주도록 하라. 그리고 말하기에 서글픈 일이기는 하지만, 당신이 읽는 것을 듣고 있는 사람 중에 많은 사람은 아마도 그 한 주를 지내면서 성경을 다시 펴보지는 않을 수도 있을 것을 기억하도록 하라. 이렇게 예배 시간에 성경을 읽는 것은 그들이 읽힌 그 말씀을 듣는 혹은 그들 자신을 위해서 그 주에 성경을 읽는 유일한 시간일 수도 있다. 그렇다면 이와 같이 예배 시간에 성경을 읽는 것은 중요한 것이다.

10. 목사는 시편과 같은 성경의 특별히 교훈적인 부분을 규칙적으로 사용해야만 한다. 성경의 어떤 부분은 크게 읽을 때 더 커다란 유익이 있는 그런 부분이 있다. 그 부분이 더 영감된

것이라고 말하는 것이 아니다. 그러나 듣는 사람들 대부분이 역대기상 6장의 족보에서 얻을 수 없는 즉각적이고 분명한 유익을 시편 51편이 가져다 줄 수 있다는 것을 누가 의심할 수 있는가? 예를 들어, 시편을 읽고 듣는 것은 우리의 경험이 가지는 긴급성들에 못지않은 심오한 영성과 경건을 위한 자원을 제공해준다. 시편은 삶의 실체를 다루고 있고 살아계신 하나님께 쏟아 부어진 영혼의 상태, 즉 불평, 마음의 애통함, 공허감 등을 드러내준다. 이런 것들 이외에 시편은 비교할 수 없이 위대하신 하나님 그리고 그분의 계획과 목적은 우리의 계획과 이해를 훨씬 더 뛰어넘는다는 것, 그러나 또한 영원한 언약적 사랑으로 우리를 사랑한다는 것을 고백한다. 따라서 우리는 시편에서 영적인 경험에 있을 수 있는 객관적이고 주관적인 완전한 성경적 균형감을 보게 된다. 시편에서 하나님과 그분의 말씀은 믿는 자들의 경험 속에서 주도적으로 느낄 수 있는 것들이 분명하다. 그 경험은 타락한 세상에서 삶의 그 어떠한 상처들과 곤경들 그리고 의문들에 대해 조금도 감함이 없는 그런 것이다. 종교개혁자들이 예배에서 시편을 노래하고 읽어야만 한다고 생각했던 것은 놀라운 일이 아니다. 그들은 시편을 전반적인 기독교적 경험의 핵심으로 보았던 것이다. 그러므로 공적으로 읽는 우리의 주기적 순서에서 예를 들어 사무엘하가 가질 수 없는 뛰어난 특징을 시편이 가지고 있는 것은 자연스러운 것이다.

11. 목사는 읽은 것에 대한 간략한 설명의 말을 곁들여야만 한다. 그러나 그 말이 말씀을 읽는 것보다 훨씬 길거나 더 중요하게 여겨지지 않도록 해야만 한다. 에드워드 어빙(Edward Irving)의 안타까운 삶에서 나온 다음과 같은 유명한 이야기가 있다. 훌륭한 설교자였던 토마스 찰머스(Thomas Chalmers)가 어빙의 교회에서 설교하도록 초청을 받았을 때, 황당스럽게 괴짜인 어빙이 성경을 읽었고 그 읽은 성경에 대해 약 40

분 동안이나 설명을 했다. 그래서 설교 시간이 되었을 때, 찰머스는 그렇게나 긴 설명의 말 뒤에 일어나서 설교를 해서는 안 된다는 생각을 가졌다. 이런 상황은 회중 모임이 정규적인 성경 읽기와 관련해서 보기를 원하지 않았던 바로 그런 상황이었다! 성직자들은 다음과 같이 분명하게 말했다. "설교도 다른 순서도 제한되거나 지루해지지 않도록 항상 시간에 주의를 기울여야만 한다." 성경 읽기와 그에 따른 설명의 말이 말씀을 전하는 설교, 찬양, 성례의 집례, 혹은 목양적 기도를 밀어내서는 안 된다.

2. 예배에서 성경의 내용으로 기도하기

공적으로 기도를 드리는 것 또한 예배에서 주의를 기울여야할 가치가 있는 주된 것 중의 하나이다.[6] 주의 날에 드리는 예배 의식은 공적인 의식이기 때문에, 그런 예배 중에 드려지는 기도는 공적인 필요와 순서의 수준이 있다. 이것은 공적인 기도가 그 주체에 관한 일이나 그 목적 모두에 있어 개인적인 기도와는 다를 것임을 의미한다. 즉 공적인 기도는 대중을 교화해야만 한다. 공적으로 전해지는 기도는 침묵적인 것이 아니라 들을 수 있는 것이며 지적인 것이어야 한다. 그 기도는 개인적인 것이 아니라 공적인 교화를 목적으로 하고 있기 때문이다. 그 기도의 목적은 하나님을 찬양하고 회중을 축복하는 것이어야만 한다. 두 가지 청중이 있다. 즉 한 분은 하늘에 계시고 한 무리는 땅 위에 있다. 이것은 고린도전서 14:14-19에서 사도 바울이 지적한 바로 그 내용이다. 만약에 누군가가 "영으로"(이것이 정확하게 무엇을 의미하든지 간에) 기도해서 다른 사람이 이해할 수 없다고 한다면, 그 기도는 신실한 감사의

---

[6] 본 장의 이 부분은 테리 존슨(Terry Johnson)에 의한 것이다. 모든 1인칭 언급과 개인적인 표현과 경험에 대한 이야기는 그 공동저자에서 온 것이며 그 공동저자를 가리키는 것이다.

표현일 수는 있지만, "다른 사람은 덕 세움을 받지 못한다"(14:17; 여기에 중요한 점이 있다). "일만 마디 방언"보다 "남을 가르치기 위하여" 깨달은 마음으로 다섯 마디 말을 하는 것이 더 낫다(14:19). 공적인 기도는 하나님께 말하는 것이면서 공적인 교화와 지침을 위한 것이다. 공적인 기도는 설교와 밀접하게 관련된 일종의 또 다른 강단 설교이다.

공적인 기도에 대한 이런 이해는 초기 개신교주의와 이어지는 전체 자유교회(장로교, 회중교회, 침례교, 감리교) 전통이 가지는 전형적인 이해였다. 공적으로 기도하는 데 사용되는 기술은 하나님이 공적인 사역으로 부르신 사람들에게 주신 일종의 은사로 여겨졌으며, 기도 훈련과 성경의 경건 언어에 대한 주의 깊은 연구를 통해서 계발되어야만 하는 것이었다. 믿음은 하나님의 말씀을 들음으로 나는 것이기 때문에(롬 10:17), 기도에서 성경적인 언어와 암시적인 내용을 사용하는 것은 매우 중요한 것으로 이해되었다. 성경적 내용이 풍부하고 감동이 넘치는 기도가 공적인 예배에서 주어질 때 회중은 교화될 것이다.

부처(Bucer), 파렐(Farel), 칼빈(Calvin), 녹스(Knox)가 예배의 순서와 자유 기도를 장려하는 속에서 성경에 토대를 둔 기도를 글로 작성할 때, 이와 같은 확신들은 그들의 교회 예전적 개혁들 근저에 깔려 있다.[7] 미들버그 예전(Middleburg Liturgy), 하나님의 공적인 예배를 위한 웨스트민스터 예배모범(Westminster Directory) 그리고 기도서 개혁을 위한 청교도주의의 마지막 시도에서 찰스 2세에게 헌정된 리차드 백스터(Richard Baxter)의 사보이 혹은 개혁된 예전에서 볼 수 있는 바와 같이, 그런 확신은 영국 청교도들이 시도한 개혁에서 분명하게 증거되고 있다. 100년 이상의 기간에 걸쳐 진행된 종교개혁과 두 번째 종교개혁 전 기간을 통해서 주제는 다음과 같이 동일했다. 기록된 기도는 좀 더 성경적이어야만 하며, 자유로운 기도는 허락되어야만 한다. 그러면 교회가 기도할 때 사람들이 교화될 수 있을 것이다.[8] 목양적인 관심이 이런

---

[7] Bard Thompson, *Liturgies of the Western Church* (Philadelphia: Fortress, 1961), 159-224, 287-307.
[8] Ibid., 311-405.

예식적인 개혁들을 추진해왔다.

통일령(Acts of Uniformity, 잉글랜드 국교회의 기도 방식-역주)과 1662년에 있었던 잉글랜드 교회로부터 청교도들의 대방출에 이어서, 영국국교회주의는 정해진 형태로 구성되고 이런 형태로부터 어떤 일탈도 허용하지 않는 엄격한 예식적인 예배로 회귀했다. 그러나 동의하지 않는 교회들은 성경적으로 풍성한 자유로운 기도를 계속적으로 강조했다. 수세대동안 스코틀랜드 장로교 목사들, 영국 비국교도들 그리고 그들의 미국 자매 교회들은 매튜 헨리(Matthew Henry)의 『기도』(Method for Prayer) 또는 아이작 왓츠(Isaac Watt)의 『기도로의 안내』(Guide to Prayer)를 참고해서 기도를 배웠다. 이 중에 매튜 헨리의 『기도』는 1712년에서 1865년 사이에 30판 이상 출판되었다.[9] 헨리는 다음과 같이 생각했다. 즉 공적으로 기도하는 사람은 그가 기도할 때 자신의 마음속을 들여다 보아야 할 뿐만 아니라 "그와 함께 하는 사람들의 교화를 추구해야만 하며, 내용과 말씀 모두에서 교화(敎化)에 대해서 주목해야만 한다."[10]

헨리는 기도를 인도하는 사람들을 돕는 것으로서 사용되도록 자신의 책을 만들었다. 그는 다양한 경우를 위한 기도의 예와 형태를 보여줄 뿐만 아니라 경배, 고백, 감사 그리고 중보의 표준적인 범주들에 따라 자신의 책을 구성했다. 어떤 표제 부분만을 제외하고, 헨리 자신은 성경 언어를 거의 전적으로 사용했다. 그는 거의 250페이지에 해당하는 분량을 성경 구절 다음에 성경 구절을 이어가는 형태로 일관했다! 놀랍게도 그는 그의 서문(마치 그는 더욱 많은 것이 기록되었어야 했다고 설명하듯이)에서 "나는 내 생각에 처음으로 떠오르는 것만을 적었다"[11]라고 말한다.

헨리는 1710년에 썼는데 그의 기도문은 올드(Old)에 따르면, "수세

---

9 Hughes Oliphant Old, *Worship That Is Reformed according to Scripture* (Atlanta: John Knox, 1984), 102.

10 Matthew Henry, *A Method for Prayer* (ed. J. Ligon Duncan III; Greenville, S.C.: Reformed Academic Press, 1994), xii.

11 Ibid., xv. (첨가된 강조).

대 동안 개신교의 기도 삶을 형성했다."[12] 한 세대 뒤에 기도문을 쓴, 왓츠는 동일한 주제를 강조했다. 그리고 1849년에 사무엘 밀러(Samuel Miller)는 이 동일한 주제를 20세기 전환기에 이르기까지 가지고 가면서 『공적인 기도에 대한 단상들』(Thoughts on Public Prayer)이라는 책을 출판했다.[13] 그들은 모두 공적인 설교와 같이 공적인 기도는 회중 전체를 교화(敎化)해야만 하고, 그렇게 하기 위해서 공적인 기도는 성경적 언어와 암시로 풍부해야만 한다는 데 동의했다.

이런 관점이 주어짐으로 인해, 설교에 대한 좀 더 오래된 소형의 편람(便覽)들(예를 들어, 퍼킨스[Perkins], 도드리지[Doddrigde], 다브니[Dabney], 데일[Dale], 비처[Beecher], 브로더스[Broadus], 조엣[Jowett])이 공적인 기도에서 성경의 사용을 가르치고 있고 역설하는 것[14]을 보는 것은 놀라운 일이 아니다. 그들은 설교와 기도가 교화시키는 공적인 말의 유사한 형태라는 개신교가 가지는 주도적인 이해를 영구적으로 지속하게 만들었다. 윌리엄 퍼킨스(William Perkins)가 그것을 수년 전에 "예언하는 것의 두 번째 국면"이라고 명칭을 붙인 것과 같은 것이다.[15] 예를 들어, 헨리 워드 비처(Henry Ward Beecher)는 1872년에 설교에 대한 유명한 예일 강좌를 첫 번째로 전할 때 자신이 행한 연구의 한 부분을 "설교의 한 요소로서 기도"(Prayer as an Element of Preaching)라고 붙였다. 나중에 예일대 교수들인 브룩스(Brooks), 데일 그리고 조엣은 동일한 관심사항을 계속해서 반영했다. 동일하게 목회 신학에 대한 좀 더 오래된 편람들의 대

---

12 Hughes Oliphant Old, *Themes and Variations for a Christian Doxology* (Grand Rapids: Eerdmans, 1992), 12.

13 Samuel Miller, *Thoughts on Public Prayer* (1849; repr. Harrisonburg, Va.: Sprinkle, 1985).

14 William Perkins, *The Art of Prophesying* (1606; repr. Edinburgh: Banner of Truth, 1996); Philip Doddridge, *Lectures on Preaching* (London: Baynes, n.d.); Robert Dabney, *Sacred Rhetoric*; or, *Course of Lectures on Preaching* (1870; repr. Edinburgh: Banner of Truth, 1979); R. W. Dale, *Nine Lectures on Preaching* (London: Hodder & Stoughton, n.d.); Henry Ward Beecher, *Yale Lectures on Preaching* (New York: Fords, Howard & Hulbert, 1893); J. A. Broadus, *On the Preparation and Delivery of Sermons* (rev. ed.; 1870; repr. Nashville: Broadman, 1944); J. H. Jowett, *The Preacher: His Life and Work* (New York: Doran, 1912).

15 Perkins, *Art of Prophesying*, 77.

부분(예를 들어, 페어베른[Fairbairn], 머피[Murphy], 포터[Porter], 셰드[Shedd], 스펄전[Spurgeon])은 모두가 동일한 주제를 역설하면서 전형적으로 "설교" 혹은 "설교학"이라는 제목 아래 공적인 기도에 대한 부분을 포함한다.[16] 공적인 기도의 본질과 언어 그리고 가치에 대한 확연하게 일치된 견해는 종교개혁자들로부터 20세기 초엽에 이르기까지 추적될 수 있다.

3. 최근의 시기

그런데 이상스러운 기억상실증이 20세기 중반 어간을 자리 잡고 있는 듯하다. 최근에 몇 권의 책이 공적인 기도라는 주제에 대해서 쓰였다. 그리고 좀 더 오래된 몇 권의 편람(便覽)이 밀러(Miller, 1980년 대 중반)와 헨리(1994)의 책이 재판되기까지 광범위한 회람을 위해서 다시 출판되었다. 그 편람은 신(新)청교도적 출판 부흥의 일부분이었음에 대해 의심할 여지가 없다.[17] 공적인 기도에 대해 글을 쓴 그런 몇 명의 저자들은 이런 자유 기도 전통과 관련해서 볼 때 역사적인 연결점이 없는 진공 상태에서 그렇게 저술한 것이었다.

예를 들어, 1930년에서 1950년까지 프린스턴신학교 실천신학 교수였던 앤드류 블랙우드(Andrew Blackwood)는 『예배의 기법』(The Fine Art of Worship), 『기도 인도하기』(Leading in Prayer)를 포함해서 목회적 예식에 대한 수많은 책을 썼다.[18] 그 책은 20세기 목회적 예식에 대한 주된 영

---

[16] Patrick Fairbairn, *Pastoral Theology: A Treatise on the Office and Duties of the Christian Pastor* (1875; repr. Audubon, N.J.: Old Paths, 1992); Thomas Murphy, *Pastoral Theology: The Pastor and the Various Duties of His Office* (1877; repr. Audubon, N.J.: Old Paths, 1996); Ebenezer Porter, *Lectures on Homiletics and Preaching, and on Public Prayer; Together with Sermons and Letters* (New York: Flagg, Gould & Newman, 1834); W. G. T. Shedd, *Homiletics and Pastoral Theology* (1867; repr. Edinburgh: Banner of Truth, 1965); C. H. Spurgeon, *An All Around Ministry: Address to Ministers and Students* (1900; repr. Edinburgh: Banner of Truth, 1965).
[17] Watts의 *Guide to Prayer*의 편집된 판본은 1948년도 Epworth에 의해서 재판되었다.
[18] Andrew Blackwood, *The Fine Art of Worship* (Nashville: Abingdon, 1939); idem, *Leading in*

향을 끼친 책으로 고려되어야만 한다. 그는 경의와 복음적인 열정을 가지고 공적인 기도에 대해 저술하고 있고 건전한 조언을 준다. 그렇지만 헨리, 왓츠, 혹은 밀러를 알고 있지 못한 것 같으며, 성경적인 언어의 사용과 교화를 위한 공적인 기도의 잠재적인 가능성에 대한 그 어떤 강조도 하고 있지 않는 듯이 여겨진다.

좀 더 최근의 책 중에 토마스 오덴(Thomas Oden)의 백과사전적인『목회신학』(Pastoral Theology)은 공적인 기도에 대한 7페이지 분량의 내용을 포함한다. 그는 "기도하는 사람은 성경과 기독교적인 기억을 알고 있어야 한다"라는 말을 포함해서 필립 도드릿지(Phillip Doddridge)에 의해서 제기된 도움이 되는 제안들을 이야기하고 있기는 하지만, 더 이상의 견해를 피력하고 있지는 못하다.[19]『실천신학의 리더쉽 교본 1권』(The Leadership Handbook of Practical Theology 1)인『말씀과 예배』(Word and Worship)[20]는 500여 페이지에 이르는 책이다. 그 책은 다음과 같은 분량으로 그 내용을 할당한다.

- 설교-136 페이지
- 예배-124 페이지
- 음악-95 페이지
- 성례-73 페이지
- 결혼과 장례-88 페이지

이 페이지들 속에 "전통과 쇄신 사이에 균형 잡기"라고 명명된 22페이지 분량의 내용이 포함되어 있다. 이 부분은 예배에 있어서 예술, 드라마, 춤 그리고 멀티미디어의 사용을 위한 안내지침을 말해준다. 비

Public Prayer (Nashville: Abingdon, 1957).
[19] Thomas C. Oden, Pastoral Theology: Essentials of Ministry (San Francisco: Harper & Row, 1983), 97.
[20] James D. Berkley, ed., Leadership Handbooks of Practical Theology, vol. 1: Word and Worship (Grand Rapids: Baker, 1992).

교를 통해서 공적인 기도는 20페이지 분량의 내용으로 다루어지고 있다. 그 20페이지의 내용에는 공적인 기도의 목양적인 가치, 교화(教化)를 위한 공적인 기도의 힘, 혹은 기도에서 성경적인 언어의 사용에 대해서는 단 한 마디도 언급되고 있지 않다. 「리더십 매거진」(Leadership Magazine)/「크리스채너티 투데이」(Christianity Today)가 현대 복음주의에서 감당하는 중심적인 역할에 할애하면서, 이 부분은 아마도 일반적으로 공적인 예배에서 기도와 특별히 복음적인 기독교인 가운데서 성경에 토대를 둔 공적인 기도의 주변화를 만드는 그 어떤 것을 상징적으로 나타내고 있는 듯하다.

이전 세대의 설교에 대한 책들과는 달리 현대의 설교에 대한 책[21]은 공적인 기도에 대해서 언급하고 있지 않다. 윌리엄 윌리몬(William H. Willimon)은 그의 『설교와 예배 인도하기』(Preaching and Leading Worship)[22]에서 이런 법칙에 예외적인 모습을 보인다. 그는 "우리의 예전적인 말은 성경적으로 토대를 두고 있어야만 한다…성경은 예전적인 언어를 위해 도움이 되는 지침이다"[23]라고 기록한다. 공적인 예배에 대한 수많은 책이 공적인 기도의 실제에 대해 논의한다. 그러나 그런 책 중에 2차 세계 대전 이후로 개혁적인 관점에서 기록된 것은 거의 없다(예를 들어, 폰 알멘[von Allmen], 맥스웰[Maxwell], 레이번[Rayburn], 매클라우드[Macleod], 니콜스[Nichols]).[24] 대부분의 논의는 기도의 역사, 용도, 다섯 가지 주된

---

21 D. Martin Lloyd-Jones, *Preaching and Preachers* (Grand Rapids: Zondervan, 1971); Samuel T. Logan Jr., ed., *The Preacher and Preaching: Revising the Art in the Twentieth Century* (Phillipsburg, N.J.: P&R Publishing, 1986); Jay E. Adams, *Preaching with Purpose* (Phillipsburg, N.J.: P&R Publishing, 1982); William Still, *The Work of the Pastor* (Aberdeen: Didasko, 1976); John R. Stott, *Between Two Worlds: The Art of Preaching in the Twentieth Century* (Grand Rapids: Eerdmans, 1982); Haddon W. Robinson, *Biblical Preaching* (Grand Rapids: Baker, 1980).
22 William H. Willimon, *Preaching and Leading Worship* (Philadelphia: Westminster, 1984).
23 Ibid., 48.
24 Jean-Jacques von Allmen, *Worship: Its Theology and Practice* (London: Lutterworth, 1965); William D. Maxwell, *An Outline of Christian Worship: Its Developments and Forms* (1936, repr. London: Oxford University Press, 1952); Robert Rayburn, *O Come Let Us Worship* (Grand Rapids: Baker, 1980); Donald Macleod, *Presbyterian Worship: Its Meaning and Method* (Richmond: John Knox, 1967); James Hastings Nichols, *Corporate Worship in the Reformed Tradition* (Philadelphia:

유형(하나님을 부름, 고백, 중보, 설명, 감사 송영)의 위치와 관련되어 있다. 기도의 성경적인 언어 혹은 그런 기도의 목회적인 가치를 배우는 것에 대해서는 거의 언급되고 있지 않거나 언급이 전무(全無)하다.

우리는 또한 좀 더 정곡을 찌르는 면을 볼 수 있다. 제이 아담스(Jay Adams)의 『하나님의 양들을 돌보기』(Shepherding God's Flock)[25]는 개인적인 습성들, 목양적 방문, 병원 방문, 상담, 리더쉽, 재정 그리고 복음전파 등을 포함하는 수많은 목회적 문제를 다루고 있다. 그러나 예배 혹은 공적인 기도에 대해서는 아무것도 말하고 있지 않다. 『실천신학과 교회 목회』(Practical Theology and the Ministry of the Church, 1952-1984)[26]라고 거창하게 제목을 붙인 에드먼드 클라우니(Edmund P. Clowney)를 기리는 중요한 책은 목회적 사역, 실천신학, 교회론, 설교, 복음주의 그리고 예배 등에 대한 소논문들을 담고 있다.

"우리 세대에서 드려지는 복음주의 예배"(Evangelical Worship in Our Day)라는 로버트 레이번(Robert G. Rayburn)의 글은 복음적 신학교들이 "공동 예배에 대해 너무나 적게 강조하는 것을 그리고 회중에게 예배드리는 방법을 가르치는 것과 일반 예배를 인도하는 데 있어서 목회자들의 책임들에 대해 그 신학교들이 실제적으로 아무런 지침들을 주고 있지 않는 것"을 한탄한다.[27] 그렇지만 그 전체의 책은 목사의 공적인 기도에 대해서는 거의 아무것도 이야기하고 있지 않다. 매스터신학교(Master's Seminary)를 통해서 최근에 출판된 『목회적 실제 재발견하기』(Rediscovering Pastoral Practice)라는 책은 진지하고, 보수적이며, 카리스마틱하지 않고, 개혁적으로 우호적인 복음주의자의 생각을 나타낸다. 그러나 관찰한 나머지 책과 같이, 본서도 성경에 토대를 둔 공적인 기도에

Westminster, 1968).

[25] Jay Adams, *Shepherding God's Flock* (3 vols.; Phillipsburg, N.J.: Presbyterian & Reformed, 1974-75; 1-vol. repr. in 1980).

[26] Harvey M. Conn (ed.), *Practical Theology and the Ministry of the Church, 1952-1984: Essays in Honor of Edmund P. Clowney* (Phillipsburg, N.J.: P&R, 1990).

[27] Ibid., 133.

대해서는 아무것도 말하고 있지 않다.[28]

마찬가지로 복음적인 정기 간행물들에 대한 관찰의 결과도 고무적으로 격려를 주는 면은 거의 없다. 「리더십」(Leadership)은 "목사들과 다른 교회 지도자들의 가장 커다란 실제적 필요들" 그리고 "목회사역의 실제적인 문제들"에 초점을 맞추는 분명한 목적을 가지고 1980년에 출판되기 시작했다.[29] 그렇지만 17년에 걸쳐 68회 발행되는 동안 공적인 기도에 대해서 오직 한 소논문만(1996년에)이 출판되었다.[30] 좀 더 관심이 집중되는 것으로 기대되었을 잡지「진리의 깃발」(The Banner of Truth)은 간헐적으로 이루어지는 짧은 재출판과는 달리 그 첫 30년 동안 (1955-85) 정해진 주제에 대한 정확히 한 논문만을 출판했다.[31]

그때 이후로『스펄전의 강단 기도』(Spurgeon's Pulpit Prayers)가 출판되었다.[32] 그리고 1994년에 아마도 관심이 다시 일어나는 표지로서 공적인 기도가 첫 일곱 달에 세 번 취급되었다.[33] 「개혁과 부흥: 교회 리더십

---

[28] John MacArthur et. al., *Rediscovering Pastoral Ministry* (Dallas: Word, 1995).
[29] Paul D. Robbins, "Comments from the Editor," *Leadership* 1 (Winter 1980): 3.
[30] John Killinger, "The Place of Public Prayer," *Leadership* 15 (Spring 1994): 58-65. 그는 목사들이 "성경적인 어휘들과 어구들을 사용할 것"(62)을 권고한다.
[31] J. G. Miller, "The Bible in Public Prayer," *Banner of Truth* 214 (July 1981): 9-11, 20. 그는 칼빈, 로이드-존스(Lloyd-Jones), 웨스트민스터 예배모범(the Westminster Directory), 어거스틴(Augustine) 그리고 본회퍼(Bonhoeffer)의 지지를 인용하며, "말의 생생함과 이해의 폭과 사고의 제고(提高)와 관계의 친밀함을 위해서, 순결하게 사용되고 경건하게 드려진 성경의 어휘들 혹은 사고 속에서 기도자체를 만드는 것과 같은 기도는 없다"고 말한다(11). 뉴턴(Newton), 스펄전(Spurgeon) 그리고 사무엘 밀러(Samuel Miller)에게서 얻은 발췌문들 또한 인쇄되었다.
[32] Dinsdale Young, "Spurgeon's Pulpit Prayers," *Banner of Truth* 343 (April 1992): 25-27. 그는 다음과 같이 기록한다. "성경에 대한 그의 놀라운 지식으로 인해서 그의 기도는 그렇게나 생생하고 교화(敎化)적인 것이 되었다. 만약에 성경에 젖어들지 않는다고 한다면, 그 어떤 사람도 지고한 영향력을 끼치도록 기도할 수는 없다. 스펄전은 하나님의 말씀 속에서 살았고, 움직였고, 자신의 존재를 두었다. 그는 성경의 더 먼 곳, 구석구석 그리고 틈새에 이르기까지 알고 있었다. 성경의 영이 그의 영혼에 들어왔다. 그가 기도했을 때, 하나님의 영은 귀중한 계시의 모든 형태를 그의 마음에 가져다 주셨다"(25).
[33] John R. deWitt, "Praying in Public Worship," *Banner of Truth* 364 (Jan. 1994): 9-12; Robert Sheehan, "Isaac Watts: A Guide to Prayer," *Banner of Truth* 369 (June 1994): 8-14; David Evans, "Pulpit Prayer: An Area of Concern," *Banner of Truth* 370 (July 1994): 25-27. 드윗(deWitt)와 에번스(Evans)에 의해서 쓰인 소논문들은 뛰어나다. 그 두 사람은 모두 기도에서 성경을 사용하는 것에 대한 관심을 표한다. 드윗은 "강단에서 기도하는 방법을 배우는 데 있어서 필

계간지」(*Reformation and Revival: A Quarterly Journal for Church Leadership*)는 교회의 전체적인 삶에 대한 개혁을 추구한다는 취지를 가지고 있을지라도 5년간 20회 발행하는 동안 공적인 기도를 다루지 않았다. 「개혁주의 예배: 예전과 음악 자료」(*Reformed Worship: Resources for Liturgy and Music*)는 그 목적을 "예배를 계획하고, 구성하며, 인도하는 데 있어서 기독교 개혁 교회와 다른 개혁/장로교회의 예배 지도자들에게 실제적인 도움을 주는 것"이라고 규정하는데, 모든 것이 개혁적 전통과 일치한다.

첫 간행물은 기록하여 준비한 공적인 기도와 즉흥적인 공적인 기도에 대해 윌리엄 바커(William S. Barker)가 쓴 좋은 소논문을 담고 있다. 8년 뒤에는 기록하여 준비한 기도를 장려하는 두 번째 소논문이 실렸다.[34] 수년에 걸쳐 전형적으로 "독백적" 목회 기도의 경향을 강조하고 다른 대안들을 말하면서 공적인 기도에 대한 소논문들을 실었다.[35] 다른 면에서는 이야기된 것이 거의 없다. 「개혁주의 예배」(*Reformed Worship*)라고 명명된 정기 간행물이 놀랍게도, 그 편집자들은 자유 기도 드리는 것을 거의 좋아하지 않는 것 같고 성경 내용이 풍부한 공적인 기도에 대한 개혁적 전통에 대해 아무 것도 아는 것이 없는 것 같다.

만약 내가 이 연구에 내 경험과 분명히 과학적이지는 않은 관찰들을 포함한다 할지라도, 지난 40년 동안 그 어떤 사람도 내가 드리는 공적인 기도에 성경을 사용해야만 한다고 나에게 말해준 적이 단 한 번도 없다. 어떤 사람도 성경적 언어와 암시로 풍부한 공적인 기도에 특별히 거룩한 힘이 있다는 것을 단 한 번도 말해준 적이 없다. 어떤 사람도 공적인 기도의 중요성을 설교 자체와 동일한 은총의 중요한 수단으로 강권해준 적이 한 번도 없다. 나의 어린 시절과 청소년 시절에 내

수불가결한 것은 성경에 대한 철저한 지식을 가지는 것이다"라고 말한다(11).

[34] William S. Baker, "Prayers: Carefully Written or Spontaneous?" *Reformed Worship* 1 (Fall 1986): 11-13; Edith Bajema, "Pray It Write," *Reformed Worship* 31 (March 1994): 3-5.

[35] 예를 들어, Norman Steen, "Let Us Pray," *Reformed Journal* 15 (March 1990): 24-26. 또한 우리는 우리의 기도를 누구에게 말해야만 하는 것인가에 대한 질문을 주로 다루고 있는 Thomas Pettinga의 소논문을 보라. "When You Pray …," *Reformed Worship* 31 (March 1994): 6-8.

가 주일학교와 교회에 출석했던 그 모든 시간 속에서 이런 주제는 결코 언급된 적이 없다. 그 주제는 칼리지에서 4년 동안 이루어진 성경공부, 캠프 그리고 컨퍼런스들에서도 언급되지 않았다. 그 주제는 4년 동안의 신학교 동안에서도 언급되지 않았다. 그 주제는 신학교를 졸업하고 시작된 목회사역 첫 15년 동안에도 언급되지 않았다.

결코 총체적인 연구가 아닌 이 간략한 연구는 예시적인 것임이 분명하다. 무시된 다른 영역을 부흥시키기 위해 많은 것을 해온 복음적 지도자들의 사역을 재고할 때, 마치 콜럼버스가 오스트레일리아를 발견하지 못한 것을 비판하는 것과 같은 일이 일어나지 않기를 바라게 된다. 예를 들어, 상담과 설교에 아담스(Adams), 설교에 맥아더(MacArther), 예배에 레이번(Rayburn)은 복음적이고 개혁적인 목회 실제를 풍부하게 해온 독보적이고 중요한 공헌자들이다. 그럼에도 불구하고 목사의 기도는 최근 몇 십 년이 지나는 동안 그들의 그 기도의 실행 혹은 목회적 가치에 대해서 부족한 관심을 받아왔다. 그 기도가 논의될 때, 그 기도에 성경적 언어와 암시로 풍성하게 하는 것에 대해서는 거의 이야기되지 않았다. 이런 현실과 모든 논의에 대한 기본적인 것을 넘어서, 공적인 기도의 목회적 가치를 위한 꿈이 없다.

소요리문답(Q. 88)으로 자라난 어떤 어린아이가 아는 바와 같이, 설교와 마찬가지로 기도는 은총의 수단이다. 이것은 단지 개인 기도도 아니며 또한 공적인 기도도 아닌 것이 사실이다. 때때로 곤경에 처한 영혼들은 상담, 심지어 목양적 상담의 일종인 훈계적인 상담이 필요한 것이 아니라, 열정적이고 성경적인 기도가 필요하다. 목사가 전하는 성경적으로 풍성한 공적인 기도는 그 곤경에 처한 사람들을 위로할 수 있고, 걱정이 많은 사람을 진정시킬 수 있으며, 의심하는 사람들에게 답을 줄 수 있고, 불안하여 흔들리는 사람들을 고정시켜줄 수 있으며, 완고하여 회개하지 않는 사람들을 깨뜨릴 수 있다. 그렇게 함으로써 더욱 더 많은 상담 혹은 설교가 필요하게 되는 상황이 없어지게 할 수 있다. 은총의 수단으로서 공적인 기도의 역할은 오늘날 거의 이해되고 있지 않다. 너무나 자주 공적인 기도는 감당하기 어려운 부담으로, 받는 축복이 아닌 것으로 비쳐지고 있다.

실망스러운 결과를 보여주는 이 연구조사에서 볼 수 있는 단 하나의 예외는 휴스 올리펀트 올드(Hughes Oliphant Old)이다. 그는 지난 20여 년 동안 광야에서 외치는 소리와 같은 사람이었다. 자신의 독창성이 풍부한 연구인 『개혁주의 예배의 교부적 뿌리』(The Patristic Roots of Reformed Worship)[36]를 따라서, 그는 매튜 헨리(Matthew Henry)에 대한 새로운 연구이며 성경에 토대를 둔 기도로 돌아가는 것으로 불리는 저작물들을 출판했다.[37] 그의 최신 저작물인 『기도 인도하기』(Leading in Prayer)는 1990년대를 위한 헨리(Henry) 혹은 왓츠(Watts)가 되는 것을 목적으로 한다. 그는 "나는 『기도』(Method for Prayer)를 출판한 매튜 헨리 혹은 한 세대 뒤에 동일한 종류의 책을 출판한 아이작 왓츠와 동일한 정신으로 본서를 출판한다"[38]라고 말한다. 그는 기도는 "그 자체의 언어, 그 자체의 어휘, 그 자체의 형상을 갖는다. 이 언어는 단순한 문체의 문제가 아니다. 기도, 특별히 기독교 기도는 성경적인 언어를 사용한다"[39]고 말한다.

오늘날 올드(Old)는 홀로 서 있지만, 우리가 보아왔듯이, 과거의 프로테스탄트는 그와 함께 서 있다. 성경이 풍부한 기도를 해온 역사적인 프로테스탄트의 실제를 부흥시키는 것은 오늘날 교회의 건강을 위해 매우 중요한 개혁의 첨단에 혹은 그 첨단 가까이에 서 있는 것이다.

4. 개인적인 경험

위에서 언급된 지침이 부족하게 주어졌기 때문에, 이런 확신들에 대한 나 자신의 순례적 여정은 더디었고, 뜻밖의 것이었으며(장로교회적인

---

[36] Hughes Oliphant Old, *The Patristic Roots of Reformed Worship* (Zurich: Theologischer Verlag, 1970).

[37] Old, *Worship*; idem, *Themes and Variations; idem, Leading in Prayer* (Grand Rapids: Eerdmans, 1995).

[38] Old, *Leading in Prayer*, 3.

[39] Ibid., 7 (첨가된 강조).

의미에서) 그리고 때때로는 고통스러운 것이었다. 그렇지만 생각해 볼 때 나는 내 경험이 유사한 경험들을 회상할 수 있는 많은 다른 사람의 경험과 유사한 것이라고 확신한다.

공적인 기도에 대해서 내가 처음 가진 진지한 생각은 에딘버러에 있는 스코틀랜드의 성 데이비드 브룸하우스 교회(St. David's Broomhouse Chruch of Scotland)에서 인턴으로 있었던 1978년 봄에 극적으로 시작되었다. 어느 주일날 피터 화이트(Peter White) 목사님이 아프셔서 나에게 예배를 인도하고 설교하도록 맡기셨다. 예배를 시작하기 30여분 전에 모여 그날의 예배를 위해 기도하는 것을 주관하는 것은 회중에 대한 지도력 연습이었다. 약 15명으로 이루어진 그룹은 사실(私室)에서 커다란 원을 이루어 자리를 잡고 앉았다. 모든 사람이 참석한 것으로 여겨졌을 때, 그들은 일어서서 자신들의 의자를 향해 돌아서서는 무릎을 꿇고 기도하기 시작했다. 비록 이 그룹은 노동자 계급의 회중이었고, 참석한 사람 중에 그 어느 누구도 대학교육을 받지 못했으며, 심지어 몇 명은 문맹이었을지라도, 나는 이내 내가 이해할 수 없는 상황 가운데 있다는 것을 깨달았다.

나는 내가 스코틀랜드에서 부흥을 선도할 방편이 될 수 있을 것이라는 가득한 희망을 품고, 남부 캘리포니아로부터 잉글랜드 브리스톨(Bristol)에 있는 트리니티칼리지(Trinity College)를 거쳐 스코틀랜드에 왔다. 어쨌든 나는 소규모 그룹 제자 훈련의 중요한 원리를 알게 되었고, 최근의 모든 합창과 "성경 찬송"을 배워 사역을 위한 준비를 했다. 그런데 스코틀랜드 사람들이 기도하기 시작했을 때, 내가 무언가 심각하게 잘못되었다는 것을 깨달았다. 나는 그런 기도를 결코 들어본 적이 없었다. 그 기도는 하나님으로 가득하고, 성경으로 가득하며, 열정으로 가득하고, 경외로 가득하며, 겸손으로 가득했다. 내 기도와 비교했을 때, 내 기도는 "정말로" 진부하고, 자아중심적이며, 일시적이고, 통속적인 것들로 늘 난무한다는 것을 깨달을 수 있었다. 그들이 드리는 기도의 영적 성숙함은 나의 영적 빈곤함을 드러냈다. 그들이 알고 있던 하나님은 거의 다른 하나님이었다. 그 짧은 경험은 나에게 엄청난 영향을 끼쳤다.

나는 가까스로 나 자신을 추스르고 예배를 인도할 수 있었다. 나는 이 사람들의 예배를 인도할 자격이 없다고 생각했다. 그들이 나를 인도했어야만 했다. 나는 또 다른 6개월간의 불안정한 시간을 보내면서 나의 소명을 진지하게 재고해보았다. 나는 겸손해져서 트리니티 칼리지로 돌아왔다. 그 여름에 나는 그 당시 내 모교회였던 파사데나(Pasadena)에 있는 레이크 에비뉴 회중교회(Lake Avenue Congregational Church)로 돌아갔다. 그 교회에서 나는 하계 인턴으로 섬겼는데, 목회 사역의 어떤 지도력에 참여되는 것을 거부했다. 나는 그들에게 조용하게 앉아 배울 필요가 있다고 말했다.

그 다음 해 브리스톨에 돌아왔을 때, 나는 론 클라크(Ron Clark)가 목회하는 버킹검 침례교회(Buckingham Baptist Church)에 참석하기 시작했다. 그는 시편 23편을 설교하고 있었다. 매주 그의 설교들은 그 회중에게 독특한 감동을 주는 방법으로 성경을 사용하면서 깊은 감격을 주고 있었다. 동일하게 그의 기도도 감동적이었다. 나는 왜 그 기도가 그렇게나 감동적이었는지를 의식적으로는 깨닫지 못했다. 그러나 그 기도를 되돌아볼 때 이제 나는 기억한다. 그 기도는 성경 언어와 암시로 가득한 것이었다.

몇 년 뒤에 한 친구가 나에게 복음주의에 대한 로이드 존스(Lloyd-Jones)의 테잎 하나를 빌려주었다. 설교의 전반부에서 그는 알미니안주의자들의 비성경적인 설교를 공격했다. 모든 칼빈주의자가 "아멘"이라고 말하고 있었을 때, 그는 엄청난 영향을 끼치며 그의 가공할 만한 공격을 그들을 향해서 퍼부었다. 그때 나는 친구의 뒤뜰에서 울타리를 치고 있었다. 나는 눈을 멍하니 뜬 채 멈추어야만 했다. 나는 그런 설교를 결코 들어본 적이 없었다. 그런 뒤에 로이드 존스는 기도를 하기 시작했다. 나는 여전히 그 어절 중에 몇 어절을 회상할 수 있다. "진노 가운데서 자비를 기억하소서", "우리를 돌이키소서. 그러면 우리가 돌아서겠나이다." "수년 내에 당신의 일을 부흥케 하소서." 그는 애가와 열정이 가득한 기도를 했다. 그 기도는 압도적이었다. 나는 그 결론을 맺는 기도의 특별한 힘에 의해서 완전히 와해되었다.

수년 뒤에 독립 장로교회에서 나는 다음과 같은 사실을 알아차리기 시작했다. 즉 우리의 기도 모임을 위해 매주 화요일 아침 6:30에 모인 평신도 몇 사람이 열정을 가지고 기도하며 그들이 기도할 때 우연적인 것이 아니라 분명히 성경을 사용하는 것을 알아차렸던 것이다. 특별히 한 사람이 "여호와 우리 주여 주의 이름이 온 땅에 어찌 그리 아름다운지요"(시 8:1)라고 기도했을 때 나의 주의를 사로잡았다. 기도할 때 성경을 사용해야만 한다는 확신은 해를 거듭하면서 자라갔다. 결정적인 일은 내가 헨리의 『기도』(Method of Prayer)를 읽기 시작한 바로 몇 년 전에 일어났다.

15년에 걸쳐서 나는 점차로 기도에서 성경 언어를 사용하는 것의 중요성을 깨닫기 시작했다. 하위 혹은 비예전적인 교회 전통에서 온 사람들은 종종 전통적인 예전에서 발견되는 성경의 양을 보고 놀란다. 그 양은 보통 복음적 교회에서 발견되는 것보다 훨씬 더 많다. 이렇게 많은 예전이 있는 것에 대한 한 가지 이유는 고대 말기의 교회는 그 예전, 특별히 찬양들에서 비성경적인 모든 언어를 떨쳐 내버림으로써 다양한 이단에 대응했다는 데 있다.

이단들(아리우스와 같은)은 특별히 작곡에 재능이 있었다. 루터교회, 성공회, 정교회, 그리고 로마 교회의 예전은 여전히 이런 성경적인 내용의 강조를 반영해준다. 너무나 놀랍게도 장로교회와 침례교회의 이전 세대는 이런 강조를 발견하지 못했다. 운율적인 시편, 성경이 토대가 된 기도, 성경 읽기 그리고 성경적인 설교로 이루어지는 그들의 "자유로운" 예배가 동일하게 성경의 언어로 풍부했기 때문이다. 그러나 오늘날 하트(D. G. Hart)가 말한 "더럼 발자취"(Durham Trail)를 따르지 않는 교회들조차도, 즉 미국의 대중문화에 의해서 형성된 맛에 호소하기 위해 전통적인 예배를 해체하지 않은 교회들조차도 그들의 예배 의식에서 성경의 매우 적은 부분을 유지하고 있을 뿐이다.[40] 많지 않은 분량

---

[40] 원래 "Evangelicals on the Durham Trail"로 제목이 주어진 것으로, 하트(Hart)의 소논문은

이 읽힌다. 설교는 강해적이라기보다는 주제적이다. 기껏해야 조각들이 노래된다. 기도에 대해서 올드(Old)는 "공적인 예배에서 종종 듣는 자발적인 기도는 전통에 당혹감을 주는 것임을 우리는 받아들여야만 한다"고 말한다.⁴¹

5. 공적인 기도를 위한 권고의 말

우리가 지금까지 논의한 것에 비추어 나는 공적인 기도를 개선하기 위한 몇 가지 권고의 말을 하고자 한다.

1) 성경의 언어로 기도하라

첫째로 가장 분명한 것은 우리가 성경의 언어로 기도해야 한다는 것이다. 지난 과거 선인들의 목소리들을 청종하도록 하라. 그 과거의 목소리들은 보편적으로 이런 실제를 강하게 권고하고 있기 때문이다.

> 매튜 헨리(Matthew Henry): "나는 신성한 어투는 매우 자주 사용되도록 그리고 우리가 신성한 일들을 다루는 데 있어서 우리와 다른 사람들에게 그 신성한 어투가 익숙해지도록 해야만 한다고 조언하고 싶다. 기독교인이 가장 익숙해지는, 가장 영향력 있는 그리고 가장 쉽게 동의할 그런 언어이다."⁴²

> 패트릭 페어베언(Patrick Fairbairn): "[기도]는 성경의 형태 속에 많이 던져져야만 하고, 그 성경 언어의 자유로운 사용이 특징이 되어야만 한다."⁴³

"Post-Modern Evangelical Worship," *Calvin Theological Journal* 30 (1995): 451-59에 실렸다.
41 Old, *Leading in Prayer*, 5.
42 Henry, *Method for Prayer*, xiv.
43 Fairbairn, *Pastoral Theology*, 317.

다브니(R. L. Dabney): "다른 무엇보다 목사는 자신의 기도를 성경의 언어로 풍성하게 해야만 한다…성경의 비길 데 없는 아름다움과 간결성 이외에도, 성경은 수많은 교제를 통해 모든 경건한 사람의 마음에 거룩하고 감미로운 말씀이 된다. 성경은 모든 사람의 취향을 만족시켜준다. 성경을 유효하게 사용하는 것은 잘못된 것들에서 우리를 보호해준다. 성경은 우리의 기도를 위한 한 본보기가 되도록 성령에 의해서 주어진 것이 분명하다. 그렇다면 그 성경이 우리의 기도에 풍성하게 하라."[44]

사무엘 밀러(Samuel Miller): "공적인 기도에서 가장 본질적으로 뛰어난 것 중의 하나이고, 내가 첫 번째로 강요되는 느낌을 가지고 다른 무엇보다도 추천하고자 하는 것이 있다. 그것은 바로 공적인 기도는 하나님 말씀의 언어로 풍성해야 한다는 것이다."[45]

토마스 머피(Thomas Murphy): "성소의 기도는 성경의 생각과 표현으로 철저하게 흠뻑 젖어 있어야만 한다. 성경의 언어는 성령이 장려했던 언어이므로, 하나님의 마음에 가장 잘 일치하는 것임에 틀림없다. 이와 동일한 이유로 인해 마음에서 일어나는 성령의 역사인 기도의 감정을 표현하기 위해서 가장 적절한 것으로 생각되는 것은 성경의 언어임에 틀림없다."[46]

존 브로더스(John Broadus): "목사는 자신의 기억에 성경 특별히, 시편, 잠언, 서신서들 그리고 요한계시록 등에서 발견되는 좀 더 직접적인 기도의 표현들을 지속적으로 저장해야만 한다…우리 대부분은 우리의 기도에서 성경의 언어를 좀 더 커다랗게 그리고 좀 더 많이 주입해 불어넣는 것이 정말로 필요하다."[47]

그러나 아마도 몇몇 사람들은 아직도 납득되지 않거나, 과거에 이루어졌던 것은 오늘날 이루어지지 않을 수도 있다는 점을 염려하고 있을

---

[44] Dabney, *Sacred Rhetoric*, 358.
[45] Miller, *Thoughts on Public Prayer*, 217.
[46] Murphy, *Pastoral Theology*, 213.
[47] Broadus, *Preparation and Delivery of Sermons*, 368-69.

것이다. 다음과 같은 내용을 생각해보라.

(1) 이것은 성경 자체에서 발견된 형태이다

이것은 단지 종교개혁자들 혹은 18세기와 19세기 복음주의적인 신학자들의 견해가 아니다. 그것은 또한 우리가 성경에서 보는 형태이다. 성경의 성도들은 하나님이 기뻐하시는 기도의 언어를 성경으로부터 배웠다. 그들은 경험을 해석하고 표현하기 위해 성경의 언어와 주제를 종종 사용했다. 예를 들어 출애굽기 34:6-7에서 보이는 모세의 특이한 계시 경험을 생각해보라.

> 여호와께서 그의 앞으로 지나시며 반포하시되 "여호와로라 여호와로라 자비롭고 은혜롭고 노하기를 더디하고 인자와 진실이 많은 하나님이로라 인자를 천대까지 베풀며 악과 과실과 죄를 용서하나 형벌 받을 자는 결단코 면죄하지 않고 아비의 악을 자여손 삼사대까지 보응하리라."

이 계시를 모방한 흔적은 구약에서 적어도 열 번의 또 다른 경우들에서 볼 수 있다. 후기 선지자들이 모세로부터 어떻게 하나님을 찬양하는지를 배웠기 때문이다(민 14:18; 대하 30:9; 느 9:17, 31; 시 103:8; 111:4; 112:4; 116:5; 145:8; 욜 2:13; 욘 4:2). 수태고지시에 성모 마리아는 한나의 노래에 의존했고(눅 1:46-55; cf. 삼상 2:1-10), 성전 봉헌시에 솔로몬은 시편 132:8-9의 내용을 섞어 사용했으며(대하 6:40-42), 십자가 위에서 예수님은 시편 22:1과 31:5의 말씀을 사용하셨고(마 27:46; 눅 23:46), 박해에 직면해서 초대 교회는 시편 146편과 시편 2편을 인용했다(행 4:24-30). 각각의 경우에 성경의 언어는 기도를 위한 언어를 제공해주었다.

만약에 성경으로부터가 아니라고 한다면, 우리는 기독교 기도의 언어를 도대체 어디서 배워야만 하는가? 예배는 하나님의 말씀에 의해 규정되어야만 한다는 것을 자신들이 따르는 원리로 정의하는 어떤 전통에 이런 견해가 결코 자명한 것이 아니라는 것은 정말 놀라운 것이다. 칼빈의 말을 빌리자면, 우리의 마음은 "우상을 위한 공장"이기 때문에, 우리는 기도의 언어를 배워야만 한다. 그것은 바로 제자들이 예수님께 "주여, 우리에게 기도하는 법을 가르쳐 주옵소서"(눅 11:1)라고 요청한 말의 요점이지 않는가? 그것은 정말로 시편의 요지가 아니겠는가? 시편은 하나님의 백성에게 하나님이 기뻐하시는 기도의 언어를 가르치기 위해 있는 것이 아닌가? 만약에 예수님이 그분의 생애에 있어 가장 위태한 시기에 그분 자신의 기도와 경험을 이해하고 표현하기 위해 시편을 사용하셨다고 한다면, 우리도 분명히 사용할 수 있는 것이다.

(2) 성경을 토대로 한 기도에는 특별한 효력이 따른다

그 어떤 기도도 하나님 자신이 우리의 입에 넣어주신 언어를 사용하는 기도보다 더 정확하게 하나님의 뜻을 반영하지는 못한다. 그 어떤 요청도 하나님 자신이 이루어주시기로 약속한 것을 표현하는 요청보다 더욱 확실하게 허락될 수는 없다. 그 어떤 간구도 하나님이 이미 명령한 것을 위해 간구하는 것보다 더 확실하게 응답될 수는 없다. 성경의 약속들과 명령을 가지고 기도하라. 이 원리는 야고보서 1장에서 분명하게 나타난다. 하나님은 우리가 지혜로워질 것을 명령하고 계시는가? 물론 하나님은 그렇게 명령하고 계신다.

그렇다면 우리는 그것을 위해서 다음과 같이 요청해야만 한다. "너희 중에 누구든지 지혜가 부족하거든 모든 사람에게 후히 주시고 꾸짖지 아니하시는 하나님께 구하라 그리하면 주시리라"(약 1:5). 이와 유사하게 요한1서 1:9의 약속을 가지고 기도하라. "만일 우리가 우리 죄를 자백하면 저는 미쁘시고 의로우사 우리 죄를 사하시며 모든 불의에서 우리를 깨끗케 하실 것이요." 기도에서 요한복음 3:16의 약속을 구하라. "저를 믿는 자마다 멸망치 않고." 하나님이 거룩한 것처럼 하나님의 백성이 거룩하게 될 것을 간구하라(벧전 1:16). 하나님의 백성이 서로 사랑하며 서로의 짐을 지도록 간구하라(갈 6:2). 믿음은 하나님의 말씀을 들음에서 난다(롬 10:17). 청중들의 귀에 들리도록 기도된 말씀은 그들의 영혼 구원에 효험이 있을 것이다.

(3) 성경적인 기도에는 특별한 위로가 있다

"주님, 오늘 하루 동안 저희와 함께 하여주소서!"라고 기도하는 것과 "주님 '내가 과연 너희를 버리지 아니하고 과연 너희를 떠나지 아니하리라'(히 13:5)고 하신 당신의 약속을 기억하소서!"라고 기도하는 것은 매우 다르다. 당신은 그 차이점을 감지할 수 있겠는가? "우리가 우리의 기도를 시작할 때, 우리는 우리의 간구를 당신께 드릴 수 있는 특권으로 인하여 당신께 감사하나이다!"라고 기도하는 것과 "우리는 당신의 초청으로 왔나이다. 오, 그리스도여! 당신께서 '구하라 그러면 너희에게 주실 것이요 찾으라 그러면 찾을 것이요 문을 두드리라 그러면 너희에게 열릴 것이니'(마 7:7-8)라고 말씀하셨으므로 우리는 구하고, 찾고, 두드리기 위해서 왔나이다!"라고 기도하는 것은 매우 다르다.

비극적인 상황 가운데서 "주님, 우리는 당신께서 계획을 가지고 계심을 알고 있나이다!"라고 기도할 수 있다. 그런 기도의 내용은 사실이고, 유효하며, 기도하는 데 위로가 되는 내용이다. 그렇지만 "오, 주님! 당신은 우리 머리의 머리카락도 세십니다. 당신은 모든 일을 그 마음의 원대로 역사하십니다. 그 뜻대로 부르심을 입은 자들에게는 모든 것이 합력하여 선을 이루느니라고 하셨습니다"(마 10:29-30; 엡 1:11; 롬 8:28)라고 기도하는 것은 전혀 다른 것이다. 당신의 기도에서 성경의 약속들을 따라 말하는 것은 당신의 사람들 마음을 더욱 효과적으로 위로하게 된다.

(4) 성경적 기도는 말씀을 맡은 목사직을 강화시켜준다

위에서 보았듯이, 복음주의자의 이전 세대가 우리 세대보다 좀 더 성경적으로 읽고 쓸 수 있었던 이유는 우리의 예배 의식보다는 그들의 예배 의식에 성경의 내용이 좀 더 들어 있었다는 데에 있다. 설교된 말씀과 기도된 말씀과 노래된 말씀은 서로를 지속적으로 강화시켜주었던 것이다. 19세기 후반과 20세기 초반의 낭만주의는 우리의 찬양에서 그 성경적이고 신학적인 내용의 대부분을 비워버렸다. 위에서 보았듯이,

단지 성경적 표현의 일부분 조각들만이 우리의 찬양 속에 남아있다. 우리는 이미 설교와 기도의 상태에 대해서 설명했다. 성경의 무오성을 믿는다고 고백하는 교회들이 성경을 그렇게나 적게 사용하고 점차적으로 성경을 무시하는 아이러니한 상황은 정말로 씁쓸한 것이다.

만약에 당신이 사람들로 하여금 성경을 가지고 예배하도록 부르고, 성경의 언어로 하나님의 임재를 기원하며, 운율 있는 시로 찬양하고, 성경의 언어를 사용해서 죄를 고백하며, 성경을 읽고, 강해 설교를 하며, 성경적인 찬양을 하고, 당신의 중보기도를 초대 교회가 사용했고 종교개혁자들이 받은 성경에서 발견되는 다섯 개의 범주로 이루어지도록 하며, 성경적인 축도로 예배를 마친다고 한다면, 그와 같은 것이 얼마나 다른 것을 이루어내겠는가?[48] 주일 아침과 저녁, 1년 52주, 매년 행해진 이와 같은 것은 강한 교회, 즉 성경적 교양과 영적인 성숙으로 특징되는 교회를 만들 것이다. 만약에 당신이 이런 방법으로 예배한다면, 많은 사람이 생각하는 것보다 좀 더 느릴 수는 있을 것이다. 오늘날의 통례보다는 좀 더 긴 안목이 요청될 수 있다. 하룻밤 사이에 돌연히 커다란 군중을 모으지는 못할 것이다. 그러나 긴 안목으로 보았을 때, 그리스도의 말씀 위에 이와 같은 토대를 만든 교회는 바위와 같이 견디어낼 것이고 흔들리지 않을 것이다.

이제 우리는 성경의 언어로 기도하는 데 있어서 능숙하게 숙달되는 방법을 살펴볼 것이다.

(5) 성경 속에 있는 기도를 연구하고 사용하라

역대상 29장에 있는 다윗의 기도 혹은 디모데전서에 있는 바울의 복합적인 기도보다 더 좋은 찬양의 기도가 있는가? 그 기도를 들어보라.

> 여호와여 광대하심과 권능과 영광과 이김과 위엄이 다 주께 속하였사오니 천지에 있는 것이 다 주의 것이로소이다 여호와여 주권도 주께 속하

---

[48] Terry Johnson, *Leading in Worship* (Oak Ridge, Tenn.: Covenant Foundation, 1996), 10 n. 15, 34 n. 4, 52-54를 보라.

였사오니 주는 높으사 만유의 머리심이니이다 부와 귀가 주께로 말미암고 또 주는 만유의 주재가 되사 손에 권세와 능력이 있사오니 모든 자를 크게 하심과 강하게 하심이 주의 손에 있나이다 우리 하나님이여 이제 우리가 주께 감사하오며 주의 영화로운 이름을 찬양하나이다(대상 29:11-13)

만세의 왕 곧 썩지 아니하고 보이지 아니하고 홀로 하나이신 하나님께 존귀와 영광이 세세토록 있을지이다 아멘…기약이 이르면 하나님이 그의 나타나심을 보이시리니 하나님은 복되시고 홀로 한 분이신 능하신 자이며 만왕의 왕이시며 만주의 주시요 오직 그에게만 죽지 아니함이 있고 가까이 가지 못할 빛에 거하시고 아무 사람도 보지 못하였고 또 볼 수 없는 자시니 그에게 존귀와 영원한 능력을 돌릴지어다 아멘(딤전 1:17; 6:15-16)

시편 51편에 있는 다윗의 고백의 기도 혹은 다니엘 9장에 있는 다니엘의 고백의 기도보다 더 나은 고백의 기도가 있는가? 시편 43편과 에베소서 3장의 기도보다 더 나은 하나님이 조명하시는 기도가 있는가?

주의 빛과 주의 진리를 보내어 나를 인도하사
주의 성산과
장막에 이르게 하소서(시 43:3).

능히 모든 성도와 함께 지식에 넘치는 그리스도의 사랑을 [우리가] 알아 그 넓이와 길이와 높이와 깊이가 어떠함을 깨달아 하나님의 모든 충만하신 것으로 너희에게 충만하게 하시기를 구하노라(엡 3:18-19)

에베소 성도들(1:15-23), 빌립보 성도들(1:9-11) 그리고 골로새 성도들(1:9-12)을 위한 바울의 기도보다 성도들을 위한 더 나은 중보기도가 있는가? 아래는 성경에서 발견되는 주요 기도의 부분적인 목록이다. 이 기도에 대한 연구는 영적인 은혜를 줄 것이다.

- 아브라함-창세기 18:23-33(중보)
- 모세-출애굽기 15:1-18(찬양), 32:11-14와 33:12-16(중보), 민수기 11:10-15(불평), 14:11-19(간구)
- 한나-사무엘상 2:1-10(찬양)
- 다윗-사무엘하 7:18-29(감사), 역대상 29:11-19(찬양)
- 솔로몬-열왕기상 3:6-9(지혜를 위해), 8:22-53과 8:54-61(찬양), 역대하 6:14-42(찬양과 간구)
- 히스기야-열왕기하 19:14-19(중보)
- 에스라-에스라 9:5-15(고백)
- 느헤미야-느헤미야 9:5-37(찬양과 간구)
- 예레미야-예레미야 32:16-25(찬양과 물음)
- 다니엘-다니엘 9:1-9(고백과 간구)
- 하박국-하박국 1:12-17(물음)
- 마리아-누가복음 1:46-55(찬양)
- 사가랴-누가복음 1:68-79(찬양)
- 시므온-누가복음 2:29-32(찬양)
- 초대교회-사도행전 4:24-30(찬양과 간구)
- 바울-에베소서 1:15-23; 빌립보서 1:9-11; 골로새서 1:9-12(찬양과 간구)
- 교회 승리-요한계시록 4:8-5:14(찬양)

(6) 당신의 기도에 성경의 언어를 혼합하라

성경이 기도문으로 기도할 뿐만 아니라, 당신의 사용하는 용어와 내용 모두가 성경의 용어와 내용을 반영하도록 하라. 당신의 머릿속에서 갑작스럽게 생각나는 그 어떤 것을 기도함으로써 예배를 시작하지 말라. "오라 우리가 굽혀 경배하며 우리를 지으신 여호와 앞에 무릎을 꿇자 내저 저는 우리 하나님이시요 우리는 그의 기르시는 백성이며 그 손의 양이라"(시 95:6-7)라고 기도하라. 단지 "주님, 우리의 언약 자녀들을 구원하소서!"라고 기도하지 말라. 그렇게 기도하는 대신에 "주님, 우리와 우리 자녀들에게 하나님이 되어주신다고 하신 당신의 약속을 기억하소서!

그러므로 "우리의 언약 자녀들을 구원하소서!"라고 기도하라. 하나님이 그분의 약속들을 돌아보시도록 기도하라. 하나님이 그분의 본성에 대해 스스로 계시하신 것을 돌아보시도록 기도하라. 하나님이 그분 자신의 말씀 속에서 우리에게 요구하신 것들을 돌아보시도록 기도하라. 예를 들어, 왜 에베소서 5:1-17이 기도가 되도록 하지 못하는가?

> 그러므로 사랑을 입은 자녀 같이 너희는 하나님을 본받는 자가 되고 그리스도께서 너희를 사랑하신 것 같이 너희도 사랑 가운데서 행하라 그는 우리를 위하여 자신을 버리사 향기로운 제물과 생축으로 하나님께 드리셨느니라 음행과 온갖 더러운 것과 탐욕은 너희 중에서 그 이름이라도 부르지 말라 이는 성도의 마땅한 바니라 누추함과 어리석은 말이나 희롱의 말이 마땅치 아니하니 돌이켜 감사하는 말을 하라 너희도 이것을 정녕히 알거니와 음행하는 자나 더러운 자나 탐하는 자 곧 우상숭배자는 다 그리스도와 하나님 나라에서 기업을 얻지 못하리니 누구든지 헛된 말로 너희를 속이지 못하게 하라 이를 인하여 하나님의 진노가 불순종의 아들들에게 임하나니 그러므로 저희와 함께 참예하는 자 되지 말라 너희가 전에는 어두움이더니 이제는 주 안에서 빛이라 빛의 자녀들처럼 행하라 빛의 열매는 모든 착함과 의로움과 진실함에 있느니라 주께 기쁘시게 할 것이 무엇인가 시험하여 보라 너희는 열매 없는 어두움의 일에 참예하지 말고 도리어 책망하라 저희의 은밀히 행하는 것들은 말하기도 부끄러움이라 그러나 책망을 받는 모든 것이 빛으로 나타나나니 나타나지는 것마다 빛이니라 그러므로 이르시기를 잠자는 자여 깨어서 죽은 자들 가운데서 일어나라 그리스도께서 네게 비취시리라 하셨느니라 그런즉 너희가 어떻게 행할 것을 자세히 주의하여 지혜 없는 자 같이 말고 오직 지혜 있는 자 같이 하여 세월을 아끼라 때가 악하니라 그러므로 어리석은 자가 되지 말고 오직 주의 뜻이 무엇인가 이해하라.

중요한 어구들과 소중한 약속들을 찾아 그것들이 기도가 되도록 하

라. 이렇게 이행되고 이루어질 수 있는 것에는 거의 제한이 없다. 역사적인 암시조차도 기도에 유익하게 사용될 수 있다. 밀러(Miller)는 여러 가지 예를 말해준다. 교회를 위한 투쟁의 때에는:

> 오! 옛적에 애굽의 속박에서 언약 백성을 구원하시고, 그들이 안전하게 바다로 건너도록 길을 내신 주님! 그와 같이 이제 고통 속에서 고군분투 하는 당신의 교회를 구원하소서! 교회를 해치는 자들을 낙망케 하시고, 교회의 모든 문제를 거룩하게 하소서! 그리고 그 모든 어려움에서 교회를 이끌어 내사 성결과 평화와 기쁨이 더욱 커지게 하소서![49]

죄의 타락으로부터 자유를 위해 부르짖기:

> 우리는 본질상 세속적이고 죄아래 팔렸나이다. 그러나 당신이 당신의 백성을 속박에서 이끌어내시고 그들을 그들 자신의 땅에서 주의 자유로운 사람들로 만들어주셨던 것과 같이, 당신께서 주 예수 그리스도를 통해서 잡힌 자들에게 자유 선포를 그리고 사단의 속박된 노예들인 그들에게 옥문을 열어주심을 약속하신 것을 우리는 알고 기뻐하나이다. 모세가 광야에서 뱀을 든 것 같이 인자도 들려야하며, 누구든지 그를 믿는 자는 멸망하지 않고 영생을 얻는다고 하신 당신의 말씀을 읽으므로 우리는 기뻐하나이다.[50]

이미 인용된 더 오래된 책 이외에, 다음과 같은 책은 기도의 연구에 특별히 도움을 주는 것이다. 리차드 프랫(Richard L. Pratt)의 『당신의 눈을 열고 기도하라』(Pray with Your Eyes Open), 그래함 스크로기(Graham Scroggie)의 『바울이 감옥에서 드린 기도』(Paul's Prison Prayers), 도날드 코건(Donald Cogan)의 『신약의 기도』(Prayers of the New Testament) 그리고 허버트 로키어(Herbert Lockyer)의 『성경의 모든 기도』(All the Prayers of the Bible).[51]

---

49 Miller, *Thoughts on Public Prayer*, 277.
50 Ibid., 277-78.
51 Richard L. Pratt, Pray with Your Eyes Open (Phillipsburg, N.J.: P&R Publishing, 1987); W.

그러나 헨리(Henry)의 『기도』(*Method for Prayer*)라는 책을 구하는 것이 더욱 좋다. 그것을 읽고 또 읽도록 하라.

2) 공적인 기도를 계획하라

둘째, 우리는 공적인 기도의 발전을 위해 그 기도가 계획되어야만 한다는 점을 권고한다. 만약에 앞에서 말한 것이 깨달아진다면 그리고 만약에 당신이 성경의 실체적인 용어를 가지고 기도할 수 있다고 한다면, 공적인 기도가 계획되는 것은 분명히 필요한 것이다. 그렇지만 공적인 기도를 계획하는 것은 또한 다른 이유를 위해서도 필요하다. 부주의한 언어를 사용하고, 부정확하며, 일관성이 없는 오늘날의 많은 강단 기도를 듣는 것은 서글픈 일이다. 비록 나는 증명해낼 수는 없을지라도, 많은 목사 자신들이 전에 기도하려고 한 것이 무엇이든지 간에 그에 대해서 생각을 해보지 않은 것은 아닌가 하는 의구심을 가지게 된다. 윌리몬(Willimon)은 "우리의 많은 목회 기도는 빈천한 사고의 혼돈, 혼란스러운 진부한 표현, 흔한 표현, 얄팍한 구조, 형식화되고 비인격적인 산만함으로 가득하다"[52]라며 한탄한다. 나이가 든 모든 주석가는 공적인 기도를 미리 계획할 필요가 있다는 데 뜻을 같이한다.

준비 없이 설교해서는 안 되듯이, 준비 없이 기도해서도 안 된다. 페어베언(Fairbairn)은 "나는 성소의 경건한 사역을 위해 어느 정도의 특별한 준비를 할 것을 간절히 권고하고 싶다"[53]라고 말한다. 그는 기도의 개요와 기도를 쓰는 연습의 필요성을 장려한다. 그 내용을 읽기 위한 것이 아니라, 기도하는 사람의 사고를 체계화하기 위함이다. 목사는

Graham Scroggie, Paul's Prison Prayers (1921; repr. Grand Rapids: Kregel, 1981); Donald Cogan, Prayers of the New Testament (New York: Harper & Row, 1967); and Herbert Lockyer, All the Prayers of the Bible (Grand Rapids: Zondervan, 1959). 공적인 기도를 다루는 책들은 성경적 언어를 사용하는 것을 무시해왔지만, 감사하게도 개인적 기도에 대한 책들은 무시하지 않고 있다. 이와 관련해서 프랫(Pratt)의 책은 특별히 좋다.

52 Willimon, *Preaching and Leading Worship*, 44.
53 Fairbairn, *Pastoral Theology*, 318.

"기도의 방법을 연구해야만 하고 그 방법을 지켜야만 한다. 기도는 설교와 동일한 만큼 계획되어야만 한다"[54]라고 셰드(Shedd)는 말한다. 그는 이어서 다음과 같이 말한다.

> 기록되고 읽히는 기도의 형식주의에 대한 반동으로 개신교도들은 질서 정연하고 균형 잡힌 공적인 간구들에 대한 충분한 주의를 기울이지 않았다. 준비 없는 즉흥적인 설교와 같이 즉흥적인 기도는 경건한 반성과 미리 생각하는 것 대신에 한 순간의 즉흥적인 산물일 경우가 왕왕 있다. 미리 생각하는 것과 탄원은 얼핏 보기에 조화를 이루지 못하는 개념들인 것처럼 보인다. 기도는 명백한 심사숙고함 없는 감정의 분출이어야만 하는 것처럼 보인다. 이런 생각은 잘못이다. 어떤 사람, 어떤 피조물도 자신이 무엇을 위해서 기도하는 것과 자신이 기도하는 대상에 대해서 모르고서는 기도를 잘 할 수가 없다. 기도, 특별히 공적인 기도에 들어 있는 모든 것은 심사숙고 되어야만 한다.[55]

다브니(Dabney)는 다음과 같이 기록한다. "목사는 설교를 위한 것만큼 공적인 기도를 위해서 자신을 준비해야만 한다고 생각한다. 많은 설교자가 자신의 설교에는 온 힘을 기울이면서도, 자신의 기도는 우연에 맡기는 태만함은 하나님에 대한 불신앙과 그들의 형제를 교화(敎化)하는 데 대한 무관심을 가장 통렬하게 암시적으로 나타내는 것이다." 그는 기도에 있어서 시간 전에 준비하는 것보다 성령의 인도를 믿어야만 한다는 생각을 "광신적인 열정의 흔적"으로 분류한다. "사람들에게 하나님을 대표해서 말하는 것은 신성하고 책임감 있는 일이다. 하나님께 사람을 대표해서 이야기하는 것은 동일한 책임이 있는 일이며, 더욱 엄중한 일이다. 젊은 목사는 즉흥적인 설교를 가지고 감히 강단에 올라서는 안 되는 것과 같이, 즉흥적인 기도를 가지고 감히 강단에 올라서도 안 된다."[56]

---

54 Shedd, *Homiletics and Pastoral Theology*, 271.
55 Ibid.
56 Dabney, *Sacred Rhetoric*, 346-47, 360.

다브니와 밀러(머피와 같이)는 자신들이 "경건한 글쓰기"라고 부르는 훈련을 장려한다. 다브니는 "강단에서 이 기록된 기도를 재인용하는 것이라기보다는 그 자신의 취향을 훈련하고 경건한 언어의 저장소를 얻는 것이다"라고 설명한다.[57] 현대 작가 중에서 레이번(Rayburn)은 다음과 같은 말로 동의한다. "만약에 어떤 목사가 자신의 회중 기도를 인도하는 데 있어서 효과적이기를 원한다면, 그는 자신의 공적인 기도를 위해서 준비해야만 한다."[58] 우리가 기도를 위해서 준비해야만 하고 공적인 기도를 인도하는 것을 연구해야만 한다고 주장할 때, 우리는 기도가 성경에서 큰 소리로 읽혀져야만 한다고 말하는 것이 아님은 물론이다. 자유로운 기도, 즉 성경이 풍성한 자유로운 기도는 교회에서 상실된 너무나 가치 있는 덕목이다. 우리가 여기서 옹호하는 것은 읽히는 기도가 아니라 연구된 기도이다.

그렇다면 당신이 계획하는 기도에 대해서 몇 가지 조언을 하도록 하자:

1. 간략한 기도를 하도록 계획하라. 계속되는 산만한 내용으로 당신 사람들의 인내심을 시험하지 말라. 19세기 작가들조차도 간결성을 권한다. 머피(Murphy)는 주된 기도는 5분 길어야 8분 정도 되어야만 한다고 권고한다. 밀러(Miller)는 "지나치게 긴" 기도에 대해서 한탄한다.[59] 주의 깊고 사려 깊은 계획은 셰드(Shedd)가 한탄한[60] "빈 말이 많고 반복적인 내용"을 피하도록 해줄 것이다. 주의 깊은 계획은 또한 자주 쓰는 어구들, 즉 하나님에 대한 칭호들 그리고 다른 어떤 형식 혹은 어휘들을 자주 그리고 기계적으로 반복하는 것을 막아줄 것이다. 다브니(Dabney)는 그런 자주 쓰는 어구들에 대해서 다

---

57 Ibid., 360; 또한 Miller, *Thoughts on Public Prayer*, 288-89를 보라.
58 Rayburn, *O Come Let Us Worship*, 199.
59 Miller, *Thoughts on Public Prayer*, 187.
60 Shedd, *Homiletics and Pastoral Theology*, 272-73.

음과 같이 한탄스런 말을 한다. "이런 기계적인 어구는 우리가 변화가 없는 예전에 대해서 제기하는 형식주의, 단조로움 그리고 적절한 다양성의 결여에 대한 비난을 받기 쉽다. 이 기계적인 어구는 그 문학적인 장점 그리고 위엄 있고 부드러운 결합성의 그 어떤 것도 가지고 있지 않다."[61] 여기 저기 그리고 사방으로 종잡을 수 없고 두서없이 길게 이루어지는 기도는 계획을 세우는 것에 의해서 교정될 것이다.

2. 설교하지 않도록 계획하라. 다브니는 "우리가 하나님께 그분의 교리적인 진리를 공적으로 가르치려는 혹은 하나님께 기도하는 대신 하나님께 설교하려는 진력이 나는 불합리성"에 대해서 경고한다.[62] 셰드는 "기도에서 설교적인 이야기"에 대해서 경고한다.[63] 머피는 "공적인 기도를 청중에게 설교하기 위해서 혹은 그들을 꾸짖기 위해서 혹은 심지어 종종 이루어지는 일로 주님께 정보를 드리기 위해서 사용하는 것을 공적인 기도에 대한 커다란 남용"이라고 말한다.[64] 당신은 목사들이 다음과 같이 기도하는 것을 들은 적이 있을 것이다. "주님, 우리는 수요일 저녁 7시에 교제 만찬 바로 직후 그리고 성가대 연습 바로 전에 채플에서 있었던 기도 모임에 대해서 감사를 드립니다. 하나님의 뜻에 의해서 저지되는 것이 아니라고 한다면 당신은 당신의 모든 사람이 오는 것을 원한다는 것을 우리는 알고 있습니다. 기도 모임에 오는 것이 우선순위가 될 수 있도록 우리를 도우소서!" 이것은 "공적인 기도에 대한 커다란 남용"이며(어리석게 언급하는 것이 아님), 피해야만 하는 내용이다.

3. 적절한 용어를 사용하도록 계획하라. 전능하신 분에게 이

---

61 Dabney, *Sacred Rhetoric*, 348.
62 Ibid., 355.
63 Shedd, *Homiletics and Pastoral Theology*, 273.
64 Murphy, *Pastoral Theology*, 211-12.

야기할 때 적절한 언어를 선택하라. 오래전 작가들은 기도에서 지나치게 친숙한 언어의 사용을 놀라울 정도로 격렬하게 비난한다. 셰드는 "친숙함은 기도 속에 들어 있는 실수 중에 가장 좋지 못한 것이다"라고 말한다.[65] 다브니는 "자녀와 같이 가까운 것처럼 하면서 지존자에게 빈번하게 불손한 친밀감에 빠져 끈질기게 조르는 제대로 된 교양 없고 영적으로 자만감에 빠져있는 사람들"에 대해서 냉소를 쏟아 부었다.[66] 스펄전은 "거룩하지 못하고 친근한 말로 신물나게 넘쳐나는 것"을 피할 것을 충고해준다. "'주님이시여!', '찬양받으시는 주님!' 그리고 '자비로우신 주님' 이라는 말이 거듭 공허하게 반복될 때, 그런 말은 최악의 오점가운데 있는 것이다"라고 스펄전은 말한다. 그는 "그런 친숙하고 익숙한 표현들에 빠져 있는 사람들이 어떤 다른 방법으로 사람과 하나님 사이에 있는 참된 관계에 대한 더 나은 이해에 이를 수 있게 되는 것"을 바라고 있다.[67] 그는 "사람들이 언어에 있어서 빈틈없이 경건하게 될 것"을 조언해준다.[68]

6. 적용

이제 우리가 다음과 같은 것들을 보여주는 것이 남아있다. 즉 그런 기도가 실제로 기도되고, 위에서 언급된 원리를 예배 순서의 다섯 가지 주요 기도에 적용되는 방법을 보여주는 것이다. 당신이 하나님의 임재하심을 부를 때, 찬양을 성경의 언어로 채우도록 하라. 당신의 회중은 당신이 하나님의 위대하심과 위엄을 겸손히 높여드리는 것을 들을 필

---

[65] Shedd, *Homiletics and Pastoral Theology*, 273.
[66] Dabney, *Sacred Rhetoric*, 349.
[67] Spurgeon, *Lectures to My Students*, 57.
[68] Ibid., 58.

요가 있다. 당신의 회중은 자신들의 목사가 기도하는 것을 들음을 통해 기도하는 방법을 상당부분 배울 수 있다는 것을 기억하도록 하라. 찬양을 드린 위대한 기도자들을 연구하라. 그리고 시편으로부터 그 풍성한 경건의 표현들을 얻어내도록 하라. 매주 회중에게 그들이 예배하는 하나님, 불가능이 없으신 하나님, 모든 것이 가능한 하나님 그리고 존경과 예배를 받으시기에 합당한 하나님의 권능과 영광과 선하심에 대한 모습을 제공하도록 하라.

당신이 고백의 기도를 하는 순서에 이르렀을 때, 성경의 깊고도 풍부하며 상세한 언어를 사용하도록 하라. 당신의 회중은 죄로 인해 멍들고 두들겨 맞은 채로 매주 교회에 온다. 그들은 자신들이 어떠했었어야 했는지 그리고 자신들의 실패에 대한 그 무엇인가를 알기 때문에 죄의 무거운 짐을 진채 교회로 나온다. 당신이 우상숭배, 욕심, 탐욕, 교만, 욕망, 이기심, 질투, 시기 그리고 험담을 고백할 때, 당신이 그들을 대신해서 죄에 대해 겸손하게 슬퍼하는 것을 그들로 하여금 듣도록 하라. 당신이 온 마음과 정신과 힘을 다해 하나님을 사랑하지 않은 것과 당신의 이웃을 당신 자신과 같이 사랑하지 않은 것을 고백하도록 하라. 예를 들어, 다음과 같은 다윗의 언어를 사용해서 고백하라.

> 대저 나는 내 죄과를 아오니
> 내 죄가 항상 내 앞에 있나이다.
> 내가 주께만 범죄하여
> 주의 목전에 악을 행하였사오니
> 내가 죄악 중에 출생하였음이여
> 모친이 죄 중에 나를 잉태하였나이다(시 51:3-5)

그런 뒤에 다윗의 기도를 가지고 간구를 시작하도록 하라.

오! 하나님, 당신의 인자를 따라 우리에게 자비를 베푸소서. 당신의 크신 긍휼에 따라 우리의 죄과를 도말하소서. 우리의 죄악으로부터 우리를 온전히 씻기소서. 우리의 죄악으로부터 우리를 정결케 하소서. 우슬

초로 우리를 정결케 하소서. 그러면 우리가 정하리이다. 우리를 씻기소서. 그러면 우리가 눈보다 희리이다. 주의 얼굴을 내 죄에서 돌이키시고 내 모든 죄악을 도말하소서. 오 하나님, 구원의 하나님이여! 피와 같은 붉은 죄에서 우리를 구원하소서. 우리 속에 정한 마음을 창조하시고, 우리 안에 정직한 영을 새롭게 하소서. 당신의 구원의 즐거움을 우리에게 회복시키시고, 자원하는 심령을 주사 우리를 붙드소서. 오, 주여! 우리의 입술을 열어 주소서. 우리의 입이 주를 찬송하여 전파하리이다.

당신의 회중은 복음을 믿기 위해 그리고 죄용서를 경험하기 위해 몸부림치고 있다. 그들은 사적으로 그들의 죄를 고백할 수도 있다. 그렇지만 그들은 평안을 찾지 못한다. 문제는 종종 그들이 충분히 깊게 나아가지 못하는 데에 있다. 그들의 부서지고 깨어진 상처는 "평강하다, 평강하다' 하나 평강이 없도다"(렘 8:11)와 같은 경박한 약속들로 피상적으로 치료되어 왔다. 그들은 당신이 진지하게 죄를 고백하고 슬퍼하는 것 그리고 그들을 대신해서 하나님의 약속을 주장하는 것을 들을 필요가 있다. 영국에서 나의 첫 6개월 동안 얼마나 내가 기도책을 싫어했는지에 대해 나는 위에서 언급했다.

그러나 결국에는 내가 그 책을 사랑하는 법을 배웠고, 심지어는 매일 예배당에 가는 것을 고대하기조차 하게 되었다. 그래서 많은 부분에서 나는 크랜머(Cranmer)의 아름다운 고백으로 이루어진 내용의 기도를 할 수 있었다. 비록 나는 '치료적'이라는 말을 사용하는 것을 주저할지라도, 나는 그것이 하나님이 나의 죄들을 매일의 공동 예배에서 다루시는 치료적인 것임을 알게 되었다. 사람들이 우리의 예배에서 행할 필요가 있는 것은 바로 이것이다. 그들은 하나님과 교제할 필요가 있다.

당신은 찬양 그리고 찬양 뒤에 이루어지는 고백과 더불어 그들을 그곳까지 인도할 필요가 있다. 그들로 하여금 당신이 하나님의 약속들을 다시 언급하여 보여주는 것으로 결론을 맺는 것을 듣도록 하라. "만일 우리가 우리 죄를 자백하면 저는 미쁘시고 의로우사 우리 죄를 사하시며 모든 불의에서 우리를 깨끗케 하실 것이요"라는 요한일서 1:9의 약속에 대해 감사를 드려라. 예수님께서 "친히 나무에 달려 그 몸으로 우리 죄를 담당하셨고"(벧전 2:24), "자기 목숨을 많은 사람의 대속물"(마 20:28)로 주신 것을 감사하라. 비록 그분은 "죄를 알지도 못하신 분"일지라도, "우리로 하여금 저의 안에서 하나님의 의가 되게 하려 하시려고"(고후 5:21) 죄를 담당하신 것을 감사하라. 우리가 이제는 "정죄함이 없고", 그리스도 안에서 "하나님과 더불어 화평을 누리는 것"(롬 8:1; 5:1)을 감사하라. 그들을 위해서 시편 103편의 더욱 확대된 약속들을 가지고 기도하라.

> 여호와는 자비로우시며 은혜로우시며
> 노하기를 더디 하시며 인자하심이 풍부하시도다
> 우리의 죄를 따라 처치하지 아니하시며
> 우리의 죄악을 따라 갚지 아니하셨으니
> 이는 하늘이 땅에서 높음 같이
> 그를 경외하는 자에게 그 인자하심이 크심이로다
> 동이 서에서 먼 것 같이
> 우리 죄과를 우리에게서 멀리 옮기셨으며(시 103:8, 10-12).

당신이 중보기도 할 때, 당신 회중의 성화(聖化)를 위해 간구하라. 당신이 기독교적인 삶의 이념들이 그들의 삶 속에서 이루어지도록 기도할 때, 그들로 하여금 당신의 목소리 속에 녹아 있는 긍휼과 긴급성을 듣도록 하라. 그들은 당신이 매주 다음과 같이 기도하는 것을 들을 필요가 있다. 즉 하나님이 거룩하신 것과 같이, 그들이 거룩하게 되도록(벧전 1:15-16), 사랑받는 자녀들이 사랑 안에서 행하는 것같이, 그들이 하나님을 닮아가는 자들이 되도록(엡 5장), 그들이 성령의 열매를 맺어 그리스도의 형상으로 형성되도록(갈 5:22-23) 기도하는 것을 들을 필요가 있다. 그들이 세상 혹은 세상의 것들을 사랑하지 않도록 그리고 안목의 정욕, 육신의 정욕, 이생의 자랑에 유혹되지 않도록(요일 2:15-16) 당신이 간구하는 것을 그들로 하여금 듣도록 하라.

그런 뒤 초대 교회에 의해 사용되고 종교개혁자들이 받은 성경에서 발견되는 네 가지 다른 중보의 영역으로 옮겨가도록 하라. (1) 국가 관헌들(롬 13:1-7; 딤전 2:2)을 위해서, (2) 기독교 목회사역(마 9:36-38; 딤전 2:1-2)을 위해서, (3) 모든 사람의 구원(딤전 2:1, 3-4)을 위해서 그리고 (4) 고난 받는 자들(고후 1:3-4, 11; 약 5:13-18)을 위해서 기도하라.[69] 그들은 당신이 드리는 기도의 숨결을 들을 필요가 있다. 당신이 기독교 선교의 진보를 위해서, 목회자들과 선교사들을 위해서, 나라를 위해서 그리고 궁핍한 자들을 위해서 기도할 때, 그들은 온 지구를 에워싸는 당신의 기도를 들을 필요가 있다.

조명해주심에 대한 기도는 어떤가? "육에 속한 사람은 하나님의 성령의 일을 받지 아니하나니"(고전 2:14)라는 것을 회중에게 되새겨 줄 필요는 없는 것인가? 만약에 우리가 하나님의 말씀을 이해한다면, 우리는 성령에 의존되어 있다는 것을 매주 되새겨주는 기도를 통해서 당신의 회중은 유익함을 얻지 않겠는가? 당신이 성경을 읽기 전에 혹은 당신이 설교를 하기 전에 조명해주심을 위해서 기도하라. 눈이 열리고(시 119:18), 귀가 막히지 않고, 돌과 같은 마음이 부드러워지고, 곧은 목이 풀리도록 기도하라. 마음의 눈이 교화(敎化)되도록(엡 3:18) 그리고 주님이 우리에게 그분의 진리를 가르쳐주시고(시 86:11-12), 우리에게 이해력을 주시도록(시 119:33) 기도하라.

마지막으로, 그들은 당신이 그들 위에 하나님의 축복을 기원하는 것을 들을 필요가 있다. 그들을 사도들의(고후 13:14) 혹은 아론의(민 6:24-26) 혹은 다른 축도(예를 들어, 히 13:20-21)를 가지고 축복하도록 하라. 그들로 하여금 이런 성경적인 축복 중에 하나가 그들의 귓전에 맴돌도록 한 상태에서 교회를 떠나가도록 하라. 그들이 떠나갈 때, 그와 같은 축복이 그들을 격려해주지 않겠는가? 이것은 예배를 복음의 긍정적인 어조로 결론짓는 것이 아닌가?

목사가 기도를 인도할 필요가 있다고 우리가 말해온 이유를 이제 당

---

69 Johnson, *Leading in Worship*, 10 n. 15, 34 n. 4, 52-54.

신은 알 수 있겠는가? 회중에 있는 그 어느 누가 이와 같은 방식으로 기도하도록 훈련되었는가? 회중의 목양적 필요에 대해 누가 제일 많이 깨어 있겠는가? 성경과 신학 교육을 위해 3년이라는 시간을 따로 떼어 놓은 사람이 누구인가? 누가 매일 성경공부에 집중적인 시간을 사용하는가? 누가 성도들의 영혼을 위해 개인 기도 시간에 무릎을 꿇고 매일 수고를 하는가? 결과적으로 누가 신학적으로 건전한 자세뿐만 아니라 성경의 풍성한 경건적 언어로 기도할 수 있는가?

공적인 기도는 단지 당신 혹은 당신의 머리 위에 서서 기도하는 그 어느 누군가의 문제가 아니다. 우리 마음의 대부분 영역에 들어오는 첫 번째 것은 스펄전이 말했던 것과 같이 "하찮은 것에 불과한 것"이다. 목사가 설교하고 성례를 집례하는 것이 사리에 맞는 것과 같이, 목사가 기도하는 것도 그와 같은 것이다. 우리가 마음속에 그리는 기도는 그의 마음이 하나님의 말씀에 젖어 있고 매주 하나님 앞에서 무릎을 꿇고 수 시간을 보내는 하나님에 의해 부름 받은 사람에 의해 드려지는 그런 기도다. 마치 교회가 말씀과 성례를 통한 복음의 선포를 그렇게 하도록 임직된 사람들에게만 위임함으로 "복음을 지키도록" 한 신약의 권면을 적용하는 것이 마땅하고 현명한 것처럼, 기도에서 그 우선적인 지도력이 목사의 수중에 주어지도록 하는 것은 목양적으로 그리고 신학적으로 현명한 것이다.

당신은 공적인 기도에 마땅한 관심을 기울여왔는가? 당신은 공적인 기도가 교회를 세우는 은총의 수단이 되는 방법을 알고 있는가? 이제 "연구된 기도"(studied prayer, 청교도들이 그렇게 칭하는 것과 같이) 혹은 "생각된 기도"(conceived prayer, 왓츠의 용어)를 연습하는 것을 시작하도록 하라. 당신의 기도를 계획하고, 그 기도에 성경적인 언어와 암시로 채우며 그리고 그 기도가 회중으로 하여금 하나님의 영광에 갑절로 자라도록 하는 거룩한 효과를 목도하도록 하라.

CHAPTER 8

세례: 복음의 기쁜 표지

| 매리언 클라크(D. Marion Clark)
Faith Presbyterian Church 목사

　세례는 하나님의 백성을 기쁨으로 채우기 위해, 복음을 강력하게 전달하기 위해 그리고 기독교 공동체의 믿음과 통일을 이루기 위해 교회에 주신 하나님의 선물이다. 본 장의 목적은 개혁 교회에서 세례의 의의(意義)를 알아보는 것이다. 많은 연구가 있었다! 이미 세례에 대해서 뛰어난 설명들이 많이 제기 되었다. 그러나 그 설명들의 대부분은 유아(幼兒)세례(paedobaptism) 혹은 신앙고백 세례(credobaptism)를 장려하는 관점에서 기술되었다. 불행하게도 유아세례와 신앙고백 세례 사이의 대비에 대한 문제가 하나의 주제로서 세례가 제기될 때마다 본질의 핵심이 되어버리는 결과를 낳고 말았다. 이런 결과를 보면서 생각할 수 있는 것은 다음과 같은 것이다. 즉 일단 어느 입장을 택할 것인지를 결정한 뒤에는, 더 이상의 그 어느 것도 고려할 것이 없다고 본다는 것이다. 세례의 의의에 대해 철저한 연구를 보여준 저자조차도 유아세례에 대한 그러한 입장이 필요한 것이라 결론내려야 하는 방법을 보여주기 위해 불가피한 진행이 되고 있다. 따라서 그런 과정은 좀 더 이른 시기에 제안된 결과로 인해 이런 결론에 동의하지 않는 독자로 하여금 즉각적 의혹을 가지도록 한다.

본 장은 유아세례/신앙고백 세례 논의에 기여하려는 것이 아니다. 대신에 무엇이 세례를 개혁주의 예배에 있어 당연히 있어야만 할 기쁜 축제가 되게 하는 것인지에 대한 설명을 하려 한다. 혹은, 만약에 내가 이렇게 표현하는 것이 허락될 수 있다고 한다면 본 장은 다음과 같은 것을 위한 것이다. 즉 무엇이 세례로 하여금 목사가 집례하는 정말 즐거운 것이 되게 하는 것인지에 대한 설명이다. 우리는 세례가 무엇을 의미하는 것인지, 세례가 마땅히 받아들여져야만 하는 사고방식, 표지로서 세례의 기능 그리고 세례를 집례하는 목사의 역할에 대해 고려해 볼 것이다.

1. 기쁜 표지

세례는 복음을 나타낸다. 세례는 그리스도의 속죄, 그리스도와 우리의 연합, 성령의 성화 그리고 하나님의 언약에로 들어감 등을 말해준다. 웨스트민스터 신앙고백서는 세례가 "신자에게 은혜 계약과, 그리스도에게 접붙임 받음, 중생과 죄의 용서, 예수 그리스도를 통하여 자기를 하나님께 드려서 새 생활을 하겠다고 하나님께 헌신함의 표와 확증을 의미한다"(28.1)고 말한다.

제2 스위스 신앙고백서(The Second Helvetic Confession)는 동일한 메시지를 다음과 같이 설득력 있게 말해준다(20.2).

> 이제 그리스도의 이름으로 세례를 받는다는 것은 하나님과의 언약과 하나님의 가족으로 등록되고 받아들여지고, 수용되는 것이요, 하나님의 자녀의 유업을 받는 것이다. 즉 세례는 이 세상에 있을 동안에 하나님의 이름을 좇아 부름을 받아 하나님의 아들이 되는 것이요, 죄의 오염에서 깨끗함을 받는 것이요, 하나님의 각양 은혜를 받아 그 결과 허

물없는 새 삶을 유지하는 것이다. 그러므로 세례란 하나님께서 죽을 인류에게 보여주신 엄청난 은혜를 생각나게 하고 이를 새롭게 재현시키는 것이다.

얼마나 기쁜 표지인가! 세례는 "복음, 복음, 복음"을 깜박이는 네온불빛이다. 이 표지를 통해서 표현되는 모든 것을 생각해보도록 하라.

1) 그리스도의 사죄

첫째는 그리스도의 구속과 우리 죄를 사해주심이다. 골로새서에서 바울은 할례와 세례를 십자가에 달리심과 부활과 함께 묶으면서 세례 속에서 우리는 묻혔고 우리의 할례가 되신 그리스도와 함께 일으켜졌다고 선포한다. 이것은 무엇을 의미하는 것인가? 바울은 다음과 같이 설명한다.

> 너희의 범죄와 육체의 무할례로 죽었던 너희를 하나님이 그와 함께 살리시고 우리에게 모든 죄를 사하시고 우리를 거스리고 우리를 대적하는 의문에 쓴 증서를 도말하시고 제하여 버리사 십자가에 못 박으시고 정사와 권세를 벗어버려 밝히 드러내시고 십자가로 승리하셨느니라(골 2:13-15).

하나님이 우리를 용서하셨다! 이것이 바로 세례가 선포하는 것이다. 하나님 자신의 아들이 우리를 위해서 감당하신 세례로 하나님이 우리를 용서하셨다(막 10:38; 눅 12:50 참조). 하나님의 자녀가 받는 각각의 세례는 십자가의 세례를 재연(再演)한다. 목사가 그 의식을 시행할 때, 그는 그리스도의 구속을 보여주는 것이다.

하나님은 우리의 죄가 씻어졌기 때문에 우리를 용서하셨다. 이것은 아마도 이 성례에서 전해지는 가장 분명한 메시지일 것이다. 물이 사용되는 것에도 불구하고, 우리 모두는 하이델베르크 교리문답(Heidelberg

Catechism)에 있는 69번째 질문에 주어진 대답을 증언할 수 있다. "세례는 십자가에서 이루신 그리스도의 속죄사역이 당신을 위한 일이었다는 것을 어떻게 확신시켜 줍니까?" 그 대답은 다음과 같다. "그리스도께서는 그러한 외부적 씻음의 제도를 정하셔서 물이 더러운 몸을 씻어내듯이 그의 피와 영으로 우리 영혼이라는 죄악을 깨끗이 씻어 주시겠다는 약속을 하신 것입니다."

이것은 베드로가 자신의 서신에서 다음과 같이 표현한 의미이다. "물은 예수 그리스도의 부활하심으로 말미암아 이제 너희를 구원하는 표니 곧 세례라 육체의 더러운 것을 제하여 버림이 아니요 오직 선한 양심이 하나님을 향하여 찾아가는 것이라"(벧전 3:21).

그러므로 세례는 죽음과 부활의 그리스도의 구속적 세례를 묘사한다.

2) 그리스도와의 우리의 연합

둘째, 세례는 우리가 "그리스도에게로 접붙이는 것"을 의미한다. 외적인 표지는 하나님 아들과의 내적인 연합의 은총을 나타낸다. 수많은 성경 본문이 이 연합을 강조하여 말한다.

> 무릇 그리스도 예수와 합하여 세례를 받은 우리는 그의 죽으심과 합하여 세례 받은 줄을 알지 못하느뇨?…만일 우리가 그의 죽으심을 본받아 연합한 자가 되었으면 또한 그의 부활을 본받아 연합한 자가 되리라 (롬 6:3, 5).

> 우리가…다 한 성령으로 세례를 받아 한 몸이 되었고(고전 12:13).

> 너희가 다 믿음으로 말미암아 그리스도 예수 안에서 하나님의 아들이 되었으니, 누구든지 그리스도와 합하여 세례를 받은 자는 그리스도로 옷입었느니라. 너희는…다 그리스도 예수 안에서 하나이니라(갈 3:26-28).

> 그 안에서 너희가…할례를 받았으니…세례로 그리스도와 함께 장사한

바 되고…그 안에서 함께 일으키심을 받았느니라(골 2:11-12).

"그리스도 예수와 합하여 세례를 받은", "한 성령으로 세례를 받아 한 몸이 되었고", "그리스도와 합하여 세례를 받은", "그 안에서 너희가…할례를 받았으니"라는 어구들을 주목하여 보라. 세례는 우리를 그리스도와 연합하거나 혹은 우리를 그분께 접붙이는 성령의 내적 세례를 의미한다.

세례는 이런 실체를 어떻게 나타내는가? 다음과 같이 선포되는 말씀을 통해서이다. "진 클라크(Jean Clark)! 나는 아버지와 아들과 성령의 이름으로 당신에게 세례를 주노라!" 물론 우리는 이 형식을 다음과 같은 예수님의 명령에서 얻는다. "그러므로 너희는 가서 모든 족속으로 제자를 삼아 아버지와 아들과 성령의 이름으로 세례를 주고"(마 28:19). 전치사 "~안에"(in)는 위에서 인용된 처음 세 개의 본문에서 "~안으로"(into)로 번역된 동일한 헬라어 전치사 에이스(εις)이다. 달리 말하면, 나는 목사로서 어떤 개인을 단순히 삼위일체를 대신해서 세례를 주는 것이 아니라, 삼위일체 안으로(into), 즉 삼위일체 하나님과의 교제 안으로 세례를 주는 것이다.

동일한 개념을 표현하면서, 에드먼드 클라우니(Edmund Clowney)는 세례를 이름을 짓는 의식이라 말한다.

> 세례를 받는 사람에게는 이름이 주어진다. 세례증서 위에 있는 이름이 아니라, 삼위일체 하나님의 이름이 주어진다. 유아세례를 집례하는 목사는 당황해서 어린 마르다를 마가렛으로 이야기할 수 있다. 그러나 그 목사는 그 여자 아이에게 그 이름을 주는 것이 아니다. 그 목사가 그 여자 아이에게 주는 이름은 삼위일체 하나님의 이름이다. 세례는 기독교인에게 그들 가족의 이름, 즉 하나님의 자녀들로 불리는(사 43:6b-7) 사람들로서 그들이 가지게 되는 이름을 준다.[1]

---

1 Edmund Clowney, *The Church* (Downers Grove, III.: InterVarsity, 1995), 278.

세례는 세례 받는 사람이 그 가족 안에 있다는 선언이다. 그리스도의 제자는 그리스도에게로 이끌림 받았다. 그리고 그 제자는 그리스도에게로 이끌림 받았기 때문에, 또한 아버지와 성령 안에 사는 것이다. 아버지에 대해 예수님은 이렇게 말씀하셨다. "사람이 나를 사랑하면 내 말을 지키리니 내 아버지께서 저를 사랑하실 것이요 우리가 저에게 와서 거처를 저와 함께 하리라"(요 14:23). 성령에 대해 예수님은 "너희와 함께 거하시고 또 너희 속에 계시는"(14:17) 보혜사를 보내실 것을 약속하셨다.

3) 성령의 성화

그리스도 안에서 이러한 접붙임은 아버지의 구원하시는 은총을 통한 아들의 구속 사역을 적용하시는 성령의 사역을 통해 이루어진다. 그렇다면 물은 그리스도의 깨끗케 하시는 보혈뿐만 아니라 성령의 기름 부으심을 의미한다. 세례를 받는 사람의 영혼에 그리스도의 보혈을 뿌리는 분은 성령이시다(벧전 1:2 참조). 성령이 마음에 들어가서 새롭게 하신다.

> 진실로 진실로 네게 이르노니 사람이 물과 성령으로 나지 아니하면 하나님 나라에 들어갈 수 없느니라 육으로 난 것은 육이요 성령으로 난 것은 영이니(요 3:5-6)

> 맑은 물로 너희에게 뿌려서 너희로 정결케 하되 곧 너희 모든 더러운 것에서와 모든 우상을 섬김에서 너희를 정결케 할 것이며 또 새 영을 너희 속에 두고 새 마음을 너희에게 주되 너희 육신에서 굳은 마음을 제하고 부드러운 마음을 줄 것이며 또 내 신을 너희 속에 두어 너희로 내 율례를 행하게 하리니 너희가 내 규례를 지켜 행할지라(겔 36:25-27)

세례는 또한 세례받은 사람 안에서 일어난 변화를 묘사해주는 것,

즉 "예수 그리스도를 통하여 자기를 하나님께 드려서 새 생활을 하겠다는 것"(웨스트민스터 신앙고백서 28.1)이다. 그리스도 안에서 죽은 우리가 그리스도와 더불어 일어났으므로, 우리는 그리스도를 위해 살 수 있을 것이다. 바울이 로마서 6:4-14에서 설명한 바와 같이, 우리는 내면의 세례(이것은 우리의 외적인 세례로 대표하여 나타내줌)를 통해서 그리스도와 함께 장사지낸 바 되었고 일으킴을 받았다. 따라서 우리는 새 삶을 살 것이다. 우리는 더 이상 죄의 속박 아래 있지 않고 자유롭게 되었다. 우리의 세례는 이런 변화를 나타낸다.

그러므로 우리는 세례를 통해 그리스도와 함께 죽음으로 장사지낸 바 되었다. 그리스도께서 죽음에서 일으킴을 받으신 것과 같이, 우리 역시도 더 이상 죄에게 종노릇하지 않는 새 삶을 살 수 있게 하기 위해서다. 동일한 방법으로 우리는 죄에 대해서 자신이 죽은 것이 되었고, 그리스도 예수 안에서 하나님께 산 것으로 생각한다.

변화된 당신 자신을 헤아려보라. 돌 같은 마음이 부드러워졌고, 종 되었던 몸이 이제 자유롭게 되었다. 『기독교 신앙의 토대』(Foundations of the Christian Faith)에서 제임스 보이스(James Boice)는 이런 변화의 요소가 '세례받다'라는 동사의 의미 속에 본래부터 들어있다고 주장한다. 첫째, 그는 소금에 절이는 과정에서 쓰이는 그 어휘의 용도를 입증하여 보여준다. 이 소금에 절이는 과정은 세례를 받는 대상물에서 변화가 일어나게 하는 것을 분명하게 나타낸다. 그런 뒤에 그는 세례에서 각각의 경우에 일어나는 변화를 보여주는 몇 가지 본문에 대해 탐구한다. 두려움에 대해서 평강으로(사 21:4), 그리스도와 동일시됨(갈 3:27; 막 16:16) 그리고 반역에서 순종으로(고전 10:1-2).[2]

---

[2] James Montgomery Boice, *Foundations of the Christian Faith* (Downers Grove, Ill.: InterVarsity, 1986), 598-600.

4) 하나님의 언약으로 들어감

더욱이 세례는 우리가 속한 새 언약, 즉 그리스도 안에 있는 은혜의 언약으로 들어가는 것을 의미한다. 1689년에 이루어진 침례교 고백서(Baptist Confession)에 있는 지침을 위해 준비된 아브라함 키취의 교리문답(Abraham Keach's catechism)은 이 문제에 관련해서 웨스트민스터 소요리문답(Westminster Shorter Catechism)과 동일한 언어를 반복한다. "세례는 거룩한 의식이다. 그 의식 속에 들어 있는 아버지와 아들과 성령의 이름으로 물로 씻는 것은 우리가 그리스도에게 접붙인 것과 은혜의 언약이 주는 유익에 참여하게 되었음을 그리고 주님의 것이 된 우리의 약속을 나타낸다"(물음 100).

지금 이 순간에 우리의 유아세례 가족들은 이 논의가 어디를 향해가고 있는 것인지에 대해 기대하면서 그들의 손을 비비고 있는 반면에, 우리의 신앙고백 세례 가족들은 이 논의가 어디로 인도되고 있는 것인지 의아해하면서 긴장할 수 있을 것이다! 그 둘 모두 그들 자신의 결론을 내리도록 내버려두자. 우리는 지금까지 단지 세례가 무엇을 의미하는 것인지를 알아보고 있을 뿐이기 때문이다. 그리고 그들 모두는 새 언약으로 들어가는 입구에 대해서는 확실하게 동의할 수 있을 것이다.

침례교 목사 에롤 헐스(Erroll Hulse)는 다음과 같이 기록한다. "언약 신학의 주제와 은혜의 언약에 대한 관심은 전적으로 칼빈주의적인 비침례교 신학자들에게 국한되었다고 추정하는 것은 잘못이다. 영국 침례교인들이 1689년에 출판된 그들 자신의 신앙고백을 위한 토대로 웨스트민스터 신앙고백서를 사용했을 때, 그들은 그 주제를 가지고 다툴 이유를 발견하지 못했다."[3] 그런 뒤에 그는 존 머레이(John Murray)와 메리디스 클라인(Meredith Kline)의 견해를 빌려서 언약의 역할을 이해하는 것은 유아세례 입장으로 인도하는 것이 분명하다는 결론을 내리면서, 언약 신학에 대한 간결한 이야기를 계속해나가고 있다!

---

3 Erroll Hulse, *The Testimony of Baptism* (Haywards Heath Sussex: Carey, 1982), 108.

하나님은 그분의 백성이 되도록 우리와 언약을 맺으셨다. 히브리서 저자가 다음과 같이 설명하는 것과 같다. "이를 인하여 그는 새 언약의 중보니 이는 첫 언약 때에 범한 죄를 속하려고 죽으사 부르심을 입은 자로 하여금 영원한 기업의 약속을 얻게 하려 하심이니라"(히 9:15). 할례가 아브라함의 자손들을 위해 아브라함과 맺은 언약을 나타냈던 것과 같이, 세례는 그리스도의 백성을 위해 그리스도와 맺은 언약을 나타낸다. 그러나 여기에 다음과 같은 주된 차이점이 있다. 자신의 몸을 통해 그리스도는 첫 번째 언약에서 발생한 죄악을 담당하셨고 두 번째 언약을 확증하셨다. 따라서 우리가 언약에 들어갈 때, 우리가 받는 세례는 그리스도께서 그 조건들을 성취하시기 위해 이미 이루신 사역을 나타내는 것이다. 우리에게 우리 구세주의 완성된 사역을 가르쳐주는 표지는 바로 우리가 받는 세례다.

그렇지만 하나님은 많은 사람과 많은 언약을 맺지 않으셨다. 하나님은 그리스도 안에서 그분의 백성과 하나의 언약을 맺으셨다. 우리는 하나님의 언약 가족으로 들어가는 세례를 받는다. 바로 이것이 하나님의 모인 회중 속에서 세례가 시행되어야만 하는 이유이다. 나는 자신의 집에서 자기 아들들에게 세례를 준 어떤 사람에 대해 들었다. 잠시 누가 세례를 집례해야만 하는가 라는 문제는 차치하고서라도, 이 사람은 세례가 무엇을 의미하는 것인지에 대한 본질적인 국면을 무시한 것이었다. 이런 행위를 통해 그는 자신의 아이들에게 그리스도의 교회에 속한다는 것은 그들을 위한 하나님의 계획들 속에 있는 여분의 것에 불과한 것이라고 가르친 것이다.

세례는 "단지 하나님과 나 사이의" 그 어떤 것이 아니다. 성례에 그 어떤 것이 있다고 한다면, 그것은 바로 성례가 개인주의적인 종교의 사고방식을 깨뜨리는 것이어야만 한다는 것이다. 기독교인으로서 우리는 영적인 예배를 위해 모이는 것이 편리하다는 것을 아는 어떤 사람들의 그룹이 아니라 하나의 백성이다. 만약에 우리가 그리스도 안에서 연합되었다고 한다면, 우리는 서로에게 연합된 것이다.

이것이 바로 그리스도 몸의 지역적 모임으로서 나타난 교회의 개념이다. 세례 예식을 위해 몸 된 교회가 모이도록 격려하면서, 돈 휘트니(Don Whitney)는 다음과 같이 기록한다. "하나님이 어떤 사람을 영적인 삶으로 인도하실 때, 그 사람은 보편적인 교회이며 영적이고 눈에 보이지 않는 그리스도의 몸으로 들어간다. 그 영적인 경험이 물세례 속에서 구체적으로 나타날 때, 그것은 지역 교회이면서 만질 수 있고 눈에 보이는 그리스도의 몸으로 개인이 상징적으로 들어가는 것을 나타낸다."[4]

5) 구속적인 심판

세례는 하나의 언약적 표지라는 개념 아래, 메리디스 클라인(Meredith Kline)은 심판으로서의 세례에 대한 이해를 옹호한다. 『위임된 서약을 통해서』(By Oath Consigned)에서 그는 어떻게 할례가 아브라함과 맺은 하나님의 언약의 인증된 표지로서 역할을 했는지 보여준다. 인증은 제제규약과 그 제제규약을 파기한 것에 대한 징벌을 불러일으킨다. 따라서 만약에 그 언약이 깨질 경우, 할례는 심판의 표지가 되었던 것이다. 물세례는 동일한 목적을 위한 역할을 한다.

클라인은 예로서 노아의 홍수와 홍해를 건너는 경우를 예로 들면서 어떻게 물이 구약에서 심판의 표지로서 역할을 했는지 설명한다. 그 예는 "구속적인 심판"의 경우이다.[5] 그 물은 정죄된 자들에게 심판을 행하며 구속받은 자들을 구원한다. 클라인은 베드로와 바울이 동일한 견해로 세례를 보았다는 것을 주장하기 위해서 세례와 노아 홍수를 연결하는 베드로전서 3:21과 세례와 홍해를 건너는 것을 연결하는 고린도전서 10:2에 호소한다.[6]

이런 생각은 세례에 대해서 다음과 같은 두 가지를 위한 진지함과 엄숙함을 가져다준다. 세례가 세례를 받는 사람을 위해서 행해진 것을 다시 생각나게 해주는 것과 세례가 세례를 받는 사람이 어떤 사람이 되

---

4 Don Whitney, *Spiritual Disciplines within the Church* (Chicago: Moody, 1996), 138.
5 Meredith G. Kline, *By Oath Consigned* (Grand Rapids: Eerdmans, 1968), 56.
6 Ibid., esp. 55-56, 65-73.

어야 하며 무엇을 해야만 하는지를 상기시켜주는 진지함과 엄숙함을 준다. 단지 하나님의 영이 우리에게 영적인 씻음을 주었기 때문에 우리는 깨끗케 된 것이 아니다. 우리는 우리 주 예수 그리스도가 흘리신 피로 깨끗케 되었다. 예수 그리스도는 우리를 위해 새 언약을 중재하시려고(히 9:15) 우리를 대신해서 그분께 내려지는 심판의 세례를 받으셨다(눅 12:50).

6) 우리의 성화

다시 살펴보도록 하자. 세례는 우리 죄를 위한 그리스도의 속죄를 나타낸다. 세례는 우리가 그리스도와 연합함과 성령의 성화의 역사를 나타낸다. 세례는 우리와 맺은 하나님의 언약의 표지, 구속적인 심판의 표지이다. 이런 것들은 우리에게 의미 있게 부여된 특권들이다. 그러나 특권과 더불어 의무 또한 주어진다.

세례는 주님께 드려지는 예배를 위해서 우리를 성결케 만들어준다. 하나님 가족의 이름을 받고 그분의 언약으로 인도되는 것은 우리를 세상으로부터 구별시켜 준다. 세례는 우리가 하나님 왕국에 속한 것, 즉 우리의 충성이 그분께 속한 것을 공적으로 표시해주는 것이다. 바울이 설명한 것과 같이, 만약에 세례가 우리 속에서 일어난 변화를 의미하는 것이라면, 우리는 그 변화에 따라 행동해야만 한다.

> 그러므로 너희는 죄로 너희 죽을 몸에 왕노릇 하지 못하게 하여 몸의 사욕을 순종치 말고 또한 너희 지체를 불의의 병기로 죄에게 드리지 말고 오직 너희 자신을 죽은 자 가운데서 다시 산 자 같이 하나님께 드리며 너의 지체를 의의 병기로 하나님께 드리라 죄가 너희를 주관치 못하리니 이는 너희가 법 아래 있지 아니하고 은혜 아래 있음이니라(롬 6:12-14)

우리의 세례는 우리에게 의로움 가운데 살도록 하는 의무를 지워준다. 그래서 우리가 세례 가운데 더불어 묻히고 생명으로 일으킴을 받으신 분인 우리 주님을 모욕하는 것이 아니라 영화롭게 해드린다. 우리는 되돌아갈 수 없다. 우리는 새 언약에 들어갔다. 우리는 우리의 왕께 충성을 맹세했다. 이제 우리는 그분 왕국의 시민과 종으로서 살아야만 한다.

그렇지만 우리에게 의로움 가운데 살아가도록 의무를 지워준 세례는 또한 우리가 사탄과 육신과 세상의 공격들로 인해서 수없이 두들겨 맞을 때 우리를 안전하게 붙들어준다. 세례는 우리가 수없이 실패할 때 우리에게 확신을 가지도록 해준다. 그리스도 예수께서는 우리를 대신해서 세례를 받으셨다. 그분은 심판의 물을 통과해 가셨고 부활의 편에 안전하게 이르셨다. 그분의 몸은 이제 우리를 안전하게 보존하는 우리의 방주가 되었다. 심판의 물은 또한 구원의 물이다. 의심이 우리를 공격할 때, 우리 역시도 마틴 루터가 "나는 세례를 받았다!"라고 외친 것처럼 외친다.

우리 주님은 세례를 받은 가운데에 있는 우리에게 "앞으로 나아가라"라고 명하신다. "내가 너에게 명한 모든 것을 순종하면서, 참된 제자로서 살아가기 위해 그리고 나와 복음을 위해서 앞으로 나아가라. 그렇지만 너는 내 보호 아래에서 내 이름으로 앞으로 나아가는 것을 명심하도록 하라. 너는 내가 준 표지를 가지고 있다. 내가 항상, 즉 끝 날까지 너와 함께 할 것임을 명심하도록 하라."

얼마나 영광스러운 표지인가! 정말로 세례는, 그분의 백성을 위한 우리 주님의 희생을 말해주는, 죄의 구속과 용서의 축복을 말해주는, 우리로 하여금 목적과 진정한 가치의 삶을 살도록 촉구하는 그리고 우리에게 그분은 우리를 보존하실 것임을 확신시켜주는 표지를 나타내는 장엄한 기쁨이다.

2. 하나님으로부터 우리에게

세례가 의미하는 바를 아는 것은, 우리로 하여금 성례는 우리의 것을 하나님께 드리는 표지가 아니라 우리에게 주시는 하나님의 표지라는 것을 이해하도록 해준다. 하나님이 그분의 백성과 가지는 관계에서 주도권을 가지신 분이라는 생각은 개혁 신학에서 본질적으로 중요한 것이다. 아버지께서 이끌지 않으시면 그 어느 누구도 그리스도께 오지 못한다(요 6:44). 주도권을 가지고 있는 분으로서의 하나님에 대한 이런 개념은 또한 성례에도 적용된다.

세례는 회심자가 하나님 앞에 나아와서 "저는 이제 당신과 함께 일체가 되기로 결정한 표지를 당신에게 드리기를 원합니다"라고 말하는 행위가 아니다. 세례는 부모들이 하나님을 위해 자신들의 자녀를 할 수 있는 최선을 다해 양육할 것임을 하나님으로 하여금 아시도록 하는 기회 역시도 아니다. 그런 것이 아니다! "내가 너를 나와 함께 일체가 되도록 결정한 너에게 주는 나의 표지가 여기에 있다. 내가 이미 성령을 통해서 세례를 준 너에게 주는 나의 표지가 여기에 있다"라고 말씀하시면서, 하나님은 자신이 새롭게 하시려는 사람을 불러내신다. 하나님은 부모들에게 "너희의 자녀를 나에게 데려오라. 너희의 자녀가 나에게 속했고, 너희는 그 아이를 그와 같이 길러야만 한다는 나의 표지가 여기에 있다. 그 아이는 나의 언약 가족 밖에 있는 사람과 같이 취급되어서는 안 된다"라고 말씀하시고 있다.

알미니안(Arminian)과 구별되는 세례에 대한 개혁적 접근인 이 점에 좀 더 주의 집중이 필요하다. 목사는 종종 존 스미스(John Smith)가 세례받기 원한다고 말하는 것으로 세례 예식을 소개할 것이다. 존은 그렇게 바랄 수도 있다. 그러나 세례는 존이 보여주기 위해 선택한 표지라는 개념에 대해 그 어떠한 것도 더 덧붙여 말하지 않는 것이다. 참된 진리는 다음과 같다. 즉 존이 세례를 받기 원하는 만큼, 존은 하나님이 그분의 메시지를 존과 증인들에게 전하기 위해 선택한 표지를 받기 위해 하나님으로부터 주어진 명령에 응답한다는 것이다.

한편 세례란 믿는 자(혹은 믿는 부모)의 믿음을 나타내는 그의 행위를 포함한다는 것은 참된 정의이다. 칼빈은 이것을 다음과 같이 잘 표현한다.

> 세례는 사람들 앞에서 하는 우리의 신앙고백으로서의 역할을 한다. 정말로 세례는 우리가 하나님의 백성으로 간주되기를 바라는 것을 공적으로 고백하는 표시이다. 세례를 통해서 우리는 동일한 하나님을 예배하는 것, 모든 기독교인과 더불어 하나의 종교에 속한 것을 증언한다. 세례를 통해서 마지막으로 우리는 우리의 믿음을 공적으로 확증한다. 따라서 우리의 마음이 하나님 찬양을 나타낼 뿐만 아니라, 우리의 혀와 우리 몸의 모든 지체가 할 수 있는 모든 방법으로 그분의 찬양이 울려 퍼지게 하는 것이다.[7]

세례는 우리가 충성을 드려야 할 분에게 선언하는 수단이다. 이것은 바로 회심자들이 기독교라는 종교에 대해 적대적인 사회 속에서 결단해야 하는 그런 중요한 의미가 있는 결정이 되는 이유이기도 하다. 그런 행위는 도편(陶片)추방, 심지어 어떤 사람에게는 죽음을 초래할 수 있는 그런 것이다. 세례에는 용감한 믿음이 요청된다. 미국에서 조차도, 세례는 교회와 세속 사회 사이의 증가하는 대립으로 인해 반(反)문화적인 행위가 되었다.

그렇다 할지라도, 혹은 특별히 그렇다 하더라도, 성례의 청지기들로서 목사들은 하나님이 이 표지를 우리의 유익을 위해 그분의 백성을 위해 이 표지를 주시는 것임을 분명히 해야만 한다. 하나님은 우리를 선택하셨고, 신부의 혼인 지참금을 지불하셨으며, 우리에게 그분의 반지를 주신 우리의 신랑이시다. 그러므로 우리가 그분께 속한 것을 모두가 알 수 있을 것이다. 더욱이 하나님은 우리가 그분의 것임을 우리에게 분명히 하기 위해서 그렇게 하셨다. 세례의 예식은 우리를 위한 그분의

---

[7] John Calvin, *Institutes of the Christian Religion* (2 vols.; ed. John T. McNeil; trans. Ford Lewis Battles; Philadelphia; Westminster, 1960), 2:1313-14 §4.15.13.

사랑이 허상이 아니라 실체라는 것을 단언한다.

세례의 이런 국면은 목사들이 종종 깨닫는 것보다 더욱 중요하다. 우리 회중 가운데 많은 사람이 다음과 같은 걱정들에 사로잡혀 있다. 즉 자신들은 정말로 하나님의 가족에 속해 있지 않을 것이라는 걱정, 혹은 비록 그들이 포함되어 있다 할지라도, 그들은 마지못해 포함되어 있는 것이라는 걱정에 사로잡혀 있다. 많은 사람은 마치 하나님이 언제든지 그들을 그 집에서 쫓아낼 수도 있는 것처럼 생각하며 살고 있다. 그들은 계속해서 선한 사역을 해야만 하거나 믿음의 감정을 유지해야만 한다고 생각한다. 많은 사람에게 세례는 그들을 위로하는 것이라기보다는 그들을 따라다니면서 괴롭힌다. 그들은 자신들이 하나님을 실망시켜 드린다고 느낀다. 그들은 그리스도에게 헌신되었거나, 그들의 자녀들을 헌신하도록 기를 것임을 공적으로 나타냈다. 그러나 그들은 거듭해서 실패했다. 하나님은 이제 정말로 노하신 것이 틀림없다.

만약에 세례의 강조가 하나님께 대한 우리의 고백된 헌신에 있다고 한다면, 우리는 그에 대해서 많이 걱정해야만 한다. 그러나 세례는 하나님을 위한 우리의 고백에 대한 것이라기보다는 우리에 대한 하나님의 인정하심을 나타내는 것이다. 하나님은 세례시에 우리가 그분을 받아들인 것에 대해서 감사하지 않으신다. 마치 하나님이 우리와 같이 헌신된 따르는 무리를 가지게 된 것에 대해서 감사하기라도 하듯이, 그분은 우리의 신앙고백에 감사하지 않으신다. 하나님이 흔들리지 않은 믿음에 대한 우리의 서원에 감명을 받지 않으시는 것은, 베드로가 예수님과 함께 죽는다는 공언에 예수님이 감동을 받지 않으시는 것과 같다.

우리가 하나님에 대한 우리의 충성과 그분을 따르려는 우리의 결심을 선언할 때, 우리에게 관대하게 미소를 지으시며, 우리의 머리를 쓰다듬으시며 다음과 같이 말씀하시는 하나님을 그려보도록 하라. "그것은 좋은 생각이다. 그렇지만 베드로가 그랬던 것처럼 너도 그 소원을 지키지 못할 것이란다. 내가 이 표지를 통해서 네가 알기를 원하는 것은 내가 너에게 약속 했다는 것이며, 나는 그 약속을 헛되게 하지 않을 것이다. 네가 실패할 때마다, 나는 너를 일으켜 세울 것이다. 네가 죄를 지을 때마다, 나는 이전과 같이 내 언약에 충실한 채로 남아 있을 것이란다. 나는 너에 대해서 포기하거나 너를 빼앗기지도 않을 것이란다."

또 다시 칼빈은 세례에 무엇이 포함되어 있는지에 대해서 매우 분명히 말한다.

> 세례는 우리 믿음이 생기고 자라나는 것을 위해 그리고 우리의 믿음에 대한 확증을 위해서 주어지는 것이기 때문에, 저자 자신의 손으로부터 주어지는 것과 같이, 주어져야만 하는 것이다. 우리는 세례를 확실한 것으로 그리고 다음과 같은 것들을 증명하는 것으로 생각해야만 한다. 즉 그 표지를 통해서 우리에게 말씀하시는 분은 바로 하나님이시며; 죄를 정화하고 씻어내며 죄들에 대한 기억을 말소하시는 분이 바로 하나님이시고; 우리로 하여금 그분의 죽음에 동참하게 하시며, 사탄의 통치를 제거하시고, 우리의 탐욕의 힘을 약화시키시는 분이 바로 하나님이시며; 정말로 우리와 함께 일체를 이루어 그리스도로 옷 입게 해서 우리가 하나님의 자녀됨으로 인정될 수 있도록 하시는 분이 바로 하나님이시라는 것을 증명하는 것이 세례이다. 우리의 몸이 외적으로 물로 깨끗해졌고 물에 잠겼으며 물에 둘려 싸인 것을 우리가 보는 것과 같이, 우리의 영혼 안에서 참되고 분명하게 하나님이 이런 일들을 우리 영혼을 위해서 행하신다고 나는 말하는 것이다.[8]

세례를 받은 사람이 일차적으로 고백하는 것은 하나님에 대한 영원한 헌신이 아니라, 하나님이 이 연약하고 죄인된 믿는 자를 구속하시고 깨끗케 하시며 거룩하게 하시고 궁극적으로 영화롭게 하시는, 그분의 다함이 없는 무한한 헌신을 고백하는 것이다. 세례의 성례는 우리의 믿음을 자라게 하시고 우리를 위로하고 확실하게 보증하기 위해서 하나님이 제정하신 것이다. 따라서 이 예식의 초점은 하나님께서 행하신 것 그리고 우리를 위해서 행하시고 있는 것에 두어져야만 한다. 우리가 가지고 있는 것이나 우리의 존재나 우리가 하나님을 위해서 행할 것에 초점을 두어서는 안 된다. 그렇지 않으면 그 성례는 단지 짐이 될 뿐이며

---

8 Ibid., 2:1314 §4.15.14.

궁극적으로 우리를 정죄하게 될 것이다.

　세례를 받으려는 사람들이 그리스도에게 충성을 고백할 부분이 분명히 있다. 일찍이 언급된 바와 같이 세례는 세례를 받는 사람들에게 의무를 지워준다. 세례는 세례를 받는 사람들이 믿음의 고백과 그리스도에게 헌신을 다짐하는 시간이다. 더욱이 성례는 회개하지 않는 자들과 하나님의 구원을 조롱하는 자들에 대한 증언을 담지한다. 많은 사람이 하나님께 "저는 세례를 받지 않았습니까?"라고 말할 것이다. 그러면 하나님은 "바로 너의 세례가 너를 정죄한다. 너는 네가 믿지 않은 것을 고백했기 때문이다"라고 답변하실 것이다. 따라서 우리는 세례를 받는 사람들에게 가볍게 세례를 받지 않도록 경고해야만 한다.

　목사로서 나는 나 자신의 경험 속에서 신실하지만 확신이 약한 믿는 사람들이 갖는 근거 없는 두려움들을 다루어왔다. 그리스도가 이 성례를 제정하신 것은 그분의 사람들의 믿음을 손상시키려는 것이 아니라 세우시려는 것이다. 그리스도는 세례가 그분 자신을 따르는 사람들이 그들의 믿음과 헌신을 증명하기 위한 또 다른 일이라고 명하지 않으셨다. 그리스도는 이 표지가 지켜지도록 명하셨다. 그래서 그분을 따르는 사람들이 그들의 믿음과 희망을 그분께만 두도록 하셨다. 그리스도는 이 성례가 지켜지도록 명하셨다. 그래서 우리의 의심과 실패의 시간에도 불구하고 그리스도께서 우리를 혐오하실 것이라는 두려움을 갖지 않도록 하셨다. 그런 두려움 대신에 우리는 그런 어려운 시간에 우리에 대한 그분의 신실하심을 통해 더욱 더 경외심을 가져야만 한다.

　그런데 침례를 옹호하는 사람들은 그런 형태가 그리스도와 함께 죽는 것과 일어나는 것을 나타내는 개념을 가장 잘 나타내는 강한 이점이 있다. 그렇지만 유아세례에서도 다시 소생케 하심 속에서 역사하시는 하나님의 활동을 보여준다. 영적인 갱신 세례는 지금 진행되고 있는 것에 대해 우리가 인식하지 못하는 중에 일어난다. 마치 우리가 팔에 안고 있는 유아와 같이 우리의 갱생하지 않은 상태에서 침을 흘리고 제잘거리는 동안, 성령께서는 우리에게 세례를 베푸신다. 물세례 예식은 삼위일체 하나님이 집례하신 영적인 세례 예식을 재현한다고 말할 수도 있다.

3. 부여된 은총

우리는 세례가 무엇을 의미하는지 그리고 누가 누구에게 표지를 주는 것인지를 살펴보았다. 표지로서 세례는 매우 의미 있는 것이다. 그러나 우리는 표지로서 세례에 대한 우리의 이해에서 더욱 더 나아가야만 한다. 물론 이것은 우리가 좀 더 어려운 영역으로 옮겨가는 것이다. 세례의 행위를 이해하는 것은 더욱 어렵기 때문이다. 세례는 실제적으로 무엇을 하는 것인가?

개혁 공동체 안에서 우리는 성례가 이루어내지 않는 것에 대해서 분명한 견해를 갖는다. 성례는 구원을 베푸는 것이 아니다. 성례는 성령께서 이미 행하신 구원하는 사역을 나타낸다. 세례는 중생을 나타낸다. 그러나 세례는 그 자체가 중생의 수단은 아니다.

"나타내는 것"(signifying)은 좋고 안전한 어휘이다. 그것은 어떤 혼돈을 야기하며 우리의 침례교 형제들의 많은 사람을 불편하게 하는 "인치는" 부분이다. 비록 런던 신앙고백서(London Confession), 스펄전 교리문답(Spurgeon's Catechism), 키취 교리문답(Keach's Catechism)이 그 많은 내용에 있어서 웨스트민스터 신앙고백서에 의존되어 있다 할지라도, 그 신앙고백서들은 '인치다'(날인하다. seal)라는 어휘를 사용하지 않고 있다. 그러나 세례의 성례(혹은 예식)의 정의에서 '인치다'라는 어휘를 빼버리는 것은 세례의 의미를 이해하는 중요한 국면을 축소시키는 것이다.

그렇다면 '인치다'라는 용어는 세례의 기능에 무엇을 더해주는가? 바울은 아브라함을 위한 할례의 기능에 대한 논의에서 이에 대해 우리에게 도움을 준다.

> 대저 우리가 말하기를 아브라함에게는 그 믿음을 의로 여기셨다 하노라 그런즉 이를 어떻게 여기셨느뇨 할례시냐 무할례시냐 할례시가 아니라 무할례시니라 저가 할례의 표를 받은 것은 무할례시에 믿음으로 된 의를 인친 것이니 이는 무할례자로서 믿는 모든 자의 조상이 되어 저희로 의로 여기심을 얻게 하려 하심이라(롬 4:9b-11).

로마서에 대한 자신의 주석에서 제임스 보이스(James Boice)는 이 본문을 성례에 다음과 같이 적용했다.

> 인치는 것은 무엇인가? 오늘날 인장들을 자주 사용되지 않는다. 그러나 우리는 그 의미와 중요성을 나타내 보이기에 충분한 예가 있다. 당신이 외국에 가기를 원한다고 생각해보라. 당신은 미국 정부에 의해서 발행된 여권을 얻어야만 한다. 당신은 최근에 찍은 두 개의 당신 사진을 제출하면서 여권 신청을 한다. 여권이 도착할 때, 당신은 그 사진 중 하나에 인장, 즉 미국의 멋진 인장이 여권에 부착되어 있는 것을 보게 된다. 사진에 손상을 입히고 기록을 무효화 하지 않고는 사진을 제거하거나 변경할 수 없는 방법으로 여권에 도장이 찍혀 있다. 이 인증은 사진에 나타난 사람은 참된 미국의 시민이라는 것을 확증해주는 여권 뒤에 있는 미국 정부의 권위를 나타내는 것이다.
>
> 성례도 이와 같은 방법으로 영향을 주며 작용한다. 바울은 아브라함의 경우에 있어서 할례는 "무할례시에 믿음으로 된 의를 인친 것"이라고 말한다. 즉 아브라함이 하나님을 믿고 하나님이 그에게 의를 부여하신 뒤에, 하나님은 일어난 일을 유효화시키는 할례의 인증을 주셨던 것이다. 동일한 방법으로 세례는 세례받은 사람이 예수 그리스도의 제자로서 그분과 동일시된 것에 대한 인증이다.[9]

따라서 세례는 그리스도와 성령의 사역을 나타내는 것 그 이상의 의미를 나타낸다. 세례는 세례를 받는 사람 속에서 성령에 의해 적용된 그리스도 사역의 은혜들을 유효하게 해준다. 그리스도 안에 있는 새로운 피조물이 구원의 표지를 보이는 것과 구원의 경험을 법적으로 인증하기 위해서 믿는 사람에게 도장이 찍힌 구원의 인증을 가지도록 하는 것은 다른 것이다. 누군가의 모교(母校)를 나타내는 그림이 벽에 걸려 있는 것은 따스한 애정이 우러나는 감정을 낳을 수 있다. 그러나 옛 추억들을 생각나게 할 뿐만 아니라, 그 학교의 진정한 졸업생으로서 이름이 새겨진 사람을 법적으로 인증해주는 졸업장을 벽에 걸어놓는 것은

---

9 James Montgomery Boice, *Romans* (Grand Rapids: Baker, 1991), 4:457-58.

훨씬 더 의미가 있는 것이다. 이것이 바로 세례가 인증으로서 역할을 하는 것이다.

인치는 것을 바라보는 또 다른 방법은 하나님이 인정하시는 표시로 보는 것이다. 요한복음 6:27에서 그 용어에 대한 예수님의 용법을 생각해보라. "썩는 양식을 위하여 일하지 말고 영생하도록 있는 양식을 위하여 하라 이 양식은 인자가 너희에게 주리니 인자는 아버지 하나님의 인치신 자니라." 그런 뒤에 예수님은 그 인치심이 그분 속에 있는 믿음에 토대를 둔다고 설명하신다. 세례를 받는 사람에게 이런 두 가지 국면은 얼마나 복된 것인가! 하나님은 세례받는 사람에게 "너는 내 것이다. 나는 너로 인해서 즐겁다. 신분을 나타내며 인증하는 나의 인침이 있다"라고 말씀하고 계신다.

세례의 기능은 "은총의 수단"으로서 그 역할 속에서 더욱 이해될 수 있다. 예를 들어, 키취의 교리문답(대요리문답과 소요리문답이 웨스트민스터 신앙고백서와 일치하는 동일한 방법으로 키취의 교리문답은 런던 침례교 신앙고백서[the London Baptist Confession]와 일치한다)이 예전을 "구원의 수단"으로서 나타내는 방법을 주목해보라.

Q. 95 그리스도께서 우리에게 구속의 효험들을 말씀하시는 외적인 일반적 수단은 무엇인가?
A. 그리스도께서 우리에게 구속의 효험들을 말씀하시는 외적인 일반적 수단은 그분의 예전들, 특별히 말씀, 세례, 주님의 만찬 그리고 기도이다. 이 모든 것은 구원을 위해 선택된 사람들에게 효험을 끼치도록 만들어졌다.

Q. 98 어떻게 세례와 주님의 만찬은 구원의 효험이 있는 수단이 되는가?
A. 세례와 주님의 만찬이 구원의 효험이 있는 수단으로 되는 것은 그 세례와 성찬, 그리고 그것들을 집례하는 사람 속에 있는 어떤 힘으로부터 기인되는 것이 아니라, 오로지 그리스도의 축복과 그 예전들을 믿음으로 받는 사람들 속에서 역사하시는 그리스도의 영의 사역을 통해서인 것이다.

Q. 99 세례와 주님의 만찬은 하나님이 제정하신 다른 예전들과 어떤 점에서 다른가?
A. 세례와 주님의 만찬은 하나님이 제정하신 다른 예전들과 다음과 같은 점에서 다르다. 즉 그 예전들은 눈에 보이며 외적인 표지를 통해서 새 언약의 혜택을 믿는 사람들에게 나타내고 적용하기 위해서 그리스도께서 특별히 제정하셨다는 데에 있다.

침례교 신앙고백서(Baptist Confession)와 교리문답을 작성한 사람들은 하나님이 예전을 통해 세례 받는 사람들에게 어떤 축복의 형태를 베푸시는 것을 믿었음이 분명하다. 웨스트민스터 성직자들 역시 사려 깊게 설명했던 바와 같이, 정말로 이 축복들은 믿음을 통해서 그리고 믿음으로 인해서 주어져야만 했던 것이다. 그 혹은 그녀가 받고 있는 것을 이해하고 믿을 뿐만 아니라 그 자신에게 구원하는 믿음이 이미 실행되고 있는 것임이 틀림없다. 마치 성례 자체가 구원을 베풀어주거나 구원의 분량을 나누어주는 것인 양, 성례를 통해서 은총이 세례를 받는 사람 속으로 유입되어 들어가고 있는 것이 아니다. 그럼에도 불구하고, 하나님은 이 거룩한 표지를 통해 우리와 맺은 그분의 언약의 축복을 전달하기 위해서 선택하셨다. 그 거룩한 표지는 그리스도께서 그분의 백성을 위해 제정하신 것이다.

성례를 좀 더 온전하게 이해하기 위해서 개신교 기독교인은 성경적 축복의 실체를 정말로 회복할 필요가 있다. 우리는 복 받은 느낌에 대한 주관적인 경험으로 축복을 축소했다. "나는 그 노래에 의해서 너무나 복을 받았다." "너는 나에게 그와 같은 축복이다." 예수님에 의해 복 받기 위해 자신들의 자녀들을 데리고 왔던 부모들은 그분께 나아왔다. 예수님은 찾아온 사람들에게 복이 되는 그런 좋은 사람이었기 때문이 아니라, 그 부모들은 예수님이 특별한 복을 베푸실 수 있는 하나님의 사람으로 인식했기 때문이었다. 야곱과 에서에 대한 이삭의 복과 자신의 자녀들에 대한 야곱의 복 이야기는 바로 축복을 전달해주는 그런 실체 행위이었기 때문에 장엄하고 극적인 모습으로 가득하다. 자신의 서신서들에 있는 바울의 복들은 단순한 안녕과 행복을 비는 것이 아니었다. 바울은 그리스도의 축복들을 전해주는 예수 그리스도의 사도로서 자신의 역할을 이해한다. 그리고 우리 복음의 사역자들은 우리가 성도들에게 성례를 집례할 때 그들에게 그 복음의 복들을 부여해주기 위해 부름 받은 것이다.

우리가 성례를 집례할 때, 행하는 것을 분명하게 이해하는가? 물론 그렇지 못하다. 그러나 우리는 어떤 사람들의 감정을 기쁘게 하는 예식에 그들이 단순하게 반응하는 것보다 더 많은 일이 일어난다는 것을 정말 알고 있다. 신비가 포함되어 있다. "가톨릭과 같이" 되는 것은 아닌지 그리고 성례에 너무나 많은 힘을 기울이고 있는 것이 아닌지 하는 우리가 가지는 두려움 속에서, 우리는 하나님의 거룩한 제도를 우리가 그 제도에 부여하는 의미만 가지고 있는 예전으로 전락시키는 더 커다란 위험에 주의를 기울여야만 한다. 그런 더 커다란 위험에 빠질 때, 우리는 우리 밖에 있는 어떤 것도 단지 우리가 그것에 부여한 의미와 가치만을 전달한다고 주장하는 포스트모던 논리에 빠지게 된다.

우리가 성례를 집례할 때, 성도들에게 우리가 아는 것보다 더 많은 일이 일어나고 있음을 말하도록 하자. 우리는 그리스도께서 현재 임재해계시고 그분의 축복을 그분의 백성에게 주시고 있음을 말하도록 하자. 선한 목자가 지금 그분의 양떼를 먹이고 기르고 계신다. 그렇다! 우리는 그분이 영적으로 임재해 계신다는 것과 그 임재하심을 믿음으로 받아들여야만 한다는 것을 의미한다. 그러나 그럼에도 불구하고, 그리스도께서 특별히 제정하신 방법을 통해서 그분은 현존하신다. 거룩하게 된 어떤 것, 신비로운 어떤 것이 일어나고 있다.

이 신비는 세례와 주님의 만찬에 대해서 성례라는 용어를 계속해서 유지하는 것을 정당화 해준다. 칼빈은, 고대 사람들이 "그 뜻의 비밀을 우리에게 알리셨으니 곧 그 기쁘심을 따라 그리스도 안에서 때가 찬 경륜을 위하여 예정하신 것이니"라는 에베소서 1:9와 같은 본문에 있는 헬라어 미스테리온(*mysterion*)을 번역하기 위해 라틴어 사크라멘툼

(sacramentum)을 사용했다고 지적한다.¹⁰ 성례(sacrament)라는 용어를 통해서 우리가 의미하는 것을 설명하는 것은 가치 있는 일이다. 그러므로 우리는 그 용어가 나타내는 그와 같은 복음의 풍부한 표현을 보존하는지도 모른다. 예식(ordinance) 이라는 용어는 개신교인들과 가톨릭 신자들이 세례와 주님의 만찬을 보는 방법을 우리가 혼돈하지 않도록 해줄 수도 있다. 그러나 그 용어는 우리로 하여금 은총의 언약이 주는 혜택에 참여하는 사람이 되도록 해주는 성령의 참된 임재와 활동을 희석시키는 경향이 있다.

4. 목사의 역할

1) 세례를 분명하게 하라

세례를 집례하는 데 있어서 목사가 감당하는 역할을 "하나님의 비밀을 맡은 청지기들"로 생각해보도록 하자.¹¹ 많은 목사는 자신의 성도들을 목양하는 은총의 수단이 가진 권능을 알지 못한다. 「리더십 저널」(Leadership Journal)에 실린 두 개의 소논문들을 나란히 놓아보는 것은 이 문제를 분명히 하는 데 도움을 준다. 첫 번째 소논문은 소매와 시장 거래에 있어서 최근의 접근법을 제시한-"어떤 체험"을 말해주면서-경제학자 짐 길모어(Jim Gilmore)와 가진 인터뷰였다. 물건을 사는 사람들이 가게에 나아갈 때, 그들이 찾는 (그리고 현명한 소매업자들이 제공하는) 것은 어떤 특별한 품목이 아니라 기분이 좋거나 의미 있는 체험이라고 그는 지적했다. 그런 뒤에 다음과 같은 분명한 질문이 던져졌다. "그러면 어떻게 이 모든 '체험 제공'이 교회에 적용되는가?" 그의 통찰력 있는 답변을 주목해보라.

---

10 Calvin, *Institutes*, 2:1277 §4.12.2.
11 *The Book of Church Order of the Presbyterian Church in America* (5th ed.; Atlanta: Office of the Stated Clerk of the General Assembly of the Presbyterian Church in America, 1998), 8-5.

그것은 적용되지 않는다. 교회가 연극 체험의 사업에 빠져들 때, 그것은 빠르게 우상숭배가 되고 만다…점차적으로 당신은 예배 예식보다는 예배 체험에 대해서 이야기하는 사람들을 발견하게 된다. 그것은 바깥세상에서 무엇인가 일어나고 있는 것을 반영해준다. 세상의 형태에 단순하게 적응하기 위해서 하나님께서 제정하신 은총의 수단을 교회들이 버리는 것을 보고 나는 낙담하게 된다.[12]

이 통찰을 어떤 목사가 쓴 다음 소논문에 있는 견해와 비교해보라.

사람들은 영적인 것을 찾고 있다. 그들이 찾고 있는 것은 사색적인 것보다는 훨씬 체험적인 것이다. 느낌으로 향하는 그들의 방법을 생각하는 것 대신에, 그들은 생각하는 것에 이르는 그들의 방법을 종종 느낀다. 결과적으로, 믿는 사람들은 결코 이전과 같지 않은 그들 자신을 표현할 필요가 있다. 그리고 구도(求道)자들은 결코 이전과 같지 않은 영적인 것에 관계된 삶을 볼 필요가 있다. 따라서 우리의 예배 의식은 영에 직접적으로 연계되도록 계획된 좀 더 많은 순간을 포함한다. 그리고 우리의 예배 의식은 그런 순간들이 본질적으로 반응하도록 허용하며 그것을 거룩하신 분에게 드러내도록 한다.[13]

마케팅 담당자는 교회가 예배를 매매(賣買)해서는 안 된다고 경고하고 있고, 목사는 예배를 시장 수요에 맞도록 "계획한다!" 나는 이것을 예배에서 체험의 가치를 나쁘게 말하기 위해서 거론하는 것이 아니라, 우리 많은 목사가 의미 있는 예배를 체험하려는 우리의 열심 가운데서 목사들이 만드는 실수를 보여주기 위한 것이다. 목회사역 초반기에 나는 메마른 예배에 진저리가 났다. 작은 교회가 전형적으로 그렇듯이, 찬양이 빈약했고, 찬송가는 표준적인 찬송만을 선별하여 두께가 얇은 것이었다. 그 어느 누구도 예배 체험을 위해서 그 교회 예배 의식에

---

12 Interview with Jim Gilmore, "No Experience Necessary," *Leadership* 22 (Summer 2001): 31.
13 James Emery White, "Gateway Country," *Leadership* 22 (Summer 2001): 35-39, 37페이지에서 인용.

참석하지 않았을 것이 분명하다. 착실한 장로교인들로서 우리는 예배 내내 조용하게 있었다. 어떤 감정도 드러나 보이지 않았다. 나는 좀 더 많은 무엇인가를 원했다. 하나님을 진정으로 체험하는 것을 줄 것이라고 생각했던 것을 위해서 나는 은사 운동으로 돌아섰다.

그러나 하나님이 그분의 은총의 수단을 통해서 주셨던 "체험"을 회복한 곳은 바로 제10장로교회에서였다. 하나님 말씀의 진리들을 탐구하는 속에서 나의 가장 커다란 기쁨을 발견하는 데는 짐 보이스(Jim Boice)의 영향 아래 그리 긴 시간이 걸리지 않았다. 하나님의 계시와 그분의 구속보다 더 영광스러운 것이 무엇이란 말인가? 짐 보이스가 나에게 목회 기도를 담당시켰을 때, 그 다음 두 번째 개인적인 계시가 임했다. 얼마 시간이 지난 뒤에, 예배를 드리는 사람들이 문에서 나에게 인사를 건넸고, 그 기도가 얼마나 자신들을 목양적 돌봄을 주었는지에 대해서 말하면서 나에게 감사했다. 그때 나는 평범한 기도의 위력을 배웠다. 마침내는 제10장로교회에서 매주 드리는 성찬 예배가 만들어졌고 내가 그 예배를 인도했다. 그 성찬 예배를 통해서 나는 복음, 특별히 죄 사함에 대한 그리스도의 약속을 전하는 성례의 위력을 배웠다.

간략하게 말하자면, 나는 의미 있는 예배를 찾는 순례적 여정을 통해서 그리스도에 의해서 제정되고 수 세기를 걸쳐 실행된 고대 교회의 예배 형태인 설교, 기도 그리고 성례로 다가가게 되었다. 예배 가운데서 느끼는 나의 문제는 빈약한 찬양이나 은사적인 활동이 없는 것에 있는 것이 아니었다. 나의 문제는 은총의 수단 속에 존재하는 예배를 위한 보물들을 깨닫지 못하는 것이었다.

이런 수단이 가지고 있는 영광스러운 기쁨이 내가 두 개 교회의 예배에 참석했던 어느 주일날 감명을 주었다. 나는 제10장로교회에서 이른 예배를 인도했다. 그 예배는 설교, 기도 그리고 성찬 집례를 포함하고 있었다. 그런 뒤에 나는 내가 두 장로에게 안수하고 세례를 집례 했던 가까운 곳에 있는 교회로 차를 몰았다. 예배의 각각 요소를 진행할 때 나는 더욱더 감격했다. 각각의 요소는 동일한 복음 메시지를 선포하는 또 다른 수단이 되었기 때문이다. 그것은 은총의 수단이 말하는 것,

즉 예수 그리스도의 영광스러운 복음을 선포하는 것이다!

목사들이여, 그와 같은 것이 당신의 회중에게 이해되도록 하라. 설교에서 선포되는 말씀과 성례에서 나타내는 구속과 화해의 메시지의 기쁨을 당신 자신을 위해 회복하도록 하라. 그런 뒤에 당신의 회중을 위해 회복하도록 하라. 당신은 의미 있는 예배 체험을 계획할 필요가 없다. 당신은 그리스도께서 이미 당신에게 주신 수단을 통해 복음의 영광을 분명하게 나타낼 필요가 있다.

따라서 세례를 집례하는 데 있어 목사로서 당신의 역할은 세례가 의미하는 것을 분명하게 설명하는 시간을 가져야만 한다. 개혁주의의 가르침은 다음을 분명히 한다. 즉 말씀은 표지의 의미에 대한 혼돈을 방지하는 표지를 동반해야만 한다는 것을 분명히 한다. 그러나 당신이 설교를 하든지 여하 간에, 당신은 항상 세례가 의미하는 것이 무엇인지 그리고 무엇이 일어나며 일어나지 않는지를 분명하게 제시해야만 한다. 세례는 그 의미에 있어서 너무나 풍부하기 때문에, 매 번 모든 점을 나타낼 필요는 없다. 당신은 기억하는 모든 것에 대한 지루한 목록을 설명함으로써 세례의 중요성을 정말로 희석시킬 수 있다. 복음 메시지가 분명히 제시되도록 하라. 그런 뒤에 각각의 경우가 그 자체를 제시할 때, 한 가지 특별한 국면을 강조하도록 하라.

예를 들어, 교회에서 자란 젊은이들에게 세례를 줌에 있어서, 그들이 주님께 드리는 예배를 위해 거룩하게 구별되고 있음을 강조하는 것은 적절한 것 같다. 이 시간은 바로 그들이 그리스도를 위해 공적으로 서는 것이며 그들 자신을 그리스도의 백성으로 살아가는 것에 헌신하는 순간이다. 중독되고 사악한 삶의 형태로부터 구원된 사람을 위해 목사는 이 표지가 다음을 보장해준다고 강조할 수 있다. 즉 이 표지는 그리스도께서 이제 믿는 사람을 취하시고 결코 놓지 않으실 것이라는 확신이다. 유아의 젊은 부모에게는 하나님이 그들의 자녀를 지극히 돌보고 계시며 그 자녀를 양육하는 데 있어서 그들과 함께 하실 것임을 알도록 하라.

특별히 전해지는 말씀과 동반되는 세례가 사람을 얼마나 감동시킬 수 있는 것인지 보도록 하라. 신비적 체험들을 옹호하는 바가 주장하는 것과는 대조적으로, 성례에 대한 분명한 설명은 정말로 감동적인 체험을 가져다준다. 우리 믿음의 상징들을 나타내는 일에 있어서 우리를 돕기 위한 조셉 캠벨(Joseph Campbell)의 시도를 생각해보도록 하라.

> 회당과 교회가 잘못된 곳으로 가는 것은 그 상징들이 "의미하는" 것을 말하는 것을 통해서 비롯된다. 효력이 있는 예전의 가치는 그것이 모든 사람으로 하여금 교리와 정의가 단지 혼돈되어 있는 그 자신의 생각에서 떠나도록 해준다는 데 있다. 합리적으로 주장된 교리와 정의들은 종교적인 명상에 도움이 되지 않는 불가피한 장애물들이다. 하나님의 임재에 대한 그 어느 누구의 느낌도 그 자신의 영적인 능력이 감지할 수 있는 것에 지나지 않기 때문이다. 당신 삶의 가장 심오하고 감추어진 신비인 하나님에 대해 당신이 그리는 이미지를 가지는 것은 5세기경에 이루어진 어떤 주교 회의에서 고안된 용어들로 당신을 규정하는 것이다. 그것이 어떤 이로움이 있는가? 그렇지만 십자가 사역에 대한 명상은 효력이 있다. 분향의 향기는 효력이 있다. 또한 성직자들의 복장, 잘 불려지는 그레고리안 영창, 읊조리며 영창하는 성찬식 전에 부르는 노래, 키리에, 들려지는 축성 그리고 들려지지 않은 축성(祝聖)들은 효력이 있다…만약에 우리가 의미를 알고 싶어 한다면, 그 의미는 기도책의 다른 난에 번역된 곳에 있다. 그러나 만약에 그 예전의 마법과 같은 매력이 사라진다면…**14**

무엇인가를 중얼거리는 것과 성례가 신비적인 느낌을 가지도록 하는 것은 예배자의 체험을 조종할 수 있다. 그러나 예배자에게 하나님의 위엄과 자비에 대한 진정한 체험을 주기 위해서 목사는 무엇이 일어나고 있는지 가능한 한 분명하게 설명해야만 한다. 세례로 인해서 신비감을 느끼도록 할 필요는 없다. 세례를 통해서 나타나는 복음은 모든 신비의 가장 놀라운 지경에까지 이르기 때문이다. 성례를 통해서 복음이 알려지도록 하라. 그러면 사람들은 신비, 즉 아들의 희생을 통해서 죄

---

14 Joseph Campbell, *Myths to Live By* (New York: Bantam, 1972), 98-99.

인들을 은혜로 구원하시는 거룩한 하나님의 신비를 체험할 것이다. 성례를 모호하게 하는 것은 우리가 성례를 마음대로 통제하도록 하는 데 있다. 믿는 사람을 위해 성례의 메시지와 의미의 중요성을 열어 말하는 것은 성례가 놀라움과 기쁨으로 우리를 압도하도록 자유롭게 하는 것이다.

2) 세례를 가치 있게 하라

그러나 목사인 당신이 먼저 세례의 영광에 사로잡혀야만 한다. 만약에 당신과 회중이 메시지에 감동되기를 원한다면, 당신이 먼저 당신이 전하는 복음을 통해 감동을 받아야만 하는 것과 같다. 유아세례자와 신앙고백 세례자는 세례 받는 자를 위한 세례의 축복에 충분한 주의를 기울이고 있는데, 그들은 모두 세례에 대한 그들의 입지를 변호하는 데 종종 너무 많은 마음을 쓰고 있다. 당신의 동료 예배자의 믿음을 세우고 격려하는 예전의 시간을 사용하도록 하라.

예배를 고양시키기 위해 영상과 소리를 사용함은 어찌된 것인가? 많은 목사는 자신의 설교와 예배에 맛을 곁들이기 위해서 방송 매체, 드라마, 음악 무대 등으로 돌아선다. 그 이유는 오늘날 사람들이 보고 느끼는 것을 지향한다는 것이다. 그들을 가르치기 위해서 우리는 감각과 감정에 호소해야만 한다는 것이다. 그렇지만 이것은 논의되어야 할 문제다.

적어도 가장 시각적이고 온전하게 보이도록 제시하며 가장 나은 드라마는 세례에서 발견된다는 것을 이해하도록 하라. 죄를 씻어내는 것을 나타내는 세례의 물을 보고 느껴보라. 목사가 자신의 손을 세례받는 사람의 머리에 얹거나 세례받는 사람의 몸을 물속에 잠기게 할 때, "나는 아버지와 아들과 성령의 이름으로 너에게 세례를 주노라"라는 말씀을 들어보라. 주님의 만찬 속에서 그 세례의 예전을 보고, 듣고, 느끼고 맛보도록 하라. 무대 혹은 공동 세미나에서 빌려온 것이 아닌 우리 주님에 의해서 제정된 이런 거룩한 예식을 신실하게 집례하는 목사가 자신의 성도들에게 하나님을 진정으로 만나게 해주고 그들의 믿음을 세워주는 체험으로 축복해줄 것이라고 확실하게 보증한다.

3) 세례를 간결하고 집중된 것이 되도록 하라

그렇다면 우리는 어떻게 세례를 신실하게 집례할 수 있는 것인가? 핵심이 되는 어휘는 간결성이다. 마치 설교하는 데 있어서 당신의 목표가 하나님 말씀의 메시지를 가능한 한 분명하게 전달해야만 하는 것과 같이, 세례와 관련된 당신의 목표도 그래야만 한다. 오로지 하나의 상징인 물만 있다. 특별한 옷을 입는다거나 특별한 방도를 물에 사용하는 것과 같은 더 이상의 무엇을 더하지 말라. 나는 하얀 장미를 가지고 물을 뿌린 어떤 목사에 대해서 들었다. 비록 빈약한 상징이기는 할지라도 그 장미는 물의 상징을 방해할 뿐이다.

또한 목사는 물을 성결하게 하는 일에 있어서 주의를 기울여야만 한다. 이런 표현이 사용되어야만 하는지에 대해서 정말로 의아해할 것이다. 물을 성결케 하는 일은 세례에서 일어나고 있는 것을 혼돈케 할 수 있으며 세례 받는 사람들과 예배자로 하여금 물과 관련해서 미신적인 생각을 가지도록 할 수 있다. 종교개혁자들은 그와 같은 모습을 피하기 위해 주의를 기울였다. 성례의 요소는 표지다. 표지가 아무리 중요하다 할지라도, 그 표지는 나타난 영적인 실체와 혼돈되어서는 안 된다. 물이 영혼을 씻지 못한다. 그러나 우리가 성결케 된 용도를 위해서 물을 구별할 때, 우리는 성도들의 마음속에 있는 이 메시지를 혼돈케 만든다. 그들은 이제 어떤 권능이 물속에 들어가게 된 것이라 믿는다. 그들의 믿음은 그리스도의 피보다는 물을 향하게 된다.

세례의 효과는 어디에 있는 것인가? 그 효과는 물에 대한 믿음이 아니라 세례가 나타내는 그리스도의 사역 속에 있는 세례 받는 사람(혹은 부모들)의 믿음 안에 있다. 성도들의 눈을 예수 그리스도에게 고정시키도록 하라. 그들이 세례의 표지를 받고 지켜보고 있을 때, 하나님 아들의 구속 사역 속에 나타난 하나님의 자비에 초점이 맞추어져야만 한다.

그들로 하여금 그리스도의 구속과 성령의 거룩케 하심을 위해 준비되어 있는 사역을 물이 이루어내는 것이라는 생각을 가지고 떠나가지 않도록 하라. 부모들로 하여금 물이 그들 자녀의 몸에 닿았기 때문에 그들의 영혼이 이제는 안전한 것이라고 생각하지 않도록 하라. 고백하는 세례자들로 하여금 그들은 "세례받는 일"을 행해서 이제는 자신들이 안전한 것이라고 생각하지 않도록 하라. 중요한 것은 예수 그리스도 안에 있는 믿음이다.

장로교와 침례교 목사들은 성도들 가운데서 성례에 대한 거짓 생각을 불러일으키는 동일한 문제에 직면한다. 두 교파 목사 모두 그들 교회 안에 세례에 대한 이단적인 이해로 인해 성도들의 구원에 대한 헛된 확신을 갖는 경우가 있다. 실제로 많은 개신교인은 로마 가톨릭 교인들과 같다. "예, 나는 구원 받았습니다. 나는 세례를 받았습니다." 글쎄… 그들이 의미하는 것은, 세례를 받았다는 것이 그들이 의미하는 전부이다. 그들의 믿음에 대해서 물어보라. 그러면 그들은 복음에 대한 이해가 없음을 드러낼 것이다. 그렇지만 그들은 세례를 받았다. 그렇다면 왜 염려하는가?

기도는 세례를 향한 바른 태도를 가지게 해준다. 당신이 설교하기 전에 드리는 기도와 동일하게 세례기도를 하라. 세례받는 사람의 마음에 성례의 효력이 이루어지도록 하는 성령이 주시는 복을 위해 기도하라. 이해와 믿음을 주는 영을 위해 기도하라. 그 표지가 세례 받는 사람에게 그리스도의 구속과 성령의 거룩케 하심을 가리켜주도록 기도하라. 예수님께 초점을 맞추도록 하라.

5. 참석자들의 역할

바른 초점을 맞추기 위해서는 참석자들이 자신의 믿음을 표현하는 것이 필요하다. 이것은 간증을 통해서 그리고 그리스도 안에 있는 믿음과 세례에 대한 이해를 분명하게 말해주는 질문에 그들이 확언하여 말하도록 해줌을 통해서 이루어질 수 있다. 세례를 올바른 관점에 놓는 질문을 가지고 목사가 참석자들에게 말하는 것이 지혜로울 듯하다. 예를 들어, 믿음의 고백에 대해서 세례를 받는 개개인들은 다음과 같은 질문을 받을 수 있다.

> 예수 그리스도와의 연합, 그분의 피와 성령의 중생을 통해 죄를 용서받고 씻긴 것 그리고 그분의 언약 교회에 받아들여졌다는 모든 것을 나타내는 표지가 예수 그리스도에 의해서 당신에게 주어진 것을 나타내는 이 성례(예전)를 당신은 믿음으로 받습니까? 당신은 이 성례를 당신이 그분께 속한 것을 하나님이 인치시는 것으로 받습니까?

그런 뒤에 그들의 믿음에 대한 고백과 예수 그리스도를 따르는 헌신을 유지하며 그분의 교회 안에서 섬기는 책임이 그들에게 주어진다. 동일한 질문과 책임이 세례받는 자녀들의 부모에게 주어질 수 있다. 미국 장로교회 예식서(Presbyterian Church of America's Book of Church Order) 56-5에 있는 질문은 이런 기능을 잘 충족시켜준다.

목사는 또한 회중에게 말하는 질문과 책임을 생각해야만 한다. 만약에 세례가 교회에 들어가는 것을 나타낸다고 한다면, 교회는 세례받는 사람에게 그 의무를 알려주어야만 한다. 개혁 교회들로서 우리는 세례가 교회 안에서 공적으로 집례되는 것을 마땅히 주장한다. 만약에 그렇다고 한다면, 우리는 회중이 단순한 구경꾼 그 이상으로서 참여하도록 해야만 한다. 종종 유아 세례에서, 회중은 다음과 같은 질문을 받는다. "회중의 한 사람으로서 당신은 이 아이를 기독교적인 양육을 하는 부모를 도와줄 책임을 감당하시겠습니까?"(미국장로교회 예식서[Presbyterian Church of America, Book of Church Order], 56-5).

몇 가지 이유로 인해서, 그것은 선택적인 질문으로 목록에 들어 있다. 신앙고백자가 세례를 받을 때에 회중에게 어떤 것을 묻는지에 대한 이런저런 제안은 없다. 만약에 우리가 회중이 언약 백성의 개념을 이해하기를 원한다면, 언약에 들어가는 표지를 가지고 시작하도록 하자. 당신의 회중에게 각각 세례 받을 때 서로 헌신할 것을 요청하라. 교회와 연합되어 살아감을 통해 주어진 표지를 존중하도록 하는 책임을 세례 받는 사람에게 부여하도록 하라. 회중이 새로운 믿는 사람을 위한 참된 가족이 되는 책임을 부여하도록 하라. 자신들의 자녀들이 교회를 사랑하도록 양육하는 책임을 부모들에게 부여하도록 하라. 그 자녀를 그들 자신의 자녀로서 돌보는 책임을 회중에게 부여하도록 하라.

나는 교회를 떠나기는 했지만 돌아오기를 원하는 부모들의 자녀에게 정에 이끌려 세례주지 말라고 목사들에게 설득하고 싶다. 그런 경우에 그 자녀가 실제적으로 양육될 환경으로 존재하지 않는 회중뿐만 아니라 보는 회중도 불필요한 존재가 되어버린다. 동일한 것이 믿음의 고백자에게도 참으로 적용된다. 교회 밖에서 세례 받는 것은 심지어 청년 캠프와 같은 교회 활동에서 조차도 "나의 구원은 오로지 하나님과 나 사이의 문제이다"라는 개념을 역설적으로 강조하게 만들어준다.

세례의 상황은 그 표지의 중요한 의미성을 지지해주기도 하고 혹은 손상시키기도 한다는 것을 깨닫도록 하라. 만약에 성례전적인 교회들이 세례를 과도하게 예전화 한 잘못이 있다고 한다면, 우리의 많은 교회는 그 세례의 의미를 과소평가하는 잘못이 있다. 이렇게 과소평가하는 많은 교회는 전통으로부터 엄청난 도움을 받을 수 있다. 그 전통은 세례가 예전적인 의미를 가지게 하는 데 있어서 좀 더 영향력 있게 해주며, 어떤 사람들은 변화가 좋은 것이라고 생각하는데 그런 것으로 인해 성급하게 "다시 만들어버리는 것"으로부터 우리를 보호해준다.

6. 유효한 세례를 판단하기

목사들이 가져야 할 실제적 관심은 이전 세례의 유효성을 판단하는 것이다. 가톨릭 세례는 유효한가? 진보적이고 개방적인 목사에 의해 시행된 세례는 어떤가? 믿음을 고백하고 세례 받은 사람이 그 세례를 받을 당시에는 그 혹은 그녀가 정말로 기독교인이 아니었고 나중에 회심되었다고 말한다면 어찌해야 하는가? 어떤 사람이 자신의 세례를 집례한 사람이 목사였는지 확실히 알 수 없다고 말한다면 어찌해야 하는가?

이런 문제들에 대해 도움이 되는 논의는 세례의 유효성에 대한 미국 장로교 연구 위원회의 다수파와 소수파 보고서에서 발견될 수 있다.[15] 나는 유효성을 결정하는 논의에 견해를 더할 수는 없다. 그렇지만 나는 목양적인 염려를 주지시키고 싶다. 목사는 이 문제들을 주의 깊게 숙고해야만 한다. 특별히 그 성례가 제정되었을 때 우리 주님이 의도하신 것을 망치지 않기를 염려하는 사람을 상담할 때 주의를 기울여야만 한다. 목적은 그리스도에게 속한 양의 믿음을 세우려는 데 있는 것이지, 두렵게 하거나 의심케 하려는 데 있음이 아니라는 것을 기억하도록 하라.

지혜롭지 못하게 다루면, 믿음을 강하게 하고 몸의 통일성을 이루기 위해 의도된 그 성례(세례)가 믿음을 해치고 통일성을 이루어내지 못하게 하는 것이 될 수 있다. 어떤 사람의 세례에 대해 당신이 확신을 가지지 못하는 것으로 인해 그 사람의 구원에 대해 의문을 제기하지 않도록 하고, 그런 생각이 그리스도의 교회 안에 놓이지 않도록 하라(물론 당신이 이 사람의 구원에 대해 심각한 회의를 가지지 않는다면). 어떤 사람이 교회의 구성원이 되는 것을 금하거나 주님의 만찬 참여를 하는 것을 금하는 것을 특별히 조심하도록 하라. 당신은 그 혹은 그녀의 세례가 유효한 것인지 아닌지를 확신하지 못하기 때문이다. 그런 특권들을 마땅히 누려서는 안 될 사람들에게 허용하는 것만큼, 그런 특권들을 마땅히 누려야할 사람들로부터 박탈하는 것은 동일하게 심각한 문제이다.

목사는 또한 결정을 객관적으로 내리며 그런 과정에 있는 문제의 그 개인을 인도하는 데 사려가 깊어야만 한다. 첫째, 그것은 다른 목사들과 혹은 장로들과의 논의를 통해 내려지는 결정이어야만 한다. 문제의

---

[15] Paul R. Gilchrist, ed., *PCA Digest Position Papers, 1973-1993* (Atlanta: Presbyterian Church in America, 1993), 78-97.

당사자도 목사도 그 어느 누구도 주관적인 느낌에 토대를 두고 결정해서는 안 된다. 또 다시 전통과 임직된 장로들의 의견 일치는 중요한 역할을 한다. 그 결정은 옳다고 느껴지는 것 혹은 행하는 것이 좋을 수 있다는 것에 의해서 결정되어서는 안 된다. 그 어떤 사람도 단순히 좋은 경험이 될 것이라는 이유로 세례를 받아서는 안 된다. 그 경우 이전에 받은 세례의 유효성은 의문시되어야만 하며 그 유효성은 객관적인 토대를 가져야만 한다. 그렇지 않으면 세례는 예배의 다른 나머지를 공격하는, 즉 어떤 것이든 옳게 느껴질 수 있는 동일한 상대주의에 종속되게 된다.

7. 결론

목사가 자신의 성도들을 위해서 해야 할 필요가 있는 것은 그들 앞에서 세례의 의미와 목적을 지키는 것이다. 목사는 그 성도들 앞에서 표현되는(의미) 복음과 하나님의 백성을 위한 축복(목적)을 지킬 필요가 있다. 물론 유아세례 혹은 신앙고백 세례를 변호할 적절한 곳이 있다. 그러나 목사인 당신이 그런 변호를 할 필요가 없는 곳은 바로 성례를 집례할 때이다. 당신은 성도들에게 거룩한 표지를 집례하는 교회 안에 있다. 그 회중의 관심을 이 복된 표지에서 전달되는 복음의 영광스러운 약속에 집중시키도록 하라. 그들을 죄로부터 깨끗케 해주시고 그분의 가족으로 환영해 맞아주신 주님께 눈을 들도록 해주라. 우리 주님에 의해 의도된 그 세례가 주는 희망과 기쁨을 성도들에게 남겨주도록 하라.

CHAPTER 9

주님의 만찬: 개관

| 리차드 필립스(Richard Phillips)
First Presbyterian Church of Coral Springs 목사

신학의 역사는 한 가지 실수에서 다른 싸움으로 이동하는 것으로 이루어져 있다고 적절하게 이야기되어왔다. 신학자의 가장 커다란 도전 중의 하나는 바로 이것을 피하는 것이다. 또 다른 극단을 피해 달아나면서 우리 모두 역시 너무나 쉽게 우리 자신의 극단들을 일구어내기 때문이다. 아마도 일반적으로는 성례가 이루어지는 장, 특별하게는 주님의 만찬보다 이런 경향이 더욱 분명하게 나타나는 곳은 신학과 목양적 실제의 그 어느 장에서도 없을 것이다. 그러므로 만약에 우리가 주님의 말씀에 순종함을 통해서 주님을 영화롭게 하고 주님이 주시는 은총의 수단으로부터 바르게 유익을 얻고자 한다면, 우리는 이 문제에 대한 연구에 특별한 주의를 기울이길 원할 것이다.

본 장의 목적은 하나님을 예배하는 데 있어 주님의 만찬이라는 요소에 대해서 암시되어 주어진 목양적 의미에 강조점을 두면서 그에 대한 개관과 소개를 하려는 데 있다. 첫째, 주님의 만찬의 본질과 기능을 분별하기 위해서 성경적인 제도를 알아볼 것이다. 다음으로, 우리는 하나

님 백성이 더 나아지기 위해서 이 복된 성례의 신실하고 유익한 집례를 하도록 목양적으로 고려할 점들을 이끌어낼 것이다.

1. 성경적인 제도

주님의 만찬은 고린도전서 11:20에서 바울이 사용하는 용어로부터 그 이름이 붙여졌다. 성경에서 유래된 다른 공통적인 이름들은 성찬(감사례, Eucharist, 고전 11:24)과 성찬식(Holy Communion: 고전 10:16)이다. 로마 가톨릭 용어 미사(Mass)는 라틴어 *missa*(mittore, 보내다)에서 유래된 것이다. 라틴어 미사는 초기에 성례 이전에 영성체를 받지 않는 사람들을 떠나가게 하는 데 사용되었지만, 나중에는 예전 끝에 모든 사람을 떠나가게 하는 데 사용되었던 어휘이다. 이 용어를 지지하는 성경적인 근거는 없다.

종교개혁자들은 거룩하고 신성한 신비인 이 성례가 주님에 의해서 곧바로 제정된 것이 분명하다고 강조했다. 주님의 만찬은 네 가지 성경 본문에 기록된 대로 주님에 의해 제정되었다는 것에 일치한다. 그 네 가지 본문 중에 세 가지는 공관복음에 있는 최후의 만찬에 대한 병행 이야기에서 나온다(마 26:26-30; 막 14:22-26; 눅 22:19-20). 여기에 바울은 네 번째로서 고린도전서 11:23-26에 있는 이야기를 더한다. 마태복음 26:26-28은 기본적인 성경적 제도를 제시해준다.

> 저희가 먹을 때에 예수께서 떡을 가지사 축복하시고 떼어 제자들을 주시며 가라사대 "받아 먹으라 이것이 내 몸이니라"하시고 또 잔을 가지사 사례하시고 저희에게 주시며 가라사대 "너희가 다 이것을 마시라 이것은 죄 사함을 얻게 하려고 많은 사람을 위하여 흘리는바 나의 피 곧 언약의 피니라"(마 26:26-28).

그리스도의 말씀은 그분의 몸을 나타내는 떡과 그분의 피를 나타내는 포도주로 만찬의 기본적인 형태를 만들어준다. 이 떡과 포도주가 각각 나누어지고 흘려지는 것과 같이, 십자가 위에서 그리스도의 희생적인 죽음에 대한 증언이 주어지고 있다. 참여하는 것은 먹고 마시는 형태를 취한다. 고린도전서 11:26에 있는 바울의 진술은 그리스도께서 다시 오실 때까지 성례의 계속적이며 영원한 제정을 확립해준다. "너희가 이 떡을 먹으며 이 잔을 마실 때마다 주의 죽으심을 오실 때까지 전하는 것이니라." 마지막으로 성경의 자료는 구약의 유월절 음식과 연속선상에 있는 주님의 만찬을 나타내고 있고, 그 주님의 만찬을 그리스도 안에 있는 은총의 언약의 표지와 인침으로 말해준다.

1) 주님의 만찬과 유월절

벤자민 워필드(Benjamin Warfield)는 다음과 같이 기술한다. "그 어떤 것도 [예수님이] 그분의 몸과 피를 나타내는 성례 제도를 위해서 유월절 만찬을 의도적으로 선택하셨다는 것보다 더 확실할 수는 없다."[1] 마가복음 14:12와 누가복음 22:7-8은 예수님과 그 제자들이 유월절 만찬을 위해 다락방에 모였다는 것을 분명히 말한다. 그와 같은 상황과 더불어 주님의 만찬을 제정하심을 통해 예수님은 제자들의 종교적인 삶에서 유월절을 대신하는 새로운 의식을 의도하신 것이었다.

당연하게도 이 제도는 유월절과 분명한 연관성이 있음을 보여준다. 두 제도 모두 먹고 마시는 형태로 참여하는 종교적인 절기이다. 신약의 다른 곳에서 그 유월절 양은 자신의 속죄 사역을 담당하시는 예수 그리스도를 예표한 것임을 분명히 말한다(요 1:36; 고전 5:7; 벧전 1:19). 이와 동일한 의미가 우리 주님에 의해서 그분이 손으로 제시한 떡과 포도주에 정확하게 부여된다. 떡과 포도주가 그분의 죽음을 나타낸다는 것에 대한 그 어떤 의구심도 고린도전서 11:26에서 바울에 의해 제거된

---

[1] Benjamin B. Warfield, "The Fundamental Significance of the Lord's Supper," in *Shorter Writings of B. B. Warfield* (Nutley, N.J.: P&R Publishing, 1970), 1:332.

다. "주의 죽으심을 오실 때까지 전하는 것이니라." 그러므로 워필드는 "주님의 만찬은 기독교의 유월절 만찬이다. 주님의 만찬은 유월절이 유대인 교회에서의 자리를 기독교 교회에서 차지하려고 의도되었던 것이다. 주님의 만찬은 유월절을 위한 기독교적인 대체 제도다."[2]

이와 같은 것이 관찰되었으므로, 구약에서 그리고 그리스도 당시에 기념되었던 유월절 만찬에 대해 생각해볼 가치가 있다. 유월절은 이스라엘의 출애굽 구원, 특별히 이스라엘 백성의 집을 넘어간 죽음의 천사를 기념하는 것이었다. 첫 번째 유월절 만찬은 장자에게 재앙이 닥치던 저녁에 애굽에서 먹게 되었다. 출애굽기 12:3은 우리에게 유월절 어린 양들이 백성과 희생제물 사이의 친숙함을 나타내면서 보호되고 있는 이스라엘의 집들로 이끌려졌다고 말한다. 그 어린 양들은 흠이 없는 양들이었다. 이것은 거룩하신 하나님께 드려지기에 합당한 것을 나타냈다(벧전 1:19). 어린 양들은 죽임 당했고 그 피는 문설주 양편과 위에 발라졌는데 이것은 백성뿐만 아니라 하나님을 위한 표지였다. 주님께서는 "내가 피를 볼 때에 너희를 넘어가리니"라고 말씀하셨다(출 12:13). 그날 밤 재앙이 애굽 사람들의 집에 공포를 가져다주는 동안, 이스라엘 백성은 쓴 나물과 누룩을 넣지 않은 떡과 더불어 구운 양고기를 먹었다. 그들은 "너희는 그것을 이렇게 먹을지니 허리에 띠를 띠고 발에 신을 신고 손에 지팡이를 잡고 급히 먹으라 이것이 여호와의 유월절이니라"라는 말씀을 들었다(출 12:11).

처음부터 유월절은 영원한 기념으로 의도되었다. 유월절 준수에 있어서 두드러진 특징은 누룩을 단지 떡에서 뿐만 아니라 집 전체에서 제거하는 것이었다. 신명기 16:3은 누룩이 없는 떡(무교병)을 급함과 고난의 상징으로서 묘사한다. 무교병은 긴 여행에서 용이하게 들고 다닐 수 있었고, 짧은 예고의 시간에 준비했던 그런 떡이었다. 신약 또한 죄를 제거함을 통해서 거룩함으로 이끌어 부르는 것으로서 무교병을 이해한다(고전 5:6-8).

---

2 Ibid., 333.

유월절 절기는 언약 공동체 모두에 의해 지켜져야만 했다. 그러나 오로지 그들에 의해서만 지켜져야 했다. 노예들 혹은 거주하는 이방인들은 이스라엘 백성이 할례의 언약 표지를 받은 뒤에만 참여할 수 있었다(출 12:43-48). 흥미로운 세부 사항은 어린 양의 뼈가 하나도 부러뜨리지 않게 되었다는 점이다.

더욱이 신명기 16:16에 따르면, 유월절은 이스라엘이 약속의 땅에 들어간 뒤에 백성이 예루살렘에 있는 주님 앞에 보여야만 하는 세 가지 절기 중의 하나였다. 이와 같은 방법을 통해서 이스라엘의 후손들은 출애굽에서 있었던 주님의 구원과 죽음의 천사가 넘어가도록 한 피를 기억할 수 있었을 것이다. 출애굽기에서 세 번, 아버지들은 유월절 축하를 통해서 그들의 자녀들에게 그들의 구원 이야기를 말해주도록 하는 명령을 분명하게 받고 있다(출 12:26; 13:8, 14). 출애굽은 모두를 위해서 이루어진 반복되지 않는 단 한 번의 구원 행위였을지라도, 유월절은 반복적인 의식이었고, 이를 통해서 후세대는 그 구원에 접목되었던 것이다. 휴스 올리펀트 올드(Hughes Oliphant Old)는 다음과 같이 말한다. "만찬에 참여함을 통해서 각각의 새로운 세대는 바로의 군대와 애굽의 노예 주인들로부터 구원된 사람들에게로 그 수가 더해졌다."[3]

2) 표지로서의 주님의 만찬

유월절과 같이, 주님의 만찬은 제자들과 그들의 미래 세대에게 일종의 표지로서 제정되었다. 누가와 바울은 모두 다음과 같은 예수님의 말씀을 기록한다. "이를 행하여 나를 기념하라"(눅 22:19; 고전 11:25). 나타난 핵심이 되는 사실과 사건은 예수 그리스도의 죽음이다. 그 죽음은 우리 주님이 절박한 것으로 예견하셨던 것이다. 예수님은 그들에게 떡을 건네주시고 "이것은 너희를 위하여 주는 내 몸이라"라고 말씀하셨다

---

[3] Hughes Oliphant Old, *Worship That Is Reformed according to Scripture* (Atlanta: John Knox, 1984), 106.

(눅 22:19). 그런 뒤에 예수님은 잔을 건네시고 "이 잔은 내 피로 세우는 새 언약이니 곧 너희를 위하여 붓는 것이라"라고 말씀하셨다(22:20).

따라서 그리스도의 말씀과 더불어 제시된 떡과 포도주는 모두 그분의 제자들을 위한 그리스도의 죽음을 죄에 대한 속죄로서 나타내고 있다. 찰스 핫지(Charles Hodge)는 다음과 같이 진술한다. "그러므로 구속은 권능에 의해서가 아니며, 가르침에 의해서도 아니고, 도덕적인 영향력에 의한 것도 아니며, 죄를 씻음에 의해 이루어졌다. 주님의 만찬이 보여주고 법적으로 인증한 것은 바로 이 진리이다."[4]

이 성례를 제정하심에 있어서 우리 주님은 그분의 속죄하는 죽음이 가지는 최고의 가치에 대한 증언을 기독교 종교의 심장에 놓으셨다. 루이스 벌코프(Louis Berkhof)는 다음과 같이 첨가하여 말한다. "구약의 희생제사에서 예시된 구속의 중심이 되는 사실은 신약 성례의 중요한 상징들의 수단을 통해서 분명하게 제시되고 있다. '너희를 위해 찢긴' 그리고 '많은 사람을 위해 흘린'과 같은 성례 제도의 말씀은 그리스도의 죽음이 그분의 백성을 위해 심지어는 그들을 대신하는 희생적인 죽음이라는 사실을 가리켜준다."[5]

워필드는 희생적 죽음을 나타내는 데 있어서 유월절 어린 양에서 떡과 잔으로 대체된 요소를 말한다. 유월절 만찬과 모든 만찬의 연속성을 위해서 새로운 형태가 틀림없이 분명하게 주어졌다. 이런 변화가 이루어진 주된 이유는 주님이 잡히시기 전 그 마지막 순간에 친히 모으셨을 때 드러난 구속사의 중심이 되는 행위와 관련되어 있기 때문이라고 그는 말한다. 워필드는 다음과 같이 기술한다. "처음부터 모든 유월절 어린 양이 가리키고 있는 그분은 드려져야만 했다. 이전 것들은 지나갔다. 보라 모든 것이 새롭게 되었다."[6]

이런 전이(轉移)는 예수님의 마지막 주간에 이루어졌던 실제 사건들 속에서 생생하게 이루어졌다. 예루살렘으로 예수님이 개선하며 예루

---

[4] Charles Hodge, *Systematic Theology* (repr. Grand Rapids: Eerdmans, 1993), 3:622.
[5] Louis Berkhof, *Systematic Theology* (Grand Rapids: Eerdmans, 1939), 650.
[6] Warfield, "Fundamental Significance of the Lord's Supper," 334.

살렘으로 입성한 것은 그 성읍으로 몰아들여지고 있었던 어린 양들의 큰 무리와 일치했으며, 예수님의 십자가에 못 박히심은 유월절 축하절기에 이루어진 어린양의 죽음과 일치했기 때문이다. 그러므로 모형에 의해서 예시된 대형(對型)이 왔을지라도, 그것은 그렇게나 오래 동안 모형을 나타내었던 형태를 나타내 보이는 데 더 이상 적절할 수는 없었다.

워필드는 수많은 변화가 이 위대한 성취와 전이(轉移)에 연결되어 있는 것을 주목하여 보았다. 예전에 관련된 법과 그 희생제사들과 더불어 유대적인 예식은 사라져버려야만 했다. 그리스도가 이루신 속죄 죽음의 완성된 사역을 유지하면서, 이 성례는 번제를 드리는 제단을 요구하지 않았다. 더욱이 그리스도에 의해서 드려진 속죄의 보편적인 특성과 일치하면서, 그 어떤 중심이 되는 장소도 규정되지 않았다. 희생제사의 흘린 피로 인해서 넘어가는 진노와 같이 상징주의는 본질적으로 동일하게 남아있을지라도, 그 상징들은 이스라엘의 이전 구속적인 경험의 한계를 깨뜨리는 구원 사건의 새로움을 나타내기 위해 바뀌었다.

주님의 만찬이 갖고 있는 요소는 그리스도에게 속한 백성이 가지고 있는 감각적인 의식에 그리스도의 죽음을 나타낸다. 그렇지만 그 주님의 만찬을 집례하는 가운데 더 많은 의미가 주어진다. 믿는 자들이 주님의 만찬의 요소를 먹는 것은 십자가에 처형된 그리스도에 그들이 참여하는 것을 의미한다. 벌코프는 다음과 같이 가르치고 있다. "그 요소는 그리스도의 희생적 죽음에 의해서 보장된 혜택을 상징적으로 가지고 있다."[7] 더욱이 이 성례에 참여하는 것은 음식과 음료가 몸을 유지하는 것과 같이 영혼에 생명과 힘을 공급해주는 그리스도의 죽음의 효력을 나타낸다. 더욱이 이 성례가 믿는 자들의 그리스도와의 연합을 상징하는 것과 같이, 또한 그리스도 안에서 믿는 자들 서로간의 교제를 나타내면서 그리스도의 교회의 구성원들과 세상 사이의 눈에 띄는 차이가 있게 해준다.

---

[7] Berkhof, *Systematic Theology*, 650.

3) 언약적 인침으로서의 주님의 만찬

웨스트민스터 신앙고백서는 이 성례와 세례를 "은혜계약의 거룩한 표요 인치심"(27.1)을 가리키는 것으로 말한다. 아마도 언약적 인치심이라는 개념을 이해하는 가장 좋은 방법은 유월절이 단순히 어떤 종교적인 절기가 아니라 일종의 언약적 만찬이었음을 깨닫는 것 같다. 그 언약적 만찬에서 하나님은 그분의 백성을 인지하시고, 그들을 그분의 것으로 받아들이시며, 그들 앞에 그분의 양식을 펼쳐놓으신다.

창세기는 언약적 관계를 설정하는 데 있어서 만찬의 중요성을 기술한다. 우리는 아브라함이 천사 같은 방문객들에게 음식을 마련해주었던 것뿐만 아니라(창 18장) 동방의 왕들을 쳐 이기고 얻은 전리품에서 십일조를 멜기세덱에게 드린 뒤에 그의 손으로부터 떡과 포도주를 받은 아브라함을 생각한다(창 14장). 의미심장하게도 이삭은 자신의 언약 축복을 베푸는 것을 위해 음식을 준비하도록 자신의 아들 에서를 보냈다(27:4). 주님이 시내 산에서 모세와 그분의 백성과 맺는 그분의 언약을 확증하셨을 때, 그분은 모세와 아론 그리고 칠십 명의 장로들을 산으로 부르셨다. 모세는 언약의 피를 제단과 언약책 위에 뿌렸다. 그런 뒤에 그들은 청옥(靑玉) 바다 가운데 있는 그분을 바라보면서 주님께로 올라갔다. "그들은 하나님을 보고 먹고 마셨더라"(출 24:11). 마지막으로 이스라엘의 계속되는 역사는 비준과 재공약 때마다 언약 만찬의 중요성을 보여준다. 여호수아가 두 번째 세대를 이끌고 요단강을 건너 약속의 땅으로 들어갈 때, 그는 먼저 언약을 재비준하며, 할례의 언약 표지를 받게 하기 위해, 그런 뒤에 주님 앞에서 유월절 만찬을 먹기 위해서 그들을 주님 앞으로 이끌었다(수 5:10). 수세기 뒤에 요시아가 성전에서 율법책을 다시 발견했을 때, 그는 우상들을 부수었고 언약을 갱신했다. 불신앙의 시간 동안 무시되었던(왕하 23:21-23) 유월절 축전을 다시 세운 것은 이렇게 언약적 신실함으로 다시 돌아온 성경 이야기에 있어서 가장 두드러지게 나타난다.

그러므로 목사가 오늘날 주님의 만찬에서 떡과 잔을 제시할 때, 그는 그리스도께서 그분의 언약 백성 앞에 만찬을 진설하신 것과 같이 그리스도를 대신해서 그렇게 하는 것이다. 이것은 유월절에 암시되어 있다. 유월절은 어떤 기념 만찬보다 더 많은 의미를 가진 것이었다. 만찬식탁에 모인 사람들은 주님과 맺은 언약에 들어간 것이다. 따라서 그분의 구원하는 공급의 혜택을 받은 것이다. 마치 피가 죽음의 천사가 넘어간 사람들의 집을 표시했던 것과 같이, 잔을 제시하며 "이 잔은 내 피로 세운 새 언약이니"(고전 11:25)라고 말하면서 예수님은 제자들을 자신의 것으로 삼으셨다. 이런 방법으로 예수님은 그들을 구원의 새 언약의 결속으로 이끄시면서 속죄하는 죽음의 혜택을 향해 인치셨다. 올드는 다음과 같이 논평한다. "예수님은 십자가에 가셔서 죽음에서 생명으로 지나가시기 전에, 그분의 제자들을 이 언약 만찬 속에서 자신에게 결속시키셨다."[8] 마찬가지로 오늘날 먹고 마심으로 주님의 만찬에 참여하는 것은 그 속에 포함되어 있는 혜택과 의무를 위해서 그리스도와 함께 언약에 들어가는 방법이 된다.

주님의 만찬은 하나님의 백성에게 그리스도 안에서 그들의 참여에 대한 믿을만한 인증을 줌으로서 그들을 인치는 것이다. 따라서 하나님의 백성에게 그리스도 자신의 언약 만찬의 떡과 잔을 주시는 손을 펼치시면서 그분의 소유를 판정하시는 분은 바로 그리스도이시다. 존 머레이(John Murray)는 다음과 같이 말한다. "우리가 믿음으로 잔에 참여할 때, 그것은 우리에게 다음과 같은 것을 주시는 주님 자신의 증서이다. 즉 그분의 피 속에 있는 새 언약에 포함되는 모든 것은 우리의 것임을 보여주는 주님 자신의 증서이다."[9]

벌코프는 이런 인치심은 우리가 그리스도의 속죄 사역의 수혜자들이라는 것을 확실하게 해준다는 것을 지적해준다. 주님의 만찬은 "참여자들에게 그리스도의 크신 사랑을 인쳐준다…주님의 만찬은 믿는 참여자들에게 그는 개인적으로 그 비길데 없는 사랑의 대상이 되었다는 것

---

[8] Old, *Worship*, 108.
[9] John Murray, *Collected Writings of John Murray* (Carlisle, Pa.: Banner of Truth, 1977), 2.377.

을 확증해준다." 더욱이 주님의 만찬은 믿는 자에게 언약의 모든 약속과 구원의 모든 축복이 "그의 실제적인 소유가 된다"는 것을 확증해준다. 마지막으로 주님의 만찬은 보답으로 얻는 인침이다. 그 인침으로 인해 믿는 자들은 참여를 통해서 "구주로서의 그리스도 안에서 그들의 믿음을 고백하고, 그들의 왕으로서 그리스도에게 그들의 충성을 고백한다. 그리고 믿는 자들은 그리스도의 신적인 계명들에 순종의 삶을 엄숙하게 맹세한다."[10]

2. 신학적인 문제들

오늘날 믿음을 고백하는 대다수의 믿는 자들에게 주님의 만찬을 둘러싼 다양한 신학적인 문제는 기껏해야 학문적인 관심의 주제이며 최악의 경우에는 분리를 야기하는 불필요한 원천이 되고 있다. 이것은 아마도 그 어떤 다른 차이점보다도 우리의 현대적 해석 방식과 우리의 개신교 선진들의 해석 방식사이의 상이성을 더욱 분명히 해주는 면일 것이다.

그리스도의 임재에 대한 문제는 종교개혁 이래로 신학적 논쟁에 있어서 특별히 두드러졌다. 종교개혁의 중요한 초기에 독일 루터교인들과 스위스 개혁자들 사이에 연합을 좌절시켰던 것은 바로 이 문제였다. 그 결과는 취리히(Zurich)가 도움을 받지 못하고 로마 가톨릭의 칼에 함락되었다. 잉글랜드 종교개혁에서 메리 여왕에게 순교당한 이들이 스미스필드(Smithfield)에서 죽은 것에 대한 공식적인 원인을 제공했던 것은 바로 이 그리스도의 임재에 대한 문제였다. 만약에 누군가가 리들리(Ridley)와 라티머(Latimer)와 같은 순교자들에게 왜 단지 그런 이론적인 문제만을 위해서 기꺼이 죽어야만 했는지에 대해서 묻는다면, 그들이 위해서 죽어간 것은 복음이었다고 당당하게 대답할 것이다.

---

10 Berkhof, *Systematic Theology*, 651.

주님의 만찬의 개관에 대한 필요한 다른 신학적인 문제들은 그 효험의 특징과 그 필요성에 대한 문제를 다룬다. 이런 문제들은 우리가 신앙을 고백하는 각각의 믿는 사람으로 하여금 가장 나은 것으로 여겨지는 견해에 따라 행동하도록 해도 상관없는 별로 대수롭지 않는 의미를 가진 일들로 보일 수 있다. 그러나 사실상 이런 문제들은 종교에서 우리가 가지고 있는 전체의 실제적인 체계에 지배적인 영향을 끼친다. 이 문제들이 다루고 있는 쟁점들은 어떻게 죄인들이 그리스도의 속죄 사역의 혜택을 이해할 수 있는지 그리고 그 문제들이 구원의 문제에 대한 우리의 전반적인 접근법을 어떻게 형성하는지와 같은 것들을 포함한다. 그러므로 검토한 바에 의하면 이런 신학적 문제들에 대한 생각을 향해서 던지는 분개함은 칭찬받을 만한 일이 아니라 구원의 진리에 대한 사악한 무관심을 드러내는 것이다.

1) 그리스도의 임재

그리스도께서 성례 시에 임재하는 것이 보일 수 있는 것인지 그리고 어떤 의미에서 그렇게 된다고 보는 것인지에 대한 문제 제기이다. 세 가지 기본적인 견해가 있다. 즉 그리스도는 만찬에 임재하지 않으신다, 그리스도는 육체적으로 임재하신다, 그리고 그리스도는 영적으로 임재하신다.

(1) 그리스도는 성찬에 임재하지 않으신다

그리스도는 임재하지 않으신다는 견해는 일반적으로 스위스 종교개혁자 츠빙글리(Zwingli)가 말한 것으로 알려져 있다. 비록 이 견해는 츠빙글리의 모든 저작 특별히 그의 후기 견해를 바르게 나타내고 있지는 못한다할지라도, 오늘날 종종 "츠빙글리 견해"로 제시된다. 이런 입장에 따르면, 주님의 만찬은 단순한 표지이다. 즉 그리스도의 속죄의 죽음을 기념하며, 그리스도에 대한 믿는 자의 신뢰를 나타내는 표지인 것이다. 특별히 이런 입장은 비이성적인 신비주의 혹은 만찬에 대한 마법적인 이해에 직접적으로 반대한다. 이런 입장은 주님의 만찬에 대한 믿음의 역할을 특별히 강조한다. 츠빙글리는 특별히 로마 가톨릭 교회가 이해하는 성례에 있어서 그리스도의 육체적인 임재를 직접적으로 반대했다.

핫지(Hodge)는 이 견해에 대한 가장 좋은 표현으로서 1545년에 만들어진 "취리히 교회 목회자들의 신실한 고백"(Sincere Confession of the Ministers of the Church of Zurich)을 인용한다. 여기서 우리는 주님의 만찬의 혜택은 믿는 자들의 믿음을 요구한다는 것뿐만 아니라, 성례는 믿음에 의해서 다른 곳에서 동일하게 얻어질 수 있는 영적인 축복을 포함하고 있지 않다는 것을 보게 된다. 이 고백서에서 그리스도는 다른 어떤 곳보다 성례에서 더욱 임재하시는 것도 아니고 덜 임재하시는 것도 아니라는 것을 강조한다. "그리스도를 믿는 사람은 그리스도의 떡을 진정으로 먹은 것이다…믿는 사람들은 주님의 만찬에서 그들이 그 의식 이외의 다른 곳에서 받은 음식보다 다른 생명을 주는 음식을 먹는 것이 아니다. 그러므로 믿는 사람은 한 가지 동일한 방법으로 그리고 믿음의 동일한 방법을 통해서 동일한 음식인 그리스도를 주님의 만찬 속에서 그리고 밖에서 받는다." 그렇다면 비록 주님의 만찬이 "증언, 감사 그리고 예배와 결속되는 것을 수반하는 경우"가 있을지라도,[11] 주님의 만찬은 믿음의 실행을 촉구하기 위한 상징을 나타내 보이는 일종의 기념에 불과하다.

이런 가르침에 강하게 반대한 사람 중에 존 칼빈(John Calvin)이 있다. 칼빈은 이런 가르침에서 성령을 통해서 이루어지는 그리스도의 현재 영적인 사역에 대항해서 그리스도의 과거의 사역을 지나치게 강조하는 것뿐만 아니라, 하나님의 행하심에 대항해서 인간 행위를 지나치게 강조한다고 보았다.[12] 성경적 지지의 관점에서 볼 때, 츠빙글리의 견해는 우리 주님과 사도들에 의해서 주어진 모든 자료를 통합하는 데 실패한

---

11 Hodge, *Systematic Theology*, 3. 628.
12 John Calvin, *Institutes of the Christian Religion* (2 vols.; ed. John T. McNeill; trans. Ford Lewis Battles; Philadelphia: Westminster, 1960), 2:1364-65 §4.17.5.

다. 그 모든 자료의 대부분은 단순한 기념적 언어를 넘어서고 있다. 예를 들어, 그리스도는 제자들이 보고 기억하라고 단순히 그 성례의 요소를 보이지는 않으셨다. 대신에 그리스도는 그 요소를 제자들이 먹으라고 제시하셨다.

이런 행위는 성례가 영적인 축복을 베푸는 방식을 나타내고 있는 것이 분명하다. 따라서 이런 행위는 우리가 기념주의자적인 견해를 훨씬 넘어설 것을 요구한다. 더욱이 사도 바울은 이런 만찬에 참여하는 것은 진정한 영적인 실체를 포함하는 것임을 분명히 한다. 그러므로 성례를 받는 사람들은 그리스도의 피와 몸에 참여하는 것이며(고전 10:16), 부당하게 참여하는 사람은 그리스도의 몸을 범할 뿐더러 "자기의 죄를 먹고 마시는 것"이다(고전 11:29).

츠빙글리적 혹은 기념주의자적인 입장은 성례가 로마 가톨릭적인 성직자의 예식과 미신에 집착하는 것을 방지해준다. 그러나 그 입장은 또 다른 극단의 합리주의가 저지르는 실수로 치닫고 있다. 그러므로 단순한 기념으로서의 성례에 대한 이런 견해는 그 중요성을 강조하지 않는 것과 그것의 거행을 자주 하지 않는 것을 전형적으로 수반하게 되는 것은 놀라운 것이 아니다. 주님의 만찬의 영성에 대한 이런 낮은 견해는 신앙부흥운동자의 제단 소명과 같은 인간적 고안물로 대체하는 것을 대수롭지 않게 여기도록 하는 데 일조한다. 이런 견해 아래에서 신앙부흥운동자의 제단 소명은 더욱 나쁘지 않은 것, 아마도 믿음을 이끌어내는 좀 더 설득적인 자극을 제공해주는 듯이 보일 수 있다.

(2) 그리스도는 성례에 육체적으로 임재하신다

비록 로마 가톨릭과 루터교인들 사이에 상당할 정도로 차이는 있을지라도, 육체적으로 임재하신다는 견해는 로마 가톨릭과 루터교인들에 의해서 지지되고 있다. 로마의 견해에서는 성례전적인 연합은 전혀 없다. 즉 나타내진 것이 표지를 통해서 임재하는 연합은 전혀 없다. 그런 대신에 로마 가톨릭인들은 성례적 요소가 예수 그리스도의 육체적인 몸으로 변화된다고 주장한다. 벌코프는 다음과 같이 요약한다. "제사장이 '이것은 나의 몸이니'(*hoc est corpus meum*)라는 형식(formula)을 말할 때, 떡과 포도주는 그리스도의 몸과 피로 변한다."[13]

성례의 요소는 계속해서 떡과 포도주와 같이 보이지만, 그 형태 속에 그리스도의 육체적인 몸과 피가 눈에 보이는 형태로 임재한다. 이런 이유로 인해서 만찬에서 눈에 보이는 물질적 요소를 높이고 예배하는 것은 마치 정말로 그렇게 되어야만 하듯이 정당화되고 그렇게 하도록 장려된다. 어떤 로마 가톨릭 사람은 다음과 같이 설명한다. "우리는 그 요소(elements: 떡과 포도주를 말함-역주)를 우리가 하나님을 대하는 것처럼 취급한다. 그것이 그 요소의 본질이기 때문이다."[14] 가톨릭교리문답(Roman Catholic catechism)은 이런 견해에 대해서 다음과 같은 말로 확증해준다. "떡과 포도주의 성화된 조각들 아래에서 살아계시고 영화로우신 그리스도 그분 자신은 그분의 영혼과 그분의 신성과 더불어 그분의 몸과 그분의 피인 참되고 실제적이며 본질적인 형태로 임재하신다."[15] 우리가 아래에서 보게 되는 바와 같이, 이런 생각은 성례의 효험에 대한 로마의 견해의 커다란 부분을 형성한다.

공재설(consubstantiation)로 알려진 견해를 취하면서 루터는 이런 화체설(transubstantiation)을 거부했다. 루터에 따르면, 그 요소는 몸과 피로 변화되는 것이 아니라, 신비적이고 기적적인 방법으로 그리스도의 전 인격, 즉 몸과 피가 성례의 요소 속에, 아래 그리고 더불어 임재 한다. 비록 그 요소 자체는 변화되지 않을지라도, 이런 방식으로 그리스도의 육체적인 몸은 주님의 만찬에 장소적으로 임재 한다. 그러므로 츠빙글리파 사람들과 같이 믿음의 역할을 강조하면서, 루터파 사람들은 또한 성례에서 그리스도의 몸과 피는 "육체의 입"으로 실제적으로 먹히는 것이라는 점에서 로마 가톨릭과 일치한다.

그리스도의 몸과 피의가 육체적으로 임재한다고 말하는 로마 가톨릭과 루터파 모두의 견해는 그리스도께서 떡과 잔을 제자들에게 건네

---

[13] Berkhof, *Systematic Theology*, 652.
[14] David B. Currie, *Born Fundamentalist, Born Again Catholic* (San Francisco: Ignatius, 1996), 40.
[15] *Catechism of the Catholic Church* (New York: Doubleday, 1995), 1413.

주실 때 하신 그리스도의 말씀에 대한 절대적인 문자적 해석에 의존되어 있다. "이것은 내 몸이니…이 잔은 내 피로 세운"(그러나 여기서 로마 가톨릭의 입장은 루터파보다 더욱 문자적이다). 그러나 이와는 달리, 이런 요소와 그리스도의 몸과 피 사이의 관계는 대표성을 띤 것이며 성례전적인 것임이 분명하다. 그 당시에 예수님은 육체적으로 그곳에 계셨었다. 떡을 떼어준 것은 바로 그분의 손이었다. 예수님이 잔을 드신 것은 바로 그분의 피가 갈보리 상에서 아직 흘리기 전이었다.

벌코프는 다음과 같은 사항에 주목한다. "예수님의 쪼개신 떡에 대해 그 떡을 다루고 계신 몸으로 생각하는 것은 아주 불가능하다. 그리고 그 떡이 본질이 전환되었다고 생각되는 그 이후에조차도 성경은 떡으로 말한다는 것을 주목해야만 한다(고전 10:17; 11:26-28)."[16] 다브니(R. L. Dabney)가 지적하듯이, 다른 곳에서 그리스도는 자신을 길, 포도나무 그리고 문으로 말한다. 그렇지만 그 어떤 사람도 이런 것들이 이야기되는 그 비유적인 의미에 대해서 의구심을 가지지 않는다. 마찬가지로 그리스도의 몸과 피로서의 떡과 포도주의 비유적인 의미를 부인(否認)하는 것은 불합리함으로 들어가는 것이다.[17]

그리스도 임재의 육체적인 견해를 지지하는 또 다른 견해는 예수님이 5천 명을 먹이신 경우를 말하는 요한복음 6:50-59에 있는 예수님의 말씀에서 도출된다. "나의 줄 떡은 곧 세상의 생명을 위한 내 살이로라…내 살을 먹고 내 피를 마시는 자는 영생을 가졌고 마지막 날에 내가 그를 다시 살리리니"(요 6:51, 54). 이것은 성례가 그리스도의 살을 먹는 것을 포함한다는 것을 증명한다고 주장한다.

그러나 두 가지 점에서 이 주장에 대한 이의가 제기된다. 첫째는 본문에 대한 주의 깊은 고려이다. 63절에서 예수님은 그분 자신이 의미하시는 것은 본질적으로 영적인 것이라고 주장하신다. 이미 35, 40 그리고 47절에서 예수님은 그분의 살을 먹는다는 것에 대한 개념을 "그분

---

[16] Berkhof, *Systematic Theology*, 652.
[17] R. L. Dabney, *Systematic Theology* (repr. Carlisle, Pa.: Banner of Truth, 1985), 804-5.

께 오는 것" 그리고 "그분을 믿는 것"과 연결하고 계신다. 그러므로 요한복음 6장의 떡은 우리로 하여금 주님 만찬의 성례로 향하게 하는 것이 아니라 믿음으로 받아들여진 그리스도의 속죄하는 죽음으로 향하게 한다. 예수님이 군중을 먹이셨던 떡은 일종의 표지였다. 그러나 그것이 또 다른 표지를 의미하지는 않았다. 오히려 그 떡은 떡의 기적과 성례 모두에서 그려진 동일한 실체를 말한 것이다. 요한복음 6장의 삽화(揷話)와 담론(談論)은 주님의 만찬 제도에 대한 유비(類比)임이 분명하다. 그러나 그것은 주님의 만찬을 직접적으로 지칭하는 것이 아니다. 성례와 같이, 그 삽화와 담론은 우리에게 주님의 죽음을 가리켜준다. 그리고 성례와 같이, 그것은 우리에게 믿음으로 그리스도의 죽음에 참여해야만 하는 것을 말해준다.

이런 이유로 요한복음 6장은 먹고 마심을 통해서 성례에 그리스도가 육체적으로 임재하신 것에 우리가 참여하게 된다는 생각에 반대적인 견해를 제시하는 것으로 보는 것이 더 낫다. 그보다는 우리가 믿음으로 그분께 영적으로 참여하는 것을 말한다. 본문 자체로부터 이루어진 이런 첫 번째 주장은 충분하게 설득적이다. 그러나 둘째로 요한복음 6장에 대한 이런 성례전적인 이해는 예수님이 성례가 제도화되기 전에 성례의 필요성을 가르치셨다는 것을 요구하게 된다. 그것은 그 예전에 단순히 참여하는 사람은 누구나 자동적으로 구원을 받는다는 것을 암시한다. 다브니(Dabney)가 다음과 같이 주장한 바와 같은 것이다. "주님의 만찬은 제정되지도 않았다. 우리 구주께서 그분을 따르는 모든 사람에게 부득이 난해한 언어, 즉 그들에게 전혀 밝히신 적인 없는 주제를 사용했을 것이라고 생각하는 것은 터무니없는 일이다."[18]

웨스트민스터 신앙고백서(Westminster Confession of Faith)는 루터주의자의 견해에 대해 직접적으로 고려하지는 않고 특별히 로마 가톨릭의 화체설 교리를 반대하며 그리스도의 육체적인 임재에 대해 거부한다. "떡과 포도주가 사제의 축사나 혹은 다른 어떤 방도에 의해 그리스도의

---

[18] Ibid.

몸과 피의 실체로 변한다는(보통 화체설이라 칭한다) 교리는 성경에 어긋날 뿐 아니라 상식과 이성에도 어긋난다. 이 주장은 성례의 본질을 뒤집는 생각이며 이제까지 여러 가지 미신과 난잡한 우상숭배의 원인이 되어왔고 지금도 그러하다"(29.6).

그리스도의 육체적인 임재에 대한 로마와 루터교의 견해는 모두 구원 신학에 대한 중대한 암시를 포함한다. 그들 자체가 성례에서 그리스도의 육체적인 임재로부터 논리적으로 따라오는 결과를 부인한다. 이런 가르침은 그리스도의 인간 육체가 우주적으로 임재해야만 하는 것을 요청하며, 그런 편재성은 그리스도의 몸이 신의 속성에 참여하는 것을 수반한다. 그런 경우에 그리스도의 참된 인성은 손상되며 침해되기까지 한다. 그래서 그리스도는 우리의 구원이 전적으로 의존하는 중보자로서의 자격을 잃게 된다. 칼빈은 이점이 가진 지극히 중요한 점을 주장하며 그것이 성찬에서 그리스도의 육체적인 임재에 대한 어떤 견해를 제한한다는 것을 다음과 같이 항변한다. "무한하거나 동시에 수많은 장소에 있도록 이야기되는 경우에 발생하는 것과 같이, 인간 본성에 부적절한 그 어떤 것도 그리스도의 몸에 속한다고 생각하지 않도록 하자."[19]

(3) 그리스도는 성찬에 영적으로 임재 하신다

기념주의적 견해에 대한 우리의 비평은 성경의 제도가 어떤 의미에서 그리스도의 참된 임재를 요구한다는 것을 발견했다는 데에 있다(다시 고전 10:16; 11:29를 보라). 우리는 단지 그리스도의 죽음만을 곰곰이 생각하는 것이 아니라, 우리는 어떤 방법으로든 드려진 것을 먹는다. 이 문제에 대한 주된 개혁주의 교리로서 그리스도가 영적으로 임재한다는 견해는 이런 깨달음을 육체적인 임재에 대한 거부와 함께 구체화한다. 그리스도는 친히 성령을 통해서 성례에 임재하신다.

웨스트민스터 대요리문답(Westminster Larger Catechism)은 다음과 같이

---

[19] Calvin, *Institutes*, 2:1382 §4.17.19.

설명한다. "그리스도의 몸과 피가 성찬 떡과 포도즙 안에, 함께 혹은 밑에 육체적으로 임재하지 않지만, 그 떡과 포도즙 자체는 수찬자의 외적 감각 못지않게 믿음에도 진실로 임재한다. 그러므로 주님의 성찬에 합당히 참여하는 자들은 육체적이 아니라 영적으로 그리스도의 몸과 피를 먹고 마신다. 그러나 진실로 그들은 믿음으로 십자가에 달려 죽으신 그리스도와 그의 죽음에서 오는 모든 혜택을 받아 자신들에게 적용하는 것이다"(Q. 170).

이런 접근법에 있어서 중요한 것은 "성례는 단지 그리스도의 과거 사역, 즉 죽으신 그리스도와 연결되어 있을 뿐만 아니라, 그리스도의 현재 영적인 사역, 즉 영광중에 살아계신 그리스도와도 연결되어 있다는 것을 이해하는 것"[20]이다. 그리스도는 속죄의 죽음을 나타내는 목적을 위해 역할을 감당하는 요소 속에 계시지 않는다. 오히려 성령의 사역을 통해서 그 죽음의 혜택을 주는 분으로서 성령에 의해서 그리스도는 성찬 가운데 믿는 자에게 참으로 임재하시는 것이다.

핫지(Hodge)는 좀 더 상세히 설명한다. "우리의 인지 기능에 적당하게 영향을 미칠 때, 그 어떤 것이 존재한다고 이야기된다…따라서 그리스도가 마음에 차고, 우리에게 주어진 성령에 의해서 우리 마음에 그분의 사랑을 널리 퍼뜨리며, 그분의 고통과 죽음의 혜택, 즉 우리 죄를 사하심과 하나님과 화해하심을 우리에게 알려주실 뿐만 아니라, 그분의 생명을 우리에게 부어주실 때, 그리스도는 임재하시는 것이다." 그는 다음과 같이 결론을 맺는다. "성경에서 그 어떤 것도 그리스도로부터 그분의 백성에게 이런 생명의 교통이 있다는 것보다 더 분명한 것은 없다…이것은 우리에게 우리 안에 존재하는 것으로 상상의 것이 아니라, 지고한 감각 안에 있는 참되고 실제적인 것이다."[21]

---

[20] Berkhof, *Systematic Theology*, 653.
[21] Hodge, *Systematic Theology*, 3:837-38.

2) 성찬의 효과

주님의 만찬에 있어서 그리스도의 임재와 뗄 수 없으면서도 구분이 되는 것은 주님의 만찬이 가지고 있는 효과의 특성이다. 여기서 우리는 먼저 만찬에서 베풀어진 은혜가 무엇인지 고려할 것이고, 이어서 그런 은혜가 교통되는 방법을 고려할 것이다.

(1) 베풀어진 은혜

주님의 만찬에 바른 참여를 통해서 수찬자가 받은 영적인 혜택은 무엇인지에 대한 물음이 제기된다. 또 다시 우리는 그 제도로부터 우리의 첫 실마리를 얻어야만 한다. 이것은 성례에서 우리가 받는 영적인 혜택은 먹고 마심을 통해서 몸이 받는 그런 혜택과 유비되어 있다는 것을 나타낸다. 주님의 만찬에서 믿는 자는 자양분과 생명을 받아 영양을 공급받고 튼튼해진다.

성례를 표지로서 유지하면서 우리는 그 성례에서 소생된 믿음을 얻는다. 그리스도의 언약의 인증으로서 우리는 구원에 대한 점증하는 확신과 하나님과의 점증하는 교제를 얻는다. 표지와 나타난 실체 사이의 연합이라는 관점에서 올드(Old)는 성찬에서 우리가 얻는 혜택을 다음과 같이 요약한다. "그 만찬의 외적인 표지는 영원한 생명을 위한 자양분을 말한다. 예배에 참여하는 예배자는 외적이고 눈에 보이는 표지가 약속하는 것이 내적으로 그리고 눈에 보이지 않게 일어나게 되는 것을 확신할 수 있다. 이것은 성령의 사역이다."[22]

로마 가톨릭에 따르면, 주님의 만찬은 성사(聖事)일 뿐만 아니라 십자가 위에서 이루어진 그리스도의 죽음을 다시 새롭게 하는 희생이다. 벌코프(Berkhof)는 "주님의 만찬에서 그리스도의 희생은 참된 희생으로 여겨지며, 화해의 가치가 있는 것으로 생각된다"고 설명한다.[23] 조심스

---

[22] Old, *Worship*, 134.
[23] Berkhof, *Systematic Theology*, 655.

럽게 나열된 언어로 가톨릭교리문답(Roman Catholic Catechism)은 십자가의 희생 이외 다른 희생이 드려진 것을 부인(否認)한다. 오히려 "성례는 십자가의 희생을 다시 나타낸다(나타나게 한다). 성례는 십자가 희생의 기념이기 때문이며, 성례는 십자가 희생의 열매를 발효시키기 때문이다. 미사에서 기념되는 이 하나님의 희생 속에서, 십자가 제단에서 피 흘리는 방법으로 친히 자신을 한 번 드리셨던 바로 그 동일한 그리스도는 피를 흘리지 않는 방법으로 성찬에 몸소 참여하시고 드려진다."[24] 그와 같이 성찬은 구속에 대한 확신을 줄 뿐만 아니라, 그 자체가 위해서 드려진 죄를 실제적으로 속한다. 수찬자가 새로운 죄들을 짓는 것과 같이, 그리스도의 희생은 미사에서 그들을 위해서 새롭게 드려진다.

희생으로서의 주님의 만찬에 대한 이런 이해는 모든 죄를 단번에 속하는 그리스도의 죽음의 충족성(롬 6:10; 히 7:27; 9:12, 26; 10:10)이 가지고 있는 중요한 문제를 부인(否認)하는 것이기 때문에 거절되어야만 한다. 로마 가톨릭이 성찬을 이해하는 것과 같이 은혜를 만들어 내는 희생으로서 보는 대신에, 성찬은 강화해주는 은혜로서 여겨져야만 한다. 그 강화해주는 은혜는 그리스도의 피를 그리스도가 한 번에 모든 사람을 위해서 드리는 것으로 이미 드려지고, 복음에 있는 믿음을 통해서 받아들여진 것이다.

(2) 은혜가 베풀어지는 방법

주님의 만찬에 대한 우리의 이해에 있어서 중요한 것은 주님의 만찬이 어떻게 작용하는가 라는 것에 대한 문제이다. 이 물음에 대한 대답은 만찬에 있어서 주님의 임재에 대한 견해와 불가피하게 맞물려 있다. 일반적으로 우리는 다음과 같이 이해할 수 있을 것이다. 즉 실제 육체적인 임재에 대한 견해는 떡과 포도주를 실제적으로 먹는 것은 은혜를 베풀어준다고 생각하는 반면에, 정확히 말하자면, 츠빙글리적인 견해는 베풀어지는 은혜가 없는 것으로 본다. 실제 영적인 임재를 주

---

[24] *Catechism of the Catholic Church*, 1366-67.

장하는 개혁 교리는 믿음으로 그리스도가 영접될 때, 성령의 사역을 통해서 베풀어지는 은혜를 말한다. 후자 츠빙글리의 견해는 은혜를 말씀, 즉 믿음을 통해서 받는 것과 동일한 방법으로 성찬을 통해서 받게 된다고 본다.

로마 가톨릭에 따르면, 주님의 만찬의 혜택은 *ex opere operato*, 즉 주님의 만찬이 행해진 것을 시행함으로써 받게 된다. 이것은 사제가 그 본질을 신성한 물질로 바뀌도록 할 때, 그 은혜가 그 요소 자체에 포함되어 있기 때문이다. 그러므로 참여하는 자들은 그들의 신앙이 있든지 아니면 불신앙적이든지, 경건하든지 아니면 불경건하든지 상관없이 그들의 죄 사함을 포함해서 성찬의 혜택을 자동적으로 받게 된다. 로마 가톨릭은 이런 전달이 소위 치명적인 죄들의 경우는 말할 것도 없고 그렇게 제공되는 축복들에 대해 축복을 받는 영혼의 부적당함으로 인해서 좌절될 수 있다는 것을 인정한다.[25]

루터주의자들은 이와 동일한 입장을 견지하지는 않는다. 그들에게 믿음은 어떤 진정한 축복에 없어서는 안 될 것이기 때문이다. 쉽게 요약되지 않는 견해 속에서 그들은 성찬의 효력이 성령 그리고 성례를 받는 사람의 믿음과는 관계없이 그리스도의 육체적 임재를 가지고 있는 그 요소 자체에 본래적으로 들어 있다는 견해를 견지한다. 그러나 비록 그리스도의 축복의 효력 혹은 권능이 그 요소 속에 있다 할지라도, 우리가 그 축복을 받는 데 없어서는 안 되는 것은 믿음이다. 수찬자를 주님의 만찬으로 인도하는 것은 믿음이기 때문이다. 루터는 이것을 복음서에서 혈루병을 가진 여인이 치료받은 것을 가지고 설명했다. 권능은 그리스도 그분 자신에게 있었다. 그러나 그녀를 치료했던 것은 바로 그리스도의 옷자락에 닿는 행위였다. 그녀가 옷에 손을 대고 그리스도 안에 본래적으로 있는 효능으로부터 혜택을 받게 한 것은 바로 믿음에 의한 것뿐이었다.

우리가 이미 살펴본 성경적 증거에 가장 잘 부합되는 견해는 개혁교

---

25 Ibid.

리이다. 이 견해는 어떤 효험이 그 요소 자체에서 발견된다는 것을 부인(否認)한다. 핫지(Hodge)는 다음과 같이 설명한다. "그 효험은 주님의 만찬에 사용된 떡과 포도주 속에 있는…그 요소 속에 있는 것이 아니다. 그 효험은 성례적 행위에 있는 것도 아니며 [혹은] 그 성례를 집례한 사람으로부터 기인되는 것도 아니다…그 성례의 효험은 오로지 그리스도의 축복과 그분의 영의 사역에서만 기인된다…[하나님은] 그분의 영의 참여적인 작용을 통해서 세례가 효과적인 것이 되도록 하겠다고 약속하셨다."[26] 그리스도는 성령을 통해서 성찬을 배설한 식탁에 임재하신다. 그리고 그리스도의 구속하시는 혜택을 믿는 수찬자에게 적용하는 것은 바로 성령이시다.

그러나 이런 영적인 축복을 생각하는 두 가지 방법이 있다. 첫째, 영은 그리스도의 인간적 본질과 신적인 본질 두 가지 면에서 하늘에서 그리스도와의 신비로운 연합을 이루어낸다고 여겨진다. 이것은 칼빈에 의해서 강조되었다. 칼빈은 믿는 자가 그리스도의 전적인 인격, 몸 그리고 피 가운데서 영적으로 그리고 신비적으로 그리스도와 교제한다고 보았다. 따라서 칼빈은 믿는 자들이 주님의 만찬에서 복을 받는다고 이해했다. 신비적으로 믿는 자를 온전히 먹이시기 위해 지금 그리스도께서 계신 하늘로 들려 올리어짐을 통해서 축복을 받는다고 생각했다. 비록 웨스트민스터 신앙고백서가 주의 깊게 다듬어진 문단에서 이 견해를 승인하지 않거나 이의를 제기하지도 않을지라도, 이 견해는 개혁적 진영에서 보편적으로 받아들여지지는 않고 있다. 이 고백서는 합당한 수찬자가 "십자가에 못박히신 그리스도와 그의 죽음에서 오는 모든 은혜를 참으로 영적으로 받는다"(29.7)라고 말한다.

웨스트민스터 신앙고백에 대한 자신의 주석에서 핫지(A. A. Hodge)는 독자가 그 웨스트민스터 신앙고백서의 언어로부터 칼빈의 견해를 추론하지 않도록 한다.[27] 다브니(Dabney)는 다음과 같이 말하면서 설득력 있

---

26 Hodge, *Systematic Theology*, 3:499-500.
27 A. A. Hodge, *The Confession of Faith* (repr. Carlisle, Pa.: Banner of Truth, 1958), 362-63.

게 서술한다. 즉 고백서는 우리의 이해를 제한하려는 의미를 갖는다. 그러므로 "영혼이 실제적으로 포함하는 것은 그분의 죽임당한 몸과 흘리신 피의 육체적인 본질이 아니라, 그 몸과 피의 구속하는 효험"[28], 즉 그분의 속죄하는 죽음의 영적인 축복이다.

다브니는 칼빈이 이 문제에 있어서 [루터파 지도자인] 멜랑히톤(Melanchthon)에 대한 개인적인 애착에 의해서 그리고 개혁파와 루터파의 통탄할 만한 분쟁을 치유하려는 바람에 의해서 동기부여된 것은 아닌가 하고 의구심을 가진다. 웨스트민스터 전통에 서 있는 많은 사람과 같이 다브니는 이 점에 대한 칼빈의 가르침을 자신의 일반적으로 일관성 있는 사고에 면밀하게 일치하지는 않는 것으로 보고 있다. 다브니의 견해를 지지하면서 우리는 다음과 같은 사실을 관찰하게 된다. 즉 "그리스도의 몸과 피는 성찬을 받는 사람의 믿음에 영적으로 임재한다"라는 웨스트민스터 대요리문답(Westminster Larger Catechism)의 강한 진술이 다음과 같은 결론을 통해서 적절하게 된다. 즉 성찬을 통해서 우리가 받는 것은 "십자가에 달려 죽으신 그리스도와 그의 죽음에서 오는 모든 혜택이다"(Q. 170)라는 결론에 의해서 적절성을 가지게 되는 것이다. 그러므로 그리스도의 몸과 피와 더불어 나누는 신비로운 교제의 축복을 칭송하면서, 웨스트민스터 표준문서(Westminster Standards)는 그리스도의 육체적 인간성과 같은 것으로부터 나온 것이라기보다는 우리를 위해 십자가에 달리신 그리스도의 몸에서 나온 것으로서 이런 영적인 축복에 조심스레 초점을 맞추고 있다.

그러나 프란시스 튜레틴(Francis Turretin)은 다음과 같은 관점에서 도움이 되도록 하면서 칼빈의 견해를 지지하는 서술을 한다. "그리스도는 그분의 혜택에서 떨어질 수 없는 분이시다. 구약 아래에 있었던 믿는 자들은 그리스도 그분 자신 그리고 그분의 몸과 피에 대한 참여자들이 되었다고 옳게 언급되고 있다. 이것이 그들의 믿음에 있었다. 그러므로 그들은 그리스도였던 바위의 물을 마신 것이라고 언급되고 있다(고전

---

[28] Dabney, *Systematic Theology*, 811.

10:4)."29

개혁파 가운데 가장 널리 견지되고 있는 이 영적인 축복에 대한 문제를 이해하는 방식은 만찬을 통해서 성령이 그리스도 속죄의 혜택을 성례를 받는 믿는 사람들에게 주신다는 것이다. 여기서 강조하는 것은 그리스도의 육체적인 몸을 나타내는 떡과 피에 있는 것이 아니라, 떡과 피가 그분의 속죄하는 죽음에서 우리를 위해서 찢기고 흘렸다는 데에 있다. 이것은 그리스도 자신의 제도와 가장 부합되는 견해이다. 그리스도 자신의 제도에서 그분의 몸은 그런 것으로서가 아니라 십자가에서 우리를 위해 주신 것으로, 단지 그와 같은 그분의 피가 아니라 못 박힌 발과 손을 통해서 쏟아 부어진 것으로서 제시된다. 그러므로 믿는 자가 먹는 것은 그와 같은 그리스도의 몸이 아니라 그리스도가 그분의 구원하시는 죽음을 통해서 주신 구속하는 혜택이다. 이것이 주님의 만찬이 특별하게 우리 앞에 놓여있는 본질이다. 믿는 사람들을 위해 그분의 생명을 주시는 것에 포함된 모든 축복을 성찬에서 우리 믿음에 전달해주시는 십자가에 못 박히신 그리스도이시다.

이것은 누군가가 희생에 참여함을 통해서 얻어진 혜택의 한 부분을 주장했던 모든 고대의 희생적 음식들의 기능과 일치한다. 마찬가지로 우리는 믿음 가운데서 먹고 마심을 통해서 그리스도가 그분의 희생을 통해서 제공하신 축복들에 참여하는 것이다. 그리스도 안에 있는 이런 축복들은 에베소서 1장에 있는 바울의 찬양시에서 칭송되는 것들과 다르지 않는 것이 분명하다. 즉 선택의 인증, 하나님의 가족으로의 택하심, 우리 죄를 위한 용서와 더불어 구속됨, 우리의 온전한 유산을 기대함에 있어서 성령의 보증하심 등이다. 이런 모든 축복은 살아계신 그리스도가 하늘에서 보내신 성령의 사역을 통해서 우리의 믿음에 적용되었다. 성례는 회심의 예식이 아니다. 즉 성례는 이런 축복들을 이전에 전혀 몰랐던 사람들에게 전달해주는 것이 아니다. 대신에 복음에 있는

---

29 Francis Turretin, *Institutes of Elenctic Theology* (3 vols.; ed. James T. Dennison Jr.; trans. George M. Giger; Phillipsburg, N.J.: P&R Publishing, 1992, 1994, 1997), 3:518 §19.28.

믿음을 통해서 그 복들은 이미 받은 사람들을 위한 것이다. 그리고 하나님의 말씀의 사역을 통해서 이 위대하고 구원하는 복에 대한 이해는 "증가되고 강화된다"(웨스트민스터 신앙고백서 14.1).

이런 이해 속에서 하늘에 올라간 것은 우리가 아니라, 칼빈이 이야기하듯이 성령에 의해서 이 세상의 고통 가운데 있는 우리에게 오신 그리스도이시다. 우리가 여전히 이 광야의 삶을 통과해서 앞에 있는 약속의 땅으로의 여정을 진행하는 동안, 그 복들은 요단 너머로부터 우리에게로 온다. 여호수아와 정탐꾼들이 가나안의 풍성하고 엄청나게 커다란 열매(마치 주스가 입에 즐거움을 주듯이 영혼에 기대감과 더불어 원기를 주는 열매)를 모세에게 가져온 것과 같이, 성령께서도 영혼의 새로워진 힘과 기쁨으로 우리로 하여금 우리의 목적지로 계속해서 향하도록 인도하시면서 우리의 어려운 삶에 하늘의 정말 감미로운 것들을 가져다 주신다.

무엇보다도 우리는 성찬의 은혜로운 효험에서 성찬의 객관적인 본질을 강조한다. "무지하며 불경건한 모든 자는 주로 더불어 교통을 즐기기에 합당치 않으며 따라서 주의 상에 참여하기에 합당치 않다"라고 말하면서, 웨스트민스터 신앙고백서는 이것에 우리가 "합당하게 받는 자들"이 되는 것의 중요성을 첨가한다(29.7-8). 고린도전서 11:28에서 바울은 "사람이 자기를 살피고 그 후에야 이 떡을 먹고 이 잔을 마실지니"라고 기록한다. 이것은 우리가 본 장의 후반부에서 살펴볼 사안이다. 지금은 모든 기독교인의 삶에서와 같이 성찬에서 제공된 은총은 성찬을 받은 사람의 주관적인 회심과 믿음에 그 자체를 나타내는 객관적인 은총이라는 것을 관찰하는 것으로 충분할 것이다. 기독교인은 그들이 그리스도로부터 추구하는 은총을 그들 스스로가 빚어내고 부추겨서는 안 된다. 그들을 그분의 몸과 피로 복을 내리시는 주님의 뜻을 기꺼이 행할 것을 의지하며 추구하면서, 그들은 단지 자신을 신실하게 드려야만 한다.

3) 성찬의 필요성

우리가 고려하는 마지막 신학적인 문제는 주님의 만찬의 필요성이다. 로마 가톨릭 사람들과 루터교 사람들은 성례가 구원에 필요하다는 견해를 견지한다. 전달된 은총이 다른 방법으로는 가능하지 않다는 점에서 그런 견해를 견지한다. 개혁파의 견해는 성례에서 받은 은총은 다른 방법으로는 복음의 말씀 속에 있는 믿음을 통해서 가능하다고 주장하면서 이 필요성을 부인(否認)한다. 벌코프(Berkhof)는 다음과 같은 네 가지 이유를 토대로 이런 견해를 주장한다. (1) "복음 시대의 자유로운 영적인 특성이 주어졌기 때문에, 하나님은 어떤 외적인 형태의 사용에 그분의 은총을 얽어매지는 않으신다." (2) 성경은 오직 믿음만을 "구원의 도구적인 조건"으로서 간주한다. (3) 성례는 없어서는 안 되는 것이 아니다. 성례는 "믿음을 발생하도록 하는 것이 아니라 믿음을 전제로 하고 있고, 믿음이 있다고 생각되는 곳에서 집례되기 때문이다." (4) 성경은 성례를 사용하지 않고 많은 사람이 구원되는 것을 보여준다.[30]

주님의 만찬은 구원의 수단으로서 기본적으로 그리고 그 자체 스스로가 필요한 것은 아니다. 그렇지만 우리는 그리스도의 명령으로부터 기인하는 일종의 필요성을 인정해야만 한다. 핫지(Hodge)는 이렇게 설명한다. "그 어떤 사람도 그리스도의 분명한 명령을 순종할 필요가 없다고 아무 거리낌 없이 말하지는 못할 것이다. 그리스도께서 그분의 제자들에게 주님의 만찬을 통해서 그분의 죽음을 기념할 것을 명하셨기 때문에, 가장 강한 도덕적인 의무가 이 명령을 순종하는 그분의 백성 위에 놓여 있는 것이다."[31] 성찬 자체는 구원에 필요하지는 않다. 그러나 주님의 만찬과 관련된 그리스도의 명령에 순종하는 것은 필요하다. 그리고 이런 제한적인 의미에서 우리는 성찬을 필요한 것으로 생각하는 것이 옳다. 따라서 성찬을 정규적으로 신실하게 기념하지 않으면 안 된다.

---

30 Berkhof, *Systematic Theology*, 618-19.
31 Hodge, *Systematic Theology*, 3:516.

개혁파 진영에서 전자의 의미로 성례의 필요성을 공개적으로 주장하는 사람들은 거의 없기는 하지만, 그렇지 않으면 성례의 은총이 가능하지 않다는 점에서, 오늘날 일어나는 신-성직자주의는 이런 효과를 전달하는 것으로서 주님의 만찬을 그렇게 강조한다. 열성적인 지지자들이 성례를 요한복음 3:5; 6:47-58 그리고 로마서 10:4와 같은 그리스도의 구원하는 사역에 대한 주요 본문으로 읽을 때, 이런 개혁파 성직주의가 보인다. 이런 본문은 성례에 대한 우리의 이해에 이바지 한다. 그러나 그 본문은 믿음을 통한 그리스도에 참여하는 실체를 가리키고 있는 것이지, 성례 그 자체를 가리키는 것은 아니다. 이 본문 중에 두 개는 성례가 제정되기도 전에 우리 주님에 의해서 가르쳐졌다는 것을 주목해볼 가치가 있다. 그럼에도 불구하고, 마치 그 실체에 대한 구절이 표지를 필요로 하는 것처럼, 많은 해석가는 성례적 의미를 내려 받고 있다. 그런 지나친 강조는 그리스도께서 우리에게 그분의 구원 사역의 혜택을 우리가 받도록 하는 성례를 주시기 위해서 죽으셨다는 인상을 준다.

균형이 맞지 않은 성직주의를 피하는 가장 좋은 방법은 구원에 필요한 말씀과 이런 특성을 공유하지 않은 성례 사이를 적절하게 구분하는 것이다. 주님의 만찬은 회심의 예식이 아니다. 주님의 만찬은 믿음을 전제하고 있기 때문이다. 그리고 주님의 만찬은 은총의 가장 유일한 수단인 말씀을 대체할 수 없기 때문이다. 그럼에도 불구하고 성찬은 우리 주님에 의해서 커다랗게 복을 받고 있다. 성찬은 말씀에 연결되는 것으로써 그리스도께 속한 사람들을 위해 은총의 강력하면서도 보존적인 수단으로 제공하는 것이다.

3. 목양적 고찰들

우리가 고려한 사안의 중요성과 주님의 만찬에 대한 바른 접근을 위해 그 사안이 암시하는 것을 살펴보았다. 그러므로 우리는 회중 앞에 놓인 것을 가지고 목양적으로 실행하는 것이 얼마나 중요한지 알게 된다. 이에 따라서 우리는 회중에게 성찬을 베푸는 것, 제한된 수찬의 바른 실행, 가치있게 참여하는 일 그리고 주님의 만찬은 얼마나 자주 기념되어야만 하는지 등을 생각해볼 것이다.

1) 주님의 만찬 베풀기

나의 첫 번째 강단 사역은 매주 주님의 만찬을 기념하는 것을 포함하고 있었던 예배에서 이루어졌다. 따라서 나는 그 성례 제도에 대한 말씀을 읽고 내가 말한 것과 내가 이제 베풀고 있는 것 사이에 관련성을 맺으며 만찬 테이블에서 매 설교에 대한 결론을 맺었다. 로버트 갓프리(Robert Godfrey)는 "만약에 매 설교가 주님의 만찬에서 끝난다고 한다면", 우리 설교가 얼마나 많은 차이가 있을 것인지에 대해서 기술한다. "주님의 만찬은 우리의 설교가 발전하고 결론을 맺는 방법에 건전한 새로운 차원을 제공할 수 있을 것인가? 주님의 만찬은 우리로 하여금 복음의 핵심적인 내용으로 되돌아가도록 만들어 주겠는가?"[32] 내 경험상으로는 그렇다는 것이다. 설교에서 우리가 말한 것이 주님의 만찬 식탁에 배설된 떡과 포도주를 설명하는 데 어떤 도움이 되었는지 묻는 것은 우리의 설교를 재는 건전한 판단 척도임이 분명하다.

주님의 만찬의 물질적 요소가 우리 주님이 제정해 주신 말씀, 즉 일반적으로 고린도전서 11:23-26에서 바울에 의해 주어진 말씀과 동반되는 것은 본질적으로 중요한 것이다. 이것은 우리가 그분의 은총을 주는 권위와 주님의 만찬이 가지는 의미에 대한 성경적인 설명 모두를 확고히 해준다. 이것은 꾸밈없이 과장됨이 없이 이루어져야만 한다. 그런 뒤에 목사는 사람들에게 그 사건의 엄숙함을 더해주는 간략하고 설득력 있는 설명을 해주어야만 한다. 그 설명은 성례를 설교의 구속적인 메시지에 연결하는 것이며, 사람들이 참여하는 것에 대해서 간략한 지

---

[32] W. Robert Godfrey, "Calvin on the Eucharist," *Modern Reformation* 6.3 (May/June 1997): 50.

침을 주는 것이다.

목사들은 주님의 만찬이 가진 커다란 목양적 가치를 깨달아야만 한다. 주님의 만찬은 참석하는 각 사람들이 하나님과 가지는 관계의 실체에 개인적으로 직면하도록 해주기 때문이다. 사람들은 고의적인 무관심으로 설교를 참는 마음으로 들을 수도 있다. 그러나 떡과 포도주가 그들 앞에 놓일 때, 그들은 그들이 해야 할 것과 그것이 그들에게 어떤 의미가 있는 것인지에 대해서 결정을 해야만 한다. 목사가 하는 말은 이것을 염두에 두고 사람들의 영의 상태와 그들이 고백하는 실제적인 신앙을 살펴보도록 직접적으로 도전해야만 한다. 목사는 만찬에 다가오는 거짓된 방법, 특별히 믿지 않는 사람들과 의로운 행위를 주장하는 사람들을 직면해 분별할 수 있을 정도로, 마음이 약해져 있는 참된 믿음의 사람을 격려할 수 있을 정도로 현명해야만 한다. 목사들이 하나님의 사람들에게 주어야만 하는 참된 제단 소명이 있다. 그 제단에서 피곤에 지친 기독교인이 소생하도록 부름을 받고, 믿지 않는 세계가 회개와 믿음으로 부름을 받는다.

본서는 제임스 몽고메리 보이스를 기리며 주어지는 것인데, 그의 사역에서 두 가지 사례가 내 마음에 와 닿는다. 한 가지는 보이스 박사가 죄인들을 위한 그리스도의 죽음을 분명하게 설명한 마태복음에서 한 본문을 설교했던 것이다. 그 설교는 우리가 주님의 만찬을 거행했던 주일에 있었다. 보이스 박사는 식탁에 진지하게 다가섰고 고린도전서 11장에서 그 제도에 대한 바울의 말씀을 읽었다. 그런 뒤에 회중을 바라보았고 멈추었다. 참석한 모든 남녀 어린이의 눈을 응시하면서, 그는 엄숙하게 다음과 같이 큰 소리로 외쳤다. "오늘 여기에 있는 그 어떤 사람도 살아서나 죽어서 그들이 예수 그리스도의 복음을 들어본 적이 없다고 선언하지 않도록 합시다." 그런 뒤에 그는 우리에게 우리가 들은 내용이 가지고 있는 영원한 중요성과 만약에 우리가 구원받기를 소망한다면, 우리의 마음을 하나님께 드려야만 하는 필요성을 간략하게 역설했다. 그가 전하는 내용의 간결함과 직접적인 특성은 강력하게 결합된 말씀과 성례가 복음의 요구들을 제시할 수 있도록 진행 절차에 대한 기억에 남을 만한 엄숙성을 던져주었다.

두 번째 경우는 제10장로교회에서 매년 개최된 새해 맞이 제야(除夜)의 설교 결론이었다. 이것은 간증을 공개적으로 나눈 예배였는데, 한밤중에 새 해를 알리는 종이 울릴 때 주님의 만찬을 기념하기 위해 회중이 성소에 모여 있었다. 예배에 이어서 간략한 파티가 있었다. 도시의 세상적인 환락이 성소의 고요함 속에 강제적으로 밀려오는 듯한 필라델피아 도심이었다. 이런 도심에 위치한 교회의 입지로 인해서, 이 예배는 교회가 세상으로부터 생생하게 분리되어 있는 엄숙한 경우를 잘 나타내주었다.

이것은 특별히 1999년 12월 31일에 있었던 예배로 보이스 박사에 의해서 집례된 예배의 마지막 예배였다. 새 천년의 흥분이 매체를 가득 메웠고, Y2K 컴퓨터 공포에 대한 엄청난 불안이 감돌았다. 그러므로 참석한 그 어느 누구도 주님의 식탁 앞에 서서 우리에게 한 시간대에서 다른 시간대로 전환되어 이제는 우리 자신에게로 들어온 새로운 천년기에 대해 전하는 텔레비전 방송을 그가 어떻게 보고 있었는지 말하고 있었던 보이스 박사를 잊을 수 없을 것이다. 그는 우리의 컴퓨터가 주는 위협에 주어진 엄청난 집중에 대해 해설하면서 그 여파에 대해서 다음과 같이 말했다. "그러나 당신의 문제는 당신의 컴퓨터가 일을 중단할 수도 있다는 것이 아닙니다. 당신이 죽어가고 있다는 것을 깨닫도록 하시오. 죽은 뒤에 당신은 하나님 앞에 있는 심판대에 설 것입니다. 만약에 당신이 여기 십자가 위에서 그분의 죽음을 나타내 보이신 예수 그리스도를 통해서 그분께 나아가지 않는다면, 당신은 영원히 정죄를 받을 것입니다."

그 어떤 소리도 들리지 않았다. 최대의 엄숙한 마음을 가지고 회중은 믿음으로 우리 주님의 만찬을 받았다. 우리는 곧 죽을 사람이 제임스 보이스였던 것을 거의 알지 못했다. 많은 사람은 새해를 맞이하는 그 제야 예배 축하를 기억하며 다음과 같이 말했다. 즉 보이스는 떡과 포도주를 우리 앞에 진설한 커다란 속죄의 사역에 대한 그의 확신을 통해서 그 자신의 죽음을 위해 준비되었던 것이라고 사람들은 회상하면서 말했다.

주님의 만찬을 베풀 때 목사들은 이를 자신들 설교의 구속적인 주제와 연결하는 기회가 끝이 없다는 것을 발견할 것이다. 이것은 놀라운 일이 아니다. 기독교적인 구원의 전체 범위인 그리스도 안에 있는 우리의 모든 삶은 주님의 만찬의 분명한 주제로서 우리 주님의 십자가를 통과하는 것이기 때문이다. 그렇지만 나는 특별하게 성찬(Eucharist)과 연관된 그리고 그 관련된 주제들의 훨씬 커다란 전체를 위한 예로서 역할을 할 수 있는 몇몇 가지 구속적인 주제를 제안하고 싶다.

나는 이미 유월절에 대해서 언급했다. 그리고 우리의 회중은 주님의 만찬과의 연관성 속에서 이 주제와 철저하게 친밀해져야만 한다. 그들은 바로의 속박으로부터 구속된 이스라엘의 구원을 들어야만 하며, 우리의 죄의 애굽으로부터 우리의 구원에 대해서 들어야만 한다. 그들은 피로 인해서 넘어간 죽음의 천사에 대해서 알아야만 하며, 어떻게 하나님이 자신의 진노를 식탁에 제시된 피를 통해서 거두셨는지에 대해서 알아야만 한다. 그들은 누룩을 넣지 않은 떡을 통해 우리에게 일깨워지는 순례적 상태와 삶의 고달픔 그리고 고통을 기억해야만 한다. 유월절은 목사들이 성례를 진설하는 데 있어서 정규적으로 상기시켜야만 할 주제이다. 거룩한 성찬을 집례할 때, 우리는 다마스커스의 존(John of Damascus)이 지은 다음과 같은 찬양들을 불러야만 한다.

> 신실한 자들아 와서
> 승리의 기쁨의 노래를 높여라.
> 하나님은 그분의 이스라엘을
> 슬픔에서 기쁨으로 인도하셨다
> 바로의 쓰라린 멍에로부터 자유로워진
> 야곱의 아들 딸들아
> 마른 발로 그들로 하여금
> 홍해의 물을 통과 하도록 하라.

우리 주님이 만찬을 제정하시고 나중에 잡히신 그날의 사건들을 목사들이 재현하는 것은 유익하다. 우리는 제자들이 십자가에 대해서 들었을 때 그들이 가졌던 낙담에 대해서 그리고 예수님이 주셨던 위로의 말씀을 말해야만 한다. 기독교인은 그날 밤에 언급된 두 개의 잔을 알아야만 한다. 교제와 기쁨의 잔인 포도주를 건네주었을 때, 예수님은 친히 그 포도주를 마시지 않으셨다는 것을 주목할 가치가 있다(마 26:29). 그 대신에 예수님은 겟세마네 동산으로 가셨고, 그곳에서 예수님은 자신이 온전히 마실 다른 잔에 대해서 아버지께 땀방울이 변하여 피가 되도록 기도하셨다(26:39, 42). 예수님은 십자가 위에서 그 진노의 잔을 바닥까지 온전히 마셨다. 그렇게 하심으로써 예수님은 우리에게 구원 속에 있는 복의 잔을 내밀어 주셨다.

또한 이것은 우리에게 예수 그리스도의 죽음을 통해서 초대받은 어린 양의 결혼 잔치, 즉 이제 정말로 믿음으로 마시는 하늘의 포도주를 가리켜준다(계 19:9). 따라서 호라티우스 보나르(Horatius Bonar)는 주님의 만찬에 대해서 다음과 같이 서술한다.

> 이것은 축제와 노래의 시간이다.
> 이것은 우리를 위해 진설된 하늘의 식탁이다.
> 여기에서 우리는 축연을 오래 동안 즐기도록 하자.
> 당신과 함께 하는 교제의 아름다운 시간을.

주님의 만찬은 그 속에 구속의 역사에 대한 가르침을 담고 있다. 우리의 주님께서도 우리에게 "나를 기념하여 이것을 행하라"고 명하셨던 것처럼, 주님의 만찬은 우리의 관심을 과거로 향하게 한다. 기독교인은 모든 역사에서 가장 중요한 순간으로 그리스도의 죽음을 되돌아보는 사람들이다. 그러나 기독교인은 또한 바울이 우리에게 "너희가 이 떡을 먹으며 이 잔을 마실 때마다 주의 죽으심을 오실 때까지 전하는 것이니라"(고전 11:26)라고 말한 바와 같이 앞을 바라본다. 우리는 우리 주님께서 영광과 권능 가운데 돌아오시는 미래의 지평에 우리의 눈을 고정시킨 사람들이다.

그러나 성찬은 또한 현재를 말한다. 기독교인은 광야에서 먹을 것을 찾은 이스라엘과 같이 주님의 식탁 앞에 모인다. 우리는 가나안에 이르는 우리의 여정을 순례한다. 아직 앞에 있는 기나긴 여정을 위해 우리가 힘을 얻을 영적인 만나가 여기에 있다. 바위를 쳐서 나온 것이 아닌 십자가 위에서 그리스도를 쳐서 얻은 우리 영혼의 타버린 입술을 위한 음료가 여기에 있다. 자신의 전투에서 지쳐 멜기세덱에게 나아온 아브라함처럼, 우리는 먹여주심을 받고, 양식을 제공받고, 원기가 회복되고, 새로워지기 위해서 그리스도를 통해 하나님께 나아온다. 성찬은 구원의 역사 속에 있는 위대한 가르침이다. 그러므로 성찬은 이생의 역경 속에서 우리를 위한 하나님의 양식이다. 보나르는 이것을 다음과 같이 잘 나타내고 있다.

> 여기에서 나는 하나님의 떡을 먹을 수 있네
> 여기에서 당신과 함께 하늘의 고귀한 포도주를 마실 수 있네
> 여기에서 나는 땅의 짐을 내려놓을 수 있네
> 여기에서 용서받은 죄의 평온을 다시 맛보네.

2) 제한된 성찬

성찬을 통해서 축복에 대한 하나님의 약속이 주어졌다. 그런데 우리는 어떤 사람들로 하여금 성찬을 받지 못하게 해야 하는 경우가 있다. 많은 사람은 이것을 이해하는 데 어려움을 가지게 된다. 그러나 성경을 연구해보면 제한된 성찬에 대한 분명한 명령을 보게 된다. 목사들은 이 명령을 받들어야만 하며, 성찬에 참석하는 사람들은 이 명령을 준수해야만 한다.

머레이(Murray)는 제한된 성찬의 원리를 다음과 같이 설명한다. "차별이 없이 모든 사람이 주님의 만찬에 나올 자격이 있는 것은 아니다…예수님이 복음을 선포했을 때, 예수님은 사람들 사이에 차별을 두지 않으셨다…그러나 예수님이 주님의 만찬을 제정하셨을 때, 예수님은 그

분의 제자들과 함께 앉으셨다. 이것은 주님의 만찬이 가지는 특성을 나타내는 것이다. 주님의 만찬은 제자들을 위한 것이다."[33] 머레이는 성찬의 대상이 제한적이어야만 하는 이유를 다음과 같이 설명한다.

> 주님의 만찬은 복음과 같이 차별 없이 모든 사람을 위한 것이 아니다. 주님의 만찬은 주로 기념과 교제이다. 주님의 만찬은 주님의 몸을 분별하고, 믿음과 사랑 가운데 그분의 죽음을 기념할 수 있는 사람들을 위한 것이다. 그리고 그 만찬은 또한 교제이기 때문에, 그리스도와 교제하며 교회인 몸의 통일성 속에서 서로 교제하는 사람을 위한 것임이 분명하다…그 만찬은 참여할 자격이 있는 사람들과 참여가 제한된 사람들의 한계에 대한 조건들이 분명하게 그리고 일관적으로 말하는 하나님의 전체적인 계획의 한 부분이다.[34]

신약은 사람들이 주님의 만찬에 참여해서는 안 되는 분명한 범주들을 명백하게 상세히 설명한다. 그 범주 중에 첫 번째는 믿지 않는 사람들은 성례에 참여하지 말아야만 한다는 것이다. 바울은 "주의 몸을 분변치 못하고 먹고 마시는 자는 자기의 죄를 먹고 마시는 것이니라"(고전 11:29)라고 기록한다. 이것은 불경하게 참여하는 기독교인에게 적용되는 것으로 고린도전서에서 바울이 보여주는 특별한 염려이다. 그러나 일반적으로는 떡과 포도주의 영적인 의미를 인식하지 못하고 바라보는 모든 사람에게 적용된다.

더욱이 바울은 "합당치 않는 태도"로 참여해서 "주의 몸과 피를 범하는 죄를 짓는" 믿는 사람들에 대해서 분명하게 경고한다. 이를 방지하기 위해서 바울은 "사람이 자기를 살피고 그 후에야 이 떡을 먹고 이 잔을 마실지니"(11:27-28)라고 말한다. 합당하게 참여하는 것에 대한 별도의 지침이 아래에 나온다. 그러나 의도적으로 회개하지 않은 죄가 그리스도와 가지는 우리의 교제를 더럽힌다는 것을 여기서 주목해야만

---

[33] Murray, *Collected Writings*, 3:275.
[34] Ibid., 2:381.

한다. 기독교인은 자신들이 스스로를 살피는 속에서 마음에 느껴지는 죄들에 대해 회개하도록 경고를 받아야만 한다. 만약에 그들이 기꺼이 회개하지 않는다면, 이것은 회개와 더불어 극복해가는 약함과 명확하게 구별되어야만 한다. 그들은 바울이 그리스도의 몸과 피에 참여한다고 말하는 만찬으로부터 제외되어야만 한다(10:16).

셋째, 주님의 만찬은 자신들의 동료 기독교인과의 깨어지지 않는 교제를 나누는 사람들에게만 제한되어 시행되어야 한다. 이에 대한 이유는 성례가 바울이 고린도전서 10:17에서 주장한 바와 같이 그리스도 안에 있는 교회의 영적인 연합에 진정으로 참여하는 것을 수반하는 것이기 때문이다. 대개 이것은 복음을 믿는 교회 속에 있는 구성원을 의미할 것이다. 구성원(믿음에 대한 신뢰할 수 있는 고백과 세례의 최초 성례를 받은 것에 대한)은 교회 교제의 한 부분이 되는 것에 대한 일반적인 표현이기 때문이다. 이것은 또한 교회의 징계 아래 있는 기독교인 혹은 회중의 다른 구성원들과 화해하지 않은 적대감을 가지고 있는 기독교인은 만찬에 참여하지 못한다는 것을 의미한다.

후자에 관련해서 빈번한 참여는 교회의 분열을 해결하고 열렬한 영적인 형제애를 진작시키는 데 있어서 커다란 도움이 된다. 칼빈은 다음과 같이 말한다. "주어진 그리고 받은 표시로서 주의 몸의 상징에 우리가 자주 참여하는 만큼, 우리는 우리 중의 그 어떤 누구도 형제에게 해를 끼치는 그 어떤 것을 허용하지 않도록 하는, 혹은 그를 도울 수 있는 그 어떤 것을 간과하지 않도록 하기 위한 사랑의 모든 의무에 우리 자신을 상호 간에 묶는 것이다."[35] 그러므로 기독교인은 필요할 때 다른 사람들과 더불어 화해를 도모함으로써 만찬을 위해 준비해야만 한다. 회중에 있는 다른 모든 사람과 진심어린 교제가 없다고 한다면, 그들은 그 식탁을 거절해야만 한다. 우리는 이런 동일한 사안에 관계가 있는 것으로서 마태복음 5:23-24에 있는 우리 주님의 말씀을 부가적으로 고려해야만 한다. "그러므로 예물을 제단에 드리다가 거기서 네 형제에

---

[35] Calvin, *Institutes*, 2:1422 §4.17.44.

게 원망 들을만한 일이 있는 줄 생각나거든 예물을 제단 앞에 두고 먼저 가서 형제와 화목하고 그 후에 와서 예물을 드리라."

이 모든 것을 볼 때 믿음에 대해 인정된 고백을 하지 않은 어린이들은 성찬을 받을 자격이 없다는 것이 분명한 것임에 틀림없다. 이것은 합당치 않은 성찬의 징벌로부터 어린이들을 보호하며 그들을 복음에 분명하게 반응하도록 부른다는 점에 있어서 그 어린이들의 유익을 위한 것이다. 교회의 성찬에 참여하는 것과 참여하지 않는 것 사이의 구분을 만들어내는 이런 주의 깊은 책임이 필요하다. 후자의 그룹은 주님의 식탁에 허용되지 않은 유아세례자들로 구성되어 있다.

성경은 허락과 성숙의 분명한 나이를 구체적으로 말하고 있지 않다는 것을 알고 있을지라도, 교회는 어린이의 신앙고백을 평가하는 데 있어서 발전과 성숙의 사안을 인식할 정도로 현명해야만 한다. 성찬에 관해서 이것은 보수적인 입장을 조언해준다. 성찬에 참여하는 자들은 그들 스스로를 냉정하게 살펴볼 것이 요청되기 때문에, 웨스트민스터 대요리문답(Westminster Larger Catechism)이 그렇게 하기 위한 "연령과 능력에 도달한 사람들에게만 시행되는 것입니다"라고 말하는 것과 같이(Q. 177), 참여를 제한하는 것은 합리적인 것이다. 그러므로 교회는 어린이들에게 교회에서 온전히 성찬을 나누는 구성원이 될 때까지 기다릴 것을 요청하는 것이 분별력 있고 신중한 처사이다. 이런 생각은 또한 입교식(견진)의 조직화된 과정을 지지하는 주장을 하는 것이다. 유아 세례자들은 충분하게 성숙하여 입교식에서 철저히 가르쳐질 수 있고, 믿음에 대한 분명하고 공적인 고백을 할 수 있는 기회를 가질 수 있으며, 그런 뒤에 교회의 구성원으로서 온전한 성찬에 공식적으로 참여할 수 있다.

제한된 성찬은 교회에 의해서 가르쳐져야만 하고 고수되어야 하지만, 회중에게 강요되어서는 안 된다. 고린도전서 11:27-28에 있는 합당한 참여의 의무는 개인적인 기독교인에게 주어진 것이지 교회 지도부에게 주어진 것이 아니기 때문이다. 이것은 공식적인 교회 징계를 받고 있는 사람들의 경우 이외에는 적절하게 지침을 받은 뒤에 개개인 양심의 결정에 성찬 참여가 맡겨져야만 한다는 것을 의미한다. 그러나 우리는 성찬을 제한하는 교회의 의무는 철저한 교회 징계의 실행을 포함해 효과적인 교회 통솔을 요구한다는 것을 깨달아야만 한다. 군대 채플 혹은 교회 형성의 복음전파자 사역과 같은 교회 구조와 구성원에 대한 규율이 고려되지 않는 상황 속에서 구성원과 징계에 대한 공적인 구조들이 부재하다 할지라도, 성례가 참되고 합당한 신자들로부터 억제되는 것이 유발되어서는 안 된다. 제한된 성찬의 중요한 원리는 다음과 같은 것이다. 즉 참석한 사람들은 참여라는 용어를 알아야만 한다. 교회 징계에 의해 보류된 사람들이 성찬 요소를 받지 않는 것과 함께, 그리고 다른 모든 사람들이 그들의 양심과 자발적인 선택에 따라서 식탁에 초대되는 것이다.

3) 주님의 만찬에 합당한 참여

바울이 고린도전서 11:27-28에서 합당하지 못한 태도로 성례에 참여하는 것에 대해서 경고하는 것을 우리는 위에서 보았다. 다음 절이 보여주는 대로 아주 예리하게 사도는 자신의 말을 그 요소가 의미하는 것, 즉 그리스도의 속죄하는 죽음에 대한 믿음 없이 먹고 마시는 것에 대해서 그의 진술을 목표로 삼고 있다. "사람이 자기를 살피고 그 후에야 이 떡을 먹고 이 잔을 마실지니"(11:28)라는 바울의 말은 우리에게 단지 교리적인 확신 차원의 준비보다는 좀 더 넓은 준비의 필요성을 일깨워 준다. 벌코프(Berkhof)는 이런 자기 점검의 범위를 상당한 정도까지 넓히고 있다. 그는 성례가 믿는 사람들을 위한 것이라고 서술한다. 그 믿는 사람들은 "그들의 죄를 정직하게 회개하고, 그 죄들이 예수 그리스도의 속죄하는 피로 덮힌 것을 믿으며, 그들의 믿음을 키우는 것과 삶의 참된 거룩 속에서 자라는 것을 원하는 사람들이다."[36]

지금 이 시점이 경고의 말씀이 주어질 합당한 자리이다. 비록 성찬

---

[36] Berkhof, *Systematic Theology*, 656.

에 참여하는 자들이 합당한 태도로 성찬에 다가서도록 경고를 받을지라도, 성례가 "영향을 미치고 효과가 있도록" 하기 위해서 그들 자신이 영적으로 이룬 것에 의존하는 것은 아니다. 성찬의 복은 약속에 의한 하나님의 은총의 선물로 오는 것이다. 그 복은 행함에 의해서가 아니라 믿음에 의해서 합당하게 받기 때문이다. 그렇지만 성찬에 합당하게 참여하도록 부를 때, 우리를 이 주관적인 방향으로 얼마나 쉽게 인도할 수 있는지를 목사들은 깨닫는 현명함이 있어야 한다.

이 문제에 대해서 마이클 호튼(Michael S. Horton)은 자신이 가졌던 초기의 혼돈을 회상하면서, 다음과 같이 서술한다. "나의 관심의 초점은 그것이 정말로 '작용'하도록 노력하는 데 있었다…나는 예수님이 돌아가신 것에 대해서 슬퍼했는가? 만약에 내가 생각나지 않는 어떤 고백하지 못한 죄를 내가 가지고 있다면 어찌될 것인가? 그것은 무엇이든 일어나리라고 생각했던 것을 일어나지 않게 할 수 있을 것이다. 그렇지 않는가? 성례의 요소를 분배할 때 연주되는 특별한 음악에 따라서 설교자와 나 자신이라는 결합된 상상력에 너무나 많이 의존되어 있었던 것 같다." 호튼은 그 자신이 저질렀던 실수를 다음과 같이 요약한다. "악의는 없이 그러나 많은 무지와 더불어 나는 그리스도가 행하시는 성례를 감정과 기억에 토대를 둔 나의 성찬으로 바꾸었다."[37]

호튼은 합당한 참여에 대해 이루어진 과도한 강조에 대해서 염려를 가지게 된 유일한 사람은 아니다. 또 다른 사람은 칼빈이다. 그는 『기독교 강요』(綱要)에서 자신이 살펴보았던 몇몇 관행에 대해서 다음과 같이 한탄했다.

> 일반적으로 그들이 사람들로 하여금 합당하게 먹도록 준비시킬 때, 그들은 비참한 방법으로 가련한 양심을 괴롭히고 고문했다…그들은 은총의 상태 가운데 있는 사람들은 합당하게 먹었다고 말했다. 그들은 "은총의 상태 가운데 있는"이라는 어구를 순결하고 모든 죄를 깨끗하게

---

[37] Michael S. Horton, "Mysteries of God and Means of Grace," *Modern Reformation* 6.3 (May/June 1997): 13.

한 것을 의미한다고 해석했다. 그런 교리는 이 땅에 존재했던 혹은 현재 존재하는 모든 사람을 이 성례에 참여하지 못하도록 할 수도 있다…
교리의 과도한 가혹함으로 인해서 그 교리는 떨림과 슬픔과 더불어 비참하고 고통 받는 죄인들로부터 이 성례의 안위를 빼앗아가고 약탈해 간다. 그렇지만 성례 안에는 복음의 모든 기쁨이 그 죄인들 앞에 놓여 있는 것이다…그러므로 이것은 우리가 하나님께 가져갈 수 있는 가장 나은 것이며 유일한 것으로 가치 있는 것이다. 그분의 자비가 우리를 그분께 합당한 것으로 만들어주도록 하기 위해서 우리의 수치스러움과 (소위) 우리의 합당치 않음을 그분께 드리는 것이다. 우리는 우리 자신에게 절망한다. 우리가 그분 안에서 위로를 받을 수 있게 하기 위해서 이다. 우리가 그분에 의해 높여지게 하기 위해서 우리 자신을 낮춘다. 그분에 의해 의롭게 되기 위해서 우리 자신을 고발한다.[38]

그렇다면, 합당하게 참여하는 것은 우리 자신의 영적인 강함 속에서 성찬이 효과를 발휘하도록 하는 것이거나, 우리 자신이 가지고 있을 것으로 생각되는 의로움을 제시하는 것이 아니다. 대신에 우리의 것은 믿을 만한, 참된 믿음이라는 것을 확실히 하는 것이다. 이런 견해를 따라서 웨스트민스터 표준문서(Westminster Standards)는 자기를 돌아보는 것을 그리스도의 식탁을 위한 인정을 얻어내는 수단으로서 사용하는 것이 아니라, 우리 주님과 나누는 교제의 근엄함을 포함하는 것과 이 은총의 수단으로부터 최대의 혜택을 찾는 수단으로 사용한다. 웨스트민스터 대요리문답은 기독교인이 "그리스도 안에 있는 자신들의 죄와 부족을, 자신들의 지식, 믿음, 회개, 하나님과 형제들에게 대한 사랑, 모든 사람에 대한 자비, 자신에게 해를 준 사람들에 대한 용서와 그들이 그리스도를 추구하는 욕망과 그들의 새로운 순종을 검토함으로써 그리고 심각한 명상과 간절한 기도로 이 은혜들의 실행을 새롭게 함으로써"(Q. 171) 준비할 것을 촉구한다. 그런 준비를 통해서 기독교인은 그리스도와 함께 나누는 그들의 성찬(communion)의 방식으로 그리스도를

---

[38] Calvin, *Institutes*, 2:1418-19 §4.17.41-42.

존중하는 것이며, 경건한 진보를 위해서 성찬이 쓰이는 용도를 가장 잘 추구하는 것이다.

대요리문답은 주님의 만찬이 집례되는 동안에 기독교인의 영적인 수련에 대해 유용한 조언을 준다. "모든 거룩한 경외심과 주의를 가지고" 성찬의 요소를 받는 데 있어서, 기독교인은 "그 규례에서 하나님을 앙망할 것이며, 성례의 요소와 동작을 잘 지켜보고, 주의 몸을 주의 깊게 분별하고, 그의 죽음과 고난을 정성스럽게 묵상함으로써 자신들을 강화시켜 저희 받은 은혜들을 힘 있게 시행할 것이며, 자신을 판단하여 죄를 슬퍼하고, 그리스도에 대하여 주리고 목마름같이 열심히 구하고, 믿음으로 그의 양육을 받고, 그의 충만을 받으며, 그의 공로를 의지하고, 그의 사랑을 기뻐하며, 그의 은혜에 대하여 감사하게 되는 것과 하나님과의 언약과 모든 성도에 대한 사랑을 새롭게 해야 한다"(Q. 174). 마찬가지로 성찬을 받은 후에 기독교인은 믿음에서 진보됨을 통해서 하나님의 은총이 가장 온전히 확장되는 것을 추구해야만 한다(Q. 175).

성찬이 효과 있게 작용하도록 노력하는 것과 성찬 속에서 받은 은총이 증진되도록 추구하는 것 사이에는 커다랗고 근본적인 차이가 있다. 그럼에도 불구하고, 이런 차이점을 혼돈해서는 안 된다. 그러므로 현명한 목회자들은 합당하게 참여할 것을 말하는 명령을 역설할 뿐만 아니라, 회중에게 하나님의 은총이 의로운 사람들을 위한 것이 아닌 죄인들을 위한 것이며, 강한 사람들을 위한 것이 아니라 약한 사람들을 위한 것이고, 좋은 사람들을 위한 것이 아니라 나쁜 사람들을 위한 것임을 절박한 심정으로 일깨워 주어야만 할 것이다.

그리스도의 구원하는 은총을 간절히 바라는 것과 결부되었을 때, 이런 것들에 대한 깨달음은 우리가 그리스도의 만찬에 참여할 수 있는 가장 합당한 것이 된다. 거룩함이 자라감을 통해서 하나님의 은총을 증진해나가는 것과 관련해 우리가 강조하는 것은 다음과 같다. 즉 우리 육체의 범위를 훨씬 넘으나 성령의 권능 안에서 하나님의 은총에 의해서 얻을 수 있는 일들을 행할 수 있도록 하시는 하나님의 도우심을 받는 것에 강조점이 있다. 칼빈은 다음과 같은 적절한 요약을 통해서 이 모두를 함께 다룬다. "제정된 성례는 완전한 사람들을 위한 것이 아니라, 약하고 힘없는 사람들을 위한 것이다. 믿음과 사랑의 감정을 깨우고, 일으키며, 자극하고, 실행하기 위해 그리고 정녕 약하고 힘없는 사람들의 단점을 교정하기 위한 것이다."[39]

4) 주님의 만찬 집례의 빈도수

논의할 마지막 사안은 오늘날 점증하는 많은 관심을 받고 있는 것이다. 우리 교회는 얼마나 자주 주님의 만찬을 기념해야만 하는가? 성경의 자료는 도움이 되기는 하나 분명하지는 않다. 예수님은 "너희가 이 떡을 먹으며 이 잔을 마실 때마다"(고전 11:26)라는 말로 그 빈도수에 대해서 단지 한 번 말씀하셨다. 사도행전(고전 2:42-47)에 있는 잘 알려진 본문은 초대 교회 성도들이 가진 매일의 규칙적인 만남의 한 부분으로 떡을 떼었다고 말한다. "집에서 떡을 떼며 기쁨과 순전한 마음으로 음식을 먹고"(46절). 그러나 비록 이 교제적인 떡을 떼어 먹음이 주님이 제정하신 성례적인 만찬일 것이라는 인상은 충분히 있을지라도, 그 교제의 떡을 뗌이 그런 것이었는지는 분명하지 않다. 마찬가지로, 고린도 교인들에게 바울이 준 권면은 성례가 그들이 자주 가진 만남에 규칙적인 특성을 이루고 있었다는 것을 암시해준다(고전 11:20-22). 그러나 바울이 이런 관행을 명한 것이라고 보는 것은 분명하지 않다. 정말로 바울은 주님의 만찬에 대해서 좀 더 적게, 그리고 좀 더 조심스럽게 참여하는 것을 좋아했을 것이다.

이 문제에 대해서 역사적으로 두 가지 입장이 있다. 즉 일 년에 한 번 정도 매우 드물게 성찬을 나눈 사람들, 그리고 함께 모일 때마다 성찬을 받은 사람들이 있다. 전자의 경우는 청교도와 스코틀랜드 장로교 전통에 있는 교회 구성원들에 의해서 시행된 것으로 식탁에 울타리를 칠 뿐만 아니라 제한된 성찬을 효과적으로 강화하기 원하는 마음에서

---
[39] Ibid., 2:1420 §4.17.42.

기인되었다. 목양적인 점검을 통해, 즉 신앙고백에 대한 지식과 그의 경건성을 고려해서 성찬에 합당한지를 평가했다. 그렇게 한 뒤에만 성찬에 참여가 허락되었으며 일 년에 한 번 성례를 기념하는 곳에 참여하도록 징표(token)가 발행되었다. 마땅한 규율에 대한 그런 열정은 칭찬할만 할지라도, 이런 정도의 적은 빈도수가 성경에 제정된 성찬에 일치한다고 보기는 힘들다.

다른 극단의 경우에 대한 성경적인 지지는 훨씬 더 강하다. 그러나 위에서 말했듯이 조건이 없는 것은 아니다. 칼빈은 자주 갖는 성찬의 경우에 강하게 비중을 두고 있으며 다음과 같이 서술한다. 성례는 "모든 기독교인이 자주 그리스도의 고난에 대한 기억으로 돌아가도록 하기 위해서 그리고 그런 기념을 통해서 그들의 믿음을 부양하며 강하게 하도록 하기 위해서, 그들 가운데서 자주 시행되도록 제정되었다."[40] 이에 토대를 두고 칼빈은 주님의 만찬의 집례를 "적어도 한 주에 한 번"[41] 하도록 주창한다. 그러나 제네바 시의회는 이 견해를 거절했고 성찬은 일 년에 네 번 집례되도록 규정했다.

신중하게 생각해보면 매주 성례를 집례하는 것은 의미 있는 준비와 진보를 하지 못하게 하는 영향을 미칠 것이라고 볼 수도 있을 것이다. 매주 성례를 집례하는 것에 대한 내 자신의 경험은 다음과 같은 것이다. 즉 매주 실행될 때 교회에 가장 커다란 혜택이 주어진다. 내가 생각하기에는 성찬에서 과도한 친숙함을 걱정하는 위험이 너무 과장되어 있다. 그리고 그 과도한 친숙함은 적절한 목양적 감독과 제시가 필요하다는 생각과 더불어 쉽게 수그러진다. 성경적 목양적 관점들을 균형 있게 생각해보면, 주님의 만찬은 매 달 한 번 정도는 기념되어야만 하는데, 기독교인과 전체 교회에 대한 참된 복과 더불어 매주 집례될 수도 있을 것이다.

---

40 Ibid., 2:1422 §4.17.44.
41 Ibid., 2:1424 §4.17.46.

4. 결론

주님의 만찬에 대한 철저한 검토는 하나님의 백성에 대한 성례가 가진 축복의 풍성함을 나타내 보여준다. 이 복으로 인해 우리는 가장 심오한 감사를 드려야만 한다. 또한 그런 검토는 그 만찬의 집례와 그 만찬을 받음에 있어서 얼마나 많은 주의가 주어져야만 하는지를 보여준다. 이런 견해는 그리스도의 희생적 죽음과 은총의 언약에 대한 표지와 인증으로서 우리 앞에 놓인 거룩한 그 무엇에 대한 정당한 결론임에 분명하다. 복음의 사역자는 여기에 상징되고 인증된 것에 대한 깊이 있는 묵상을 통해서 특별하게 상급을 받게 된다. 성찬을 진설하는 목회자 그리고 약함 가운데 나아오지만 주님이 주시는 강한 기쁨을 체험하며 떠나는 사람들 모두를 위해서 주의 깊고, 사려 깊으며, 미리 준비하는 예비를 통해서 교회는 복을 받게 될 것이다.

CHAPTER 10

후기-찬송가 세계에서의 찬송가

| 폴 존스(Paul Jones)
제10장로교회 오르가니스트, 음악 감독

새 노래로
여호와께 노래하며
성도의 회중에서 찬양할지어다(시 149:1).

오십 년 전에는 교회 예배에서 찬송가가 있어야 하고, 사용해야 한다는 것을 지지하는 주장을 할 필요가 있을 것이라는 생각은 우스갯거리가 되었을 것이다. 배타적인 시편 찬송을 고수했던 사람들을 제외하고, 찬송은 마치 식사 시간에 빵과 같이 통례적인 기독교 예배의 한 요소였었다. 그러나 우리가 살고 있는 후기 기독교 시대인 포스트모던 시대에서 복음적인 교회들에서 드려지는 예배와 예배 음악은 우리 문화의 길을 따른다는 사실에 놀라서는 안 된다. 주의 깊게 관찰해보면, 우리의 가치 체계, 뮤지컬 그리고 다른 것들은 사회의 근본적인 철학(실용주의), 관심의 대상(우리 자신) 그리고 직업(우리 자신의 즐거움)을 반영하는 것을 발견하게 된다. 이런 체계 속에서 종교개혁 시대의 회중찬송의 전통적인 형식에 있는 음악에 고정된 시편과 교리적인 시는 관련성이 없어 보인다.

우리는 그 시편과 교리적인 시를 사용하는 것에 대한 다음과 같은 질문, 진술 그리고 주장을 듣게 된다. "찬송? 왜 우리가 찬송을 불러야만 하는 것이지? 그 찬송은 구식이지 않는가? 젊은 사람들은 찬송을 좋아하지 않는다. 찬송가를 내려놓고 좀 더 최신의 것들에 초점을 맞추어만 하는 때가 아닌가? 우리는 어떤 새로운 노래를 불러야만 하지 않는가? 그것은 내가 좋아하는 종류의 음악이 아니다. 그것은 나에게 도움이 되지 못한다. 당신은 그 음악으로 어떤 사람도 얻지 못할 것이다. 찬송은 너무 어려워서 이해할 수 없다." 등등 이런 인식들의 대부분은 반(反)찬송가 문제로부터 기인된 것이라기보다는 정보와 교육의 결핍으로부터 발생된다.

그런 질문과 진술은 대부분 독자의 귀에 익숙한 소리들일 것이다. 존 칼빈(John Calvin)을 엄격하게 추종하는 사람들과 같은 어떤 사람들에게는 또 다른 이유로 인해서, 즉 오로지 정경적인 시편만이 예배에서 불려야만 한다는 믿음으로 인해서 교회 안에 찬송을 위한 자리가 없다. 신약에서 "시와 찬미와 신령한 노래"로 노래하라는 것에 대한 두 개의 참고 구절은 배타적 시편영창 논의의 양편에 있는 신학자들에 의해서 그들 각자의 입장들을 지지하는 가운데 해석되고 있다. 때때로 하나님의 영광에 드려지고 성도들의 교육과 교화(敎化)를 위한 찬양의 목적이 논쟁에 의해서 모호해진다. 게다가 오늘날의 많은 믿는 사람에게 칼빈, 시편, 찬송 등은 모두 일종의 신비적인 그 무엇이 되었다. 그들이 읽는 자료는 현저하게 미래 기독교적인 가공의 이야기이고, 그들에 익숙한 교회 음악은 현대적인 찬양 합창들로 이루어져 있다.

서방 문화의 다른 나머지와 같이 포스트모던 교회는 자아에 사로잡혀 있어서 이전 세대의 성도들로부터 우리에게 부여된 교회 음악의 부요한 유산에 관심이 없는 듯하다. 비록 예배가 모든 교회에서 전문적인 유행어가 되었을지라도, 예배에 대한 성경적인 가르침에 주어지는 관심 집중은 매우 극미한 실정이다. 결과적으로 우리는 성경적인 예배에서 벗어나 있을 뿐만 아니라 시대사조(Zeitgeist)에 토대를 둔 관행을 정당화하는 복음주의자를 발견하게 된다. 쾌락주의적이고 자아도취적이며 상대주의적이고 "나-중심적"인 우리 세대는 하나님께 나아가는 길을 규정하고 소개하기에 적절한 때는 아니지만, 실제로는 그렇게 하고 있다. 우리는 숫자에 의해서 우리의 성공을 판단하고, 우리가 얼마나 기술적으로 통합되고 신식화 되어 있는지에 의해서 우리의 적절성을 판단하며, 예배가 우리로 하여금 얼마나 좋은 감정을 느끼게 하는지에 따라 우리의 예배를 판단한다.

본 장에서 우리의 목적은 찬송가의 유효성뿐만 아니라 21세기 교회의 예배에서 찬송가의 중요성을 위해서 사례와 추론을 통해서 성경이 지지하는 바를 다시 살펴보는 것이다. 우리는 성경에 있는 노래에 대한 개관으로부터 16세기와 20세기의 종교개혁의 찬송가에 대한 간략한 논의 그리고 기독교 예배에서 찬송을 부르는 것의 중요한 역할들에 대한 주석에 이르기까지를 살펴볼 것이다. 그런 연구로부터 교육과 작곡을 통해서 연주곡목에 새로운 찬송을 소개하는 방법에 대한 생각을 포함해서 지역 집회를 위한 실질적인 제안들이 제기될 것이다.

위대한 찬송은 예배의 상황에서 찬양, 기도 그리고 선포로서 공헌한다. 그 찬송은 우리가 여전히 들을 필요가 있는 어떤 것, 우리가 믿고, 노래하고, 나누어야만 하는 어떤 것을 말한다. 찬송은 종종 어떤 시편을 부연하여 설명하고, 어떤 구체적인 성경 본문의 가르침을 드러나게 해주거나, 혹은 몇 가지 성경 본문을 가지고 어떤 교리나 다른 영적인 진리를 말한다. 찬송에는 감정이 없는 것이 아니다. 찬송은 마음, 영혼, 정신 등 전 인격을 요청한다. 그리고 찬송은 적절한 곡조를 통해서 특별히 영적인 진리와 격려를 전달하는 특별한 힘이 있다.

몇몇 가사와 곡조는 오래된 것일지라도, 찬송은 시대에 뒤진 것들이 아니다. 찬송은 교회에 중요하고도 절대적으로 필요한 살아 있는 장르이다. 사실 찬송은 오늘날에도 여전히 작곡되고 있다. 교회가 시편과 찬송 부르는 것을 특별히 지난 20세기에 20여 년 동안 회피해왔을지라도, 그런 두 가지 행위, 즉 시편과 찬송을 부르는 것은 성경적이고 필요한 것이다. 도날드 허스태드(Donald Hustad)가 다음과 같이 지적한 바와 같다. "복음주의자가 성경 연구에서는 주도적인 위치를 점하고 있다라고 주장할지는 모르지만 예배 관행에 관한 성경적인 연구는 그들의 우선순위 목록에서 제일 아래인 바닥에 있는 것 같다."[1] 그렇다면 이제 이에 대한 안내 지침을 위해 성경으로 돌아가서 시작하도록 하자.

1. 성경에 있는 노래

1) 시편

시편은 "이스라엘의 찬송책"으로 불리고 있으며 다섯 권의 책으로 나뉘어져 있다(1-41편, 42-72편, 73-89편, 90-106편, 107-150편). 시편은 살아 있는 예배에서 하나님의 백성을 위한 찬양, 기도 그리고 탄식의 주요한 원천이었다. 예배에서 시편의 기능은 이스라엘 성전 역사 전체를 통해서 바뀌었으며, 회당과 신약에서 그 시편의 사용 또한 변형되었다. 시편이 이스라엘의 예배에서 처음 사용되었을 때는 찬양으로서 이해되었다. 시편이 솔로몬의 성전에서 노래된 두 번의 주요한 시기는 성전에 들어갈 때와 희생제물을 바칠 때였다.[2] 후에 회당에서 시편은 동물 희생제물의 필요를 대체한 영적인 희생제물이 되었다.

초대교회는 주로 기도를 드리는 때에 시편을 노래하는 것을 포함해서 회당 예배 전통의 많은 면을 지켰다. 시편 118:27은 시편의 바뀐 용도에 대한 좋은 예를 다음과 같이 보여준다. "줄로 희생을 제단 뿔에 맬지어다." 성전 예배에서 이 구절에 대해 노래된 행위는 문자적인 것이었다. 동물들은 결박되었을 것이다. 회당예배에서 이것은 상징적인

---

[1] Donald P. Hustad, *True Worship: Reclaiming the Wonder and Majesty* (Wheaton, Ill.: Shaw, 1998), 101.

[2] Hughes Oliphant Old, *Worship That Is Reformed according to Scripture* (Atlanta: John Knox, 1984), 39.

것이었다. 예배를 드리는 사람들은 실제적으로 희생제물을 제단에 묶으려고 하지 않았기 때문이다. 그리고 초대 교회에서 이 구절은 그리스도의 죽음과 부활을 축하하는 것으로 이해되었을 것이다. 그리스도는 희생제물에 대한 요구를 성취하셨다. 이 성취를 통해 예배에서 그런 관행이 필요함을 폐기하셨다.

시편을 노래하는 것은 에베소서 5:19와 골로새서 3:16에서 신약 예배의 한 부분으로 규정되었다.[3] 이런 본문은 우리에게 시와 찬미와 신령한 노래(혹은 송시)를 노래하도록 지시해준다. 어떤 사람들은 세 가지의 명칭들이 단순히 정경적 시편을 위해 바꾸어 쓸 수 있는 어휘들에 불과하다고 주장한다. 그들은 70인역이 시편 부제(副題)들 속에서 세 개 모두의 어휘들을 사용하고 있어서 바울과 그 당시의 믿는 사람들이 친숙할 수 있는 용어로 만들고 있다는 것[4]을 지적하면서 그런 주장을 한다. 다른 한편으로 웨슬리 아이젠버그(Wesley Eisenberg)는 다음과 같이 서술한다. "이와 같은 다양한 용어의 사용 자체는 초대 교회가 그 공동 예

---

[3] 우리는 시, 찬미 그리고 신령한 노래 (신학자들과 다른 저자들에 의해서 탐구된 개념) 사이를 구분하지는 않을 것이다. 이런 세 가지 이름은 (a) 정경적인 시편의 다른 유형 혹은 (b) 음악학적인 시 형태의 다른 유형(시편, 찬미 그리고 합창과 같이, 혹은 시편, 송영 그리고 송시, 혹은 정경적 시편, 영감된 찬미 그리고 즉흥 노래)을 말하는 것으로 보는 경우가 있을 수 있다. 또한 각주 4를 보라. 어쨌든 헬라어 아도(adō)와 프살로(psallō)가 "노래하는 것" 그리고 "당신의 마음속에 곡조를 만드는 것"이라는 의미를 말해주는 것은 특징적인 것이다. 골로새서 3:16은 단지 아도(adō)만을 사용한다. 두 개 모두의 동사들은 에베소서 5:19에 사용되고 있다. 또한 명사형 프살모스(psalmos)는 두 개의 본문 모두에서 나타나고 있다. 아도(adō)는 "목소리로 음악을 만들어 내는 것"을 의미한다. 따라서 에베소서에서 바울은 "프살모스(psalmos)와 찬미와 신령한 노래 속에서 당신 자신에게 말하면서, 당신의 마음 속에서/마음과 더불어 주님께 아도(adō)와 프살로(psallō)한다"고 말한다. 프살모스(psalmos) 앞에 있는 전치사는 "안에서" 혹은 "…와 더불어"로 번역될 수 있다. 이 음악은 침묵적(자신에게 흥얼거리는 것과 같이)일 필요는 없으나, "진 존새로 너불어"라는 의미일 수 있다. 프살로(psallō)는 뜯는 현악기(하프와 같은)를 연주하는 것을 위한 어휘와 관련되어 있기 때문에 그리고 바울이 아도(adō)와 프살로(psallō) 모두를 사용하기 위해 선택하고 있기 때문에, 예배에서 목소리와 악기 모두 여기서 지지를 얻고 있다고 추론할 수도 있을 것이다.

[4] Anthony Cowley and Randy W. Harris, "A Diagram Defense of Psalmody" (Elkins Park, Pa.: Covenanter Reformation, 1993)에 의해서 주어지고 있는 수책자를 보라. 그 저자는 또한 "시, 찬미 그리고 노래"는 모두 형용사 프뉴마티카이스(pneumatikais, 영적인)에 의해서 변경된 것이라고 주장한다. 이것은 이 노래가 성령에 의해서 직접적으로 주어진 것 혹은 달리 말하면, 오로지 영감된 시를 지칭할 수 있다는 것을 말해주는 것이다.

배에서 음악적이며 시적인 표현의 창의적인 다양성을 장려했다는 것을 말해주는 것이다. 만약에 교회가 그런 표현을 억제했다면, 용어의 다양성은 결국 단일한 용어로 귀결되었을 것이고, 우리는 그 용어를 통해서 지금 '찬양 형태'를 정의하고 한계를 정할 수 있었을 것이다."5

용어에 대한 어느 누군가의 결론과는 관계없이, 시편을 노래하는 것은 어떤 선택적인 행위가 아니다. 그렇지만 우리는 우리 시대의 많은 예배에서 시편을 노래하는 것이 빠져 있는 것을 발견하게 된다. 어떤 시편의 몇 절에 토대를 둔 합창을 부르는 것으로는 충분하지 않다. 사실상 이런 관행은 시편이 하나님을 예배하는 것에 대해서 주는 이유를 매우 자주 무시한다. 만약에 하나님께 대한 우리의 감사, 찬양 그리고 기도가 적절하게 상황화 되어야만 한다면, 그런 이유가 되새겨져야만 한다.

그러나 시편은 하나님 백성이 가진 유일하고도 적절한 예배 찬양들이 아니다. 신약의 예로부터 볼 때, 예배는 또한 예수님이 갈보리에서 다 이루신 사역에 대한 우리의 기독교적인 반응을 포함해야만 한다. 즉 찬송, 송가, 성경적 찬양 그리고 오늘날의 찬송을 통한 "시편에 대한 기독교적인 해석"을 포함해야만 한다. 휴스 올리펀트 올드(Hughes Oliphant Old)에 따르면, "초대 기독교인의 송영은 역동적인 균형 속에서 시편영창과 찬송가를 유지했다."6 기독교적인 찬송이 없더라도 시편을 통해서 우리가 하나님을 찬양하는 것은 풍성했을 것이다. 그러나 그것은 그리스도께서 우리를 구속하시고 구약이 약속한 것을 이루신 모습에 대한 우리의 인식과 그에 대한 우리의 감사를 빠뜨릴 수 있을 것이다.

시편은 우리에게 예배하는 방법을 가르쳐주고 있고, 시편은 하나님께 감사하고, 찬양하며, 간구하고, 영화롭게 하는 적절한 성경적인 언어를 제공해준다. 시편은 또한 고백과 탄식을 보여준다. 많은 시편이 메시아를 가리킨다. 어떤 것은 이스라엘의 구속사를 다시 말해준다.

---

5 Wesley W. Isenberg, "Hymnody: New Testament," in *KeyWords in Church Music* (ed. Carl Schalk; St. Louis: Concordia, 1978), 181.

6 Hughes Oliphant Old, "The Psalms of Praise in the Worship of the New Testament Church," *Interpretation* 39 (1985): 32.

교회 예배에서 불린 시편에 대한 역사적 연구는 『그레고리 시편영창』(Gregorian Psalmody)으로부터 『스트라스부르 시편』(Strasbourg Psalter, 1539)과 『제네바 시편』(Genevan Psalter, 1562)의 운율적인 시편에 이르기까지 그리고 『베이 시편 책』(Bay Psalm Book, 1640), 『성공회 영창』(Anglican Chant) 그리고 마틴 루터, 아이작 왓츠(Isaac Watts) 그리고 제임스 몽고메리의 찬양시에 이르기까지 수많은 전통을 드러내 보여준다. 달리 말하면, 시편은 노래되어야만 한다. 그러나 그 시편이 노래되어야만 하는 방식(언어, 형식, 음악)은 선택의 문제이다.

2) 송가(Canticles)

성경을 연구할 때, 찬양의 찬송을 부르는 것은 하나님의 구원과 다른 복들에 대한 많은 성도의 반응이었음을 분명하게 알게 된다. 시편과 마찬가지로, 기록된 형태로 쓰여 남겨진 이런 성경적인 찬양은 구두 전승을 통해서 전해졌다. 비록 구약 역시 애가들을 포함하고 있을지라도, 송가는 하나님의 속성과 그분의 백성을 위한 그분의 전능한 행위를 전형적으로 재현한다. 송가는 하나님께 영광을 돌리며 하나님의 사역과 구원을 위한 기쁨과 감사의 마음을 드러내준다.

- 민족이 홍해에서 바로의 손으로부터 구원된 뒤에, 모세와 미리암과 모든 이스라엘이 노래했다(출 15장).
- 하나님이 가나안 족속들을 점령하도록 이스라엘 백성에게 승리를 주셨을 때, 드보라와 바락은 노래했다(삿 5장).
- 여호와께서 다윗을 그의 모든 대적과 사울의 손에서 구원하셨을 때, 다윗은 노래했다(삼하 22장).
- 구속자에 대한 하나님의 약속이 마리아를 통해서 실현될 것을 알고 있었던 엘리사벳을 보았을 때, 마리아는 노래했다 (눅 1장-마리아의 찬가〈Magnificat〉).
- 사가랴가 성령으로 충만해 자신의 아들 이름을 구세주를 위

한 길을 예비할 사람인 요한이라고 확증했을 때, 그의 말이 돌아온 뒤에 그는 노래했다(눅 1장-사가랴의 노래〈Benedictus dominus〉).
- 시므온이 "성령의 감동으로" 성전에 들어가서 메시아 예수를 자신의 팔로 안았을 때, 유사한 반응을 보였다(눅 2장-시므온의 노래〈Nunc dimittis〉).

구약에는 다른 노래가 있다. 출애굽기, 신명기, 사무엘상, 역대상, 이사야 그리고 하박국에 있는 수많은 작은 송가(cantica minora)뿐만 아니라, 야곱의 노래(창 49장), 모세의 노래(신 32장) 그리고 한나의 노래(삼상 2:1-10). 위에 열거된 세 개의 신약 송가는 누가의(Lukan) 시편으로 알려져 있다. 정경으로 인정된 시편의 기록이 끝난 뒤에 쓰인 외경 노래는 별문제로 하더라도, 이 세 개의 시는 영감된 기독교 시편을 계속해서 쓰고 노래한 것을 입증해준다. 올드(Old)는 다음과 같이 주석을 달고 있다. "이것들은 히브리인의 봉헌 감사의 시편이라는 문학 장르로 쓰인 분명한 기독교적 시편이다…구약의 시편은 여호와의 기름부음 받은 자들을 위해 세대를 거쳐 소리 높여 부르짖었다. 한편 신약의 시편은 그 부르짖음이 상달되었고 약속이 성취되었다는 것을 고백했다."[7]

이 성경적인 노래의 대부분은 하나님의 구원에 대한 성령이 충만한 사람들의 반응이었다. 성경적인 모델은 하나님의 구원을 노래하며, 우리가 전파하는 것을 노래한다. 우리는 그리스도의 구속 사역인 그분의 나심, 삶, 죽으심 그리고 부활하심 즉 그 책의 메시지를 전파한다. 성경은 이 복음적 시간과 시간을 거듭 노래한다. 우리도 그렇게 해야만 한다.

마리아 찬가와 시므온의 노래 같은 송가는 저녁기도와 만도(晚禱)에서 규칙적으로 불려진다. 이런 송가와 다른 송가가 루터교, 성공회 그리고 로마 가톨릭 전통들 속에서 사용되는 수많은 예배 순서의 부분이

---

[7] Old, *Worship*, 44.

있다. 아마도 예전적이고 비개신교 전통 속에서 그 송가가 두드러지게 나타나는 것은 현대 복음적 예배에서 그 송가를 사용하지 않는 것에 대한 구실 중 한 이유일 것이다. 그러나 그 송가는 성령에 영감된 성경적인 노래이기 때문에, 우리는 그 송가를 노래하도록 하는 조언을 잘 받아들일 수 있을 것이다. 그렇게 하지 않는 것은 우리 자신에게서 그 송가의 가치를 빼앗아 가는 것이고, 성경의 풍부한 찬송가의 어떤 것을 무시한다.

3) 그리스도의 찬미

구약의 시편과 송가로부터 광범위하게 인용하는 것 이외에, 특별히 신약의 로마서와 히브리서의 본문에 고양된 시적인 언어와 찬미 조각들을 발견하게 된다(요 1:1-5, 9-11; 롬 10:9-13; 고전 12:3; 엡 5:14; 빌 2:6-11; 골 1:15-20; 딤전 2:5-6; 3:16; 딤후 2:11-13; 히 1:3; 벧전 3:18c-19, 22). 신약에서 시와 찬송 사이를 구분할 결정적인 방법은 없다. 둘 모두 히브리 시의 근본적인 특징을 포함하고 있기 때문이다. 대개 그런 본문은 그리스도 중심적이며, 현대 번역들에서는 들어간 여백, 이탤릭체, 혹은 인용 부호들을 사용해서 나타내질 수 있을 것이다.

여러 가지 시편에서 그리스도를 읽을 수는 있을지라도, 성자의 첫 강림 이전 시간으로서, 그 시편은 성자에 대해서라기보다는 성부 하나님에 대한 찬양, 예배, 속성 그리고 행위에 주로 초점이 맞추어져 있다. 다른 한편 복음서와 서신서들의 이 부분은 그리스도의 주되심을 시적으로 찬양하며 특별히 그리스도에게 그리고 그리스도에 대한 찬미를 말해주는데 이는 성경적 노래의 새로운 장르이다. 랄프 마틴(Ralph Martin)이 다음과 같이 말하는 것과 같다.

> 승귀되신 그리스도가 교회의 찬양을 받는 분으로서 하나님과 동일한 수준으로 정해지신 결정적인 단계는 예배에서였다. 따라서 찬송가학과 기독론은 "하나님에 대한" 찬미의 가치가 있는 것으로 신약 정경이 마

감된 후 곧 큰 소리로 불리는 한 주님에 대한 예배에서 합병되었다(주일 예배에서 비두니아의(Bithynian) 기독교인에 대한 플리니[Pliny]의 보고, A.D. 112).

삼위일체 신경을 위한 토대를 놓고 2세기 후반에 있었던 전형적인 영지주의에 대한 방벽을 세운 것은 바로 하나님의 위격(位格)들을 이렇게 밀접하게 함께 그린 것이었다…"메시아적 시편"이 구약 유형들과 예상도(圖)들의 성취에 대한 교회의 믿음을 정의하고 방어하는 데 있어서 그 역할을 감당하는 동안, 기독론적이고 구원론적인 물음에 대한 풍성한 방법을 시작하는 것은 새로운 종류의 찬미, 즉 "그리스도에 대한 찬미"를 요구했다. 기독론적이고 구원론적인 물음은 교회의 초기로부터 교회를 결국에는 칼케돈 공의회와 테 데움(*Te Deum*)으로 인도하였다.

당신은 영광의 왕이십니다. 오 그리스도여!
당신은 아버지의 영원한 아들이십니다.[8]

그 '오 하나님 당신을 우리가 찬양하나이다'라는 의미를 가진 테 데움(*Te deum laudamus*)은 초대 교회의 가장 위대한 찬송가 중에 하나이다. 교부들은 그리스도에 대한 많은 찬미를 그들의 서신들, 변증들 그리고 설교들에 썼다. 그런 기독론적인 헬라어(찬미)와 라틴어 찬미는 시편을 대치하려는 의도를 가지고 쓰인 영지주의적인 찬미와 혼돈되어서는 안 된다. 반대로 초기 교회 찬송의 많은 것은 영지주의적 찬송 작가들의 사역에 대한 반작용으로 정통 신학자들에 의해서 쓰였다.

아이작 왓츠는 어떤 관련된 목적, 즉 시편을 "기독교화" 하려는 목적을 가지고 시편 의역들과 찬송을 썼다. 그는 루터와 같이 믿는 사람들이 시편을 부르는 것으로부터 유익을 얻게 되기를 원했다. 그러므로 시편을 부르는 것은 지적으로 혹은 문화적으로 관계가 먼 행위가 아니라,

---

[8] Ralph P. Martin, "Hymns in the New Testament: An Evolving Pattern of Worship Responses," *Ex auditu* 8 (1992): 32-42. (이것은 테 데움 *Te deum laudamus*에서 가져온 두 행으로, 전문은 아니다).

그들이 그 행위로부터 배우며 연관될 수 있었던 그런 행위였다. 우리는 왓츠의 작품에서 호튼 데이비스(Horton Davies)가 "시편을 기독교적으로 변화시킨 것"[9]을 창출해내려는 욕구라고 불렀던 것을 보게 된다. 그렇게 하기 위해서 왓츠는 긴 시편을 줄였을 것이고 혹시 혼란이 될 수 있는 은유(隱喩)적인 언어를 피했을 것이다. 더욱이 그는 자신이 만든 시편 의역의 많은 부분 중 적어도 한 연(聯)에서 그리스도에 대해 직접적인 언급을 하거나 복음을 언급한다. 예를 들어, "내 영혼아 여호와를 송축하라"(시편 103편)의 마지막 연(聯)은 다음과 같다.

> 그분은 모세를 통해서
> 그분의 놀라운 일들과 방법들을 알리셨지만,
> 그분의 사랑하는 아들을 통해서
> 세상에 그분의 진리와 은총을 보내셨네.

다른 예는 "하늘이 주님 당신의 영광을 선포하네"(시편 19편에 대한 왓츠의 의역)로 이곳에서 우리는 다음과 같은 연(聯)을 발견한다.

> 당신의 퍼져나가는 복음은 쉬지 않을 것이요
> 세상을 통해서 당신의 진리가 퍼질 때까지;
> 그리스도께서 열방을 축복하실 때까지
> 열방이 빛을 보고 태양을 느끼네.

우리는 많은 시편에 그리스도 안에서 성취된 시편의 예언들이 있다는 것을 알지만, 시편 본문은 직접적인 이름으로 예수님이나 복음을 가리키고 있지는 않다. 왓츠는 그 예언들에 대한 그리스도의 성취를 다음과 같이 분명히 하기를 원했다. "모든 곳에서 나는 커다란 계획을 유지하려고 했다. 그것은 내 작품이 어떤 기독교인과 같이 말하도록 가르치

---

[9] Horton Davies, *The Worship of the English Puritans* (Morgan, Pa.: Soli Deo Gloria, 1997), 176.

는 것이다."¹⁰ 그는 회중에게 시편을 가지고 다니라고 가르쳤고, 시편이 노래되기 전에 성직자가 그 시편을 큰 소리로 읽도록 해서 사람들이 노래할 시편을 그들이 좀 더 잘 이해할 수 있도록 했다. 그렇게 함으로써 그는 18세기 초기 견해를 달리하는 교회의 예배에서 기독교 찬양을 그 바른 위치로 회복했다.

예배에 대한 성경적인 원리를 이해하는 것은 우리 세대의 교회에 유사한 영향을 끼칠 수 있을 것이다. 예배에 대한 그런 이해는 우리 예배를 풍성하게 할 것이고, 영지주의, 자기중심주의 그리고 인간중심주의의 위험을 막아주는 데 도움을 줄 것이다.

4) 송영(Doxologies)

신약은 축도, 기도, 신경, 칭송, 화답 그리고 송영 등의 수많은 인용구를 포함한다. 송영은 하나님께 대한 찬양의 온전한 영역을 포함하고 있으며, "예배의 신학"¹¹으로 지칭될 수 있다. 확장된 송영의 본문은 로마서 11:33-36; 요한계시록 1:5-7; 4-5; 7:10-12; 11:15-18; 15:3-4 그리고 19:1-8에서 볼 수 있다.

로마서 11:36은 로마서의 위대한 교리적 장들의 막을 내리며 사도 바울이 쓴 모든 것에 그가 주는 증언의 절정으로서의 역할을 감당한다. 제임스 보이스는 다음과 같이 말한다. "바울이 하나님의 자비를 깊이 묵상했을 때, 그는 경이로움에 몰두해서 구속받은 자들의 노래인 찬양이 솟아나는 것으로서 송영을 작곡했다."¹² 이사야와 욥 모두에서 인용

---

10 Isaac Watts, "The Psalms of David Imitated in the Language of the New Testament and Applied to the Christian State and Worship," Davies, *Worship of the English Puritans*, 178에서 인용.

11 Hughes Oliphant Old, *Themes and Variations for a Christian Doxology* (Grand Rapids: Eerdmans, 1992를 보라. 올드(Old)는 송영이 예배의 신학이며, 구약은 신약에서 완전히 발전된 다섯 가지 음악적 주제, 즉 기원, 복음선포, 지혜, 예언 그리고 언약적 송영의 소리를 내고 있다고 생각한다.

12 James Montgomery Boice, *Romans: An Expositional Commentary, vol. 3: God and History* (Grand Rapids: Baker, 1993), 1410, 1466.

한 이 송영은, 모든 것이 하나님 자신으로부터 그리고 그분 자신을 통해 오며, 또한 구속받은 피조물을 통해서 하나님께 드리는 예배로 바르게 인도된다고 결론을 맺는다. 이것은 유일하게 받아들일 수 있는 기독교적인 세계관이다. 모든 것은 하나님께, 오로지 그분께만 영광을 돌려야만 한다.

계시록 4-5장에 있는 다섯 개의 송영 찬미는 스랍, 그룹, 네 개의 생명체, 이십사 장로 그리고 모든 피조물이 부른다. 이런 노래는 계속된다. 처음 두 개는 하나님 아버지를 찬양한다. 다음 두 개는 어린 양 그리스도를 찬양한다. 그리고 다섯 번째는 아버지와 아들을 동시에 찬양한다. 하나님은 그분의 거룩, 그분의 영존 그리고 그분의 창조로 인해서 경배를 받으신다. 그리스도는 인봉을 떼기에 합당하신 신분과 구속하시는 구원의 행위로 인해서 찬양을 받으신다. 또한 이 찬미 속에는 "찬양이 고조되는 것"이 분명하게 나타난다. 첫 번째는 네 개의 생명체에 의해서 노래된다. 두 번째와 세 번째는 네 개의 생명체와 이십사 장로들에 의해 노래된다. 네 번째는 네 개의 생명체와 이십사 장로들과 수많은 천사에 의해서 노래된다. 그리고 다섯 번째는 하늘에 있는, 땅 위에 있는, 땅 아래 있는 그리고 바다에 있는 모든 피조물에 의해서 노래된다.

계시록에 표현된 하늘의 영원한 예배에 대한 우리의 이해는 또한 우리가 이해하는 바에 그리스도의 죽음과 부활에 이어 나오는 예배에 대한 내용을 더해준다. "영원한" 예배는 과거, 현재 그리고 미래를 포함해야만 하기 때문이다. 올드(Old)가 다음과 같이 지적한 바와 같다. "하늘 예배에 대해 말하는 요한계시록의 보고(報告)에는 구약의 시편과 송가가 계속적으로 울려 퍼지고 있지만 성경의 시편 중 하나를 직접적으로 그리고 단순하게 사용하는 예는 없다는 사실을 통해 충격을 받게 된다."[13] 이런 정보는 완전한 하늘의 예배에 대하여 적어도 가려진 그림을 보여주시는 하나님의 계시된 말씀이기 때문에, 교회에서 드려지는 우리

---

13 Old, *Worship*, 32.

의 오늘날 예배에서 이런 계시를 모방하는 것은 적절한 것으로 보인다.

2. 종교개혁 찬송가

우리는 찬송가의 역사를 다시 말하지는 않을 것이다. 에릭 루틀리(Erik Routley), 폴 웨스터마이어(Paul Westermeyer), 도날드 허스태드(Donald Hustad) 그리고 다른 사람들이 지은 훌륭한 책들에 그 찬송가의 역사는 잘 기술되어 있기 때문이다. 초대교회 예배의 재탄생이며 결과로서 이해될 수 있는 종교개혁 찬송가의 뿌리들을 고찰해보는 것으로 그리고 이것을 우리 시대의 예배에서 사용되고 있는 음악에 비교하는 것으로 충분할 것이다.

1) 16세기: 마틴 루터의 공헌

찬송은 종교개혁에서 중요한 역할을 했으며 그 종교개혁이 성공적으로 대륙으로 퍼져나가는 데 공헌했다. 이런 영향은 주로 개혁주의 관점을 고수했던 지역들에서보다는 루터교회가 퍼져 있었던 지역에서 더욱 두드러졌다. 루터는 회중이 노래하는 것을 회복했고, 츠빙글리는 그것을 거부했으며, 칼빈은 그것을 제한했다고 이야기되고 있다.[14] 츠빙글리가 음악을 좋아하지 않은 것은 아니다. 그와는 아주 반대로, 그는 실제적으로 모든 악기를 배웠으며 훌륭한 작곡가였다. 그는 음악의 힘을 알고 있었지만 음악이 예배에서 차지할 자리는 없다고 생각했다. 그는 침묵이 말씀을 듣고 명상하는 것을 위한 대답이 되는 것이라고 생각했다. 한편 칼빈은 음악가가 아니었다.

그는 츠빙글리, 루터와 같이 음악의 힘이 잘못 사용될 수 있다는 것

---

[14] Paul Westermeyer, *Te Deum: The Church and Music* (Minneapolis: Augsburg Fortress, 1998), 141.

을 알았다. 그래서 해결책은 음악의 사용을 주의 깊게 제한하는 것이었다. 비록 칼빈이 노래하는 것을 장려하기는 했을지라도, 그는 시편 책의 본문이 노래되는 것으로 제한했고, 음악은 "무게가 있어야만 하고" "장엄해야만 한다"고 생각했다. 칼빈은 개혁 교회를 위해서 운율적인 시편과 단(單) 선율적인 행에 대한 제한을 지지했다. 그리고 그는 악기들 혹은 성가대(회중의 화음과 8도 음정 노래를 인도한 어린이 그룹을 제외하고)를 금했다. 흥미롭게도 이런 제한들은 공동 예배에서만 주어졌다. 가정에서 이루어지는 가정 예배를 위해서는 동일한 악보들이 다중 음성으로 노래될 수 있었고 악기들도 포함될 수 있었다.[15]

운율적인 것들보다는 악기들, 찬송을 부르는 것, 재화음, 중창, 즉흥 연주, 대위법(對位法)적인 기조(基調), 혹은 시편의 사용을 장려하는 개신 교회는 마틴 루터의 후예이다. 루터는 류트(14-17세기의 기타 비슷한 현악기-역주)를 연주하는 사람이었고 음악에 대한 단순한 이해 이상을 가진 작곡가였다. 사실상 루터는 다음과 같이 서술한다. "하나님 말씀 다음으로 음악은 지고한 찬양을 받을 만하다. 음악은 인간을 통솔하거나 종종 인간을 압도하는 인간 감정을 다스리는 지배자이고 통제자이다."[16] 그리고 "어떤 잘못된 종교적인 사람들은 복음이 모든 예술을 땅에 내던져야만 하고 없애버려야만 한다고 주장하는데, 그렇게 생각하

---

15 칼빈이 배타적인 찬송가를 더 좋아 한 것은 그가 방어를 위해서 성경이 아닌 요한 크리소스톰(John Chrysostom)과 어거스틴에 호소하기를 좋아했던 것에서 기인되는 것이다(*Worship*에 있는 올드[Old]의 "The Ministry of Praise"를 보라). 그러나 르네상스 혹은 바로크의 그 어떤 중요한 음악도 개혁주의 나라들에서 만들어지지 않았다고 생각하지 않도록 해야 한다. 그러기 위해서는 프랑스 작곡자들의 중요한 그룹은 이런 활동 속에 포함되었다는 것을 주목해야만 한다. 이런 작곡자들은 시편의 다중 음싱직인 것과 나른 소화된 곡을 만들기 위해서 『제네바 시편』(*Genevan Psalter*)으로부터 단(單) 선율적인 영창들을 들여왔다. 그런 음악들은 그 뒤에 프랑스와 불어를 쓰는 다른 지역에서 광범위하게 출판되었고 노래되었다. 클레망 마로(Clément Marot)는 운율적 시편 본문의 가장 아름다운 것 중 몇 가지를 썼다. 그리고 칼빈은 그들 가운데 몇 명의 뛰어난 작곡자들인 루이 부르주아(Louis Bourgeois), 클로드 구디멜(Claude Goudimel), 클로댕 르 쥔(Claudin Le Jeune) 그리고 다른 사람들을 돕는 것을 확고히 했나.

16 *Liturgy and Hymns* (ed. and trans. Ulrich S. Leupold; Luther's Works: American Edition 53; Philadelphia: Fortress, 1965), 321-24로부터 인용.

지 않는다. 나는 모든 예술을 주셨고 만드신 하나님을 예배하는 데 사용되는 모든 예술, 특별히 음악을 듣고 보는 것을 원한다."[17]

그의 친구이자 음악적 합작자인 요한 발터(Johann Walter, 1496-1570)와 더불어, 루터는 성가 합창곡들(독일 찬송)을 씀으로써 음악을 통해 복음과 루터 교리를 전파하는 작업을 했다. 루터는 찬송가 발전에 그가 기여한 것으로 인해서 "회중 찬송의 아버지"라 불리는 것이 마땅하다. 그는 교리와 신학은 찬송을 부름을 통해서 가르쳐질 수 있고, 특별히 젊은 사람들은 건전한 음악에 접하는 것을 통해서 유익을 얻게 된다는 것을 알았다. 이것 때문에 루터는 발터와 함께 매우 많은 찬송을 썼다. 적어도 서른여섯 개의 성가 합창곡들을 어느 정도 확실하게 루터가 쓴 것으로 생각된다. 레오나르 페이튼(Leonard Payton)은 우리에게 다음과 같은 것을 상기시켜준다. 즉 16세기 중엽의 로마 가톨릭 지도자들은 자신들이 "그들이 부르는 바 '루터주의 이단'을 그 찬송가만 제외하고 금지할 수 있었을 것"[18]이라고 생각했다는 것을 상기시켜준다.

만인제사장 교리가 그 가장 구체적인 실현을 이룬 그 지점은 다른 것이 아닌 바로 루터교 찬송가라는 주장은 옳다.[19] 훈련 받은 사제들과 수도사들이 전하기 위해 이전에 간직했던 라틴 영창들, 시편 그리고 송가는 이제 회중이 그 모국어로 노래하는 교리가 스며든 찬송과 기도로 변형되었다. 지상에 있는 중재자가 필요하지 않았다. 개신교 예배에서 기독교인은 노래를 통해서 하나님과 직접적으로 대화를 나눌 수 있었기 때문이었다.

루터는 예술에 대한 우리의 이해가 우리의 신학을 통해서 알려져야만 하며, 우리의 신학은 예술적인 통찰과 표현으로부터 혜택을 받게 될 것이라고 생각했다. 음악은 창조주로부터 온 선물이기 때문에, 그분에 대해 더 많은 것을 가르치는 데 있어서 감당할 역할이 있다. 음악과 다

---

[17] *Wittenberg Geystliches gesangk Buchleyn* (1524)이라는 요한 발터(Johann Walter)의 찬송의 제1판에 대한 루터의 서문.
[18] Leonard R. Payton, *Reforming Our Worship Music* (Wheaton, Ill.: Crossway, 1999), 21.
[19] Roland H. Bainton, *Here I Stand: A Life of Martin Luther* (Nashville: Abingdon, 1977), 269.

른 예술들은 하나님께 찬양의 희생제물들로서 드려져야만 하며, 그분에 대한 우리의 예배를 수종 드는 수단으로서 역할 해야만 한다. 이것은 음악과 예술이 현대 복음주의에서 종종 속하게 되는 공리적이고 실용적이며 사회적인 역할들과 뜻을 같이하는 것은 아니다. 그런 타협 속에서는 예술에 대한 일반적인 기피와 예배에 대한 경박한 접근법들이 좋지 못한 신학을 드러내게 된다.

2) 20세기: 제임스 몽고메리 보이스의 공헌

16세기의 루터에 필적하는 20세기에 찬송을 쓴 사람은 제임스 몽고메리 보이스였다. 자신의 마지막 해에 보이스는 교리와 신학적인 내용이 풍부한 열두 개의 개혁적인 찬송을 썼다. 이 찬송은 구절 형태로 되어 있는 설교들이다. 이 구절 형태를 통해서 그 저자들은 그 찬송이 불리는 그 어느 곳이나 그 어느 때에나 계속해서 말씀을 전하는 것이다. 음표를 써내려가는 다른 찬송 작가들, 특별히 영국과 미국에 있는 대부분은 연주곡목에 대한 20세기 기여자들을 논의할 때 포함될 수 있을 것이다. 현대 개혁주의 전통에 있는 찬송 작가들을 단지 몇 명만 언급한다면 에릭 알렉산더(Eric J. Alexander), 에드먼드 클라우니(Edmund Clowney) 그리고 스프롤(R. C. Sproul)이 포함된다. 본서는 제임스 보이스를 위한 기념집이기에, 개혁 찬송의 새로운 장르에 대한 그의 공헌에 초점을 맞출 것이다.

루터의 찬송가책과 다른 작품들에 대한 서문에서 찬송 발전을 위한 루터의 목적들을 찾는 것과 같이, 보이스에게서도 역시 그런 그의 목적을 찾게 된다. 복회자-신학자들의 말은 찬송가를 위한 그의 목적과 찬송의 중요성에 대한 그의 이해를 분명히 하는 데 도움을 준다. 요한계시록 4:9-11에 대한 그의 설교에서 보이스는 예배에서 음악과 노래하는 것의 중요성에 대해서 다음과 같이 말했다.

하늘의 예배가 음악에 맞추어진 말, 즉 노래되는 말로 표현되고 있는 것은 흥미롭지 않는가? 물론 이는 흥미로운 것 그 이상이다. 음악은 하나님으로부터 온 선물이기 때문에 그 음악이 우리로 하여금 다음과 같은 것을 하도록 해준다는 것은 중요하다. 그 선물은 우리로 하여금 하나님에 대해서 우리의 가장 깊숙한 마음의 반응들을 표현하도록 해주고 의미 있고 기억될 만한 방법으로 그분의 진리를 표현하도록 해준다. 우리가 가지고 있는 진리에 대해서 "그렇다! 그렇다! 그렇다!"라고 말하는 우리의 정신과 우리의 마음이 결합되는 경우이다…이것이 바로 오늘날 하늘에서 네 개의 살아 있는 피조물들, 장로들, 천사들 그리고 모든 피조물이 하는 일이다. 우리가 노래할 때, 우리는 그 커다란 하늘에 있는 성가대에 옳게, 현명하게 그리고 기쁘게 참여하는 것이다.[20]

보이스와 나는 『현대(적) 종교개혁을 위한 찬송가』(*Hymns for a Modern Reformation*)이라는 책에서 의미 있고 기억에 남을 만하며 삶을 바꾸는 방법으로 성경을 가르치기 위해 자신의 찬송을 위한 루터의 목적을 되돌아보려는 시도를 했다. 보이스는 1999년 8월에 우리 공동의 노력을 존재의 이유(*raison d'être*)라고 묘사한 문장으로 나에게 메일을 보냈다. "만약에 우리가 오늘날 이루어지는 종교개혁을 가지게 된다면, 우리는 새로운 종교개혁 음악이 필요할 것이라고 나는 생각하고 있습니다. 성경 교리는 항상 이런 방법으로 사람들에게 영향을 끼쳐왔습니다." 루터의 찬송은 성경 본문을 묵상하고 가르치는 것으로부터 직접적으로 나왔다. 예를 들어, 에베소서 2:1-10에 대한 그의 오직 은혜(*sola gratia*) 찬송을 살펴보면, 우리는 그 시가 1인칭 단수로 쓰였으며 저자 개인의 간증으로서 이해될 수 있음을 발견한다. 에베소서 본문을 설명하면서 그가 쓴 장들의 제목들 또한 이 찬송을 위한 그의 생각을 개략적으로 나타낸다. 아래에 나오는 부분의 제목들과 두 문단은 『현대(적) 종교개혁을 위한 찬송가』과 에베소서에 대한 보이스의 주석에서 발췌된 것이다.

---

[20] 제10장로교회에서 선포된 (2000, 봄) 계시록에 대한 17의 연속 설교 중에서 설교 14인 James Montgomery Boice, "The Worship of the Elders – Rev. 4:9-11".

1. 우리가 있었던 길(2:1-3)
2. 그러나 하나님(2:4-5)
3. 그리스도와 함께 일어섬(2:6-7)
4. 오직 은총으로만 구원됨(2:8-9)
5. 하나님이 만드심(2:10)

다섯 개의 찬송 연(聯)은 마치 본문에 다섯 개의 나누인 부분이 설득력 있는 방법으로 기독교인의 과거, 현재 그리고 미래를 좇아가는 것과 똑같이 본문의 다섯 부분을 반영해준다. 우리는 우리의 범죄 속에서 하나님께 죽었고 우리 죄의 종이 되었다. 그와 같이 본질상 우리는 하나님의 진노의 대상이며 우리 죄를 위한 하나님의 마땅한 심판 아래 있는 것이다. "그러나 하나님"이 그리스도 안에서 우리를 살리셨다. 보이스는 다음과 같이 서술한다. "내가 그것을 단순하게 표현할 수 있을까? 만약에 당신이 '그러나 하나님' 이라는 그 두 개의 단어를 이해한다면, 그 단어들은 당신의 영혼을 구원할 것이다. 만약에 당신이 매일 그 두 단어를 되새기고, 그 단어들에 의해서 산다면, 그 두 단어는 당신의 삶을 완전히 변화시킬 것이다." 왜 하나님은 이것을 행하셨는가? 그분의 사랑(4절), 그분의 자비(4절), 그분의 은총(5절) 그리고 그분의 친절하심(7절) 때문이다. 하나님은 우리를 그리스도와 함께 살도록 하셨고, 우리를 그리스도와 함께 일으키셨으며, 우리를 하늘 왕국에서 그리스도와 함께 앉을 수 있도록 해주셨다. "이전에 우리가 죽었지만, 이제 우리는 살았다. 이전에는 우리가 우리 죄와 육체적인 본성에 의해 종이 되었지만, 이제 우리는 해방되었다. 이전에는 우리가 진노의 대상이었지만, 이제 우리는 하나님의 사랑을 체험한다.

우리는 "믿음을 통해서" "은총에 의해서"만 구원된다. 그러나 이것은 우리 자신이 행하는 것을 통해서 이루어지는 것이 아니다. 그것은 하나님이 행하신 것이고 하나님의 선물이다. "믿음은 우리 자신으로부터 나온 것이 아니다…만약에 그것이 선행에 의한 것이었다고 한다면, 우리는 아마도 하늘에서 자랑할 수 있을 것이다…그렇지만 아니다! 믿음조차도 우리의 행함이 아니다. 크든 작든 당신과 내가 행하는 그 어느 것도 우리로 하여금 구원을 얻게 해줄 수 없다…구원은 은총에 의해서만 이루어진다." 바울은 선행이 우리 구원의 한 부분이 된다는 그 어떤 개념도 거부하는 것에서부터 선행은 하나님이 우리로 하여금 행하도록 만드신 바로 그것임을 주장하는 것으로 재빠르게 옮겨간다. 사실상 하나님은 그리스도 예수 안에 있는 우리가 선행을 행하도록 만드셨다. 그 선행은 구체적으로 "우리가 행하도록 미리 예비된" 것이다. 이것은 "남자 혹은 여자의 재창조이다. 그 남자 혹은 여자가 이전에는 영적으로 죽었지만, 하나님을 기쁘시게 할 수 있는 어떤 선한 일도 전혀 할 수 없는 그런 존재였지만, 이제는 하나님의 행하심의 결과로 정말로 선하고 '선한 일들'을 행할 수 있다."[21]

성경 본문, 그 본문에 대한 보이스의 개관과 가르침 그리고 "그리스도 안에서 삶"(그림 10.1)에 있는 보이스의 다섯 개의 연(聯)을 비교해보라. 이것은 시를 위한 시가 아니라 가르침의 목적을 위해 쓰인 구절이다. 그 다섯 개의 연은 서정적이고 창의적이다. 그렇지만 그것은 동기부여의 힘과 궁극적인 의도로서 하나님 말씀의 진리와 대화하려는 바람이 있다. 그 다섯 개의 연은 선포적이다. 그것은 계몽적이다. 그것은 은총의 복음의 메시지를 담고 있다. 루터와 보이스는 찬양과 기도와 더불어 이루어지는 선포는 찬송가의 기본적인 역할들, 즉 우리가 이제 좀 더 상세하게 살펴볼 역할 중에 하나였다는 것을 알고 있었다.

3. 찬송가의 역할

1) 찬양으로서의 찬송

시편과 찬송이 가장 보편적인 주제로서 하나님을 찬양하는 주제라

---

[21] James Montgomery Boice, *Ephesians: An Expositional Commentary* (rev. ed.; Grand Rapids: Baker, 1997), 54, 57, 68, 74로부터의 인용들과 더불어, James Montgomery Boice and Paul Steven Jones, *Hymns for a Modern Reformation* (Philadelphia: Tenth Presbyterian Church, 2000), 24.

그림 10.1

는 것은 논쟁되지 않을 것이다. 다른 주제가 있기는 하지만, 하나님의 말씀, 행위, 속성을 위해 하나님을 찬양하는 주제는 매우 자주 보게 된다. 그리스도에 대한 찬송과 송가는 또한 종종 대부분이 찬양의 찬송이다(예를 들어, 스가랴의 노래: "찬송하리로다 주 이스라엘의 하나님이여 그 백성을 돌아보사 속량하시며", 눅 1:68). 마찬가지로 송영과 축도는 찬양을 돌리는 것으로 본문, 장 혹은 책을 시작하거나 결론을 내리고 있다(예를 들어, "그에게 영광과 능력이 세세토록 있기를 원하노라 아멘", 계 1:6). 찬양의 시편은 구원에 대해 하나님께 찬양을 드리는 소리와 종종 감사 제물이 동반되는 것이 전형적인 특징이다(예를 들어, 시편 30편 혹은 124편). 특별히 찬양을 지향하는 시편의 마지막 다섯 장은 모든 피조물에게 하나님을 찬양할 것, 노래, 춤, 음악, 악기를 가지고 찬양할 것을 호소한다. 찬양 지향적인 찬송의 세 가지 예가 있다. "내 영혼아 하늘의 왕을 찬양하라"(*Praise, My Soul, the King of Heaven*, 시편 103편에 토대를 둔 헨리 리트[Henry F. Lyte]), "모두 위에서 다스리시는 하나님께 찬양하세"(*All Praise to God, Who Reigns Above*, 요한 쉬츠[Johann J. Schütz]) 그리고 "이제 우리 모두 우리의 하나님께 감사하세"(*Now Thank We All Our God*, 마틴 린카르트[Martin Rinkart]).

첫 번째로 쓰인 보이스의 찬송은 "하나님께 찬양을 드려라"로 제목이 붙었는데, 로마서 11:33-36에 있는 바울의 송영에 토대를 둔다. 이 송영은 그 장에 이르는 위대한 교리적 장들에 대한 절정이고 증언으로서의 기능을 한다.

> 깊도다 하나님의 지혜와 지식의 부요함이여
> 그의 판단은 측량치 못할 것이며
> 그의 길은 찾지 못할 것이로다!
> "누가 주의 마음을 알았느뇨?
> 누가 그의 모사가 되었느뇨?"
> "누가 주께 먼저 드려서

갚으심을 받겠느뇨?"
이는 만물이
주에게서 나오고 주로 말미암고 주에게로 돌아감이라
영광이 그에게 세세에 있으리로다! 아멘.

보이스의 찬송은 "아버지에 대한 찬양"이라고 불리는 것이 옳을 것이다. 이 본문에 대한 그의 설교들은 이 찬송과 같이 동일한 제목, 즉 "오직 하나님께만 영광"(soli deo gloria)이라는 제목 아래 나타난다. 특별히 36절(보이스는 이 구절을 바른 기독교 세계관을 정의하는 데 있어서 주된 구절로 사용했다)에 대한 그의 메시지는 종교개혁 표어를 따라 제목이 붙여졌다. 보이스의 찬송은 이 본문의 신학을 선포한다. 그러나 시적인 찬양의 정황에 대해 우리가 주는 유일하게 적절한 대답으로서 역할을 하는 후렴과 더불어, 이 시적인 찬양의 정황 속에 있는 생각을 배열한다.

위에서 다스리시는 하나님께 찬양을 드려라.
완전한 지식, 지혜 사랑을 위해서
그분의 판결은 성스럽고 경건하며.
그분의 길은 찾아 따라 갈 수 있는 모든 것을 넘어선다네.

어느 누구도 하나님께 지혜로운 조언을 드릴 수 없네.
그분의 예리한 눈에 드러나지 않는 진실은 없네.
그분은 우리의 길 뒤에서, 앞에서 표시하시네.
그분은 우리의 영원한 안내자시라네.

하나님께서 필요로 하는 것은 그 어떤 것도 없네.
모든 선한 것이 그분께서 나오기 때문이도다.
우리는 그분을 우리의 주님으로 찬양하네.
우리는 하나님을 우리가 치러야 할 빚 가운데 두지 않는다네.

창조, 생명, 구원 역시도
선하고 참된 다른 모든 것이

항상 우리 하나님으로부터 그리고 그분을 통해서 온다네,
우리 마음을 감사 찬양으로 채우도록 하라.

후렴:
와서 당신의 목소리를 하늘의 높은 보좌에 올리도록 하라.
그리고 하나님께만 영광을 돌리라!

또 다른 보이스 찬양은 "아들의 찬양"(Hymn of the Son)이라고 불릴 수 있을 것이다. 요한계시록 1:5-7에 있는 송영에 토대를 두고 있는 것으로, "그리스도께 모든 찬양을"이라는 제목이 붙어 있다. 이 본문에 대해 전하면서 보이스는 다음과 같이 말했다.

> 이 연구의 초기에 나는 6절의 마지막 말씀을 송영으로 보았다. 그 말씀은 송영이다. 그러나 넓은 의미에서 5-7절에 있는 모든 것이 송영이다. 혹은 그것을 달리 놓으면, 하나님의 백성에 의해 기쁨으로 불리는 찬송이다…그것은 공동의 찬송이다. "우리를" 그리고 "우리의"라는 어구의 반복은 요한과 그의 독자들을 함께 믿음을 고백하는 공동체로서 그려주고 있기 때문이다. 이것이 찬송이 행하도록 의도된 것이다. 찬송은 하나님에 의해 주어진 수단이다. 우리는 그 찬송을 통해서 우리가 믿는 것들을 고백하는 데 참여하며, 우리의 휘날리는 영혼을 들어 올리고, 우리의 마음을 격려하며, 하나님을 함께 예배한다. 찬송보다 더 즐겁고 의기를 들어 올리는 그 어떤 것이 있을 수 있는가? 우리가 우리의 구주와 하나님의 존전에서 완벽하게 찬송을 드릴 때까지는 그 어떤 것도 찬송과 같은 것은 없다.[22]

보이스가 지은 찬송의 네 번째와 마지막 연(聯)은 우리에게 하늘에서 이루어지는 예배에 대해 어렴풋이 알게 해준다. 그 하늘 예배에서는 새로운 피조물이 하늘의 존재들과 지난 세대의 성도들과 함께 노래를

---

[22] 제10장로교회에서 선포된 계시록에 대한 17의 연속 설교 중에서 설교 3인 James Montgomery Boice, "Soli Deo Gloria - Rev. 1:5-7," (Spring 2000), 12.

부른다. 이 영원한 노래가 인용되어 있다. 그런 뒤에 찬양에 대한 우리의 현재 반응이 후렴에 주어져 있다.

> 천사들, 성도들 그리고 스랍과 함께
> 새로운 피조물이 노래하네,
> "모든 영광, 권세 그리고 찬양을
> 우리를 제사장들과 왕들로 삼으신 그분께."
>
> 후렴:
> 감사한 사람들의 모든 찬양을 그리스도께
> 영원 무궁히. 아멘.

2) 선포로서의 찬송

루터는 기독교인의 영적인 성장에 있어서 음악이 감당할 수 있는 중요한 역할을 깨달았다. 그는 다음과 같이 선언했다. "하나님의 놀라운 선물들이며 창조물들인 음악과 음표들은 특별히 회중에 의해서 노래될 때 그리고 진지하게 노래될 때 본문을 더 잘 이해하도록 도움을 준다." 그리고 "우리는 하나님의 말씀을 노래하고, 찬양하고, 존중하기 위해서 이 음악을 하나님의 살아 있고 거룩한 말씀에 덧붙인다. 우리는 음악의 이 아름다운 예술이 그 음악의 창조주이며 그 창조주의 기독교인을 섬기는 데 바르게 사용되기를 원한다. 창조주는 음악을 통해서 찬양을 받으시며 영광을 거두신다. 그리고 그분의 거룩한 말씀이 감미로운 음악을 통해서 우리 마음에 감동될 때, 우리는 믿음 안에서 더욱 좋아지고 더욱 강건해신다."[23] 웨스터마이어(Westermeyer)는 이 진술을 다음과 같이 확대한다.

---

[23] Martin Luther, "Preface to the Burial Hymns (1542)", in *Liturgy and Hymns* (ed. and trans. Ulrich S. Leupold; *Luther's Works: American Edition* 53; Philadelphia: Fortress, 1965), 328 (원래적인 강조).

루터는 단순하게 음악을 좋아한 것은 아니었다. 음악은 존재하는 신학적인 이유를 가진다고 루터는 생각했다. 음악은 하나님의 선물이다. 그 하나님의 선물은 하나님의 말씀과 같이 "신비로운 들을 수 있는 영역"에서 온 것이다. 음악은 어휘들을 전달하여 나를 수 있다는 점에서 독특한 것이다. 어휘들은 하나님의 말씀을 전달할 수 있기 때문에, 음악과 하나님의 말씀은 밀접하게 연관되어 있다…마치 루터는 음악을 설교와 거의 병행되는 유사한 것으로서 보는 것이 당연하다는 듯이 보인다…그러나 음악이 말씀과 그 말씀을 나르는 어휘들과 관련되어 있다는 데 강조점이 있는 것이다.[24]

발터(Walter)와 함께 루터는 여러 개의 찬송가집을 묶어 편집했으며, 그 중 몇 개의 서문을 썼다. 앞에서 언급했듯이, 루터의 목적 중에 하나는 그 당시의 젊은이들을 바르게 가르치는 것이었다.

그러므로 나 또한 다른 사람들의 도움을 받아 몇 가지 거룩한 노래를 함께 묶었다. 복음을 좀 더 잘 전할 수 있고 그 복음을 사람들에게 좀 더 잘 전달할 수 있는 사람들에게 좋은 출발을 하도록 해주고 동기를 부여하기 위해서였다…이 노래는 네 부분으로 배열되어 있다. 그런 배열에는 내가 젊은이들(이들은 음악과 다른 좋은 예술로 교육되어야만 한다)을 애정 노래와 세상적인 음악에서 떠나오도록 하고 그들에게 그런 것 대신에 배울 유익한 무엇을 주기 위한 것 이외에 그 어떤 다른 이유도 없다…다른 모든 사람이 불쌍한 젊은이들을 가르치고 훈련하는 것을 잊어버리는 것은 불행한 일이다. 우리는 이를 위해서도 역시 책임을 지지 않고 있는 것이 분명하다.[25]

명백하게 루터는 음악과 복음 선포가 연관되어 있다는 개념을 (처음으로) 창안한 것은 아니었다. 그는 성경에서 그 토대를 발견했다. 성경에는 음악에 대한 600개 이상의 구절이 있다. 그리고 우리는 노래하는 것이 영원한 행위라는 것을 알고 있다. 노래하는 것과 음악은 실제로

---

24 Westemeyer, *Te Deum*, 144-46.
25 발터의 *Wittenberg Geystliches gesangk Buchleyn* (1524)에 대한 루터의 서문.

는 믿는 사람이 매일 해야만 할 일이다. 루터는 음악이 교리를 가르치기 위해서 그리고 젊은 사람들을 지도하기 위해서 작곡되어야만 한다고 생각했다. 하나님의 말씀을 노래하는 것을 통해서 우리의 믿음은 강해질 것이다. 보이스도 마찬가지로 같은 말을 했다. 시편 9:9-10 주석에서 보이스는 다음과 같이 서술한다.

> 시편 기자가 각각의 부분에서 노래하는 것을 전하는 것과 함께 묶고 있다는 것은 놀라운 일이다. 그리고 교회사의 위대한 시기는 항상 노래하는 것과 전하는 것, 두 가지 모두로 특징된다는 것을 기억하는 것은 흥미로운 일이다. 종교개혁 시기에 마틴 루터의 찬송은 루터의 말씀이 독일 사람들의 마음에 있는 만큼 그들의 입술에 머물고 있었다. 영국의 웨슬리 부흥 시기에 복음의 회복은 그와 동일하게 복음을 노래하는 것이 활발하게 회복된 사실을 동반한다. 존과 찰스 웨슬리(John and Charles Wesley), 어거스트 토플래디(August Toplady), 윌리엄 카우퍼(William Cowper), 존 뉴턴(John Newton) 그리고 다른 사람들의 찬송이 보여주는 바와 같다.[26]

아마도 역사는 21세기 교회 속에서 이루어진 종교개혁이 회중의 입술로 불렸던 보이스의 찬송에서 발견했다는 것을 보여줄 것이다.

선포하는 상황 속에서 우리는 권고와 훈계 그리고 가르침과 교육에 대한 요소를 발견하게 되기를 기대한다. 이에 대한 왓츠의 입장은 다음과 같이 분명하다. "그가 명료함을 주장하는 것에서와 같이 찬양의 교훈적 가치에서 가지는 그의 믿음과 그의 목적은 청교도들의 목적과 같은 교화(敎化)였다."[27] 음악의 교육적인 사용에 대한 성경의 증언은 무엇인가? 수많은 시편이 주님의 사역을 기록하는데, 이 시편은 제사장들로부터 백성에게 그리고 부모들로부터 자녀들에게 구두 전승을 통해

---

26 James Montgomery Boice, *Psalms: An Expositional Commentary* (Grand Rapids: Baker, 1994), 1:79.
27 Davies, *Worship of the English Puritans*, 179.

서 전달되었을 것임을 우리는 알고 있다.[28]

신약의 진술은 골로새서 3:16-17에서 발견된다. "그리스도의 말씀이 너희 속에 풍성히 거하여 모든 지혜로 피차 가르치며 권면하고 시와 찬미와 신령한 노래를 부르며 마음에 감사함으로 하나님을 찬양하고 또 무엇을 하든지 말에나 일에나 다 주 예수의 이름으로 하고 그를 힘입어 하나님 아버지께 감사하라." 음악 특별히 노래를 부르는 것은 서로 가르치고 교훈하는 것을 위해서 옹호된다. 그러므로 성경은 거룩한 음악은 교육적인 목적이 있다는 것을 분명하게 말한다.

또한 하나님의 말씀을 노래하는 것은 하나님의 말씀에 대한 우리의 이해를 더욱 증진시켜준다는 생각에 대한 성경적인 지지가 있다. 사실상 노래하는 것은 또한 시편 119편의 마지막 부분에서 시편 기자가 말했듯이 하나님의 말씀을 듣고 묵상한 것의 결과이어야만 한다.

> 주께서 율례를 내게 가르치시므로
> 내 입술이 찬송을 발할지니이다
> 주의 모든 계명이 의로우므로
> 내 혀가 주의 말씀을 노래할지니이다
>
> ....
>
> 여호와여 내가 주의 구원을 사모하였사오며
> 주의 법을 즐거워하나이다
> 내 혼을 살게 하소서 그리하시면 주를 찬송하리이다
> 주의 규례가 나를 돕게 하소서 (시 119:171-72, 174-75).

시편 119편은 말씀에 대한 위대한 시편으로 119편은 각 행의 처음

---

[28] 시편 78, 105, 136편들이 마음에 떠오른다. 이것은 특별히 구약의 지혜 문학과 연관된 예배뿐만 아니라 교훈의 형태였다. 유월절의 유대 절기와 다른 매우 거룩한 날들 또한 하나님이 행하신 일들을 되새기는 것으로서 그리고 구원을 축하하는 노래를 사용한 것이 특징적이다. 게다가, 특별한 음악적인 재능들로 인해서 구별된 288명의 레위인들은 다른 3,712명의 선생들이었다. 3,712명 또한 그들 자신의 아들과 딸들을 가르쳤다.

글자를 맞추면 어구(語句)가 되는 광대한 아크로스틱(acrostic) 시이며 노래이다. 이 시에서 우리는 "나의 나그네 된 집에서 주의 율례가 나의 노래가 되었나이다"(54절)라는 내용을 읽게 된다.

고린도전서 15장에서 바울은 고린도에 있는 자신의 믿는 사람들에게 그가 전하고 선포했던 복음에 대해서 자세히 설명한다. 유앙겔리온(euangelion, 좋은 소식)은 예수 그리스도의 죽으심, 장사지냄 그리고 부활이었다. 죽음을 이기신 그리스도의 부활의 능력이 찬양된다. 특별히 15장의 끝에서 찬양되고 있다. "사망이 이김의 삼킨 바 되리라. 사망아 너의 이기는 것이 어디 있느냐? 사망아 너의 쏘는 것이 어디 있느냐?" 여기서 바울은 찬양의 노래인 이사야 25:8과 선지자를 통해서 하나님의 말씀을 전하는 호세아 13:14를 인용한다. 의도적으로 혹은 비의도적으로 바울은 노래와 복음의 선포를 연관시킨다. 이것은 그가 에베소서 5:19와 골로새서 3:16에서 또 다시 연관시키고 있는 것이기도 하다. 고린도전서 15장에 대한 루터의 주석은 다음과 같이 끝나고 있다.

"이제 성 바울은 그가 다음과 같이 부르고 있는 노래로 적절하게 결론을 내리고 있다. '우리에게 그런 승리를 주신 하나님께 감사와 찬양을 돌리세!' 우리는 그런 노래로 연합할 수 있으며 또한 우리가 이길 수 없었거나 성취할 수 없었던 승리를 이루신 하나님을 찬양하며 높이면서 부활절을 그와 같이 항상 축하할 수 있다. 우리는 그리스도 안에서 승리를 믿어야 한다."[29] 그리고 발터(Walter)의 찬송가 중 하나에 쓴 그의 서문에서 루터는 다음과 같이 기술했다. "모세가 출애굽기 15장에 있는 그의 노래에서 자랑했던 것같이, 우리는 그리스도가 우리의 찬양이며 우리의 노래라는 것을 자랑할 수 있다. 그리고 바울이 고린도전서 15장에서 말한 바와 같이, 우리는 우리 구주 예수 그리스도 외에 그 어떤 것도 노래하거나 말할 것이 없다는 것을 알아야만 한다."[30]

---

[29] *Selected Pauline Epistles I* (ed. and trans. Jaroslav Pelikan; Luther's Works: American Edition 28; Philadelphia: Fortress, 1955-86), 213에서 인용. 또한 Carl F. Schalk, *Luther on Music: Paradigms of Praise* (St. Louis: Concordia, 1988), 39를 보라.

[30] 발터의 *Wittenberg Geystliches gesangk Buchleyn* (1524)에 대한 루터의 서문.

믿는 사람의 올바른 사역을 묘사하기 위해서 루터는 "노래하다"와 "말하다"라는 용어를 자주 사용했다. 선포의 내용은 항상 복음, 즉 그리스도의 사역이었다. 그는 시편 118편에 대한 자신의 주석에서 다음과 같이 썼다. "하나님의 은총, 사역 그리고 권능이 그리스도 안에서 그들[의인들]에게 드러난 대로, 그들[의인들]은 그 모든 것만을 찬양한다."³¹ 가장 사랑받고 가장 잘 알려진 루터의 크리스마스 찬송 중에 하나인 "높은 하늘에서부터"(*Vom Himmel hoch*)라는 찬송은 그것을 다음과 같은 방법으로 말한다.

> 하늘 위로부터 땅으로 나는 왔네
> 모든 가정에 좋은 소식을 전해주기 위해서
> 커다란 기쁨의 기쁜 소식을 나는 가져왔네
> 그것에 대해서 나는 말할 것이고 노래할 것이네.

많은 선언적인 찬송은 그리스도의 탄생, 생애, 죽으심 그리고 부활을 말하는 복음의 기본적인 교리와 그리스도의 희생으로 인한 우리에게 가능해진 삶에 초점을 둔다. 그런 찬송에 대한 몇몇 예는 다음과 같다. "일어나라! 나의 영혼아 일어나라!"(찰스 웨슬리), "완벽함 위에 세워진 나의 희망"(에드워드 모우트[Edward Mote]) 그리고 "아! 나의 구세주가 피를 흘리셨는가?"(아이작 왓츠). 개인적으로 나는 음악적인 선포를 넓게 정의한다. 성경 본문을 가르치거나 정해주며, 하나님의 사역을 말해주고, 회개로의 부름을 말하거나 혹은 하나님의 약속들을 우리에게 생각나게 해주는 본문을 포함하기 위함이다.

로마서 8:28-31에 토대를 둔 "얼마나 놀랍고, 얼마나 지혜로우며, 얼마나 위대한가!"(그림 10.2)라는 보이스의 찬송은 칼빈주의의 주요한 교리를 선포한다. 그 찬송은 이 "일련의 황금" 본문에 대해 반영해주고 있고 설명해주고 있기 때문이다. 그 찬송의 언어는 선언적이고 교훈적

---

31 *Selected Pauline Epistles III* (ed. and trans. Jaroslav Pelikan; *Luther's Works: American Edition* 28; Philadelphia: Fortress, 1955-86), 81에서 인용됨 (원래적인 강조).

이다. 비록 그 찬양의 가르침에 대한 적절한 반응은 하나님을 찬양하는 것일지라도, 이것은 찬양의 찬송이 아니다. 또한 기도의 찬송도 아니고, 탄식의 찬송도 아니며, 단순한 영적인 찬송도 아니다. 그것은 성경의 어려운 본문을 개략적으로 말해주고 설명해주는 짧은 설교이다.

그렇지만 그것은 시적인 언어와 형식으로 그렇게 한다. 이것은 네 개의 연에 스며있고 연결해주는 중간을 이어주는 운율 체계를 설명해준다.[32]

그 연은 성경 본문을 따른다. 첫 번째 연은 믿음이 없고 타락한 인간을 갱신하는 하나님의 목적에 놀란다. 두 번째 연은 개인의 선택을 반영해주고 있고, 하나님의 섭리적인 목적은 그 선택 받은 개인에게 그리스도를 닮아가는 것임을 말해준다. 세 번째 연에서 우리가 의롭게 되고 영화롭게 된 것에 대해 즐거워한 뒤에(롬 8:30이 서술하는 대로), 찬송은 이제 우리에게는 하나님과 그분의 은총을 가지고 우리의 경주를 잘 달려가며, 하나님을 영원히 찬양하는 것 이외에는 그 어떤 것도 없음을 말하는 네 번째 연으로 결론을 맺고 있다. 이것은 매일의 삶에 대한 설교의 적용이다.

3) 기도로서의 찬송

그러나 예배에서 찬송가의 역할은 찬양과 선포에 국한되지 않는다. 찬송은 또한 많은 시편의 경우와 같이 기도로서의 역할을 할 수 있다. 시편, 송가, 그리스도에 대한 찬송 그리고 다양한 작은 송가(*cantica minora*)로부터 기인되는 많은 본문은 하나님께 직접적으로 말한다. 직접적으로 말하는 것은 기노 잔송의 가장 눈에 띄는 특성 중의 하나이

---

[32] 보이스가 이 찬송을 위해 만든 운율 체계는 이어 나오는 연(聯)의 A 운율이 되는 각 여섯 행 (AAB-AAB) 연에 있는 B 운율과 연결한다. 예를 들어, 1연에 있는 "계획"(plan)과 "사람"(man)은 2연에 있는 "시작했다"(began), "계획", "사람" 그리고 "할 수 있다"(can)로 인도한다. 이것은 4개의 모든 절(節)을 통해서 일관적이다. 이것은 로마서 8:28-31에서 발견되는 구원 서정(*ordo salutis*)의 연결하는 교리를 반영하는 고리-연결 시적 형태를 낳고 있다.

How Marvelous, How Wise, How Great

For those God foreknew he also predestined... called... justified... glorified.
Rom. 8:29-30

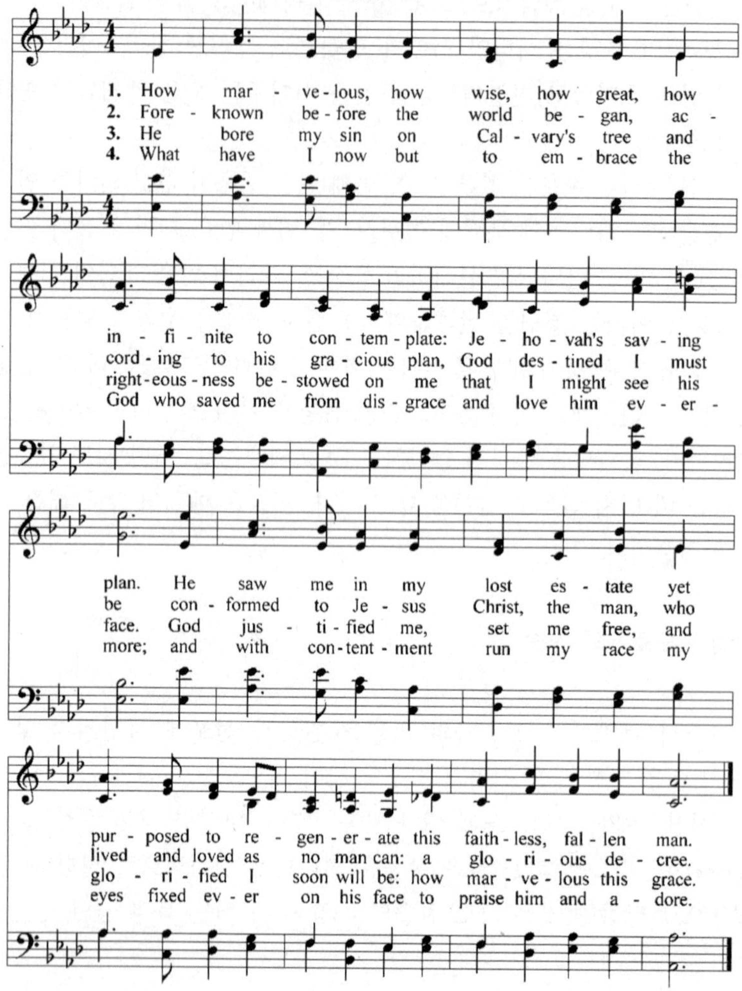

Based on Romans 8:28-31
James Montgomery Boice, 1999

SPRUCE STREET 8.8.6.8.8.6.
Paul S. Jones, 1999

그림 10.2

다. 마찬가지로, 많은 찬송과 합창은 하나님께 직접적으로 말하는 것이다. "당신은 나의 꿈이요", "거룩, 거룩, 거룩", "나의 예수님, 나는 당신을 사랑합니다", "오소서! 당신은 모든 축복의 근원이시네", "날마다", "주님! 나는 당신을 사랑합니다", "오 주님! 내 속에 정한 마음을 창조하소서" 등등. 이런 찬송을 기도 이외의 다른 것들로 생각하는 것은 지지를 받지 못한다. 삼위일체의 각 위격에 대해 말하는 기도 찬송을 발견할 수도 있다.

- 아버지: "사랑하는 주님이시며 인류의 아버지시여"(존 그린리프 휘티어[John Greenleaf Whittier])
- 아들: "오 예수님, 나는 약속했습니다"(존 보드[John Bode])
- 성령: "나에게 불어주소서, 하나님의 숨결"(에드윈 해치[Edwin Hatch])

하나님께 대해 이야기되고 노래되며 쓰이고 생각된 말 혹은 말이 아닌 다른 그 어떤 의사소통을 기도라고 결론을 내리는 것은 논리적이며 성경적인 듯이 여겨진다. 의사소통은 노래할 때 멈추지 않는다. 그렇지만 잠재의식적으로 우리는 생각하고, 말하며, 혹은 "의미하는" 행위로부터 노래하는 행위를 종종 분리한다. 아마도 이것은 어느 정도 다음과 같은 잘못된 생각에 연관되어 있는 것 같다. 즉 기도는 무의식적인 것이다. 그리고 만약에 기도가 본질상 즉흥적인 것이 아니라고 한다면, 그것은 성령의 인도를 받지 않는 것이라는 잘못된 생각에 연관되어 있는 것 같다. 그런 생각은 정경의 시편과 기도인 다른 성경적인 노래와 같은 입상을 취하는 것이 아니다. 이런 기도는 고대와 현대 모두의 예배에서 기록되었고 사용되고 있다.

칼빈은 시편을 노래하는 것이 기도가 되어야만 한다고 생각했다. 이런 이해는 시편 두 번째 책의 마지막 구절의 가르침과 일치한다. "이새의 아들 다윗의 기도가 필하다"(시 72:20). "오로지 자발적인 기도만"이라는 말은 영감된 시편의 사용을 배제할 수 있다. 다른 한편으로 시편만을 기도하는 것은 주기도 혹은 사도행전 4:23-26의 "주권자 되신 주님"의 기도와 같은 초대 교회의 분명한 신약의 본문과 예를 제외하는 것이다. 정해진 그리고 자발적인 기도 모두는 유효한 것이며, 성경의 예를 통해서 지지를 받고 있다. 다른 신약 본문 또한 노래하는 것과 기도하는 것을 연결한다.

- "너희 중에 고난 당하는 자가 있느냐 저는 기도할 것이요 즐거워하는 자가 있느냐 저는 찬송할찌니라."(약 5:13-이것은 기도와 믿음에 대해 야고보가 논하는 문맥이다)
- "내가 영으로 기도하고 또 마음으로 기도하며 내가 영으로 찬미하고 또 마음으로 찬미하리라."(고전 14:15)[33]

기도와 노래하는 것은 이 본문에서 밀접하게 연관되어 있다. 그리고 우리는 이 모두가 영(힘으로, 감정으로)과 마음(생각)으로 이루어져야만 하는 것을 알고 있다. 그 어떤 요소도 빠져서는 안 된다. 달리 말하면, 우리가 온 마음으로 기도하는 것을 의미해야만 하고, 의미하는 것을 알아야만 한다. 또한 우리가 노래하는 것을 의미해야만 하고, 노래하는 것을 알아야만 한다. 어느 한 요소(의도 혹은 이해하는 것)가 빠지는 것은 찬송을 부르는 것과 하나님을 예배하는 것을 종종 상관이 없는 것으로, 심지어는 불경한 것으로 만들어버린다. 왓츠는 시편을 기독교적으로 의역할 때 다음과 같은 생각을 가지고 있었다. "나는 어떤 불손한 은유(隱喩)들에 빠지지 않을 것이며, 어려운 말을 쓰지도 않을 것이고, 천진한 예배자가 이해하지 못한 상태로 노래하지 않도록 할 것이다."[34]

은사주의적인 교회가 현대 기독교에 환영할 만한 하나의 일은 예배에서 감정과 우리의 모든 마음으로 하나님을 예배한다는 의미가 무엇

---

[33] NIV는 마음(mind)과 영혼(spirit) 앞에 인칭대명사 나의(my)를 사용한다. 그러나 이 어휘는 14:14에서와 같이 헬라어에는 없다. 예를 들어, 바울은 5:4에 있는 그 자신의 영과 성령 사이를 구분한다.

[34] Davies, *Worship of the English Puritans*, 177에서 인용된 Watts, "Psalms of David".

인지에 대한 중요성을 다시 소개한 일이다. 이런 요소는 많은 개혁적 그리고 복음적인 교회의 찬송과 시편을 노래하는 것에서 빠진 것이다. 불행하게도 현대 기독교 음악 운동 속에서 이런 요소의 "일괄 프로화"와 "성공"으로 인해서 소비자 지향적인 교회 음악 산업으로 인도되었다. 그런 소비자 지향적인 교회 음악은 젊은 목사들과 중년 목사들을 위한 이상으로서 추구자가 느끼기 쉬운 대형교회를 떠받치고 있다. 대부분의 목사들은 신학교에서 음악적인 훈련을 받아보지 못했고 교회 음악 혹은 예배 지침에 대한 교육을 거의(혹은 전혀) 받지 못했다. 그렇기 때문에 그들은 교회-성장 전문가들에 의해 조장되는 최소한의 저항을 받는 실용적인 노선에 빈번하게 굴복한다. 교회에 약동성을 가져오리라는(그리고 사람들에게 그들이 원하는 것을 주려는) 바람 속에서, 현대의 예배는 모든 장식으로 첨가되며, 종종 예배에서 시편과 찬송이 차지하는 지위가 떨어지거나 배제된다. 이런 생각의 근본적인 잘못은 음악 형태가 교회 참석의 숫자를 성장하도록 할 것이라는 믿음 그리고 그런 숫자적인 성장은 영적인 성장과 동일할 것이라는 믿음에 있다. 우리는 하나님의 교회를 세우시는 분이 바로 하나님이라는 것을 기억해야만 한다.

올드(Old)는 『기도 인도하기』(*Leading in Prayer*)라는 예배에 대한 그의 책에서 목사들을 위해 다음과 같이 말한다.

> 적절한 찬송을 선택하는 것은 회중을 기도로 이끄는 중요한 부분이다. 우리는 항상 찬송가를 기도로 간주할 수는 없을 것이다. 그러나 신학적으로 그렇게 보는 것은 찬송가를 가장 나은 의미를 가지게 하는 방법이다. 찬송 속에서 하나님의 사람들은 한 목소리로 함께 기도한다. 누가가 초기 기독교 기도 모임에서 "저희가…일심으로 하나님께 소리를 높여 가로되"(행 4:24)라고 말한 것과 같은 것이다. 누가는 실제적으로 이것이 시편 노래에 대한 것이라고 말한다. 그러나 또한 찬송가에 있어서도 동일하게 참된 견해이다. 우리 목소리를 함께 모으는 것은 우리가

노래할 때 우리가 하는 바로 그런 것이다.[35]

독일 개신교도들은 실제적으로 그들의 찬송가책을 "기도 책"을 가리키는 것으로 말한다. 루터 교회 작곡가 요한 세바스티안 바흐(Johann Sebastian Bach, 1685-1750)는 합창곡들을 부르는 것이 기도라고 이해했다. 즉 찬송을 노래하는 것은 하나님과 의사소통하는 방법이었다. 만약에 우리가 찬송 중의 많은 것이 기도라는 것을 깨달았다면, 우리는 찬송에 다르게 다가섰을 것이고 다르게 불렀을 것이다. 우리가 시편과 믿음의 위대한 찬송을 함께 노래할 때, 우리는 지금뿐만 아니라 하나님과 함께 걸었고 동일한 말씀을 읊조렸던 과거의 성도들과 견고한 결속 가운데서 공동으로 기도하는 것이다.

스코틀랜드의 에릭 알렉산더(Eric J. Alexander)는 여러 개의 기도 찬송을 썼는데, 그 가운데 다음과 같은 것들이 있다. "오 주 하나님! 당신의 자비가 얼마나 큰지요!"(롬 12:1-2에 대한 화답에서), "모든 피조물의 주권자이신 주님"(행 4:23-30에 대한 화답에서), "나의 은혜로우신 하나님, 당신의 사랑이 크도소이다"(하나님의 사랑에 대한 성경적인 가르침에 토대를 둔 찬송) 그리고 "주 예수 그리스도시여, 당신이 얼마나 멀리서 오셨는지요"(빌 2:5-11에 대한 화답에서, 그림 10.3을 보라). 후자는 바울이 빌립보 교인들에게 쓴 서신의 위대한 본문에 대한 화답이다. 그 본문은 우리를 위해서 예수님의 낮아지심(*kenosis*) 교리를 묘사한다.

일찍이 우리는 이 본문을 그리스도에 대한 찬송으로서 확실하게 기능하는 바울의 시 중에 하나로 보았다. 그 본문은 우리 주님의 본성을 묘사하고 있으며, 그리스도에 대한 찬양을 하나님 아버지의 영광으로 간주한다. 찬송을 만들고 부르는 것에 의해 그 진리와 권능에 화답하는 노래를 통해서 이 본문을 가르치고, 재현하며, 기도하는 것은 완전한 의미를 가지도록 해준다.

---

[35] Hughes Oliphant Old, *Leading in Prayer: A Workbook for Worship* (Grand Rapids: Eerdmans, 1995) 321.

그림 10.3

4. 당신의 교회와 예배에서 이루어지는 찬송

주의 성도들아 여호와를 찬송하며
그 거룩한 이름에 감사할지어다(시 30:4).

찬송가의 가치가 이해될 때, 우리는 하나의 교회로서 혹은 한 사람의 개인으로 예배에서 찬송의 사용을 늘리려는 바람을 가지게 될 수 있을 것이다. 개인적인 혹은 모음 곡목에 옛 찬송을 다시 넣거나 새로운 찬송을 소개하려는 노력에 있어서 극복해야 하는 장애들이 있을 수 있다. 어떤 회중에 찬송을 소개하거나 음악적인 언어를 도전하는 가장 좋은 방법은 교육이다. 특별한 본문, 그 본문의 성경적인 기원, 혹은 그 본문의 작곡법, 양식, 저자 혹은 작곡가에 대한 어떤 것을 설명하는 것은 어떤 찬송의 가치를 감상하고 이해하는 것을 높이는 데 도움을 줄 것이다. 아래의 사항은 개인적인 그리고 공동 예배에서 찬송가책의 현대적 개혁을 이루어내는 데 있어서 도움을 줄 어떤 제안들이다.

1) 개인적인 예배

우리는 찬송가 책을 일종의 기도책이라고 올바르게 생각할 수 있기 때문에, 하나 혹은 여러 개를 소유하고 사용하는 것은 적절한 것 같다. 그 찬송가책을 개인적으로 혹은 가족 구성원들과 함께 사용하도록 하라. 그 찬송가책을 당신의 경건한 삶에 도움을 주는 것으로 간주하라. 우리는 연구되고 있는 성경 본문에 상응하는 찬송가를 찾는 성경 색인 혹은 성경적인 암시에 대한 색인을 사용할 수도 있을 것이다. 누군가가 기도하는 것을 도와주기 위해서 어떤 찬송가가 선택될 수도 있다. 그런 뒤에 그 찬송은 매일 기도로서 한 주 동안 혹은 한 달에 걸쳐 암기되고 노래될 수 있다. 많은 사람은 곡조가 그 본문을 생각나게 해주면서 온 종일 그들의 귀 혹은 생각에 저절로 떠오르게 해준다는 것을 발견하게 된다. 이것은 우리가 그 본문의 가르침을 기억하는 데 그리고 주님 앞에서 기도의 영을 유지하는 데 정말로 도움을 줄 수 있다. 본문을 통해서 생각하는 시간을 가지라. 그리고 그것을 자녀들에게 설명해주라. 이해된 본문은 의미 있게 노래될 수 있다. 예배는 의도적인 면이 있어야만 한다.

2) 공동 예배

회중이 함께 노래하는 곳은 찬송이 가장 분명하게 사용되는 장소인 것 같다. 그러나 찬송 선택과 노래하는 것은 일상적인 일이다. 회중이 함께 부를 노래를 선택하는 것이 목사이거나 음악 담당자이든 그 누가 하든 관계없이, 동일한 범주가 적용되어야만 한다. 본문은 성경적으로 건전하고 의미가 있어야만 한다. 그리고 본문을 수반하는 음악은 뛰어나야만 하며 그 본문을 우리가 이해하는 것은 용이하게 해주어야만 한다. 이것은 음악적인 훈련이 없는 목사들이나 교리적인 명료성이 없는 음악가에게는 위험한 과업이다. 그 위험한 과업은 지식이 있는 동료와 더불어 협력 속에서 가장 잘 이루어질 수 있는 일이다. 예배 의식의 진행 속에 찬양, 고백 그리고 감사의 요소를 포함하기 위해서는 신중하게 생각해야만 한다. 찬송은 예배 의식을 위한 공통적인 주제에 연결될 수 있거나, 성경을 읽는 것에 대한 어떤 형태에 연결될 수도 있다.

대부분의 현대 찬송가책은 찬송 선택에 도움을 주는 유용한 색인이 있다. 예를 들어, 성경 인용들 혹은 암시에 대한 색인은 설교 본문에 적절할 수 있는 본문으로 곧바로 향할 수 있도록 해준다. 주제 제목들은 하나님의 주권 혹은 청지기 직분 혹은 다른 관련성 있는 주제를 다루고 있는 찬송을 찾는 데 도움을 줄 수 있다. 운율적인 색인은 동일한 박자를 가지고 있는 다른 곡조를 말해줄 것이다. 만약에 어떤 특별한 찬송가책에서 어떤 효과적인 본문이 알려지지 않은 혹은 좋지 않은 곡조에 수반되고 있다면(그렇다! 몇몇 찬송가는 그런 것이 있다), 좀 더 좋고 좀 더 익숙한 곡조와 조화될 수 있도록 하기 위함이다. 때때로 이런 교체적인 짝짓기는 그 본문과 더불어 이루어내는 회중의 상호작용을 고양시킬 것이다.

3) 찬송 예배

회중 혹은 성경공부 그룹에 찬송을 소개하는 하나의 방법은 짧은 찬송 예배를 통해 소개하는 것이다. 이것은 10분에서 20분 정도 소요될 수 있으며, 세 개 혹은 그 이상의 찬송이 포함될 수 있다. 그런 예배를 인도하는 사람이 그 찬송의 저자 혹은 작곡가에 대해서 배우기 위해 참고로 할 수 있는 자료를 가지는 것은 도움이 된다.[36] 그런 뒤에 이런 정보는 회중과 나누어질 수 있다. 하나의 주제는 그런 예배를 하나로 묶어주는 데 도움을 준다. 예를 들어, "루터의 찬송", "필립 도드리지(Philip Doddridge)의 찬송", "기쁨의 찬송", "수난 찬송", "고린도전서 15장에서 나온 찬송", "저녁 찬송", 혹은 "선교사들에 의해 쓰인 찬송" 등이 있다.

좀 더 중요하게 인도자는 찬양, 선포, 기도 등등 찬송의 역할(들)을 생각해야만 하고, 그런 통찰들을 노래할 사람들과 나누어야만 한다. 중심이 되는 초점은 하나님과 그분의 말씀에 있어야만 한다. 하나님 말씀의 가르침에 주의를 집중하기 위해서, 찬송이 토대를 두고 있는 성경의 절 혹은 본문을 읽을 수 있고, 찬송 속에 놓인 그 위치를 주목해 볼 수 있다. 가르침과 더불어 미리 계획된 그런 찬송 예배는 찬송을 부르는 경험을 풍부하게 해주고 활기를 불어 넣어줄 것이다. 그리고 그런 찬송 예배는 좋아하는 찬송을 선택하거나 무작위로 찬송을 부르는 것보다 더욱 의미가 있는 것이다. 성가대는 또한 새로운 곡조를 소개하는 데 있어서, 혹은 따로 떼어 놓은 중간의 연(聯)을 노래함으로써 도움을 줄 수 있다.

---

[36] 많은 현대 찬송가책은 이제 저자, 작곡가, 본문 혹은 곡조에 대한 정보를 말해주는 지침서와 더불어 출판된다. 요한 줄리앙(John Julian)의 두 권으로 된 *Dictionary of Hymnody* (New York: Dover, 1957)는 어떤 교회 음악 도서관에서도 중요하다. 찬송 이야기에 대한 책이 중요한 것과 같다. 또한 목사들과 음악 담당자들이 참고도서와 자료로서 해당 교파와 다른 교파들에 이르는 20-30여개의 찬송가책에 대한 모음집을 소유하는 것은 많은 도움이 된다.

4) 매달(月)의 찬송

회중과 가정에 찬송을 소개하는 또 다른 유용한 방법은 매달 한 가지 찬송을 선택해서 그 달 내내 한 예배에서 매일 혹은 매주 계속적으로 그 찬송을 부르는 것이다. 주보에 끼어 넣는 것으로 사용하기 위해 찬송 인쇄 허락을 받는 것은 요청하면 출판사로부터 그런 허락을 받을 수 있을 것이다. 그러면 찬송은 가족들과 더불어 가정으로 옮겨질 수 있을 것이며 함께 배울 수 있게 될 것이다. 동일한 찬송이 전 교회적으로 배우려는 노력의 일환으로 주일학교 교과과정 혹은 청소년 그룹에서 선보일 수도 있을 것이다. 이렇게 하는 것을 통해서 그 찬송의 가치를 전 회중에게 보여줄 수 있을 것이고, 찬송을 배우는 것이 공동적으로 나누어지는 경험이 되게 해줄 것이다. 찬송을 부르는 것은 하나로 묶여지는 행위이며, 우리가 공동적으로 가지는 유산이다.

찬송에 대한 설명 혹은 그 찬송의 기원에 대한 정보는 주보에 실릴 수도 있고, 아니면 노래 인도자에 의해서 설명될 수도 있다. 만약에 교회에 성가대가 있다면, 그 성가대가 그 찬송을 준비하여 회중이 그 찬송을 부르기 전에 그 찬송을 처음으로 소개할 수도 있고, 아니면 노래하는 것을 인도하는 데 도움이 되는 역할을 단순히 감당할 수도 있을 것이다. 성가대들은 2부 합창을 가르치는 단체로서 역할을 감당할 수 있으며, 예배에서 도움이 되고 창의적인 방법으로 사용되어야만 한다. 성가대들은 성가 혹은 정적(靜的)인 예배 음악을 매주 부르는 일에 국한될 필요는 없다.

5) 찬송 축제들

한 해 중 그 어느 때도 찬송 축제를 위해서는 좋은 시간들이다. 그러나 다음과 같은 계절 혹은 사건들은 특별히 잘 이용되고 있다. 즉 대강절, 성탄절, 사순절, 부활절, 오순절, 종교개혁일, 교회 설립일, 새 파이프 오르간을 헌정하는 날, 새로운 목사를 임직하는 날 등이다. 찬송

축제에서 우리는 찬송 예배의 개념을 60분에서 90분에 걸쳐 이루어지는 온전히 통전적인 예배 속에 있는 좀 더 커다란 정황에 적용을 할 수 있다. 이와 같은 경우는 목사들과 음악 담당자들이 의미 있는 예배를 준비하기 위해서 함께 일할 놀라운 기회이다. 특별히 그런 협력이 정기적으로 이루어지지 않는 경우에는 더더욱 그렇다. 준비는 필수적인 요소이다. 주제, 시간 그리고 본문 모두가 신중하게 고려될 필요가 있다.

예배의 구조는 확실해야만 한다. 일의 순서, 생각, 음조 그리고 분위기의 흐름은 철저하게 생각되어야만 한다. 그리고 인쇄된 예배 순서지는 참석자들에게 아주 도움이 되는 안내가 된다. 찬양 축제는 한 가지 교리, 시대, 나라, 주제, 혹은 작곡가를 중심으로 이루어질 수 있거나, 아니면 매우 다양할 수도 있다. 연습된 성가대와 악기 연주자를 사용하는 것은 찬송을 효과적으로 인도하는 것과 반주하는 데 기여하게 된다. 여기에 제10장로교회에서 2000년 종교개혁 주일에 열렸던 찬송 축제에서 사용된 내용이 있다.

    전주
    환영사
    예배/기도에로의 부름
    찬송: "내 하나님은 강한 성이요"{EIN' FESTE BURG}
    역사적인 설명: "종교개혁의 정황"

      I. 오직 성경(*Sola Scriptura*)
         성경: 디모데후서 3:10-17
         찬송: "하나님의 놀라우신 말씀"{SOLA SCRIPTURA}

      II. 오직 믿음(*Sola Fide*)
         성경: 로마서 3:21-28
         찬송: "하늘의 선물"{SOLA FIDE}

      III. 오직 은혜(*Sola Gratia*)
         성경: 에베소서 2:1-10

찬송: "그리스도 안에서 살았네"{SOLA GARTIA}

IV. 오직 그리스도(*Solus Christus*)
찬송: "상하신 오 거룩하신 분"{PASSION CHORALE}
기도
헌금
성경: 고린도전서 1:18-31
찬송: "오직 그리스도만"{SOLUS CHRISTUS}
설교: "오직 그리스도만"(고전 2:2)

V. 하나님께만 영광(*Soli Deo Gloria*)
찬송: "이제 우리 모두 우리 하나님께 감사하세"{NUN DANKET ALLE GOTT}
성경: 요한계시록 4:1-2, 6-11, 5:6-14
찬송: "찬란한 영광 가운데 있는 보좌 주위에"{QADOSH}
찬송: "하나님께 찬양을 드리세"{SOLI DEO}
축도: 로마서 11:33-36
후주

6) 찬송 반주하기

교회는 찬양 인도자를 따르는 피아노 연주자, 키보드 연주자, 혹은 오르간 연주자를 가지고 있을 수 있다. 예배 인도 팀이 있을 수도 있다. 혹은 모든 것이 파이프오르간의 연주대(臺)를 통해서 인도될 수도 있다. 어느 경우이든 누군가가 연주하는 방법은 사람들이 노래하는 방법에 영향을 미친다. 대부분의 반주자들, 음악 담당자들 그리고 목사들은 아마도 이에 대해서 어느 정도는 알고 있을 것이다. 그러나 이런 역할의 온전한 범위와 책임은 거의 인식되거나 알려지지 않고 있다.

반주자들의 능력과 신댁은 사람들이 노래하는 방법에 직접적으로 영향을 준다. 이것은 회중뿐만 아니라 성가대에 있어서도 또한 사실이다. 반주자는 성가대 지휘자만큼 혹은 지휘자 그 이상 성가대에 영향을 줄 수 있다. 왜 그런가? 우리는 음악에서 보고, 읽고, 혹은 전해지는 것보다 듣는 것에 더욱 반응하기 때문이다.

악단 혹은 오케스트라에서 타악기 부분은 지휘자에 집중해야만 하고 특별히 정확해야만 한다. 만약에 향-드럼 연주자가 지휘자보다 조금 더 빠르게 혹은 조금 더 느리게 연주한다면, 전체 그룹은 드럼을 따라갈 것이다. 피아노의 건반을 치는 타악기적인 특성은 유사한 효과를 갖는다. 성가대 혹은 회중은 전형적으로 그들이 듣는 것과 보조를 맞추어서 움직일 것이다. 좋은 오르간은 강하게 주도하는 힘과 음량이 있다. 그러나 오르간 연주자의 조음(調音, 음표들과 무반주의 길이)과 다른 요소가 그 결과에 상당한 차이를 가져온다.

이미 언급한 빠르기와 리듬 이외에 반주자는 속도와 음악 형식(절 사이의 시간, 얼마나 오래 키를 유지할 것인지, 얼마나 정확하게 연주할 것인지)에 의해서 뿐만 아니라 소리의 크기와 강약의 관점에서도 회중에 영향을 준다. 숨쉬기와 합창은 영향을 받는다. 무엇보다 중요한 것은 이런 다양한 요인을 통해서 노래되고 있는 진리들에 개별적인 예배자의 연결뿐만 아니라 사고를 활발하게 고무시킬 수 있다.

이 마지막 사안은 가장 중요하다. 다음 모든 것은 바로 이 마지막 사안에 연결되어 있다. 오늘날 예배에는 사고의 커다란 공백이 있다. 어떤 사람들은 감정, 그들 자신의 감정적인 연결에 그리고 그들이 예배 체험에서 얻어내는 것에 훨씬 더 많은 관심을 보인다. 다른 사람들은 결코 찬송을 부르거나 기도하는 것에 참여하지 않고 회중석에서 관람객처럼 행동한다. 우리는 노래를 부르는 것이 우리 서로를 향하는 것이 아니라 하나님을 향한다는 것을 깨달아야만 한다.

만약에 우리가 노래할 때, 우리는 하나님을 찬양하는 것이거나 하나님께 기도하는 것, 우리가 영광의 왕 존전에 있다는 것 그리고 우리는 하나님께 감사하고, 하나님을 찬양하며, 하나님께 합당한 것을 돌려드리기 위해서 나아와야만 한다는 것을 우리가 진정으로 이해한다면(우리 자신이 더 좋은 감정으로 느껴지게 하기 위한 것이 아니라), 우리는 노래하는 것을 아는 것이 얼마나 중요한지를 이해하기 시작할 것이다. 다른 것 중에서 이것은 찬송이 많은 그룹에서 인기를 잃고 사용되지 않는 한 가지 이유이다. 찬송은 생각을 요구하지만, 우리는 생각하는 것을 원하지 않기 때문이다. "나는 교회에 쉬고 마음이 상쾌해지기 위해서, 즉 일하지 않기 위해서 온다"라는 것이 일반적인 태도이다. 그러나 바른 예배는 일하고, 생각하고, 준비하고 행동한다.

찬송은 성경으로부터 직접적으로 기독교 교리를 전하거나 동료 믿는 사람들에게 도전과 격려의 메시지를 전해준다. 마찬가지로 성경을 음악에 맞춘 합창들은 하나님의 말씀을 우리에게 전달해줄 수 있다. 우리가 어떻게 이런 악보들에 대해서 생각하는가 그리고 우리가 어떻게 그 악보들을 부르는가는 중요하다. 반주자는 그와 같은 것을 가지고 해야 할 많은 일이 있다. 사실상 나는 회중적인 노래를 지지하고 그에 영향을 주는 것은 교회의 반주자로서 행하는 유일하고도 가장 중요한 일이라고 말하는 데까지 나아가고자 한다.

효과적인 찬송-연주는 서론, 숨쉬기, 조음, 음전(音栓) 조절법 그리고 대체적인 장단조 혹은 화음을 통한 즉흥연주에 대한 연습과 생각을 요청한다. 서론은 음조, 속도, 분위기, 특성(악보 기호) 그리고 음의 양 등을 설정할 것이고, 귀가 곡조에 익숙하도록 해줄 것이다. 숨쉬기는 의미를 만드는 곳에서 문법적인 구두점과 더불어 이루어져야만 하는데, 음조에서 손을 들어 떼면서 그리고 새로운 단어를 다시 분명하게 발음함으로써 의미를 가지게 한다. 조음은 어떤 선율을 동시에 함께 시작하는 어택(attack), 음표들 사이의 공간의 양, 단음(斷音) 장치 발판의 사용, 음표들의 길이, 강조로 이 모든 것은 음악의 소리와 특성에 영향을 준다. 음전 조절법은 반주의 음색, 음의 양 그리고 특성을 선택할 때 본문을 심사숙고하는 것이다. 변경되는 음조들과 화음들을 통해서 연주하는 것이 즉흥연주이다.

즉흥연주는 연주자에 필요 없는 주의를 집중시키지 않고 변경된 것이 본문 혹은 음악의 질을 높도록 해준다. 예배에서 찬송이 불리기 전에 그 찬송을 다시 살펴보아야만 하며, 준비할 때 위에서 언급된 변수를 고려해야만 한다. 준비된다는 것은 반주자가 어떤 상자 혹은 변하지 않는 정황 속에 갇힌다는 것을 의미하는 것이 아니다. 자발성과 영감을 위한 변동의 여지가 있다. 준비된다는 것은 효과적인 것이 된다는 의미를 강하게 반영하는 것이다.

5. 찬송 쓰기

많은 사람이 나에게 찬송을 쓰는 과정에 대해서 묻는다. 어떻게 이루어지는 것인가? 누가 찬송을 쓰는가? 나는 새로운 노래(*canticum novae*)를 위한 필요에 대해 확신하며, 하나님에 대한 우리의 예배를 돕기 위해 성경적 찬송을 작곡하는 계속되는 활동에 종사한다. 그렇기 때문에 그런 은사들을 가지고 있을 수도 있는 다른 독자들이 그들의 손과 마음을 발휘하도록 자극하려는 소망 속에서 나는 찬송을 쓰는 과정에 대한 간략한 의견을 개진해보고자 한다.

1) 작사가

가장 훌륭한 찬송 작사가들은 회중의 생각 속에서 자신들의 설교의 두드러진 요점들을 요약하고 명하기 위해서 찬송 가사를 쓴 목사들인 경우가 왕왕 있다. 개신교 찬송가책에 대한 연구조사가 어렵지 않게 증명하고 있듯이, 훈련된 목사들은 특별히 찬송을 쓰는 일에 매우 적합하다. 성경적 배움, 삶의 경험 그리고 위대한 문학과 다른 찬송에 대한 지식은 없어서는 안 될 주제, 시적인 양식들 그리고 암시를 위한 풍부한 내용을 제공해준다.

설교자가 되었든지 시인이 되었든지, 찬송 작사가들은 모든 기독교 시인이 발견하는 동일한 곳에서 영감을 발견한다. 즉 영적인 곤궁함에 대한 성찰을 불러일으키는 성경, 자연, 삶의 체험 등에서, 혹은 하나님의 영광에 대해 깊이 감동을 주는 깨달음에서 영감을 발견한다. 찬송-

작곡은 기독교적인 헌신의 행위가 될 수 있다. 찬송-작곡은 성경공부를 통해서 시작되며 발전된다. 그리고 사실상 찬송-작곡은 영적인 발견의 더 깊은 차원에 이르도록 해준다.

모든 좋은 시가 좋은 찬송을 만드는 것은 아니다. 그리고 모든 좋은 찬송이 위대한 시의 요건을 반드시 충족시키는 것도 아니다. 일반적으로 찬송시는 연속적인 길이의 여섯 개 남짓한 절(節)로 국한되어야만 한다. 한 연(聯)에 네 개에서 여섯 행을 가지도록 하는 것이 가장 잘 다루는 것이다. 각각은 병행이 되는 운율, 리듬을 유지해야만 하고, 노래되었을 때 만들어지는 불합리한 것을 피하기 위해서 다른 연(聯)에 있는 각 연의 일치하는 행을 강조해야만 한다. 강하고 약한 음절은 음악적 박자에 적절하게 일치되어야만 한다. 즉 만약에 찬송 작사가가 일관성이 없다면 일어날 수 없는 그 어떤 것에 적절하게 일치되어야만 한다. 대부분의 찬송 본문은 운율적이다. 그리고 수많은 운율 체계 선택 항목이 있다(비록 좋은 찬송과 시편 의역들이 운율이 맞지 않는 것이 존재하기는 할지라도).

곡조와 리듬은 절별로 변경될 수 없기 때문에, 시에서 일관적인 분위기는 가장 좋은 효과를 내게 된다. 만약에 찬송의 가사와 음악적 감정이 일치한다면, 찬송은 더욱 강해지는 것과 같은 이치이다. 후렴은 분위기 혹은 방향을 바꾸는 기회를 준다. 혹은 주제를 요약하거나 강화시키는 역할을 감당할 수도 있다. 더욱이 찬송 본문은 말의 표현을 담을 수 있을지라도, 잘 다음어진 설교와 같이 찬송의 주된 목표는 인식되고 발견될 수 있는 메시지를 전달하는 것이어야만 한다. 찬송을 부르는 것은 폭넓은 대중이 기독교 교리를 만나는 공개 토론장이다. 그러므로 시는 이해를 도모하기 위해 최소한으로 가르쳐져야만 하기는 하지만(비록 처음 읽는 것이 될 필요는 없을지라도), 분별력 있는 마음에 생각할 무엇인가를 주어야만 한다.

2) 작곡가

좋은 작곡가는 가치 있는 시를 선택하고, 그 의미를 고려하며, 그 리듬 체계, 운율적 형태 그리고 문맥을 분별해낸다. 작곡가는 곡 자체에 대한 본문이 자신의 의식 속으로 들어가도록 하는 시간이 허용되는 것을 원할 것이다. 표준적인 혹은 변경된 찬송 형태는 아마도 본문 형태에 토대를 둔 자체를 말해줄 것이다. 그리고 작곡가는 곡조의 개략적인 개요 속에서 이것을 마음에 둘 것이다. 작곡가는 운율적인 리듬, 분위기, 힘 그리고 속도 등과 같은 시의 구조와 전반적인 감을 찾아내고자 한다. 이런 토대 위에 시의 분위기에 맞는 음조와 범위가 선택된다. 조율과 부합하는 배음(倍音) 음렬(音列)의 동일한 체계 속에 있는 실제의 특성에 의한 음조들과 음계들은 음색들과 음질들을 가진다. 어떤 것들은 다른 것들보다 좀 더 강하다. 어떤 것들은 좀 더 밝거나 좀 더 우울하다. 또한 훈련되지 않은 목소리에 의해 솜씨 있게 다루어질 수 있는 범위를 선정하는 것은 중요하다.

곡조는 노래하는 사람이 가장 생생하게 기억하게 될 그런 것이다. 따라서 노래할 만하고, 서정적이며, 논리적이어야만 한다. 그렇지만 신선하고 쉽게 예측할 수 있어서는 안 된다. 곡조는 본문에 대한 노래하는 사람의 주의와 이해를 창의적으로 강화시켜주어야만 한다. 몇 가지 리듬의 선택은 본문을 연구한 후에 그 자체를 나타낼 수 있다. 그러나 작곡가는 어떤 것이 다른 것보다 더욱 그 의미를 향하여 주의를 집중하는지 아니면 주의 집중이 멀어지고 있는지를 결정해야만 하며, 그 리듬이 흔해빠지거나 진부하게 보이는 듯한 것을 피하도록 하기 위해 절의 음조와 운율을 돕고 있는지를 결정해야만 한다. 종종 곡조를 인지하면서 화성을 "듣는다." 그러나 이런 기본적인 화음 구조는 일단 곡조적이며 리듬적인 요소가 결정되면 세련되게 다듬어질 수 있다. 음성 부분 속에 있는 "행"의 가치는 과소평가되어서는 안 된다. 너무나 많은 찬송이 여러 개의 소절에 걸쳐서 인접해 있는 두 개의 음표를 알토(*altos*)에 맡겨둔다.

일단 쓰이면, 전체 작품은 검토되어야만 하고, 음색과 뉘앙스를 좀 더 적절하게 바꾸도록 여러 번에 걸쳐서 교정되어야만 한다. 이것은 좀 더 다채로운 단어를 선택하거나 좀 더 절제적인 어구를 만듦으로써 시 혹은 수필을 다듬는 것과 같은 방법이다. 우리가 혜택을 얻는 풍성한 찬송 곡목에 기꺼이 받아들여지는 결과가 되기를 바라며, 이 유산을 가치 있게 하는 교회의 회중 속에서 공명하는 반향을 불러일으키는 결과가 있기를 바란다.

6. 결론

찬송이 예배에서 사용되어야만 하는 것인지를 물어보는 질문에 대한 대답을 함에 있어서, 우리는 다음과 같이 결론을 내려야만 한다. 즉 오늘날 예배에서 찬송의 사용을 무시하거나 금하는 찬송에 대한 예가 성경 전체에 걸쳐 있다는 결론을 내려야만 한다. 오로지 정경의 시편만이 노래되어야만 한다는 입장에 대한 대답을 함에 있어서, 우리는 다음과 같은 것을 인지해야만 한다. 즉 "새로운 노래를 부르라"는 시편, 이사야, 요한계시록 그리고 다른 곳에 있는 명령이 있고, 구약과 신약 모두에 있는 성도들이 찬양과 구원의 새 노래를 불렀다는 수많은 내용이 있다는 것을 인지해야만 한다. 그러므로 우리의 위대하신 하나님에 대한 새로운 찬송을 만들고 부르는 것을 중단하는 것은 성경의 가르침에 배치되는 것 같다. 더욱이 요한계시록에 있는 완전한 하늘 예배의 그림들은 오래된 노래와 새로운 노래 모두로 구성된 영원한 노래를 가지고 모든 세대가 드리는 찬양으로 구성된 의역된 시편과 찬송이 울려 퍼지는 것을 나타낸다. 이것은 우리의 현재 예배가 실행되어야 하는 것들을 말해주는 것이 틀림없다.

우리는 또한 에베소 교인들과 골로새 교인들에게 전하는 편지에서 사도 바울이 "시편을 노래하라"는 가르침을 인지해야만 한다. 예배에서 시편을 노래하는 것은 어떤 선택적인 행위가 아니라 성경적인 명령이다. 시편이 악기를 동반해서 혹은 무반주로, 어떤 운율적인 형태로 혹은 영어나 불어 아니면 히브리어로 의역되어 합창 성가로 혹은 4부 합창으로 불리는 것은 성경 외적인 결정인 것으로 여겨진다. 우리가 더 이상 초대교회가 불렀던 것과 동일한 형태로 노래 부르지 않는 것은, 우리가 동일한 구조 형태로 함께 모이지 않거나 동일한 사회문화적 관점으로 사물을 이해하지 않는 것과 같다. 중요한 것은 시편을 전하는 수단을 만드는 것이 아니라, 하나님의 영감된 말씀을 그분의 영광과 우리의 교화(敎化)와 지침을 위해서 그분께 다시 노래 불러 돌려드리는 것이다. 그러나 시편을 전하는 수단은 본문에 맞아야 하며 모순되어서는 안 된다. 더욱이 우리가 왕을 만나는 양식의 질적인 수준은 할 수 있는 최선의 것이어야 한다.

교회 음악에서 음악 자체, 즉 곡조, 화음, 리듬 그리고 형식의 질(質)은 본문의 해석과 그 본문 진리의 전달 모두의 관점에서 보아 중요한 역할을 한다. 만약에 음악의 곡이 본문에 반대적인 메시지를 전달한다면, 그 본문의 의미는 잘 전달되지 않게 될 것이거나 심지어 잘못 전달될 것이다. 이것은 지난 수십 년 새로운 음악의 많은 경우에서 보게 되는 불행한 경우이다. 현대 기독교 음악 운동의 일정 부분에서 성경을 노래하는 것으로 돌아가고자 하는 긍정적인 회귀가 있었다. 그런데 본문이 노래될 가치가 있을 때, 그 형식 혹은 다른 음악적인 요소가 그 본문의 비중과 의미를 적절하게 지지하는 많은 예가 없다.

우리는 루터, 왓츠 그리고 보이스의 예를 따름으로써 새로운 노래(canticum novae)를 부르는 소명에 응답해야만 한다. 그들의 찬송은 성경의 내용에서 나오게 되었고, 예술적으로 이해되었으며, 신학적으로 건전하고, 주석적으로 의미가 있다. 그 찬송은 교회 음악의 올바른 역할들로서 찬양, 선포 그리고 기도의 성경적인 형태를 이루고 강화시켜 준다. 우리는 회중을 교육하는 것을 결코 주저하지 말아야만 한다. 그래서 그들로 하여금 마음과 머리로 이해하며 노래하도록 해야 한다. 우리는 지역 회중 속에 있는 음악을 담당하는 목회자를 이성적으로 그리고 재정적으로 적절하게 지원해야만 한다. 전문적으로 재능을 갖추고 성경적으로 사려 깊은 교회 음악가들을 고용하고 보수를 주면서 지원해야만 한다. 그런 음악가들은 그들이 감당하는 직책의 중요성과 기쁨 모두를 이해할 것이고, 성경을 통해서 그들이 만든 작품들을 평가할 것이며, 자신들이 할 수 있는 최상의 것을 왕중의 왕께 기꺼이 드릴 것이다.

만약에 어떤 세대 자체의 중요성과 의미성에 의해서 근시안적으로 고정된 세대가 있었다고 한다면 그리고 그렇게나 쉽사리 영적인 유산을 저버린 사람들이 있었다고 한다면, 그 세대는 바로 우리의 세대이며, 그 사람들은 복음주의적인 개신교도들이다. 전반적으로 복음적 교회에 전한 제임스 보이스의 주된 목표 중의 하나는 종교개혁에서만 유일하게 표현된 은총의 교리를 다시 주장함으로써 그 복음주의적 교회를 그 세속성으로부터 일깨우는 것이었다. 즉 자기 집착적이고, 상대주의적이며, 다원주의적인 가치들과 신학으로부터 일깨우는 것이었다.

보이스는 복음주의적 세속성을 위한 치료는 삶의 모든 것을 로마서 11:36을 통해 바라보는 것이라고 믿었다. 로마서 11:36에서 하나님은 최고의 통치를 하신다. 만물이 "주에게서 나오고 주로 말미암고 주에게로 돌아감"이기 때문이다. 보이스의 마지막 몇 년, 특별히 마지막 열두 달 동안, 그는 그 어느 때보다도 강하게 성경적 찬송을 영감되게 부르는 것은 마음과 영혼을 단련하는 가치 있고 중요한 방법이라는 것과 이것은 모든 기독교인의 가치 있고 본질적인 영적인 일이라는 것을 전했다. 결국 우리가 옛 노래와 새 노래, 시편과 찬송, 율법과 은총 즉 모세와 어린 양의 노래를 부를 때, 찬송을 부르는 것은 영원히 우리의 일이며 기쁨이 될 것이다.

> (그들이) 하나님의 거문고를 가지고 하나님의 종 모세의 노래 어린양의 노래를 불러 가로되(계 15:2-3).

CHAPTER 11

우리 예배에서 시편 찬양을 회복하기

| 테리 존슨(Terry L. Johnson)
Independent Presbyterian Church 목사

내가 대학교 1학년이었을 때, 우리의 성경공부를 인도하셨던 목사님께서 우리에게 시편 92편을 펴라고 하셨다. 그리고 나서 그는 "만약 내가 부자라면"이라는 곡에 따라 노래를 부르면서 우리를 인도하기 시작했다.

　여호와께 감사하며
　지존자여 주의 이름을 찬양하며
　아침과 밤에
　주의 인자하심을 나타내며.

　여호와께 감사하며
　지존자여 주의 이름을 찬양하며
　아침과 밤에
　주의 인자하심을 나타내며.

　십현금과 비파와

수금의 정숙한 소리로
여호와여 주의 행사로 나를 기쁘게 하셨으니
주의 손의 행사를 인하여 내가 높이 부르리이다
여호와여 주의 행사가 어찌 그리 크신지요
주의 생각이 심히 깊으시니이다.

여호와께 감사하며
지존자여 주의 이름을 찬양하며
아침과 밤에
주의 인자하심을 나타내며.[1]

 나의 캘리포니아 크리스천 방식에 따라, 나는 그것이 "멋지고 훌륭한 것이었다"라고 생각했다. 시편은 노래로 불리기 위한 것이었다. 우리는 그 시편을 혹은 적어도 그 중에 하나를 노래하고 있었다. 무엇이 더 의미 있게 할 수 있었겠는가? 성경을 암기하는 얼마나 위대한 방법인지 나는 생각했다.
 그것은 현재까지 계속되어 온 내가 가지고 있는 시편에 대한 매력의 시작이었다. 5년 정도가 지난 뒤에 나는 더 많은 격려와 자극을 받게 되었다. 1978년 3월에 나는 성 데이비드 브룸하우스 교회 (St. David's Broomhouse Church) 교회에서 한 달간 수련 기간을 시작하기 위해 에딘버러까지 영국 열차를 타고 올라갔다. 그 수련 기간은 브리스톨 트리니티대학교에서 진행 중이었던 내 학위를 위해 필요한 과정의 한 부분이었다. 그곳에서 맞이하는 첫 번째 주일에 나는 92장보다 더 많은 시편이 악보에 들어 있는 것을 알았다. 스코틀랜드 교회의 찬송가는 첫 190페이지에는 시편만 들어 있었다. 150편 모두 노래 부르는 것을 위해서 리듬과 운율이 맞추어져 있었다. 나는 놀랐다. 이 모든 것이 나의 삶 그 어느 구석에 감추어져 있었던 것인가? 왜 미국 교회들은 시편을 사용하지 않았는가? 그것은 나에게 이상스러운 일이었다. 미국에 있는

---

[1] 새 미국 표준성서(New American Standard Bible)의 용어는 어법을 위해서 약간 수정되어 있다.

성경을 믿는 기독교인은 왜 시편을 노래하는 것에 관심을 두고 있지 않는 것일까? 나에게 있어서 이것은 우리가 나중에 "지적인 지도자가 없는 것"이라고 부를 수 있는 그런 상황이었다. 하나님이 시편을 쓰셨다. 하나님은 그 시편이 노래되도록 쓰셨다. 그러므로 우리는 그 시편을 노래해야만 한다.

시편은 복음주의 예배 가운데 있는, 무게가 800파운드나 되는 고릴라와 같은 것이다. 시편은 우리 예배의 내용을 말해주는 책인 우리 성경의 한 가운데에 자리한다. 그 시편은 성경 안에 있는 가장 긴 책을 형성한다. 그 시편은 유일한 정경적 찬송책이다. 『트리니티 시편 찬송』(Trinity Psalter)가 모든 시편을 친숙하고 노래할 수 있는 곡조로 만든 이래로 거의 10년이 지났다.[2] 전체 시편은 찬송가를 사용하는 회중에게 쉽게 그리고 값싸게 다가설 수 있다. 비록 거의 2만 5천부가 팔렸을지라도, 이 숫자는 제임스 보이스 교단인 미국 장로교회 구성원의 10%에 채 미치지 못한다. 미국 장로교회에 속한 회중은 그 어떤 형태의 자료를 사용해서 정규적으로 시편을 노래하는 것을 보지 못한다는 것에 대한 일화와 같은 생생한 증거가 있다.

좀 더 넓은 복음주의적 세계를 포함하는 연구조사를 확대해서 시도해보라. 그러면 전형적인 예배자가 교회에서 한 시편을 노래하는 것보다 번개에 맞을 확률이 더 많다는 것을 발견하게 될 것이다. 지난 사반세기 동안 나에게 분명하게 다가온 것은 다음과 같은 사실이다. 즉 시편이 노래되어야만 한다는 것은 남은 자 중 극미한 사람들에게만 분명한 사실이라는 것이다. 무게가 800파운드나 되는 고릴라는 대부분 무시된 채로 덩그러니 앉아 있다.

자신의 생애 마지막을 지나면서 보이스 박사는 교회의 위대한 찬송을 "시편보다는 현대 광고 소곡들과 더 많은 공통성을 가지고 있는 진부한 같은 음의 반복으로 이루어진 곡조로" 대치하는 것을 한탄했다.[3]

---

[2] *Trinity Psalter and Trinity Psalter Music Edition* (Pittsburgh: Crown & Covenant, 1994, 2000); "Psalms of the Trinity Psalter" 1 and 2 (Savannah: IPC, 1999, 2002).

[3] James Montgomery Boice, "Reformation in Doctrine, Worship, and Life," in *Here We Stand! A*

그의 마지막 저술(유작[遺作]으로 출판된)에서 이런 사고의 방향이 분명하게 나타난다. 그곳에서 그는 "시편의 찬양 노래는" 그렇게나 많은 "현대 찬양 노래"를 특징적으로 나타내는 자아도취의 함정에 빠지지 않는다. 자기도취 대신에 시편은 하나님에 그 초점을 맞추고 있다. 바로 이런 이유로 인해서 보이스는 "시편은 우리 예배를 위해 아주 좋은 모델이다…시편은 지금 사용되고 있는 것보다 더 자주 예배에서 사용되어야만 한다"라고 주장한다.[4]

내가 세우고자 하는 것은 바로 보이스 박사의 이런 점점 커지는 확신에 토대를 둔다. 시편은 지금 사용되고 있는 것보다 예배에서 더욱 자주 사용되어야만 한다. 즉 노래되어야만 한다. 사안은 본질적으로 간단한 것이다. 복음주의적 목사들은 무게가 800파운드나 되는 고릴라의 존재를 받아들이고 그것을 하나님이 사용되기를 의도하셨던 대로 사용하기 시작하는 것이다. 때때로 익숙한 것들과 관습들로부터 물러서서 "왜 이것이 여기에 있는가?" 혹은 "왜 우리는 이것 혹은 저것을 행하고 (혹은 행하지 않고) 있는가?"라고 묻는 것은 유용하고 도움이 되기도 한다. 이런 질문을 시편에 대해서 던져보도록 하자.

성경 정경 속에 있는 어떤 시편이 암시하는 의미는 무엇인가? 그 의미는 시편이 우리 예배의 정규적인 부분으로서 노래되어야만 한다는 것이지 않는가? 시편의 특성과 장점에 대한 연구로 우리의 재고(再考)를 시작하도록 하자. 그런 뒤에 시편을 노래하는(단순히 읽는 것에 반대되는 것으로서) 가치를 검토해보도록 하자.

Call from Confessing Evangelicals (ed. James Montgomery Boice and Benjamin E. Sasse; Grand Rapids: Baker, 1996), 187.

[4] James Montgomery Boice, *Whatever Happened to the Gospel of Grace? Recovering the Doctrines That Shook the World* (Wheaton, Ill.: Crossway, 2001, 181).

1. 시편

시편은 구약 성경 중에 경건 서적으로 보는 것이 올바른 것 같다. 본회퍼(Bonheoffer)는 그의 간략한 책 『시편: 성경의 기도책』(*The Psalms: Prayer Book of the Bible*)에서 이 점을 지적한다.[5] 정말로 시편 책은 다른 모든 경건 서적이 나온 일차적인 자료이다. 예를 들어, 토마스 아 켐피스(Thomas à Kempis; 1380-1471)는 "모든 기독교 경건 서적 중에서 가장 인기 있는"[6] 『그리스도를 본받아』(*The Imitation of Christ*)에서 복음서보다 시편을 더 많이 인용한다.

시편은 하나님의 백성에게 하나님을 이해하고 어떻게 우리가 그분께 관련되어야만 하는지를 말해주는 말로 된 이미지들과 이름들 그리고 용어를 제공해준다. 시편은 우리에게 아래와 같이 이어 나오는 각각의 범주에서 사용되는 언어를 말해주면서, 어떻게 하나님께 말씀드리는가를 우리에게 가르쳐준다(각각의 몇몇 예가 포함되어 있다).

1. 찬양:

여호와 우리 주여
주의 이름이 온 땅에 어찌 그리 아름다운지요(시 8:1a).

하늘이 하나님의 영광을 선포하고
궁창이 그 손으로 하신 일을 나타내는도다(시 19:1).

땅과 거기 충만한 것과
세계와 그 중에 거하는 자가 다 여호와의 것이로다
여호와께서 그 터를 바다 위에 세우심이여
강들 위에 건설하셨도다(시 24:1-2).

---

[5] Dietrich Bonhoeffer, *The Psalms: Prayer Book of the Bible* (Oxford: Oxford University Press, 1982).

[6] Paul Westermeyer, *Te Deum: The Church and Music* (Minneapolis: Fortress, 1998), 24.

2. 고백:

내가 이르기를
내 허물을 여호와께 자복하리라 하고
주께 내 죄를 아뢰고 내 죄악을 숨기지 아니하였더니
곧 주께서 내 죄의 악을 사하셨나이다(시 32:5).

하나님이여 주의 인자를 좇아 나를 긍휼히 여기시며
주의 많은 자비를 좇아 내 죄과를 도말하소서
나의 죄악을 말갛게 씻기시며
나의 죄를 깨끗이 제하소서(시 51:1-2).

3. 슬픔과 원망:

내 하나님이여 내 하나님이여 어찌 나를 버리셨나이까
어찌 내 신음하는 소리를 듣지 아니하시나이까(시 22:1)

여호와여 내가 깊은 데서 주께 부르짖었나이다
주여 내 소리를 들으시며
나의 간구하는 소리에
귀를 기울이소서(시 130: 1-2).

4. 감사:

내 영혼아 여호와를 송축하라
내 속에 있는 것들아 다 그 성호를 송축하라
내 영혼아 여호와를 송축하며
그 모든 은택을 잊지 말지어다(시 103:1-2).

여호와께 감사하라 그는 선하시며
그 인자하심이 영원함이로다
모든 신에 뛰어나신 하나님께 감사하라
그 인자하심이 영원함이로다(시 136:1-2).

5. 신뢰:

> 여호와는 나의 목자시니,
> 내가 부족함이 없으리로다(시 23:1).
>
> 행악자를 인하여 불평하여 하지 말며,
> 불의를 행하는 자를 투기하지 말지어다(시 37:1).
>
> 하나님은 우리의 피난처시요 힘이시니,
> 환난 중에 만날 큰 도움이시라(시 46:1).
>
> 지존자의 은밀한 곳에 거하는 자는
> 전능하신 자의 그늘 아래 거하리로다(시 91:1).
>
> 내가 산을 향하여 눈을 들리라.
> 나의 도움이 어디서 올꼬?(시 121:1)

이 열네 개의 시편은 시편의 10%에 불과한 빙산의 일각에 지나지 않는다. 시편의 풍성함은 표현하는 주석가들의 능력을 크게 늘려준다. 매튜 헨리(Matthew Henry)는 "이것보다 성도들의 경건에 더 도움이 되는 성경의 그 어떤 책도 없다. 시편이 기록된 이래로 교회의 모든 세대에서 시편은 그래왔다"라고 말한다.[7] 고대로부터 현대에 이르기까지 저자들은 다음과 같은 장점을 주목하여 지적한다.

1) 시편의 교리적 완결성

루터는 1528년에 쓴 자신의 "시편의 시문"(*Preface to the Psalter*)에서 시편을 "작은 성경"이라고 지칭한다. 그는 "시편 안에는 전체 성경에 있는 모든 것이 가장 아름답게 그리고 간략하게 포함되어 있다"라고 말한다. 그는 시편을 "하나의 작은 책에 포함된" 전체에 대한 "총체적인 요

---

[7] Matthew Henry, *An Exposition of the Old and New Testament* (Philadelphia: Tavar & Hogan, 1829), 3:196.

약"이 들어있는 "간결한 성경"이라고 부른다. 루터 이전에 아타나시우스(Athanasius, 약 296-373)는 시편을 "전체 성경의 요약"이라고 말했다. 바실(Basil, 약 330-70)은 시편을 "모든 신성에 대한 요약"이라고 불렀다.[8] 성경이 가르치는 모든 것은 시편에 있는 요약 형식에서 발견된다.

2) 시편의 기독론적 완결성

시편은 그리스도의 생애와 사역과 특별히 그분의 고난 받으심을 예언한다. 예수님의 생애와 사역에 대한 아래의 구절을 주목해보라.

- 신성: 시편 8:4-6; 27; 45:6-7; 102:25-26; 104:4(히 1:5-2:9)
- 성육신: 시편 22:9-10; 40:6-8; 98(히 10:5-7)
- 동방박사의 경배: 시편 72:9-15(마 2:1-11)
- 세례: 시편 2:7-8(막 1:9-11)
- 유혹: 시편 91:11-12(마 4:1-11)
- 사역: 시편 146:7-9(눅 4:16-26)
- 순종: 시편 40:6-10(히 2:10; 10:5-7)
- 가르침: 시편 78:1-6(마 13:34-35)

게다가 시편에서 그리스도의 지상 생애 마지막 주에 대한 구절을 다음과 같이 발견하게 된다.

- 개선입성: 시편 118:20-29(마 21:1-11)
- 성전청결: 시편 69:9(요 2:13-17; 마 21:12-17)
- 배반: 시편 41:7-9(요 13:12-30; cf. 시 55:12-14)
- 거절: 시편 35:19-21(요 15:18-27)

---

[8] Michael Bushell, *The Songs of Zion: A Contemporary Case for Exclusive Psalmody* (Pittsburgh: Crown & Covenant, 1980), 18에서 인용.

- 소송과 조롱함: 시편 69:17-21(마 27:24-34)
- 십자가에 달림: 시편 22:13-18(요 19:17-24)
- 모욕: 시편 22:6-8(마 27:35-44)
- 버림받음: 시편 22:1-3(마 27:45-49)
- 장사지냄: 시편 31:1-5(눅 23:46-49)
- 죽음: 시편 34:15-20(요 19:28-37)
- 부활: 시편 16:8-11(행 2:22-32)
- 승천: 시편 110(행 2:33-36)

신약의 그 어느 곳에도 시편에서와 같이(특별히 시 22편) 묘사된 그리스도의 내적인 고난을 찾아 볼 수 없다. 모든 시편은 메시아적이라는 생각이 있다(눅 24:27). 어거스틴(Augustine)은 "그리스도와 그분 교회의 음성은 시편에서 들려지는 유일한 목소리에 매우 가깝다"라고 말한다.[9] 복음적 내용이 결여되어 있다는 것은 시편에 합당하게 돌려질 결점이 아니다. 루터는 자신이 좋아하는 시편에 사도 바울의 시편(*psalmi paulini*)이라는 명칭을 붙였다. 그는 마음에 여러 개의 참회의 시편을 생각하고 있었다(시 32, 51, 130, 143). 이 참회의 시편에는 인간의 악행과 죄, 영적인 회개 그리고 값없이 주는 은총 등을 분명하게 그리고 설득력 있게 가르쳐준다.

루터는 자신의 "시편 서문"(1528)에서 시편은 "그리스도의 죽음과 부활을 가장 분명하게 약속하며 그분의 왕국과 모든 기독교인의 특성과 지위를 가장 분명하게 묘사하고 있기 때문인 것만으로도 우리에게 소중하며 귀중한 것임에 틀림없다"라고 말한다. 윌리엄 호슬리(William Horsley, 1774-1858) 주교는 다음과 같이 서술한다. "만약에 경건한 독자가 자신의 구주를 발견하려는 관점을 가지고 읽는다면, 그가 자신의 구주를 시편에서 발견하지 못하게 될 단 한 장의 시편도 없다."[10] 헨리는

---

[9] John McNaugher, *The Psalms in Worship* (1907; repr. Edmonton, Canada: Still Water Revival Books, 1992), 489에서 인용.

[10] Bushell, *Song of Zion*, 23에서 인용.

다음과 같이 말한다. "시편 안에는 하나님과 그분의 율법뿐만 아니라 그리스도와 그분의 복음에 대한 너무나 많은 내용이 들어 있어서 시편은 신구약 모두의 요약 혹은 개요라고 불린다."[11]

3) 시편의 경험적인 완결성

기독교 경험의 전반적인 경우가 시편에 있는 표현에서 발견된다. 아타나시우스(Athanasius)는 시편이 "사람들의 전반적인 삶, 사람의 마음의 애정들 그리고 사람 영혼의 움직임들을 포함한다"라고 말한다. 또한 그는 "시편은 모든 경우에 적합하다. 따라서 시편은 시편을 읽는 사람을 위해서 기록된 것을 발견하게 된다"라고 말한다.[12] 누군가가 "타락의 심연"(시 130:1) 혹은 "가장 낮은 나락" 그리고 "어두운 곳"(시 88:6)에 던져졌든지, 혹은 "깊은 곤경"(시 69:1-2, 14-15)에 빠져 있을지라도, 그런 정황에 적절한 시편이 있다.

대적에게 쫓기는가?(시 7편) 하나님이 멀어진 듯한가?(시 10편) 외롭거나 고통스러운가?(시 25:16-22) 궁핍한가?(시 86:1) 절망적인가?(시 42-43편) 죽음으로 에워 쌓였는가?(시 116:3-4) 죽음의 어두운 골짜기를 지나고 있는가?(시 23편) 다른 한편, 당신은 하나님과 그분의 율법 속에서 기뻐하는가?(시 1:2; 19; 37:4; 40:8; 73:25; 94:19; 112:1; 119:16, 24, 35, 77, 97, 103, 162, 174) 당신은 하나님을 기뻐하고 높이는가?(시 4:7; 9:2; 122:1) 주안에서 기뻐하고 그분의 즐거움을 누리는가?(시 16:11; 32:11; 33:1, 21; 87:7; 89:16; 100:2; 104:34; 105:2-3; 145:7) 주님 안에서 만족함 혹은 성취감을 체험하는가?(시 17:15; 63:3-8; 65:4; 90:14) 당신은 주님이 선하시다는 것을 체험하고 본적이 있는가?(시 34:8) 당신은 주님의 임재를 갈망하고 고대하는가?(시 42:1-2; 63:1; 84:1-2; 143:6)

---

11 Henry, *Exposition of the Old and New Testament*. 시편의 이런 기독론적인 완결성이 이야기되었을지라도, 자신의 모방한 다윗의 시(*Psalms of David Imitated*)에서 시편을 기독교화 하려고 했던 아이작 왓츠의 주장에 대해서 사람들은 놀라움을 가진다.

12 Bushell, *Song of Zion*, 18에서 인용.

기독교적인 체험의 긍정적인 면 또한 온전하게 주어지고 있다. 루터는 다음과 같이 말한다. "어떠한 상황에 처해있다 하더라도" 그 기독교인은 "그 상황에서 자신의 경우에 적합한 시편과 말씀을 발견할 것이다." 진정으로 그는 자신의 것보다 더 나은 말씀을 발견할 것이다. "그래서 그는 시편 밖에서 자신을 보다 더 좋게 할 수 없을 뿐만 아니라, 더 나은 그 어떤 것을 발견할 수도 혹은 바랄 수도 없을 것이다."[13] 칼빈은 이런 견해에 다음과 같이 말하면서 동의한다. 즉 그는 시편을 "일종의 거울로서 어느 누구도 인식할 수 없는 여기에 나타나지 않은 그 어떤 감정도 없는 영혼의 모든 부분에 대한 해부도"라고 말한다. 칼빈은 성령께서 "삶에 모든 고뇌, 슬픔, 두려움, 의심, 희망, 근심, 당혹함을 시편에서 묘사하고 계신다. 요컨대 사람들의 마음이 움직이기를 바라는 모든 마음 산란한 감정을 묘사하고 계신다."[14]

인간 삶의 모든 국면에 대해 말씀하시는 시편의 신적인 저자에 의해서 계획된 대로 시편의 총체성이 있다. 또한 밝고 어두운, 기쁘고 불명예스러운, 승리적이며 패배적인, 희망적이며 낙담케 하는 영적 경험의 긍정적이고 부정적인 면들을 가르쳐주는 현실주의적인 면이 있다. 고대와 현대의 모든 저자는 교리적이고, 기독론적이며, 경험적인 완결성의 이 세 가지 가치에 동의한다. 바실(Basil)은 이 견해에 대해서 다음과 같이 요약적으로 말한다. "시편은 모든 신성에 대한 요약이고, 영혼을 위한 치료약을 파는 공공의 상점이며, 그 어떤 여건 속에 있는 모든 사람에게 유익이 되는 훌륭한 교리의 광범위한 보고(寶庫)이다."[15]

2001년 9월 11일에 미국은 세계 역사상 최악의 테러주의자의 공격으로 고통을 받았다. 수천 명이 죽었고, 수십억 달러에 달하는 재산 손실로 고통을 받았으며, 지상에서 가장 높은 건물 중의 하나가 파괴되었다. 미국인들은 크게 흔들렸다. 다음날 나는 현대 기독교 라디오 방송

---

[13] "Preface to the Psalter" (1528); Bushell, *Song of Zion*, 17을 참고하라.
[14] John Calvin, *Commentary on the Book of Psalms* (trans. James Anderson; Edinburgh: Calvin Translation Society, 1845), 1.xxviii.
[15] Bushell, *Songs of Zion*, 166에서 인용.

국으로 향했다. 매우 진지하고 목양적으로 민감한 토론이 이루어지고 있었다.

이 토론은 "현대 기독교 음악 세계"(*The World of Contemporary Christian Music*)에서 가져온 노래를 방송으로 내보냄으로써 아주 커다란 낭패를 겪게 되었다. 줄곧 그 노래는 그런 사건을 당한 경우의 분위기에 혹은 심지어 그 프로그램의 나머지 부분에 조차도 전혀 적절하지 않았다. 그들이 가지고 있었던 현대 음악의 장르에는 슬픔, 비탄, 눈물, 불평, 정의에 대한 호소, 혹은 무죄한 사람들의 피를 보응하도록 하나님께 울부짖는 말 혹은 음악을 표현할 수 있는 그 어떤 것도 없었던 듯하다. 그 아침 프로그램은 진지하고 침통한 토론에서 경쾌하고 열광적이며 행복한 토론에 이르기까지 그리고 경솔한 음악에 이르기까지 심히도 우왕좌왕했다.

다음날 수요일(9월 12일)에 우리 회중은 시편 94편을 오스트리아 찬송 곡조("당신의 영광스러운 일들이 이야기되다"[*Glorious Things of Thee Are Spoken*])에 맞추어 노래함으로써 특별한 기도 예배를 마쳤다. 너무나 극명한 대조를 이루었다.

> 여호와여 보수하시는 하나님이여
> 보수하시는 하나님이여 빛을 비취소서
> 세계를 판단하시는 주여 일어나사
> 교만한 자에게 상당한 형벌을 주소서
> 여호와여 악인이 언제까지
> 악인이 언제까지 개가를 부르리이까?
> 저희가 지껄이며 오만히 말을 하오며
> 죄악을 행하는 자가 다 자긍하나이다.
>
> 율례를 빙자하고 잔해를 도모하는
> 악한 재판장이 어찌 주와 교제하리이까?
> 저희가 모여 의인의 영혼을 치려 하며
> 무죄자를 정죄하여 피를 흘리려 하나
> 여호와는 나의 산성이시요

나의 하나님은 나의 피할 반석이시라
저희 죄악을 저희에게 돌리시며
저희의 악을 인하여 저희를 끊으시리니
여호와 우리 하나님이 저희를 끊으시리로다.

지난 백 년 동안에 쓰인 그 어떤 노래가 "여호와여 보수하시는 하나님이여 보수하시는 하나님이여 빛을 비춰소서"라는 내용으로부터 "저희 죄악을 저희에게 돌리시며 여호와 우리 하나님이 저희를 끊으시리로다"라는 것으로 결론을 맺고 있는 이런 보수(報讐)에 대한 간구들에 비견될 수 있을지 나는 의구(疑懼)스럽게 생각한다. 누군가가 사악한 폭력의 희생자가 되고 또 다른 이어지는 공격을 받을 수 있는 상태로 남아 있을 때, 이런 말씀은 커다란 위로가 되며 심히 만족을 주는 말씀이 된다. 이런 표현들이 현대 복음주의자에게 이상스러운 소리로 들릴 수 있는 것은 심각하게 고려되어야만 하는 사실이다. 특별히 우리가 오늘날 복음주의적 경건이 무엇이 되어버렸는지를 검토해볼 때 심각하게 생각해보아야만 하는 사실이다. 의혹을 가지고 있는 사람들은 로마서 13:4와 요한계시록 6:10을 통해서 조언을 구해보고자 할 것이다.

그 주의 금요일(9월 14일)에 대통령은 나라 전역에 걸쳐 정오에 "기도와 추모의 예배"를 드릴 것을 요청했다. 우리는 다른 요소와 더불어 우리가 시편을 부른 예배를 준비했다.

첫째, 우리는 비탄의 시편을 노래했다.

- 마터돔(Martyrdom) 곡조에 맞춘 시편 130:1-2, 5-6("아! 내 구주께서 피를 흘리셨나?")
- 패션 코랄(Passion Chorale) 곡조에 맞춘 시편 13:1-6("오 거룩하신 주님의 머리가 상하셨네")
- 트렌탐(Trentham) 곡조에 맞춘 시편 25:16-20("하나님의 입김을 나에게 불게 하라")
- 로킹험 올드(Rockingham Old) 곡조에 맞춘 시편 142:1-6

우리는 "여호와여 내가 깊은 데서 주께 부르짖었나이다…주여 내 소리를 들으시며 나의 간구하는 소리에 귀를 기울이소서"(시 130:1-2), "여호와 내 하나님이여 나를 생각하사 응답하시고"(13:3) 그리고 "내 마음의 근심이 많사오니 나를 곤난에서 끌어내소서…내 원수를 보소서 저희가 많고 나를 심히 미워함이니이다"(25:17, 19). 우리는 예배의 이 부분을 다음과 같은 시편으로 마무리했다.

> 내 우편을 살펴 보소서
> 나를 아는 자도 없고
> 피난처도 없고
> 내 영혼을 돌아보는 자도 없나이다
> 여호와여 내가 주께 부르짖어 말하기를
> 주는 나의 피난처시요
> 생존 세계에서 나의 분깃이시라(시 142:4-5).

깊음에 던져졌거나, 보호를 받지 못한다고 느끼거나, 아니면 피난처가 필요할 때, 하나님께서 친히 우리에게 주신 말씀을 가지고 노래에서 이런 감정을 나타내는 것은 깊은 위로를 준다.

둘째, 우리는 보호와 정의를 간절히 호소하는 시편을 노래했다(또한 시 28; 58:6-11; 60:2-5, 11을 보라).

- 에벤에셀(Ebenezer) 곡조에 맞춘 시편 54:1-7("오! 깊고도 깊은 예수님의 사랑")
- 독일(Germany) 곡조에 맞춘 시편 57:1-5("예수님, 당신의 피와 의로우심")
- 성 크리스토퍼(St. Christopher) 곡조에 맞춘 시편 71:1-6("예수님의 십자가 밑에서")

우리의 사악한 압제자들을 "일어나 나를 치는, 심지어 강포하며, 내 생명을 수색하는 외인들"(시 54:3)과 동일시한 것, 노래 속에서 "나를 삼키려는 자들, 즉 그들의 이는 창과 살이요 혀는 날카로운 칼 같은 자들의 비방에서"(시 57:3-4) 우리를 보호해주실 것을 하나님께 호소한 것 그리고 "악인의 손 곧 불의한 자와 흉악한 자의 장중에서"(시 71:4) 구원을 호소한 것 등은 또 다시 깊은 위로와 만족을 주었다. 우리는 "이제 나를 구원하소서. 주의 힘으로 나를 판단하소서"라고, 심지어는 "주의 성실하심으로 저희를 멸하소서"(시 54:1, 5)라고 노래했다.

> 하나님이여 나를 긍휼히 여기시고 나를 긍휼히 여기소서
> 내 영혼이 주께로 피하되
> 주의 날개 그늘 아래서
> 이 재앙이 지나기까지 피하리이다(시 57:1).

그들은 덫으로 우리를 잡으려고 했다. 그러나 "저희가 내 앞에 웅덩이를 팠으나 스스로 그 중에 빠졌도다"(시 57:6).

> 주는 나의 무시로 피하여 거할 바위가 되소서
> 주께서 나를 구원하라 명하셨으니
> 이는 주께서 나의 반석이시요
> 나의 산성이심이니이다(시 71:3).

셋째, 우리는 신뢰의 시편을 노래했다.

- 크리몬드(Crimond) 곡조에 맞춘 시편 23
- 포레스트 그린(Forest Green) 곡조에 맞춘 시편 37:1-2, 10-19
- 베들레헴(Bethlehem) 곡조에 맞춘 시편 46:1-3, 10-11
- 히프라이돌(Hyfrydol) 곡조에 맞춘 시편 91:1-12("예수님! 죄인들의 친구여!")

우리가 "여호와는 나의 목자시니 내가 부족함이 없으리로다", "행악자를 인하여 불평하여 하지 말라", "하나님은 우리의 피난처시요 힘이

시니 환난 중에 만날 큰 도움이시라" 그리고 "지존자의 은밀한 곳에 거하는 자는 전능하신 자의 그늘 아래 거하리로다"라는 노래를 부를 때, 우리 마음에 비교할 수 없는 영적인 권능의 놀라운 말씀이 전해지면서 놀라운 위로가 임했다.

2. 성경과 역사

2001년 9월 11일 주간 동안에 시편을 체험한 우리의 풍부한 경험은 세대를 통해서 주어진 성도들의 증언을 다만 강조해주는 것일 뿐이다. 시편은 성령의 영감을 통해서 주어진 하나님의 찬송가책이기 때문에("우리 조상 다윗의 입을 의탁하사 성령으로", 행 4:25), 우리는 그 시편을 신학적으로, 기독론적으로 그리고 경험적으로 완전한 것으로 생각할 수 있을 것임을 발견하게 된다. 하나님은 모든 경우를 위한 시편, 모든 필요를 위한 시편을 주셨다. 그 시편은 단지 인간의 말씀이 아니라 하나님의 말씀이기 때문에, 그 시편의 영적인 효력은 사용자의 세대, 나이, 인종, 혹은 문화에 관계없이 그 시편을 사용하는 것을 통해서 경험된다. 시편은 분명한 성경적 경건을 형성하는 강력한 수단이다. 시편은 믿는 사람들의 마음의 내적인 경험을 표현한다. 심지어 시편이 그 마음들을 변화시킬 때에조차도 그렇다.

따라서 스코틀랜드 언약도들(Scottish Covenanters)로부터 베네딕트 수도사들(Benedictine monks)에 이르기까지(휴스 올리펀트 올드가 제시한 것은 "예전적인 스펙트럼의 적외선과 자외선"으로서 보일 수도 있다), "기독교적인 기도로서 시편의 사용에 대한 굳건한 헌신"[16]을 발견하게 된다. 이런 결연한 헌신은 다윗이 성전과 회당 예배에서 사용을 위해 이런 시편을 쓰고 모았던 이스라엘 자체에까지 거슬러 올라간다.[17] 신약에

---

[16] Hughes Oliphant Old, "The Psalms as Christian Prayer: A Preface to the Liturgical Use of the Psalter" (미출판, 1978).
[17] 헤르만 궁켈(Herman Gunkel)의 연구이래로, 현대 학자들(예를 들어, 모빙켈[Mowinckel],

있는 사도 교회의 예배를 얼핏 살펴보면 올드(Old)가 다음과 같이 주장한 것을 보여주는 것을 알 수 있다. "시편은 신약 교회 찬양들의 핵심을 형성한다."[18]

교회가 사도행전 4장에 기록된 대로 기도를 위해 모였을 때, 그들은 먼저 시편 146편으로부터 그 다음에는 시편 2편으로부터 노래했다("일심으로 하나님께 소리를 높여 가로되", 행 4:24-26). 그들은 옛 언약에서 새 언약으로 전환하는 데 있어서 어려움을 가지지 않았음이 분명하다. 시편은 적절한 기독교 경건 문학으로서 직접적으로 심지어 본능적으로 사로잡힘을 받았다. 바울은 에베소(5:19)와 골로새(3:16) 두 교회들을 향해서 시편을 노래할 것을 명했다. 그리고 고린도에 있는 교회가 그렇게 하는 것을 보았다(고전 14:15, 26). 야고보는 자신의 독자들에게 시편을 노래할 것을 가르친다(프살로[*psallo*], 약 5:13). 더욱이 신약에는 시편을 53번 인용한 것이 있다.[19] 그리고 세어보면 시편을 분명하게 암시하는 것이 거의 150번이나 더 있고, 200번은 어렴풋이 시편을 나타내고 있다.[20]

시편을 소유하고 기독론적으로 해석하는 이런 본능은 가장 이른 기독교 저술과 예식에서 분명하게 보이고 있는 것과 같이 전 세기를 통해 계속되었다.[21] 『예배 속의 시편』(*The Psalms in Worship*)의 저자들과 다른

노트[Noth], 바이저[Weiser], 폰 라드[von Rad], 존슨[A. R. Johnson], 앤더슨[G. W. Anderson])은 시편의 배경으로서 제사 혹은 공적인 예배를 강조한다.

18 Hughes Oliphant Old, *Worship That Is Reformed according to the Scripture* (Atlanta: John Knox, 1984), 44.
19 William L. Holiday, *The Psalms through Three Thousand Years: Prayerbook of a Cloud of Witnesses* (Minneapolis: Fortress, 1993), 115.
20 R. E. O. White, "Psalms," in *Evangelical Commentary on the Bible* (ed. Walter A. Elwell; Grand Rapids: Baker, 1989), 3/3.
21 Holladay, *Psalms through Three Thousand Years*, 162-65는 다음과 같은 사실을 서술한다. 클레멘트 1세(1 Clement; 약 96년)는 32개의 시편에서 49번 인용하고 있고, 바나바(Barnabas; 약 130년)는 10개의 시편에서 12번 인용하고 있으며, 디다케(Didache; 2세기)는 3개의 시편에서 3번 인용하고 있고, 안디옥의 이그나티우스(Ignatius of Antioch; 약 98-117년)와 폴리캅(Polycarp; fl. 약 175년 - 약 195년)은 실제적으로 시편에 대한 내용을 가지고 있지 않다. 그러나 순교자 저스틴(Justin Martyr)의 저술은 이레네우스(Irenaeus; 약 70 - 155/160년)의 인용들과 같이 시편으로부터의 인용들로 채워져 있다(예를 들어, *Dialogue with Trypho*는 24개의 시편으로부터 47번의 내용이 있다).

사람들은 오늘날까지 남아있는 교부들의 증언들을 모았다. 예를 들어, 2세기의 터툴리안(Tertullian)은 시편을 부르는 것이 그 당시 예배의 중요한 특징일 뿐만 아니라, 사람들의 매일 일상 삶의 중요한 부분이 되었다는 것을 증언했다. 아타나시우스(Athanasius)는 시편을 노래하는 것이 그 당시 일종의 관습이었다고 말한다. 그는 시편을 "영혼의 거울"이라고 부른다.[22]

카이사리아의 주교 유세비우스(Bishop Eusebius of Caesarea, 약 260-약 340)는 그 당시 시편을 노래하는 것에 대해 다음과 같은 생생한 묘사를 남겼다. "주님의 이름으로 시편을 노래하라는 명령은 전역에서 모든 사람에 의해서 순종되었다. 노래하라는 명령은 그리스뿐만 아니라 전 세계의 도읍, 마을 그리고 들녘 모든 지역에서, 즉 나라들 가운데 존재하는 모든 교회에서 유효하다."[23] 어거스틴(343-430)은 자신의 『참회록』(Confessions) 9.4에서 시편에 대해서 다음과 같이 말한다. "시편은 전 세계를 통해 노래된다. 그에 대해서 마음으로부터 감추어진 것은 아무것도 없다."[24] 제롬(Jerome, 420년 사망)은 그가 어린아이였을 때 시편을 배웠고 자신이 나이가 들었을 때 시편을 매일 노래했다고 말했다. 그는 또한 다음과 같이 서술한다.

> 시편은 팔레스타인의 들녘과 포도원에서 계속해서 들을 수 있었다. 농부가 자신의 쟁기를 잡았을 때, 그는 할렐루야를 영창했다. 곡식을 거두어들이는 자, 포도원지기 그리고 목동은 다윗의 시편 중 그 어떤 것을 노래했다. 초원이 꽃으로 채색되고 노래하는 새들이 슬픈 노래를 부를 때, 그 시편은 더욱 감미롭게 들렸다. 이 시편은 우리의 사랑 노래이고, 이 시편은 우리 농경의 도구들이다.[25]

---

22 McNaugher, *The Psalms in Worship*, 550에서 인용.
23 J. G. Davies, *The New Westminster Dictionary of Liturgy and Worship* (Philadelphia: Westminster, 1986), 451에서 인용됨
24 McNaugher, *The Psalms in Worship*, 550에서 인용.
25 Ibid., 504에서 인용.

아폴리나리스 시도니우스(Apollinaris Sidonius, 약 431-482)는 고대 프랑스의 해역에까지 육중한 바지선 위에서 일하며 "갑독이 '할렐루야'로 화답할 때까지 시편을 부른" 선원을 묘사한다. 콘스탄티노플의 명성 있는 헬라 교부이며 총대주교였던 크리소스톰(Chrysostom, 407 사망)은 다음과 같이 말한다.

> 모든 기독교인은 자신이 구약 혹은 신약의 그 어떤 다른 부분보다 다윗의 시편을 더욱 빈번하게 사용한다. 성령의 은총으로 시편은 그렇게나 잘 정돈되어 있다. 그러므로 시편은 밤낮으로 읊조려지며 노래되어야만 한다. 교회의 축일전야 기도에서 처음과 중간과 마지막에 있는 것은 다윗의 시편이다. 아침에 추구되는 시는 다윗의 시이다. 다윗은 그날의 첫 번째, 중간 그리고 마지막이다. 장례의 엄숙함 속에서 첫 번째, 중간 그리고 마지막에 있는 것은 다윗이다. 단 한 글자도 모르는 많은 사람이 마음으로 다윗의 시를 말할 수 있다. 여인들이 힘겹게 일하는 모든 가정 그리고 사람들이 하나님과 대화를 나누는 수도원과 광야에서 첫 번째, 중간 그리고 마지막에 있는 것은 다윗이다.[26]

그는 다시금 아래와 같이 말한다.

> 다윗은 성읍과 교회에서 뿐만 아니라 법정에서, 수도원에서, 사막에서 그리고 광야에서 그들의 입에 항상 담겨 있다. 모든 신분과 모든 재능에 적합하게 개작하면서 다윗은 지상을 하늘로 그리고 사람을 천사로 바꾸었다.[27] (회개에 대한 여섯 번째 설교)

교회의 초기 수세기 동안 자신들의 입가에 지속적으로 시편을 담고 있으면서 일상적인 일들을 수행했던 믿는 일반 사람들은 초대교회의 경건뿐만 아니라 초대교회의 예배에 대해서 우리에게 많은 것을 말해 준다.

---

26 Ibid., 166, 504에서 인용.
27 Ibid., 170에서 인용.

시편을 노래하는 것에 대한 이런 헌신에 반대해서 이 기간 내내 "인간 작품"의 찬송에 대한 점증하는 회의주의가 있었던 것이 사실이다. 이단들에 의해서 찬송이 사용되는 것 때문이었다. 이런 이유로 인해서 브라가 공의회(Council of Braga, 350년)는 다음과 같은 법령을 만들었다. "구약과 신약의 시편과 찬송 이외에 시적인 성격을 가진 그 어떤 것도 교회에서 노래되어서는 안 된다."[28]

360년경에 모였던 중요한 라오디게아 공의회(Council of Laodicea)는 "교회에서 영감되지 않은[즉, 비정경적인] 찬송을 부르는 것과 성경에 대하여 비정경적인 책을 읽는 것"을 금했다(교회법 59). 이런 공의회들은 에큐메니칼한 공의회들은 아니었지만, 거의 100년 뒤에 있었던 모든 일반적인 공의회 중에서 가장 중요하고 규모가 컸던 칼케돈 공의회(Council of Chalcedon, 451년)는 라오디게아 교회법들을 확증했다. 우리가 이런 결정을 인용하는 것은 배타적인 시편영창을 장려하기 위해서가 아니라 시편은 초대교회의 근간이 되는 찬송책이었음이 분명하다는 점을 지적하기 위한 것이다. 메리 베리(Mary Berry)는 "가장 이른 시기로부터 기독교 공동체는 회당의 관행을 따르면서 시편을 노래했다"고 말한다.[29]

중세 수도원(이들은 전형적으로 매주 시편을 통해 그들의 방식으로 노래했다)에 의해서, 종교개혁자들에 의해서 그리고 기독교계(界)의 모든 분파에 의해서 시편을 사용한 것은 시편이 건강한 기독교 공동체의 삶에 있어서 역할을 해야만 한다는 것을 증언해주는 것이다. 모티어(J. A. Motyer)는 "수세기에 걸쳐 기독교 예배에서 시편이 사용된 것은 기독교인이 자신을 좀 더 쉽게 그리고 좀 더 온전하게 아주 편안하게 발견하게 하는 구약의 그 어떤 다른 부분도 없다는 것을 보여주기에 충분하다"라고 말한다.[30] 『새 성경사전』(The New Bible Dictionary)은 다음과 같이

---

[28] Ibid., 550에서 인용.
[29] Mary Berry, in The New Westminster Dictionary of Liturgy and Worship (ed. J. G. Davies; Philadelphia: Westminster, 1986), 450.
[30] J. A. Motyer, "The Psalms," in The New Bible Commentary (Rev. Ed.; ed. D. Guthrie, J. A. Motyer, et al., Grand Rapids: Eerdmans, 1970), 446.

서술하며 찬동한다. "더욱이 초기로부터 시편은 기독교 교회의 찬송책과 기도책으로 사용되었다."[31]

3. 노래로 불려지는 시편

아마도 이 시점에서 잠시 멈추어 우리의 생각을 모아보는 것이 현명할 것이다. 요컨대 우리는 이야기의 절반만을 이야기한 셈이다. 우리 시대에 시편을 너무나도 심각하게 무시해왔기 때문에 지적되었어야만 했던 이야기이다. 공적인 예배에서 시편에 대해 좀 더 강조가 되어야만 한다는 것에 대해 이제 납득하는 사람들이 얼마간 있을 수 있다. 우리 독자들의 대부분도 이 모든 것을 납득할 수 있을 것이다. 아마도 증명되지 않고 남아있는 문제는 시편이 노래되어야만 한다는 주장이라고 그들은 말할 것이다. 시편을 단지 읽는 것은 왜 안 되는가? 더욱이 시편을 교독하는 것은 왜 안 되는가?

우리의 대답은 시편을 읽는 것을 비난하는 것이라기보다는 장려되어야만 한다고 말하는 것이다. 그러나 더욱 좋은 것은 무엇이건 목적에 따라 계획된 방식으로 사용되어야만 한다. 내 아들은 "그렇지만 아버지 나는 내 이륜 자전거를 땅에 발을 늘어뜨려 내가 밀면서 타고 싶어요"라고 말할 수도 있다. 나는 아들에게 "너는 그렇게 할 수 있고 즐길 수도 있다. 그러나 만약에 네가 그 진짜 목적을 위해 만들어진 페달을 사용한다면, 그 자전거는 훨씬 더 잘 나아갈 거야"라고 대답할 것이다.

시편은 노래되었거나 노래되어야만 한다는 것을 구체적으로 보여주는 본문이 있고(행 4:24-26:1; 고전 14:15, 26; 엡 5:19; 골 3:16; 약 5:13) 시편은 노래되었다는 초대교회의 증언들이 있다(터툴리안, 유세비우스, 아타나시우스, 어거스틴, 제롬 그리고 크리소스톰). 그렇기 때문에 우리는 시편이 노래되도록 만들어진 것이라고 대답할 수 있을 것이다. 시편은

---

[31] J. D. Douglas et al., *The New Bible Dictionary* (Leicester: Inter-Varsity, 1962), 1059.

단지 낭송되도록 모아진 시의 모음집이 아니다. 시편은 노래되기 위한 노래이다. 웨스터마이어(Westermeyer)는 "시편은 이야기될 수 있다. 그러나 시편은 노래되기를 소리쳐 요구한다"라고 말한다.[32] 이 말은 그 자체로 생각해볼 가치가 있다. 루이스(C. S. Lewis)는 "시편은 시 모음이고 시는 노래되도록 의도되었다"라고 첨언했다.[33]

노래하라는 명령은 성경에서 발견되는 가장 빈번한 반복 명령이다. 우리에게 39번 노래할 것을 명령한다. 부가적으로 32번이나 우리는 노래할 것이라고 선언한다(예를 들어, 시 30:4; 47:6-7; 66:1-2; 81:1; 100:1-2; 149:1; 골 3:16; 엡 5:18-19). "하나님께 찬양을 부르라는 의무보다 구약에 있는 하나님의 백성 위에 더욱 빈번하게 그리고 강조적으로 부과된 그 어떤 명령도 없다. 신약에서 이런 명령은 새로워졌고 강조되었다."[34] 하나님은 우리가 노래하는 것과 우리가 무엇을 노래하는 것 모두에 깊은 관심을 가지고 계신 듯하다. "하나님께 찬양으로 노래하는 의무를 명령의 형식 속에 있는 언어보다 더더욱 분명하게 더더욱 명료하게 주장할 수는 없었을 것이다."[35]

노래하는 것은 하나님이 가치 있게 여기시는 노래하는 것 자체의 고유한 특성을 가지고 있어야만 한다. 하나님이 소중히 생각하시는 노래하는 것에 대한 특성은 무엇인가? 그 긍정적인 특성은 무엇인가? 이것은 복음주의적 기독교인이 거의 관심을 보이지 않는 주제이다. 노래의 두 가지 요소인 가사와 곡조는 거의 보편적으로 부차적인 문제들, 즉 기호와 개인적인 선호도의 문제들로 생각되고 있다. 맡겨진 회중 가운데서 신학적이고 목양적인 훈련의 가장 높은 수준을 가지고 있는 많은 목회자가 음악적인 일을 음악 담당자들과 예배 팀들에게 일임한다. 목

---

32 Westermeyer, *Te Deum*, 25.
33 C. S. Lewis, *Reflections on the Psalms* (London: Bles, 1958), 2. "시편은 단지 읽히기 위해서가 아니라 노래되도록 쓰였다. 시편을 노래하는 것은 그 시편을 우리에게 주신 하나님의 의도를 존중하는 것이다"; Lawrence C. Roff, *Let Us Sing: Worshiping God with Our Music* (Norcross: Great Commission, 1991), 65.
34 McNaugher, *Psalms in Worship*, 40.
35 Ibid., 40.

회자는 이런 일들에 대해 전혀 아무런 견해를 가지고 있지 않을 수 있다. 이런 무관심은 헬라인들, 히브리인들, 종교개혁자들 그리고 계몽주의와 후기-계몽주의 철학자들과 학자들에게로 거슬러 올라가는 인간성이 공통적으로 합의하는 것에 정면으로 반대하는 것이다.

카슨 할로웨이(Carson Holloway)는 플라톤에서 아리스토텔레스, 루소(Rousseau)와 니체(Nietzsche)에 이르는 철학자들이 음악을 받아들이면서 보인 궁극적인 진지함을 보여준다. 그는 오늘날 "음악에 대한 진지함의 결여와 음악이 가진 힘에 대한 이해가 없는 것"[36]을 간파한다. 플라톤은 대조법을 통해 자신의 『국가론』(Republic)에서 "자신들을 영혼의 가장 내밀한 부분 그리고 영혼을 가장 활발하게 담을 수 있도록 넌지시 스며드는 리듬과 화음의 능력 때문에"[37] 음악 교육에 최우선 순위를 둔다. 아리스토텔레스는 "우리가 그런 것들을 들을 때, 영혼 속에서 우리가 바뀌는 것을 보면서"[38] 매우 동일한 주장을 한다.

본질적으로 그들의 주장은 다음과 같은 것이다. 즉 좋은 음악은 젊은 이들에게 특별히 자제하고 극기하는 훈련을 가르칠 때 영혼을 질서 있게 하며 훈련시키는 능력이 있다는 것이다. 누군가의 열정과 충동을 통제하는 것은 고귀한 목적을 위해 살아온 삶을 가능하게 해준다. 그런 통제는 즉각적인 만족이 주는 질서 없고 변칙적인 추구로부터 자유롭게 해주기 때문이다. 그러나 나쁜 음악은 반대의 효과를 갖는다. 나쁜 음악은 규율을 깨뜨리며 자제력을 버리는 것을 조장한다. 이것은 무질서를 낳으며, 결과적으로 살아가는 것에 대한 무가치한 태도로 귀결된다.

종교개혁자들(특별히 칼빈[39])은 음악에 있는 이런 힘에 매우 조화되

---

36 Carson Holloway, *All Shook Up: Music, Passion, and Politics* (Dallas: Spence, 2001), 6.
37 Ibid., 24에서 인용.
38 Ibid., 3에서 인용.
39 이어 나오는 인용들은 칼빈의 "시편에 대한 서문"(*Preface to the Psalter*; 1543)에서 가져온 것이다. *Les Pseaumes mis en rime françoise par Clément Marot et Théodore de Béze; Mis en musique a quatre parties par Claude Goudimel; Par les héritiers de François Jacqui* (1565); facsimile repr. ed. Pierre Pidoux and Konrad Ameln under the auspices of La sociétédes concerts de la cathédrale de lausanne; Kassel: Baeroenreiter-Verlag, 1935를 보라(정보는 푸른 깃발[*the Blue Banner*] 웹사이트에서 취한 것: http://www.fpcr.org/blue%5Fbaner%5Farticles/calvinps.htm).

어 잘 맞추어져 있다. 어거스틴의 사고 위에 세워진 칼빈은 음악이 "하나님의 선물"이며 그 선물의 목적은 "사람을 재창조하는 것이고 그 사람에게 기쁨을 주는 것"이라는 것을 인식한다. 그러나 그는 음악의 과도하지 않은 적절한 사용을 촉구한다. 음악으로 인해 "우리가 주는 자유로운 힘이 붕괴되는 경우가 되지 않도록", 혹은 "우리 자신을 난잡한 절정에서 나약해지지 않도록", 혹은 "호색과 음란함의 도구가 되지 않도록" 하기 위함이다.

플라톤으로부터 하나의 단서(칼빈이 이름을 지은)를 취하면서 칼빈은 다음과 같이 말한다. "플라톤이 음악을 신중하게 생각했던 것과 같이, 세상에 있는 그 어떤 것도 이런저런 방향으로 사람의 도덕성을 더욱 더 돌아서게 하거나 구부러지게 할 수 있는 것은 거의 없다. 그리고 사실상 우리는 경험을 통해서 음악에는 마음을 이런저런 곳으로 움직이는 신성하고 거의 믿을 수 없는 힘이 있다는 것을 발견하게 된다."

이런 "믿을 수 없는 힘"으로 인해서 음악의 사용은 조심스럽게 규정되어야만 한다. 칼빈은 "부정직하고 파렴치한 노래들"을 비난했던 "교회의 고대 박사들"의 선례들을 인용한다. 그 박사들은 부정직하고 파렴치한 노래에 그 동시대 사람들이 "부패해가는 세상을 위한 치명적이고 사탄적인 독"으로서 "중독되었다"고 비난했다. 나쁜 가사가 호소적인 곡조에 결합될 때, 그 노래는 "마음을 훨씬 더 강하게 찌르고, 마음 속으로 들어간다"고 주장하면서, 칼빈은 가사와 곡조를 구분한다. 마치 "깔때기를 통해서 술이 그릇에 쏟아 부어지는 것과 같이, 독과 타락이 곡조를 통해서 마음 깊은 곳에 떨어진다"고 주장한다.

이런 잠재적인 타락에 대한 칼빈의 해법은 하나님이 친히 선택하신 말씀과 적절한 곡조이다. 하나님의 말씀을 존중하면서 칼빈은 다음과 같이 말했다.

> 더욱이 성 어거스틴이 말한 것은 사실이다. 그 누구도 자신이 하나님께로부터 받은 것 외에 하나님이 받으실 만한 것을 노래할 수 없다. 그러므로 우리가 철저하게 바라보고 여기저기를 찾아보았을 때, 우리는 다

윗의 시편보다 더욱 더 좋은 노래를 발견할 수 없을 것이고, 다윗의 시편보다 그 목적에 더욱 더 맞는 것을 찾을 수 없을 것이다. 다윗의 시편은 성령께서 말씀하신 것이고 그분을 통해서 만들어진 것이다. 그리고 더욱이 우리가 그 시편을 노래 부를 때, 마치 하나님이 친히 그분의 영광을 높이시기 위해서 우리 속에서 노래하는 것처럼, 우리는 하나님이 우리 입에 이 시편을 넣어주신다는 것을 확신하게 된다.

곡조에 대해서

노래가 가볍지도 않고 경솔하지도 않도록, 그렇지만 무게 있고 장엄하도록(성 어거스틴이 말한 대로) 항상 주의를 기울여야 한다. 또한 식탁과 집에서 사람들을 즐겁게 하기 위해서 만든 음악, 그리고 교회에서 하나님과 천사들 앞에서 불리는 시편 사이에는 커다란 차이가 있다.

세상의 노래는 "부분적으로 헛되고 경솔하며, 부분적으로 어리석고 따분하며, 부분적으로 천하고 야비하며, 결과적으로 악하고 해로운 것이다." 이와는 대조적으로, 칼빈은 시편을 노래하는 개혁 기독교인이 "주제에 적절하며 교회에서 노래하기에 타당한" 곡조를 사용해야만 한다고 주장한다. 달리 말하면, 교회는 세상의 음악과는 다른 "무게와 장엄함"으로 특징되는 그 자체의 독특한 음악을 가지고 있어야만 한다.

폭이 좁은 성경주의자는 "성경은 이렇게 주장되는 음악의 힘에 대해서", 혹은 다른 한 종류의 음악에 대해 어떤 한 종류의 음악이 적절하다는 것에 대해서 "그 어떤 것도 말하고 있지 않다"는 것에 대한 이의를 제기할 수도 있다. 칼빈과 그 동료는 이것은 지혜의 문제라고 응답할 것이다. 성경은 바위들, 모래 그리고 건축물들의 상대적인 특성에 대해서 아무것도 말하지 않는다. 그렇지만 예수님은 우리가 사물의 본질에 대해서 현명하게 되기를 기대하시며 그에 따라서 건축하기를 기대하신다(마 7:24-27).

성경은 포도주와 포도주 부대의 상대적인 특성에 대해서 아무 것도 말하지 않는다. 그렇지만 예수님은 우리가 새 포도주를 낡은 포도주 부대에 넣지 않는 것을 아는 사물의 본질에 대한 충분히 지혜로운 관찰자들이 되기를 기대하신다(마 9:16-17). 성경적 지혜의 본질은 사물의 본질에 대한 이런 이해이다. 누군가가 농부(잠 10:5-6; 12:11), 양치는 목동(27:23), 과수 재배자(27:18), 거리를 걸어 내려가는 사람(7:6-23), 혹은 왕의 관원(23:1-2; 25:6-7)이든지 간에, 그는 사람, 사물 그리고 상황의 본질을 주의 깊게 분별해야만 하고 자신의 삶을 발견되는 실체에 일치되도록 해야만 한다. 결과적으로 현명한 사람은 음악과 인간 본성의 상대적인 특성에 주의를 기울일 것이고, 영향을 끼치고 타락시키는 음악의 힘에 대한 바른 결론들을 끌어낼 것이다.

곡조, 가사 그리고 곡조와 가사의 연결[40]에 의해서 제기되는 문제들을 무시하는 것은 복음주의자의 지혜가 되지 못했던 것이다. 유감스럽게도 염려를 제기했던 사람들은 종종 엘리트주의자들, 율법주의자들 그리고 좁은 마음의 근본주의자들로 낙인 찍혔으며 무시되었다.[41]

음악의 보편적으로 인지된 특성은 다음과 같은 것으로 요약할 수 있을 것이다.

1. 음악은 감정을 움직이고 표현하는 힘이 있다. 비록 다윗이 자신의 하프로 사울의 악신을 진정시킬 수 있었을지라도(삼상 16:23), 슬프게 하고, 기쁘게 하며, 호전적인 영을 불러일으키고, 욕망을 부추기며, 잠들게 하는 등등의 음악이 있다. 음악은 인간 감정의 전 영역을 일깨울 수 있으며, 그 감정이 이미

---

40 세속적 관찰자들은 그 연결들을 잘 보고 있다. Holloway의 *All Shook Up* 이외에, Allan Bloom, *The Closing of the American Mind* (New York: Simon & Schuster, 1987) 그리고 Robert Pattison, *The Triumph of Vulgarity: Rock Music in the Mirror of Romanticism* (New York: Oxford University Press, 1987)을 보라.

41 염려를 제기했던 사람들 가운데 다음과 같은 사람들이 있다. John Blanchard, Peter Anderson, and Derek Cleave, *Pop Goes the Gospel: Rock in the Church* (Darlington: Evangelical Press, 1989); Calvin Johansson, *Discipling Music Ministry: Twenty-first Century Directions* (Peabody: Hendrickson, 1992); John Makujina, *Measuring the Music: Another Look at the Contemporary Christian Music Debate* (Salem: Schmul, 2000); and Kenneth A. Myers, *All God's Children and Blue Suede Shoes* (Wheaton: Crossway, 1987).

나타낼 때 그 감정을 표현하기 위한 수단을 제공할 수도 있다.
2. 음악은 기억을 자극하는 힘이 있다. A-B-C 노래를 배운 사람은 누구나 알듯이, 음악은 기억에 커다란 도움이 된다.
3. 음악은 영혼을 훈련하거나 타락하게 하는 힘이 있다. 적어도 이것은 철학자들과 신학자들의 주장이다. 고귀한 가사(歌詞)와 적절한 곡조로 이루어진 좋은 음악은 영혼을 교화(敎化)하고 훈련한다. 가치 없는 가사와 곡조로 이루어진 나쁜 음악은 격정(激情)에 불을 집히며, 자제력을 무너뜨리고, 영혼을 타락케 한다.

따라서 적절한 곡조로 이루어진 올바른 가사(하나님 자신의)는 성화의 강력한 도구이다. 이것은 시편의 제일 중요한 이점이다. 시편은 하나님 말씀의 거룩하게 하는 모든 힘을 실어 나른다. 음악에 의해서 영혼에 더욱 깊은 고요함을 전해준다. 그래서 하나님은 "노래하라!"고 명하신다. 그러나 이런 것들이 적절한 비율로 유지되는 것이 중요하다.

4. 권고 사항

1) 성경의 시편을 노래하라

왜 성경의 시편을 노래하는가? 시편은 하나님의 말씀이고 영감된 성경의 모든 힘을 가지고 있는 그런 말씀이기 때문이다. 공적인 예배의 정규적인 부분으로서 현재 시편을 노래하고 있지 않은 사람들은 다음과 같은 질문을 할 것이다. "예배가 무엇인가? 혹은 말하고자 하는 요점에 좀 더 걸맞게 예배에서 우리는 무엇을 해야만 하는가?" 이에 대한 바른 대답은 두 가지이다. 우리는 하나님이 그분의 말씀 속에서 우리에게 말씀하실 때 듣는다. 그리고 우리는 하나님이 친히 명하신 방법으로 그분께 말씀 드린다. 이것은 그분이 주신 언어의 사용을 포함한다("주여, 우리에게 기도를 가르쳐주소서!"). 신약 예배는 영적이면서도 간단하다(요 4:20-26).

1. 하나님이 우리에게 말씀하실 때 듣는다.
   - 성경을 읽고
   - 성경을 전하고
   - "눈에 보이는 말씀"(어거스틴이 성례라고 부른)을 집례한다.
2. 하나님이 주신 언어로 하나님께 다시금 말씀 드린다.
   - 성경의 내용으로 기도하고
   - 성경의 내용으로 노래한다.[42]

성경이 중심이 되어야만 하는 이유는 분명하다. 믿음은 하나님의 말씀을 들음에서 난다(롬 10:17). 우리가 중생하는 것은 바로 그 말씀을 통해서이다(벧전 1:23-25). 우리는 "그 말씀의 순전한 젖"(2:2)을 통해 자란다. 우리는 하나님 말씀의 진리를 통해서 거룩해진다(요 17:17). 하나님의 말씀은 유익하며 모든 선한 일을 위해 우리를 온전케 해준다(딤후 3:16-17). 하나님의 말씀은 "살았고 운동력이 있어 죄우에 날선 어떤 검보다도 예리하여…마음의 생각과 뜻을 감찰한다"(히 4:12).

하나님의 말씀은 성령의 검이다(엡 6:17). 하나님의 말씀은 구원을 이루는 하나님의 권능이다(롬 1:16; cf. 고전 2:4; 살전 1:5). 하나님의 말씀은 우리 속에서 역사한다(살전 2:13). 하나님의 말씀은 "불같고…반석을 쳐서 부스러뜨리는 방망이 같다"(렘 23:29). 하나님은 말씀이 헛되이 돌아오지 아니하고 "나의 뜻을 이루며 나의 명하여 보낸 일에 형통하리라"고 말씀하신다(사 55:11). 만약에 이런 것들이 그렇다면 그리고 오늘날의 기독교인이 그런 것들을 믿는다면, 왜 지난 50년의 예배 혁신들은 복음주의적 개신교 예배 순서에서 성경적 내용을 점차적으로 줄여왔는가?

---

[42] 나는 *Reformed Worship: Worship That Is according to Scripture* (Greenville: Reformed Academic Press, 2000), 32-38에서 이 주제를 발전시키려고 시도한다.

더 적은 성경이 읽히고, 전해지며, 기도되고, 노래되며 그리고 집례되고 있다. 특별한 교회들과 특별한 관행에 대해서 흠을 찾아 쓸데없는 논의를 할 수 있다. 그러나 진행되어 온 궤적을 보면 그런 현상을 단호하게 부인(否認)할 수는 없다. 우리가 특별히 관심을 가지는 것은 노래된 말씀이다. 16-18세기의 운율적인 시편에서 18세기의 고전적인 찬송으로(예를 들어, 왓츠, 뉴턴, 쿠퍼, 웨슬리), 19세기 후반에서 20세기 중반의 복음송으로, 오늘날의 성경적인 노래에 이르기까지 교회 속에서 이루어져온 전이(轉移)는 교회 찬송의 신학적이고 성경적인 내용이 극적으로 줄어들어 온 것을 보여준다. 만약에 하나님의 말씀이 위에서 지적된 회심하게 하고, 거룩하게 하며, 교화(敎化)하는 특성이 있다면, 이런 감소는 뒤바뀌어지기를 간절히 바라는 영적으로 불운한 발전인 것이다. 시편이 노래될 때, 회심하게 하고 거룩하게 하는 힘이 방출될 것이다.

2) 전체의 시편을 노래하라

시편을 노래하는 것은 단지 시편의 부분만을 노래하는 것은 아닐 것이다. 존 웨트릿(John D. Witvliet)은 종교개혁 시기에 시편을 노래하는 것의 눈에 띄는 역동적인 면 중 하나는 "중세의 미사에서 사용된 단시(短詩)라기보다는 개개 시편의 전체 혹은 커다란 부분을 노래하는 것이었다"라고 지적한다.[43] 유감스럽게도 "단시" 혹은 시편의 부분은 실제적으로 최근에 이용 가능한 모든 것이다. 이것은 다음과 같은 것들에서 발견되는 시편의 부분적 모음집들의 참된 모습이다. 즉 올드(Old)가 포함된 것들을 편집하면서 그들의 편집자들을 "너무 사소한 일에 신경을 쓰고 있는 것"이라고 부른 것뿐만 아니라 지난 세기의 장로교 찬송책(예를 들어, 『장로교 찬송가』[The Presbyterian Hymnal, 1933], 『찬송가』[The Hymnbook,1955], 『트리니티 찬송가』[Trinity Hymnal ,1961, 1980])에서 발견되

---

[43] John D. Witvliet, "The Spirituality of the Psalter: Metrical Psalms in Liturgy and Life in Calvin's Geneva," *Calvin Theological Journal* 32 (1997): 296.

는 실제 모습이다.

저주를 비는 시편에 대해서 올드는 『장로교 찬송가』(*The Presbyterian Hymnal*)가 "다윗의 보고(寶庫)를 일소하려는 시도를 함에 있어서 너무 멀리 갔다"[44]라고 말한다. 이런 비평은 또한, 오늘날의 성경을 노래하는 많은 노래에서 보이는 현상과 같이, 노래되는 시편의 특별한 구절을 분리시키는 관행을 포함하는 것 같다. 성시(psalms)를 노래하는 것은 시편(Psalter)을 노래하는 것이다. 전체로서의 시편책은 위에서 지목되어 논의된 신학적, 기독론적 그리고 경험적 전체성을 그 특징으로 가지고 있다. 시편책은 하나의 완결된 모음집으로서 성령에 의해서 주어졌다. 그 시편책의 강점들은 찬양에서 분리되지 않는 애가들, 죄의 고백으로부터 분리되지 않는 저주 등이 모두 함께 어우러진 집합적인 면들이다. 온전한 그리스도의 온전한 복음이 전체 시편에서 발견된다. 우리가 권하는 것은 교회들이 모든 예배 순서에서 적어도 하나의 시편을 노래하는 것을 분명히 하는 것이다.[45]

3) 적절한 곡조로 시편을 노래하라

곡조와 관련된 핵심적인 말은 "적절한"이란 어구다. 이것은 어떤 주관적인 판단, 개인적인 견해 혹은 선호도 이외의 다른 어떤 것이 될 수 있는 것인가? 정말 그렇게 될 수 있고 그렇게 되어야만 한다. 성경은 우리에게 적절하거나 꼭 맞는 것에 토대를 두고 판단할 것을 규칙적으로 정기적으로 요청한다. 이것은 머리 길이(고전 11:14), 말(딛 2:1) 그리고 옷(딤전 2:9-10)과 같은 것들을 포함한다. 예배를 포함해서 삶에서 이루어지는 우리 결정의 대부분은 지혜의 문제들이다.

· 무엇을 말하거나 말하지 말아야 하나?

---

44 Old, "Psalms as Christian Prayer."
45 21세기 총회(1993)에서 미국 장로교회는 "회중이 그들이 드리는 각각의 예배에서 적어도 하나의 시편을 노래하도록 장려되어야만 한다"라고 권고했다.

- 무엇을 입거나 입지 말아야 하나?
- 주어진 상황에서 내 이웃을 사랑하는 것은 무엇을 의미하는가?
- 어떤 납득이 가는 방법 속에서 내 배우자와 함께 산다는 것은 무엇을 의미하는가?
- 지혜로운 청지기 의식을 연습한다는 것은 무엇을 의미하는가?
- 뛰어나고 사랑할만한 것들에 내 마음을 두라는 것(빌 4:8)은 무엇을 의미하는가?

이 각각의 경우에 현명한 판단들이 내려져야만 한다. 과녁을 맞히지 못하면 죄에 빠진다. 흉하거나 친절하지 않는 것을 말하고, 상스러운 것을 입으며, 사랑에 실패하거나 오해하거나 나의 시간 혹은 자원의 대부분을 낭비하고(엡 5:15-16), 혹은 추한 것, 가치 없는 것 그리고 평범한 것에 빠지면 하나님의 뜻에 이르지 못하게 된다.

예배와 음악도 다르지 않다. 우리가 사용하는 음악은 사랑스럽고, 뛰어나고, 적절해야만 한다. 이런 견해는 가볍고 보잘것없는 곡조와 무게 있고 장엄한 곡조 사이를 구분한 칼빈의 구분(위에서 지적됨)을 그 토대로 하는 것이 분명하다. 후자의 곡조는 "하나님과 그분의 천사들이 임재해 있는" 교회에서 수행되는 예배의 한 부분이 된다. 그러나 전자는 그렇지 못하다. 시편을 노래하는 데 있어서 사용된 곡조는 메시지를 강조해야만 한다. 루터가 말했듯이, 음악은 신학의 보조적인 역할을 하는 것이다. 이것은 다음과 같은 원리에 이르게 한다.

1. 곡조는 균형 있는 비율로 선율, 화음 그리고 리듬을 배합하면서 잘 다듬어져야만 한다(시 33:3).
2. 곡조는 하나님의 아름다움을 반영함으로써(시 27:4; 50:2; 96:6) 참된 아름다움을 보여주는 아름다운 것이어야만 한다(빌 4:8).
3. 곡조는 그 간절한 호소력에 있어서 보편적이어야만 한다. 이것을 통해서 나는 다음과 같은 것을 의미하고자 한다. 즉 시

편이 종파, 인종, 세대 그리고 분파를 넘어서야만 하는 것과 같이, 곡조는 좁은 세대적인 분류 혹은 좁은 문화적인 분류를 피해야만 한다. 시편은 전 교회의 노래로 정말로 보편적이다. 시편은 단지 왓츠와 복음주의자의 것이 아니고, 케블(Keble)과 고(高)교회파의 것도 아니며, 생키(Sankey)와 부흥주의자들의 것도 아니고, 마라나타 음악(Maranatha Music)과 은사주의자들의 것도 아니다. 우리의 찬송, 시편 그리고 노래책에 있는 가장 훌륭한 곡조는 바로 이런 것을 행한다. 가장 훌륭한 곡조는 보편적인 미의 원리에 박자를 맞추고 있기 때문에, 그것들은 "문화적인 순간", 즉 시간, 장소 그리고 그것들이 기원된 그룹을 초월해서 넓게 그 호소력을 미치게 된다.[46] 우리의 곡조가 중세 유대적, 헬라, 혹은 라틴의 뿌리를 가지고 있든지, 혹은 특정 시간에 제재를 받지 않는 유럽 대중적 전통들에서 기원된 것이든지, 혹은 아프리카, 아시아, 라틴 아메리카, 혹은 현대적인 기원을 가지고 있는 것이든지, 그 곡조는 그것들이 쓰인 정황을 넘어서서 호소하는 것이어야만 한다.

4. 곡조는 가사에 감정적으로 적합해야만 한다. 수세기전에 어거스틴(Augustine)은 가사와 곡조 사이의 관계를 가지고 씨름했다. 그는 우선 첫째로 곡조가 가사를 결코 제압하지 않는 경우를 간절하게 바랬다. 정말로 『참회록』(Confessions)에서 어거스틴은 자신이 "노래가 실어 나르는 진리보다 노래하는 것 자체가 더욱 감동적이라는 것"을 발견할 때 그것을 "극악한 죄"라고 했다.[47] 그는 또한 곡조는 가사, 즉 가사에 의해서 전달되는 분위기에 상응하는 소리에 적합해야만 한다고 주장했다. 어거스틴의 견해는 "노래 속에 그리고 목소리에는 특

---

[46] John D. Witvliet, "On Durable Music, the Ten Commandments, and Palm-Passion Sunday," *Reformed Worship* 58 (Dec. 2000): 43.

[47] Westermeyer, *Te Deum*, 89에서 인용.

별한 음계가 있는데, 그 둘 사이에 있는 신비로운 관계로 인해서 그 음계들은 나의 다양한 감정에 상응하며 그 감정을 북돋을 수 있다는 것이다."[48] 곡조는 그 분위기 혹은 어조에 일치하면서 가사에 적합해야만 한다.
5. 곡조는 노래 부를 수 있는 것이어야만 한다. 즉 곡조는 회중이 미칠 수 있는 한계를 넘어서는 것이어서는 안 된다. 곡조는 복잡성 혹은 웨트릿이 "색다른 리듬"[49]이라고 부른 것으로 인해서 과도하게 어려워서는 안 된다. 또한 곡조는 회중의 기호나 능력(우리가 "음성이 굵고 헐렁한"[Deep and Wide] 현상이라고 부를 수 있는 것)에 모욕감을 주는 상대적으로 진부한 것이어서도 안 된다. 다시금 지혜가 필요하다.

5. 포괄적인 찬송가

오늘날 대부분의 교회는 배타적인 찬송가 혹은 배타적인 "합창곡집"을 사용한다. 그 교회들은 단지 찬송 혹은 합창곡들만을 노래하지 결코 거의 혹은 전체의 시편을 노래하지 않는다. 이 에세이의 주제는 포괄적인 찬송가이다. "포괄적"(inclusive)이라는 어휘는 "배타적인"(exclusive)이라는 어휘에 대한 언어유희이다. "배타적인"이라는 어휘는 오로지 시편만 예배에서 노래될 수 있다고 말하는 사람들의 입장을 가리킨다. 그런데 "포괄적"이라는 어휘는 시편을 노래하는 사람들이 그들의 예배에 어떤 몇몇 찬송이 포함시키도록 설득되어야 할 필요가 있다는 것을 의미한다. 이것이 우리가 염려하며 마음을 쓰는 초점이 아닌 것은 분명하다. 우리가 정말로 주장하는 것은 배타적인 찬송가가 포괄적인 찬송가가 되는 것이다. 즉 시편을 노래하는 것을 실행하는 여지를 만드는 찬송가이다.

---

[48] Ibid., 88에서 인용.
[49] Witvliet, "On Durable Music," 43.

오늘날 스코틀랜드 운율 편곡에 있는 의무적인 시편 100편("땅위에 거하는 모든 백성아"[*All People That on Earth Do Dwell*])과 시편 23편("여호와는 나의 목자"[*The Lord's My Shepherd*]) 이외에 운율적 시편을 노래하는 복음주의적 회중은 거의 없다. 표준 복음주의적 찬송은 이 두 개의 시편 이외의 그 어떤 것이 있다 할지라도, 거의 시편 편곡을 가지고 있지 않다.[50] 시편을 노래하는 사람들이 찬송을 노래하기 시작하도록 설득하는 것이 긴요한 일일지라도, 우리는 다른 사람들이 그 일을 하도록 맡길 것이다. 우리의 목표는 배타적으로 찬송을 부르는 수백만의 회중이 시편을 노래하기 시작하도록 설득하는 것이다. 우리가 이 논의를 마무리하기 전에 우리에게 두 가지 과업이 남겨져 있다. 첫째, 우리의 주장을 요약하는 것이다. 둘째, 실제적인 관심에 대답하는 것이다.

나는 시편을 노래하는 것을 위한 우리의 주장을 다음과 같이 요약한다.

1. 시편을 노래하는 것은 성경적이다. 우리가 노래하기를 원하는 노래는 노래되도록 성령에 의해서 주어진 정경적인 시편이다. 더욱이, 우리는 시편을 노래하도록 명령을 받고 있고 시편을 노래한 신약 교회들의 예가 주어지고 있다.
2. 시편을 노래하는 것은 역사적이다. 시편을 노래하는 것은 초대 교회(교부들에 의해서 증언되듯이), 중세 수도사적인 순서, 종교개혁자들 그리고 19세기 중엽에 이르기까지 실제적으로 모든 개신교가 실행했던 일이었다.
3. 시편을 노래하는 것은 유익이 된다. 시편은 성경이기 때문에, 죄인들을 회심시키고 성도들을 성화시키는 모든 성경의 고유한 영적인 유익에 참여한다.
4. 시편을 노래하는 것은 만족을 준다. 시편의 신학적, 기독론

---

50 *The Hymnal for Worship and Celebration* (Waco: Word, 1986)은 두 개, *The Worshiping Church: A Hymnal* (Carol Stream: Hope, 1990)은 아홉 개가 있다.

적 그리고 경험적 풍부함은 하나님의 백성에게 인생의 부침 (浮沈)을 이해하며 표현하는 언어를 제공해준다. 그 어떤 것도 시편과 같이, 특별히 노래된 시편과 같이 하나님 백성의 마음을 만져주는 것은 없다.
5. 시편을 노래하는 것은 독특하다. 전체로서의 시편이 신적으로 균형 잡힌 내용을 전해주는 전체의 시편을 노래하는 행위(단지 시와 같이 읊조리는 것이 아니라)는 성경적 경건을 형성하고 만드는 독특한 능력이 있다. 그리스도의 몸에 건강과 생명력을 주도록 분명하게 공헌하는 것은 시편을 노래하는 것을 통해서 만들어진다.

나는 이제 오늘날 시편을 무시하는 풍조 뒤에 놓여 있을 수 있는 실제적인 사안에 대한 대답을 시도할 것이다. 아마도 대부분의 복음주의자가 시편을 노래하는 것에 마음을 다하지 못하는 주된 이유는 무지함일 것이다. 시편이 역사적으로 노래되었다는 것을 아는 사람은 거의 없다. 그리고 시편을 노래하는 실제적인 경우를 본 사람도 거의 없다. 우리는 시편을 노래하려고 시도한 사람들이 시편을 더욱 사랑하게 된다는 것을 오랜 시간에 거쳐 확신하게 되었다.

그러나 시편을 노래하지 않는 두 번째 주된 이유는 아마도 실제적인 것 같다. 자신들이 시편을 노래해야만 한다는 것을 아는 목사들과 음악 지도자들은 시편을 노래하지 않는다. 그들은 시편을 노래하는 것이 이런저런 이유로 인해서 제대로 되지 않을 것이라고 생각하기 때문이다. 그들은 음악적 기초 지식에 대한 그들 자신의 결여로 인해서 위협을 느낄 수도 있을 것이다. 그들은 방문객들을 끌어 모으며 성장에 관심이 있는 교회는 시편을 노래하는 것에 대해 충분히 우호적인 사용자가 되지 않을 것이라고 생각할 수도 있다. 그들은 시편 사용의 다른 형태를 위한 선호도 혹은 좀 더 현대적인 음악 형태와 같은 다양한 반대를 가지고 있을 수도 있다. 나는 이런 사안의 몇 가지에 대해서 대답을 시도해보고자 한다.

1) 운율적인 시편의 현대 이용 가능한 편곡들이 충분하지 않다

이용 가능한 현재 운율적인 시편 편곡들(예를 들어, 『트리니티 시편 찬송』[Trinity Psalter], 『스코틀랜드 시편 찬송』[Scottish Psalter], 『시편 찬송을 위한 책』[The Book of Psalms of Singing], 『찬송집: 앵글로 제네바 시편 찬송』[Book of Praise: Anglo-Genevan Psalter])은 없는 것들보다는 더 낫다. 여기서 말하는 점은 『복음 전도 폭발』(Evangelism Explosion)의 비평에 대해 대답하는 데 있어서 제임스 케네디(D. James Kennedy)에 의해 다음과 같이 제기된 것과 유사하다. "당신이 사용하지 않는 것보다 내가 더 잘 사용하는 복음주의의 방법을 나는 좋아한다." 전통적인 운율적 시편을 노래하는 것에 그 한계들이 없는 것은 아니다. 그렇지만 이용 가능한 완비된 시편이 있다. 예를 들어, 『트리니티 시편 찬송』(Trinity Psalter, 본서의 출판에 나도 가담되어 있다)은 오늘날 사용할 준비가 되어 있고, 150개의 모든 시편 구절을 포함한다.

비평가들은 그들이 영어로 된 찬송책의 시적인 취약성으로 간주하는 것을 이따금씩 주목한다. 한 비평가는 모든 전통의 특징으로서 "소박하게 운을 단 시편"[51]은 언급한다. 최초의 영어 편곡이 이어 나오는 거의 모든 영어 시편의 토대가 되는 1650개의 시편을 가지고 있는 스코틀랜드 영어에 시의 질(質)적 중요성이 오랜 동안 논의 되었다. 한 언어에서 다른 언어로 이동할 때, 양보와 절충이 항상 이루어져야만 한다는 것은 주목될 필요가 있다. 영어 편곡들은 항상 시적인 세련미보다는 본문적인 정확성이 소중히 여겨졌다. 어떤 관찰자들에게 이것은 약점으로 보인다. 그렇지만 다른 사람들에게 이것은 장점으로 보인다.

스코틀랜드에서 1800년대 초기에 개정이 고려되고 있었을 때, 월터 스콧(Walter Scott) 경과 같이 문학적 권위가 있는 사람이 그 계획을 위한 열정을 거의 함께 나누지 못하고 있었다. 그는 "시의 꾸밈들은 경건적인 연습들에서는 아마도 요구되지 않을 것이다"라고 주장했다. 그

---

51 Leonard R. Payton, *Reforming Our Worship Music* (Wheaton: Crossway, 1999), 36.

는 다음과 같이 말했다. 비록 옛 편곡들이 "세련되지는 않았을"지라도, 그런 곡들은 "좀 더 우아한 표현을 위해서 아마도 잘못 바뀔 수도 있을 조야한 종류의 장엄함을 가지고 있는 분명하고, 설득력 있으며, 지적인 것들이었다"라고 말했다. 그는 그 곡들은 "자비로운 손"[52]으로만 만져졌다고 강조했다. 영어로 된 시편 찬송가의 목표는 시적인 우아함보다는 "문자적인 간결성"이다. 1650년판 『스코틀랜드 시편 찬송』(Scottish Psalter)의 제목이 있는 표지는 "지금까지 있었던 그 어떤 것보다도 운율에 있어서 더욱 분명하고, 부드러우며, 본문에 일치될 수 있는 다윗의 시편"이라고 자랑한다.

밀러 패트릭(Millar Patrick)이 지적하고 있듯이, 그 목적은 "문학적 비평가들을 만족시키기 위한"[53]것이 아니었다. 더욱이 그는 "그것들이 사용되기로 의도된 목적에 대한 그들 형식의 적절성으로 인해 이 시편을 칭송하기 위한 비중 있는 비평과 좀 더 부드러운 꾸밈음을 결여하는 것을 그들에 대한 우호적인 평가로 간주하는 비평이 발견된다"라고 주장한다.[54]

우리는 오늘날 동일한 점을 유지해야 할 것이다. 지금의 번역본들은 비록 개선되어야 할 여지가 있을지라도, 사용되도록 의도된 목적에 적합하다. 더 나은 수정들은 어떤 시편 역본들을 위해서 이루어져야 할 필요가 있다. 더 나은 음악은 다른 것들을 위해서 작곡되어야 할 필요가 있을 것이다(아래를 보라). 그러나 현재 있는 것을 대치하는 더 나은 어떤 것이 나올 때까지, 우리가 가지고 있는 것의 불완전성을 비난하는 것은 아무런 의미가 없다. 비록 대단한 노력이 오늘 시작된다 할지라

---

[52] Millar Patrick, *Four Centuries of Scottish Psalmody* (London: Oxford University Press, 1949), 213-14.

[53] Ibid., 225.

[54] 패트릭은 심지어 다음과 같이 말한 현대주의자인 구약 신학자 로버트슨 스미스(W. Robertson Smith) 조차도 지지한다. "구약 교회가 어린아이와 같은 믿음과 헌신에 대한 완벽한 모델을 우리의 지침을 위해 남긴 것과 같이…이 모델이 그 모든 간결성 속에서 유지되어야만 한다는 것은 중요하다. 모든 인공적인 수법, 현대적인 감각의 모든 궤적은 회피되어야만 한다…다른 무엇보다도 경건을 위한 시편의 번역은 간결, 심지어는 소박해야만 한다"(226).

도, 그런 대치가 이루어지는 것은 적어도 10년 뒤의 일이 될 것이다.

2) 운율적인 시편을 노래하는 것과 연관된 음악 형태는 낡은 것이다

시편 자체의 형태는 음악의 형식을 상당한 정도로 결정하게 되는 요인이 될 것이다. 찬송/시편 곡조 형태는 수세기에 걸쳐서 현재의 양식으로 발전되었다. 교회가 시편 양식의 주어진 요구 조건들을 만들어 낼 수 있는 것이 회중이 노래하는 것을 위한 가장 좋은 형태 혹은 양식이다. 구체적으로 어떤 시편은 최소한의 반복(예를 들어, 시 57, 99, 136)을 사용하면서 한 주제를 여러 개의 행과 연(聯)에 걸쳐서 발전시키는 노래이다. 결과적으로 만약에 시편이 노래되어야만 한다면, 각 행에 대한 여러 개의 박자, 음절, 혹은 가사를 가진 다수의 연과 다수의 행을 가진 음악적 양식들이 발전되어야만 한다.

곡조는 회중에 의해서 노래할 만한 것이어야만 하며, 한 생각을 표현하기에 충분히 긴 문장, 그 생각을 발전시키기에 충분한 행들 그리고 그 생각을 완성하기에 충분한 연을 다룰 수 있는 것이어야만 한다. 달리 말하면, 곡조는 기독교계가 지난 2천 년에 걸쳐서 발전시켜온 찬송-곡조 양식과 같은 것으로 보여야만 한다. 곡조가 쓰였을 때는, 이것이 전혀 상관이 없다. 진정으로 바라는 바는 현 세대가 교회의 현재 음악적 보고(寶庫)에 질적으로 수준 있는 곡조를 더하게 되는 것이다. 교회를 동일하게 잘 섬길 수 있는 다른 양식들도 있을 것이다. 그러나 그런 곡조는 아직 발전되지 않았다. 만약에 그런 곡조가 존재한다면, 우리는 그런 곡조를 발견해야만 한다.

3) 영창(Chanting)하는 것이 노래(Singing)하는 것보다 시편 사용법의 더 나은 양식이다

영창하는 것의 상대적인 어려움과 그에 대한 아주 적은 관심으로 인해서 몇몇 독자들은 시편을 영창하는 것이 멀리 떨어져 있는 문제가 되어 있는 것을 발견하게 될 것이다. 그렇지만 몇몇 사람들이 문제를 제기했기 때문에, 우리는 그에 대한 대답을 시도할 것이다. 영창하는 것은 산문으로 된 본문을 바꾸지 않는 이점과 본문이 음악에 맞추는 것보다는 "음악"을 본문에 맞추는 이점이 있다. 이런 이점은 처음에는 중요하게 보인다. 그러나 생각해보면 처음에 생각했던 것보다 그렇게 중요하지는 않다. 이유는 아래와 같다.

1. 노래와 시를 한 언어에서 다른 언어로 번역하는 과정에서 본래적으로 있게 되는 절충과 양보는 산문을 번역하는 것과 관련된 문제들을 넘어선다. 운(韻), 리듬, 억양, 단어유희, 철자유희가 종종 상실된다. 엄격한 영어 번역은 그 본문의 의미를 문자적으로 전달할 수는 있을 것이나, 번역자들에 의해 사용된 어떤 용어를 사용하는 것은 그 "역동적인 동등성"(dynamic equivalent)을 가지지는 못할 것이다. 고대 히브리어의 노래에 대한 현대 영어에 있어서 역동적인 동등성은 무엇인가? 운을 달고 운율을 달아 수정한 것들은 좀 더 산문적인 영창 역본들보다는 히브리 시를 전달하는 데 있어서 좀 더 나을 수 있을 것이다. 우리 문화에서 노래한다는 것은 전형적으로 운을 다는 것이다. 우리 문화가 집단적으로 노래하는 것은 간결성과 그룹의 참여를 위해서 대개 어떤 규칙적인 운율을 따른다. 더욱이 영국/스코틀랜드 전통에서 운율적인 시편은 운을 달고 운율을 다는 것을 목적으로 한다. 그런 시편은 비록 운율과 운의 체계 속에서 번역되었을지라도, 의역된 것으로가 아니라 번역된 것으로 간주되었다. 불어로 된 운율적인 시편은 더욱 더 의역된 것들 같았다. 영어 시편 찬송가는 원본에 매우 충실하다.

2. 영창들은 어렵다. 웨트릿(Witvliet)은 칼빈이 성경 본문의 실제적인 어휘들을 사용하는 현재 로마 가톨릭 시편 찬송가보다는 운율적인 시편 찬송가를 고의적으로 장려했다고 지적

한다. 칼빈은 본문에 대한 시적인 개정(改訂)을 좋아했다. 웨트릿은 "시편이 어떤 노래할 수 있는 음악적인 양식 안에서 고쳐질 필요가 있으며 운율적인 시편영창은 가장 노래할 만한 것이 된 것으로 판단되는 것이었기"[55] 때문이라고 말한다. 개신교 예배의 근본적인 원리는 간결성이다. 교회에서 불리는 그 어떤 노래는 평범한 평신도들에 의해서 노래될 수 있을 정도로 충분히 단순해야만 한다. 만약에 있다 하더라도, 회중이 영창들을 숙달하거나 정통하게 부르는 것은 거의 불가능하다. 영창들을 사용한 역사를 들여다보면, 영창들은 소개된 뒤로부터 영창들을 바르고 적절하게 부를 수 있었던 전문화된 성가대들의 형성된 시기에 이르기까지 초기로부터 줄곧 이어졌다는 것을 보게 된다. 평신도 혹은 회중이 영창들을 잘 부를 수 있는 것은 드물다.[56] 만약에 우리의 목표가 회중적으로 노래를 부르는 것이라면, 아마도 영창은 실행 가능한 선택 사항이 되지는 못할 것이다.

3. 영창은 노래 부르는 것이 가지는 역동성을 결여한다. 영창은 감정적인 효과, 즉 노래 부르는 것의 특징인 열정을 움직이는 힘을 결여한다. 심지어 우리는 '어떤 의미에서 영창은 노래한다고 할 수 있는가?'라고 물을 수도 있을 것이다. 물론 영창은 넓은 노래의 범주 아래 들어간다. 그러나 그것은 영창으로 불린다. 영창은 노래하는 것과는 의미심장하게 다르기 때문이다. 영창이 규칙적인 리듬을 가지고 있지 않는

---

[55] Witvliet, "Spirituality of the Psalter," 284.
[56] "Chants" in *The Dictionary of Worship and Liturgy* (ed. J. D. Davis; Philadelphia: Westminster Press, 1986)이라고 제목이 붙은 소논문은 왜 영창이 어떤 인기를 결코 얻지 못하는 것인지에 대한 글과 동일한 내용을 말한다. 번갈아 가며 하는 영창들은 "회중의 참여를 낙담시키게 하는 경향이 있다." 19세기 영창은 "매우 위험스러웠다." 단순화 하려는 노력에도 불구하고 오늘날 "대부분의 회중은 여전히 자신들이 산문 시편을 노래하는 이롭지 못한 상태에 있는 자신들을 발견하게 된다"(159). "시편 찬송"에 대한 소논문은 오늘날 듣게 되는 영창의 대부분이 "전문 성가대에 의해서 전문적으로 수정된 것"(451)이라고 말하면서 동의한다.

것은 일반 노래와 우리가 마음 속에서 "리듬"을 만들 때(엡 5:19)[57] 결과로 나타나는 강력한 감정적인 영향력으로부터 영창이 구별되게 한다.

4) 시편을 노래하는 것은 교회 성장을 방해한다

시편을 노래하는 것은 교회 성장을 방해한다는 문제에 대한 답변을 함에 있어서, 나는 성경을 읽는 것이 교회 성장을 방해할 것인가 묻고 싶다. 성경 강해는 교회 성장을 방해할 것인가? 성경적으로 기도하는 것은 교회 성장을 방해할 것인가? 유감스럽게도 위의 모든 질문에 그렇다고 대답하는 사람들이 있다. 결과적으로 그들은 공적인 예배의 순서에서 각각의 명목상 요소를 제외한 모든 것을 제거해왔다. 그런 부류의 사람들에게 우리는 정말로 아무 것도 말할 것이 없다.

성경은 회심시키고 성화시키는 힘을 가지고 있기도 하고, 그렇지 못하기도 하다. 만약에 믿음이 하나님의 말씀을 들음에서 나는 것이라면(롬 10:17), 죄인들과 성도들 속에 있는 믿음을 만들고 세우는 열쇠는 하나님의 말씀이다. 시편을 노래하는 것은 하나님의 나라를 세울 것이다. 그것은 돌아가는 배움의 과정이 없다는 것을 의미하는 것이 아니다. 그것은 새로운 가사와 음악을 소개하는 데 있어서 천천히 현명하게 진행할 필요가 없다는 것을 의미하는 것이 아니다. 만약에 하나님의 말씀의 권능 안에서 모든 자신감을 잃지 않았다면, 교회 성장에 대한 질문은 어떤 문제가 되어서는 안 된다.

우리는 또한 역사적인 선례를 지적할 수 있을 것이다. 교회 성장이 있었는가? 정말로 교회 성장이 이루어졌다. 『제네바 시편』(*Genevan*

---

[57] 유사한 논의는 복음적 예배 순서 속에 랩으로 부르는 노래가 들어갈 때 일어날 수 있다. 랩을 부르는 것은 노래하는 것인가? 이것은 영창하는 것이 중세 랩이라고 말하는 것은 아니다. 랩은 운(韻)을 가지고 있는 이점이 있다. 영창은 본문적인 일관성을 가지고 있는 이점이 있다. 그렇지만 그 두 가지는 일반적으로 노래하는 것과는 매우 다른 것으로 "랩" 혹은 "영창"이라는 다른 이름을 얻기에 충분하다.

Psalter)의 부분적인 번역본들이 1542년과 1547년에 출판되었다. 그 부분 번역본들은 많은 수가 제네바로 유입된 프랑스 난민들에 의해서 곧바로 받아들여졌다. 이전 세대의 주된 찬송가학자인 루이스 벤슨(Louis F. Benson)은 「장로교 역사협회 저널」(*Journal of the Presbyterian Historical Society*)에 "존 칼빈과 개혁 교회들의 시편 찬송가"(*John Calvin and the Psalmody of the Reformed Churshes*)라는 제목의 일련의 학문적인 에세이들을 1909년에 썼다.[58] 그는 이 소논문들에서 제네바에 있는 프랑스 난민들이 시편 노래하기를 처음 경험했을 때 『제네바 시편』이 그들에게 끼친 영향을 다음과 같이 논의한다.

> 그들의 손에 작은 시편책을 들고 성 베드로 교회에 모인 커다란 회중, 친숙한 불어로 하나님을 찬양하는 커다란 목소리, 거룩한 말씀을 전해 나르는 근엄한 곡조, 노래하는 열정과 노래하는 자들을 영적으로 들어올리는 광경, 이 모든 것은 이제 처음으로 그런 광경에 접하는 프랑스 난민들의 감정을 깊게 움직였다.[59]

이 유민들이 프랑스에서 쏟아져 나오고 프랑스로 밀려들어 갔을 때, 그들은 자신들과 함께 그들이 제네바에서 배웠던 시편에 대한 사랑을 가지고 갔다. 1553년에 이르러서는 제네바 시편이 프랑스의 모든 개신교 교회에서 노래되었다.[60] 1559년에는 『제네바 시편』이 프랑스 개혁 교회들의 공식적인 찬송가가 되었다. 프랑스 교회들의 성장을 방해한 것이라기보다는 시편이 "프랑스에서 제네바 교리를 전파하는 데" 있어 커다란 부분을 감당했다고 벤슨은 말한다.[61] 1562년에 첫 번째 완결판이 출판되었을 때, 즉각적으로 팔렸고, 출판 첫 해에 25쇄를 인쇄했

---

58 Louis F. Benson, "John Calvin and the Psalmody of the Reformed Churches," *Journal of the Presbyterian Historical Society* 5 (1909): 1-21, 55-87, 107-18.
59 Ibid., 57.
60 Ibid., 67.
61 Ibid., 69.

다.⁶² 시편에 대한 열정적인 헌신을 기울인 시간 동안에 프랑스 교회는 엄청난 속도로 성장했다.

1555년에 프랑스에는 5개의 지하 교회들이 있었다. 1559년에는 그 숫자가 100개 이상으로 뛰었다. 1562년에 이르러서는 프랑스에 대략 3백만 명의 출석 교인과 더불어 2,150개 이상의 교회들이 설립된 것으로 추정되었다.⁶³ 시편을 노래하는 것에도 불구함이 아닌, 부분적으로 시편을 노래하는 것으로 인해 단지 7년 안에 5개에서 2,150개로 성장한 것은 어느 누구의 기준에서 보더라도 경이로운 성장이다. 웨트릿은 "운율적인 시편을 노래하는 것은 종교개혁의 표지였다"⁶⁴라고 주장한다. 미리엄 크리스만(Miriam Chrisman)은 "성경을 평신도에게 열어줌으로써"⁶⁵ 시편을 노래하는 것은 개혁적 경건을 널리 유행시켰다고 말한다. 웨트릿(Witvliet)은 설교와 교리문답에 참여하면서 시편을 노래하는 것은 "영적 형성의 주된 수단"⁶⁶ 중의 하나였다고 말한다. 눈이 가려진 개인적인 편견 이외에, 시편을 노래하는 것은 오늘날 교회 성장에 적합한 것이 아니라고 생각하는 것에 대한 그 어떤 이유도 없다.

앞에서 주장된 시편을 노래하는 것으로 돌아가야 하는 모든 이유 이외에, 우리는 또한 어떤 점에서 복음적 기독교인이 그들의 뿌리로 돌아가야 한다는 것을 단지 주장하는 것임을 주목할 수 있을 것이다. 보수적이거나 성경을 믿는 종류의 대부분 기독교인은 지난 100년 혹은 그 이상의 시간 그리고 특별히 지난 50여 년 간의 문화적인 동향들이 진지한 기독교적인 제자도에 이바지하지 못했다는 것을 아주 분명하게

---

62 Ibid., 71. 1563년에 이루어진 제네바 시편(*Genevan Psalter*)의 15쇄, 1564년에 11쇄 그리고 1565년에 13쇄가 이루어졌고, 출판된 첫 4년 동안 총 64판이 출판되었다. 위드릿(Witvliet)은 빠르게 팔리는 시편을 "그때까지 출판이 이루어진 가장 커다란 사업"("Spirituality of the Psalter," 274)으로서 인정하며 인용한다.

63 Frank A. James III, "Calvin the Evangelist" in *RTS: Reformed Quarterly* (Fall 2001): 8; W. Sanford Reid, ed., *John Calvin: His Influence in the Western World* (Grand Rapids: Zondervan, 1982), 77.

64 Witvliet, "Spirituality of the Psalter," 296.

65 Ibid., 297에서 인용.

66 Ibid.

알고 있다. 복음적 기독교는 세속적이고 물질주의적이며 쾌락주의적인 영향의 홍수 가운데서 가라앉지 않기 위해 몸부림쳐 왔다. 만약 우리가 우리 선조들이 했던 것과 같이 동일한 용기를 가지고 오늘날의 도전들을 맞이하고 해결하려 한다면, 좀 더 담대하고 전투적인 영이 필요하다. 시편은 과거와 마찬가지로 오늘날 기독교인의 결의를 공고히 해주면서 그런 경건이 자라도록 해줄 것이다. 모든 복음주의적 개신교 교파는 시편을 노래하는 근원이 되는 뿌리를 갖는다. 간략하게 그 역사를 검토해보도록 하자.

츠빙글리(Zwingli)와 파렐(Farel)의 지도 아래 있었던 초기 프랑스와 스위스 개신교도들은 그들의 예식에서 회중이 노래하는 것을 위한 자료를 공급해주지 못했다. 칼빈이 1537년 1월에 제네바 시 당국에 제출한 그의 교회 규칙 조항에서 시편을 노래할 것을 처음으로 촉구했다. 그 당시에는 노래할 만한 시편의 역본들이 없었다. 그 뒤로 25년 동안 칼빈의 강력한 추진을 통해서 클레망 마로(Clément Marot, 칼빈 당시의 탁월한 시인)와 테오도르 베자(Theodore Beza, 제네바에 있었던 칼빈의 보좌관)의 운율적인 번역본들이 수집되었다. 그 번역본들에 루이 부르주아(Louis Bourgeois)와 다른 사람들이 쓴 곡조가 붙여졌다. 1562년에 완결된 『제네바 시편』이 준비되었다. 위에서 주목해 보았듯이, 로마교황과 프랑스 왕 사이 화해의 시도들이 실패했고 바로 그 해에 시민전쟁이 발생했을 때, 그것은 프랑스 개신교도들을 위한 하나님의 섭리적인 은혜가 되었음을 증명했다.

벤슨은 "그들이 사막에서 열려져 있는 우물을 발견했고, 그 우물로부터 박해 아래 주어지는 위로와 믿음의 대적들에 용감하게 저항할 힘을 끌어 올렸다. 더불어 하나님이 그들을 위해서 싸우고 계시며, (이것은 첨언되어야만 한다) 그들의 대적을 대항해서 보수하실 것이라는 분명한 확신을 가졌다."[67] 벤슨은 "시편을 아는 것은", 프랑스 개신교도들이

---

[67] Benson, "John Calvin and the Psalmody," 77-78. Benson에 의해서 이루어지는 이어 나오는 모든 인용은 73페이지에서 온 것임.

알려진 대로, 위그노파를 위한 "주요한 의무가 되었다"라고 말한다.

노래되는 시편의 강력한 호소력은 "찬송가를 공적인 예배로서 매일 삶의 많은 부분을 차지하도록 했다." 가정에 있는 가족들과 작업장에 혹은 매일의 업무에 가담하는 남녀가 프랑스 개신교도들로 인식되었다. 그들 자신이 시편을 노래하는 것으로 가득 채워졌기 때문이다. "시편은 그들에게 영적인 삶의 지침(편람[便覽])이 되었다." 더욱이 벤슨은 시편이 "위그노 특성이 깊은 그 자체의 특성을 각인시켰고 위그노 교도의 본질이 되게 하도록 하는 데 있어서 커다란 부분을 이루었다"라고 말한다. "그 원리를 위해 싸우고 견디어내도록 부름을 받은" 위그노 교도를 위해서 "시편을 노래하는 습관은 하나님의 섭리 가운데 주어진 준비였다."

> 시편은 고요하고 고독한 가운데 있는 위그노 교도의 자신감이며, 압제로부터 그들의 피난처가 되었다. 종교 전쟁에서 시편은 진지(陣地)와 행진의 노래, 전투의 영감 그리고 들판이건 순교자의 화형주(火刑柱)에서건 죽음에서 맞이하는 위로가 되었다. 시편을 노래하는 것은 프랑스의 종교개혁 역사 안에서 위대한 위치를 점한다고 말하는 것으로 프랑스 종교개혁의 역사를 생각하는 것은 가능한 것이다.

유사한 이야기가 스코틀랜드 장로교인들의 경우에도 이야기될 수 있다. 존 녹스(John Knox)와 다른 개신교 난민들이 1550년대 후반에 제네바에서 망명생활을 마치고 스코틀랜드로 돌아왔을 때, 그들은 『제네바 시편』에 상응하는 영어 시편에 대한 열정을 가지고 돌아왔다. 그 결과는 종국적으로 1564년, 그 뒤에 1635년 그리고 마지막으로 1650년의 『스코틀랜드 시편 찬송』(*Scottish Psalter*)으로 결실을 맺었다. 이 번역본들의 마지막 것은 스코틀랜드 사람들을 위한 표준 시편이 되었고 "곧바로 일반 사람들의 사랑을 받았다."[68] 패트릭(Patrick)은 "그것은 죽음의 시

---

[68] 이곳과 다음 문단에 있는 모든 인용은 Patrick, *Four Centuries of Scottish Psalmody*, 115-16에서 온 것이다.

간(1668-88)의 엄청난 고통이 있기 몇 년 전에 출판된 하나님의 선물이었다"라고 말한다. 그 고난의 시기를 통해서 "그 번역 시편은 사람들의 마음에 자리를 잡았고, 그 시편의 행들은 그들의 기억에 그렇게나 깊이 각인되어서 항상 그들 감정의 표현을 위해 주어진 말이 되었다. 그 말은 위대한 시간에 우리가 그들의 입술에서 발견하는 그런 말이었다." 패트릭이 다음과 같이 말하는 것을 주목해보라. "그들이 그들의 경험을 해석하고 표현하곤 했던 언어는 그들이 노래한 시편의 언어였다." 그는 계속해서 말한다. "당신은 그것이 그들에게 무엇이었을 것인지 생각할 수 있을 것이다. 그 당시에는 책이 적었다. 성경이 첫 번째였고, 시편 책이 예의상 그 다음을 차지하고 있었다. 시편책은 교회 예배에 그들의 손에 있는 소형의 편람이었을 뿐만 아니라 개인 경건에서 사용하는 그들의 책으로 영원한 친구였다. 경건한 가정에서 시편책은 가정 예배에서 시편책을 통해 노래하는 것이 관습이 되었다."

패트릭은 이렇게 말한다. 그들은 "불안과 위험의 시간에 영혼을 유지하고 양육하기 위해서" 시편책으로 눈을 돌렸다. 그리고 그 시편책으로부터 "힘과 위로의 언어를 이끌어냈다." 그는 계속해서 말한다. "그들이 그 어둡고 잔혹한 세월을 통과하도록 해준 믿음, 인내, 격려 그리고 희망의 소리를 발견한 곳은 바로 그 시편책이었다." 패트릭은 말한다. 스코틀랜드의 운율적인 시편은 "순교자들의 피로 얼룩져 있다. 그 순교자들은 자신들에게 소중한 그들의 삶을 중요하게 여기지 않았고 고통과 희생을 통해서 양심에 부끄럽지 않게 믿음을 지켰고 패배로부터 그들 나라의 자유를 구원해냈다."

시편을 노래하는 것은 모든 교회의 "힘과 위로"에 중요한 부분이 되어 왔다. 회중교회주의자들과 침례주의자들이 시편을 노래한 것과 같이, 개혁 교회와 장로교회들은 250년이 넘도록 오로지 시편을 노래했다. 북미에서 출판된 첫 책은 시편이었다. 엄청나게 인기 있는 『베이 시편 책』(*Bay Psalm Book*, 1640)은 1773년 이래로 70쇄를 이어 가고 있는 미국 청교도주의의 찬송가였다. 『베이 시편 책』과 스코틀랜드-아일랜드 이민자들 사이에 인기 있는 1650판 『스코틀랜드 시편 찬송』은 종국에는 또 다른 시편이 되고자 했던 하나의 책인 아이작 왓츠의 『다윗의 시편을 본받아』(Psalms of David Imitated, 1719)에 의해 대치되었다.

아이러니하게도 왓츠의 찬송과 시편 의역들은 종국에는 찬송이 개신교도들의 공적인 예배에서 수용되도록 한 주된 수단이었다. 그렇지만 그때 조차도 찬송이 대중이 사용하는 점에서 시편을 앞지르기 시작한 것은 19세기 중반에 이르러서야 이루어졌다. 장로교인들, 회중교인들 그리고 침례교인들 이외에, 성공회와 감독 교회들도 스턴홀드(Sternhold)와 홉킨(Hopkin)의 『구번역 시편가』(Old Version, 1547, 1557)에서 테이트(Tate)와 브래디(Brady)의 『새번역 시편가』(New Version, 1696, 1698)에 이르기까지 부른 배타적인 시편영창의 300년 역사를 자랑한다. 1861년에 『고대와 현대의 찬송』(Hymns Ancient and Modern)이 출판되고 나서야 찬송은 성공회 예전에 들어가게 되었다.

우리 선조들은 시편을 노래하는 사람들이었다! 시편은 그들의 믿음에 오늘날 우리가 여전히 존중하는 담대함과 강인함을 주었다. 시편 사용이 부흥되는 것이 우리 시대에 시작되었다. 그런 부흥이 활기 있게 계속되기를 바라며, 보이스 박사의 소박한 소망들이 이루어지게 되길 바란다. 아마도 우리는 여전히 "시편의 찬양 노래가 지금 이루어지고 있는 것보다 예배에서 더욱 자주 사용되는 것"[69]을 보게 될 것이다. 정말로 다시 한 번 더 시편을 찬양하는 노래가 복음적인 기독교인의 예배에서 고정된 요소가 되기를 바란다.

---

[69] Boice, "Reformation in Doctrine, Worship, and Life," 187.

3부 성경적 예배를 위한 준비

Preparing for Biblical Worship

예배는 모든 삶을 포함한다. 우리가 살아가는 데 있어서 예배가 요구되지 않는 영역은 없다. 크랜머(Cranmer)의 기도서는 예배란 "우리의 입술이 아니라 우리의 삶으로" 드리는 것이라고 했다. 우리의 몸은 산제사로 드려야 한다. 그것이 "영적 예배"이다(롬 12:1). 『공동 예배 지침』(*Directory for the Public Worship of God*, 1645)이 (공)예배를 위해 "주일의 성결"(Sanctification of the Lord's Day)이 필요하다고 언급한 대목은 흥미롭다. 이 지침은 성결의 구체적인 내용에 대해 다음과 같이 제시한다.

> 모든 개인 및 가정은 자신과 사역 및 사역의 복을 위해 하나님의 도우심을 기도하고 경건한 활동을 함으로써 평안한 마음으로 하나님과 교통할 수 있는 사적인 준비를 해야 한다.
> 모든 사람은 제 시간에 예배에 참석하여 회중이 함께 예배를 시작해야 하며 순서마다 엄숙하고 하나 된 마음으로 예배하며 축도가 끝나기까지 아무도 먼저 나가서는 안 된다.

도날드 휘트니(Donald Whitney)는 개인 예배에 관한 글을 쓰는 것에 대해 다소 탐탁지 않은 생각을 갖고 있다. 그는 기꺼이 "성경의 무게 추가 결정적으로 공동 예배를 우선하는 쪽으로 기운다"고 말한다. 그러나 영성에 대한 개혁주의적 관점에 있어서 휘트니만큼 우리에게 많은 도움을 준 사람도 드물다. 그는 공동 예배는 물론 개인 예배에도 규제 원리가 적용된다(다만 다르게 적용될 뿐이다)는 사실을 강력하게도 설득력 있게 주장한다. 휘트니는 무엇보다 성경중심, 즉 성경에 근거한 하나님과의 삶을 중요시한다. 그는 죄책감(여기에 해당하지 않는 자가 누가 있겠는가?)에 대해 "한 번에 조금씩만 나아가도 큰 진보를 이룰 수 있다는 것은 놀라운 일"이라는 결론을 내린다.

가정 예배는 지난 시대 가정 경건의 한 특징이자 오늘날 반드시 회복 되어야 할 영역이다. 많은 사람에게 유익을 준 『가정 예배』(*Family Worship*)의 저자 리곤 던컨(Ligon Duncan)과 테리 존슨(Terry Johnson)은 가정 예배에 대해 설명하고 가정 예배의 부활을 강력히 주장한다.

윌리엄 에드가(William Edgar)는 로마서 12:1-2에 초점을 맞추어 모든 삶의 영역에 있어서의 예배에 관한 글을 쓴다. 한편으로는 포스트모더니티(postmodernity)를, 다른 한편으로는 교회의 상황을 주시하면서 에드가는 우리가 죄로 오염된 세상의 빛과 소금이 되어야 한다고 주장한다. 우리가 전적으로 하나님을 찬양하는 삶을 살 때 세상의 빛과 소금이 될 수 있다는 것이다.

예배에서 감정(또는 정[affection])의 기능을 정확히 정의하는 것보다 어려운 일은 거의 없을 것이다. 개혁주의 예배는 종종 너무 기념적이며 적절한 "감정적" 요소와 반응이 결핍되어 있다는 비판을 받아왔다. 물론 다른 비판도 마찬가지로 이러한 혐의 역시 잘못된 것이다. 로버트 갓프리(Robert Godfrey)는 이 문제에 대해 다룬다. 그는 인간 경험에 있어서의 감정신학에 대해 상세히 제시한다. 조나단 에드워즈에 대해서는 다소 비판적인 시각을 가진 갓프리는 이 문제에 있어서 가장 결정적이고 중요한 기여를 한 것은 칼빈이라고 생각한다. 그는 예배에 대한 개혁주의적 접근에 대해 "예배의 형식은 물론 예배의 중심과 관련된다"는 결론을 내린다.

CHAPTER 12

개인 예배

| 도날드 S. 휘트니(Donald S. Whitney)
Midwestern Baptist Theological Seminary 조교수

만일 나의 목회 초창기(처음 10년간)에 누군가 나에게 공동 예배와 개인 예배, 즉 혼자 드리는 예배와 교회에서 함께 드리는 예배 가운데 어느 것이 중요하냐고 물었다면 두말없이 개인 예배라고 대답했을 것이다. 그러나 "개인 예배에 우선해야 할 공적인 예배"(*Public Worship to Be Preferred before Private*)[1]라는 한 편의 설교를 읽은 후 나의 생각은 완전히 바뀌었다. 이 설교는 위대한 청교도 신학자 존 오웬의 후계자인 데이비드 클락슨(David Clarkson)이 1600년대에 행한 설교이다. 그의 글들은 수백 년이 지난 지금도 남아 있으며 나의 예배학 저서에도 많은 영향을 미쳤다.[2]

또한 개인 예배와 공동 예배의 관계를 고려할 때 성경에 나타난 하

---

[1] David Clarkson, *The Works of David Clarkson* (London: Nichol, 1864; repr. Edinburgh: Banner of Truth, 1988), 3:187-209.
[2] Donal S. Whitney, *Spiritual Disciplines for the Christian Life* (Colorade Springs: NavPress, 1991), 86-86, 90; idem, *Spiritual Disciplines within the Church* (Chicago: Moody, 1996), 75-87.

늘에서의 예배가 거의 모두 공동 예배라는 사실은 의미가 있다. 예외적인 두 곳(계 19:10, 22:8-9)도 사도 요한이 하늘의 계시에 압도당하여 그것을 보여준 천사의 발 앞에 엎드려 경배하려고 함으로써 책망을 들었던 잘못된 예배에 해당한다. 하늘에서는 개인 예배가 있는가? 나는 만일 우리가 하늘에서도 혼자 있다면 개인 예배가 있어야 할 것이라고 생각한다. 그러나 하늘에서의 예배와 관련하여 우리에게 계시된 모든 것은 회중이 함께 드리는 예배라고 생각한다.

따라서 공동 예배는 개인 예배보다 훨씬 하늘에서 드리는 예배에 가깝다. 더구나 하나님은 개인 예배보다 공동 예배를 통해 더욱 큰 영광을 받으신다. 혼자서 은밀히 예배하는 것보다 온 회중이 예배할 때 그의 영광은 더욱 널리 선포되기 때문이다. 뿐만 아니라 공동 예배는 각양 은사를 받은 다른 사람과 함께 예배하기 때문에 개인 예배에서는 맛볼 수 없는 감격과 신앙적 유익을 얻을 수 있다. 따라서 비록 공동 예배가 개인 예배를 통한 경험보다 덜 감격적인 것처럼 보일지라도 설교, 기도, 찬양 및 다른 사람의 은사는 개인 예배를 통해 얻는 것보다 훨씬 큰 감동과 교훈을 줄 수 있는 잠재력이 있다. 더구나 혼자 예배하는 것보다 공적인 예배에 동참함으로써 다른 사람에게도 큰 유익을 준다. 성경은 개별 기독교인에 대해 예배를 통해 하나님을 경험할 수 있는 하나의 장소로서 "성령의 전"(고전 6:19)으로 칭하는 반면 기독교인 전체에 대해서는 "하나님의 성전"으로 칭한다(고전 3:9, 16-17; 고후 6:16; 엡 2:19-22; 벧전 2:5). 따라서 우리는 하나님께서 회중 예배를 통해 훨씬 크고 영광스러운 성전에 걸맞은 방식으로 임재하실 것을 기대할 수 있다.

따라서 나는 처음부터 혼자 드리는 예배와 하나님의 백성이 함께 드리는 예배의 균형을 찾으려 할 때 성경의 무게 추는 결정적으로 공동 예배로 기운다고 했던 것이다. 그러나 공동 예배를 우선한다는 것은 하나님께서 우리와 하나님의 개인적인 교제를 무시하거나 중요치 않게 생각하신다는 말이 아니다. 금 세 덩어리가 두 덩어리보다 무게가 많이 나간다고 해서 금 두 덩어리의 값어치가 없는 것은 아니다. 가벼운 것은 사실이지만 그 가치는 실로 크다.

1. 개인 예배의 가치

수많은 사람이 교회나 공동 예배는 필요 없다고 생각한다. 그들 중에는 개인화된 "영적 경험"만으로 자신의 영혼을 만족시키기에 충분하다고 생각하는 사람들도 많다. 그들은 하나님의 백성이 말씀을 듣고 찬양을 드리는 주일에 대담하게 골프나 산책이나 낚시를 하거나 야외로 나선다. 그래서 나는 누군가 이러한 이단적 '종교의 개인화'를 거부하고 교회에서 성경적 예배의 중요성을 강조하면 기뻐한다.

그러나 이러한 신학적 판단을 하는 자들 가운데 지나치게 앞서 나가려는 사람들이 있다. 그들은 공동 예배의 필요성을 강조한 나머지 개인 예배를 사장시키려 한다. 때로는 이 문제가 단순한 선의의 방관 이상의 문제로 다가온다. 그들에게는 이러한 개인 예배가 사소하게 보일 만큼 공동 예배가 다채로운 탁월함을 지닌다. 그들이 하나님 앞에 홀로 있을 때에는 주일에 들을 수 있는 강력한 설교나 영광스러운 찬양이 없으며 따라서 개인 예배는 최소화되거나 포기된다. 한편으로 개인 예배는 생각해본 적이 없기 때문에 한 번도 드린 적이 없으며 습관적으로 교회만 다니는 사람들도 있다. 그들의 양심은 하나님을 예배함에 있어서 주일 예배만으로 충분하다고 생각하며 더 이상 필요한 것이 없는 것처럼 느낀다.

그러나 예배의 질과 상관없이 일주일에 한 번 드리는 예배로 "네 마음을 다하고 목숨을 다하고 뜻을 다하고 힘을 다하여 주 너의 하나님을 사랑하라"(막 12:30)는 지상 명령을 성취하고 싶어 하는 자들의 마음을 만족시킬 수 있는가?

웨일스의 제프 토마스(Geoff Thomas) 목사는 "개인 예배를 드리지 않는 자는 주일 공동 예배를 통한 하나님과의 교제를 알 수 없다"[3]고 말한다. 20세기가 낳은 또 한 명의 예언자적 목회자 토저(A. W. Tozer)는 주중 예배가 주일 예배의 질에 어떤 영향을 주는가에 대해 동일한 관점을

---

[3] Geoffrey Thomas, "Worship in Spirit," *Banner of Truth* 287 (Aug./Sept. 1987): 8.

제시한다. "만일 당신이 매주 칠일을 예배하지 않는다면 매주 하루도 예배할 수 없다."⁴ 또한 많은 사랑을 받는 매튜 헨리의 성경주석은 "혼자 예배하지 않는 자는 하나님을 바로 예배하지 못하는 자이다"라고 주장한다.⁵

1) 예수 그리스도께 있어서 개인 예배의 가치

우리의 주인이신 주 예수님은 개인 예배의 필요성을 느끼고 귀하게 생각하셨다. 그는 전적으로 하나님이시며, 그의 시급하고 위대한 사역은 그러한 의무에서 벗어나게 할 것처럼 보이지만, 또 누가복음은 우리에게 예수께서 매주 공동 예배를 위해 회당에 가셨음을 보여주고 있지만(눅 4:16), 우리의 왕이시며 완전한 모범이신 주님은 개인 예배를 우선하셨다. 예수님은 "너는 기도할 때에 네 골방에 들어가 문을 닫고 은밀한 중에 계신 네 아버지께 기도하라 은밀한 중에 보시는 네 아버지께서 갚으시리라"(마 6:6)는 말씀을 통해 개인 기도의 중요성에 대해 가르치실 뿐만 아니라 몸소 모범을 보이셨다. 마가복음 1:35은 "새벽 오히려 미명에 예수께서 일어나 나가 한적한 곳으로 가사 거기서 기도하시더니"라고 말한다.

누가에 의하면 이러한 개인 예배는 어쩌다 있는 일이 아니다. "예수는 [종종] 물러가사 한적한 곳에서 기도하시니라"(눅 5:16)고 했다. 따라서 육신을 입으신 하나님이시자 매 순간 성령으로 충만하시며 우리가 상상하는 것보다 훨씬 크고 중요한 책임을 지신 그분은 많은 시간을 홀로 "하늘에 계신 우리 아버지"와 함께 있기를 기뻐하셨으며 우리에게 그렇게 할 것을 요구하셨다.

성경의 많은 인물은 개인 예배를 통해 영적인 풍성함을 누린 것을 볼 수 있다. 특히 하나님의 마음에 합한 자(행 13:22) 다윗은 "여호와여

---

4 A. W. Tozer, "You Can't Elect to Worship God on Just One Day of the Week," in *The Tozer Pulpit* (Camp Hill: Christian Publications, 1994), 1:51.

5 Matthew Henry, *Commentary on the Whole Bible* (Old Tappan: Revell, n.d.), 1:427.

아침에 주께서 나의 소리를 들으시리니 아침에 내가 주께 기도하고 바라리이다"(시 5:3)라고 했다. 고라 자손 역시 "여호와여 오직 주께 내가 부르짖었사오니 아침에 나의 기도가 주의 앞에 달하리이다"(시 88:13)라고 고백한다. 이와 같이 다니엘의 삶에도 그가 사자굴에 빠진 유명한 일화가 있다. 이 사건을 유발한 원인을 기억하는가?

다니엘의 정치적 대적은 그가 하나님을 은밀히 예배한다는 사실을 알았다. 따라서 그들은 다리오 왕에게 이제부터 30일 동안 누구든지 왕 외에 다른 신이나 사람에게 기도하면 죽이겠다는 변개할 수 없는 조서에 도장을 찍게 한다. 우리는 다니엘 6:10을 통해 "다니엘이 이 조서에 어인이 찍힌 것을 알고도 자기 집에 돌아가서는 그 방의 예루살렘으로 향하여 열린 창에서 전에 행하던대로 하루 세번씩 무릎을 꿇고 기도하며 그 하나님께 감사하였더라"는 말씀을 읽는다. 그 결과 다니엘은 사자굴에 던져지는데 틀림없이 그곳에서도 하나님께서 사자의 입을 막아 다니엘을 무사히 구해주실 아침까지 하나님을 예배하였을 것이다. 또한 신약성경에서 "베드로가 기도하려고 지붕에 올라가니 시간은 제 육시더라"(행 10:9)는 구절을 통해 개인 예배의 한 예를 볼 수 있다.

2) 교회사적 영웅들에게 있어서 개인 예배의 가치

기독교 역사에 나타난 영웅들 역시 하나님과의 교제 및 그리스도를 본받는 삶에 있어서 개인 예배를 필수적으로 생각했다. 예를 들어 개혁자 마틴 루터가 날마다 기도 생활을 했다는 것은 전설과 같은 일화이다. 그러나 이러한 그의 통찰력과 기독교인으로서의 성숙 및 세상을 변화시킨 영적 승리에도 불구하고 그는 자신의 말년에 "나는 지금도 매일 기도할 시간을 찾아야 할 필요성을 느낀다"[6]고 고백했다.

종교개혁 시대 이후 영국인 루이스 베일리(Lweis Bayly)는 『경건 훈련』(*The Practice of Piety*)이라는 제목의 청교도 신앙 지침을 저술하였는데 170

---

6 Edward M. Plass, comp., *What Luther Says* (St. Louis: Concordia, 1959), 1083.

년간 70판을 거듭하면서 영국에서 가장 유명한 책 가운데 하나가 되었다. 서두의 권면 가운데서 볼 수 있듯이 베일리는 본서에서 주로 명확성과 단순성에 대해 호소한다. "아침에 일어나자마자 하나님이 먼저 들어오시기 전에 어떤 세상적 잡념도 들어오지 못하도록 마음의 문을 굳게 걸어 잠그고 먼저 하나님께 첫 번째 자리를 내어드려야 합니다…그러므로 날마다의 삶을 먼저 하나님의 말씀과 기도로 시작해야 합니다."[7]

18세기의 가장 밝은 하나님의 빛 가운데 하나는 매사추세츠의 신학자이자 목회자인 조나단 에드워즈(Jonathan Edwards)이다. 전기 작가 이안 머레이(Iain Murray)는 "청교도 사역자로서 에드워즈의 모든 사역은 설교자의 영향력이 내적인 삶의 본질과 직결된다는 확신에 근거한다. 그에게는 하나님과의 개인적 교제가 최우선이었다"라고 말한다.[8] 그러나 에드워즈는 하나님과의 개인적 교제는 모든 기독교인에게 해당한다고 믿었다. "참된 경건은 거룩한 묵상과 기도…참된 은혜…기쁨 및 하나님과의 은밀한 대화를 위해 홀로 떨어져 있는 시간을 많이 가질 것을 요구한다."[9]

한 세기 후 역사상 가장 유명한 믿음의 사람 가운데 하나인 조지 뮐러(George Müller)는 다음과 같이 말했다. "하나님의 자녀가 아침마다 해야 할 가장 중요한 일은 속사람을 위한 양식을 구하는 것이다…내가 이것을 특별히 강조하는 이유는 나 자신이 이러한 삶을 통해 엄청난 영적 유익과 힘을 얻기 때문이다. 나는 여러분을 사랑하는 간절한 마음으로 모든 신자가 이 문제에 대해 깊이 생각해보기를 바란다. 내가 이러한 방법을 통해 하나님으로부터 많은 유익과 힘을 얻은 것은 전적으로 축복이다."[10]

뮐러와 동시대인인 런던의 설교자 찰스 스펄전(Charles Spurgeon)은

---

[7] Lewis Bayly, *The Practice of Peity* (London: Hamilton, Adams, 1842; repr. Morgan: soli Deo Gloria, 1995), 102.
[8] Iain Murray, *Jonathan Edwards: A New Biography* (Edinburgh: Banner of Truth, 1987), 142.
[9] Jonathan Edwards, *The Works of Jonathan Edwards* (gen. ed. Perry Miller), vol. 2: *Religious Affections* (ed. John E. Smith; New Haven: Yale University Press, 1959), 374, 376.
[10] George Müller, *Spiritual Secrets of George Müller* (ed. Roger Steer; Wheaton: Shaw, 1985), 62-63.

"아침과 저녁에 규칙적으로 기도하는 습관은 신자의 필수적인 삶"**11**이라고 믿었다. 그는 이러한 시간에 대해 "나의 가장 행복한 순간은 내가 하나님을 예배하고 주 예수 그리스도를 경배하며 영원한 성령과 교제를 나눌 때이다. 나는 이 시간에 교회 문제와 같은 것을 잊어버린다. 나에게는 이 순간이 하늘에 가장 가까이 다가가는 시간이다"라고 말했다.**12**

개인 예배의 가치는 20세기 전반, 올림픽 챔피언이자 선교 중에 순교한 에릭 리델(Eric Liddell)에게서도 볼 수 있다.

> 그는 새벽 시간에 드리는 기도와 묵상 및 말씀 연구를 통해 능력과 자기 절제 및 마음의 평온을 얻는 것으로 보인다. 그는 그 시간 후에 하루의 나머지 시간을 마치 산상수훈이 지금도 그의 귓전을 울리는 것처럼 살아간다. 그가 새벽 시간에 무엇을 얻었든 그는 나머지 시간을 다른 사람을 위해 산다…이러한 매일의 신앙 훈련 어딘가에 그 사람의 비밀이 있다…새벽마다 남은 하루를 형성할 "조용한 시간"을 거룩하게 하는 훈련은 그의 일상이 되었으며 그는 이러한 일상에서 결코 일탈하지 않았다.**13**

얼마 후 1900년대에 가장 영향력 있는 하나님의 사람 가운데 하나인 마틴 로이드 존스는 다음과 같은 평가를 받았다. "성경을 읽고 기도하기 위해 날마다 혼자만의 시간을 가지는 것은 기독교인으로서 그의 인생관의 기초였다."**14**

---

11 C. H. Spurgeon, *C. H. Spurgeon's Autobiography* (comp. Susie Spurgeon and J. W. Harrald; London: Passmore & Alabaster, 1897; repr. Pasadena: Pilgrim, 1992), 1:161.

12 C. H. Spurgeon, "A Pressed Man Yielding to Christ," in *Metropolitan Tabernacle Pulpit* (London: Passmore & Alabaster, 1901; repr. Pasadena: Pilgrim, 1977), 46:142.

13 Sally Magnusson, *The Flying Scotsman* (New York: quartet, 1981), 104, 138.

14 Iain Murray, *D. Martyn Lloyd-Jones: The Fight of Faith*, 1939-1981 (Edinburgh: Banner of truth, 1990), 763.

3) 일상 생활을 통한 개인 예배의 가치

우리의 영웅들이 개인 예배를 중요하게 생각했다는 것은 결코 놀라운 일이 아니다. 개인 예배가 무엇인지를 깨닫는다면 누가 그것을 대수롭지 않게 여기겠는가? 개인 예배는 하나님과의 만남이다. 그것은 우리가 할 수 있는 가장 위대한 만남이다. 그것은 우리의 영혼이 하나님께로 나아와 하나님이 베푸신 연회에 참석하는 것이다. 개인 예배를 통해 하나님은 우리에게 말씀으로 계시하시고 성경을 깨닫게 하심으로 우리의 지성은 교훈을 받으며, 우리의 결정은 하나님의 인도하심을 받으며, 우리의 마음은 용기를 얻으며, 우리의 죄는 하나님과 만나게 되며, 우리의 소망은 새 힘을 얻고, 우리의 영적 굶주림은 만족함을 얻는다. 우리는 하나님을 즐거워하고 찬양하며 애통하고 우리의 생각을 쏟아놓으며 우리의 죄를 고백하고 하나님의 존귀하심을 느끼게 된다. 우리는 홀로 하나님과 마주할 때 그의 사죄하심을 누리고 그의 선하심을 기뻐하며 그의 축복에 감사하고 그의 사랑을 풍성히 받는다.

이러한 이유 외에도 개인적 예배를 통한 하나님과의 만남은 우리를 그날의 삶에 대한 하나님의 마음과 생각의 궤도에 가까이 다가서게 한다. 우리의 생각에 새겨진 그의 말씀과 우리의 영혼에 각인된 그의 임재의 흔적은 하나님과 하나님의 일에 대한 사랑의 불길을 타오르게 함으로써 새벽 만남 이후에도 오랫동안 꺼지지 않게 한다. 그러나 개인 예배의 교제를 통해 하나님께 나아오는 습관이 없다면 우리의 마음에는 영적 서리가 내리고 우리의 생각은 하나님의 일로부터 훨씬 쉽게 달아나버린다.

일단 이러한 영적 혼란이 시작되면 세상과 육신과 마귀는 우리를 각양 유혹으로 이끈다. 그리고 이러한 유혹 가운데 하나(또는 몇 가지)가 우리를 사로잡게 되고 우리는 하나님을 점차 바라보지 못하게 된다. 우리의 몸이 공동 예배에 남아 있고 우리의 찬양이 하나님에 대한(또는 하나님에 관한) 가사를 입으로 우물거릴지라도 우리의 영적 열정과 이상은 하나님의 빛에 둘러싸여 있으면서도 소멸해갈 것이다. 그리하여 우리는 하나님의 힘이 자신을 떠났다는 사실을 뒤늦게 깨달은 삼손과 같이 우리에게서 일종의 보호장벽이 거두어진 사실을 깨닫지 못할 것이다. 이러한 상실은 때때로 비참한 결과를 초래하게 된다.

다음은 남아프리카의 침례교 지도자 가운데 한 사람인 마틴 홀트(Martin Holdt)가 들려준 이야기로 나의 부탁을 다시 이메일로 보낸 내용이다.

> 내가 전에 했던 이야기는 성경학교 교장인 한 친구가 범죄한 후에 나를 찾아와 자신이 넘어지게 된 두 가지 원인에 대해 들려준 이야기에 관한 것입니다. 그는 주님의 일에 바쁜 나머지 성경을 읽고 기도하는 것을 태만히 하게 되었던 것입니다. 그는 이러한 태만의 장기적 영향이 그를 간음으로 이끌었다고 믿고 있었습니다. 나는 금년 초에 영국에서 온 한 사역자와 남아프리카에서 이 이야기를 나누게 되었는데 그때 그는 나에게 이렇게 말했습니다. "나는 당신이 나에게 두 가지 원인을 말하기 전에 말을 중단시킬 뻔 했습니다. 왜냐하면 나는 그것이 지금까지 영국에서 있었던 사역자의 간음에 관한 모든 사건의 이유라는 사실을 정확히 알고 있다고 말하고 싶었기 때문입니다." 그는 계속해서 나에게 영국의 대표적인 한 신학자에 대해 말을 해주었습니다. 한때 광범위한 인정을 받았던 그의 사역이 사람들의 냉대를 받게 되었는데 그때 그는 자신이 성경 읽는 것을 등한히 여겼다는 사실을 인정했다는 것입니다.

이러한 일이 개인 예배를 태만히 하는 모든 사람에게 일어나는 것은 아니지만 결코 일어나지 않을 것이라고 생각했던 많은 사람에게 일어났다. 날마다 예배하는 잔잔한 물가에서 쉬는 일이 없이, 사실상 하나님을 염두에 두지 않고 인생을 바삐 산다는 것은 실로 엄청난 위험을 감수하는 것이다. 그러나 개인 예배의 유익과 축복도 마찬가지이다.

존 화이트(John white)는 다음과 같이 요약한다.

> 개인 예배는 매우 효과적이나. 그것은 변화를 가져온다. 우리가 개인 예배에 힘쓸 때 자신이 변화될 뿐만 아니라 우리 주변에 있는 사람들도

변화된다.

우리는 사람들을 다르게 볼 것이다…우리가 문제에 접근하는 방식은 달라질 것이며 우리의 일과 학업과 직업과 미래에 대해 다른 관점에서 생각하게 될 것이다. 우리의 목표는 바뀔 것이며 우리의 삶은 새로운 의미를 가질 것이다…우리는 아는 사람들의 영향을 받기 때문에 날마다 창조주 하나님과 교제하며 보낸다면 우리의 존재에 근본적인 충격이 따를 것이다.

규칙적인 개인 예배 시간을 가지는 것은 우리의 성품에 유익한 변화를 가져올 것이다. 그러나 개인 예배는 단순한 성품의 도야를 위한 것이 아니다…하나님과의 규칙적인 만남을 자기 수양을 위한 훈련으로 생각해서는 안 된다.

나는 개인 예배를 여러 가지 측면에서 권하고 싶다…하나님과의 교제는 무한성 및 영원성과의 만남이다. 그것은 비유적인 것이 아니라 실제적인 만남이다…기도는 우리를 무한하신 지혜의 샘을 가진 안내서로, 역사의 저자로부터 듣는 청중의 자리로 그리고 모든 거룩과 사랑의 원천이신 분과의 교제와 교통으로 인도한다. 이러한 특권을 방해할 수 있는 것은 없다…하늘의 영광은 우리가 원한다면 얼마든지 우리 것이 될 수 있다. 모든 시대의 지혜가 무한히 제공된다. 우리의 공허한 마음은 치유와 사랑의 폭포수로부터 가득 채워 가라는 명령을 받는다.

그렇다면 하나님과의 규칙적인 만남은 어떤 가치가 있는가? 우리는 세상적인 옹졸함으로부터 탈피하여 궁극적인 지혜 및 무한하신 사랑과 교통하게 될 것이다.

그러나 이러한 이유뿐만 아니라 사랑 자체를 위해 우리는 하나님을 구해야 한다. 그에게서 무엇인가 이득을 얻기 위한 것이 되어서는 안 된다. 그러므로 사랑을 위해 나아와야 한다. 두려움을 극복하고 담대히 나아와야 한다. 날마다 그리스도와 만나는 사랑의 언약을 맺어야 한다. 우리는 두렵고 떨리는 마음으로 나아와 우리의 잘못을 아뢰어야 한다. 그는 자비로우시며 우리를 이해해주신다. 그는 우리가 따라갈 수 없는 속도를 요구하거나 재촉하지 않으신다.

그의 발 앞에 나아오라. 그의 사랑을 위해 나아오라.[15]

---

[15] John White, "Private Devotions: Why?" *Decision* (January 1980): 5.

우리는 이러한 하나님을 경험하기 위해 개인 예배를 통해 무엇을 해야 하는가?

2. 개인 예배 활동

역사상 가장 영향력 있는 두 개의 신앙고백은 웨스트민스터 신앙고백서로 알려진 1647년의 장로교 문헌과 1689년의 침례교 신앙고백서(제2 런던신앙고백서로도 불린다)이다. 두 문헌은 다른 여러 신앙고백적 진술의 원조이며 둘 다 오늘날 많은 교회에서 사용되고 있다. 침례교 문헌은 대부분 장로교 문헌에서 축자적으로 따온 것이다. 그 결과 아래의 예배 관련 조항을 비롯한 대부분의 내용은 상호 일치한다.

> 그러나 참되신 하나님을 예배하는 합당한 방법은 하나님이 친히 제정하셨다. 하나님은 사람의 상상이나 고안 또는 마귀의 유혹에 이끌려 예배하지 않도록 그리고 성경에 기록되지 않은 다른 방법이나 가시적 상징물에 의해 예배하지 않도록, 오직 계시된 자신의 뜻만 따라서 예배하도록 제한하셨다(웨스트민스터 신앙고백서 21.1, 침례교 신앙고백서 22.1).

> 복음 시대에는 기도나 기타 예배 행위가 예배를 드리는 장소(또는 방향)에 따라 하나님이 더 기뻐하시거나 합당한 예배가 되는 것은 아니다. 우리는 장소와 상관없이 어디서나 신령과 진정으로 하나님께 예배할 수 있다. 각 가정에서 날마다 예배하거나 혼자서 은밀히 예배할 수 있으며 회중이 모여 엄숙히 공동 예배를 드릴 수 있다. 이러한 예배는 하나님의 섭리 또는 그의 말씀을 통해 우리를 부르신 것이므로 부주의하거나 등한히 여겨서는 안 된다(웨스트민스터 신앙고백서 21.6, 침례교 신앙고백서 22.6).

이 정교하고 세심한 진술은 예배의 규정적 원리(regulative principle of worship)에 대해 다루고 있다. 예배의 규정적 원리의 본질은 예배자의 기호나 전통이 아닌 성경이 하나님에 대한 예배를 규정한다는 것이다. 이러한 관점을 가진 자들은 하나님께서 성경을 통해 자신을 예배하는 방법을 계시하셨기 때문에, 동기의 순수성과 상관없이 우리가 다른 방식으로 예배하면 그가 규정하신 예배 방식이 아니기 때문에 열납될 수 없다고 주장한다. 중요한 것은 예배의 규정적 원리는 예배의 요소와 예배의 상황을 구별한다는 것이다. 예배의 요소에는 설교와 기도 및 찬양과 같은 활동이 포함되며 예배의 상황에는 시간, 장소, 예배에 소요되는 시간, 찬송가의 사용 및 에어컨 사용 등과 같은 문제가 포함된다.

예배의 규정적 원리에 의하면 하나님은 성경을 통해 그를 기쁘시게 하는 모든 예배의 요소를 제시하셨으나 상황은 그렇지 않다는 것이다. 상황 자체는 중립적이며 문화나 교회에 따라 지극히 유동적이지만 언제나 "말씀의 일반적 원칙에 따라 본성의 빛 및 기독교인의 양식에 의해 결정되어야 한다"(웨스트민스터 신앙고백서 1.6, 침례교 신앙고백서 1.6).

1500년대 중엽에 처음 제정된 예배의 규정적 원리는 규범적 예배 원리(normative principle of worship)와 맞서 왔다. 예배의 규정적 원리는 장로교, 침례교, 회중교회 및 개혁주의를 표방하는 자들에 의해 채택되었으며, 규범적 예배 원리는 루터파, 영국 국교회, 감리교의 지지를 받았다. 규범적 예배 원리를 주장하는 사람들은 하나님이 성경을 통해 지시하신 것을 해야 한다는 점에서는 예배의 규정적 원리를 주장하는 사람들과 일치하지만 그러한 것들에 제한을 받지 않는다고 주장한다는 점에서 예배의 규정적 원리를 주장하는 자들과 다르다. 오늘날 대부분의 교회 지도자들은 예배의 규정적 원리나 규범적 원리에 대해 듣지 못하였다. 그러나 이런 상태에서 오늘날 대다수 교회는 규범적 원리에 따라 예배한다. 대부분의 사람들은 성경이 금지하는 행위가 아닌 한 예배에 도움이 된다면 무엇이든 자유롭게 할 수 있다는 것이다. 즉 많은 사람이 교회로 나올 수 있다면 어떤 방법도 적합하다는 것이다.

여기서 근거를 제시할 수는 없지만 나는 성경이 하나님께서 예배에 관해 규정하시고 그가 계시하신 예배의 요소에 한정시키신다는 사실을 가르친다고 믿는다. 말하자면 나는 규정적 원리를 지지한다. 예배의 규정적 원리에 대해서는 보다 상세하게 설명할 수 있지만 본 주제와 관련하여 살펴볼 것은 "예배의 규정적 원리가 개인 예배에 적용되는가?"라는 것이다. 다시 말하면 공동 예배에 규정적 원리를 고수하는 사람들이 개인 예배에서 규범적 원리를 따를 것인가라는 것이다. 나는 이렇게 믿는다. 즉 만일 하나님이 우리에게 자신을 기쁘게 할 예배를 계시하셨다면 이러한 표준은 그 예배가 공동 예배이든 개인 예배이든 적용되어야 한다는 것이다.

그러나 이것은 규정적 원리를 공동 예배에 적용할 때와 개인 예배에 적용할 때 실제적인 차이 및 성경적인 차이가 없다는 말이 아니다. 예배의 규정적 원리가 규정하는 예배의 일부 내용은 원래 회중적이다. 예를 들어 하나님의 말씀을 선포하는 것은 개인적 행위가 아니라 설교자와 청중을 필요로 한다. (물론 오늘날 우리는 혼자 있을 때에도 다양한 매체를 통해 설교를 들을 수 있지만 역사적으로 항상 그랬던 것은 아니며 오늘날에도 대중적인 경향이라고는 할 수 없다.) 성찬식도 개인적 행위를 의도하여 제정된 것이 아닌 성경적 예배의 한 요소이다. 더구나 예배의 규정적 원리의 전통적 신앙고백서(침례교 신앙고백서 22.5)가 인용하는 "피차 가르치며 권면하고…시와 찬미와 신령한 노래들로 서로 화답하며 너희의 마음으로 주께 노래하며 찬송하며"(골 3:16; 엡 5:19)라는 구절은 하나님이 명하신 예배의 한 부분으로, 이러한 노래가 개인 예배의 특징이 될 수 있고 또한 되어야 하지만 "피차"라는 말이 혼자 드리는 예배에 적용되지 않는다는 것은 분명하다.

그러므로 공동 예배의 성경적 요소 가운데 다른 신자들과 떨어져 합법적으로 시행될 수 있는 요소는 모두 개인 예배의 요소가 될 수 있다. 이러한 요소는 다소 다른 형태를 취하기도 하지만(가령 어떤 사람은 개인 예배에서 큰 소리로 기도하며 어떤 사람은 소리를 내지 않고 기도한다) 그 수가 많지 않고 단순하다. 이러한 단순성은 하나님의 자녀가 다양한 연령, 지적 능력 및 교육 수준을 가진 자들로 이루어진다는 사실을 감안하면 놀랄 일이 아니다. 따라서 하나님에 대한 개인 예배의 기본적 요소는 하나님의 말씀에 대한 섭취와 기도 및 예배 찬송이다.

이들 요소 가운데 가장 중요한 것은 하나님의 계시를 드러내는 것이다. 예배에서 기도와 찬송도 중요하고 필요하지만 하나님이 우리의 말을 들으시는 것보다 우리가 하나님의 말씀을 듣는 것이 더욱 중요하다.

1) 하나님의 말씀 섭취

예배는 하나님께 모든 초점을 맞추고 반응하는 것이며 또한 보이지 아니하시는 하나님은 우리가 예배를 통해 그에게 초점을 맞추고 반응하기 전에 계시되셔야 하기 때문에 기록된 하나님의 자기 계시는 모든 진정한 예배의 기초이다. 하나님과의 관계를 비롯하여 우리가 보이지 않는 하나님에 대해 확실하게 알고 있는 모든 것은 성경이라는 하나님의 자기 계시를 통해 온 것이다. 하나님은 이러한 자기 계시를 통해 우리가 그의 말씀을 읽고 연구하고 외우고 기도하며 노래하며 묵상할 때에 우리를 만나주신다. 다음은 이러한 활동과 관련된 몇 가지 내용이다.

(1) 하나님의 말씀을 읽기

성경을 읽는 것은 기독교인의 삶의 기본이다. 우리는 회중 예배에서 "읽는 것"에 전념해야 하는 것처럼(딤전 4:13) 우리의 개인 예배에도 읽는 것에 전념해야 한다. 성경은 영혼의 양식이다. 우리의 몸이 날마다 음식을 필요로 하듯 영혼도 마찬가지이다. 그러므로 우리는 영혼을 위해 날마다 하나님의 말씀을 먹어야 한다. 더구나 "사람이 떡으로만 살 것이 아니요 하나님의 입으로 나오는 모든 말씀으로 살 것이라 하였느니라"(마 4:4)는 예수님의 말씀처럼 우리는 하나님의 입으로부터 나온 모든 말씀을 정기적으로 읽어야 한다. 어떤 사람은 수개월마다 성경 전체를 읽는다. 조지 뮐러는 성경을 매년 네 번씩 읽었다. 성경 전체를 2년에 한 번 읽는 계획을 세우는 사람도 있으며 어떤 사람은 틈틈이 읽어서 다 읽으면 새로 시작한다. 그러나 일반적으로 성경을 통독하는 습관을 가진 사람들은 일 년에 한 차례 읽는 방법을 선호한다. 하루 네 장씩만 읽으면 십 개월이 못 되어 1189장을 모두 읽을 수 있다. 남은 68일(매주 하루 이상의 시간)은 성경을 못 읽은 날을 보충할 수 있다.

창세기부터 요한계시록까지 한 번에 읽는 것도 한 방법이지만 그것이 유일한 방법은 아니다. 특별한 순서 없이 성경을 읽는 사람도 있다. 내가 선호하는 방법은 몇 군데를 동시에 읽기 시작해서 매일 같은 분량으로 읽는 것이다. 예를 들어 창세기부터 시작해서 여호수아로 간 후 욥기, 이사야, 마태복음의 순으로 같은 분량만큼 읽어나가는 것이다. 이런 식으로 동시에 시작한 각권이 모두 끝나면 성경을 다 읽는 것이다. 나처럼 다섯 곳에서 시작하지 않고 창세기, 욥기, 마태복음 세 곳에서 시작하는 사람들도 있다. 사람들은 나에게 이러한 방법이 처음부터 끝까지 읽어 내려가는 것보다 다양함을 줄 뿐만 아니라 성경의 어려운 부분을 읽을 때 자칫 상실하기 쉬운 의욕을 잃지 않도록 돕는다고 말한다. 물론 몇몇 스터디 바이블, 경건 서적, 잡지, 팜플릿 및 기타 책자에 제시된 매일 성경 읽기표도 좋은 자료이다.

스케줄에 따라 성경을 읽는 리듬을 깨고 싶은 생각이 들 때가 있다 (때로는 1년 내). 예를 들어 계획에 따라 선지서를 파고드는 것을 그만두고 복음서의 한곳에서 예수님을 따라 걷거나 여러분의 영혼이 한 달 동안 에베소서와 같은 서신서에 푹 빠져들고 싶은 마음이 들 때가 있을 것이다. 이 경우 필요에 따라 규칙적인 틀에서 벗어나거나 원래의 스케줄에 덧붙여 새로운 곳에서 시작할 수도 있다. 그러나 성경 전체를 통독하는 것은 균형 잡힌 다이어트와 같다는 사실을 기억해야 한다. 시간이 가면서 여러분의 영혼은 점차 "하나님의 입으로부터 나오는 모든 말씀"의 뷔페를 즐기게 될 것이다.

(2) 하나님의 말씀을 연구하기

성경 연구란 말씀을 읽으면서 특정 부분에 주목하여 관주를 통해 비교하거나 주석 또는 CD를 사용하는 것을 말한다. 다른 연구와 마찬가지로 성경 연구는 성경을 읽는 것만으로 얻을 수 없는 성경에 대한 통찰력(이 경우 하나님과 우리 자신에 대한 통찰력)을 깊게 해준다. 연구를 통해 우리는 그렇지 않았으면 그냥 지나쳤을 통찰력을 얻고 전형(pattern)과 관계를 파악하며 원인과 결과를 분별한다.

나는 언제나 디모데후서 4:13에서 사도 바울이 말한 성경 연구의 가치에 깊은 감명을 받는다. 그는 로마에 구금된 상태에서 이 땅에서의 삶이 끝날 때가 되어간다는 사실을 알면서도 영감으로 기록한 성경의 마지막 장을 통해 디모데에게 드로아에 두고 온 겉옷과 "책은 특별히 가죽 종이에 쓴 것"을 가져오라고 부탁한다. 그는 자신이 곧 하늘나라로 갈 것을 알고 있었지만 하나님의 말씀을 연구하고 싶었던 것이다. 분명한 것은 그의 연구 목적은 지식을 얻기 위한 것이 아니라는 것이다. 바울은 말씀을 통해 하나님을 만나고 예배하고 싶었던 것이다.

그러므로 하나님의 말씀에 대한 연구(특히 개인 예배의 한 부분으로서)는 반드시 예배적 연구가 되어야 한다. 모든 형태의 성경과 만남은 어느 정도 예배로 이어지지만 수업 준비를 위한 성경 연구와 하나님을 예배하기 위한 성경 연구는 분명히 다르다. 구약성경에 나오는 하나님의 이름에 대한 목록을 작성하기 위해 하나님의 이름을 연구하는 것도 가치 있는 일이기는 하나 각각의 이름이 나타내는 하나님의 속성을 찬양하고 이름이 의미하는 유익을 경험하기를 구하며 기도하는 것과는 다르다. 조나단 에드워즈는 이러한 예배자의 삶을 살았다. "그는 성경과 씨름하든, 설교를 준비하든, 공책에 적든, 언제나 예배자로서 그렇게 했다. 묵상과 기도와 기록은 모두 하나로 엮어졌다."[16]

(3) 하나님의 말씀을 외우기

성경을 외우는 것도 마찬가지이다. 먼저 하나님에 대한 예배가 우선되어야 한다. 성경을 외워서 적절히 내면화되면 예배는 따라올 수밖에 없다. 그러나 성경을 외우는 과정은 종종(적어도 그 시간만은) 암기 시간으로 생각하는 경우가 많다. 그 시간이 암기 시간이면 성경 외우기는 전적으로 기독교 교육에 해당하는 것으로 보아야 할 것이다. 이러한 점

---

[16] Murray, *Jonathan Edwards*, 143.

에서 성경 외우기도 하나님의 말씀을 섭취하는 것이기에 반드시 예배적 행위가 되어야 한다는 사실을 유의해야 한다. 따라서 만일 우리가 개인 예배 시간에 이러한 수단을 통해 그리스도의 말씀이 우리 가운데 풍성히 거하기를 원한다면(골 3:16) 외우는 과정에서 하나님에 대한 초점을 잃지 않아야 할 것이다.

(4) 하나님의 말씀으로 기도하기

나는 예배자가 하나님 말씀으로 기도하는 것보다 더 기도 생활을 풍성히 하는 방법은 없다고 생각한다. 이것은 특히 시편 가운데 하나로 기도할 때 더욱 그렇다. 우리가 주로 하는 정해진 기도, 즉 똑같은 것에 대해 똑같은 것을 말하는 습관성 기도는 기도자의 마음을 냉랭하게 한다. 그러나 성경의 한 구절로 기도하는 것은 하나님의 마음과 생각을 통해 영감된 살아 있는 말씀을 받아들여 우리의 마음과 생각을 통해 다시 하나님께로 흘러 들어가게 하는 것이다. 시편으로 기도한다는 것은 하나님의 영감된 책 가운데 하나를 축어적 형식으로 하나님께 되돌리는 분명한 목적을 가진다(시편은 이스라엘이 하나님께로부터 받은 노래책이다). 예수님은 시편으로 기도하셨으며(마 27:46) 사도행전에 나오는 기독교인들도 그렇게 하였다(4:24-26). 여러분도 그렇게 할 수 있지 않겠는가?

여러분은 시편이 상기시키는 우리의 일상적 염려(가정, 미래, 사업 등)에 대한 기도를 바라보고만 있을 것이 아니라 본문을 사용하여 지금까지와는 전혀 다른 방식으로 자신의 문제에 대해 기도하려는 충동에 이끌릴 수 있다. 가장 좋은 것은 본문의 말씀을 자신의 것으로 소화하여 기도할 때마다 비록 "똑같은 것"일지라도 매번 새로운 방식으로 기도하는 것이다.

성경 말씀을 통한 기도가 주는 유익은 많지만 가장 귀한 유익 가운데 하나는 그것에 수반되는 하나님과의 교제 및 예배 의식이다. 이러한 방식으로 처음 기도해본 많은 사람은 "마치 실제 인격과 대화하는 것 같았다"고 말한다. 기도는 그래야 하는 것이다.

(5) 하나님의 말씀을 노래하기

성경 말씀을 노래한다는 것은 하나님의 계시에 반응하는 또 하나의 방식이다. 시편은 옛 언약에서 하나님의 백성이 노래하도록 영감되었을 뿐 아니라 새 언약에서 하나님은 자기 백성에게 "시와 찬미와 신령한 노래들"로 노래할 것을 재차 명령하신다(엡 5:19; 골 3:16). 하나님을 찬양함에 있어서 다른 사람이 있어야만 하는 것은 아니다. 개인적인 예배를 통해 시편이나 다른 성경으로 노래한다면 하나님께서도 분명히 기뻐 받으실 것이다.

하나님의 말씀을 노래하기 위해서 구체적인 도움이 필요한가? 찬송가 뒤에 나오는 성경 색인을 확인해보라. 어느 찬송이 어느 시편이나 다른 성경의 한 부분에 근거한 것인지를 알 수 있을 것이다. 또한 성경을 읽은 후 일부 내용을 가사로 짧은 곡조를 지어 하나님을 찬양하는 것도 한 방법이다.

(6) 하나님의 말씀을 묵상하기

말씀을 묵상하는 것은 개인 예배에서 가장 간과되어 왔으나 가장 중요한 부분이다. 사실 성경 읽는 일에 충실한 신자들 가운데 많은 사람은 말씀을 덮은 후 "읽은 말씀 가운데 기억나는 것이 없습니다"라고 고백해야 할 것이다. 성경은 많이 읽지만 아무런 영향을 받지 못한다는 것이다. 성경을 읽는 것은 자신을 성경에 노출시키는 것이며, 묵상은 성경을 받아들이고 흡수하는 것이다. 말씀이 묵상을 통해 영혼에 스며들 때 우리는 생수와 같은 말씀의 생명력이 새롭게 용솟음치는 것을 느끼게 된다. 우리는 육신의 세계에서 살고 있을 뿐만 아니라 영적 세계를 의식하며 살고 있는 것이다.

야고보서 1:25에서 하나님은 가장 광범위하고 먼 지역에까지 미치는 축복 가운데 하나를 약속하신다. 이것은 그가 주신 말씀을 정기적으로 들여다보는 자나 그것을 잊어버리는 자가 아니라 그 말씀을 묵상하고 지키는 자에게 주시는 약속이다. 다음은 이 약속과 축복의 조건이다. "자유하게 하는 온전한 율법을 들여다보고 있는 자는 듣고 잊어버리는 자가 아니요 실행하는 자니 이 사람이 그 행하는 일에 복을 받으리라."
이러한 축복은 개인 예배에서 묵상을 통해 하나님의 임재 의식을 풍성히 할 때 시작된다.

성경에 대한 묵상은 단지 성경 한 부분을 읽은 후 그것에 의지하여 지켜보는 것이 아니다. 예배로서 묵상은 성경 본문, 즉 성경에 계시되는 하나님과 하나님의 일에 모든 생각의 초점을 맞추는 것이다. 이러한 묵상의 구체적이고 실제적인 방법과 관련하여 정해진 답이 있는 것은 아니지만, 나의 사례를 몇 가지 제시하고자 한다. 먼저 읽은 성경 가운데 한 구절이나 단락을 택한 다음 매번 다른 단어에 초점을 맞추어서 천천히 반복해 읽거나 자신의 말로 다시 기록해 본다.

본문을 곰곰이 생각하며 적어도 한 가지 적용점을 찾아본다. 본문으로 기도하는 것은 훌륭한 기도 방법일 뿐만 아니라 훌륭한 묵상 방법이기도 하다. 기독교인들은 오래 전부터 본문 묵상을 위해 준비한 간략한 질문 목록을 보존해 왔다. 따라서 한두 줄 이상의 긴 본문에 대해 묵상하고 싶다면 모든 장 또는 단락의 주제나 요지에 대해 참고할 수 있다. 어떤 사람은 도형이나 도표 또는 그림을 사용하여 말씀의 의미를 분명히 하거나 마음에 새긴다.[17]

예배의 규정적 원리가 예배의 요소와 상황을 구별한 사실을 염두에 두면서 일지나 노트가 개인 예배를 돕는 하나의 환경(상황)으로 생각하라. 일지는 하나님에 대한 생각과 기도를 표현하기 때문에, 어떤 사람에게는 이것이 하나의 예배 수단이 된다. 그러나 대다수는 일지를 성경에 대해 묵상한 내용이나 삶에 대한 성경적 관점의 성찰을 기록하는 도구 정도로 생각한다.[18]

앞서 언급한 대로 예배의 본질은 하나님의 계시에 대한 반응이자 그것에 초점을 맞추는 것이다. 지금까지 나는 하나님의 가장 명확하고 중

---

[17] 이 부분에 대해서는 나의 저서 *Spiritual Disciplines for the Christian Life*, chaps. 3·4에 상세히 설명해 두었다.

[18] 구체적인 내용은 나의 *Spiritual Disciplines for the Christian Life*, chap. 11: "Journaling…for the Purpose of Godliness"를 참조하라.

요한 계시인 성경에 대해서만 언급했다. 그러나 창조를 통한 하나님의 계시도 있으며(로마서 1:20과 같은 성경에는 이러한 계시에 대한 인식이 제시된다) 그것이 가진 한계에도 불구하고 창조계시는 하나님의 계시이며 따라서 우리 예배의 동인이 되어야 한다. 다윗왕은 하늘이 하나님의 손으로 지으신 작품임을 인식하고 "여호와 우리 주여 주의 이름이 온 땅에 어찌 그리 아름다운지요"(시 8:3, 9)라고 고백했다.

이러한 개인 예배의 경험은 우리가 하나님과 함께 행할 때 우연히 만나는 예기치 못한 사건이어야만 하는 것은 아니며 우리의 선택에 따라 얼마든지 정기적인 경건 생활의 한 요소가 될 수 있다. 개인 예배가 주는 자유 가운데 하나는 회중 예배에 비해 일반계시를 훨씬 효과적으로 이용할 수 있다는 것이다. 이것은 우리가 말씀을 읽는 대신 숲속을 거닐어야 한다는 말이 아니다. 피조 세계는 우리에게 그리스도나 성경의 수많은 내용에 대해 말해주지 않는다. 그러나 성경에 대한 보충이자 성경이 제시하는 내용으로서 창조계시는 개인 예배의 영광스러운 현장이자 자극제가 된다.

경건한 에드워즈도 그렇게 생각했다. 그는 한때 자신의 일지에 "나는 말을 타고 숲속을 달린다…한적한 곳에 이르러 말에서 내린 나는 늘 하던 대로 경건한 묵상과 기도를 위해 걷는다"[19]라고 기록했다. 실제로 많은 사람은 두 가지 계시의 수단을 하나로 묶어 세상에서 행하는 동안 말씀을 통해 예배하기를 바란다. 뮐러는 이렇게 말했다. "나는 아침 먹기 전에 걸으면서 말씀을 묵상하는 것이 건강에도 도움이 된다는 것을 알기 때문에 요즘은 습관적으로 그렇게 한다. 나는 큰 성경 외에도 자그마한 신약성경을 비치해 두고 있다가 밖에 나갈 때 그것을 들고 나간다. 나는 야외에서도 얼마든지 효과적인 시간을 보낼 수 있다는 사실을 안다."[20] 나도 시간이 될 때마다 가까운 숲과 들로 나가 걸으며 시편의 한 구절로 기도한다.

---

19 Murray, *Jonathan Edwards*, 100.
20 Roger Steer, ed., *The George Müller Treasury* (Westchester: Crossway, 1987), 66.

따라서 하나님의 말씀을 받아들이거나 그의 말씀을 통해 하나님과 만나는 것은 다른 예배적 반응의 바탕이 된다.

2) 기도

하나님께서 명하신 예배적 반응(공동 예배든 개인 예배든) 가운데 하나는 기도이다. 하나님은 성경을 통해 우리에게 기도하라고 명하신다("기도를 계속하고"[골 4:2]). 사실 어느 면에서 하나님은 우리가 "쉬지 말고 기도"(살전 5:17)할 것을 기대하신다. 확실히 개인 예배를 통한 기도는 이러한 명령에 순종하는 한 방법이다. 주 예수님은 우리에게 은밀히 기도할 것을 가르치셨다. "너는 기도할 때에 네 골방에 들어가 문을 닫고 은밀한 중에 계신 네 아버지께 기도하라 은밀한 중에 보시는 네 아버지께서 갚으시리라"(마 6:6). 예수님은 종종 이러한 기도의 모범을 보이셨다.

> 무리를 보내신 후에 기도하러 따로 산에 올라가시다 저물매 거기 혼자 계시더니(마 14:23).

> 새벽 오히려 미명에 예수께서 일어나 나가 한적한 곳으로 가사 거기서 기도하시더니(막 1:35).

> 무리를 작별하신 후에 기도하러 산으로 가시다(막 6:46).
> 예수께서 따로 기도하실 때에(눅 9:18).

신약의 교회는 공동 예배를 통해 기도를 올렸으며(행 2:42) 개인 예배는 공동 예배의 요소 가운데 다른 신자 없이 혼자 시행할 수 있는 요소를 포함해야 하기 때문에, 개인 예배를 통해 기도해야 하는 것은 확실하다.

공동 예배에서와 마찬가지로 개인 예배에서도 기도는 예배 중 아무

때나 해도 된다. 말씀을 깨닫게 해달라는 간구와 함께 예배를 시작하는 것은 성경적일 뿐만 아니라 역사적 관행이기도 하다. 지구상의 많은 신자는 수천 년 동안 성경을 펼칠 때마다 시편 119:18을 기도해 왔다. "내 눈을 열어서 주의 율법에서 놀라운 것을 보게 하소서." 그러나 말씀을 섭취하는 중에 드리는 기도는 본문을 받아들여 삶에 적용하는 훌륭한 방법일 뿐만 아니라 하나님께서 본문을 통해 무슨 말씀을 하시며 무엇을 행하라고 하시는가에 대해 하나님과 대화를 나누는 한 방법이 된다. 예를 들어 나는 오늘 시편 95:3-8을 읽으면서 밑줄 부분과 같이 기도했다.

> 대저 여호와는 크신 하나님이시요
> 모든 신 위에 크신 왕이시로다
> <u>아멘 주여, 주는 크신 하나님이시며 주님 같은 분은 세상에 없습니다.</u>
> 땅의 깊은 곳이 그 위에 있으며
> 산들의 높은 것도 그의 것이로다
> 바다가 그의 것이라 그가 만드셨고
> 육지도 그의 손이 지으셨도다
> <u>주여, 만물이 주님께 속하였으며 주께서 그것들을 지으셨나이다.</u>
> 오라 우리가 굽혀 경배하며
> 우리를 지으신 여호와 앞에 무릎을 꿇자
> <u>내가 주를 경배하나이다. 주께서 나를 지으셨나이다.</u>
> 대저 저는 우리 하나님이시요
> 우리는 그의 기르시는 백성이며 그 손의 양이라
> <u>오 하나님이여, 주는 나의 하나님이시니이다. 나의 온 가정이 주의 백성, 주의 양이 되기를 기도하나이다.</u>
> 너희가 오늘날 그 음성 듣기를 원하노라
> 너희는…너희 마음을 강퍅하게 말찌어다
> <u>주여 내가 오늘 주의 음성을 듣겠나이다. 나의 마음을 완악하게 하지 않겠나이다. 오늘날 우리가 주를 향해 온순한 마음을 가질 수 있도록 나와 캐피와 롤렌을 위해 기도하나이다.</u> (시편 95:3-8).

성경에는 이처럼 기도하면서 읽을 수 있는 본문으로 사용하기 쉬운 구절이 있다. 아마도 여러분은 성경 한 장을 다 읽은 후 "주여 이 사람처럼 모든 죄에서 나를 지켜주소서"라고 기도하는 것으로 끝내는 경우가 많을 것이다. 그러나 어떤 본문이든 읽는 것으로 끝나서는 안 되며 그것에 반응해야 한다.

확실히 성경이 규정하는 예배는 이처럼 본문을 통한 기도 및 묵상으로 말씀을 받아들인 후 오직 기도에 전념하는 시간을 가지게 된다. "쉬지 말고 기도"(살전 5:17)하기 위해 우리는 운전을 하거나 작업을 하거나 일상 활동을 할 때에도 기도할 수 있어야 한다. 이것이 바람직한 기독교의 모습이다. 그러나 운전이나 작업을 할 때에는 그것이 주된 활동이고 기도는 부수적 활동이 된다. 그러나 개인 예배는 기도가 주된 활동이 되는 시간을 요구한다.

대부분의 기독교인은 그렇게 하고 싶어 하지만 하나님께만 집중하여 몇 분 동안 기도하는 것이 어렵고 결국 자신은 이류 신자라고 생각한다. 그러나 앞서 언급한 대로 이처럼 기도가 어려운 이유는 대부분의 사람들이 빠지는 기도 습관, 즉 똑같은 것에 대해 똑같은 말을 하기 때문이다. 우리가 굳은 결심으로 이러한 정형을 깨트리기 위해서는 강력한 집중력과 창조적인 사고(동일한 일상에 대해 매번 다르게 표현할 수 있는) 및 시간이 요구된다.

하나님의 은혜로 말미암아 우리는 하나님을 잊지 않기 위해 몸부림치며 새로운 방식의 표현 및 "기도에 깨어 있는"(골 4:2) 방법을 찾기 위해 기도할 필요는 없다. 성경 본문, 특히 시편을 통해 기도한다는 것은 하나님께서 우리의 고백을 위해 영감을 불어넣으신 말로 기도하는 것이다.

그렇다면 앞서 언급한 말씀으로 기도하는 것과 성경 본문으로 기도하는 것은 어떤 차이가 있는가? 말씀으로 기도하는 것이 주 활동은 성경을 읽는 것이며 성경을 통한 기도의 주 활동은 기도이다. 가령 시편 95편을 기도하는 예에서 나는 "우리는 그가 기르시는 백성이며 그의 손이 돌보시는 양이기 때문이라"고 읽은 후 단순히 "오 하나님이여 주는 나의 하나님이시니이다. 나의 온 가정이 주의 백성, 주의 양이 되기를 기도합니다"라고 기도했다. 그리고 계속해서 본문을 읽고 기도하는 과정이 되풀이 된다. 만일 동일한 본문이 기도가 주된 활동인 경우에 사용된다면 나는 이 구절을 읽은 후 위에서 예시된 것보다 더 길게 기도하였을 것이다.

그의 손이 돌보시는 나의 가정을 위해 더욱 집중적으로 기도했을 것이다. "우리는 그가 기르시는 백성이며"라는 말씀은 나의 교회를 위해서도 기도하게 했을 것이다. 아마도 믿지 않은 나의 친구들을 위해 하나님의 백성과 양이 되게 해달라고 기도할 생각을 하였을 것이다. 요약하면 말씀을 기도할 때에는 기도 시간보다 말씀을 읽는 시간이 길지만 같은 본문으로 기도한다면 말씀보다 기도 시간이 길어진다는 것이다.

성경 본문으로 기도하는 것이 유일한 기도 방법은 아니다. 시편 62:8은 우리에게 "그의 앞에 마음을 토하라"고 요구한다. 자신의 기도가 하늘의 영감을 받은 말을 향상시킬 수 있다고 생각한다면 어리석은 일이겠지만 때로는 우리가 할 수 있는 일이라고는 주의 발 앞에 엎드려 마음을 토로하는 길밖에 없다고 생각할 만큼 힘들고 괴로울 때가 있다. 그러나 평소에는 영감된 말씀으로 기도하는 것이 인간의 지혜와 노력으로 얻을 수 없는 기도의 새로움과 깊이를 얻을 수 있다.

공동 예배이든 개인 예배이든, 기도가 없는 예배가 있을 수 있는가? 예배가 우리의 마음을 불타게 한다면 기도는 하늘로 올라가는 불꽃과도 같은 것이다.

3) 예배 찬송

예배는 어떤 식으로든 하나님의 계시와 함께 시작한다. 그러나 그것은 하나님의 계시와 만나는 것 이상이다. 예배는 계시된 하나님에 대한 반응이 없이는 불완전한 예배이다. 하나님께서 정하신 반응은 기도이며 또 하나는 찬양이다.

독자들에게는 개인 예배에 예배 찬송이 필요하다는 말이 본 장에서 가장 예기치 않은 내용일 것이다. 반복되는 말이지만 우리는 여호와를 찬양하라는 명령(특권)을 받았다. 시편 96:1-2a는 "새 노래로 여호와께 노래하라 온 땅이여 여호와께 노래할찌어다 여호와께 노래하여 그 이름을 송축하며"(대상 16:9, 23; 시 13:6; 33:3; 68:4, 32; 98:1; 105:2; 147:7; 149:1; 사 42:10; 렘 20:13)라고 말한다. 왜 개인 예배에 예배 찬송이 해당되지 않는다고 생각하는가?

성경이 규정하는 예배는 공동 예배에서의 찬양을 요구한다. 우리는 신약성경 두 곳(엡 5:19; 골 3:16)에서 "시와 찬미와 신령한 노래들"을 사용하여 "마음으로 주께 노래하며 찬송"함으로써 "서로 화답"해야 한다는 말씀을 듣는다. 우리는 다른 신자들과 함께는 물론 우리 스스로도 하나님께 노래하며 찬송할 수 있다. 따라서 예배의 규정적 원리는 우리가 개인 예배를 통해 성경을 섭취하고 기도할 뿐만 아니라 시와 찬미와 신령한 노래로 찬양할 것을 가르친다고 결론내릴 수 있다.

시와 찬미와 신령한 노래를 부른다는 것은 성령 충만한 자(엡 5:18) 및 그리스도의 말씀이 풍성히 거하는 자들(골 3:16)의 특징이다. 우리가 성령으로 충만하고 그리스도의 말씀이 우리 안에 풍성히 거하기를 원하는 시간이 있다면 당연히 공동 예배와 개인 예배를 통해서일 것이다. 하나님의 임재로 가득한 회중 예배든 홀로 하나님과 친밀히 교제하는 시간이든, 찬양은 노래하라는 명령에 대한 순종일 뿐만 아니라 그의 살아계신 진리에 대한 사랑과 존경과 확신에 대한 표현인 것이다. 시와 신령한 노래를 부르는 것은 시적인 방식으로 하나님께 모든 초점을 맞추게 하고 기념할 만한 하나님의 일을 가르친다. 그를 찬양하는 것은 자신의 깊은 속마음을 하나님께 아뢰도록 도와줄 뿐만 아니라 그것을 훨씬 아름답고 분명한 방식으로 하나님께 가져갈 수 있게 한다. 마음과 목소리로 찬양을 하는 것은 우리의 생각은 물론 감정과 몸으로 하나님을 기뻐하는 것이다.

때로는 개인 예배에서 큰 소리로 노래하기 어려운 상황도 있겠지만 작은 소리로 찬양하거나 생각으로만 찬양해야 할 피치 못할 사정이 없는 한 왜 큰 소리로 찬양하지 못하겠는가? 하나님을 소리 높여 찬양하지 못하는 공동 예배는 상상하기 어렵다. 개인 예배라고 무엇이 다르겠는가?

여러분은 개인 예배 장소에 성경책 옆에 찬송가를 두고 싶어 할 것이다. (교회에서 사용하는 찬송가를 구하거나 기독교 서점에서 보다 다양한 찬양곡을 구할 수 있다.) 악기를 사용할 수 있는 경우 도움이 된다면 예배 찬송에 맞추어 연주하는 것도 좋을 것이다.

때때로 여러분은 기존의 곡조 대신 자의적으로 노래하고 싶을 경우도 있을 것이다. 예를 들어 시편 68편을 읽을 때 4절의 "하나님께 노래하며 그 이름을 찬양하라 타고 광야에 행하시던 자를 위하여 대로를 수축하라 그 이름은 여호와시니 그 앞에서 뛰놀찌어다"라는 부분에서 여러분은 나처럼 음악가나 작곡가는 아니지만 순간적으로 떠오르는 즉흥적인 선율로 노래하고 싶을 수도 있다. 본문의 주제나 일부 내용을 가사로 한 노래를 따라 부르는 대신 본문 전체를 마치 새롭게 발견한 것처럼 영창(chanting)과 유사한 방식으로 부르는 것이다.

개인 예배에서 찬송을 부르는 것에 익숙하지 않다면 개인 예배를 통해 시편 157:1에 "우리 하나님을 찬양하는 일이 선함이여"라는 말씀의 진리를 풍성히 경험해보기를 바란다.

3. 개인 예배의 무형적 요소

하나님께서 명하신 예배 행위에 대해 알고 그것을 시행하는 것은 필수적이지만 예배는 단순히 마땅한 일을 하는 것 이상이다. 바리새인들도 예배의 마땅한 행위에 대해 말하고 행하였으나 예수님은 그들에게 "외식하는 자들아 이사야가 너희에게 대하여 잘 예언하였도다 일렀으되 이 백성이 입술로는 나를 존경하되 마음은 내게서 멀도다 사람의 계명으로 교훈을 삼아 가르치니 나를 헛되이 경배하는도다"(마 15:7-9)라고 책망하셨다.

예수님은 우리가 예배라고 부르는 행위를 할 수는 있으나 하나님께서는 그것을 "헛된 예배"로 거부한다고 경고하신다. 우리가 어떻게 참된 하나님을 "헛되이" 예배할 수 있는가? 예수님은 두 가지 이유를 제시하신다. 첫째, 하나님은 예배자의 "마음이 하나님으로부터 멀어진" 경우 예배를 받지 않으신다. 둘째, 그는 예배에 관한 가르침이나 교훈이 하나님의 가르침이 아니라 "사람의 가르침"에 의한 경우 그러한 예배를 거부하신다. 후자의 문제에 대해서는 예배의 규정적 원리에서 지적하고 있으나(하나님이 가르치신 예배만 합당하다) 전자는 우리의 예배가 하나님께 열납되기 위해서는 형식과 활동뿐만 아니라 보이지 않는 요소인 마음에 초점을 맞추어야 한다는 사실을 상기시킨다.

예수님은 성경에서 예배에 관한 가장 중요한 본문 가운데 하나에서 이와 동일한 균형 잡힌 강조에 대해 말씀하신다. 요한복음 4:24에서 예수님은 "하나님은 영이시니 예배하는 자가 신령과 진정으로 예배할지니라"고 말씀하신다. 진정으로 예배한다는 것이 무슨 말인가? 그것은 성경의 진리를 따라 예배한다는 것을 의미한다. 다시 말해 거듭 강조하지만 하나님이 원하시는 공동 예배와 개인 예배의 방법을 알기 위해서는 하나님이 계시한 진리인 성경으로 가야한다는 것이다. 우리는 성경을 통해 하나님께서 명령하신 예배 행위뿐만 아니라 우리의 예배가 헛되지 않도록 지키는 데 필요한 영적 요소에 대해서도 배운다. 이 부분은 요한복음 4:24에 제시된 나머지 요소인 "신령으로 예배하라"는 가르침과 연결된다. 개인 예배에 필요한 네 가지 무형적 요소에 대해 살펴보자.

1) 영(신령)으로 예배하라

하나님께서 회개하고 예수 그리스도를 믿어 구원받은 사람들에게 주신 성령이 거하시지 않으면 아무도 영으로 예배할 수 없다. 사도 바울은 고린도전서 12:3에서 "하나님의 영으로 말하는 자는 누구든지 예수를 저주할 자라 하지 않고 또 성령으로 아니하고는 누구든지 예수를 주시라 할 수 없느니라"고 했다. 그들도 바리새인처럼 예배에 합당한 말을 할 수는 있다. 어쩌면 기도나 찬송을 통해 예수는 주시라고 고백할 수도 있을 것이다. 그러나 이러한 고백은 그와의 관계에 대한 진실하고 신실한 표현이 아니다.

그러나 성령을 받고 영으로 예배드리는 자는 거룩한 예배를 드린다. 시편 29:2은 "거룩한 옷을 입고 여호와께 경배할찌어다"라고 말한다. 구약성경에서 하나님이 제사장에게 요구하는 거룩한 옷이란 제물을 드리기 전에 특별히 준비된 옷을 입고 철저하게 준비함을 의미한다. 마찬가지로 오늘날 하나님 앞에 나아오는 제사장들, 즉 그리스도를 믿는 모든 신자는(벧전 2:9) 거룩한 옷을 입고 나아와야 한다. 무엇보다도 우리의 거룩한 옷은 그리스도의 거룩함이다. 하나님은 예수께서 우리를 위해 자신을 온전한 제물로 드리신 것에 근거하여 우리의 예배를 받으신다. 이어지는 모든 예배가 하나님께 열납될 수 있는 것은 우리의 신실함 때문이 아니라 대제사장이신 예수님의 보혈로 말미암아 깨끗케 되었기 때문이다. 그러나 이것은 이미 사함을 받은 우리의 죄가 예배에 영향을 주지 않는다는 뜻이 아니다. 시편 66:18의 저자가 "내가 나의 마음에 죄악을 품으면 주께서 듣지 아니하시리라"고 말한 것과 같다. 따라서 어떤 신자라도 죄를 품은 채 개인 예배를 드린다면 영으로 예배하지 않는 것이며 헛된 예배가 되는 것이다.

또 하나 강조할 것은 영으로 드리는 예배는 신실한 예배 이상이며 결코 그보다 못하지 않다는 것이다. 하나님은 마음 이상의 것을 보신다. 즉 우리가 예배하는 행위도 중요하지만 마음을 철저하게 감찰하신다는 것이다. 많은 사랑을 받고 있는 청교도 저자 가운데 한 사람인 스테판 차녹(Stephen Charnock)은 "하나님이 어떻게 마치 우리가 시체와 대화를 나누듯이 단순히 육신으로 드리는 예배를 기뻐하시겠는가? 마음이 없는 예배는 예배가 아니다. 그것은 무대 연극에 지나지 않으며 맡은 배역에 충실하는 것일 뿐이다…신실함이 부족한 예배는 무덤 위에 놓인 동상이 눈과 손을 들고 선하고 참된 예배를 하는 것과 같다."[21]라고

---

21 Stephen Charnock, *The Existence and Attributes of God* (repr. Grand Rapids: Bake, 1979),

했다. 우리의 입술로 무엇을 말하든, 우리의 몸으로 무엇을 행하든, 하나님은 우리의 마음이 떠나 있으면 돌아서신다.

2) 바르게 예배하라

사도 바울이 고린도전서를 기록한 이유 가운데 하나는 고린도 교회의 잘못된 예배를 바로 잡기 위함이다. 그는 고린도전서 14:26에서 예배에 관해 구체적으로 언급한다. "모든 것을 덕을 세우기 위하여 하라." 고린도 교회 예배의 문제점은 성경적인 예배 요소의 포함 여부에 관한 것이 아니라 그러한 요소를 시행하는 방식에 관한 것이었다. 예를 들어 그들은 예배에서 성찬식을 거행하였으나 그들의 성찬 행위는 교회를 세우는 것이 아니라 분열로 이끌었다. 바울은 하나님이 제정하신 예배의 요소가 바르게 표현되고 경험될 때 예배자가 교화된다는 사실을 그들(그리고 우리)에게 알려주고 싶어 한다.

공동 예배에서 교회에 적용되는 사실은 개인 예배에서 각 신자에게도 해당된다. 우리의 영혼을 강하게 하는 가장 강력한 수단은 하나님께서 자신과 교제하도록 우리에게 주신 수단이다. 그러나 교회 전체의 경우와 마찬가지로 각 신자의 예배도 바르게 함이 없이 예배의 요소를 사용할 수 있다. 기도의 예를 들면 모든 신자는 "하나님이 그 아들의 영을 우리 마음 가운데 보내사 아바 아버지라 부르게 하셨느니라"(갈 4:6)고 했기 때문에 기도하고 싶어 한다. 그러나 이와 같이 하늘을 향한 초자연적 기도는 얼마 있지 않아 지루하고 진실함이 없는 기도로 나타날 수 있다. 즉 기도라는 성경적인 예배 요소는 있으나 바르게 함이 없다는 것이다. 이러한 기도는 기쁨도 격려도 영적 능력도 주지 못하며 하나님께 가까이 가게 하지도 못한다. 문제는 방법론에 있다. 성경을 섭취하는 것이나 하나님을 찬양하는 것도 마찬가지다. 성경적인 예배의 요소가 지루해지기 시작하면 문제가 발생하며 이러한 문제는 거의 마

1:225-26.

음이나 방법론과 관련된다.

개인 예배에서 새로움(freshness)에 대한 갈등은 가장 흔히 볼 수 있는 문제이다. 스코틀랜드의 목회자 모리스 로버트(Maurice Roberts)는 "영혼 속에 경건의 능력을 지속하는 것은 기독교인에게 가장 어려운 일"[22]이라고 했다. 따라서 개인 예배에 마땅히 있어야 할 바르게 함이 없을 때 단순히 같은 일을 다른 방식으로 해보는 것이 해결책이 되기도 한다. 즉 다른 묵상 방법이나 다른 노래책을 사용하고 다른 성경역본을 읽는 것이다. 성경 어느 곳에도 개인 예배의 순서, 장소, 성경 읽기 계획, 예배 시간 등이 언제나 같아야 한다거나 다른 사람처럼 되어야 한다고 말하지 않는다. 개인 예배 활동은 석회화(石灰化)가 아니라 바르게 함을 추구해야 한다.

3) 경건함으로 예배하라

히브리서 12:28-29에는 예배의 무형적 본질에 관한 한 쌍이 나타난다. "그러므로 우리가 진동치 못할 나라를 받았은즉 은혜를 받자 이로 말미암아 경건함과 두려움으로 하나님을 기쁘시게 섬길찌니 혹 감사하자 우리 하나님은 소멸하는 불이심이니라." NIV 영어 성경은 중심 부분을 "감사하자 이로 말미암아 경건함과 두려움으로 하나님이 기뻐 받으실 예배를 드리자"라고 번역한다.

경건함으로 하나님을 예배하기 위해서는 예배 시간을 단순한 의무나 형식이 아니라 하나님 자신과의 실제적인 만남의 시간으로 보아야 한다. 나는 경건한 예배를 드릴 때 그의 거룩함과 공의를 생각하며 "우리 하나님은 소멸하는 불"이시라는 사실을 기억한다. 나는 이 소멸하는 불이신 하나님이 마음과 생각은 멀리 떠나 있고 입술로만 드리는 예배를 기뻐하지 않으신다는 분명한 사실을 알고 예배드린다.

경건함으로 예배한다는 것은 예수님이 베푸신 은혜가 아니면 자신

---

[22] Maurice Roberts, "On Seeking God," *Banner of Truth* 441 (June 2000): 2.

은 하나님 앞에서 아무 것도 아니라는 사실을 겸손히 인식하는 것이다. 하나님에 대한 경건은 개인 예배의 경건으로 나타난다. 이것은 예배자가 비천한 자가 되거나 기쁨이 없다는 의미가 아니라 오히려 자신이 결코 무가치한 존재가 아님을 뜻한다. 나는 코미디언이나 광대를 만나고 있는 것이 아니다. 하늘에 계신 아버지의 아들을 만나고 있기 때문에 그의 사랑과 임재 속에 평안히 거할 수 있다. 그러나 나를 지으시고 나의 재판장이자 왕이 되시는 하나님과 만나고 있다는 사실을 잊어서는 안 된다.

4) 두려움(경외함)으로 예배하라

히브리서 12:28에 의하면 우리가 "경건함과 두려움"으로 예배할 때 하나님은 우리의 예배를 받으신다. 경건함으로 드리는 예배가 하나님의 거룩하심과 공의에 대한 반응이라면 두려움으로 드리는 예배는 그의 은혜와 영광 및 능력에 대한 반응이다. 우리는 "하나님은 소멸하는 불"이라는 사실을 깊이 깨달으면 깨달을수록 더욱 하나님을 두려워하게 되는 것이다. 이 소멸하는 불의 은혜는 나와 같은 죄를 범한 다른 모든 자를 진노의 불로 태우면서까지 나를 구원하셨다. 이 소멸하는 불의 찬란한 영광은 끊임없이 천사들을 빛나게 한다. 이 끝없는 불의 무한하신 능력은 영원히 하늘을 비추신다. 내가 예배하는 대상이 누구인지를 깨닫는다면 우리의 예배는 실로 엄청난 두려움과 경외감으로 가득 채워지지 않을 수 없다.

그러므로 개인 예배는 하나님에 대한 외경심으로 이끈다.

이것은 우리의 예배가 말할 수 없는 경외감의 절정을 맛보지 않으면 무기력한 예배가 된다는 말이 아니다. 그러나 우리는 그러한 예배로부터 하나님의 위대하심에 대한 새로운 인식으로 돌아와야 한다. 성경의 진리에 대한 묵상과 이해, 기도를 통한 친밀함 및 찬양의 기쁨을 통해 하나님이 누구시며 어떤 분이신가에 대한 비전을 새롭게 가져야 한다. 결국 우리가 예배를 통해 만나는 대상은 하나님이시며 우리가 그를 경험하는 수단을 사용한다면 깊은 감동을 받지 않을 수 없을 것이다.

이러한 무형적 요소를 통해 개인 예배를 진단하는 목적은 우리가 껍데기만 남은 죽은 예배를 드리고 있는 것이 아니라는 확신을 갖게 하기 위해서이다. 아마도 이 문제는 다음과 같은 로버트의 언급으로 요약할 수 있을 것이다. "우리의 경건이 살아 있느냐 죽었느냐에 대한 판단은 '우리가 예배를 통해 하나님을 찾느냐 아니냐'에 달려 있다."[23]

4. 개인 예배를 가로막는 장벽

그는 라디오 시계 소리에 놀라 잠이 깼으나 몇 분이 지나서야 겨우 일어날 수 있었다. 전날 밤에 잠을 조금밖에 자지 못했기 때문이다. 그는 만성적 피로 누적으로 알람을 가능한 늦은 시간으로 맞추어놓았기 때문에 침대에서 미적거릴 때부터 이미 시간이 촉박하다는 사실을 느끼고 있었다. 아직도 온기가 남아있는 담요를 걸친 채 세면대에 기대어 선 그는 벌써 아침이 되었다는 사실이 믿기지 않았다. 그는 언젠가는 모든 삶이 기적적으로 바뀔 수 있기를 바라면서 수천 번도 넘게 "더 일찍 자야지"라고 결심한다. 음식물을 집어삼킬 시간이 부족하다 싶으면 부엌에 선 채로 또는 다른 일을 하면서 식사를 끝낸다. 그는 몇 번씩이고 시계를 보며 때로는 1분에 두 번씩 라디오로 시간을 확인한다. 그는 급하게 옷을 입고 칫솔질을 한 후 잽싸게 문을 나와 깊은 숨을 몰아쉬며 하루의 마라톤을 시작한다. 그날 밤 예상 시간보다 늦게 돌아온 그는 침대에 눕자마자 곯아떨어지면서 다시 한 번 밀린 일이 많다는 사실을 깨닫는다. 다음 날도 하나님과 만날 시간은 없었다. 왠지 여러분의 귀에 익숙한 말 같지 않은가?

세상과 육신과 마귀는 우리가 의미 있는 개인 예배를 드리지 못하도록 장벽에 장벽을 쌓고 있다. 이제 이러한 장벽 외에도 특히 세 가지

---

23 Ibid., 3.

장벽에 대해 더 살펴보고자 한다.

1) 소원의 장벽

자신과 하나님에 대해 솔직하다면 사실 개인 예배를 원하는 마음이 없다고 대답할 사람이 많을 것이다. 모든 신자는 개인 예배에 대한 태도에 있어서 봄, 여름, 가을, 겨울 등 다양한 사이클의 기복이 있을 것이라고 생각한다. 그러나 개인 예배에 대한 소원에 있어서 언제나 겨울인 사람은 차갑고 죽은 영혼의 소유자이다. 달이 가고 해가 바뀌어도 하나님과의 정기적인 교제에 대한 갈망이 없다면 하나님의 생명이나 하나님과 함께하는 삶이 없는 것이다. 갈라디아서 4:6은 성령을 소유한 하나님의 자녀들은 하나님과의 교제를 원한다는 사실을 명백히 제시한다. "너희가 아들이므로 하나님이 그 아들의 영을 우리 마음 가운데 보내사 아바 아버지라 부르게 하셨느니라." 하나님께 다가가려는 이러한 마음의 부르짖음이 없다면 성령이 마음에 거하지 않는 것이다. 성령이 없으면 하나님과의 관계도 존재하지 않는다.

따라서 하나님과의 개인 예배에 대해 거의 생각하지 않거나 하나님과의 정기적인 교제가 없는 것에 대해 안타까워하지 않는다면 여러분은 매우 위험한 상황에 놓인 것이다. 이러한 경고는 여러분이 성경과 기도와 찬송에 대한 필요성을 느끼지 않는 일종의 표준 이하의 기독교로 만족할 수 있다는 뜻이 아니라 전혀 기독교인이 아닐 수 있다는 경고이다. 하나님과의 친밀함을 위한 수단에 대한 소원이 없다는 것은 충격적인 사실이며 예수 그리스도를 통해 하나님을 추구하게 하는 자극제가 되어야 한다. 그에게 자비를 구하고 여러분의 눈을 열어 영적 호흡의 증거에 대한 소원을 달라고 구해야 한다.

2) 일상의 장벽

개인 예배를 위협하는 또 하나의 장벽은 경직된 일상이다. 변화를 통해 얻는 유익이나 변화에 따른 대가(희생)와 관계없이 일상적 삶은 바꾸기 어렵다. 우리의 몸이 잠이나 운동 또는 다이어트가 필요하다는 사실을 깨닫고 느낄지라도 그러한 것에 영향을 주는 일상을 영원히 바꾸기는 어렵다. 따라서 육체적으로 필요성을 느끼고 볼 수 있어도 그러한 일상을 바꾸기 어렵다면 영혼의 건강처럼 감지하기 어려운 것에 필요한 일상을 바꾸는 것은 얼마나 어려운 일이겠는가?

나는 수년 동안 집에서 정기적으로 가정 예배를 드려야 한다고 생각해왔다. 나는 그렇게 하지 못한 것에 대해 종종 죄의식을 느꼈으며 가정 예배를 시작한다면 하나님께서 축복하실 것이라고 믿었다. 그러나 우리 가정의 습관을 바꾸어 예배 시간을 낸다는 것은 매우 어려운 일이었다. 그러나 가정 예배든 개인 예배든 이러한 일상을 바꿀 수 있는 유일한 방법은 의식적으로 실천하는 길밖에 없다. 개인 예배를 위한 장소는 우리의 스케줄에 맞추어 기적적으로 제공되지 않는다. 모든 사람은 일상적 패턴을 바꿀 때 어려움이 따르며 하나님의 은혜로 말미암아 개인 예배를 새롭고 정기적인 활동으로서 의도적으로 시작한다는 사실을 인식해야 한다.

3) 시간의 장벽

나의 경우 개인 예배의 신실함을 위한 투쟁에서 가장 큰 장벽은 시간이었다. 시간적 장벽은 홀로 하나님과 의미 있는 시간을 보내고자 갈망하는 많은 사람에게도 문제가 된 것으로 보인다. 이러한 사정은 매주 시간이 남아돌 것이라는 오해를 받고 있는 독신 기독교인이나 자신을 위한 시간이 전혀 없을 것이라고 생각되는 아이 엄마들이나 양자의 중간에 해당하는 모든 사람에게도 마찬가지이다. 나는 지금까지 개인 예배를 위한 시간을 내라는 설교와 책망을 듣고 부끄러운 생각이 들었으며, 나 역시 목회자와 영적 성장 분야의 전문가로서 다른 사람에게 그렇게 했다. 나는 수십 년간 경건 생활을 해왔음에도 불구하고 나이가 들수록 개인 예배 시간을 내기 위해서는 더욱 많은 제자도가 요구된다는 사실을 깨닫는다.

그러나 본질적으로 개인 예배 활동은 하나님을 위한 시간을 내는 것이다. 나는 가끔 인정하기 싫어하지만 낸시 드모스(Nancy DeMoss)의 지적처럼 예수님 역시 바쁜 일정을 소화하셨다.

> 우리는 예수님이 우리처럼 잠시도 쉴 틈 없이 바쁘셨을 것이라고 생각한다. 예수님은 이 문제를 어떻게 해결하셨는가? 우리도 동일한 방법을 택해야 한다. 홀로 하나님과 마주하는 시간을 가지는 것이다. 우리는 "새벽 오히려 미명에 예수께서 일어나 나가 한적한 곳으로 가사 거기서 기도하시더니"(막 1:35)라는 말씀을 듣는다.[24]

많은 사람은 "새벽 오히려 미명에" 개인 예배를 위한 시간을 내지 못한다면 다시는 회복하기 어려울 것이라고 말하지만 이 시간을 모든 사람에게 적용하기는 어려울 수 있다. 인생에는, 특히 어린 자녀를 둔 엄마들에게는 아무리 굳은 결심을 한다고 해도 이 시간을 낸다는 것이 비현실적으로 생각될 수 있다. 그러나 우리는 어떤 어려움이 따르더라도 삶의 우선순위에 있어서 가장 먼저인 하나님을 따르려는 결심을 해야 한다.

나의 아내 캐피와 나는 한 친구를 알고 있다. 지금은 할머니이지만 그녀는 한때 젖먹이 어린 자녀를 세 명이나 키웠다. 아이를 가지기 전처럼 하나님과 함께 시간을 보내기 어렵게 된 그녀는 자신의 환경을 하나님이 주신 것으로 받아들이고 일상 생활에서 하나님을 경험하기를 바라면서 최선을 다했다. 한 동안은 성경을 미처 한 구절도 읽기 전에 기저귀를 갈거나 부엌일 때문에 쫓아가야 했다. 그러나 그처럼 빈약한 영적 양식에도 불구하고 그녀는 날마다 훈련된 일상을 유지하였으며 어느덧 그 시절이 그녀에게 보다 많은 개인 예배 시간을 허락했을 때 그녀의 일상은 이미 틀을 잡고 있었다.

많은 기독교인은 자신의 삶을 단순화하기를 바라며 이러한 단순화

---

[24] Nancy DeMoss, "Stop! I Want to Get Off," *Spirit of Revival* 31.1 (Aug. 2000): 9.

로 어느 정도 시간적 여유가 생기면 그때는 개인 예배 시간을 가질 수 있을 것이라고 생각한다. 그러나 그런 생각은 버려야 한다. 단순화의 첫 번째 단계는 하나님과 함께 하기 위한 공간을 정리하는 것이다. 자신이 가진 모든 것을 버리고 자신이 해야 할 목록에 한 가지도 남겨두지 않았다고 해도 예수께로 나아가지 않는다면 여러분의 삶은 여전히 혼란스러울 것이다. 개인 예배는 하나님의 모든 자녀가 꿈꾸는 삶, 즉 하나님과 함께 보내는 삶의 한 부분이다. 이러한 삶을 추구해야 한다. 날마다 영혼의 고향인 예수께로 나아와야 한다.

5. 평생의 개인 예배에 대한 비전

매번 조금씩 앞으로 나아가는 것이 엄청난 진보를 가져온다는 것은 놀라운 사실이다. 작가 헤밍웨이(Ernest Hemingway)는 하루에 두 페이지씩 글을 썼다. 그것은 많은 양이 아니었으나 그는 평생 9권의 소설과 70권의 단편을 남겼다. 언젠가 나는 많은 저서를 남겨 존경받는 또 한 명의 유명한 작가가 인터뷰한 내용을 읽은 적이 있다. 그는 "40년 동안 날마다 조금씩 글을 쓰라. 그러면 여러분도 많은 책을 낼 수 있을 것이다"라고 했다.

날마다 조금씩 하나님께 가까이 가고 그리스도를 본받아 성장하며 성경에 대한 지식을 쌓는다면 큰 진보가 있을 것이다. 몸의 성장과 마찬가지로 영혼의 성장도 매일, 매주 또는 몇 달 안에 알아챌 수는 없다. 그러나 시간이 흐르면 꾸준한 개인 예배는 여러분의 삶에 변화를 가져오는 가장 강력한 경험 가운데 하나가 될 것이다.

여러분은 어떤 변화를 원하는가? 지금 바로 시작하지 않겠는가? 여러분의 영적 미래에 관한 가장 단순한 비결은 날마다의 일상 속에 감추어져 있다.

CHAPTER 13

가정 예배로의 부름

| 리곤 던컨 3세(J. Ligon Duncan III) / 테리 존슨(Terry L. Johnson)
First Presbyterian Church 목사 / Independent Presbyterian Church 목사

최근 복음주의 사회 안에서 가정 경건 및 가정 예배의 회복에 대한 관심의 증가와 함께 작은 붐이 일어났다. 많은 사람이 (a) 가정에 대한 문화적 공격 및 침투에 대한 인식, (b) 부모가 자녀교육에 개입해야 한다는 오늘날의 강력한 주장 및 (c) 일부 영역에서 감지되고 있는 교회와 가정 생활에 대한 언약적 비전의 회복 등에 자극을 받아 성경을 읽고 찬송하며 기도하는 날마다의 예배에서 가정이 해야 할 일에 대해 열린 마음으로 배우고 싶어 한다. 오늘날 우리는 이러한 새로운 자극과 함께 몇 년 전만 해도 존재하지 않았던 여러 가지 유익한 자료가 쏟아져 나오고 있는 것을 볼 수 있다.[1]

---

1 가정 예배라는 주제에 관한 유익한 자료로는 Jerry Marcellino, *Rediscovering the Lost Treasure of Family Worship* (Laurel: Audubon Press, 1996); Terry Johnson, *Family Worship Book* (Ross-shire: Christian Focus, 1998); and douglas F. Kelly, "Family Worship: Biblical, Reformed, and Viable for Today," in *Worship in the Presence of God* (ed. David Lachman and Frank J. Smith; Greenville: Greenville Seminary Press, 1992), 103-29를 참조하라. 또한 많은 고전적 책자가 재출간 되었다. 가령 Cotton Mather, *A Family Well-Ordered* (Morgan: Soli Deo Gloria, 2001); J. W. Alex-

이러힌 현상은 시의적절하다. 오늘날 문화에서 가정은 위기에 치해 있으며 특히 기독교 가정은 어느 때보다 심각한 도전을 받고 있다. 삶의 속도, 교회와 사회의 세속주의 및 물질주의, 자기 파괴적 자유에 대한 탐닉, 위성 TV 및 인터넷을 통해 안방까지 침투해 오는 온갖 유혹, 가장의 의무인 영적 리더십에 대한 책임감 상실, 이혼 문화, 탁아 문화 등은 기독교 가정을 위협한다. 더구나 전통적 가정을 인정하지 않고 그것을 재규정하려는 사람들이 있는가 하면 생명공학, 공동체 및 정부 프로그램이 전통적 가정의 쇠퇴화를 가져올 날이 있을 것이라고 믿는 사람들도 있다.

하나님은 결코 가정의 중요성을 경시하지 않으신다. 혼인도 결국 하나님께서 만드신 제도이다. 모든 사회 집단은 가정이라는 원래적 사회로부터 생성되었다. 이것은 창세기 앞부분에 전개되는 창조에서 볼 수 있다. 구속 역사 및 은혜 언약은 둘 다 하나님의 프로그램에서 차지하는 가정의 핵심적 역할을 보여준다. 하나님의 명령에 의해 제정되고 그의 법에 의해 규정된 가정은 하나님에 대한 신앙과 그의 법에 대한 순종을 가르치는 규범적 학교이다. 다음과 같은 가정의 독특한 요소는 이러한 기능에 적합함을 보여준다. (1) 가정은 작고 밀접한 관계를 형성한다. 어떤 관료적 장벽도 훈련의 필요성을 인식하고 적용하는 것을 방해하지 못하며 행정상의 간격 때문에 유형을 규명하지 못하는 일도 없기 때문에 이상적인 평가와 해결책을 제시하는 것이 가능하다. (2) 권위는 존재하지만 이러한 권위의 엄격함은 부모의 사랑에 의해 순화된다. (3) 이상적으로는 한 아버지와 한 어머니, 한 남편과 한 아내가 상호 보완적 관계 및 동일한 권위를 유지하는 것이다. (4) 모든 관계에는 상호 책임감 및 신적이고 초월적인 권위가 나타난다.

가정에는 하나님의 보편적인 도덕적 통치의 근본적 원리가 나타나

---

ander, *Thoughts on Family Worship* (Harrisonburg: Sprinkle, 1981); and B. M. Palmer, *Family in Its Civil and Churchly Aspects* (Harrisonburg: Sprinkle, 1981) 등이 있다. 그 외에도 *Westminster Directory of Worship*(old)에 대한 주석판에 대해서는 Kerry Ptacek, *Family Worship* (Greenville: Southern Presbyterian Press, 1994)을 참조하라.

지만 동시에 가정은 은혜의 원리를 반영한다. 아버지의 영적 지위에서는 대표적 원리가 나타나고, 어머니의 출산 및 자녀 양육에서는 고난과 수고를 통한 중보적 원리를 찾아볼 수 있으며, 부모의 관계에서는 물론 그들의 지혜롭고 엄격하면서도 따뜻하고 은혜로운 양육, 강력한 사랑의 힘이 드러난다.

따라서 가정은 남편과 아내 및 사랑스러운 자녀들로 구성된 특별한 형태의 사회 단위이다. 그것은 하나님께서 인류를 위해 제정하신 가장 기본적이고 오래된 제도이다. 하나님은 자녀를 성숙한 사람으로 양육하기 위한 영적 집단으로 가정을 계획하셨다. 모세는 창세기 2:23-24에서 가정의 영원함에 대해 보여준다. "아담이 이르되 이는 내 뼈 중의 뼈요 살 중의 살이라 이것을 남자에게서 취하였은즉 여자라 부르리라 하니라 이러므로 남자가 부모를 떠나 그의 아내와 합하여 둘이 한 몸을 이룰지로다." 떠나서 합한다는 언급은 남편과 아내의 연합으로부터 새로운 가정이 형성됨을 말해준다. 이것은 독신이나 미혼모 또는 자녀를 낳지 않는 것을 무조건 비난해야 한다는 뜻이 아니라 미혼모 가정이나 결혼해서 자녀가 없는 것은 원칙에서 벗어난 예외적 현상임을 말해준다.

가정은 하나님이 부여하신 본래적 권위 구조를 가진다. 남편은 가정의 영적 머리이며 부모는 자녀의 리더이다. 이러한 머리됨과 리더십은 독재나 폭정이 아니라 사역적으로, 즉 사랑과 자기 희생으로 표현되어야 한다. 이러한 기본적 창조 질서는 타락 과정을 통해 재확인된다(창 3:16). 아브라함 언약에서 그가 지켜야 할 근본적인 책임 가운데 하나는 "자식과 권속에게 명하여 여호와의 도를 지켜 의와 공도를 행하게"(창 18:19) 하는 것이다. 이교 문화조차 신적이고 본래적인 가정의 질서를 미덕으로 여긴다(에 1:20, 22). 가정의 창조질서 및 역할 구분은 새 언약에서도 확인되며 바울은 기독교인이 이러한 삶을 살 것을 요구한다.

그러나 나는 너희가 알기를 원하노니 각 남자의 머리는 그리스도요 여자의 머리는 남자요 그리스도의 머리는 하나님이시라(고전 11:3).
남자는 하나님의 형상과 영광이니 그 머리에 마땅히 쓰지 않거니와 여자는 남자의 영광이니라(고전 11:7).

아내들이여 자기 남편에게 복종하기를 주께 하듯 하라(엡 5:22).

아내들아 남편에게 복종하라 이는 주 안에서 마땅하니라(골 3:18).

[감독이나 장로는] 자기 집을 잘 다스려 자녀들로 모든 단정함으로 복종케 하는 자라야 할지며(사람이 자기 집을 다스릴 줄 알지 못하면 어찌 하나님의 교회를 돌아 보리요)(딤전 3:4-5).

베드로도 바울과 동일한 확신을 가지고 명령한다. "아내들아 이와 같이 자기 남편에게 순종하라…사라가 아브라함을 주라 칭하여 순종한 것 같이 너희는 선을 행하고 아무 두려운 일에도 놀라지 아니하면 그의 딸이 된 것이니라"(벧전 3:1, 6). 모든 평등사상(남편이나 아버지 또는 부모의 책임과 권위에 대한 포기라 할지라도)은 가정 경건 및 거룩한 양육을 저해하며 오직 성경적 관점(오늘날 흔히 상보적[complementarian] 관점으로 불린다)만이 진정한 기독교적 제자도를 유지할 수 있다.

우리는 율법을 통해 하나님이 가정을 얼마나 중시하시는지 알 수 있다. 십계명 가운데 네 가지는 가정과 관련된다. 네 번째 계명은 가장이 온 가정으로 하여금 안식일을 지킬 수 있도록 하라고 명한다. 제5계명은 자녀들이 부모를 공경하고 순종할 것을 명한다. 제7계명은 가정을 성적 범죄(배우자의 부정이든 타인의 개입에 의한 것이든)로부터 지킬 것을 명한다. 제10계명은 가정이 탐심으로 말미암아 이웃의 소유물을 취하거나 가족 관계를 붕괴시키지 말 것을 명한다. 하나님은 가정을 보호하시기 위해 주변에 모든 도덕적/법적 보호막을 제공하신다.

이유는 무엇인가? 가정은 하나님의 명하신 "소그룹" 제자도 프로그램이기 때문이다. 가정은 하나님이 자신과 거룩함에 대해 가르치고 배우라고 명하신 첫 번째 장소이다. 자녀들은 배우고(창 18:18-19; 신 4:9;

6:6-8; 11:18-21; 잠 22:6; 엡 6:4) 삶의 지혜에 대한 인도함을 받으며(잠 1:8; 6:20) 지시와 바르게 함의 징계를 감수해야 한다(잠 13:24; 19:18; 22:15; 23:13-14; 29:15, 17). 가정 예배는 중요하며(출 12:3; 수 24:15) 신약성경에서 가정은 기독교 공동체의 기본 단위이다(행 11:14; 16:15, 31-33; 고전 1:16). 사실 가정에서 영적 리더십을 발휘하느냐의 여부는 교회 직분의 적합성을 판단하는 중요한 요소가 된다(딤전 3:4-5, 12; 딛 1:6). 가정에서 이러한 기능적 결점이 있다면 그것을 대치할 수 있는 것은 없다.

복음적 교회의 목표는 다음과 같아야 할 것이다. (1) 모든 가정 단위가 제자 모임이 되어야 한다. (2) 모든 남편과 아버지는 가정에서 자신을 부인하는 적극적인 영적 지도자가 되어야 한다. (3) 교회는 "가정에 기초한 성장 그룹"의 기능을 하는 가정들로 구성되어야 한다. (4) 가정의 경건은 평생 예배와 함께 건전하고 강력한 공동 예배의 기초가 되어야 한다.

1. 부모의 언약적 책임

기독교인 부모로서 우리는 언약의 자녀들의 영적 건강 및 성장을 위해 중요한 일을 할 수 있다. 신명기 6:4-9에서 모세는 다음과 같이 말한다.

> 이스라엘아 들으라 우리 하나님 여호와는 오직 하나인 여호와시니 너는 마음을 다하고 성품을 다하고 힘을 다하여 네 하나님 여호와를 사랑하라 오늘날 내가 네게 명하는 이 말씀을 너는 마음에 새기고 자녀에게 부지런히 가르치며 집에 앉았을 때에든지 길에 행할 때에든지 누웠을 때에든지 일어날 때에든지 이 말씀을 강론할 것이며 너는 또 그것을 네 손목에 매어 기호를 삼으며 네 미간에 붙여 표를 삼고 또 네 집 문설주와 바깥 문에 기록할지니라(신 6:4-9).

이 말씀은 우리에게 두 가지를 상기시킨다. 첫째, 구원은 전적으로 하나님께 속한 것이며 성령은 그가 원하시는 시간에 원하시는 방법으로 원하시는 자들에게 역사하시지만, 기독교인 부모는 하나님이 언약의 자녀들의 영적 탄생과 성장을 위한 수단으로 사용하실 수 있도록 그들에 대한 언약적 책임을 다해야 한다는 것이다. 둘째, 부모가 자녀에게 최상의 것을 최선을 다해 가르치는 것은 삶의 자연적인 순리이자 활동이라는 것이다. 자녀를 바르게 하는 것은 교회나 청소년 프로그램이 아니라 성경과 은혜와 그리스도의 영향을 받은 부모의 삶을 통해서이다. 이러한 수단과 기회로는 다음과 같은 것이 있다.

첫째, 우리는 자녀들의 영적 환경 및 영적 필요에 대해 진지하게 살펴보아야 한다. 우리는 그들의 영혼보다 그들의 육신을 더 돌보고 있지는 않는가? 우리는 그들의 외모(육신적 건강은 어떠한가)와 직업("일등 인생"을 살고 있는가) 및 인기에만 관심을 가지고 그들에게 그리스도가 형성되어 있는지, 은혜 안에서 성장하는지, 믿음으로 행하는지, 자기를 부인하고 십자가를 지는지에 대해서는 무관심하지 않는가?

둘째, 우리는 세례를 통해 자녀를 믿음으로 초청할 기회로 삼을 수 있다. 우리가 물세례주의자든 유아세례주의자든, 세례는 그리스도와 연합한다는 것의 의미에 대해 자녀들과 대화할 수 있는 특별한 기회를 제공한다. 웨스트민스터 대요리문답은 다음과 같이 말한다.

> 세례는 신약성경의 성례로서 그리스도는 성부와 성자와 성령의 이름으로 물로 씻을 것을 명하셨다. 세례는 그리스도에게 접붙임되고 그의 피로 죄 사함을 받으며 성령으로 거듭난 것에 대한 서명 날인이자 하나님의 양자된 것과 장차 부활하여 영원히 살 것에 대한 표지와 인침이다. 우리는 세례를 통해 유형교회의 일원으로 가입하며, 이제는 전적으로 그리고 오직 주님의 것이라는 공개적인 서약을 하게 되는 것이다(Q. 165).

나는 이 진술에서 물세례주의자나 유아세례주의자가 동의하지 못할 부분은 없다고 생각한다. 오히려 예배가 끝나고 세례를 받은 자녀와 함께 집으로 돌아온 후 가정에서 그들과 얼마나 풍성한 영적 대화를 시작할 수 있겠는가?

셋째, 우리는 구원이라는 중요한 문제에 대해 자녀를 가르쳐야 한다. 우리는 그들과 설교의 내용에 대해 대화를 나누어야 한다. 우리는 그들이 주일학교에서 배운 성경에 대해 물어보아야 한다. 우리는 그들이 자신의 영혼에 대해 얼마나 알고 배웠는지를 점검해 보아야 한다.

넷째, 우리는 영적 생명력을 저해하는 것들로부터 자녀를 보호하고 막아야 한다. 가정에서는 부드럽고도 엄격한 부모의 권위가 시행되어야 한다. 자녀가 부모를 무시하거나 권위를 짓밟게 해서는 안 된다. 그들은 "기꺼이 부모를 두려워해야" 한다. 방황하는 십대들에게 권면하고 도전하며 그들의 죄에 대해 못 본 체 말아야 한다.

다섯째, 우리는 자녀가 하나님의 약속과 그리스도를 믿음으로 받아들이도록 촉구해야 한다. 우리는 자녀들에게 하나님의 일을 강권해야 한다(대상 28:9; 요일 3:23). 자녀를 성경으로 책망하고 도전하며 명령하고 권면해야 한다. 죽음을 한 주 앞둔 경건한 어머니가 영적으로 방황하고 있던 아들에게 요한복음 14:2의 "내가 너희를 위하여 처소를 예비하러 가노니"라는 예수님의 말씀을 읽게 하였다. 이어서 어머니는 아들에게 예수께서 자신을 위해 실제로 거처를 마련하셨음을 확신한다고 말한 후 "너도 그곳에서 나를 만날 수 있는지 묻고 싶구나"라고 했다. 그리스도를 믿음으로 말미암는 삶과 죽음의 문제 및 우리의 영원한 운명에 대한 진리를 이보다 강력하게 전달할 수 있겠는가?

여섯째, 우리 자신이 제자가 되어야 한다. 우리의 자녀가 하나님을 사랑하게 하기 위해서는 우리 자신이 먼저 하나님을 사랑해야 한다. 우리의 자녀가 제자 되기를 원한다면 먼저 우리가 제자가 되어야 한다(시 34:1, 4, 11). 이와 함께 우리는 우리의 삶과 우선순위 및 선택에 있어서 (좋은 의미에서건 나쁜 의미에서건) 하나의 본보기가 될 수밖에 없다는 사실을 기억해야 한다. 우리의 자녀는 우리가 무엇을 중요하게 여기는지 볼 것이다. 우리에게 무엇이 중요한가? 하나님인가? 예배인가? 주일인가? 성경인가? 기독교인의 삶인가? 아니면 분명한 기독교적 세계관이나 인생관을 갖지 못한 채 사소한 일에 매달려 세속적 일에만 관심을 가지고 쾌락을 추구하거나 고통만 피하려는가? 우리의 자녀는 우리에게 무엇이 중요한지를 볼 것이며 그것은 그들에게 전하는 그리스도와 기독교에 관한 우리의 말과 일치하거나 모순이 될 것이다.

일곱째, 우리는 자녀를 위해 기도해야 한다. 우리는 그들의 구원과 영적 성장 및 미래의 배우자를 위해 기도해야 하며 그들을 위해 기도할 뿐만 아니라 그들과 함께 기도해야 한다.

2. 가정 경건

결론적으로 자녀가 하나님을 향한 마음을 가지도록 하기 위해 우리가 지속적으로 할 수 있는 가장 중요한 일 가운데 몇 가지는 매우 단순하다.

첫째, 자녀와 함께 교회에 앉아 예배를 드려야 한다. 1년 52주 그리고 매년(방학 때에도) 한 주도 빠짐없이 함께 앉아 예배를 드려야 한다. 그것이면 충분하다. 나는 이러한 방법이 영적으로 매우 유익한 영향력을 줄 것이라고 확신한다. 온 가정이 함께 공동 예배에 신실함으로 일관해야 한다. 예배를 마친 자녀들은 친구들과 만나 어울릴 수 있지만 교회에서는 가정이 중심이 되어야 한다. 가정 생활을 통한 일상적 은혜의 힘을 과소평가해서는 안 된다.

둘째, 주일성수를 위해 노력해야 한다. 주일은 우리의 날이 아니라 주님의 날이다. 그날은 "영혼의 장날"이다. 주일을 복잡하게 지내서는 안 되며 불필요한 일이나 여행을 삼가야 한다. 또한 그날이 오는 것을 싫어해서는 안 되며 기다리고 대망해야 한다. 주일날 교회 가는 것이 한 주일의 삶 중 가장 중요한 일이 되어야 한다. 우리가 주일을 사랑하는 것을 자녀가 알아야 한다. 주일에 다른 날에는 하지 않는 특별한 일을 자녀들과 함께 하는 것도 좋을 것이다(가령 아버지의 경우 요리를 하거나 특별한 방식으로 아이들을 깨우거나 오후에 그들과 함께 시간을 가지거나 영적인 책을 읽거나 저녁 후에는 맛있는 아이스크림을 만들어 줄 수 있다).

셋째, 저녁 예배에 참석해야 한다. 하루 온 종일이 주님의 날이라고 생각할 때 이날의 중심축은 예배가 되어야 한다. 개혁주의 전통에서 아침 예배와 저녁 예배는 기독교 역사상 하나밖에 없는 가장 강력하고 효과적인 회중 전체의 제자도 프로그램이다. 나는 주일날 저녁 예배에 잘 참석하는 신자들 가운데 삶의 위기가 왔을 때 낙망하여 믿음으로 행치 못하고 주저앉는 사람을 본 적이 없다.

넷째, 교리문답을 가르쳐 상기하게 한다. 이것은 입증된 방법이다. 이 일은 어렵지 않으며 내용도 풍성하다. 그것은 우리의 자녀에게 시온의 언어와 함께 성경의 귀중한 교리를 가르친다. 그것은 사고력과 기억력을 증진시킨다.

다섯째, 가정에서 함께 예배를 드려야 한다. 온 가족이 함께 찬양하고 기도하며 성경을 읽어야 한다. 왜 가정 예배를 드려야 하는가? (1) 우리는 하나님께서 은혜로 주신 자녀를 맡은 청지기이기 때문이다. 시편 127:3은 우리가 그들을 어떻게 대하여야 할지를 보여준다. "보라 자식들은 여호와의 기업이요." 우리가 어떻게 맡기신 자녀의 영혼을 돌보는 이 귀한 청지기 사역을 등한히 할 수 있겠는가? (2) 하나님은 우리 가정의 자녀를 주 안에서 양육하라고 명하셨기 때문이다. 신명기 6:7에서 하나님은 "네 자녀에게 부지런히 가르치며 집에 앉았을 때에든지 길에 행할 때에든지 누웠을 때에든지 일어날 때에든지 이 말씀을 강론할 것이며"라고 하셨다. (3) 가정은 교회의 거룩과 경건의 배양소(板)이기 때문이다(딤전 3:4-5, 12).

3. 가정 예배의 본질 및 내용

가정 예배에 필요한 것은 무엇인가? 가정 예배를 복잡하게 생각할 필요는 없다. 사실 성경과 찬송만 있으면 된다. 제리 마르셀리노(Jerry

Marcellino)는 가정 예배에 필요한 것이 "찬송과 성경과 기도"라고 말한다.[2] 즉 가정 예배의 세 가지 기본적 요소는 아버지나 가장이 인도하는 찬송과 성경 읽기와 기도라는 것이다.

아이작 왓츠(Isaac Watts)의 "주 사랑하는 자 다 찬송할 때에"(Come, We That Love the Lord)라는 찬송에는 "주 믿지 않는 자 다 찬송 못하나"라는 가사가 나온다. 또한 옛 속담 가운데 "우리는 노래하는 대로 믿는다"라는 말이 있다. 따라서 찬송은 가정 예배나 공동 예배의 중요한 요소이다. 음악을 못한다고 해서 찬송을 꺼려서는 안 된다. 자녀가 어릴 경우에는 어린이 찬송을 함께 부르고 성장한 자녀의 경우 좋아하는 찬송을 부른다(그러나 어린 자녀가 어려운 찬송을 부를 수 있을까 과소평가해서는 안 된다. 두 살 된 우리 아이는 어려운 라틴어 후렴이 들어 있는 "천사들의 노래가 하늘에서 들리니"라는 성탄찬송을 얼마나 정확하게 큰 소리로 부르는지 모른다). 인도자가 노래를 부를 수 없다면 테이프의 도움을 받아 찬송을 따라 부르게 한다. 함께 시편을 찬양하는 것도 잊지 말아야 한다.

기록된 하나님의 말씀은 모든 기독교 예배, 즉 개인 예배, 가정 예배, 공동 예배의 중심이다. 성경 읽기표(진리의 깃발〈Banner of Truth Trust〉 출판사에서 나온 맥체인〈Robert Murray M'Cheyne〉의 성경 읽기표 등 좋은 자료가 많이 나와 있다)를 활용하라. 그러나 아주 어린 자녀에게는 성경 이야기책을 사용하는 것도 좋다. 성경 구절을 암기하는 방법도 시도해보라. 자녀가 성경에 대해 얼마나 알고 있는지 점검해보라(때로는 놀라운 결과를 발견하게 될 것이다). 그러나 무엇보다 그들에게 하나님의 말씀을 큰 소리로 들려주어야 한다.

"기도는 우리의 소원을 하나님께 아뢰는 것이요, 그의 뜻에 합한 것들을 그리스도의 이름으로 구하는 것이며, 우리의 죄를 고백하고, 그의 자비하심을 깨달아 감사하는 것입니다"(웨스트민스터 소요리문답 98). 따라서 가정의 기도는 하나님에 대한 찬양, 죄의 고백, 하나님의 은혜에 대한 감사 및 자신과 다른 사람을 위한 중보가 균형을 이루어

---

2 Marcellino, *Rediscovering the Lost Treasure of Family Worship*, 11-12.

야 한다. 성경을 기도의 길잡이로 활용하여 가정을 은혜의 보좌로 이끌어야 한다.

일단 가정 예배를 시작하면 여러 가지 실제적인 의문과 문제가 떠오르게 된다. 예배 시간은 어느 정도가 적당한가? 자녀가 아주 어릴 때에는 10분 정도의 짧은 시간이면 충분할 것이다. 그러나 아이들이 자라고 대화를 시작하면서 예배 시간은 점차 늘어나게 된다. 너무 길게 해서 지루함을 주어서는 안 되며 속도를 조절해야 한다. 중요한 것은 규칙성과 반복성이다. 가정 예배를 드리는 시간은 언제가 좋은가? 대체로 아침이나 저녁 식사 시간 또는 자기 전에 예배를 드리는 경우가 많다. 가정 예배를 드리지 못하도록 방해하는 요소는 무엇인가? 좋은 질문이다. 여기에는 여러 가지가 있다.

- **느린 시작**: 여러분은 이미 수년간 결혼 생활을 하거나 자녀를 양육해 오면서 가정 예배를 한 번도 드리지 않았을 수 있다. 이 경우 여러분은 진통제 없이 이빨을 뽑는 고통을 감수할 준비를 해야 한다. 인내의 은혜를 위해 기도하고 가정의 변화에 대한 의식을 고취해야 한다.
- **비협조적인 아내**: 아내가 여러분이 하려는 일을 중요하게 생각하지 않거나 협조하지 않을 수 있다. 그것은 불행한 일이다. 아내를 최대한 설득하라. 아내의 비협조적 태도에 대해 엄하게 말하지 말라. 먼저 설명하라. 목사와 장로들에게 기도와 권면을 구하라. 그러나 아내가 가정 밖에서 수치를 당하지 않도록 최선을 다하라.
- **게으른 아버지**: 아내가 가정 예배를 원해도 남편이 열심을 내지 않거나 무관심할 수 있다. 개인적으로 그를 위해 기도하라. 하나님께 남편의 마음을 변화시켜 주시기를 위해 기도하고, 남편에게 가정 예배의 중요성에 대해 잘 설득할 수 있게 해달라고 기도하라. 친절하고 공손하게 말하고 자신이

가진 소원에 대해 설명하라. 쉽게 예배드릴 수 있게 하라. 성경 본문과 찬송 및 기도 성구를 찾을 수 있게 도와주겠다고 말하라. 잔소리하지 말라. 남편이 훌륭한 아버지와 남편으로서 역할을 하는 데 도움을 줄 수 있는 목사나 장로들과 사귈 수 있도록 권하라. 성경과 찬송을 식탁 가까운 곳에 비치해두라.
- **자녀의 반대**: 성장한 자녀가 예배를 싫어할 수 있다. 그들은 예배를 반대하고 계속해서 불평할 수 있다. 자녀들에게 예배를 드리는 이유에 대해 간략히 설명하고 가정 예배를 계속해야 한다.
- **빠듯한 스케줄**: 남편의 여행, 아이들의 학교 활동 등으로 예배 시간이 맞지 않을 수 있다. 예배 시간을 탄력적으로 운영하며 모임을 이어가라. 남편이 부재중에는 아내가 예배를 인도할 수 있다. 그러나 남편은 계속해서 관심을 가져야 하며 집에 돌아오면 예배와 관련된 대화를 나누어야 한다. 가정 예배 시간에 장거리 전화를 걸고 음성으로 예배에 동참해야 한다.

다른 요인도 있다. 제자도의 부족, 가정 예배의 중요성에 대한 인식 결여, 어릴 때 가정 예배를 드려본 적이 전혀 없는 경우 등은 가정 예배를 어렵게 하는 강력한 장애 요소이다. 그러나 가장 큰 장애 요소는 이상주의(理想主義)이다. 여러분은 경건한 자세로 식탁에 둘러 앉아 역대상 전체를 읽고 시편의 절반을 외워 암송하며 한 시간 반이나 기도하는 청교도 가정을 염두에 두면서 여러분 가정의 식탁을 돌아본다. 잔뜩 찌푸린 아내의 얼굴, 두 살 난 아들은 먹다 남은 스파게티로 장난을 하고, 여덟 살 된 딸아이는 험상궂은 얼굴로 언니와 다투고 있으며, 십대 자녀는 혼자 무엇인가 계산하느라 바쁘다. 이상과 현실 때문에 예배를 중단하지 말라. 그토록 무관심했던 자녀가 자라서 여러분의 인내심에 감사할 것이며 여러분의 노력은 그들 마음속에 아버지의 영원한 사랑으로 각인될 것이다.

우리는 본 장에서 가정의 경건과 관련된 적어도 다섯 개의 요소에 대해 살펴보았다. 그것은 온 가정이 아침과 저녁 공동 예배에 함께 참석하여 예배함, 주일 성수, 요리문답, 부모의 모범 및 일상 생활을 통한 영적 대화, 가정 예배이다. 다음은 본장의 공동저자인 테리 존슨(Terry Johnson)이 이러한 비전과 관련하여 제시하는 탁월한 개인적 호소이다.[3]

4. 가정을 기초로 한 회중 기독교의 갱신[4]

나는 어릴 때 7년간 걸어서 초등학교를 다녔다. 방과 후에는 어린이 야구 경기를 위해 자전거를 타고 야구장을 찾았다. 주일날에는 몇 블록 걸어서 교회를 갔다. 놀이 공원은 야구장보다 멀지만 학교보다는 가까이 있었다. 학교 뒤편에는 보이스카우트 회관이 있었으며 우리는 그곳까지 걸어서 가거나 자전거를 타고 갔다. 우리나 부모의 삶은 매우 단조로웠다. 전형적인 출근도시인 로스앤젤레스 교외에서 우리는 집에서 반경 1마일의 영역 안에서 살았다. 우리는 심지어 병원까지 걸어가기도 했다.

대부분의 사람들은 이렇게 살았다. 자동차가 생기기 전 모든 삶은

---

3 Johnson, *Family Worship Book*, 특히 웨스트민스터신앙고백과 요리문답 및 웨스트민스터 가정 예배 준칙 독자들에게 보내는 토마스 맨튼(Thomas Manton)의 유명한 서신을 포함하여 그가 제공하는 훌륭한 역사적 자료를 참조하라.

4 본 장에서 말하는 "회중 기독교"(congregational Christianity)라는 표현은 그러한 교회 질서를 따르는 자들의 전적인 동의가 필요하겠지만 우리는 여기서 회중교회주의(congregationalism)를 지배적 형태로 제시하려는 것이 아니다. 오히려 우리가 말하려는 정확한 의미는 제자들이 건강한 지역 교회를 통해 성장하는 것이 예수님의 의도였다는 것이다. 이것은 적어도 모든 민족을 제자로 삼아 "세례를 베풀고 가르쳐 지키게 하라"는 지상명령의 한 부분에 해당하는 것이 분명하다. 사실 예수님은 "지역 내 신자들 간의 모임이라는 상황 안에서 말씀과 성례를 통해 회심한 자들을 제자로 양육하라"고 말씀하셨다. 개인 기독교는 회중 기독교의 양분을 통해 성장해야 한다. 따라서 회중 기독교가 회복되어야 한다는 것은 개인화된 서구 기독교가 "재회중화"(recongregationalized) 되어야 한다는 인식을 표현한 것이다.

도보나 마차로 갈 수 있는 거리 안에서 이루어져야 했다. 따라서 공동체가 발달할 수밖에 없었다. 모든 주민은 지역 안에 식품, 의복, 약품, 학교, 교회가 있었다. 사람들은 지근거리에 살았기 때문에 이웃에 대해 잘 알았다. 그들은 같은 지역에 살며 함께 일하고 예배하고 먹고 놀았다.

나는 차를 좋아한다. 차가 없는 삶은 상상하기 어렵다. 그러나 나는 차를 몰고 학교나 일터나 가게나 야구장으로 가면서 이것이 진정 보다 나은 삶인가라고 자문할 때가 많다. 내가 사는 조지아주 서배너(Savannah)는 미국의 다른 도시와 마찬가지로 복잡한 형태로 되어 있다. 우리 도시에는 대형 상점과 공원, 대형 병원과 진료소, 훌륭한 도로망 및 난방장치를 갖춘 자동차가 있다. 그러나 이러한 것들이 인간의 삶에 만족을 주는가?

나는 어느 날 저녁 자동차로 시내를 돌면서 가난한 사람과 중산층 간의 놀라운 차이점을 발견하였다. 즉 가난한 이웃은 늙고 피곤해보이지만 삶에 대한 활력으로 넘쳐 있었다는 것이다. 개중에는 현관에 모여 앉아 노래를 부르거나 대화를 하는 사람들도 있었다. 어떤 사람들은 인도를 걷고 있었으며 다른 사람들은 거리 한쪽 구석이나 가게 앞에 모여 있었다. 중산층 이웃은 어떤가? 그들은 찾아보기 어려웠다. 왜 그런가? 모두 에어컨 밑에 있기 때문이다. 가난한 자들에게는 에어컨이 없지만 공동체가 있다. 풍족한 자들에게는 에어컨이 있다. 그러나 그들은 그것 때문에 집안에 틀어박혀 최소한의 인간관계만 유지할 뿐이다. 누가 빼앗긴 자들인가? 에어컨 사무실에서 에어컨 차를 타고 에어컨 집으로 향하는 자들이 사회적으로는 더욱 빈약한 자들이다. 반면에 경제적으로 가난한 자들은 땀에 절어 살지만 풍성한 공동체적 삶을 경험한다.

우리는 기술적인 면에 있어서 확실히 이전 세대보다 우수하다. 그러나 우리는 이 과정에서 너무 많은 것을 잃지 않았는가? 첫째, 우리는 이전에 함께 걷고 함께 말을 타며 함께 기차를 탔다. 그러나 지금 우리는 혼자서 창문이 닫힌 차를 몰고 밀폐된 집으로 향하며 쓰레기를 버리거나 신문을 가지러 나올 때 외에는 집안에 틀어박혀 지낸다. 우리는 한때 집안에서 큰 소리로 책을 읽었다. 1920년대에는 온 가정이 라디오 근처에 모여 앉았으며 1950년대에는 TV주변에 모여 앉았다. 그러나 지금은 방마다 TV가 있다. 컴퓨터는 이러한 상황을 더욱 악화시켰다.

한때 집은 온 가족의 쉼터이자 요새였다. 집안에 있는 가족은 외부의 간섭이나 영향 없이 맡은 일을 했다. 그러나 지금은 전화가 없으면 함께 식사를 하거나 가정 예배를 드리기도 어렵다. 가족들만의 신성불가침한 시간은 날로 잠식되어 가고 있다. 과학기술로 말미암아 친구든 낯선 사람이든 가정의 가장 사적이고 친밀한 순간을 예고 없이 침투한다. 다시 한 번 묻지만 이것을 진정한 발전이라고 할 수 있는가? 우리의 삶은 과연 언제쯤이나 이웃 간의 대화를 가능하게 할 만큼 늦추어지겠는가? 우리는 언제쯤이나 이웃과 함께하는 삶을 누릴 수 있는가? 우리는 어디서 공동체를 경험할 수 있는가? 지난 수백 년 동안 우리의 삶은 온 가족이 이웃과 함께 현관에 모여 지내던 삶에서 진공관 속의 독립된 삶으로 변해왔다. 삶의 질이 더 개선되었는가? 지금이 그때보다 풍성한 인간적 경험을 누리고 있는가?

솔직히 나는 그렇지 않다고 생각한다. 그것은 낭만주의일 수도 있고 순수주의일 수도 있다. 나를 러다이트운동(Luddite[기계파괴운동]) 옹호자라고 불러도 좋다. 우리는 오늘날 훌륭한 장난감이 있다. 그러나 그것들은 우리에게 너무 많은 희생을 강요했다. 기술적 진보와 성장이 당연히 또는 자동적으로 인간의 진보를 이루는 것은 아니다.

내가 이 문제를 상세히 다루는 이유는 교회가 가정과 공동체가 죽어 있다는 사실을 인식하지 못하거나 그것에 대한 대안 제시에 실패했다고 믿기 때문이다. 교회가 가정을 세우고 공동체를 활성화하는 전통적 관행을 재확인하는 것이 아니라 오히려 그것에 역행하는 세속적 경향을 받아들인다는 것이다. 작은 동네 교회는 큰 도시 교회로 흡수되었다. 다정한 시골교회 목사는 도시의 CEO 목사로 대체되었다. 가족 제단이나 가족석이라는 옛 관습은 이름만 남았으며 가족을 나누고 세대를 가르는 새로운 프로그램만 개발되고 있다. 오늘날 우리는 여러 면에서 자신의 유익에 지나치게 민감하다.

루이스(C. S. Lewis)의 말처럼 우리는 "시대적 속물근성"(chronological snobbery)에 젖어있다는 비난을 면키 어렵다. 기독교 신앙의 핵심과 정신을 다른 사람에게 전하는 탁월하고 입증된 방법은 오늘날의 보다 흥미롭고 자극적이며 새로운-그러나 비효과적인-대안들로 말미암아 밀려나고 말았다. 우리는 현대인이라는 자부심으로 가득하다. 우리는 이전 세대를 경멸한다. 우리는 새로운 것에 대해 무한한 애착을 가진다. 교육, 정치, 사회 및 종교적 유행은 우리를 순식간에 휩쓸어버린다. 그것은 먼저 해당 분야와 건전한 사고를 가진 모든 사람의 마음을 빼앗아 버린 다음 몇 달이 못 되어 또 하나의 검증되지 않은 새로운 유행에 밀려 문화 박물관의 골동품 칸으로 사라진다. 이제 이러한 우리의 잘못을 인정하고, 다시 한 번 앞을 내다보기 전에 뒤를 돌아볼 때가 되었다.

지금까지 언급한 내용은 한 마디로 작금의 가정과 교회를 되살리기 위해 이전 세대의 검증된 관행으로 돌아가자는 것이다. 우리가 미래의 영적 회복을 기대할 수 있는 방법은 주일 성수, 가정 예배, 교리문답, 주일예배라는 "옛 길"로 가는 것이다.

1) 가족석

그렇다면 기독교 가정의 영적 건강을 위한 첫 번째 열쇠는 무엇인가? 기대한 대답은 아니겠지만 새로운 것이 아니다. 그것은 결코 새롭고 기발한 방법이 아니다. 그것은 오랫동안 숨겨두었던 비밀을 알려주거나 은밀한 비법이나 새로운 기술을 드러내지 않으며 장시간의 값비싼 조언을 요구하지도 않는다.

그것이 무엇인가? 가정의 영적 건강을 위한 첫 번째 중요한 열쇠는 매주 드리는 교회의 공동 예배에 참석하는 것이다. 가정의 영적 건강을 위해 필요한 가장 중요하고 유일한 방법은 공동 예배에 빠지지 않고 꾸준히 참석하는 것이다.

터무니없는 소리처럼 들리는가? 나는 더욱 확실하게 말할 수 있다. 이러한 방식으로 해결될 수 없는 문제-사적인 것이든 배우자나 가족 또는 직업에 관한 것이든-를 가진 자는 없다. 그런 사람은 존재하지 않는다. 이것은 인간이 가진 문제의 심각성을 최소화하려는 것이 아니다. 오히려 복음의 능력에 대한 확신을 최대화하려는 것이다. 따라서 나는 다시 한 번 강조한다. 일 년 52주, 매년 공동 예배에 출석하면 모든 문제가 근본적으로 해결될 것이라는 말에 해당되지 않는 사람은 없다.

공동 예배는 영적 성장에 있어서 이러한 핵심적 역할을 수행하지 않는다는 일반적인 인식은 현대의 개인주의가 얼마나 그리스도에 대한 헌신을 부패하게 했는지를 보여준다. 우리는 그리스도의 죽음으로 말미암은 유익을 어떻게 받을 수 있는가? 그의 은혜는 우리에게 어떤 식으로 전달되는가? 그것은 하늘에서 떨어지는가? 아니면 다른 방법이 있는가? 물론 방법이 있다. 그것이 무엇인가? 소요리문답은 대표적인 수단에 대해 다음과 같이 말한다.

Q. 88 그리스도께서 우리에게 구속의 은혜를 전달하시는 은총의 일반적인 외적 수단은 무엇입니까?
A. 그리스도께서 우리에게 구속의 은혜를 전달하시는 은총의 일반적인 외적 수단은 그가 친히 제정하신 말씀과 성례와 기도이며 이 모든 것은 선민의 구원을 위해 효력이 있습니다.

세 가지 중요한 수단은 말씀(소요리문답 89문에 의하면 "특히 선포되는 말씀")과 성례와 기도이다. 이제 스스로에게 물어보라. 이 세 가지 주요 수단이 일반적으로 시행되는 곳은 어디인가? 말씀이 어디서 전파되는가? 성례가 어디서 집행되는가? 기도의 경우-물론 혼자 밀실에서도 할 수 있지만-마태복음 18장의 교회 징계에 관한 본문 가운데 예수께서 기도에 대해 특별히 약속하신 "두 세 사람이 내 이름으로 모인 곳"은 조직적 공동 예배에 대한 언급임을 기억해야 한다(마 18:15-20). 예수님은 "진실로 다시 너희에게 이르노니 너희 중의 두 사람이 땅에서 합심하여 무엇이든지 구하면 하늘에 계신 내 아버지께서 저희를 위하여 이루게 하시리라"고 말씀하셨다. 이러한 공적 기도에는 특별한 효력이 있다는 것이다.

공동 예배로 모일 때 우리는 그리스도의 임재로 들어가게 된다. 그는 우리 중에 계신다(마 18:20). 우리는 예배를 통해 우리를 창조한 목적, 즉 하나님께 찬양과 영광을 돌리는 일을 한다. 그렇게 함으로써 우리는 어느 때보다 인간 본연의 모습으로 돌아갈 수 있다. 아이가 아버지 앞에 있을 때 아들로서의 정체성을 더욱 분명하게 인식하며 남편이 아내 앞에 있을 때 부양자와 보호자로서의 정체성을 더욱 확연하게 인식하듯이 우리는 창조주이자 구속자 앞에서 예배할 때에 우리가 누구이며 왜 창조되었는지에 대해 가장 확실하게 인식할 수 있다. 우리는 그에게 찬양과 영광을 돌릴 때 겸손해진다. 우리는 죄를 고백할 때 깨끗함을 받는다. 우리는 그의 말씀을 통해 세움을 입고 책망을 받으며 다시 회복된다(엡 4:11-16). 우리는 성례를 통해 그리스도와 한 몸이 된다. 우리는 떡과 잔을 통해 그리스도 및 다른 성도와 함께 교제를 누린다(고전 10:16). 우리는 "모든 기도와 간구"(엡 6:18)로 힘을 얻으며 영적 전쟁을 치를 수 있다.

교회의 공동 예배는 우리의 생명선이다. 우리는 그곳에서 양식을 얻고 깨끗함을 받는다. 우리는 그의 말씀과 성례와 기도와 성도간의 교제를 통해 영혼을 구원하는 그리스도와 만나게 된다. 이러한 만남은 장기적으로 우리를 변화시킬 것이다. 그것은 우리를 복음의 능력으로 자신의 문제를 해결할 수 있는 사람으로 바꿀 것이다.

우리가 교회의 법도와 성도의 공적 모임을 벗어나 스스로 영적으로 번성할 수 있다는 생각은 무모한 것이다. 아니, 그 이상이다. 그러한 생각은 세속적이다. 그것은 세속적 개인주의이자 세속적 자존심이며 자만이다.

신약성경에서 교회를 몸에 비유한 것은 그리스도와의 연합 및 상호의존성을 나타낸다. "눈이 손더러 내가 너를 쓸 데가 없다 하거나 또한 머리가 발더러 내가 너를 쓸 데가 없다 하지 못하리라"(고전 12:21). "이와 같이 우리 많은 사람이 그리스도 안에서 한 몸이 되어 서로 지체가 되었느니라"(롬 12:5).

우리는 서로의 은사를 필요로 한다(엡 4:11-16; 고전 12-14장; 롬 12장). 우리는 서로의 은혜를 필요로 한다(신약성경에서 거듭 발견되는 "서로"라는 표현-서로 사랑하라, 서로 친절히 대하라, 서로 짐을 지라-에서 볼 수 있는 것처럼). 우리는 서로의 교제를 필요로 한다. 그렇기 때문에 우리는 "서로 돌아보아 사랑과 선행을 격려하며 모이기를 폐하는 어떤 사람들의 습관과 같이 하지 말고"라는 경고를 받는다. 히브리서 기자는 성도가 함께 모이는 것을 사랑과 선행을 격려하는 주된 장소로 제시한다. "모이기를 폐하는 어떤 사람들의 습관과 같이 하지 말고 오직 권하여 그 날이 가까움을 볼수록 더욱 그리하자"(히 10:24-25).

이러한 공동 예배에 대한 명령이 어떻게 가정의 영적 건강과 연결되는가? 부모에 대한 영향력은 명백하다. 영적인 양분을 공급받은 부모는 보다 나은 가정을 만든다. 그러나 가족석은 성결한 부모 이상의 것을 제공한다. 여러분의 자녀가 공동 예배에 참석할 때 그들 역시 성결해진다. 여러분의 자녀는 어릴 때부터 여러분과 함께 하나님 앞으로 나아가는 것이다. 그들은 매주 은혜의 방편을 통해 하나님의 백성과의 교제를 누리며 성장하는 것이다. 뿐만 아니라 그들은 매주 여러분 곁에 앉아 하나님 앞에 겸손히 부복하여 그의 말씀을 듣고 있는 여러분을 보게 될 것이다. 아마도 그들의 가장 아름다운 어릴 적 기억은 부모님의 손을 붙잡고 함께 앉아 찬송을 부르고 봉헌하며 머리 숙여 기도하는 모습일 것이다. 이러한 장면이 언약의 자녀에게 미치는 누적적 효과를 결코 과소평가해서는 안 된다. 수치로 환산할 수는 없지만 그것은 엄청난 효과를 지닌다.

여러분 자신과 여러분 가정의 영적 건강 열쇠는 매우 단순한 것이다. 반론도 만만치 않겠지만 그것은 결코 성지순례와 같은 것이 아니다. 그것은 한 주간 또는 주말 수양회나 세미나 또는 특별 집회로 해결될 수 있는 것이 아니다. 그것은 특별한 기술이나 새로운 방법론에 의존하지도 않는다. 여러분은 하룻밤 철야조차 필요 없다. 여러분은 기존의 바쁜 일정에 또 하나의 다른 모임을 추가할 필요가 없다. 해결의 열쇠는 매주 교회에서 드리는 공동 예배에 달려 있다.

2) 주일

주일에 대해 보다 상세히 고찰해보자. 앞서 언급했듯이 오늘날 의도는 좋으나 잘 알지 못하는 기독교 지도자들은 여러분에게 영적 성장을 위한 비법을 전수한답시고 여기 저기 쫓아다니게 한다. 그들은 매일 밤 당신을 불러내어 기도나 성경 연구 모임 또는 교제의 시간을 가지게 한다. 그들은 여러분에게 영적 건강과 행복을 약속하는 수많은 테이프, 교재, 방법론, 기술, 세미나, 수양회 및 각종 프로그램을 제시한다. 그러나 우리의 대답은 분명하다. 그것은 그렇게 복잡한 것이 아니라는 것이다. 기독교인의 삶에 근본적으로 중요한 것은 이미 모든 시대에 알려져 있으며 어떤 문화에서도 재생산할 수 있다. 반드시 필요한 어떤 진리가 있다면 그것은 풀로 된 원시 오두막이나 에스키모인의 이글루(igloo) 및 오늘날 미국에서도 이해되고 시행될 수 있다는 것이다. 이것은 현대의 발명품은 아무런 도움이 되지 못한다는 말이 아니다.

우리는 테이프와 비디오, TV, 팩스 및 컴퓨터를 효과적으로 이용한다. 우리는 교통수단을 사용한다. 그러나 우리에게 영적으로 필요한 모든 것은 지역 교회의 정규 예배와 사역 안에서 발견된다는 분명한 사실을 잊어서는 안 된다. 오늘날 교회는 이러한 인식이 없기 때문에 세상과 마찬가지로 무분별하게 현대의 광란적 속도를 따라가려는 것이다.

그렇다면 어떻게 해야 하는가? 늦추어야 한다. 집에 머물러야 한다. 정신없이 온 동네를 쏘다니는 것을 멈추어야 한다. 오직 자신에게만 초점을 맞추어야 한다. 그리고 해야 할 일은 주의 전에서 주일을 온전히 지키는 것이며 영적인 삶의 향상을 위해 외부적인 어떤 것도 필요치 않다. 청교도는 주일을 "영혼의 장날"이라고 했다. 한 주에 육일은 육신을 위해 사고 판다. 그러나 주일은 영혼을 위해 영적인 것들을 "거래"해야 한다. 모든 세속적인 일은 제쳐두어야 한다.

모든 기독교인은 "마음을 준비하고 세상적인 일을 미리 다 해 놓은 후, 세상적인 일과 오락 및 그것에 관한 말과 생각과 행위를 중지하고 안식할 뿐만 아니라 그날의 모든 시간은 공동 예배와 개인 예배 및 부득이한 일이나 자비를 베푸는 일에 사용해야 한다(웨스트민스터 신앙고백서 21.8). 공동 예배에 빠지지 않고 참석할 수 있는 비결(영적 건강을 위한 열쇠)은 기독교의 안식일을 거룩히 지키는 것이다. 반대로 말하면 주일을 단순히 주님이 부활하신 날이 아니라 온전한 주의 날로 인식하기 전에는 결코 공동 예배에 꾸준히 참석하는 일관성을 보일 수 없다는 것이다.

웨스트민스터 신앙고백서를 만든 사람들이 "바른 예배와 안식일"이라는 제목으로 한 장을 할애했을 때에는 그들에게도 생각이 있었던 것이다. 우리는 안식일에 관한 계명의 유익을 잊어버린 미국 개신교의 첫 세대이다. 20세기 중반에 이르기 전만 해도 모든 미국의 개신교-장로교든 감리교든 침례교든 성공회든-는 모두 안식일 준수자(sabbatarian)들이었다. 이러한 전통은 1607년 제임스타운 식민지 건설 이후 1960년대 중반까지 약 350년 동안 이어져왔다. 사람들은 수세기 동안 안식일은 인간의 유익을 위해 제정된 것으로 이해해 왔다(막 2:27-28). 그러나 우리는 지금 다시 한 번 자신의 유익에 지나치게 민감한 시대를 살고 있다. 우리는 한 주 내 잠시도 짬이 없는 바쁜 일정을 소화한다. 우리는 안식일의 쉼을 잊어버렸다. 우리가 포기한 것은 무엇인가? 휴즈 올드(Hughes Old)는 "개혁주의 영성을 회복하려는 어떤 시도도 주일성수에 관한 청교도 문헌을 자세히 연구해야 할 것이다"[5]라고 주장한다. 왜 그런가? 이유가 무엇인가?

주일이 본질적으로 우리의 날이 아니라 온전히 주의 날이라는 확신을 가지고 있지 않으면 일관되게 꾸준할 수 없기 때문이다. 우리는 불가불 다른 일에 개입하게 될 것이다. 다른 일이 생길 수밖에 없다는 것

---

[5] Hughes Oliphant Old, *Worship That Is Reformed according to Scripture* (Atlanta: John Knox Press, 1984), 37.

이다. 그러나 주일이 영혼의 장날이라는 확신이 있으면 모든 것은 바뀐다. 주일 예배 문제는 해결되고 여러분은 아침과 저녁 주일예배에 빠지지 않을 것이다. 문제가 사라졌다는 것은 한 마디로 놀라운 치유 효과가 있다. 그것은 마치 부부 사이에 아무런 문제가 없어도 이혼할 수 있는(무과실 이혼법) 시대 이전의 이혼법과 같다. 당시에는 결혼 생활에서 벗어나는 것이 어렵기 때문에 그것을 끝까지 지속하였으며 그 과정에서 결혼의 행복을 발견하곤 했던 것이다. 그것은 대안을 제거한 데서 오는 유익이라고 할 수 있다.

주일예배는 부동의 요소로 주어졌기 때문에 다른 모든 것은 그것에 대한 보조역에 지나지 않아야 한다. 그러므로 네 번째 계명은 일반 평일에까지 영향을 미치는 경향이 있다. 모든 삶은 주일에 맞추어 이루어져 한다. 쇼핑, 여행, 사업, 밭일, 가사일, 오락 등 모든 것은 토요일 저녁까지 끝내야 한다. 주일은 모든 세상적 의무로부터 벗어나야 한다. 그로 말미암은 복된 결과는 주일날 두 번 자유롭게 예배드리는 것으로 끝나지 않고 삶의 수고와 걱정으로부터 벗어나 죄책감이 없는 새로운 회복의 안식을 누린다는 것이다. 나는 안식일에 쉬기 위해 규칙적으로 오후 3시경에는 감사와 기쁨 가운데 잠을 잔다. 놀랍게도 주일은 그날이 가장 바쁜 설교자들에게도 가장 평온한 안식을 준다.

우리는 왜 선지자들이 구약성경이 말하는 모든 경건의 훼손에 대해 "안식일을 범했다"는 표현을 사용하였는지를 이해할 수 있다(겔 20:21; 22:8; 23:38). 모든 삶은 안식일 준수와 연관된다. "거룩한 안식"은 세속적 활동을 배제한다. 따라서 그것은 모든 삶을 지배해야 한다. 가정의 한 주간은 이날의 안식을 축으로 돌아가야 한다. 결과적으로 그것은 다림줄의 역할, 즉 하나님에 대한 우리의 헌신을 측정하는 리트머스 종이가 될 수 있다. 여러분은 이처럼 가시적인 방법-세상적인 일을 미리 끝내고 주일을 준비하는 삶을 공고히 하고 주말의 절반을 하나님의 일을 위해 바치는 방법-으로 그리스도의 주 되심에 복종하겠는가? "네 길/네 오락/사사로운 말"을 버릴 수 있겠는가(사 58:13)? 그렇다면 여러분은 진실로 중요한 모든 것을 위한 시간-영혼을 위한 시간, 안식을 위한 시간, 가정을 위한 시간 및 그 외 한 주간의 모든 것에 필요한 시간—을 찾게 될 것이다.

3) 가정 예배

이제 우리는 논제의 핵심에 이르렀다. 주일학교가 북미에 도입되던 19세기 내내 전통적 장로교회 안에서 수많은 반발이 일어났다. 그들이 반대한 이유는 무엇인가? 주일학교가 세워지면 부모가 자녀에 대한 영적 훈련의 책임을 등한시 할 우려가 있다는 것이다. 정말 그런가? 양자의 인과관계는 판단하기 어렵다. 그러나 그것이 사실이라면 현대 사회의 전형적인 머피의 법칙에 해당한다. 우리의 의도는 훌륭하다. 우리는 노동 절약적 기술 고안, 새로운 방법 개발 및 보완적 자원의 공급 등을 통해 삶을 개선하고 싶어 한다. 그러나 이러한 혁신이 가져올 순수한 영향에 대해 면밀히 점검해보았는가? 그러한 것들이 결과적으로 우리에게 유익을 줄 수 있는가? 기독교 모임이 확산된 결과가 일상적 가정 예배에 대한 무관심으로 나타난다면 그러한 모임의 순수한 영적 결과는 부정적인 것으로 볼 수밖에 없을 것이다.

우리가 성경이 날마다 가정 예배를 드릴 것을 명한다는 사실을 알고 있다고 생각해보자. 이전 세대는 확실히 이러한 믿음을 가지고 있었다. 예를 들어 웨스트민스터 신앙고백서는 "가정에서 날마다" 예배를 드릴 것을 요구하며 스코틀랜드 교회는 이 신앙고백서에 가정 예배 모범(Directory for Family Worship)을 포함시켰으며 심지어 총회는 "이 필요한 의무"를 무시한 가정의 가장에 대한 징계조치까지 제정하였다. 사실 개혁주의 선조들 가운데 많은 사람은 (아침과 저녁에 제사하던 구약의 전형을 좇아) 매일 두 번씩 가정 예배를 드렸다. 그들은 가정 예배는 부모와 자녀 모두의 영적 성장에 중요하다고 생각했다.

그러나 오늘날 우리는 가정 예배에 대한 강조를 거의 들을 수 없다. 아니, 우리는 그것을 소그룹 활동으로 대치해버렸다. 문제는 여기에 있다. 우리는 영적 성장에 대해 수없이 듣는다. 모든 사람은 소그룹에 참석해야 한다. 또는 모든 사람은 제자 훈련에 참석해야 한다고 말한다. 아마도 두 곳 모두 참석해야 할 사람들도 있을 것이다. 어쩌면 두 모임 외에 기도모임 및 심방, 성가대, 각종 위원회까지 참석해야 할는지도 모른다. 여러분은 내가 무엇을 주장하는지 알 것이다. 개신교는 얼마 전까지 거의 세계적 관행이었던 가정 예배에 대해서만은 침묵하고 있으며 오히려 우리를 가정 밖으로 불러내는 온갖 모임으로 대체해버렸다. 우리는 다음 세대에 신앙을 전수하는 입증된 방법-말씀 연구와 기도와 찬양이라는 기존의 형태-을 포기해야 할 뿐만 아니라 더욱 한심한 것은 그렇지 않아도 바쁜 일상에 우리를 배우자와 자녀와 이웃으로부터 떼어 내는 대안들을 덧붙이기 위해 그렇게 해야 한다는 것이다.

나는 소그룹 성경 연구를 좋아한다. 나는 자녀들이 다 자라서 아내와 함께 모임에 참석할 수 있는 인생 후반부에 소그룹 성경연구를 하고 싶다. 그러나 우리에게는 제자 훈련도 있으며 어린 자녀를 둔 부모라도 훈련에 참석해야 한다. 어린 눈망울은 날마다 우리를 지켜보고 있다. 그들은 우리보다 빨리 우리의 말과 행동이 다르다는 사실을 안다. 이런 점에서 가정은 진정한 기독교를 입증하는 가장 진실된 장소이다. 부모는 자신이 말하고 가르치는 대로 살거나 아니면 인간이나 사단에 의해 고안된, 아이들을 지옥으로 보내기 위한 가장 확실한 도구가 될 수밖에 없다. 누가 이러한 역할을 원하는가? 물론 아무도 없을 것이다. 그러기를 원하는 자가 있다면 무릎을 꿇어야 할 것이다. 겸손히 예배하며 영적인 일에 초점을 맞추며 말씀의 권위에 복종하며 말씀과 문답으로 자녀를 가르치는 부모를 날마다 보고 자란 자녀는 쉽게 그리스도를 떠나지 않는다. 우리의 자녀는 그들을 구원과 안식으로 인도하며 그들의 영혼을 위해 간구하는 아버지의 음성을 들으면서 자라야 한다.

여러분의 자녀가 18세가 되었다면 여러분은 가정 예배를 5,630번(매주 6일로 계산할 경우) 드릴 기회가 있었던 것이다. 여러분이 매달 새로운 시나 찬송을 하나씩만 배웠어도 그동안 216곡이나 배웠을 것이며 하루 한 장씩 성경을 읽었다고 해도 그동안 성경을 마흔 번 이상 읽었을 것이다. (우리가 말하는 예배 형식을 따른다면) 그들은 날마다 신조를 확인하거나 말씀을 암송할 것이다. 그들은 날마다 자신의 죄를 고백하고 자비를 간구할 것이다. 그들은 날마다 다른 사람을 위해 중보의 기도를 할 것이다. 장기적인 관점에서 생각해보라. 날마다 15분이라는 시간이 매주, 매월, 매년, 누적된 결과가 얼마나 엄청난 것인지 아는가? 한 주에 육일(주일을 제외하고)이면 매주 한 시간 반(대략 성경연구 모임 시간에 해당한다), 매년 78시간(약 7주간의 주말 수양회 시간에 해당한다), 18년 동안 1,404시간(약 40주간의 여름 캠프에 해당하는 시간이다)의 가정 예배를 드리는 것이다. 그러므로 우선순위를 정립할 때 자녀들에 대한 이러한 누적적 효과를 생각해야 한다. 그리고 이러한 누적적 효과가 여러분 자신에게 미칠 영향을 생각해보라. 여러분은 다른 곳을 기웃거리지 않아도 40년, 60년, 80년 동안 가정 예배를 드린 누적적 효과를 누릴 것이다.

4) 교리문답

끝으로 우리는 자녀에 대한 교리문답을 권한다. 오늘날 이 오래된 개신교 전통은 불행히도 어려운 시기를 맞고 있다. 자녀에게 교리를 문답식으로 가르치는 사람은 거의 없다. 교리문답이라는 단어가 고대어이거나 가톨릭에서 사용하는 용어로 생각하는 사람들도 있다. 사실 이 단어의 사용은 초기 교회 시대로 거슬러 올라간다. 16세기의 개신교 종교개혁주의자들은 가톨릭이 따라 하기 시작할 만큼 이 단어를 성공적으로 복원하여 사용하였다. 루터, 칼빈, 불링거(Bullinger)를 비롯한 거의 모든 주요 개혁주의자들은 교리문답을 사용하였다. 웨스트민스터 총회는 아이들을 위한 소요리문답과 어른들을 위한 대요리문답을 제정함으로써 이 전통을 유지하였다. 전자는 17세기 중엽 이후 영어권에서 가장 대중적이고 광범위하게 사용되었다.

여러분은 자녀에게 교리문답을 가르치는가? 여러분이 그것을 가르쳐야 하는 이유는 다음과 같다.

(1) 교리문답은 입증된 신앙적 가르침이다

개신교는 수 세기 동안 교리문답을 통해 자녀에게 기독교 신앙을 성공적으로 전수해 왔다. 뉴잉글랜드 청교도(Puritan New England)는 부모가 자녀에게 세례문답을 가르치지 못할 경우 자녀를 부모의 감독으로부터 벗어날 수 있게 할 만큼 이 전통을 철저하게 지켰다. 스코틀랜드에서 공동체 식탁에 동참하기 위해서는 먼저 소요리문답을 외워야 했다. 19세기 미국의 장로교 가정에서 여섯 살이 되면 소요리문답을 숙지하는 것은 흔한 일이었다. 존 레이스(John Leith)에 의하면 일만 칠천 명의 장로교 청소년이 소요리문답을 암기하였으며 그 해(1928년) 크리스챤 옵저버(Christian Observer)에 그들의 명단이 실려 있다고 한다. 교육자는 왔다 간다. 따라서 이러한 교육방식이 효과적이다.

(2) 교리문답은 간단하다

그것은 부가적인 자료를 요구하지 않는다. 소책자 한 권이면 어떤 부모도 자녀에게(누구의 자녀이든) 교리문답을 가르칠 수 있다(그 과정에서 부모는 자녀보다 많은 것을 배운다). 그러나 성경은 기독교인의 교육의 책임이 전적으로 부모에게 있다고 말하기 때문에(신 6:4-9; 엡 6:1-4) 부모가 이 일을 감당해야 하는 것이다.

(3) 교리문답은 내용이 풍성하다

옛 교리문답은 신학적, 신앙적 및 실제적 내용으로 가득하다. 소요리문답의 40%는 윤리(하나님의 법)와 관련되며 거의 10%는 기도와 관련된다. 하나님, 백성, 죄, 그리스도, 믿음, 회개와 같은 용어들에 대해 모두 짧고 정확한 정의가 주어진다. 교리문답을 배우면서 자란 자녀는 오늘날과 같은 비합리주의와 무개념 시대에 가공할만한 신학자가 될 것이다.

(4) 암기는 계발되어야 할 기능이다

암기를 힘으로 보는 사람도 있다. 이 힘은 사용할수록 확장되고 그

대로 두면 사라진다. 브리스톨에 있는 트리니티대학교의 전 총장이자 구약성경 및 히브리어 교수를 지낸 모티어(J. A. Motyer)는 히브리어 어형 변화를 배우는 학생들의 능력에 중요한 변화를 감지했다고 말한 적이 있다. 1930년대와 1940년대에 한번 듣고 기억한 내용은 1970년대와 1980년대에 일주일 공부한 내용과 맞먹는다는 것이다. 확실히 "훌륭한 기억력"을 소유한다는 것은 인생의 큰 자산이 된다. 우리가 종종 이해하지 못하는 것은 이러한 기억력이 자연적인 것이 아니라 노력의 문제라는 것이다.

(5) 소요리문답처럼 구조적이고 개념적인 자료를 암기하는 것은 정신적 발전에 실제로 기여한다

정통 기독교에 비우호적인 밀(J. S. Mill)은 그의 유명한 논문『자유에 관하여』(*On Liberty*)에서 스코틀랜드인은 성경과 소요리문답에 대한 연구를 통해 첫 번째 질서에 관한 정신적 철학자가 되었다고 주장한다. 더글러스 켈리(Douglas Kelly)는 스코틀랜드 신학자 토랜스(T. F. Torrance)의 저서를 언급하며 "교리문답을 통해 자라난 자녀는 그것을 전혀 암기하지 않은 아이들보다 개념적 사고(단순한 시각적 사고와 반대되는)에 탁월한 능력을 지닌다"라고 말한다. 그것은 합리적 사고가 일어나는 정신적 틀을 구축하는 재료(신학적 재료)를 공급한다. 교리문답이 성경을 암기하는 것보다 낫다고 말할 수는 없다. 그러나 이것은 교리문답을 왜 성경과 함께 암기해야 하는지를 설명해준다.

"스코틀랜드 농부는 유럽에서 가장 특별한 사람"이라고 했던 잉글랜드 국교회 고교회파 수필가 프라우드(J. A. Froude)는 당시 전형적인 스코틀랜드 농부의 위엄과 지성과 성품이 "소요리문답에 대한 암기를 통해 왔다"고 주장한다.[6] 교육학적 유행은 왔다가 지나간다. 그러므로 인

---

[6] 이곳과 앞에서 언급한 교리문답 암기의 영향에 대한 그의 주장에 대해서는 Douglas F. Kelly, "The Westminster Shorter Catechism," in *To Glorify and Enjoy God: A Commemoration of the 350th Anniversary of the Westminster Assembly* (ed. John L. Carson and David W. Hall; Edinburgh: Banner of Truth, 1994), 101-26, 특히 123-25를 참조하라.

고의 시련을 견디어낸 방법에 집중해야 할 것이다.

5. 단순한 삶

이제 몇 가지 실마리를 매듭지어보자. 우리의 가정은 기존의 광적인 삶의 속도에 영적인 관심을 기울이기보다 시대가 입증하고 성경에 바탕을 둔 영적 성숙의 방법-공동 예배와 가정 예배-에 헌신해야 한다. 이러한 환경 속에서 신령한 노래와 찬미를 부르고 자녀에게 교리문답을 가르치며 죄를 고백하고 성경을 읽고 가르쳐야 한다. 부모와 자녀가 뿔뿔이 흩어져 온 도시를 바쁘게 쫓아다니는 대신 오직 주의 날에 모든 삶의 초점을 맞추고 날마다 가정 예배를 드려야 한다. 삶을 단순화해야 한다. 우리는 현대적 대안 대신 언약의 자녀 및 부모의 구원과 성화에 도움이 되는 보다 효과적인 방법을 사용할 뿐만 아니라 삶의 속도를 늦추어 온 가족이 함께 모이는 시간을 늘려야 한다. 공동 예배와 가정 예배, 주의 날 및 교리문답은 우리의 영혼이 안식할 수 있는 옛적 길이다.

CHAPTER 14

평생 예배

| 윌리엄 에드가(William Edgar)
Westminster Theological Seminary 변증학 교수

세상 문화가 세계화 되었다는 것은 자명한 사실이다. 맥도날드, 월드와이드웹(worldwide web), 비자카드, 랩 음악, 휴대전화 등은 우리의 일상적 경험이 되어버린 네트워크의 아이콘들이다. 이러한 세계화는 불가피하게 교회에 영향을 미친다. 희년 2000(Jubilee 2000) 운동으로 전 세계 곳곳에서 많은 사람이 로마로 모여들었다. 최근에는 한 무리의 터키 기독교인들이 한국을 방문하였다. 그들은 생동감 넘치는 한국교회의 모습에 깊은 인상을 받아 개혁주의 신학과 총회조직을 근간으로 하는 장로교 교회를 고국에 이식하기로 결정하였다. 가정교회가 불법인 중국에서는 유럽에서 훈련을 받은 수백 명의 중국 학자들이 대학에서 자유롭게 기독교 세계관을 가르치고 있다. 그리스도에 대한 신앙은 실용적인 면에 있어서 사회에 유익한 영향을 준다는 주장이 호응을 받고 있다는 것이다. 할렘에서는 다양한 아프리카 신자가 교회를 형성하였으나 그와 함께 종족 간의 대립이라는 문제도 새로운 세계로 들어왔다.
이러한 세계화는 복음을 위한 거대한 기회를 제공한다. 그러나 그에

따른 도전과 위협도 만만치 않다. 세계가 상호 의존한다는 것은 교회가 상호 의존한다는 것을 의미한다. 이것은 "우리가 다 하나님의 아들을 믿는 것과 아는 일에 하나가 되어…이르리니"(엡 4:13)라는 명령을 반영하는 것으로 한편으로는 좋은 일이 분명하다. 그러나 동시에 이것은 강하고 재력 있는 교회들의 나쁜 습관이 약한 교회들에게 전염될 수도 있다는 의미이기도 하다. 예를 들면 사역을 수행하는 가장 큰 동력은 돈이라고 생각하는 미국교회의 잘못된 사고가 세계 도처-심지어 구조적으로 부를 창출하기 어려운 가난한 지역-의 교회들에게 확산되고 있다는 것이다. 소위 '건강과 부'에 관한 복음은 아프리카 대륙에 실제적인 영향을 주었으며 많은 교회를 파선시킨다.

그러나 우리는 여기서 특정 문제에 초점을 맞추고자 한다. 미국이 수출한 또 하나의 전형적인 서구적 경향은 조바심이다. 구체적으로 말하면 우리는 느린 변화를 참지 못한다는 것이다. 우리는 복음이 충격적 변화를 주기를 바라지만 적어도 그러한 변화는 우리가 바라는 만큼 일어나지 않는다. 어쩌면 미국인은 세계에서 가장 참지 못하는 민족일 것이다.

1. 세 가지 잘못된 전략

지금 북미의 복음주의 기독교인은 크게 실망한다. 뉴스위크지가 1976년을 "복음의 해"로 선언했을 때 그들이 받은 엄청난 격려와 지원 및 향후 복음이 정치 영역까지 확산될 것이라는 약속에도 불구하고 삼십년이 지나도록 가시적인 성과가 나타나고 있지 않기 때문이다. 사회학자 데일 맥콘케이(Dale McConkey)는 복음주의자가 여전히 사회경제적 변방에 머물고 있다고 주장하고 심지어 앞으로도 계속해서 그러한 주변인으로 지낼 것 같다고 덧붙인다. "이 모든 요소는 복음주의자를 강력한 모더니티의 힘으로부터 가까운 곳에 두며 그들이 자신의 전통적 세계관을 모더니티의 파괴적 힘으로부터 계속해서 지켜나갈 수 있을 것으로 보인다."[1] 왜 그처럼 영향력을 발휘하지 못하는가? 어떻게 해야 하는가? 복음주의자가 소명에 신실하기 위해서는 무엇을 해야 하는가?

이러한 상황에는 심각하게 잘못된 세 가지 전략이 사용되었다. 첫째는 합리화된 공격성이다. 더 이상의 진보가 없는 것에 당황하고 타성에 젖은 동료들에게 실망한 일부 기독교인은 일종의 폭력에 호소하였던 것이다. 한쪽 극단에서는 낙태 시술소를 파괴하려는 시도로부터 다른 쪽 극단(즉 보다 온건한 공격)에서는 무례한 방식의 강화를 시행하기까지, "모든 것을 견디는" 사랑(고전 13:7)은 사회적 목표를 보다 강력하게 성취하기 위해 제쳐두었다.

불행히도 이러한 방법은 베드로에게 검을 거두라고 하셨던 예수님의 명령(요 18:11)에 위배될 뿐만 아니라 비생산적이다. 무혈혁명인 벨벳혁명(Velvet Revolution)을 이끈 비전 있는 지도자 하벨(Vaclav Havel)은 자유 체코슬로바키아의 대통령이 된 후 심각한 비판에 직면한 적이 있다. 공산주의가 붕괴되고 수년이 지나자 국민들은 새로운 자유로 급속히 이동하기를 원하였다. 하벨은 자신도 실망했다고 대답했으나 보다 나은 진전을 위해 이전 압제자와 같은 방식을 사용하지는 않았다. 그것은 마치 꽃을 더 빨리 자라게 하려고 줄기를 잡아당기는 아이와 같다. 그렇게 하면 꽃만 떨어지게 될 것이다.

두 번째 접근법은 매우 다르다. 그것은 포기해버리는 방식이다. 폴 웨이리치(Paul Weyrich)는 자신의 유권자들에게 보낸 유명한 공개서한(Open Letter)에서 복음주의자는 대다수 미국인이 그들의 보수적 가치관에 동조한다는 거짓 전제에 빠져 있다고 말한다. 그러나 사실은 그렇지 않기 때문에 우리 모두는 사회적 정치적 개입에 대한 우리의 입장에 대해 재고해 보아야 한다는 것이다. 웨이리치는 복음주의자에게 종종 인용되는 "나는 우리가 문화적 전쟁에서 패배했다고 믿는다"라는 진술과

---

1 Dale McConkey, "Whither Hunter's Culture War? Shifts in Evangelical Morality, 1988-1998," *Sociology of Religion* 62.2 (Summer 2001): 168-69.

함께 공적 기관에서 철수하여 경건을 추구하라고 촉구한다.[2]

이러한 관점은 이해할 수 없는 것은 아니지만 사실상 두 가지 잘못된 가정에 근거하기 때문에 받아들일 수 없다. 첫 번째 가정은 웨이리치가 말한 대로 기독교인은 변화를 위한 진정한 대리인으로서 행동할 수 있기 전에 먼저 주변 문화의 동의를 구할 필요가 있다는 것이다. 과연 소수가 다수의 음성이 되어 미국이 "기독교 국가"로 불리기 위해 합의를 추구하는 것이 성경적인가? 그렇지 않다. 성경은 신약의 기독교인이 승자가 패자를 지배하는 세계의 합의를 위해 노력할 것을 요구하지 않는다. 오히려 성경은 신자들로 하여금 경건한 삶을 위해 살라고 촉구한다. 이것은 지도자들이 정책적으로 모든 종교가 무엇을 믿든 타인의 방해를 받지 않고 자신의 종교를 추구할 수 있는 진정한 대표 공화국(representative republic)을 추구하는 사회를 지향한다. 이것은 모든 종교가 참이거나 같은 것을 말하기 때문이 아니다. 다만 우리가 여호수아의 군대 시대가 아니라 하나님의 길이 참으시는 시대에 살고 있기 때문이다.

두 번째 가정은 두 가지 대안밖에 없다는 것이다. 즉 지배를 추구하거나 아니면 경건을 구해야 한다는 것이다.[3] 그러나 그것이 성경적인가? 성경은 신자들이 그들이 속한 문화가 복음에 우호적이든 그렇지 않든, 제도권 안에 살며 그것에 굴복당하지 말고 긴장을 유지할 것을 명한다(요 17:13-19). 그리스도를 따르는 자들은 모든 환경에서 의와 평화를 추구할 것을 요구받는다. 때로는 일시적으로 물러나는 것이 불가피할 때도 있다. 그러나 대개의 경우는 그 반대이다. 시험을 당하여 그것에 빠질 위험이 있을 경우 우리는 진지해진다.

바울은 우리가 "범사에 헤아려"(살전 5:21) 좋은 것을 취할 것을 명한다. 히브리서 저자는 "지각을 사용하므로 연단을 받아 선악을 분별하는 자들"을 장성한 자로 묘사한다(히 5:14). 사실 물러난다는 것은 대체로

---

[2] Paul M. Weyrich, "A Moral Minority?" *Free Congress Foundation* (Feb. 16, 1999): 1.
[3] 이러한 관점은 *Public Justice Report* 22.2 (1999): 11에 잘 나타나 있다.

세속적 본질을 대표하는 사회적 경향에 대한 수치스러운 적응일 뿐이다.[4] 문화 분석가는 우리에게 미국이 "집안으로 들어가고 있다"고 말한다. 우리는 더 이상 은행 창구나 매표소로 갈 필요가 없으며 모든 업무를 집안에서 편안히 온라인을 통해 해결한다. 우리가 이처럼 고립화를 지향하는 세속적 패턴을 따라해야 하는가?

세 번째 전략은 오직 복음적 접근이다. 문화적 활동은 가능한 사역이기는 하지만 요점에서 벗어나며 영혼 구원이야말로 특히 마지막 때에 집중해서 순종해야 할 사역이라는 것이다. 어떤 사람들은 전도가 가장 고상한 기독교인의 소명이라고 말한다. 다른 모든 활동은 보조적인 역할에 지나지 않는다는 것이다. 한 세계적인 복음 전도 음악가는 "나는 대적에게 나의 전략을 누설하지 않을 것이다"라는 말을 즐겨한다. 그는 계속해서 자신은 공연할 때 자신의 음악이 청중을 인격적으로 끌어들이기를 바라며 공연이 끝난 후에는 그들과 대화하면서 자신의 간증이 들어 있는 테이프를 줄 수 있다고 말한다.

전도의 가치를 부인할 사람은 아무도 없지만 성경은 이것을 결코 양자택일의 문제로 제시하지 않는다. 교회는 모든 민족을 제자로 삼을 뿐만 아니라 그들에게 "내가 너희에게 분부한 모든 것을 가르쳐 지키게 하라"(마 28:20)는 명령을 받는다. 기독교인의 삶에는 악기를 잘 다루는 것처럼 전도와 직접적인 관련은 없지만 실제적인 복음 사역을 통해 정당성을 입증 받아야 할 필요가 없는 것도 많다. 사실 전도는 신약성경에서 개인적 소명으로는 거의 다루어지지 않는다. 모든 신자는 "이유를 묻는 자에게는 대답할 것을 항상 준비"해야 하나(벧전 3:15) 복음 전하는 자로 부르심을 받은 자는 소수에 불과하다(엡 4:11).

---

[4] 이것은 불러나는 것을 다른 세계로 향하는 것으로 보는 수용된 지혜(received wisdom)와는 반대가 된다. Dick Keyes, *Chameleon Christianity: Moving Beyond Safety and Conformity* (Grand Rapids: Baker, 1999), 15-22.

2. 더 나은 방법

이러한 방법이 모두 적합하지 않다면 복음적 기독교인은 어떻게 해야 하는가? 로마서 12-16장은 우리에게 그 대답을 준다. 로마서는 모든 시대의 가장 위대한 경건 문학 가운데 하나이다. 로마서가 교회사에서 수많은 문화적 전환점의 동력이 되었다는 사실은 결코 놀라운 일이 아니다. 어거스틴은 로마서 13장을 읽고 믿음을 가졌다. 마틴 루터는 바울이 선물로 받은 "외부에서 들어온 의"를 설명한 로마서 3:21-24의 의미를 깨달을 때 죄의식에서 벗어났다. 존 웨슬리(John Wesley)는 올더스게이트가(Aldersgate Street) 집회에서 루터의 로마서 주석 서문을 읽으면서 "이상하게 가슴이 뜨거워지는" 경험을 했다.

제네바 학생들에 대한 로버트 할데인(Robert Haldane)의 로마서 강의는 19세기 프랑스의 위대한 부흥으로 이어졌다. 칼 바르트는 로마서를 읽은 후 한 가닥 줄에 의지하여 어두운 탑을 오르지만 종을 치는 바람에 시골 마을 전체를 깨우고 만 사람과 같다는 식으로 하나님의 주권의 회복을 선포하였다. 스위스 로잔(Lausanne)의 카페에서 있었던 프란시스 쉐퍼(Francis Schaeffer)의 로마서 강론은 라브리(L'Abri)의 광범위한 영향으로 이끈 교리적 기초를 정립하였다. 이 서신서의 힘은 모든 성경을 영감으로 기록하신-그리고 이곳에서 특별히 역사하신-원 저자의 능력을 제외하면 설명하기 어렵다.

로마서 12-16장은 어떻게 하면 앞서 언급한 세 가지 잘못된 접근에 빠지지 않고 주변 문화에 영향을 줄 수 있느냐는 문제에 대답하는 귀한 진리를 담고 있다. "그러므로"라는 단어가 암시하듯이 12장은 내용상의 전환점을 이룬다. 처음 11개의 장은 바울서신의 전형적인 토대를 형성한다. 이제 그는 적용으로 들어간다. 이것은 전반부에는 적용이 없다거나 후반부에는 기초적인 내용이 없다는 말이 아니다. 전반부는 인간의 보편적 죄의 근원과 값없이 주시는 하나님의 은혜 및 역사 끝까지 하나님의 은혜로 사는 방법 등에 대해 상세하게 제시한다.

9-11장에서도 하나님께서 선민 유대인의 불순종에도 불구하고 어떻

게 약속에 신실하신가에 대해 설명함으로써 이러한 기본적 내용을 이어간다. 바울은 하나님께서 유대인들을 부르셨음에도 불구하고 어떻게 그들이 불순종할 수 있느냐고 묻는다. 이에 대해 그는 예정 교리로 대답한다. 하나님께서 그들을 잊어버린 것은 아니며 다만 모든 유대인이 택함을 받지는 않았다는 것이다. 그들의 불순종은 이방인이 믿음으로 향하는 길을 열게 하였다. 그러나 유대인도 돌아올 수 있다. 따라서 유대인과 이방인은 모두 구원 받을 수 있다. 이러한 계획에 압도당한 바울은 하나님의 지혜로운 계획에 대한 찬양과 놀라움의 영광송으로 말을 맺는다(11:33-36).

우리는 이 모든 능력에 덧붙여 아직도 할 말이 남아있다는 사실에 놀랄 뿐이다. 그러나 아직도 다섯 장이나 남아있다. 이에 대해 바울은 매우 다급한 목소리로 "내가…너희에게 호소하노니[너희를 권하노니]"라고 말한다. 그는 자신이 전한 내용에 대해 무엇을 그처럼 긴급하게 덧붙이려고 하였는가?

예배! 그렇다, 바울이 독자들에게 중요한 교리를 전한 후 긴급하게 해야 했던 말은 하나님을 예배하라는 것이었다. 그것은 바울이 제시한 모든 것의 절정에 해당하는 것이었다. 정확하게 말하면 바울은 유대인들에게 그들의 몸을 "산 제사"(12:1)로 드리라고 했던 것이다. 이것은 확실히 구약성경적 색채를 띠고 있다. 옛 언약의 동물 제사와 마찬가지로 산 제사는 하나님께 열납되는 거룩한 것이어야 한다. 그러나 고대 제사와 달리 피 흘림이 없다. 우리가 "죽은 자 가운데서 다시 살아난 자같이"(롬 6:13) 하나님께 드려야 하는 것은 죄에서 구원받아 중생한 인간의 몸이다. 왜 몸을 강조하는가?

사람들은 바울이 전 인격에 대한 상징으로 몸을 사용했다고 주장하기도 한다. 우리의 몸은 자아를 싣고 있는 매개물이다. 그리고 물론 바울이 말한 몸이 신체적 자아에만 해당된다고 볼 이유는 없다. 그러나 몸이라는 단어를 액면대로 받아들이지 못할 이유는 더더욱 없다. 바울은 본 서신서와 다른 곳에서 육체적 몸에 대해 암시한 바 있다(롬 6:6, 12; 8:10; 고전 5:3; 6:13; 고후 5:6). 플라톤과 달리 성경적 관점은 육체적 자아에 대해 당황하지 않는다. 그것은 하나님의 형상의 한 부분이다. 몸의 생명은 저주를 받았으나(롬 7:24) 육체적 부활 없이는 완전한 구속도 없다(8:23; 빌 3:21).

몸으로 드리는 예배는 바울의 가장 중요한 명령이다. 많은 사람이 주변 문화 안에서 몸을 남용한다는 관점에서 볼 때 우리는 그가 강조한 내용을 충분히 이해할 수 있다. 오늘날 사람들은 순수 쾌락주의로 급속히 기울고 있으며 자아는 묵인된 퇴폐의 나락으로 빠져들고 있다. 사도들의 거룩은 철회되지 않았으며 거룩한 제사로 바뀌었다. 우리는 지금 자신의 만족을 채우기 위해 원하는 것, 즉 모든 욕망을 버리고 자신을 하나님께 드리라는 요구를 받고 있다. 우리의 모든 삶은 하나님께 제물로 드려야 한다.

십계명은 "[하나님 앞에서] 다른 신을 두지 말라"(출 20:3)고 경고한다. 모든 삶은 코람 데오의 삶, 하나님과 언약적 동행의 삶이 되어야 한다. "주를 바라는 자들은 수치를 당하지 아니하려니와"(시 25:3)라고 했다. 그러므로 우리가 이 명령을 진지하게 받아들여 자신을 하나님께 영원한 제사로 드린다면 큰 변화가 일어날 것이다. 이것은 오직 복음주의가 아니다. 그것과는 전혀 다르다. 오히려 바울은 우리가 하나님을 기쁘시게 할 모든 거룩한 것을 요구한다. 그는 계속해서 이것의 의미와 함께 하나님에 대한 순종이 필요한 삶의 다양한 영역에 대해 제시할 것이다. 그러나 그는 여기서 우리에게 몸으로 하나님을 예배하는 가장 근본적인 원리에 대해 제시한다.

그는 이 예배가 영적인 예배라고 규정한다. 바울이 사용한 헬라어 *logikēn*은 잘 사용하지 않는 단어이다. 이 단어는 "합리적"이라는 의미에서 영적이라는 뜻이다(흠정역은 "너희가 드릴 합당한 예배"로 번역한다). 이것은 첫째로 우리의 예배가 기계적이 아니라 자발적이고 의식적이며 지적이기 때문에 그렇다는 것이다. 몸은 물질로 구성되어 있지만, 자율적이지 않고 오직 본능에 따라서만 움직인다. 그러나 둘째로 이 단어는 무엇인가 "조직적인" 것을 의미한다. *logikēn*은 "논증"이나 "설명"이라는 의미가 담긴 *logos*(로고스)와 관련된다. 이는 하나님을 예배하는 것이 우리의 세계관에 의해 지배를 받아야 한다는 것이다.

삶의 어떤 영역도 합리적이고 조직적인 이해의 범위를 벗어나지 않는다. 우리가 성경적 세계관의 모든 요소를 가지고 있지는 않을지라도 그런데도 "모든 생각을 사로잡아 그리스도에게 복종하게"(고후 10:5) 하는 온전한 인생관과 세계관을 가지기 위해 노력해야 한다. 이것은 주지주의(intellectualism)가 아니다. 그것과는 전혀 다르다. 이것은 경건주의와 다르며 "모든 것을 내려놓고 하나님이 하시게 하라"(lets go and lets God)고 주장하는 정적주의자(quietist)의 영성과도 다르다. 하나님은 성화의 원동력이시고 성령은 대행자이시며(때로는 우리가 이성적으로 감당할 수 없거나 심지어 과정을 이해할 수 없을 만큼) 인간에게도 구원을 이루어나가는 역할이 주어진다. 바울은 빌립보 성도들에게 "너희 구원을 이루라"고 했다. 그러나 "항상 복종하여 두렵고 떨림으로" 그렇게 해야 한다. 왜냐하면 "너희 안에서 행하시는 이는 하나님"이시기 때문이다. 그는 "자기의 기쁘신 뜻을 위하여 너희에게 소원을 두고 행하게" 하신다(빌 2:12-13).

3. 광범위한 금지 명령

이 근본적인 예배에는 두 가지 요소가 공존한다. 첫째는 부정적 요소이다. 즉 "너희는 이 세대를 본받지 말라"는 것이다. 이것은 바울의 두 번째 명령에 해당한다. 기독교인의 신앙은 세상과 육신과 마귀를 부인한다. 왜 바울 사도는 부정적인 언급으로 시작하는가? 그는 항상 이러한 금지 명령으로 시작하는 것은 아니지만 종종 그렇게 한다. 에베소서 4-5장에서 그는 이러한 금지 명령으로 시작하는 일련의 요구를 제시한다. "이제부터 이방인이 그 마음의 허망한 것으로 행함 같이 행하지 말라"(엡 4:17). "그런즉 거짓을 버리고"(엡 4:25). "도적질하는 자는 다시 도적질하지 말고"(엡 4:28). "무릇 더러운 말은 너희 입밖에도 내지 말고"(엡 4:29). "음행과 온갖 더러운 것과 탐욕은 너희 중에서 그 이름이라도 부르지 말라"(엡 5:3). 이러한 금지 명령 후에는 확실히 그것의 개선을 위한 긍정적 명령이 이어진다. "돌이켜 빈궁한 자에게 구제할 것이 있기 위하여 제 손으로 수고하여 선한 일을 하라"(엡 4:28). 부정적인 내용은 가정만 하고 긍정적인 내용만 제시하지 못하는 이유는 무엇인가?

그 이유는 구원의 서정(ordo salutis)이 구원의 역사(historia salutis)에 기초한 방식에 있다. 예수님은 낮아지시고 고난을 당하시고 죽으신 후 부활의 영광을 누리셨다. 그는 인간에게 주어졌으나 실패한 요구를 충족시키셨다. 따라서 우리를 어두운 데서 하나님의 기이한 빛으로 인도하신 예수님의 아름다운 덕을 선전하는 기독교인의 삶을 살아야 한다. 바울은 에베소서 전체를 통해 한때는 우리가 이방인과 마찬가지로 어두움의 아들들이었으나 이제는 그리스도의 가르침을 받아 옛 자아를 벗어버리고 새로운 자아를 입었다는 사실을 상기시킨다.

십계명 역시 동일한 원리를 반영한다. 열 가지 계명 가운데 여덟 가지 이상의 계명이 부정적 언급으로 시작한다. 본래 어두움의 자식인 우리는 해서는 안 되는 일에 대해 먼저 안 후에 긍정적인 명령으로 넘어가야 하는 것이다. 이것은 율법이 언제나 복음에 선행한다는 의미는 아니다. 사실 복음은 언제나 선행하며 율법에 대한 어떤 의미 있는 적용도 구원 사역의 모든 정황이 전제되지 않으면 이루어질 수 없다. 십계명은 하나님이 자기 백성을 애굽의 종살이에서 해방시켜 하나님을 마음껏 예배할 수 있는 곳으로 인도하셨다는 전제와 함께 시작한다. 그러나 우리는 보다 상세히 순서를 살펴보아야 한다. 하나님의 은혜로 말미암아 그리스도 안에 있는 우리는 이러한 행위를 벗어버린 후에 또 다른 훈련을 시작해야 하기 때문이다.

로마서 12:2에서 바울은 이 세상(의 전형)을 본받지 말라고 금한다. 본문의 문자적 의미는 "이 세대와 함께 계획하지 말라"는 것이다. 예배가 조직이듯이 세상도 조직적이다. 우리는 모든 영역의 깊은 구조로부터 건짐을 받고 있는 것이다. 특정 시대는 하나의 틀 또는 문화를 가진다. 삶의 모든 것은 이러한 전형-사회적 추세이든, 정치적 구조이든,

개인적 심리적 경향이든—으로 나타난다. 루이스(C. S. Lewis)는 여러분이 하루를 신문으로 시작하는지 성경으로 시작하는지에 따라 어떤 사람인지를 판단할 수 있다고 말한다. 세상에서 벗어난다는 것은 일련의 규칙을 따르는 것 이상이다. 그것은 삶의 양식을 근본적으로 바꾸는 것을 말하며, 종종 주변 문화의 심층적 구조를 들여다본다는 의미로도 해석된다.

데이비드 잉게(David Inge)는 "만일 여러분이 시대의 혼과 결혼하면 여러분 자신은 금방 과부가 될 것이다"[5]라는 유명한 말을 남겼다. 여기서 결혼은 훌륭한 비유이다. 이 악한 시대는 단순히 눈에 띄는 몇 가지 우상으로 나타나지 않는다. 세상의 유혹을 피하라는 것은 단지 죄에 대한 몇 가지 유혹을 거부하라는 것이 아니다. 그것은 결혼 관계에 해당하기 때문에 회복할 수 있는 길은 이혼뿐이다. 그리고 이혼한 후에는 계속해서 어떠한 타협이나 어떠한 모호한 관계도 피해야 한다.

필립스(J. B. Philips)는 이 구절을 "세상으로 하여금 여러분을 자신의 구조 속으로 몰아넣지 못하게 하라"고 해석한다. 세상은 우리가 그것을 본받기를 거부하지 않으면 마치 보아 뱀(남미산 대형 뱀)처럼 우리를 질식할 때까지 몰아붙일 것이다. 기독교인은 세상이 자기를 따르게 하기 위해 얼마나 미묘한 손짓으로 우리에게 다가오는지 인식하지 못하는 경우가 종종 있다. 다음은 한 가지 익살맞은 현대적 비유이다.

페트로브(Petrov)는 구소련의 강제노동수용소에 갇힌 죄수이다. 그는 날마다 정해진 구역에 가서 노동을 한 후 검문소를 통과하여 막사로 돌아왔다. 어느 날 저녁 그는 큰 마대를 실은 손수레를 끌고 막사로 돌아왔다. 검문소에서 경비병이 그를 세운 후 마대 안에 무엇을 훔쳐서 가지고 오느냐고 물었다. 페트로브는 자신은 아무 것도 훔치지 않았으며 마대에는 톱밥뿐이라고 했다. 마대를 열어본 경비병은 톱밥만 담겨 있는 것을 확인하였다. 다음날 저녁에도 동일한 과정이 반복되었다. 경비

---

[5] David Inge, quoted in Peter L. Berger, *A Rumor of Angels* (New York: Anchor Books, 1990), 15-22.

병은 마대를 실은 손수레를 세우고 조사했으나 톱밥만 나왔다. 이런 상황은 날마다 되풀이 되었으며 결국 화가 난 경비병은 페트로브에게 그가 도적질한 사실을 알고 있으나 훔친 물건이 무엇인지 모를 뿐이며 만일 페트로브가 자백하면 고발하지 않겠다고 약속했다. 영리한 페트로브는 "나는 수레를 훔치는 중입니다"라고 자백했다.

기독교인의 삶도 마찬가지이다. 우리는 세상적 방식의 내용에 속아 넘어가기를 거부하기 때문에 자신은 세상에 맞서고 있다고 생각한다. 그러나 사실 내용물의 모양을 형성하는 용기인 형식에 유혹을 당한다. 예를 들어 지금 세상적 이데올로기나 철학을 거부하는 중일 수 있다. 그러나 신앙을 개인화함으로써 세속화의 조건들을 받아들이고 있는 것이다. 교회 헌금을 횡령하려는 어떤 시도에 대해서도 부인하겠지만 그럼에도 불구하고 교회를 마치 기업처럼 운영한다. 우리는 TV에 저속한 언어가 나오면 채널을 돌리지만 어떤 프로그램이든 오락적 내용을 다룰 수 있다는 사실을 잊은 채 전달매체에 대해서는 그대로 둔다. 자녀를 학교 시스템에서 물러나게 하지만 기껏해야 하위문화의 세속적인 환경 속에 그들을 가두어 둘 뿐이다.

4. 강력한 명령

그러나 동일한 문장에서 바울은 긍정적인 명령을 한다. 그는 "그러나 변화를 받으라"고 명령한다. "본받지 말라"의 반대어는 "다르게 하라"나 "자신의 방식대로 하라"가 아니라는 사실에 유의해야 한다. 기독교인의 삶의 특징은 지속적인 새로움의 과정이라고 할 수 있다. 이 세대와 그것의 전형은 사라지고 있다. 그러한 것들은 덧없고 일시적이다. 그러한 것들 안에 있으면 우리는 침체되고 시들어버린다. 그러나 기독교인의 새롭게 됨은 변함이 없고 확실하며 영원하다. 우리는 이러한 새로움을 통해 발전하고 성장한다. "변화"라는 개념은 바울이 고린도후서 3:18에서 그리스도의 얼굴을 본 신자들이 "그와 같은 형상으로 변화하여 영광에서 영광에" 이르게 되었다고 말할 때 설명한 것과 동일한 개념이다. 머레이(John Murray)의 로마서 12:2 주석은 탁월하다.

> 성화는 의식의 중심에서 진행된다는 점에서 혁명적 변화의 과정이다. 이것은 성경적 윤리의 근본적 입장으로 보인다. 성화는 기독교인에게서 자주 볼 수 있는 영적 침체와 자기만족 및 성취에 대한 자만에 맞선 발전적 사고(thought of progression)이다. 바울 사도가 제시하는 것은 제2의 축복이라는 빈약한 개념이 아니라 의식의 좌소에서 진행되는 갱신과 변화의 개념이다.[6]

이 변화는 근본적이다. 세계관 개념 역시 이러한 근본적 특성을 가진다. 그러나 우리는 단순한 관점에 국한되지 않도록 주의해야 한다. 세계관이라는 용어에 담긴 시각적 은유는 잘못 이해될 수 있다. 그것은 우리의 관점에 담긴 역동적 요소를 온전히 담아내지 못한다. 우리는 바울의 명령의 바른 개념-심지어 바른 교리-을 아는 것으로 끝나서는 안 된다. 변화를 받아 완전히 돌아서라는 명령을 받고 있다.

우리는 여기서 문제점이 있다는 생각을 할 수도 있다. 꺼림칙하게 생각하는 것은 마음을 새롭게 함으로 변화를 받으라는 명령이 마치 우리가 이러한 변화에 영향을 줄 수 있다는 것처럼 들리기 때문이다. 표면상 이 명령은 바울이 우리에게 "마음을 다잡아라" "스스로 해결하라" 고 말하는 것 같다. 놀라운 것은 본문의 의미는 어떤 면에서 그런 뜻이라는 것이다. 그는 우리에게 자신의 마음을 바꾸고 새롭게 하라고 명령한다. 이것은 다른 성경의 명령과 다르지 않다. 우리는 주님으로부터 "그러므로 하늘에 계신 너희 아버지의 온전하심과 같이 너희도 온전하라"(마 5:48)는 명령을 받는다.

성경의 다른 명령과 마찬가지로 이 명령도 우리 스스로의 힘으로는 성취할 수 없다. 하나님만이 이러한 변화를 야기하실 수 있다. 그러나

---

[6] John Murray, *The Epistle to the Romans* (New International Commentary on the New Testament; Grand Rapids: Eerdmans, 1965), 2:114.

하나님은 인간 대행자를 무시하고 주체성을 침해하면서까지 그렇게 하시는 것이 아니라 우리를 그 일에 개입시키신다. 우리의 예배가 이성적인 것처럼 성화도 자발적이라는 것이다. 자아가 주도하는 변화와 성경적 회심의 가장 큰 차이는 하나님이 변화에 궁극적인 영향을 미치신다는 것이다. 바울의 본문에 나타난 기본적인 전제는 우리가 이 모든 일을 믿음으로 진행한다는 것이다. 우리는 어떻게 그것을 알 수 있는가? 그것은 간단하다. 해답은 "하나님의 모든 자비하심으로"라는 서두에서 찾을 수 있다. 이것은 오프라 윈프리 쇼의 잡담이나 디팩 초프라(Deepak Chopra)의 상투적인 뉴 에이지론과는 전혀 다르다. 우리가 변화를 받을 수 있는 유일한 길은 삶의 모든 영역에서 하나님을 믿는 자에게 값없이 주시는 그의 은혜로 사는 것이다.

이에 대한 필립스(Phillips)의 해석은 훌륭하다. "주변 세상이 당신을 세속적 틀 속에 몰아넣지 못하도록 하고 하나님이 당신 안에서 마음을 재형성하시게 하라." 바울은 복음에 붙들린 자이다. 복음은 아무런 자격이 없는 죄인들에게 주시는 하나님의 자비이다. 그러나 복음은 변화를 가져온다. 이 변화는 최초의 구원과 마찬가지로 하나님의 모든 자비하심에 의해 전적으로 일어난다. 그것은 포괄적이다.

바울이 우리의 마음을 새롭게 하라고 한 것은 주지주의(intellectualism)에 대한 추구가 아니다. 마음이라는 헬라어(nous)는 논리적 자아를 일컫는 전문용어가 아니다. 그것은 감정과 판단 능력 및 인식 기능을 모두 포함한다. 에베소서 4:23에서 바울은 우리의 "심령"(attitude of our minds[마음의 경향])이 새롭게 되었다고 말한다. 그는 계속해서 "새사람(new self)을 입으라"(4:24)는 표현을 사용하는 것으로 볼 수 있는데 이러한 정황은 그가 이 단어를 광범위한 의미로 사용하고 있음을 보여준다. 이곳 로마서 12:2에서도 그는 우리의 본질적이고 영적인 자아가 새롭게 되어야 한다고 말하는 것이 확실하다. 우리의 논리(logic)는 확실히 이 마음의 한 부분이지만 우리의 통찰력과 분별력과 이해력 즉 우리의 세계관도 마찬가지이다.

로마서 12:2의 두 번째 부분에서 바울은 우리에게 이것이 어떤 것인지에 대해 말해준다. 그것은 하나님의 뜻을 확인하거나 입증하기 위해서라는 것이다. 우리는 여기서 바울이 무엇을 염두에 두고 있는지 정확히 파악할 필요가 있다. 그는 우리가 갑자기 하나님의 뜻에 대한 판단자가 되어야 한다고 말하지 않는다. 우리는 피조물에 지나지 않으며 율법의 판단자가 될 수 있다는 생각은 실로 파괴적인 사상이다. 야고보는 이러한 태도를 비방에 비유한다. 그는 다음과 같이 주장한다.

> 형제들아 피차에 비방하지 말라 형제를 비방하는 자나 형제를 판단하는 자는 곧 율법을 비방하고 율법을 판단하는 것이라 네가 만일 율법을 판단하면 율법의 준행자가 아니요 재판자로다 입법자와 재판자는 오직 하나이시니 능히 구원하기도 하시며 멸하기도 하시느니라 너는 누구관대 이웃을 판단하느냐(약 4:11-12).

바울이 의미하는 것은 우리가 경험을 통해 하나님의 뜻이 어떻게 될 것인지를 배워야 한다는 것이다. 하나님의 뜻은 결코 실패하지 않는다. 그것은 모든 상황에 적용된다.

하나님의 뜻은 선하고 기쁘고 온전하다. 선한 것이 하나님의 뜻이다. 기뻐하는 것이 하나님의 뜻이다. 온전한 것이 하나님의 뜻이다. 하나님의 뜻은 우리에게 주신 율법에 나타난 성품이다. 우리는 그것을 바꿀 수 없다. 그것은 최고선(*summum bonum*)이다. 그러나 우리는 그것의 지극히 광대함과 아름다움 안에서 그의 뜻을 발견할 수 있다. 그의 계명들은 결코 무거운 것이 아니다(요일 5:3). 그러나 우리는 그의 계명을 온전히 지킴으로써 우리를 자유케 하는 계명의 특성을 드러내어야 한다. 로마서 12:2에서 "분별하다"(*dokimazō*)로 번역된 단어가 앞서 1:28에서 바울이 하나님을 진노케 한 인간의 타락에 대해 설명할 때 사용한 단어와 같다는 것은 흥미로운 사실이다. "또한 그들이 마음에 하나님 두기를(*dokimazō*) 싫어하매 하나님께서 그들을 그 상실한 마음대로 내버려 두사 합당하지 못한 일을 하게 하셨으니." 인간이 하나님의 뜻의 선하심과 완전하심을 인식하지 못한 것은 하나님의 심판을 받기에 합당하다는 것이다. 이 심판은 인간을 절망적인 삶(life style)으로 떨어지게 하는 모습을 취한다.

모든 것은 하나님의 뜻을 아는 것에 기초하며 그것에 의해 결정된다. 따라서 하나님의 은혜를 받고 그의 의로 덧입은 자들만이 그의 뜻을 바로 알 수 있다. 다른 말로 하면 우리는 하나님의 법에 나타난 선한 성품을 끊임없이 드러내는 성경적인 세계관에 기초하여 모든 것을 결정해야 한다는 것이다. 우리는 여기서 모든 삶은 예배적 삶이 되어야 한다는 가장 명백한 가르침을 다시 한 번 되새길 필요가 있다. 하나님의 뜻이 미치지 않는 삶의 영역은 없다.

이제는 하나님의 뜻을 분별하는 문제 전반에 대해 다루는 것이 마땅할 것이다. 모든 것은 하나님의 뜻에 달려 있다는 것을 이론적으로 확인하는 것과 그것 의미가 무엇인지를 입증하는 것은 전혀 다르다. 개혁주의 기독교인은 세계관 이론에 대한 해박한 지식에도 불구하고 구체적인 사례에는 부족하다는 비판을 받는다. 특정 사안에 대한 하나님의 뜻을 아는 것은 쉽지 않다. 그의 율법은 줄기세포 연구나 음악적 리듬 및 수학교육에 대해 무엇이라고 말하는가? 이러한 유의 질문에 대한 대답은 항상 분명한 것은 아니다. 그러나 원칙적으로는 대답이 되어야 하며 그렇지 않으면 변화를 받아 새롭게 될 수 없다. 학문에 대한 성경적 접근이 있는가? 마케팅이나 예술 또는 정치에 대해서는 어떤가? 우리는 어디서부터 출발해야 하는가?

5. 광범위한 명령

마음을 새롭게 해야 할 로마교회에는 어떤 문제들이 중요한 지표로 자리 잡고 있었는가? 이어지는 본문은 우리에게 무엇이라고 말하는가? 바울의 첫 번째 관심사는 교회 공동체 내의 삶이다. 육신을 입은 자는 누구도 자신의 은사가 다른 사람보다 고상하거나 중요하다고 생각해서는 안 된다고 말한다(롬 12:3-8). 그는 독자들에게 그들의 관점이 세계적이며 포괄적이라는 사실을 상기시킨다. 그들이 세상 모든 성도-그 중에는 고통당하는 자도 있고 가난한 자도 있지만 모두가 한 가족이다-와의 교제에 대한 인식을 가질 것을 촉구한다. 공동체 밖의 불신자와 관계 역시 매우 중요하다.

따라서 바울은 박해에 관한 문제로 옮겨간다. 그는 신자들이 직접 공의를 시행하려 하지 말고 하나님의 심판에 맡길 것을 촉구한다. 그는 이웃과 평화로운 관계를 유지하기 위해 최선을 다하라고 말한다. 사실 독자들에게 반직관적(counterintuitive) 방식으로, 만일 그들이 대적에 대해 정당한 보응이 아니라 복음의 선함으로 대한다면 하나님 나라의 진보에 많은 도움이 될 것이라고 말한다(12:17-21).

이러한 내용은 바울 사도가 제시하는 세계관으로부터 직접 나온 것이다. 세계관을 어떻게 적용해야 하는가라는 것은 결코 쉬운 문제가 아니다. 예를 들어 우리는 어떻게 은사에 관한 구절(12:3-8)을 통해 소명에 대한 균형 잡힌 성경적 교리를 도출할 것인가? 대답은 모호할 수밖에 없다. 우리가 본문으로부터 직접 도출할 수 있는 내용은 계급적 구조가 아닌 근본적 평등성, 모든 은사의 동등한 가치 등이다. 바울은 14장에서 유약한 양심을 가진 다른 신자들을 어떻게 대할 것인가에 대해 상세하게 언급한다. 사실 그는 그런 약한 신자들이 자기배반(self-betrayal)에 빠지는 것을 막기 위해 특별한 관심을 기울인다. 본문은 이러한 내용에 대해 분명히 언급한다.

그러나 소명이라는 보다 큰 문제에 대해서는 어떤가? 교회에는 다스리는 직분이 없는가? 세계 복음화를 위한 선교적 소명에 대해서는 어떤가? 시민 또는 가정에서의 삶이나 직장과 같이 세상의 합법적 직업에 대해서는 어떤가? 문화적 변화에 대해서는 어떤가? 많은 사람은 리차드 니버(H. Richard Niebuhr)의 "문화를 변화시킨 그리스도"[7]-어거스틴과 칼빈에게서도 찾아볼 수 있다-에 동의한다. 그러나 이 관점에 대해서는 많은 비판이 따른다. 바울이 "악에게 지지 말고 선으로 악을 이

---

[7] H. Richard Niebuhr, *Christ and Culture* (New York: Harper & Row, 1951), 190-229.

기라"(12:21)고 했을 때 이긴다는 의미에 얼마나 적극적인 의미를 부여할 수 있겠는가?

  중요한 것은 우리가 이들 본문에 대해 연구할 때 바울이 어떤 의도로 그렇게 주장했는지를 살펴보는 것이다. 그는 소명에 대한 추상적 이론을 제시하는 것이 아니다. 많은 사람은 아브라함 카이퍼의 영역 주권(sphere sovereignty) 개념에 대해 많은 유익을 발견한다. 교회 자체는 독립적이지만 학교나 국가 및 가정과 같은 다른 영역에 대한 변증적 관계에 있어서는 그렇지 못하다. 이것이 바울의 견해라고 해도 그는 사회 이론을 수단으로 그러한 결론에 도달한 것이 아니다. 오히려 그는 기독교인이 합법적으로 동참할 수 있는 몇 가지 사회적 구조를 가정한다. 그러한 구조를 가정한 다음 독자들에게 그들을 어떻게 다루고 그들과 어떤 관계를 맺어야 할지에 대해 권면한다. 그의 메시지는 매우 보편적이다. 이상적인 사회적 질서를 전제하고 있지 않기 때문이다. 그러나 그의 가정은 중요한 메시지를 제시한다.

  현재의 제도 안에서 사회적 변화는 일어나겠지만 구조적인 변화는 아니라는 것이다. 바울은 결코 사회 구조를 바꾸는 혁명을 요구하지 않는다. 그 이유 가운데 하나는 하나님께서 세상을 창조하실 때 세우신 질서의 정당성을 존중하기 때문이다. 그러나 이러한 구조가 전적으로 선한 것이 아니거나 우리가 그러한 환경 안에서 최선을 다하지 않는다고 할지라도 바울은 여전히 급격한 변화를 권하지 않는다. 그는 고린도 성도들에게 쉽게 직업을 바꾸거나 혼인 관계를 끝내지 말라고 권면한다(고전 7:17-40). 이것은 사회적 보수주의 이론을 위한 것이 아니라 하나님 나라의 보다 큰 우선권 때문이다. 실제로 교회가 모든 영역에서 소명에 충실할 때 변화는 일어날 것이다. 따라서 이러한 지상적 구조 안에서도 중요한 변화는 일어날 수 있다. 예를 들어 결혼제도에서 한쪽 배우자만 신자인 경우 믿지 않는 배우자가 거룩하게 되고 자녀들도 거룩해진다(7:14).

  사실 바울은 신자들에게 상황에 맞추어 영역에 관한 명령을 제시한다. 공동체 내 다른 구성원과의 관계에 있어서는 은사를 사모하라고 말한다. 기독교적 사랑의 헌신은 종말론적으로 제시된다. "소망 중에 즐거워하며 환난 중에 참으며 기도에 항상 힘쓰며"(롬 12:12). 불쌍히 여김, 화목한 삶, 엘리트 의식에 대한 거부와 같은 것들은 그리스도의 몸의 특징적인 삶이다. 그러나 외부의 불신자에 대해서는 바울의 명령이 다른 형태를 취하는 것을 볼 수 있다. 그들에 대해서는 박해당하는 자의 인내를 배워야 한다. 기독교인은 대적을 축복하고 "선으로 악을 이겨야" 한다(12:21). 다스리는 권세에 복종하는 것은 마땅하다. 왜냐하면 그들은 하나님 자신이 세우신 것이기 때문이다(13:1-5). 이것은-창조질서가 여전히 지속되고 있다는 사실을 깨닫기 전에는-땅을 기업으로 받을 신자들이나(마 5:5) 세상을 판단할(고전 6:2) 성도들에게는 비직관적이다.

결혼, 출산, 노동, 예배 및 사실상 정부는 여전히 하나님이 세우신 세계질서의 기본이다. 따라서 관리들은 사실상 "하나님의 일꾼"(롬 13:6)이며 불신자라 할지라도 신자와 일반 시민에게 선을 베풀고 악한 자를 처벌하는 일을 하는 그들을 존중해야 한다. 바울은 교회에 대해서는 이러한 말을 하지 않는다. 그는 교회에 대해서는 결코 진노의 대행자로서 "공연히 칼을 가지지 아니 하였으니"(13:4)라는 말을 하지 않는다.

바울이 얼마나 권세에 대해 긍정적인지를 보라. 비록 교회는 아니지만 그들은 하나님에 의해 세움을 받았으며 하는 일은 악을 심판하고 사회적 유익을 도모하는 것이다. 그는 신자들에게 처벌이 무서워서가 아니라 양심을 위해 그렇게 하라고 했다(13:5). 그러나 여기서도 문제는 단지 실제적인 것일 뿐만 아니라 신적 제도의 궁극적인 준거에 근거한다(13:2). 이러한 접근은 "문화를 변화시키는 그리스도"라는 개혁주의적 관점에 많은 위안이 된다. 그러나 오늘날 많은 기독교인은 이러한 관점에 동의하지 않는다. 예를 들어 스탠리 하우어워스(Stanry Hauerwas)는 사회적 개입을 통한 사회 변혁이라는 개혁주의적 사상에 이의를 제기한다. 그 이유는 정치 참여를 통해 보다 정의로운 사회를 구현하기를 바라는 세계관에 반대하기 때문이다.

우리가 정치적 개입을 하지 않는 것은 "본래 정치는 타협과 수용을 포함한다는 사실을 인식하기 때문"이라는 것이다. 따라서 그에게 있어서 교회는 가장 중요한 활동 영역이다. 확실히 우리는 교회를 통해 "우리가 속한 사회에 대해 긍정적으로 기여하고 협상하는 경험을 얻는다."[8] 그러나 어떤 사회적 변화도 간접적이다. 하우어워스는 기독교인에게 정치적 삶을 전적으로 가치 있는 소명으로 생각하라는 권면을 할 수 없다. 더구나 그에게 교회는 다른 사회를 위한 윤리적 규범과 미덕의 모델이 되는 일종의 시험 공장이다. 그에게 각 영역이 자신의 규범을 가지며 상호 보완적이라는 사고는 낯설 뿐이다.

바울의 로마서 12-13장의 주장에 대한 우리 자신의 이해에 기초할 때 우리도 동의할 수 없다. 확실히 교회는 거룩에 대한 촉구를 받고 있다. 바울은 그리스도의 몸을 위한 행위적 규범과 함께 권세자들에게 순종해야 한다는 명령을 곳곳에서 제시한다. 로마서 14장 전체는 강한 양심과 약한 양심 간의 논의에 모든 초점을 맞춘다. 하우어워스에게 다소간 위로가 되는 것처럼 보이는 것은 바울이 교회의 삶을 선교와 연관시킨다는 것이다. 15:7에서 바울은 교회 안에서의 상호 인내와 나라들을 위한 하나님의 계획을 연결한다. 그는 9-11장에서 제시했던 유대인과 이방인에 관한 주장을 상기시킨 후 자신의 선교적 사명이 "제사장 직분"임을 호소한다. 그러나 바울은 하나님이 자신의 나라를 온 세상으로 확장시키신다고 언급한 것처럼 교회가 자신이 속해 있는 세상을 변화시켜야 한다고 말하지는 않는다.

6. 세계적 사고

리델보스(Herman Ridderbos)는 바울의 선교신학에 대한 탁월한 글에

---

[8] Stanley Hauerwas, "The Church and Liberal Democracy: The Moral Limits of a Secular Polity," in *Hauerwas's Community of Character: Toward a Constructive Christian Social Ethic* (Notre Dame: University of Notre Dame Press, 1981), 73-74.

서 교회의 복음에 대한 인식은 여러 면으로 표현된다고 말한다. 예를 들어 교회는 바울 자신의 노력에 깊이 관련되어 있다. 더구나 교회는 평안의 복음으로 무장할 준비를 해야 한다(엡 6:15). 교회가 믿지 않는 자에게 직접적으로나 간접적으로 증거를 하는 것은 교회의 본래적 특징 가운데 하나이다. 그러나 교회의 내적 동력은 현재와 역사가 마치는 날까지 광범위하고도 강력하게 펼쳐지는 하나님의 위대하신 구속 사역에 대한 이해에 있다.

> 사도 자신의 사역과 마찬가지로 이것의 가장 강력한 동인은 교회가 예수 그리스도를 통한 하나님의 위대한 세계적 사역에 포함된다는 의식이다. 궁극적인 대상은 교회 자체나 교회의 숫자나 명성이 아니라 그리스도-교회는 그의 충만, 즉 그리스도의 영광을 전하는 자이다-를 통한 완전한 종말론적 구원에 대한 계시이다(엡 1:23; 4:13, 16).[9]

이런 차원에서 볼 때 우리는 복음주의나 선교를 넘어서는 문제들을 살펴보는 것이다. 우리는 세상에 대한 하나님 사역의 가장 완전한 모습을 보고 있다. 우리는 우주 역사에 대한 종말론적이고 포괄적인 접근에 대해 다루고 있다.

이것이 바로 바울 사도가 현재의 특별한 특징에 대한 심오한 통찰력에도 불구하고 구약성경의 용어들을 그처럼 자유롭게 구사할 수 있었던 이유이다. 욥기, 시편, 선지서 및 모세오경에 대한 인용으로부터 십계명의 용도에 이르기까지, 그가 제시한 구약과 신약의 교훈 간에는 어떤 이분법도 발견할 수 없다. 그 이유는 둘 다 은혜를 다루며 둘 다 하나님의 율법에 대한 순종을 요구하기 때문이다. 신약성경 시대와 모세 시대의 영역적 구조가 다른 것은 사실이다. 그러나 근본적 원리는 동일하다. 신정(theonomy)으로 알려진 운동은 두 시대를 압축하는 오류를 범하였으며 따라서 하나님의 율법의 시행을 위한 두 개의 다른 정황을

---

9 Herman Ridderbos, *Paul: An Outline of His Theology* (trans. John R. De Witt; Grand Rapids: Eerdmans, 1975), 435.

혼동하였다. 그러나 그것은 우리에게 하나님의 법이 기독교 시대에도 강력한 효과를 발휘한다는 사실을 정확히 상기시킨다.

그렇다면 예술에 대한 기독교적 관점이 있는가? 정치, 교육, 상업, 연예에 대한 성경적 접근이라는 것이 있는가? 대답은 긍정적이다. 그렇지 않다면 우리는 하나님의 법에 결함이 있으며 모든 상황에서 "하나님의 뜻이 무엇인지를 분별"할 수 없다고 말해야 할 것이다. 이러한 연결을 위해서는 하나님의 법에 담긴 함축을 끊임없이 도출하여 삶의 모든 영역에 적용하는 것이 필요하다. 성경에는 우리가 상상하는 것 이상으로 많은 자료가 존재한다. 우리가 신구약성경 전체를 자유롭게 탐험할 수 있을 때 그곳에 얼마나 많은 자료가 있는지를 발견하고 놀라게 될 것이다. 때로는 직접적이고 분명한 정보가 제시될 것이다. 그러나 때로는 지혜와 통찰력을 필요로 하는 간접적인 정보가 제시될 수도 있다. 하나님은 믿음으로 구하는 모든 자에게 지혜를 후히 주시고 꾸짖지 않으신다(약 1:5).

그러나 참으로 포괄적인 성경적 세계관을 계속해서 발전시켜 나가기 위해서는 한 가지 조건이 필요하다. 예배로의 근본적인 부르심에 귀를 기울여야 한다는 것이다. 역사학자 아놀드 토인비(Arnold Toynbee)는 문명이 살아남을 수 있는 유일한 길은 강력한 종교적 힘이 떠 받쳐 줄 때라는 개념에 충격을 받았다고 알려진다. 그는 서구 문명에서 예술을 비롯하여 의학, 민주주의, 삶의 질에 이르기까지 가장 놀라운 발전의 배후에는 종종 기독교인이 존재했다는 사실을 알았다. 그는 양자 간에 정확히 어떠한 관련성이 있는지 궁금했다. 그는 자신의 저서 가운데 하나에서 책을 내기 수년 전에 꾼 꿈에 대해 언급했다. 꿈에 요크셔의 앰플포스(Ampleforth)에 들어가 제단을 쳐다보았다. 제단 위에 십자가가 있는 것을 보고 가서 그것을 붙들었는데 그때 그것을 "품고 소망을 가지라"(*amplexus expecta*)는 음성을 들었다고 한다. 그는 갑자기 양편의 관계를 이해할 수 있었다.

삶과 문화의 위대한 변화는 사람들이 변화를 위한 정교한 프로그램을 처방한다고 얻을 수 있는 것이 아니다. 오히려 그것은 신자들이 십자가에 달려 돌아가시고 부활하신 그리스도 앞에 겸손히 나아가 변화를 소망하며 그를 붙들 때 일어난다는 것이다. 토인비는 꿈속에서 이 메시지를 회중에게 가르쳤다. 중요한 것은 태도이다. 변화는 일어나지만 그의 시간에 그의 방식으로 일어난다. 이것은 신자가 수동적이라는 말이 아니다. 그 반대이다. 그들은 전적으로 동참해야 한다. 그러나 이러한 동참은 오직 예배하는 피조물로서 우리가 하나님께서 모든 것과 함께 아낌없이 우리에게 내어주신 구주를 위해 모든 것을 희생하고 제물이 될 때만이 가능하다(롬 8:32).

7. 지역적 행동

이 모든 것이 "하나님의 자비하심"에 의한 것이라는 본문을 읽을 때 우리는 단지 이해를 위한 첫 걸음을 떼었을 뿐이라는 사실을 깨닫게 된다. 그러나 과거를 토대로 해서 미래로 향하는 실제적인 방법은 많다. 우리는 앞서 사회가 점차 세계화되고 있다는 언급을 한 바 있다. 그렇다면 어떻게 지역적 환경에 뿌리를 내리고 있으면서 세계적인 영역을 인식하는 교회로서의 기능을 할 수 있는가? 한 가지 답은 교회의 지역적 특징을 무시하지 않아야 한다는 것이다. 교회 지도자들은 증가하는 유동성을 좇는 경향을 따라 주변으로 옮기려는 유혹을 받는다.

미국의 평균 가정은 4년마다 한번 꼴로 이사를 한다. 목회자는 한 교구에서 오랜 시간 동안 머무르는 지혜에 대해 신중히 고려해 보아야 한다. 보이스 박사가 제10장로교회(Tenth Presbyterian Church)에서 평생 사역하며 필라델피아에 거주한 것은 혼탁한 세상에서 예수 그리스도와 관계의 안정성을 보여주는 가시적 증거임이 분명하다. 지도자는 물론 각 가정과 독신자들은 이사하기 전에 다시 한 번 신중하게 생각해보아야 한다. 자녀에게는 어떤 영향을 줄 것인가? 지역교회에는 어떤 영향을 줄 것인가? 직장에서의 승진만이 유일한 대안인가?

이것은 교회가 부족집단화 되어야 한다는 것은 아니다. 교회는 언제나 주변 문화 및 세계와 연결되어야 하는 큰 책임이 있다. 최근 세계무역센터가 파괴되는 위기 속에 뉴욕에 있는 많은 교회는 희생자에게 큰 도움을 주었다. 물질적인 도움도 있었으며 세계 곳곳의 교회들은 뉴욕의 특정 사역자들에게 사랑의 물품을 전달했다. 무엇보다 교회는 정신적 충격을 받은 자들에게 위로와 조언을 아끼지 않았다. 우리는 테러리스트의 공격이 있었던 주일에 리디머 장로교회(Redeemer Presbyterian Church)의 예배를 참석할 기회가 있었다. 물론 교회는 많은 인파로 넘쳤으며 정규 예배로 감당할 수 없어 온 종일 예배를 드릴 수밖에 없었다. 주보의 지면은 달랑 한 장으로 줄어들었다. 찬양은 애가와 결의로 가득했다. 예수께서 친구 나사로의 죽음을 슬픔과 분노로 맞이하셨던 요한복음 11장을 본문으로 한 그날의 설교는 강력한 호소력이 있었다. 예수님은 희생자를 탓하거나 선인과 악인에 관한 이야기를 하지도 않으셨다. 그는 희생자가 되어 죽음을 이기고 승리하셨다. 그러므로 말할 수 없이 악한 공격 그리고 다른 모든 악행은 언젠가 악몽처럼 사라질 것이다.

지역 교회들은 세계화에도 불구하고 많은 일을 할 수 있다. 그들은 공동체의 지체들에게 기독교인이 정치, 과학, 예술, 농업, 가정 생활 및 직장-말하자면 삶의 모든 영역-과 바른 관계를 맺는 법에 대해 가르칠 수 있다. 대도시의 한 유명한 아프리카계 미국인 교회는 남성의 리더십 훈련에 초점을 맞추고 있다. 이것은 쇼비니즘(chauvinism) 때문이 아니라 미국의 흑인 가정에서 남성의 역할이 크게 줄어들었으며 지역 교회는 위기에 달했다는 확신 때문이다. 예전 노예 시대에는 가족이 쉽게 흩어졌다. 20세기 초에는 북쪽 도시로 가면 잘 살 수 있다는 거짓 약속을 믿고 남자들이 고향을 버리고 시카고나 디트로이트로 일자리를 찾아 떠났다. 그들은 해명을 요구하는 공동체로부터 고립되는 일이 종종 있었다. 이 교회는 특히 젊은 아프리카계 미국인 남성을 대상으로 조상들과 같은 고립화의 전철을 밟지 않도록 조기교육을 시키고 있다. 그들은 가장에게 비전을 심어줄 수 있는 사역자를 세우고 가정을 방문하여 남자가 아내와 자녀를 부양하도록 권면하며 젊은 청년이 경험 많은 어른에게 배울 수 있는 멘토링 프로그램을 시행하고 있다.

이것은 특정 선교단체가 신자들에게 모든 영역에 개입하라는 격려의 중요한 역할을 수행할 수 없다는 뜻은 아니다. 런던에 있는 예술 센터(The Arts Center Group)와 마르세이유에 있는 파비스 데자르(Parvis des arts)는 급증하는 예술 단체 가운데 예술 분야에서 기독교 미학을 장려하는 두 개의 단체이다. 그들의 사역 가운데 하나는 기독교인에게 온전한 성경적 세계관을 가르치는 것이다. 또한 그들은 다양한 분야-시각 예술, 시, 영화 등-에 종사하는 기독교인들을 상호 교제케 하는 역할을 한다. 출판, 공연, 고용기회 등은 모두 그들의 사역을 형성하는 요소다.

모든 기독교인은 이러한 바울의 균형 잡힌 평생 예배로 돌아와야 한다. 만일 그들이 이런 식으로 미국의 성급함에 대한 유혹에 항거한다면 진정한 변화를 보기 시작할 것이다. 변화는 오랜 시간이 걸리겠지만 반드시 실현될 것이다. 내가 가르치는 신학교에는 중국 학생들이 많이 있다. 그들의 이야기를 들어보면 놀랍고 흥미롭다. 그들만큼 박해의 모루에서 단련된 신앙을 가진 헌신적인 신자들도 드물 것이다. 동시에 그들 중 많은 사람은 가정교회의 신학이 경건하지만 삶의 모든 영역에서 종종 "하나님의 뜻을 분별"하지는 못한다고 말한다.

정치인은 그야말로 복음의 대적이다. 문화는 정신을 산만하게 만든다. 과학은 기술자를 위한 것이며 예술은 감각적인 이들을 위한 것이다. 우리 신학교의 많은 학생은 개혁주의 신학을 배우고 있으며 그들 중 몇 명은 특히 정치와 문화에 대한 성경적 접근에 대해 연구한다. 이러한 성경적 접근은 언젠가 그들로 하여금 하나님의 섭리에 따라 고국으로 돌아가 주님이 명하신 사회의 빛과 소금의 역할을 하게 할 것이다.

따라서 우리가 자신을 예배적 피조물로 인식하고 하나님께서 보내주신 구주에게 모든 것을 희생한다면 우리는 큰 변화를 경험하게 될 것이다. 참으로 우리에게는 그리스도와 함께 모든 것을 주시기 원하시는 하나님이 계신다. 이러한 사실을 깨닫기만 하면 얼마나 큰 변화가 있겠는가!

CHAPTER 15

예배와 감정

| 로버트 갓프리(W. Robert Godfrey)
전(前)웨스트민스터신학교 교장

1920년대 초반 영향력 있는 오순절 복음 전도자인 맥퍼슨(Aimee Semple McPherson)은 덴버에서 예배를 인도했다. 최근 전기작가인 에디스 블룸호퍼(Edith Blumhofer)는 그녀가 설교 전에 어떻게 찬송을 인도하였는지에 대해 기록한다.

> 그녀는 50-60대에 해당하는 성도들에게 손을 들라고 했다. 그녀는 계속해서 60-70대, 70-80대, 80-90대에 해당하는 성도들에게 손을 들라고 했다. 나머지 성도가 듣고 있는 가운데 그녀는 각 그룹에게 찬송가 "못박혀 죽으신 하나님 어린양"을 한 절씩 부르게 하였나. 80내가 부드러운 음성으로 "내 생명 꿈같이 이 세상 떠날 때…"라고 부르자 무서운 침묵이 그들 위에 드리웠으며 그녀가 제어할 준비는 갖추어졌다.[1]

---

[1] Edith Blumhofer, *Aimee Semple McPherson: Everbody's Sister* (Grand Rapids: Eerdmans, 1993), 229.

이것은 감정에 대한 탁월한 연주이다.

맥퍼슨은 오순절 교단에서 시작하여 오늘날 많은 교회로 확산된 감정을 정교하게 이끌어내는 방식의 선구자이다. 그녀는 부르짖고 춤추며 박수치거나 찬양단과 함께 찬송하거나 드라마적 요소를 활용한다. 블룸호퍼는 다음과 같이 요약한다.

> 그녀는 집회에 참석할 때마다 음악으로 분위기를 잡고 메시지를 전하며 감정을 전달하고 회중을 하나로 묶어 예배를 드린다. 그녀는 종종 악단과 합창단 및 합주단과 함께하는 약 30분간의 찬양시간을 통해 회중의 마음을 뜨겁게 한 후 성전 본당으로 입장했다…그녀는 언제 어떻게 하면 회중을 음악으로 자극하고 평안하게 할 수 있는지를 본능적으로 알고 있다. 그녀는 종교적이고 사교적인 목적에 도움이 되는 쉬운 합창곡을 사용했다…그들은 기대를 부풀리고 시끄러운 소음이나 행동을 덮어버렸으며 성도들 간에 인사를 나눌 수 있는 배경적 역할을 하였다. 그녀는 예배 때마다 시작하는 찬송 선정에 특별한 관심을 기울였다. 그녀는 "밝고 활발한" 찬송을 원했다.[2]

감정은 전통적 예배보다 훨씬 더 자유롭고 강력하며 탁월해야 한다고 믿었던 맥퍼슨은 그러한 신념을 실천으로 옮겼다.

감정에 관한 이러한 확신과 실천은 광범위하게 확산되었으며 지난 30년간 수많은 사람이 예배를 통해 변화를 받았던 중요한 계기가 되었다. 신앙부흥운동으로 시작된 오순절 교단은 강력한 감정의 자유로운 발로가 전통적 형식의 예배보다 훨씬 인간적이고 성경적이라고 주장한다. 그들에 의하면 예전의 예배는 성경적 계시의 산물이라기보다 냉냉한 분위기의 유럽식 문화 산물이며 히브리적이 아니라 헬라적이며 지적이라고 말한다. 오늘날 바깥의 많은 사람들은 이러한 주장을 받아들인다. 때로는 다른 인종적 문화적 특징을 표현한다는 미명 하에, 때로는 자기표현을 중요하게 여기는 로큰롤 문화에 적응한다는 미명 하에,

---

2 Ibid., 227-28.

새로운 감정적 예배는 언제나 오늘날의 삶과 연계된 전도라는 이름으로 불길처럼 번지고 있다.

그러나 이 새로운 예배가 참으로 성경적인가? 본서의 많은 장은 새로운 예배의 몇 가지 외적 형식에 초점을 맞추어 성경적 평가를 내리고 있다. 본장에서는 마음으로부터 예배의 감정이나 정서로 초점을 돌리고자 한다. 우리는 예배를 드릴 때 어떻게 감정을 표현해야 하는가? 전통적 개혁주의 예배는 감정을 지나치게 부인하였는가? 기독교인의 예배는 감정을 중요시하고 보다 자유롭게 표현해야 하는가?

먼저 우리는 개혁주의 예배가 스스로 인간의 감정에 대한 가장 적절하고 바른 표현으로 생각해 왔다는 사실을 알아야 한다. 감정은 언제나 개혁주의적 경험과 예배의 한 부분이 되어 왔다. 일반적으로 칼빈은 감정에 대해 다음과 같이 선언한다.

> 진실로, 하나님께서 자기를 경외하는 자들을 위해 예비해 두신 풍성한 달콤함(sweetness)은 언제나 강력한 감동과 함께 다가왔다. 그것은 그러한 감동에 사로잡힌 자를 환희로 이끌었다. 그러므로 왜곡되고 악한 마음은 이러한 감정을 결코 경험하지 못하는 것이 당연하며 우리는 이러한 경험을 통해 천국을 맛보고 하나님의 은밀한 보화와 천국의 가장 거룩한 구역으로 들어가게 되는 것이다.[3]

칼빈은 특히 예배와 감정에 대해 "그러나 이러한 (찬양의) 하모니의 가장 중요하고 본질적인 부분은 신실하고 순수한 마음의 감정으로부터 나오기 때문에, 거룩한 두려움으로 그를 예배하는 자가 아니라면 누구든 하나님의 영광을 바르게 찬양할 수 없을 것"[4]이라고 말한다. 그는 "마음에서 우러난 것이 아니라면 입술로 하나님을 찬양하는 것으로는 충분하지 못하다."[5]고 주장한다. 칼빈은 자신의 『기독교강요』 거의 첫

---

3 John Calvin, *Institutes of the Christian Religion* (2 vols.; ed. John T. McNeill; trans. Ford Lewis Battles; Philadelphia: Westminster, 1960), 1:589 §3.2.41.
4 John Calvin, *Commentary on the Book of Psalms* (Grand Rapids: Baker, 1979), 1.380.
5 Ibid., 1:126.

부분에서 믿음과 감정과 예배를 연결한다. "이것은 사실상 순수하고 실제적인 종교이다. 믿음은 하나님에 대한 참된 두려움과 철저히 결합되어 있기 때문에 이러한 두려움에는 율법에 규정된 합법적인 예배와 함께 자발적인 존경도 포함된다."[6]

따라서 우리는 먼저 개혁주의 유산이 예배의 바른 외적 형식과 함께 예배하는 신자의 마음과 감정의 바른 태도에 관심을 가져왔음을 알아야 한다. 영국의 청교도 리차드 십스(Richard Sibbes)는 모든 개혁주의 기독교인들이 가지고 있는 확신을 "내적 예배가 없는 외적 예배는 죽은 예배"라는 말로 요약하곤 했다.[7]

1. 감정과 마음

진정한 예배에서 감정의 바른 역할을 이해하기 위해서는 먼저 인간이 경험하는 감정에 대한 신학에 대해 살펴보아야 한다. 대체로 개혁주의 신학은 일반적으로 사람의 영혼을 지, 정, 의로 보았던 아리스토텔레스로부터 나온 전통 신학적 인간론을 따른다. 이 영혼의 세 가지 요소는 인간에게 있는 하나님의 형상을 반영한다. 따라서 인간은 하나님이 아시는 것과 유사한 방식으로 알고 하나님이 결심하시는 것과 유사한 방식으로 결심하며 하나님의 감정-사랑, 진노, 기쁨, 질투-에 대한 성경의 묘사와 유사한 방식으로 느끼는 것이다. 예를 들어 도르트 신경은 이러한 전통적 인간론을 사용하여 인간의 창조 상태와 타락한 상태를 나타낸다.

> 인간은 원래 하나님의 형상을 따라 지음을 받았다. 인간의 통찰력은 창조주와 영적인 것에 대한 참된 구원의 지식으로 치장되었다. 그의 마음과 의지는 바르고 모든 감정은 순수했으며 전인이 거룩했다. 그러나

---

6 Calvin, *Institutes*, 1:43 §1.2.2.
7 Richard Sibbes, *Works of Richard Sibbes* (repr. Edinburgh: Banner of Truth, 1977), 5:71.

마귀의 부추김과 자신의 자유의지로 하나님께 반역함으로써 인간은 이러한 탁월한 재능을 잃어버리게 되었다. 대신에 영적인 소경이 되어 무서운 어두움과 공허함 및 왜곡된 판단력에 빠지게 되었으며 악하고 반역적이며 완고한 마음과 의지 그리고 순수하지 못한 감정을 가지게 되었다.[8]

개혁주의 교의학자들은 이러한 삼중적 구분을 사용하였으나 지성과 의지에 더욱 많은 초점을 맞추었다. 대표적인 사례가 칼빈이다. 그는 "인간의 영혼은 통찰력과 의지라는 두 가지 기능으로 구성되어 있다."[9]고 말한다. 칼빈이나 다른 개혁주의 신학자에게 있어서 감정은 마음(heart)의 표현으로서 의지 안에 숨는 경향이 있다. 우리는 여기서 다양한 신학자가 제시하는 지성, 의지, 마음 및 감정의 정확한 정의와 상호관계를 살펴볼 겨를이 없다. 그 대신 칼빈과 함께 "그러나 나는 이처럼 미묘한 기능들에 대한 논의는 철학자들에게 넘기고자 한다. 경건의 구축과 관련하여 우리에게 필요한 것은 간단한 정의 하나로 충분하기 때문이다."[10]라고 주장한다. 분명한 사실은 이러한 인간의 기능이 모두 성경이 마음이라 부르는 것으로부터 온다는 것이다. 마음은 지성과 의지와 감정이 위치하는 좌소이다. 마음은 개인 신앙의 중심이다. 잠언은 "무릇 지킬만한 것보다 더욱 네 마음을 지키라 생명의 근원이 이에서 남이니라"(잠 4:23)고 선언한다. 히브리서는 이와 동일한 맥락에서 "형제들아 너희가 삼가 혹 너희 중에 누가 믿지 아니하는 악심을 품고 살아 계신 하나님에게서 떨어질까 염려할 것이요"(히 3:12)라고 말한다.

---

[8] *Canons of Dort* 3-4.1. 우리는 프란시스 투레틴의 *Institutes of Elenctic Theology* (3 vols.; ed. James T. Dennison Jr.; trans. George M. Giger; Phillipsburg: P&R Publishing, 1992, 1994, 1997), 2:547 §15.6.6에서 이와 유사한 인간론을 발견한다. "문제는 은혜가 지성이나 감정과 관련하여 불가항력적이냐의 여부가 아니다. 왜냐하면 알미니안주의자는 인간의 지성은 불가항력적으로 계몽되었으며 그의 감정은 은혜의 영향을 받아 생동력이 있다고 고백하기 때문이다. 문제는 그들이 언제나 저항할 수 있다고 주장하는 의지이다. 의지의 동의를 구하는 것은 언제나 자유롭다는 것이다."
[9] Calvin, *Institutes*, 1:194 §1.15.7.
[10] Ibid., 1:193 §1.15.6.

마음에 대한 이러한 가르침은 개혁주의 신학 전체에서 찾아볼 수 있다. 칼빈은 "기독교인의 삶은 입술의 교리가 아니라 삶의 교리이다. 이러한 삶은 다른 훈련과 달리 이해와 기억만으로는 불가능하며 오직 온 마음을 사로잡아 마음의 가장 깊숙한 정서에 안착할 때에 비로소 가능하다"고 말한다.[11] 조나단 에드워즈(Jonathan Edwards)도 이와 유사한 주장을 한다. "진정한 경건은 언제나 강력한 힘을 가진다. 경건의 능력은 먼저 그것의 원래적 좌소인 마음에서 내적으로 나타난다."[12] "마음은 중요성에 있어서 이성과 이해력과 양심과 감정에 앞선다"[13]는 라일(J. C. Ryle)의 주장은 옳다. 이러한 것들은 모두 마음에서 나와 겉으로 표현되기 때문에 간접적이다.

따라서 개혁주의 저자들은 마음의 다른 기능과 별도로 감정에만 초점을 맞추지 않는다. 그러나 이것은 감정에 대한 관심이 부족하다는 증거가 아니다. 대체로 개혁주의 저자들은 감정에만 별도로 관심을 기울이는 대신 마음의 다른 기능들과의 내적 관계에 초점을 맞추어 감정에 대해 다룬다.[14]

이러한 일반적 관행에서 벗어난 가장 잘 알려진 예외는 에드워즈의 『경건한 감정에 관하여』(*Treatise on Religious Affections*)에서 제시한 상세한 설명이다. 본서는 대각성 비판론자들에 대한 에드워즈의 답변이다. 그들은 대각성이 지나치게 감정에 의존하기 때문에 진정한 하나님의 역사로 볼 수 없다고 주장했다. 에드워즈는 감정이 진정한 경건의 마음이라고 선언함으로서 표면상 비판론자들의 주장에 동의하는 듯한 모습

---

[11] Ibid., 1:688 §3.6.4.
[12] Jonathan Edwards, *The Works of Jonathan Edwards* (gen. ed. Perry Miller), vol. 2: *Religious Affections* (ed. John E. Smith; New Haven: Yale University Press, 1959), 100.
[13] J. C. Ryle, *Old Paths* (repr. London: Clarke, 1972), 341.
[14] 우리는 청교도 William Bridge의 짧은 저서, "Affections Rightly Placed," in *The Works of the Reverend William Bridge* (repr. Beaver Falls: Sloi Deo Gloria, 1989), 5:61에서 감정에 대해 구체적으로 언급한 사례를 발견할 수 있다. 그는 감정을 마음의 산물로 제시한다. "마음이 있는 곳에는 감정이 있다. 감정은 마음의 산물이기 때문이다." 또한 그는 감정을 지성과 감정의 특정 행위와 연계한다. "통찰력과 의지의 모든 행위가 감정인 것은 아니다. 그러나 사람의 마음이 느낄 수 있도록 움직이거나 선이나 악으로 지향한다면 감정이라고 할 수 있다."

을 보인다. "그러므로 내가 여기서 말하려는 전제 또는 교리는…그것은 '진정한 경건은 대부분 거룩한 감정으로 구성된다'는 것이다."[15] 그는 이 부분에 대해 상세히 설명한다. "성경은 여러 곳에서 경건을 두려움, 소망, 사랑, 미움, 소원, 기쁨, 슬픔, 감사, 자비 및 질투 등의 감정에 둔다.[16]

사실상 에드워즈는 자신을 비판하는 자들에게 동의하지 않는다. 오히려 그는 영민하게 감정에 대해 새롭게 조명하고 훨씬 온전한 인간론으로 집대성한다.

> 하나님은 마음에 두 가지 기능을 심어주셨다. 하나는 인식하고 사색하거나 사물을 분별하고 고찰하며 판단하는 기능이다. 또 하나는 사물에 대해 고찰하고 인식할 뿐만 아니라 그 사물에 대해 어느 정도 마음이 기우는 기능이다. 즉 마음이 기울거나 내키지 않거나 싫어한다. 또는 마음이 사물을 무관심한 방관자의 입장에서 바라보는 것이 아니라 그것을 좋아하거나 싫어하며, 내키거나 내키지 않으며, 받아들이거나 거부하는 기능이다. 이 기능은 다양한 이름으로 불린다. 그것은 "경향"으로 불리기도 하고 그것에 의해 결정되고 지배를 받는 행동과 관련하여 의지라고도 불린다. 또한 마음은 이러한 기능의 발휘와 관련하여 종종 정서(감정)로 불리기도 한다.
> …내키거나 내키지 않는 것, 좋은 것과 싫은 것은 어느 정도 발휘되지만 마음은 완전한 무관심 상태에서 크게 움직이지 않는다. 정도에 있어서 이러한 것들보다 강력한 것은 칭찬하거나 반감을 가지는 것, 만족하거나 혐오하는 것 등이다. 이 수위는 마음이 더욱 활발하고 민감하게 반응할 때까지 점차 높아진다…감정이라고 불리는 것은 이러한 기능이 훨씬 활발하고 민감하게 발휘되는 상태라는 사실에 유의해야 한다.[17]

이와 같이 에드워즈는 감정을 마음과 분리된 별도의 기능이 아니라

---

15 Edwards, *Religious Affections*, 95.
16 Ibid., 102.
17 Ibid., 96–97.

"마음의 경향과 의지가 더욱 활발하고 민감하게 발휘되는 상태"로 규명한다.[18] 따라서 감정은 의지가 활발하게 활동하는 것이다. 그는 감정에 대한 정의를 통해 어떻게 진정한 감정이 감정주의로 흐르지 않고 진정한 경건의 본질적인 요소가 될 수 있는지를 성공적으로 보여준다.

2. 감정과 믿음

에드워즈의 감정에 대한 논의에서 빠진 것은 감정과 관련한 신앙의 분명한 역할이다. 그는 신앙이 기독교인 삶의 기초라는 주장을 분명히 한다. "우리가 그리스도를 믿기 전에는 은혜 언약에 대한 어떤 약속도 없다. 우리가 그리스도에 대한 관심을 가지고 그를 통해 새 언약을 약속받는 것은 오직 믿음에 의해서만 가능하기 때문이다."[19] 또한 그는 감정을 믿음의 결과이자 증거라고 생각한다. "그것은 결코 믿음의 존귀성과 중요성을 약화시키지 않는다. 믿음의 발휘와 결과는 사실상 감정의 가장 중요한 표지로 평가받아야 한다. 또한 감정은 삶의 중요성을 약화시키지도 않는다. 행동이나 동작은 그것의 중요한 표지로 평가받아야 한다."[20] 그러나 에드워즈 논문의 문제점은 예배를 포함한 기독교인의 삶에서 이러한 믿음의 긍정적 역할에 대해 상세히 제시하고 믿음과 감정의 바른 관계를 보여주지 못했다는 점이다. 그는 독자들에게 이신칭의 교리에 대한 남용에서 오는 반율법주의의 위험에 대한 경고에 초점을 맞춘 것으로 보인다.[21]

우리는 의롭다하심뿐만 아니라 기독교인 삶의 모든 영역에서 믿음의 역할에 대해 명백히 할 필요가 있다. 칭의는 물론 모든 기독교인 삶의 기초는 믿음을 통해 자아로부터 그리스도와 그의 약속으로 시선을

---

18 Ibid., 96.
19 Ibid., 222.
20 Ibid., 458.
21 가령 ibid., 175-81.

옮기는 것이다. 기독교인에게 진정한 믿음의 열매가 나타났는지를 살펴보아야 할 때와 장소가 있지만 이러한 열매에 대한 검증이 우리를 믿음 자체의 구심성으로부터 벗어나게 해서는 안 된다.

그러므로 기독교인의 일반적 삶, 특히 예배에 있어서 감정에 대한 바른 이해를 위해서는 반드시 믿음이 중심이 되어야 한다. 바울은 "우리가 그 안에서 그를 믿음으로 말미암아 담대함과 하나님께 당당히 나아감을 얻느니라"(엡 3:12)고 했다. 그리스도와 그리스도에 대한 믿음은 하나님과의 사귐의 길을 열어주며 이러한 교제는 우리를 받아주심에 대한 확신과 하나님의 저주에서 벗어났다는 해방감을 포함한 감정에 의해 특징지어진다.

여기서 칼빈은 이러한 성경적 주장을 발전시킴에 있어서 우리에게 큰 유익과 도움을 준다. "만일 우리가 값없이 주신 그리스도의 약속에 관한 진리에 근거하고, 우리의 지성에 계시되고 성령으로 마음에 인친, 우리를 향한 하나님의 은혜에 확실하고 분명한 지식을 믿음이라 부른다면 이에 대한 바른 정의를 내릴 수 있을 것이다."[22] 우리는 여기서 칼빈이 믿음을 지성 및 인간의 의지와 연결하고 있으며 또한 믿음의 대상인 그리스도의 약속과 관련하여 믿음을 규명한다는 사실을 알아야 한다.

칼빈에게 있어서 이러한 믿음은 언제나 의지나 마음과 연결된다. 그는 믿음이 "믿음의 중요한 요소인 마음의 견고하고 변함없는 항구성"[23]을 특징으로 한다고 말한다. 믿음은 "두뇌보다는 마음에 가깝고 통찰력보다는 경향에 가깝다"[24]는 것이다. 그는 이러한 논지에 대해 거듭해서 명확히 설명한다.

> 우리의 마음(mind[지성])은 헛된 것을 향한 경향이 있기 때문에 결코 하나님의 진리에 견고히 붙어 있을 수 없다. 그것은 무디기 때문에 언

---

[22] Calvin, *Institutes*, 1:551 §3.2.7.
[23] Ibid., 1:581 §3.2.33.
[24] Ibid., 1:552 §3.2.8.

제나 하나님의 진리의 빛에 둔감하다. 따라서 성령의 조명이 없이는 말씀은 아무 것도 할 수 없다. 또한 우리는 이러한 사실로부터 믿음이 인간의 통찰력보다 훨씬 고귀하다는 것을 알 수 있다. 지성이 성령의 조명을 받는 것으로는 충분하지 않으며 마음(heart)이 하나님의 능력에 의해 뒷받침되고 강화되어야 한다…그러므로 믿음은 두 가지 면에서 하나님의 유일한 선물이라고 할 수 있다. 하나는 인간의 지성이 하나님의 진리를 맛볼 수 있기 위해 깨끗하게 된다는 점이며 또 하나는 그곳에 마음(heart)이 확립되어야 한다는 것이다.[25]

그는 계속해서 다음과 같이 주장한다.

남은 것은 지성이 받아들인 것을 마음에 쏟아 붓는 일이다. 하나님의 말씀은 우리의 머리 꼭대기에서 놀지 않으면 믿음으로 받아들일 수 없지만 마음 깊은 곳에 뿌리를 내릴 때에만 모든 유혹을 떨쳐내고 강력히 버틸 수 있기 때문이다. 그러나 지성의 진정한 이해력이 성령의 조명이라면 그의 능력은 이러한 마음의 확신 안에 훨씬 더 분명히(마음의 불신이 지성의 무지보다 크다는 점에서) 나타난다. 지성이 사상을 받아들이는 것보다 마음의 확신이 더 어렵다. 따라서 성령은 이미 우리의 지성에 확실성을 각인시킨 약속을 마음에 봉인하는 인(seal)의 역할을 하며 그것을 확인하고 증명하는 보증인을 대신한다.[26]

이 믿음은 기독교인의 삶과 예배에 관한 칼빈 사상의 기초이다. 그것은 기독교인에게 있는 모든 미덕과 감정의 원천이다. 예를 들어 칼빈은 사랑에 대해 "우리 안에 사랑하는 마음을 가장 먼저 가져오는 것은 믿음"[27]이라고 말한다. 회개에 대해서는 "회개는 믿음에 따라올 뿐만 아니라 믿음에서 나야한다는 것은 논쟁의 여지가 없는 사실이다…그러나 회개가 믿음에 따라오는 것이 아니라 선행한다고 생각하거나 나무에서

---

25 Ibid., 1:580-81 §3.2.33.
26 Ibid., 1:583-84 §3.2.36.
27 Ibid., 1:589 §3.2.41.

열매가 맺히듯 믿음에 의해 생산된다고 생각하는 사람들이 있다."[28]고 말한다.

우리는 17세기 제네바의 스콜라 신학자인 프랜시스 튜레틴에게서 개혁주의 안에 계속되어온 믿음의 중심성(centrality of faith)에 대한 칼빈의 확신을 찾아볼 수 있다. 튜레틴은 믿음을 "보편적 미덕"으로 언급한다.

> 구원 문제에 있어서 믿음의 필요성은 절대적이다. 그리스도만이 구원의 동인이시며 믿음만이 그리스도로 향하는 수단이자 길이다…따라서 그것은 어느 정도 보편적 미덕에 속하는 것이 당연하다. 믿음은 형식상 신자의 모든 의무를 포함하지만 이러한 의무는 결과적으로 그리고 반드시 믿음에 후행한다. 믿음은 다양한 행위와 관계[schēseis]에 따라 눈(그리스도에 대한 지식과 관련하여)과 발(다가가서 피난처로 삼아 의지한다는 점에서) 및 손과 입(받아들이고 적용한다는 점에서)에 차례대로 비유된다.[29]

3. 말씀에 반응하는 감정

예배에 있어서 믿음의 중심성은 주 예수 그리스도를 예배의 마음에 지키도록 돕는다. 예수님은 언제나 믿음의 대상이시자 참된 예배적 영감을 불러일으키는 분이시기 때문에 우리 예배의 중심이 되어야 한다. 이러한 사실을 명확히 깨달을 때 우리는 믿음의 반응과 표현으로서 예배에 감정이 어떤 기능을 하는지 볼 수 있다.

하나님과의 만남으로서 예배는 두 가지 본질적 요소로 구성된다. 즉

---

[28] Ibid., 1:593 §3.3.1.
[29] Turretin, *Institutes of Elenctic Theology*, 2:559 §15.7.2. 믿음의 다양한 행위에 대한 논의 후에 튜레틴은 그러한 행위를 지성 및 의지와 연계한다. 이러한 믿음의 행위는 부분적으로는 지성에, 부분적으로는 의지에 자리 잡고 있다. 지성과 관련된 것으로는 지식적 행위나 동의가 있으나 이러한 요소는 믿음에는 필요하지만 공식적인 행위를 형성하지는 않는다(공식적인 행위를 형성하는 것은 지성에 해당하는 설득[persuasion]이 있다). 의지와 관련된 것으로는 피난처로 삼아 의존하는 것과 받아들이는 것(수용) 또는 애착이 있다.

하나님이 우리에게 말씀하시는 부분과 우리가 하나님께 말하는 부분이다. 하나님은 성경 봉독, 설교, 성례 및 축도를 통해 우리에게 말씀하시며 믿음은 하나님의 말씀을 진지하게 듣는다. 칼빈이 말한 대로 "우리는 믿음과 말씀 사이에 영원한 관계가 있다는 사실을 상기해야 한다."[30] 믿음은 말씀을 통해 자란다. "동일한 말씀은 믿음을 유지하는 기초이다. 믿음이 말씀을 벗어나면 타락한다…그러므로 믿음은 그의 말씀을 통해 인식된, 우리를 향한 하나님의 뜻에 대한 지식이다."[31]

하나님께서 예배를 통해 말씀하시듯이 하나님의 백성도 말씀의 성격 및 예배자의 영적 상황에 따라 다양한 감정으로 표출되는 믿음으로 반응한다. 예배에 대한 부르심은 즐겁게, 율법 낭독은 애통함으로 그리고 죄 사함에 대한 확신은 기쁨으로 들어야 한다. 모든 예배자, 특히 구체적인 죄나 문제와 싸우고 있는 자는 어느 순간에 다른 때보다 강력한 감동을 받을 수 있다. 성령께서는 신실한 자들에게 시간마다 다른 강도로 말씀을 적용하신다.

예배공동체는 기도와 찬송 및 신앙고백으로 하나님께 말을 한다. 우리가 이러한 말로 그의 말씀에 응답할 때 우리의 믿음은 하나님이 그것을 주실 때 바라셨던 형태로(즉 간절히 기도하고 기뻐 찬양하며 진지하게 신앙을 고백하는 모습으로) 나타난다. 시편은 이러한 하나님과의 교제로 가득하다. 시편 63:1-5를 살펴보자.

> 하나님이여 주는 나의 하나님이시라
> 내가 간절히 주를 찾되
> 물이 없어 마르고 곤핍한 땅에서
> 내 영혼이 주를 갈망하며
> 내 육체가 주를 앙모하나이다
> 내가 주의 권능과 영광을 보려 하여
> 이와 같이 성소에서 주를 바라보았나이다

---

30 Calvin, *Institutes*, 1:548 §3.2.6.
31 Ibid., 1:549 §3.2.6.

> 주의 인자가 생명보다 나으므로
> 내 입술이 주를 찬양할 것이라
> 이러므로 내 평생에 주를 송축하며
> 주의 이름으로 인하여 내 손을 들리이다
> 골수와 기름진 것을 먹음과 같이 내 영혼이 만족할 것이라
> 내 입이 기쁜 입술로 주를 찬송하되(시 63:1-5).

이것은 지성과 의지와 감정의 언어로 풍성한 찬양이다. 본문은 마음이 믿음을 통해 예배에 동참하는 방식을 보여준다.

예배의 중요한 목적이 그리스도께서 제정하시고 축복을 약속하신 형식을 통해 믿음으로 그리스도를 찾는 것이라면 우리는 깊고 영원한 감동을 느낄 수 있는 기초를 가지고 있는 것이다. 이러한 감정은 우리 예배의 반응과 결과로서 참되고 유익하다. 우리의 믿음과 예배가 자신을 떠나 그리스도에게로 향한다면 믿음의 참된 감동과 기쁨을 느낄 수 있을 것이다. 그렇게 된다면 우리는 감정이 믿음으로 드리는 예배를 강화한다는 사실을 깨닫게 될 것이다. 그러나 감정이 예배 경험의 대상이자 관심의 초점이 된다면 쉽게 사라지는 불순한 감정만 얻게 될 것이다.

믿음으로부터 나오는 진정한 감동은 오직 성령만이 할 수 있는 사역이다. 영국의 청교도 스테판 차녹은 다음과 같이 주장한다.

> 영적인 예배는 성령의 영향력과 도우심에 의해 진행된다…우리의 예배는 제물을 태우는 불이 제단에 임함같이 감정을 불태울 불이 하늘에서 내려올 때 영적인 예배가 된다…이와 같은 실제적인 영향력이 없다면 우리는 영적인 농기에서나 영적인 목적을 위해 또는 영적인 방식으로 행동할 수 없다…우리의 예배가 영적이 되기 위해서는 모든 것에 앞서 성령의 실제적인 임재를 구해야 한다. 그것이 없이는 한 마디의 영적 탄식이나 호흡도 내뱉을 수 없으며 마치 바람에 묶인 배처럼 우리의 예배는 육적인 것이 되고 말 것이다.[32]

---

32 Leslie A. Rawlinson, "Worship in Liturgy and Form," in *Anglican and Puritan Thinking* (by Hy-

성령은 조작될 수 없다. 그는 예배자에게 정도에 따라 주권적으로 축복을 베푸신다. 그러나 우리는 그가 제시하신 예배의 형식을 통해 그를 기대하고 발견할 수 있다.

우리는 성부께서 성자가 제정하신 예배를 위해 성령을 보내시겠다고 약속하신 것을 상기해야 한다. 성령으로 드리는 예배는 언제나 진리로 드리는 예배이다(요 4:24). 그리스도께서 설교와 성례를 은혜의 방편으로 제정하신 것은 믿음의 사람들에게 언제나 축복이 된다(행 2:42; 롬 10:14; 고전 10:16; 11:24, 29; 벧전 3:21). 하나님은 이스라엘의 찬양 중에 거하시는 분이시기 때문에 언제나 믿는 자들의 기도와 찬양을 기쁘게 받으신다.

4. 말씀에 의해 억제되는 감정

개혁주의 신학은 감정이 예배에서 차지하는 당연하고 합법적인 기능에 대해 인식할 뿐만 아니라 감정의 잠재적인 위험에 대해서도 인식한다. 지성이 거짓되고 의지가 타락할 수 있는 것처럼 우리의 감정은 불순해질 수 있다. 그릇되고 왜곡된 감정의 문제는 불신자만이 아니라 신자들 사이에서도 계속되고 있다. 다윗은 금지된 것을 바라는 불순한 감정에 사로잡혔다. 베드로는 느껴서는 안 되는 두려움에 사로잡혔다. 바울은 열심 있는 고린도 성도들에게 모든 것을 "적당하게 하고 질서대로 하라"(고전 14:40)는 경고를 해야만 했다. 따라서 개혁주의 교회들은 감정 자체를 진리나 미덕 또는 성령의 임재에 대한 정확한 지침으로 신뢰해서는 안 된다고 생각한다. 오히려 감정은 정당하게 전달되고 바르게 인도되어야 하며 기독교인의 거룩하게 된 지성과 의지에 의해 주관되어야 한다. 그들은 참 믿음의 결과가 되어야 한다.

감정이 왜곡되면 계속된 거짓의 위험에 빠지게 된다. 훌륭한 지도자

---

wel R. Jones et al.; London: Westminster Conference, 1977), 86.

는 자신이 원하는 대로 사람들-특히 잘 믿고 기대하는 사람들-이 느끼 도록 움직이는 것이 쉽다. 교회는 참 믿음 대신 감정과 카타르시스가 있는 극장이 되기 쉽다.

19세기 부흥사인 찰스 피니(Charles Finney)는 감정의 중요성에 대해 인식하고 감정을 지배하는 자연적인 방식에 대한 분명한 신학적 설명을 제시한다. 그는 자신의 『신앙부흥에 관한 강론』(Lectures on Revivals)에서 "세상에 있는 거의 모든 종교는 부흥을 통해 생성되었다. 하나님은 사람들을 순종으로 인도하시기에 앞서 먼저 그들의 감수성을 활용하여 그들 가운데 강력한 설렘이 있게 하셨다"고 말한다.[33] 감정적 흥분과 설렘은 부흥에 필수적이다. "잠자는 도덕적 능력을 깨우고 죄악과 타락의 조류를 되돌리기 위해서는 충분한 감정적 자극이 있어야 한다."[34] 피니는 이러한 감정이 초자연적인 것은 아니라고 솔직히 인정한다. 그것은 설교자와 청중이 사용하는 전적으로 자연적인 것이다. "경건에는 일상적 본성의 능력을 초월하는 것이 없다. 경건은 전적으로 본성 능력의 바른 발휘에 있다."[35] 실제로 피니에게 부흥이란 "우리가 적절한 수단을 통해 농작물을 얻듯이 적절한 수단을 사용한 결과로 얻을 수 있다."[36]

피니에게 있어서 감정이나 흥분은 부흥이나 예배의 본질적 요소이며 이러한 사상은 인간의 의지에 대한 펠라기우스주의나 반 펠라기우스주의자(Semipelagian)의 이해와 연결된다. 피니는 자유 의지를 자극하고 움직이기 위해서는 항상 무엇인가 새로운 것이 필요하다고 생각했다. 그는 천년왕국이 다가오기 때문에 새로운 자극과 흥분이 장기적인 문제가 되지는 않을 것이라는 말로 이 문제에 대처했다. 그러나 천년왕국에 관한 피니의 주장은 잘못된 것이기 때문에 새로운 흥분을 찾아야 하는 부담은 그를 따르는 자들에게 여전히 계속되고 있는 도전이다. 일정한 은사적 범주에 머무르지 못하고 성령이 움직이는 새로운 곳을 찾

---

33 Charles G. Finney, *Lectures on Revivals* (Old Tappan: Fleming H. Revell, n.d.), 1-2.
34 Ibid., 4.
35 Ibid.
36 Ibid., 5.

아야 한다는 주장은 이러한 관점을 반영한다.

피니의 전통에서 성공한 지도자는 예배를 통해 감정을 조작할 수 있으며 특히 설교와 음악으로 그렇게 한다. 효과적인 설교자는 존경심으로부터 애통하는 마음에 이르기까지 감정을 창출할 수 있다. 능력 있는 음악인은 가사와 선율 및 악기 연주법을 통해 감정을 움직일 수 있다. 특히 오순절 전통에서 음악은 예배자를 감동시키기 위해 자의식적으로 사용되어 왔다. 오순절 역사학자 그랜트 왝커(Grant Wacker)는 이러한 초기 오순절의 경향에 대해 다음과 같이 언급한다.

> 그리고 오순절 예배에서 가장 주목을 끄는 것 중 하나인 회중의 찬송이 있었다…음악은 인도자에게 강력한 예배를 위한 준비 수단을 제공한다. 그들은 예배자가 무아지경의 상태에서 찬송을 할 때까지 점차적으로 템포를 끌어올려 고조시키거나 통제가 어려울 것 같다는 판단이 서면 서서히 톤을 낮춘다. 어느 쪽이든 음악은 인도자에게 감정 표현을 조절하는 수단을 제공한다.[37]

사실 왝커가 초기 오순절에 해당하는 내용으로 제시한 것들은 현대 기독교 음악 현상에도 해당한다. 은사 집회에서 시작되어 다른 개신교 교회까지 광범위하게 확산된 복음송은 종종 자발적인 감정의 고조를 표현하는 것처럼 보인다. 그러나 사실은 예배자의 감정적 효과를 겨냥한 의도된 계산이다. 이러한 일련의 찬양을 통해 정확히 언제 예배자의 손이 올라갈 것이며 언제 다른 감정적 반응이 표출될 것인지를 예측할 수 있다.

많은 사람은 이러한 복음송이 오늘날의 문화와 연결되는 중요한 열쇠라고 주장한다. 풀러신학교의 지적 의사소통 및 인류학 교수인 크래프트(Charles H. Kraft)는 복음송의 신학적 근거를 제시한다. "참된 예배는…찬양 및 예배 분위기를 창조하기 위해 많은 노래를 부른다." 이러

---

[37] Grant Wacker, *Heaven Below: Early Pentecostals and American Culture* (Cambridge: Harvard University Press, 2001), 109.

한 예배적 분위기는 주로 복음송을 통해 경험된다. "이 경험을 가능하게 하는 것은 10분, 15분 또는 20분가량 눈을 감고 부르는 새로운 음악이다." 크래프트는 찬양곡이 대부분의 예배에서 볼 수 있는 지나치게 지적인 특징을 깬다고 칭송한다. "우리의 예배는 한참 동안의 정보전달적 찬양에 이어지는 정보전달적 설교를 중심으로 이루어진다." 이러한 정보전달적 찬송은 전통적 예배의 비감정적 특징을 강화한다. "우리는 기억에 남을만한 내용이 아니라 오직 정보와 이성적인 내용으로 가득 한 노래를 부른다." 크래프트는 기독교인에게 "오늘날 복음주의의 특징인 이성 및 지성 중심적 접근에 예속되지 말라"고 촉구한다.[38]

새로운 음악에 대한 크래프트의 근거는 찬양을 위한 책, 시편에서 발견되는 찬양의 개념과 반대된다. 시편(그리고 많은 위대한 찬송)에서 찬양은 하나님과 그의 성품 및 특히 그의 위대한 역사적 행위에 초점을 맞춘다. 또한 찬양은 개인과 공동체의 문제나 소망을 하나님 앞에 표현하는 것이다. 시편 기자가 구하는 것은 일종의 초월이 아니라 하나님을 신실하게 알고 찬양하며 섬기는 것이다. 이러한 개인과 공동체의 신실함은 시공세계 안에서 사상을 통해 온다. 기독교인은 시간이나 역사 및 사상으로부터 달아나고 싶어 하는 것이 아니라 시간과 역사 및 사상 안에서의 성취를 원한다. 복음송과 시편의 근본적인 차이는 음악적 스타일에 있어서의 차이가 아니라 신학적 차이이다. 많은 현대 기독교 음악에서 노래의 대상은 감정이다. 음악에 의해 조장된 감정은 하나님과의 새로운 성례전적 연결이 되었다. 역사적 시편 찬양에서 감정은 하나님께서 우리의 찬양을 위해 주신 말씀을 통해 마음이 하나님과 합치된 결과이다.

전통적 예배 형식에는 자발성과 성령이 없다고 비난하는 자들이 가장 세심한 감정의 조장자라는 것은 아이러니한 사실이 아닐 수 없다. 그들은 성령과 자신들이 세심하게 계획한 예배 연출 사이에 일관성이 결여된 사실은 모르고 오히려 전통적 예배의 계획된 예전과 설교는 성

---

38 Charles H. Kraft, "The Hymnal Is Not Enough," *Christianity Today* (April 7, 1989): 8.

령이 없는 죽은 예배라고 주장한다. 그들은 성령이 성경에 계시된 예배 형식을 통해 임재하신다는 사실에 대해서는 회의적이다. 그러나 성령이 그들이 고안한 인간적 방식을 통해 임재하실 것이라고 확신한다. 그들은 하나님의 제단에 다른 불을 사용한다거나(레 10:1) 금송아지를 위한 이스라엘 백성의 진지하고 감정적인 예배(출 32장)를 따른다는 사실에 대해서는 전혀 두려워하지 않는 것으로 보인다. 우리는 모두 감정을 참된 경건과 예배의 준거로 삼는 것의 위험에 대한 로버트 다브니(Robert Dabney)의 탁월한 경고에 귀를 기울여야 한다. "소경은 우연히 접한 종교적 장소나 말씀 또는 광경을 통해 감각적인 동물적 감정을 느꼈기 때문에 자신이 종교적 감정을 가졌다고 상상하기 쉽다. 그러나 이것은 수백만의 자기 기만적 영혼을 지옥의 나락으로 떨어지게 했던 치명적인 실수이다."[39]

5. 결론

예배에 대한 개혁주의적 접근은 예배의 형식 이상으로 예배의 내용에 관심이 있다. 그것은 모든 참된 기독교인이 하나님의 명령에 따라 마음과 뜻은 물론 모든 경건한 감정을 다해 예배해야 한다고 주장한다. 우리의 믿음은 그리스도의 말씀을 들을 때 감정적인 반응을 보이며 감정이 담긴 기도와 찬양으로 자신을 표현한다. 개혁주의 기독교는 감정은 쉽게 조작되거나 남용될 수 있다는 사실을 인정하며 예배를 통해 바른 감정을 온전히 표현하고 싶어 한다.

> 하나님은 무한한 기쁨의 영이시다. 그러므로 우리는 그에게 기쁨으로 나아가야 한다. 하나님은 무한한 장엄과 존귀의 영이시다. 그러므로 우리는 경외하는 마음으로 그 앞에 나아가야 한다. 하나님은 무한히 높으신 영이시다. 그러므로 가장 겸비한 마음으로 우리의 제물을 드려야 한

---

[39] Ernest Trice Thompson, *Presbyterians in the South* (Richmond: John Knox, 1973), 2:430.

다. 하나님은 무한히 거룩하신 영이시다. 그러므로 우리는 성결함으로 그를 만나야 한다. 하나님은 무한한 영광의 영이시다. 그러므로 우리는 하는 모든 일과 그의 영광에 기여하는 모든 방법에 있어서 예배에 가장 큰 목적을 둠으로 그의 탁월하심을 인정해야 한다. 하나님은 우리로 인해 무한히 분노하시는 영이시다. 그러므로 우리는 화목케 하는 중보자이자 중재자이신 분의 이름으로 예배를 드려야 한다.[40]

---

[40] Rawlinson, "Worship in Liturgy and Form," 86.

4부 예배, 역사 그리고 문화

Worship, History, and Culture

우리는 이 마지막 단원에서 몇 가지 중요한 이슈에 대해 살펴보아야 한다. 루이스(C. S. Lewis)가 "시대적 속물근성"(chronological snobbery)이라고 불렀던, 포스트모던시대의 과거(역사, 전통)에 대한 무관심은 우리로 하여금 다시 한 번 개혁주의 예배의 역사적 뿌리에 대해 돌아보게 한다. 오랜 세월 치열한 싸움을 통해 관철해온 교회의 주장을 무시하고 새롭게 시작한다는 것은 교만이다. 교회마다 다른 전통은 어느 정도 규명이 되어야 하지만 그것이 가장 중요한 일은 아니다. 이러한 것들에 대해서는 큰 원리에서 벗어나지 않는 한 그대로 둘 수 있다. 그러나 성경의 예배관에 대한 절대적 존중으로부터 나온 것들도 있는데 이러한 전통에 대해서는 반드시 규명하고 그것을 뒷받침하는 주장들에 대해서는 자세히 살펴본 후 재확인하거나 부인해야 하는 것이다.

닉 니덤(Nick Needham)은 여러 전통에서 볼 수 있는 공동 예배의 요소에 초점을 맞추며 예배의 역사적 뿌리에 대해 간략히 살펴본다.

휴스 올리펀트 올드(Hughes Oliphant Old)는 예전(liturgy)이라는 중요한 영역에 대해 다룬다. 예전은 어떤 전통에서도 찾아볼 수 있으며 이러한 의식이 없다고 생각하는 전통도 마찬가지이다. 공동 예배 지침(Directory of Public Worship)과 같은 최소한의 의식도 예전에 해당한다. 칼빈의 글을 철저하게 조사 연구한 올드는 다음과 같은 결론을 내린다. "칼빈은 고교회파(high-church) 운동이 철저한 의식주의(ceremonialism)임을 발견했을 것이다. 그는 고교회파의 예술적 위선과 로맨티시즘 및 화려한 치장에 대해 참을 수 없었을 것이다. 그는 미국의 텐트 부흥회에서 볼 수 있는 동물적 감정주의는 물론 아이비리그 채플의 세련된 감정주의에 대해서도 마음이 편치 못했을 것이다." 예배의 역사에 관한 누구보다 탁월한 학자 가운데 하나로 존경받는 올드는 결코 완곡어법을 구사하지 않는다. 그의 논문은 철저히 읽고 되새김질 되어야 할 것이다.

누군가는 예배에 관한 책에서 "예배 논쟁(전쟁)"이라는 말을 사용하지 않을 수 없었을 것이다. 마이클 호튼(Michael Horton)이 그랬다. 그는 포스트모더니티(포스트모더니티는 존재하는가?)와 모더니티(핵심적 특징이 무엇인가?)에 대해 다룬다. 호튼은 "해 아래 새 것이 없다"고 말하고 우상숭배-그것의 정확한 형태가 어 떠하든-는 하나님보다 자신을 더 섬긴다는 면에서 본질적으로 모든 시대마다 동일하다고 주장한다. 칼 빈으로 되돌아가보아도 마찬가지이다. 그것은 언제나 듣는 옛 노래와 같다. 인간의 마음은 "영원한 우상 의 공장"이라는 것이다. 하나님이 명하신 대로 섬기는 것만이 참되신 하나님에 대한 바른 예배이다. 그 렇지 않은 모든 것은 다 우상숭배인 것이다.

CHAPTER 16

각 시대의 예배

| 닉 니덤(Nick R. Needham)
Highland Theological College 교회사 교수

"하나님을 어떻게 예배해야 합니까?"라는 질문에 대해 건전한 기독교인이나 개신교 신자라면 본능적으로 "성경이 무엇이라고 말합니까?"라고 되물을 것이다. 잘 생각해보면 이것은 당연하고 사실상 충분한 대답이 된다. 그러나 성경이 이 문제(또는 다른 문제)에 대해 무엇이라는지에 대해 우리만 알고 있다고 생각해서는 안 된다. 지혜와 겸손은 우리로 하여금 이 문제에 대해 보다 포괄적인 태도로 접근하여 "모든 시대의 기독교인은 하나님을 예배하는 방법에 대한 성경의 주장을 어떻게 이해해왔는가?"라는 질문을 던지게 한다. 우리가 유아론(solipsism)을 받아들일 마음이 없는 한, 예배에 관한 어떤 진지한 고찰도 예배의 역사-즉 문헌적 유물, 특히 예전문헌에서 실제로 사용되고 보존되어온 일종의 성경주석-를 고려하지 않을 수 없다. 따라서 나는 본 장을 통해 이러한 예배의 역사에 대해 제시하고자 한다.

그러나 그 전에 먼저 양해를 구할 것이 있다. 아마도 여러분은 결코 포괄적인 설명을 듣지 못할 것이다. 주어진 지면의 한계 때문이다. 본

장의 확연한 생략은 누구나 감지할 수 있을 것이다. 나는 여기서 개혁주의 독자들이 관심을 가질만한 몇 가지 중요한 전통의 핵심적인 요소에 대해서만 간략히 제시할 것이다. 따라서 자체적으로는 분명한 가치를 지닌 전통이라 하더라도 글의 방향 및 지면관계상 어쩔 수 없이 생략한 것이 많다.

더구나 여기서는 각 시대마다 교회가 어떻게 예배했느냐-즉 이론보다 실제-에 초점을 맞춘다. 이론을 전혀 무시하는 것은 아니지만 실제에 대한 초점은 두 가지 면에서 유익이 있다. 첫째로 그것은 교회가 실제로 경험한 예배 현상을 우리에게 직접적이고 생생하게 깨닫게 한다. 또한 실제에 대한 관찰은 이론을 배우는 탁월한 방법 가운데 하나이다. 우리는 역사적 기독교의 예배 구조 및 실제에 대해 접근함으로써 예배의 기본적인 전형 및 원리에 대해 분별할 수 있을 것이다. 어쩌면 우리가 인식한 내용의 의미와 근거에 대한 설명이 쉽지 않을 수 있지만 유익한 훈련이 될 것이다. 그러나 어쨌든 우리가 이러한 인식의 근거를 제시하기 전에 무엇이 좋고 나쁜지를 감지하게 될 것이다.

이러한 사실을 염두에 두면서 이제 기독교 예배의 역사에 대해 살펴보자.

1. 교부시대의 예배

사도시대 이후의 기독교 예배는 어떤 모습이었는가? 다행히도 우리에게는 2세기 신학자인 순교자 저스틴(Justin Martyr)이 일반적인 기독교 예배 모임에 대해 묘사한 글이 남아있다.

> 주일에는 마을에 사는 모든 신자가 함께 모여 시간이 될 때까지 사도들의 회고록(memoirs)이나 선지자의 글을 읽었다. 낭독자가 성경 봉독을 마치면 지도자가 설교를 통해 그 말씀에 따라 살 것을 촉구하였다. 그런 후 우리는 모두 일어나 기도를 한다. 기도가 마치면 떡과 포도주와

물이 나오고 인도자가 기도와 함께 정성껏 축사하면 사람들은 아멘으로 화답한다. 이어서 축사한 음식을 나누고 모든 사람이 식탁에 참예한다. 집사들은 그날 참석하지 못한 사람들에게도 음식을 가져간다. 부유하거나 마음이 있는 사람은 원하는 만큼 헌금(헌물)을 했으며 거둔 것은 인도자에게 맡겨 고아나 과부, 질병 등의 이유로 어려움에 처한 자, 함께 우거하는 나그네에게 나누어주었으며 필요한 자들에게는 말씀으로 권면하였다. 우리가 주일날 모이는 것은 그날이 하나님께서 흑암과 혼돈을 물리치고 세상을 창조하신 첫날이며 우리 구주 예수 그리스도께서 죽은 자 가운데서 부활하신 날이기 때문이다(*Apology* 1.67).

성경을 해석하고 거룩한 공동체를 감독하는 모임의 지도자는 나이 많은 선임 장로나 2세기에 교회 조직으로 발전된 감독이었다. 저스틴은 다른 곳에서 주의 날 또는 유카리스트('성찬'이란 뜻으로 '감사하다'라는 뜻의 헬라어 *ucharisteō*에서 유래되었다)에 대해 상세한 설명을 제시한다.

이어서 물을 탄 한 잔의 포도주와 떡이 회중의 지도자에게 전달되었다. 그는 그것을 받아 성자와 성령의 이름으로 만물의 아버지께 찬송과 영광을 올려드렸다. 그는 예수님으로부터 잔과 떡을 받을 자격을 주신 것에 대해 장시간 감사의 기도를 드렸다. 기도와 축사가 끝나면 모든 회중은 기뻐하며 아멘('아멘'은 히브리어로 '그렇게 될지어다'라는 뜻이다)으로 화답하였다…이어서 집사들이 축사가 끝난 떡과 물을 탄 포도주를 참석한 모든 사람에게 돌렸으며 음식의 일부는 그날 참석하지 못한 사람들에게 가져갔다.
우리는 이 음식을 "성찬"이라고 부른다. 이것은 우리가 가르치는 것을 진리로 믿지 않는 자에게는 결코 허락되지 않았으며 죄 사함을 받고 중생하여 그리스도의 명령대로 사는 자들에게만 허락되었다. 우리는 떡과 잔을 보통 음식으로 생각하지 않는다. 그러나 우리 구주 예수 그리스도께서 하나님의 말씀으로 육신이 되사 인간의 살과 피를 입으시고 우리를 구원하신 것처럼 우리는 그리스도로부터 받은 말씀으로 기도한 음식–우리가 그것을 먹고 마심으로 우리의 살과 피가 되는 음식–이 육신이 되신 예수님의 살과 피라고 배웠다. 사도들은 자신들이 만든 "복음서"라고 부르는 회고록에서 그들이 받은 명령을 제시한다. 예수님은 떡과 잔을 받으시고 축사 하신 후 "이것은 내 몸이니 이것을 행하여 나를 기념하라"고 하셨다. 또한 잔을 받으시고 축사하신 후 "이것은 내 피라"고 말씀하신 후 그들에게 주셨다(*Apology* 1.65-66).

저스틴의 설명을 통해 우리는 2세기 기독교 예배의 중요한 요소는 (1) 성경 봉독 및 해석, (2) 기도, (3) 성찬임을 알 수 있다. 실제로 오늘날 많은 교회와 비교할 때 성찬은 초기 기독교 예배에서 상당히 중요한 위치를 차지했다. 지역 교회는 매 주일 성찬을 거행하였으며 성찬은 예배의 중요한 부분이었다. 현대 기독교인에게 찬양은 예배의 핵심적 요소이지만 초기 교회에서는 크게 중시하지 않았다. 그러나 우리는 다른 자료를 통해 찬송이 초기 기독교의 예배에 광범위하게 시행되고 있었음을 알고 있다. 2세기의 영창이나 찬송의 일반적 형태는 "화답"이었다. 즉 성경 봉독자나 목사가 (주로 시편에서) 한 절을 노래하면 회중이 "할렐루야"와 같은 짧은 화답이나 합창으로 화답하는 형식이었다. 또한 독창이나 온전한 회중 찬양도 있었으나 후자의 경우 4세기까지는 대중화 되지 않았다.

초기 기독교인이 공동 예배에서 불렀던 찬송이나 영창은 구약성경 시편이나 신약성경의 시적 본문(가령 누가복음 1:46-55의 동정녀 마리아의 하나님 찬가 등)이다. 찬송이 대중화된 것은 4세기 무렵인 것으로 보인다.[1] 찬송에 악기는 동원되지 않았다. 기독교인은 2세기 또는 그 후 몇 세기 동안 예배에 악기를 사용하지 않았다. 초기 교회는 악기를 유대교 예배 또는 이교도 예배의 한 부분으로 보았으며 기독교 예배의 사도적 전승으로 보지 않았다.[2]

---

[1] 그러나 가장 유명한 교부시대 찬양 가운데 하나인 영광송(Gloria in Excelsis)은 2-3세기의 것으로 보인다.

[2] 순교자 저스틴의 글로 알려졌으나 사실은 Theodoret of Cyrrhus의 글로 보이는 한 자료에는 5세기 초의 한 유명한 교회 교부의 다음과 같은 전형적인 진술이 나타난다. "질문: 만일 찬송이 불신자에 의해 속이려는 목적으로 만들어져(창 4:21) 유대인의 유치한 마음 때문에 율법 하에서 사용되었다면 왜 이교도나 유대인의 관습과는 상반된 온전한 은혜의 가르침을 받은

또한 우리는 초기 교회 시대 및 그 후 수세기 동안 예배 시간 내내 서서 예배드리는 것이 전통이었다는 사실을 알아야 한다. 서구 교회는 오랜 시간이 흐른 후 14세기에 들어와서야 회중이 앉는 의자가 들어왔다. 지금도 동방교회는 아예 교회 건물에 의자가 없다. 예배 중 힘든 사람들은 건물 가장자리 부근에 앉을 수도 있었지만("노약자는 벽쪽으로 간다") 모든 사람은 서서 기도했다. 초기 기독교인은 공동 예배 기도에서 서는 것을 유일한 자세로 생각했다. 또한 초기 기독교 예술은 신자들이 손바닥을 위로 향한 채 손을 펴고 눈을 떠서 하늘을 쳐다보며 기도하는 모습을 보여준다.

저스틴의 설명에서 보여주듯이 초기 기독교 예배는 대체로 형식이 단순하고 체계가 고정되어 있음을 알 수 있다. 저스틴이 묘사한 양식은 로마 제국 전역의 교회에서 큰 차이 없이 시행되었을 것이다. 저스틴의 설명에서 명확하게 제시되지 않은 한 가지 중요한 요소는 예배가 뚜렷이 구별된 두 부분으로 나뉘어 진행되었다는 것이다. "말씀 예배"(찬송, 성경 봉독 및 설교)로 불리는 첫 번째 부분은 세례받은 신자나 기독교 신앙에 대해 배우는 자 및 단순히 기독교에 대한 관심을 가진 자가 해당된다. 두 번째 부분인 기도와 성찬(주님의 만찬)은 세례받은 자들에게만 해당되며 나머지 사람들은 집으로 돌아가야 했다. 우리는 초기 교부들의 글에 나타난 설명과 가르침을 통해 전형적인 예배는 세 시간 정도 지속되었으며 다음과 같은 구조로 이루어진다는 사실을 알 수 있다.

1부: 말씀

1. 예배의 시작에 대한 선언 및 화답: 감독은 "주께서 여러분과 함께 하시기를 빕니다"라고 했으며 회중은 "당신에게도 함께 하소서"라고 화답했다.

기독교인이 율법의 자녀인 유대인처럼 교회에서 찬송을 해야 하는가? 대답: 단순한 찬송은 유치한 것이 아니다. 유치한 것은 생명이 없는 오르간과 춤과 심벌즈 등과 함께 부르는 노래이다. 그러므로 우리 기독교인들은 이러한 유치한 악기를 사용하지 말아야 하며 노래만 해야 한다."

2. 성경 봉독: 구약성경.³
3. 시편 또는 찬양.
4. 성경 봉독: 신약성경(첫 번째 신약성경 봉독은 사도행전과 요한계시록 사이의 한 부분―주로 서신서―을 읽었다.)
5. 시편 또는 찬양.
6. 성경 봉독: 신약성경(두 번째 신약성경 봉독은 사복음서 가운데 한 부분을 읽었다.)⁴
7. 설교: 감독은 앉은 자세로 설교했다.⁵
8. 세례받은 신자만 남고 나머지는 집으로 돌아갔다.

2부: 성찬식

1. 기도: 기도 인도자(서방에서는 감독, 동방에서는 집사들 가운데 연장자)가 기도 제목을 제시하면 회중은 한 동안 조용히 기도한다. 잠시 후 인도자가 소리를 내어 기도하며 회중이 간구한 내용을 마무리한다. 이어서 인도자는 다른 기도 제목을 제시하고 회중은 조용히 기도한다. 지도자는 다시 한 번 소리 내어 기도하며 회중의 기도를 마무리한다. 이런 식으로 상당한 시간동안 기도가 이어진다.⁶
2. 성만찬: (1) 감독의 인사와 회중의 화답 및 평안의 입맞춤(남자는 남자에게 여자는 여자에게). (2) 봉헌: 각 지체는 작은 빵과 포도주를 교회로 가져왔으며 집사들은 그것을 받아 주님의 식탁을 차렸다. 포도주 병은 모두 비워

---

3 집사가 읽었다. 회중이 많을 때에는 단순한 낭독이 아니라 곡조를 붙여 읊었다. 이것은 아마도 유대교 회당 예배에서 나온 것으로 보인다.
4 이러한 성경 읽기의 세 가지 전형(구약성경, 서신서, 복음서)은 초기 시대로 거슬러 올라간다. 3세기부터 한 해 동안 매주 어떤 성경 구절을 읽어야 할지를 표시한 성구집이 등장했다.
5 초기 교회에서 앉는 것은 설교와 가르칠 때 허용된 자세였다(마 5:1-2; 눅 4:20-21; 5:3; 요 8:2; 행 16:13).
6 이러한 기도 시스템은 "중보기도"(bidding prayers)로 알려져 있다.

큰 은잔 하나에 담았다. (3) 감독과 회중은 서로 대화를 나누고(아래에 제시한 히폴리투스의 사례를 참조하라) 감독의 기도가 이어졌다. (4) 감독과 집사들은 떡을 떼었다. (5) 감독과 집사들은 회중에게 떡과 잔을 나누어주었다. 떡과 잔을 받을 때 한 마디씩 주고 받았다. 가령 로마교회에서는 집사가 "예수 그리스도를 통한 하늘의 떡입니다"라고 하면 회중은 "아멘"이라고 대답했으며 공동체는 언제나 선 자세로 받았다. 남은 떡과 잔은 집으로 가져가 주중에 성도의 교제를 위해 모일 때 사용하였다.
3. 축복: 집사는 "평안히 가십시오"라는 인사를 했다.

오늘날 많은 기독교인은 이러한 초기의 예배 모습 가운데 두 가지 요소에 대해 놀랄 것이다. (1) 첫째, 초기 교회는 불신자가 회중 기도에 참여하는 것을 허락하지 않았다는 것이다. 왜냐하면 회중은 기도할 때 성령을 통해 그리스도 자신의 하늘에서 기도 사역에 동참한다고 생각했기 때문이다. 성령이 없는 불신자는 이러한 기도에 동참할 수 없었던 것이다. (2) 둘째, 모든 교회 지체는 공동체가 사용할 떡과 포도주를 직접 가져왔다는 것이다. 초기 기독교인은 모든 지체가 떡과 포도주를 준비했다는 사실에 큰 의미를 부여했다. 그것은 모든 구성원이 그의 열매를 드림으로 온 교회가 자신을 하나님께 봉헌하는 것이다. 집사들이 떡과 포도주를 식탁(Lord's Table)에 차리는 것은 상징적 의미에서 온 회중을 거룩한 백성으로 그리스도에게 봉헌한 것이다. 초대 교회 교부인 어거스틴은 자신의 공동체 구성원들에게 말했듯이 "식탁 위에 놓인 것은 바로 여러분이며 잔에 든 것은 여러분 자신"인 것이다.

예전문의 사용은 기독교 예배의 초기 시절부터 찾아볼 수 있다. 성만찬에 사용된 가장 오래된 교회 예전문은 히폴리투스(236년 작고)의 글에서 발견된다. 히폴리투스의 『교회 질서』(*Church Order*)에는 로마교회의 공동체 예전문이 들어 있다. (앞서 언급한) 봉헌 후 감독과 회중 사이에는 다음과 같은 대화와 기도가 이어졌다.

감독: 주께서 함께 하시기를 바랍니다.
회중: 당신에게도 함께 하소서.
감독: 주께로 마음을 여십시오.
회중: 우리의 마음이 주께로 향하나이다.
감독: 하나님께 감사합시다.
회중: 합당한 말씀입니다.
감독: 오 하나님 당신의 사랑하시는 종 예수 그리스도로 말미암아 감사하나이다. 그는 마지막 때에 하나님께서 우리에게 보내신 구세주이며 당신의 뜻을 전하는 사자시며 당신으로부터 온 로고스이시며 당신은 그로 말미암아 만물을 지으시고 그를 보내어 동정녀에게 탄생하게 하시고 그 안에서 육신이 되사 성령으로 말미암아 당신의 아들로 나시게 하였나이다. 그는 당신의 뜻을 이루시고 당신을 위해 거룩한 백성을 준비하기 위해 고난당하실 때에 손을 펴심으로 당신을 믿는 자를 고난으로부터 구원하셨나이다.

그는 고난을 자초하시고 사망의 족쇄와 사단의 사슬을 끊으시며 지옥을 밟고 의를 밝히시며 지계석을 세우시고 부활하셨으며 떡을 취하사 축사하시고 이르시되 "받아서 먹으라 이것은 너희를 위하는 내 몸이니"라고 하셨으며, 잔을 가지시고 이르시되 "이 잔은 너희를 위하여 흘리는 내 피니 이것을 행하여 마실 때마다 나를 기념하라"고 하셨나이다.

그러므로 이제 우리는 그의 죽으심과 부활을 기억하면서 당신께 떡과 잔을 드리며 아울러 우리를 당신 앞에 서게 하사 제사장으로 섬기게 하신 것을 감사하나이다.[7] 우리의 봉헌에 성령을 보내어 주시기를 원합니다.[8] 성령께서 그 위에 함께 하사 봉헌에 참예한 모든 성도에게 성령으로 충만케 하시고 우리의 믿음을 굳세게 하옵소서. 그리하여 당신의 종 예수 그리스도로 말미암아 당신께 찬송과 영광을 돌리게 하소서. 그로 말미암아 지금부터 영원까지 당신께 영광과 존귀를 돌려드리나이다. 아멘.

히폴리투스가 이 글을 쓴 것은 3세기 초이지만 기존에 있던 로마 교

---

[7] 이것은 제사장으로서 전체 회중에 대한 언급이다.
[8] 이것은 온 성도가 공동체로 가져와 주님의 식탁에 차려놓은 떡과 포도주에 대한 언급이다.

회의 전승을 기록한 것이기 때문에 이 공동체 예전문은 확실히 2세기로 거슬러 올라간다. 기독교 예배의 초창기 수 세기 동안 각 교회는 자신만의 예전문을 가지는 경향이 있었다. 예전문이 표준화되어 결국 서구의 모든 교회는 로마 교회의 예전문을 따르고 동방교회는 콘스탄티노플의 예전문을 따르는데 이는 한참 후의 일이었다. 초기의 예전문은 감독의 자유기도(예전문에 기록되지 아니한 자신의 기도)를 배제하지 않았다는 사실을 알아야 한다. 그곳에는 두 요소가 섞여 있었다. 예전문이 자유 기도를 제외하고 중요하게 된 것은 오랜 시간 후의 일이다.

기독교 예배는 주일-초대교회는 예수께서 부활하신 날이라는 뜻에서 주의 날이라고 불렀다-을 중심으로 이루어졌다. 그러나 이러한 주일중심의 예배 양식은 부활절을 중심한 연간 양식과 연결되었다. 부활절은 유대교의 유월절에 해당하는 기독교의 절기이다. 그리스도의 죽음은 유월절 어린 양이 희생된 것과 동일한 시점에 이루어졌다. 따라서 기독교인은 부활절에 그리스도의 죽음을 기념하며 이날에 유대인은 유월절을 기념한다. 소아시아의 교회들은 부활절을 정확히 유월절, 즉 히브리 달력으로 니산월 14일-반드시 주일과 겹치는 것은 아니다-에 지킨다. 그러나 팔레스타인과 알렉산드리아 및 로마의 교회들은 항상 니산월 14일이 지난 첫 주일을 부활절로 지킨다. 이러한 현상은 2세기에 심각한 논쟁(라틴어의 "14"라는 단어에서 나온 Quartodeciman[콰르토데키만] 논쟁)을 야기하였으나 14세기 니케아 공회에서 팔레스타인과 알렉산드리아 및 로마의 관습을 확정하였다.

끝으로 초기 교회의 삶에 중요한 하나의 예배 관습은 애찬(agape feast)이다. 터툴리안은 이 모임에 대해 다음과 같이 언급한다.

> 모임의 이름을 보면 모임의 성격을 알 수 있다. 헬라인들은 이 모임을 아가페, 즉 사랑이라고 부른다. 신앙의 이름으로 지불한 비용은-그것이 아무리 값비싼 희생이었다고 해도-이득이 된다. 왜냐하면 우리는 이 모임의 선한 행위를 통해 가난한 자에게 도움을 주었기 때문이다. 우리는 이교도가 그들의 축제 때에 하는 것처럼 하지 않는다. 그들은 마치 기

생충이 감각적 본능을 만족시키려 애쓰는 것처럼 배꼽 축제(belly-feast)를 위해 온갖 종류의 부끄러운 행위를 자행한다. 그러나 우리는 하나님을 본받아 가난한 자들에게 특별한 관심을 가진다. 이 모임의 목적이 선한 것이라면 다른 원리도 이러한 선의 관점에서 고려되어야 한다. 그것은 경건한 예배 행위이기 때문에 어떤 악이나 불경건도 허락되지 않는다. 따라서 이 모임에 동참하는 자는 먹을 자세를 취하기 전에 먼저 하나님에 대한 기도의 기쁨을 맛본다. 그들은 배고픔을 달랠 만큼만 먹는다. 그들은 절제할 수 있을 만큼만 마신다. 밤중에라도 하나님을 예배해야 한다는 것을 기억하는 사람들처럼 그들은 그만하면 충분하다고 말한다. 그들은 주께서 듣는 자들 가운데 하나로 와 계신 것처럼 말한다. 손을 씻은 후에는 일어나서 성경 가사나 자신들이 만든 노래로 찬양하며 온 힘을 다해 하나님께 영광을 돌렸다. 이것은 우리가 마시는 일에 얼마나 흐트러짐이 없었는지를 보여준다. 기도로 시작한 모임은 기도로 마쳤다. 모임이 끝나면 우리는 이간질하는 자나 부랑자처럼 방탕한 행위로 달려가지 않았으며 연회가 아니라 미덕의 학교를 나온 것처럼 겸손함과 순결함을 유지하려 했다(*Apology* 39).

이 애찬은 원래 성찬에서 나온 것이지만(고전 11:20-34) 초기 단계부터 별도의 모임으로 분리되었다. 애찬은 5세기까지 정상적인 기독교인의 삶과 예배의 일부로 시행되어 왔으나 그 후에는 점차 사용되지 않다가 6-8세기에 완전히 사라졌다.

교부시대의 예배는 고정된 것이 아니었다. 특히 4세기에는 중요한 변화가 있었다. 사실상 그때까지 제국의 모든 교회는 헬라어로 예배를 드렸으나 서방에서는 4세기부터 라틴어를 사용하기 시작하여 350년경에는 라틴어가 헬라어를 대신하였다. 이것은 동방과 서방이 반씩 나뉘어 문화적 표류를 시작하였으며 동방과 서방의 기독교가 신학적으로나 영적으로 다른 길로 가게 된 결정적 계기가 되었음을 말해준다. 동방에서도 많은 시리아 교회는 예배에 시리아어를 사용하였으며, 이집트 교회는 대부분 콥틱어를 사용하였다. 이는 시리아와 이집트 기독교가 5-6세기에 들어와 동방의 비잔틴 기독교 원류로부터 독자적인 민족 교회를 형성하기 위한 길을 닦았다.

또한 4세기 예배에는 예전문에 대한 강조가 고조되었다. 앞서 살펴본 대로 예전문은 초기부터 기독교 예배에 사용되었으나 예배를 인도하는 감독의 재량은 점차 줄어들고 새로운 형태의 예전문이 사용되었다. 초기에는 몇몇 주요 교회에 독자적인 예전문이 있었지만, 이제 동방에서는 콘스탄티노플 교회 및 가이사랴의 바실의 예전문을 주로 사용하였다. 바실은 가이사랴 교회의 예전문을 개정하여 사용했다. 이 예전문은 오늘날 동방정교회에서 사순절과 성탄절에 사용하고 있으며 다른 시간에는 크리소스톰(John Chrysostom)의 예전문으로 알려진 짧은 콘스탄티노플 예전문을 사용한다. 서방 교회는 예전문을 로마의 예전문이나 (주로) 프랑스 교회의 갈리칸(Gallican) 예전문에 맞추어 갔다.

4세기에는 예배의 다른 요소-가령 부활절을 기념하는 방식-에 있어서도 변화가 있었다. 이전에는 부활주일에만 초점을 맞추었으나 4세기부터는 사순절과 부활주간 전체 및 성금요일이 모두 부활주일만큼 중요성을 가지게 되었다. 또한 12월 25일을 성탄절로 지키는 관습 역시 4세기에 자리잡았다. 이것은 336년 서방 예배에서 처음 언급된다. 이날은 교회가 태양의 탄생을 기념하는 이교도의 축제를 기독교화 한 것이다. 고대 로마인들이 12월 17-21일에 촛불을 켜고 파티를 열어 선물을 교환하던 농신제(Saturnalia) 풍습이 성탄절로 넘어 온 것이다.⁹

4세기의 예배는 제의와 의식을 많이 사용하는 경향이 강했다. 우리는 시릴(Cyril, 310-386년)이 350년부터 감독으로 있었던 예루살렘 교회에서 이러한 사실에 대한 명백한 사례를 찾을 수 있다. 우리는 목사가 특별한 가운을 입고 향을 사용하며 램프나 양초와 같은 조명 및 여러 가지 의식을 사용했다는 사실을 처음 듣는다.

4세기 예배는 제의와 의식에 대한 발전과 함께 성인과 유품에 대한

---

9 동방에서는 1월 6일을 성탄절로 지키기도 하였으나 379년에 나지안주스의 그레고리(Gregory of Nazianzus)가 자신이 감독으로 있던 콘스탄티노플이 지키던 날짜를 도입하였다. 그럼에도 불구하고 이집트는 431년까지 12월 25일을 받아들이지 않았다. 팔레스타인 기독교인들은 6세기에 되어서야 받아들였으며 아르메니안 교회는 지금도 1월 6일을 성탄절로 지킨다.

숭배가 확장되었다. 기독교인은 생전에 거룩한 삶을 살았던 자들, 특히 순교자의 시신에 중요한 가치를 부여하였다. 성인의 시신이 안치된 곳에는 예배실이나 사당 또는 교회가 세워졌다. 신자들은 점차 성인의 유품, 가령 옷이나 유골을 중요시하였다. 죽어서 지금은 하늘에 있는 성인이 기도로 이 땅의 신자들의 투쟁을 도울 수 있다는 순수혈통교리가 발전되었다(초기부터 씨앗형태로 제시되었다). "의인의 간구는 역사하는 힘이 큼이니라"(약 5:16)고 했다. 그렇다면 하늘에 있는 성도의 기도는 더욱 효과적이지 않겠는가라는 것이다. 따라서 기독교인은 성도에게 기도를 한 것이 아니라 하늘에 있는 성도가 자신을 위해 기도해 주기를 구했다. 이것은 성도에 대한 기원 또는 호소로 불렸다("요청하다"라는 뜻의 라틴어 *invocare*에서 왔다). 대중 신앙에서는 종종 성인에게 직접 기도하는 관습으로 흘러들어가기도 했으나 이러한 행위는 이교도가 다양한 신에게 기도하는 것과 별반 차이가 없는 것이다. 사람들은 특정 성인이 특정 필요에 효력이 있다고 생각했다. 가령 어떤 성인은 불임 치유에 효력이 있고 어떤 성인은 여행자 보호에 효력이 있으며 어떤 성인은 미래를 볼 수 있게 한다는 등이다.

당시 큰 교회 지도자들은 대부분 이러한 성인 및 유품 숭배를 긍정적으로 권하였다. 그러나 다른 사람들은 이러한 움직임에 찬성하지 않았다. 비질란티우스(Vigilantius)라는 한 프랑스 장로는 기독교인이 이교적 습관과 행위에 빠지는 것을 보고 이렇게 말하였다. "우리는 경건을 위장한 이교도 의식이 교회로 들어 온 것을 본다. 사람들은 백주에 촛불을 켜고 비싼 천에 싸인 조그만 항아리 안에 흙이 되어 들어 있는 시신에 입 맞추고 숭배한다"(Jerome, *Against Vigilantius* 4).

신자들이 그리스도와 성인(성경이나 기독교 교회사에 나오는 거룩한 남녀)의 그림을 보존하는 교회를 숭배하기 시작한 것도 4세기경이다. 동방의 기독교인은 이 그림을 헬라어로 "형상"이라는 뜻의 아이콘(icons[성화])이라고 불렀다. 이러한 아이콘은 그때까지 다른 상황에서는 사용된 것이 확실하지만 교회 장식으로는 사용되지 않았다. 예를 들어 터툴리안은 양을 데리고 가는 선한 목자 그리스도의 그림이 들어 있는 컵에 대해 비난하였다. 알렉산드리아의 클레멘트는 기독교인이 편지를 봉인할 때 사용하는 인장반지에 대해 언급한 바 있다. 이 반지는 생선(그리스도), 비둘기(성령), 닻(믿음[히 6:19]), 떡(성만찬)과 같은 기독교의 상징을 봉랍 속에 새겨 넣었다.

생선은 그리스도에 대한 상징으로 선호되던 아이콘이다. 생선에 해당하는 헬라어 익투스(*ichthys*)의 철자는 모두 예수의 이름과 관계된다. 즉 *iēsous*(Jesus, 예수), *christos*(Christ, 그리스도), *theos*(God, 하나님), *huios*(Son, 아들), *sōtēr*(Savior, 구주). 4세기의 교회사가 가이사랴의 유세비우스는 개인적으로 아이콘에 반대하지만 당시 이러한 아이콘이 광범위하게 존재했다고 말한다. "내가 조사한 그림 속에는 사도 바울과 베드로 그리고 사실상 그리스도 자신의 용모가 보존되어 있었다"(*History of the Church* 7.18).

기독교 성화는 특히 로마와 신자들의 무덤 주변에서 사용되었다. 이 무덤들은 카타콤이라는 비밀 지하에 위치했으며 주후 1세기로 거슬러 올라간다. 로마 카타콤의 초기 기독교 예술은 종종 성경에 나오는 장면을 묘사한다. 구약에서 선호하는 장면은 노아의 방주, 이삭을 바치는 아브라함, 물고기 배속의 요나, 사자 굴 속의 다니엘, 풀무불 속의 사드락과 메삭과 아벳느고이며 신약성경에서는 세례받으시는 그리스도, 우물가의 사마리아 여인, 물 위를 걷는 베드로, 나사로의 부활 등이다. 성전 벽에 이러한 그림이 있는 첫 번째 교회는 3세기경에 세워진 두라(Dura, 오늘날의 이라크)의 교회이다.

그러나 교회의 성화 숭배가 일상화된 것은 4세기 들어와서이다. 그 이유 가운데 하나는 4세기에 이르러 교회 건물이 공건물이 되었기 때문이다. 콘스탄틴의 회심 전에는 기독교인에 대한 박해의 위협이 끊이지 않았으며 신자들의 모임은 대부분 집에서 은밀히 모였다. 그러나 콘스탄틴 시대에 들어와 정부의 박해에 대한 두려움이 사라지자 기독교인은 공개적으로 신앙을 표현할 수 있었다. 예배를 위한 특별한 건물의 건축과 동시에 기독교 예술을 통한 건물에 대한 숭배가 진행되었다. 그러나 일부 4세기 교부들, 살라미스의 에피파니우스(Epiphanius of

Salamis)는 교회에서 이러한 아이콘이 사용되는 것을 극력 반대하였다. 한번은 에피파니우스가 그리스도의 그림이 팔레스타인 교회의 커튼에 들어 있는 것을 보고 화가 나 그것을 찢고 예루살렘 감독에게 거칠게 항의한 적이 있다.

그러나 에피파니우스는 승산 없는 싸움을 싸웠다. 밀란의 암브로시우스(Ambrose)나 히포의 어거스틴과 같은 4세기의 다른 유명한 교부들이 이러한 아이콘을 가진 교회 건물을 숭배하는 것을 변호했던 것이다. 그들은 큰 인기를 얻었다. 대부분의 교회는 성인들과 그리스도의 형상을 그림이나 태피스트리, 모자이크 및 조각으로 전시하였다. 성경도 훌륭한 그림을 종교적 삽화로 포함하기 시작하였다. 그러나 교회에서 아이콘에 대한 에피파니우스의 적대감은 사라지지 않았으며 동방 교회에서는 8-9세기의 성상파괴 논쟁을 통해 다시 한 번 타올랐다.

2. 중세시대 서방의 가톨릭 예배

5세기에 있었던 서방 로마제국의 붕괴 이후 서방 교회의 삶에 영향을 미친 가장 큰 문제 가운데 하나는 성직자 교육 수준의 전반적인 하향 추세이다. 성직자 사회의 문화와 지식 및 문학은 전체 사회의 일반적 기준을 반영하는 경향이 있다. 서유럽에서는 이러한 기준이 400년대의 게르만 대이동 이후 심각한 수준까지 떨어져 서방 문명에 파괴와 황폐화를 가져왔다. 8-9세기 카롤링거 왕조의 문예부흥(Carolingian renaissance)은 이 사태를 개선하는 데 일조하였으나 전반적인 상황은 여전히 열악했다.

교회의 삶에서 이러한 교육 수준의 저하를 보여주는 분명한 증거는 성직자가 예전이나 성례전적 기능—성체성사, 고해성사, 유아세례 및 장례집전 등—을 제대로 수행하지 못했다는 사실에서 찾을 수 있다. 그들은 더 이상 설교를 하지도 못했다. 이와 같이 서방 가톨릭은 많은 일을 하면서도 아무 것도 설명할 수 없는 예배 형태에 익숙하게 된 것이다. 라틴어의 사용은 계속되었으나 교육받은 소수 엘리트에게만 해당되는 언어였다. 따라서 옛 서방 로마로 새로 들어온 게르만족에게는 라틴어 예배가 미스터리할 수밖에 없었다.[10]

서구의 예전문은 카롤링거 르네상스 기간 동안 표준화되었다. 지금까지 서구 교회는 두 개의 예전문—로마의 예전문과 갈리칸(프랑스) 예전문—을 사용한다. 둘 가운데 더 많이 사용되는 갈리칸 예전문의 내용은 다음과 같다.

1부: 말씀의 예배

1) 신부의 인사: 주께서 함께 하시기를 바랍니다. 회중: 당신에게도 함께 하소서.
2) 자비를 구하는 기도(Kyrie eleison): 주여 우리에게 자비를 베푸소서(영창)
3) 찬양: "주를 찬송합니다"(Benedictus dominus[눅 1:68-69]) 또는 "지극히 높으신 하나님께 영광"(Gloria in excelsis).
4) 본기도(그날의 기도)
5) 구약성경 봉독
6) 신약성경 봉독: 서신서
7) 찬양: benedictus es(주께 복이 있을지라[70인역 다니엘서에서 발췌한 Azariah의 기도]) 또는 Benedicite(주를 송축하라[70인역 다니엘서에서 발췌한 세 자녀의 노래])
8) 복음서를 가져오는 동안 Gloria tibi, domine(오 주여 당신께 영광을 돌리나이다)를 노래
9) 복음서 봉독

---

10 보다 정확히 말하면 서방의 성직자들은 대부분 자신의 설교를 하지 못했다. 그러나 이것은 그들이 전혀 설교를 하지 않았다는 말은 아니다. 당시는 호밀리(homilies[설교문에 의한 약식 설교])가 교회 예배에서 중요한 위치를 점했던 시기였다. 호밀리는 다른 사람이 작성한 것을 신부가 회중에게 읽어주는 설교 방식이다. 이것은 5세기부터 시작되어 8-9세기에는 설교의 전형적인 방법으로 널리 확산되었으며 연간 성경 읽기 시스템인 교회 성구집에 따라 자료를 모은다.

10) 영창: Trisagion(삼성창): 거룩하신 하나님, 거룩하시고 전능하신 하나님, 거룩하시고 영원하신 하나님, 우리에게 자비를 베푸소서.
11) 설교
12) Litany(연도, 화답 기도): 부제가 인도한다.
13) 세례교인만 남고 나머지는 돌아간다.

2부: 성찬
1) 봉헌: 떡과 포도주(물을 탄 포도주)를 준비하는 동안 시편을 노래
2) 기도(Litany of the faithful)
3) 기도할 대상의 이름을 기록한 공식 명부(diptychs[2매 절수책]) 읽기 및 그들을 위한 기도
4) 평안의 입맞춤 및 평안을 위한 기도
5) 신부와 회중 간의 대화
신부: 주께서 함께 하시기를 바랍니다.
회중: 당신에게도 함께 하소서
신부: 마음을 여십시오
회중: 우리의 마음이 주께로 향하나이다.
신부: 하나님께 감사합시다
회중: 합당하신 말씀입니다.
6) 떡과 포도주에 대한 봉헌 기도
7) 찬양: Sanctus(이사야 6:3)
8) 떡을 십자가 모양의 아홉 조각으로 나누어 한 조각을 포도주에 적신다.
9) 주기도문
10) Act of Communion(성찬이 진행되는 도중에 시편 34편을 노래한다)
11) 감사 기도

12) 부제가 회중을 해산시킨다.

신성로마의 첫 번째 황제인 샤를마뉴(771-814년 재위)는 제국의 모든 교회가 동일한 예전문으로 예배하기를 원했다. 그는 앨퀸(Alcuin)에게 신성 로마제국 전역에서 사용할 새로운 로마의 예전문을 연구하여 작성하도록 지시했다. 앨퀸은 기존의 로마 예전문에 갈리칸 예전문의 기도를 몇 가지 더하였다. 이러한 예전문의 형태는 이제 서방 기독교가 주로 로마 교회에서 나온 예배의 표준 형태를 따르게 되었다는 것을 의미한다. 초기의 중세로마 예전문은 갈리칸 예전문보다 단순했다. 그러나 그레고리 교황(590-604년)의 개혁 이후 다음과 같은 형태로 바뀌었다.

1부: 말씀의 예배
1) Kyrie eleison(주여 우리에게 자비를 베푸소서) 3번 영창. 그레고리 교황은 중간 영창을 Christe eleison(그리스도여 자비를 베푸소서)로 바꾸었다.
2) 신부의 인사: 주께서 함께 하시기를 바랍니다. 회중: 당신에게도 함께 하소서.
3) 본기도
4) 화답(영창)
5) 신약성경 봉독: 서신서
6) 시편 찬양
7) 복음서 봉독
8) 설교
9) 세례교인만 남고 나머지는 돌아간다.

2부: 성찬
1) 봉헌: 떡과 포도주(물을 탄 포도주)를 준비하는 동안 시편을 노래

2) 신부와 회중 간의 대화
신부: 주께서 함께 하시기를 바랍니다.
회중: 당신에게도 함께 하소서.
신부: 마음을 여십시오.
회중: 우리의 마음이 주께로 향하나이다.
신부: 하나님께 감사합시다.
회중: 그렇게 하는 것이 합당하나이다.
3) 떡과 포도주에 대한 봉헌 기도
4) 찬양: Sanctus(이사야 6:3)
5) 기도할 대상의 이름을 기록한 공식 명부(diptychs[2매 절 수책])를 읽고 그들을 위해 기도한다.
6) 주기도문
7) 평안의 입맞춤
8) 떡을 조각으로 나누어 한 조각을 포도주에 적신다.
9) Act of Communion(성찬): Agnus dei(세상 죄를 지고 가시는 하나님의 어린 양이시여 우리에게 자비를 베푸소서)를 노래하는 동안 신부가 먼저, 이어서 시편을 노래하는 동안 회중이 참예한다.
10) 감사 기도
11) 부제가 회중을 해산시킨다.

서방 예배의 핵심은 성찬(Eucharist 또는 Holy Communion)이다. 물론 사도적 교부시대부터 성찬은 모든 기독교 예배의 중심이었다. 그러나 성찬에 대한 서방 세계의 새로운 이름인 미사(Mass)는 예배 행위에 있어서 중요한 변화를 가져왔다(미사라는 말은 서방 라틴 예전문의 마지막 부분인 ite, missa est[돌아가십시오, 회중은 흩어졌다]에서 나온 말이다). 초대 교회와 서방의 중세 교회에서 가장 뚜렷한 차이는 평신도의 역할이었다. 초대 교회시대에는 교부와 모든 기독교인이 매주 성찬에 참예하였으나 5세기 이후 서방 교회의 평신도는 점차 미사에 참예하지 않았으며 나

중에는 신부와 수사들만이 정기적으로 성찬에 참예하였다. 6세기의 서방 교회 평신도는 일 년에 세 차례(성탄절, 부활절, 오순절)만 성찬에 참예할 수 있었다. 이것도 나중에는 1년에 한 번, 부활절에만 허용되었다. 그러나 지역 교구의 신부는 초대 교회의 전승을 따라 매주 성찬을 거행했다. 그러나 신부는 평신도가 지켜보는 가운데 혼자 떡과 잔을 먹고 마셨다.[11]

이처럼 서방에서 성찬의 방식이 바뀌게 된 배경에는 두 가지 원인이 있다. 첫째, 성찬에 대한 엄청난 두려움과 공포감이 평신도-특히 새로운 게르만 회심자들-에게 성찬에 참예하는 것을 막았다. 그들은 산자와 죽은 자의 죄를 용서하는 그리스도 희생의 놀라운 신비에 접근하는 것이 두려웠고 걸맞지 않는 것으로 느꼈던 것이다. 성찬을 두려워하는 이러한 감정은 떡과 포도주가 기적적이고 전적으로 그리스도 자신의 살과 피로 변한다는 믿음의 강화와 함께 더욱 깊어졌다.

둘째, 성직자-특히 많이 배우고 영적인 자들-스스로 대다수 평신도가 성찬에 자주 참예하는 것을 막았다. 이상한 것은 그러한 조치가 교회의 의중이 아니었다는 것이다. 실제로 사제는 평신도가 성찬에 자주 참예하도록 촉구하였다. 그러나 그들도 성찬에 참예하기 위해서는 하나님의 명령에 순종하는 신실하고 헌신된 기독교인이 되어야 한다고 주장했다. 신실한 성직자는 대다수 게르만인들이 단지 지배자의 종교를 좇아 기독교를 매우 피상적으로 받아들인다고 생각했다. 성직자는 참된 회개와 하나님에 대한 사랑을 가진 진정한 기독교인만이 성찬에 참예할 수 있다고 주장하며 신실한 신자들이 성찬에 참예하는 것조차 막을 정도로 도덕적 영적 기준을 높였다.

8세기 서방 예배에서 볼 수 있는 또 하나의 중요한 발전은 장엄미사(High Mass)와 평미사(Low Mass[독창미사])의 구분이다. 이 장엄미사는 전통적 성찬 예전의 축소판이다. "찬양"을 포함한다고 해서 창미사(sung

---

11 서방에서 이러한 발전을 반대한 유일한 장소는 로마로, 평신도 성찬이 지속되었다. 동방 교회에서는 계속해서 매주 평신도 성찬이 시행되었다.

Mass)라고도 불린다. 회중의 모든 성직자와 평신도는 장엄미사에 참예하였으며 대부분의 교구 교회는 성찬식을 매주 거행했다. 그러나 평미사는 사제만 성찬에 참예하였으며 찬양은 없고 사제는 예전문을 나지막한 소리로 읽기만 했다(따라서 평미사는 "said Mass"로 불리기도 한다). 어쨌든 평신도는 성찬에 참예하지 못하였다. 그들은 성찬이 진행되는 것을 바라보며 개인적으로 기도할 뿐이었다. 교구 신부는 매일 평미사를 드렸다. 신앙심이 깊은 평신도는 주중에도 평미사에 참예하여 신부가 홀로 떡과 포도주를 먹고 마시는 동안 조용히 기도하며 묵상하였다.

서방교회에서 사제가 포도주를 마시는 동안 평신도가 떡만 먹는 관습이 생긴 것은 한참 후의 일이었다. 이러한 관습은 화체설이 공식적으로 인정된 13세기에 널리 확산되었으며, 잔을 쏟을 경우 구세주의 피가 부정하게 될 것이라는 두려움(평신도와 신학자들 모두 그렇게 생각했다)에서 나온 것으로 보인다. 일반적인 떡 대신 특별한 면병(wafer)이 성찬에 사용된 것도 이와 유사한 두려움 때문이었다. 면병은 가루가 되지 않기 때문에 거룩하게 변화된 그리스도의 몸이 땅에 떨어져 밟히지 않는다는 것이었다. 평신도에게 떡만 허용한 것은 서방 가톨릭에서만 시행된 관습이었다. 동방정교회는 여전히 평신도에게 떡과 잔을 모두 주었으며 실제 떡이 사용되었다.

중세의 성찬 신학 및 신앙으로서 성례로서의 미사와 제물로서의 미사의 구별은 중요한 문제로 대두되었다. 토마스 아퀴나스는 이 문제에 대해 특유의 명쾌한 설명으로 제시한다. "이 성례는 제물인 동시에 성례이다. 그것은 드린다는 의미에서 제물의 성격을 가지며 먹는다는 의미에서 성례의 성격을 가진다. 그러므로 그것을 먹는 자에게는 성례의 효과를 가지며 그것을 드리는 자나 그것이 제공되는 자에게는 성례의 효과를 가진다"(신학대전[*Summa theologiae*] 3부, Q. 79 art. 5).

다시 말하면 미사는 이중적 국면을 가진다. 면병을 먹을 때에는 성례를 거행하는 것으로서 그리스도의 살과 피를 먹고 마시는 것이다. 그러나 앞서 살펴보았듯이 사실 중세 서방교회의 회중은 미사를 통해 면병을 먹는 것이 쉽지 않았다. 그들은 단지 사제가 그것을 먹는 것을 바라보기만 했을 뿐이다. 실제로 아퀴나스 시대에 가톨릭 미사는 영적인 면에서 "보기만 하는 스포츠"일 뿐이었다. 사람들은 신부가 면병을 먹는 것을 보기 위해 교회에서 좋은 자리를 차지하기 위해 서로 싸웠다. 면병은 성광(monstrance)이라는 특별한 용기에 담아 보존되었다. 성체축일(*Corpus Christi*)과 같은 절기에는 사제가 면병을 황금 성광에 담아 거리를 지나가는 종교 행렬을 거행하기도 했다.[12] 따라서 일반 가톨릭 미사의 통상적인 예배 행위는 면병을 먹는 것이 아니라 쳐다보는 것이었다. 이러한 사실은 1215년에 열린 제4차 라테란 공의회가 가톨릭교도는 적어도 년 1회 이상 면병을 먹어야 한다고 주장한데서도 잘 나타난다.

따라서 아퀴나스가 성례로서의 미사와 제물로서의 미사를 구별할 때 그의 요지는 회중이 면병을 먹지 않더라도 사제가 제물을 드리기 때문에 미사에 효력이 있다는 것이었다. 말하자면 미사는 십자가 위에서 영원한 제물이 되신 그리스도를 붙잡음으로 다시 한 번 그 제물의 능력이 나타나게 한다는 것이다. 그 결과 미사는 그것을 드리는 자의 죄를 씻게 된 것이다. 이에 따라 아퀴나스는 신부가 어떻게 산 자와 죽은 자(즉 이 땅에 있는 자와 연옥에 있는 자)를 위한 제물을 드릴 수 있는지를 신학적으로 설명할 수 있게 된 것이다. 연옥에 있는 영혼의 경우 그들을 위한 미사는 그리스도의 제물이 그들에게 적용되어 죄값을 치루고 하늘로 속히 올라가도록 돕는다는 것이다.[13]

또한 중세 시대에는 서방 예배에 악기가 도입되었다. 우리는 8세기 서방 예배에 악기가 사용되었다는 사실을 알고 있다. 757년 프랑크 왕국의 피핀(Pepin)은 파리의 북쪽에 있는 성꼬르네이교회(Saint Corneiller

---

[12] Pope Urban IV (1261-64)는 1264년에 로마 부근의 볼세나(Bolsena)에서 피가 흘러나왔다고 주장하는 성찬 면병을 기념하는 성체축제를 제정하였다.

[13] 부유한 사람들은 유언을 통해 신부에게 자신의 영혼이 연옥에서 속히 구원될 수 있게 미사를 드릴 수 있도록 재산을 남기기도 했다. 죽은 자를 위한 미사는 레퀴엠 미사(requiem masses)라고 불렸는데 이는 "평안히 잠들게 하소서"(requiem in pace)라는 라틴어 기도문에서 나온 것이다.

in Compiègne)에 오르간을 선물했다.¹⁴ 8세기 이후에는 간혹 서방 악보에서 하프, 바이올린 및 현악기인 시턴(cither)이 묘사된 것을 볼 수 있다. 900-1100년에는 오르간이 서양의 대사원 및 대성당에서 필수 악기가 되었다.

처음에 오르간은 단순히 수사나 성가대를 위해 바른 음을 잡아주기 위한 음악(음차)에 사용되었다. 그러나 얼마 있지 않아 서방 교회에서의 새로운 음악적 발전은 오르간 및 다른 악기를 예배에 복잡하게 활용하는 자극제가 되었다. 그때까지 기존의 음악 형식은 그레고리안 영창이었다. 그레고리안 음악은 유니송, 즉 모든 단원이 동일한 시간에 동일한 음과 가사로 노래하는 방식이다. 그러나 그 후에 중창(다성 음악)으로 불리는 새로운 스타일의 음악이 대중화되기 시작하였다. 중창에서는 단원들이 같은 가사를 다른 음을 사용하여 불렀다. 보다 복잡한 형식의 중창은 동시에 다른 가사로 노래하는 방식이다. 각 사원과 성전은 파트별로 노래하는 것을 돕기 위해 한 파트는 오르간을 사용하고 다른 파트는 다른 악기(피리나 코넷)를 사용했다.

이 시기에는 서방의 정상적인 가톨릭 예배(교구 교회)에서 악기가 광범위하게 사용되지는 않았다. 대사원 및 대성당에서 오르간의 사용은 중요한 교회 절기에만 제한되었다. 교회가 일반 미사에 오르간을 사용하기 시작한 것은 12세기에 들어와서이다. 일부 역사적 자료는 13세기에 있었던 "오르간 논쟁"에 대해 언급한다. 이 논쟁은 가톨릭교회가 오르간 사용을 금한다는 선언으로 이어졌다. 13세기 서방의 위대한 신학자인 토마스 아퀴나스는 이 선언을 찬성한 것으로 보인다. 그는 기독교 예배에서 모든 음악적 악기의 사용을 정죄한 교부들의 주장을 반복한다.

> 교회는 하나님을 찬양할 때 하프나 수금과 같은 악기를 사용하지 않는다. 그렇지 않을 경우 교회는 유대교로 빠지고 말 것이다…아리스토

---

14 일부 역사학자들은 서방세계에 오르간이 들어온 것은 그 전이며 로마에서 비탈리안(Vitalian) 교황(657-672)이 들여왔다고 주장한다.

텔레스가 말한 것처럼 "우리는 가르칠 때 플루트를 사용해서는 안 되며 하프와 같은 수공 악기도 사용해서는 안 된다. 오직 사람을 도덕적으로 선하게 할 수 있는 것만 사용해야 한다." 악기는 영혼을 내적 도덕적 선으로 인도하기보다 쾌락으로 향하게 한다. 그러나 구약성경에는 이런 종류의 악기들이 사용되었는데 그 이유는 백성이 워낙 천하고 육신적이어서 이러한 악기 및 세속적 약속을 통한 자극이 필요했기 때문이며 이러한 육신적 악기들은 상징적이었기 때문이었다(*Summa theologiae* Pt. 2.2 Q. 91 art. 2).

사실 아퀴나스 이후 14-15세기까지 서방 예배에서 악기가 광범위하게 사용되지는 않았다. 역사에 알려진 최초의 대형교회 오르간 주자는 이탈리아의 프란시스코 랜디노(Francesco Landino[1390년 작고])이다.

3. 중세시대 동방의 예배

본서의 독자들은 대부분 개신교도일 것이다. 따라서 동방교회에서 예배가 어떤 모습으로 발전되어 왔는지 살펴보는 것은 많은 도움이 될 것이다. 그들의 예배 형식은 거의 변하지 않았으며 오늘날 동방정교회에서도 특징을 유지한다. 동방교회는 개신교와 로마 가톨릭 모두 서방의 예배와 많은 면에서 다르다.

동방정교회 건물은 강단이나 회중석이 없으며 오르간(또는 다른 악기)이나 동상도 없다. 그러나 모든 벽은 그리스도의 두 가지 상징적 영역인 성경 인물 및 정교회 성인들의 벽화로 가득했다. 이러한 그림은 아이콘(성화)으로 불린다. 벽화 뒤에는 올리브 기름을 사용한 등을 두어 성화를 환하게 비추었다. 성화에 대한 사상은 회중의 예배가 하늘의 영광스러운 예배에 동참하고 합류한다는 것이다. 성화는 하늘의 예배로 들어가는 창이며 성인들과 천사가 함께 하고 있음을 보여준다. 신자들은 그들과 함께 기도의 도움으로 삼위 하나님께 나아가 예배를 드린다.

정교회의 내부는 성화벽으로 불리는 아이콘스크린과 계단에 의해 둘로 나뉜다. 아이콘스크린은 성찬 식탁을 다른 공간으로부터 분리한다. 역사학자들은 이러한 분리가 언제부터 있었는지에 대해 확실히 알지 못한다. 그러나 몇 가지 증거에 의하면 그 시기는 5세기 초로 거슬러 올라간다. 처음에 아이콘스크린은 단순한 스크린이었다. 성화벽에 관한 논쟁 이후 9세기에 들어오면서 스크린은 몇 가지 아이콘으로 치장되기 시작하였다. 스크린 전체가 성화로(아이콘으로) 치장된 것은(오늘날 정교회처럼) 그 후의 일-아마도 14-15세기-이다.

아이콘스크린에는 삼위일체를 상징하는 세 개의 문이 있다. 중간 문은 "거룩한 문들"이라고 불리는 이중문으로 되어 있다. 이 중간문 좌편에는 동정녀 마리아의 성화가 있으며 오른 편에는 그리스도의 성화가 있다. 이 중간 문은 서구인들이 성소라고 부르는 한 방으로 연결된다. 그러나 정교회에서는 모든 방을 "제단"이라고 부른다. 제단은 언제나 교회의 동쪽 끝에 있으며 하늘을 나타낸다. 제단은 원칙적으로 성직자만 들어갈 수 있다. 이 제단은 사제가 성찬을 거행하는 사각형 천 칸막이를 포함한다. 이 천으로 덮인 칸막이에 대해 로마 가톨릭에서는 제단이라고 부르나 정교회는 거룩한 식탁 또는 하나님의 보좌라고 부른다. 거룩한 식탁 위에는 십자가와 두 개의 촛불 및 복음서 사본이 비치되어 있다. 거룩한 식탁 뒤에는 주교를 위한 의자와 하위 성직자를 위한 자리가 있다. 거룩한 식탁은 언제나 정교회 성인들의 성물 위에 두었으며 정교회는 다른 성물도 가지고 있었다.

대표적인 정교회 예배는 아이콘스크린 앞에 있는 계단에서 성경 봉독, 설교, 기도가 이루어졌다. 이동용 강단(*analogia*)은 성경과 예전문을 두기에 편한 곳에 위치했으며 몇몇 성화는 강단을 치장하기도 했다. 정교회 회중은 예배 시간 대부분을 서 있다. 떡과 잔을 받는 성찬을 거행할 때도 마찬가지이다. 정교회 사제들은 성찬시 떡과 잔을 동시에 받을 수 있도록 특수 스푼을 사용하며 떡을 포도주에 적신다. 이러한 방식은 아마도 4세기 초에 시리아에서 시작된 것으로 보인다. 그러나 비잔틴 일부 지역에서는 9-10세기까지 잔으로 마시는 관습이 지속되었다.

떡은 정상적으로 발효시킨 것으로 4센티미터 두께의 둥글고 납작한 케이크로 구웠으며 헬라어로 IC XC NI KA(예수 그리스도가 승리하신다)라는 문구를 넣었다. 성찬용 포도주에는 뜨거운 물을 탔다. 오늘날 세계 곳곳의 정교회-가령 그리스-에는 예배자가 직접 성찬용 떡과 포도주를 가져오는 관습(초기 교부시대의 관습)을 지키고 있다. 동방 교회에서는 결코 서방교회처럼 평신도에게 잔을 거두는 조치를 취하지 않았다. 성찬 예배 끝 무렵에는 남은 떡을 모든 예배자-정교회 신자가 아닌 자들을 포함하여-에게 나누어주었다. 이 떡(빵)은 축사를 거치지 않은 축성빵(*antidoron*)으로 불렸다. 불어권 가톨릭 교회에는 최근까지 이러한 관습이 이어지고 있다.

정교회 예배에서 동방의 예배자는 개신교나 로마 가톨릭과 달리 같은 시간에 같은 것을 하거나 보거나 듣지 않는다(모든 회중이 동시에 같은 것을 해야 한다는 것은 서방에서 나온 사고이다). 그들은 자신의 방식대로 자유롭게 예배에 참예한다. 따라서 예배자는 교회 내에서 자리를 옮겨가며 다른 성화에 있는 성인들이나 그리스도 앞으로 간다. 그들은 각기 다른 장소에서 자신의 신앙 감정에 따라 성호를 긋거나 엎드려 경배하거나 무릎을 꿇는다. 사제는 예배 중에 때때로 성화나 회중에게 향을 피우기도 한다. 즉 특수 용기(향로)를 통해 사방에 향을 피웠다. 성화에 향을 피우는 행위의 신학적 배후는 하나님의 임재와 성인들에 대한 역사를 위해 하나님께 향을 피워 올리는 것이며 예배자에게 향을 피우는 것은 인간이 하나님의 참된 아이콘(형상)이기 때문이다.

정교회에는 예배 중에 때때로 찬양을 부르기도 한다(성도들이나 성가대에 의해 또는 기도자 홀로 부르기도 하며 지역에 따라 다르다). 대개의 경우 모든 정교회는 노래에 악기가 동원되지 않는다.[15] 대체로 전통적인 정교회는 두 명의 노래하는 자(또는 영창자)나 두 성가대가 교창하는 예전을 따라 노래한다. 정교회의 교창에서 첫 번째 사람이 찬양이나 기도

---

15 19세기에는 서유럽의 몇몇 헬라 정교회 회중이 오르간을 들여왔으며 20세기에는 미국에 있는 일부 정교회 회중이 오르간을 들여왔다. 이것은 동방정교회에서는 예외적인 사건으로 전통적인 정교회는 이러한 행위가 고대의 사도적 관행에 배치된다며 강력히 정죄한다.

의 첫 소절을 부르면 두 번째 사람이 그것을 완성한다.

동방정교회는 예배에 대한 보수적 태도 때문에 오늘날에도 일천 년 전 비잔틴제국에서 시행되던 예배와 기본적으로 동일한 예배의 전형을 찾아볼 수 있다.

4. 개혁주의의 전통적 예배

16세기 개신교의 개혁주의는 구원론의 개혁과 함께 예배의 개혁이었다. 루터와 츠빙글리 및 칼빈이 이신칭의에 깊은 관심을 가진 것은 사실이지만 구원받은 신자의 예배가 복음을 구현해야 한다는 사실에도 지대한 관심을 가지고 있었다. 이러한 관심은 루터와 개혁주의 전승이라는 두 개의 새로운 예배 전승으로 발전된다.

루터의 개혁운동은 보름스 의회(Diet of Worms) 직후 수년간 독일 전역-특히 마을과 도시를 중심으로-에서 급속히 확산되었다. 개혁운동은 대중 예배에 즉각적인 영향을 미쳤다. 루터를 따르는 자들은 그리스도에 대한 믿음으로만 구원을 얻는다는 복음을 전파했으며 사람들은 구원을 위해 그리스도에 대한 직접적인 신앙적 확신을 가지게 되었다. 동정녀 마리아와 성인들은 더 이상 종교적 기원의 대상이 아니었으며 아이콘을 통해 숭배하지도 않았다. 중요한 것은 루터파가 라틴어 대신 독일어로 예배를 드리기 시작했다는 것이다. 개혁주의의 가장 기본적인 동력 가운데 하나는 예배를 전체 회중의 행위로 만들었다는 것이다. 이러한 회중적 예배 모델을 신학적으로 뒷받침한 것은 만인제사장 교리였다.

모든 기독교인 회중은 제사장적 단체이며 따라서 예배는 수동적 성도들이 보는 앞에서 한 명의 예배자(중세적 의미에서 사제)에 의해 수행되는 행위가 아니라 본질적으로 공동체적이며 회중적이어야 한다는 것이다. 분명한 것은 라틴어로 예배가 진행될 경우 대부분의 신자가 라틴어를 알지 못했으므로 예배는 회중적 행위가 될 수 없다는 것이었다.

그러므로 개혁주의는 제의적 영역에서 고대의 교회 라틴어를 각 나라의 고국어로 대치하는 가장 혁신적이고 대중적인 조치를 취했다. 이제 예배는 다시 사제의 라틴어를 수동적으로 듣기만 하는 예배가 아니라 모든 성도가 함께 하는 연합 행위가 될 수 있었던 것이다.

예배의 회중적 영역에 대한 관심은 찬양에 있어서도 자신의 목소리로 동참하게 하였다. 이러한 점에서 우리는 회중의 찬양과 시편에 대한 노래가 새로운 개혁주의 예배의 핵심적 요소로 자리잡게 되었을 것이라는 사실을 추측할 수 있다. 그러나 여기에는 주기도문, 사도신경, 십계명 및 일반적인 죄의 고백(자세한 것은 지역마다 다르다)에 대한 회중의 노래(또는 영창이나 낭송)가 포함된다. 급진적 개신교는 성도들이 함께 찬양하는 공동체적 예배 형식에 동참할 수 있도록 기도책을 만들었다. 한걸음 더 나아가 개신교는 평신도가 년 1회 성찬에 참예했던 중세 말기의 관습에서 벗어나 모든 회중이 매주 성찬에 참예해야 한다고 주장했다. 이러한 동참 원리는 평신도에게 떡과 함께 잔을 돌리는 개신교의 성찬을 뒷받침하는 동력이기도 하다.

대체로 루터는 예배의 형식에 있어서 보수적인 태도를 취하였으며 성경에 명백히 위반되는 경우가 아니라면 전통적인 가톨릭의 관습을 따랐다. 따라서 그는 앞서 문제점이 지적되었던 중세 가톨릭 예전문을 독일어로 번역하면서 미사를 제외한 부분은 크게 손질하지 않았다. 미사와 관련하여 그는 자신이 이해한 성만찬을 표현하는 새로운 예배 순서를 작성하였다. 그는 교회의 성구집 체계를 유지했다. 또한 예배에서 차지하는 성찬식의 위상에 대해서도 여전히 특별한 지위를 부여하였으며 독일 루터파 회중은 매주 대예배시에 성찬식을 거행하였다.

1526년에는 루터파 교회에서 사용할 새로운 예배지침이 최종적으로 완성되어 출판되었다. 평소의 주일 대예배는 다음과 같은 순서로 진행된다.

1. 찬양 또는 시편
2. 자비를 구하는 기도(*Kyrie eleison*)

3. 본기도(예전문에 기록된 대로)
4. 그날의 정해진 본문으로부터 성경 읽기(사도행전에서 요한계시록까지)
5. 성가대의 합창
6. 그날의 정해진 본문으로부터 성경 읽기(복음서)
7. 사도신경(모든 회중)
8. 설교
9. 주기도문(길게 해석된 형식)
10. 권면(성찬으로 인도)
11. 성만찬 제정사(집례자가 낭송)
12. 찬송을 부르는 가운데 축사 및 분병
13. 찬송을 부르는 가운데 축사 및 분잔
14. 본기도(예전문에 기록된 대로)
15. 축사: 아론의 축복기도(민 6:24-26)

이러한 예배 양식은 세 가지 영역만 제외하면 기본적으로 중세 가톨릭과 유사하다. (1) 루터의 예배는 라틴어가 아닌 독일어로 진행되었다. (2) 루터가 작성한 새로운 성찬 예전문이 중세 가톨릭의 미사 예전문을 대체하였다. (3) 루터는 설교에 예배의 핵심적 지위를 부여하였다. 그는 제단이나 촛불 및 사제가 입는 의복과 같은 문제에 대해서는 폐지여부에 큰 관심을 갖지 않았다. 북부 독일 및 스칸디나비아의 루터파 교회들은 이러한 관습을 유지하였으나 남부 독일의 루터파 교회들은 폐지하였다.

루터의 예배 개혁에 있어서 또 하나 중요한 요소는 찬송이다. 루터는 일부 찬송을 직접 작사 작곡하였다. 이것은 루터파 신앙 및 영성 배양에 가장 큰 영향을 주었다. 첫 번째 루터파 찬송은 1524년에 출간되었다. 루터는 성가대가 라틴어로 찬양하던 중세 가톨릭의 관습을 모든 회중이 모국어로 함께 찬양하는 개신교적 관습으로 대체하였다. 찬송은 누구나 쉽게 부르기 위해 대중적인 멜로디가 사용되었으며 가사는 강력한 루터파 교리로 가득했다. 루터파의 교회 음악 및 찬양에 대한 사랑은 어떤 개신교 교회보다 특별했다.[16]

스위스의 츠빙글리는 독일의 루터파와 달리 중세 시대의 전통적 예배에 훨씬 명확한 경계를 그었다. 루터는 성경이 명확히 변화를 요구하지 않는 한 전통적인 가톨릭 예배는 그대로 두어야 한다고 말했으나 츠빙글리는 하나님이 신약성경에서 권위를 부여하지 않은 한 어떤 예배적 행위도 불가하다는 주장(예배의 규정적 원리)을 제시했다. 이러한 원리에 따라 이 취리히의 개혁주의자는 취리히의 교회들로부터 모든 종교적 그림과 동상, 십자가, 촛불, 제단, 유물을 제거하고 오르간, 성가대, 성직자의 의복 및 종교적 행렬 등을 폐지하였다. 츠빙글리는 이들 가운데 신약성경의 권위에 근거한 것은 아무 것도 없다고 주장했다. 또한 그는 예배와 성찬에 오직 모국어(독일의 스위스 방언)만 사용했다. 성찬시에는 평신도 잔을 받았으며 예전문은 주님의 만찬에 대한 개신교의 이해를 담았다. 취리히의 성찬 예배는 오늘날 개신교와 마찬가지로 평신도가 회중석에 앉아 떡과 잔을 받았으며 츠빙글리는 이러한 관행의 선구자였던 것이다.

츠빙글리는 본기도와 회중의 사도신경 암송과 함께 예배의 예전 형식을 유지했다. 그러나 그는 루터와 달리 중세 가톨릭의 예전문을 모국어로 번역만 한 것은 아니었다. 츠빙글리의 예전문은 옛 가톨릭 예전문을 활용하되 모방하지는 않은 진정한 개신교 예전문이었다. 츠빙글리의 취리히에서 찬송은 예배의 한 부분이 아니었다. 대신에 회중은 시편과 교부시대의 영광송(*Gloria in excelsis*)을 큰 소리로 교창하였다. 교창은 회중을 두 그룹으로 나누어(츠빙글리는 남녀로 구분한 것으로 보인다. 이것은 남녀가 따로 앉았음을 보여준다) 한 그룹이 한 구절을 읽으면 다른 그룹이 다음 구절을 읽는 식이었다. 취리히에 찬송이 폐지된 것은 츠빙글

---

16 루터파의 찬송가 가사는 루터 외에도 멜랑히톤(Melanchthon), 라자루스 슈펭글러(Lazarus Spengler, 1479-1534), 폴 스페라투스(Paul Speratus, 1484-1551), 요한 발터 (Johann Walter, 1496-1570, 그는 작곡도 겸했다) 및 비텐베르그(Wittenberg)의 신학자 카스파 크루시거 (Caspar Cruciger)의 아내인 엘리자베스 크루시거(Elizabeth Cruciger) 등이 있다.

리가 음악을 싫어한 때문이 아니다. 사실 개혁자 가운데 츠빙글리만큼 음악적 은사를 받은 사람도 없다.[17]

츠빙글리는 단지 예배 시에 악기를 사용하는 것을 반대했으며 노래보다 큰 소리로 읽는 것이 회중이 시편을 이해하는 데 도움이 될 것이라고 생각했을 뿐이다. 취리히의 평소 주일 대예배는 본질적으로 성경 읽기와 기도 및 설교를 포함하는 말씀 중심의 예배였다. 츠빙글리는 개혁주의자들 가운데 성만찬을 주일 예배의 핵심으로 보지 않은 유일한 사람이다. 그는 성탄절, 부활절, 오순절 및 9월 11일의 스위스 지역 축제 등 년 4회 성찬을 시행하는 것으로 만족했다. 츠빙글리가 이처럼 성찬 횟수를 줄인 것은 지금까지 보았던 성찬 행위가 경건한 기념에 지나지 않았으므로 큰 의미를 부여하지 않았기 때문이다. 이러한 생각 역시 개혁주의자 가운데 츠빙글리만이 가지고 있었다. 루터는 이 문제에 있어서 츠빙글리를 반대했으며 츠빙글리 사후 마틴 부처(Martin Bucer)와 존 칼빈 및 순교자 피터(Peter Martyr)는 개혁주의 교회를 보다 고상한 성찬식 교리로 이끌었다.

츠빙글리의 성찬 예배는 말씀 중심의 정규 주일예배보다 훨씬 정교했다. 성찬예배는 다음과 같이 구성된다.

1. 본기도(예전문에 기록된 대로)
2. 성경 읽기: 서신서
3. 영광송(Gloria in excelsis): 회중의 교창
4. 성경 읽기: 복음서
5. 사도행전: 회중의 교창
6. 권면(성찬으로 인도)
7. 주기도문(회중)
8. 본기도

---

[17] 츠빙글리는 로마 가톨릭 대적이 그를 "기타 연주자"와 "플루트 위의 복음주의자"라고 비난할 만큼 음악을 사랑하였다.

9. 성만찬 제정사
10. 떡과 잔에 대한 축사 및 분병 분잔
11. 시편: 회중의 교창
12. 본기도
13. 축도

개혁주의적 예배는 츠빙글리에 의해 시작되었으나 결정적인 형태를 부여한 것은 부처(Bucer)와 칼빈이다. 여기서 살펴볼 사례연구의 대상은 칼빈이다. 스트라스부르와 제네바에서 예배의 개혁에 대한 그의 접근은 취리히의 츠빙글리와 유사하면서도 달랐다. 칼빈도 신약성경이 언급하지 않는 한 어떤 예배적 행위도 불가하다고 믿었다(예배의 규정적 원리). 따라서 그는 츠빙글리를 좇아 성화나 촛불 및 성직자의 의복과 같은 가톨릭 예배 의식을 대부분 거절하였다. 그러나 칼빈과 부처는 건설적인 예배 개혁을 추구함에 있어서 성경의 가르침뿐만 아니라 교부시대의 예배 관습에 대해서도 츠빙글리보다 긍정적으로 접근했다. 16세기의 개혁주의 예배를 정확히 "교부적 근본주의"(patristic fundamentalism)라고는 할 수 없지만 초기 교회와 근본적인 교감을 나누었으며 교부적 형식에 대한 진정한 복귀를 강조했다. 그러나 언제나 성경에 궁극적 준거를 두었다.[18]

칼빈은 한 가지 중요한 실천적 영역에서 츠빙글리와 달랐다. 그는 취리히의 예배자처럼 성경을 읽기만 하는 것이 아니라 모든 회중이 함께 찬양하는 것에 대해 긍정적으로 생각했다. 칼빈은 1539년 스트라스부르에서 17개의 시편, 시므온의 노래(*Nunc dimittis*[눅 2:29-32]), 십계명 및 사도신경에 음을 붙인 프랑스 찬송가를 출판하였다. 칼빈의 스트라스부르 회중은 매주 예배시 마다 십계명 찬송을 불렀다. 예배자는 성찬 때마다

---

18 이에 관한 구체적인 증거는 Hughes Oliphant Old, *The Patristic Roots of Reformed Worship* (Zurich; Theologischer Verlag, 1970)를 참조하라. 영국의 개혁주의자들은 에드워드 6세 시대에 부처의 도움으로(부처는 말년을 영국에서 보냈다) 누구보다 의식적으로 교부적 예배 형식을 정립하였으나 중세시대의 것도 성경적인 것은 유지했다.

언제나 사도신경 찬송을 불렀으며 마칠 때는 시므온의 찬송을 불렀다. 칼빈이 1542년에 작성한 예배의식에는 39개의 시편 및 시므온의 찬가와 함께 십계명과 주기도문과 사도신경에 곡을 붙인 찬송이 들어 있다. 그러나 칼빈은 두 번째로 제네바에 체류했던 시기(1541-64년)에 공동 예배에서 시편의 역할에 특별한 중요성을 부여했다. 1542년에 작성된 제네바 예전문의 서문에는 이러한 칼빈의 입장이 잘 나타나 있다.

> 어거스틴의 말은 사실이다. 즉 하나님께로부터 받지 않으면 아무도 하나님께 합당한 찬송을 할 수 없다는 것이다. 그러므로 우리가 모든 자료를 찾아보았지만 성령의 감동을 받은 다윗의 찬양보다 이러한 목적에 적절히 부합되는 찬송을 찾을 수 없다. 이러한 이유로 우리가 시편을 찬양할 때에는 하나님께서 우리의 입에 말씀을 넣어주셨다는 확신을 가져야 한다. 이것은 마치 하나님 자신이 우리를 통해 그의 영광을 찬미하는 것과 같은 것이다.[19]

츠빙글리와 마찬가지로 칼빈도 예배에 악기 사용하는 것을 강력히 반대하였기 때문에 제네바의 개혁주의 교회는 악기 없이 시편을 노래하였다. 오르간의 사용을 허용했던 루터파 교회와는 대조적으로 이것은 모든 개혁주의 교회의 전형이 되었다.[20]

프랑스의 시인 클레멘트 마롯(Clément Marot[1497-1544])과 데오도르 베자(Theodore Beza[1519-1605])가 시편을 불어로 완역한 데에는 칼빈의 격려가 큰 힘이 되었다. 1543년에 작성된 마롯의 첫 번째 제네바 찬양집에는 49개의 불어 시편, 시므온의 노래, 아베 마리아(눅 1:28, 42에 기초)와 함께 십계명과 사도신경 및 주기도문을 노래로 만든 것 그리고 식사 시간에 부를 두 개의 감사 찬송이 포함되어 있다. 마롯은 다

---

[19] 우리는 종종 칼빈이 예배할 때 오직 시편만 찬송하기를 원했다고 생각한다. 그러나 앞서 살펴본 대로 사실은 그렇지 않다. 그는 시므온의 노래, 십계명 및 사도행전과 같은 합당한 내용으로 노래하기를 원했다. 그러나 그는 교회의 공적 찬양에서 시편만큼 영적인 아름다움을 지닌 것도 없다고 생각했다.
[20] 개혁주의가 악기 사용을 반대한 것은 교부적 형식에 대한 복귀의 전형적인 사례이다.

음 해에 죽었으나 베자가 1562년에 불어 번역을 완성하였다. 최종판에는 시므온의 노래, 십계명 찬송과 함께 150개의 시편이 모두 수록되어 있으며 불어권 지역의 개신교 교회에서 사용되었다. 불어 시편찬양은 곡조가 간단하면서도 활기찼으며 대중적 멜로디를 사용하기도 했다. 프랑스의 가장 위대한 개혁주의 작곡가로는 루이스 부르주아(Louis Bourgeois[1510-61])와 클로드 구디멜(Claude Goudimel[1510-72])이 있다. 부르주아는 1545-1557년(아마도 그 전에) 칼빈의 제네바 시편을 편집하였으며 음악 학자들이 최고로 손꼽는 많은 곡을 썼다. 구디멜은 1565년에 시편을 가정에서 노래로 부를 수 있도록 탁월한 음악적 작업을 하였다. 그는 성 바돌로매의 날 대학살 당시 개신교 믿음을 위해 순교를 당했다. 프랑스 개혁주의 신자들은 시편 찬양에 흠뻑 빠졌으며 시편이 독어, 화란어, 영어로 번역되면서 모든 개혁주의 교회의 형제자매도 동일한 반응을 보였다.

부처의 독일 예배에 근거하여 칼빈의 스트라스부르 회중의 예배는 다음과 같은 형식으로 구성되었다.

1. 예배의 부름: 시 124:8
2. 시작하는 본기도: 죄의 고백(예전문에 기록된 대로)
3. 용서에 관한 말씀
4. 사죄의 선언[21]

---

[21] 우리는 회중이 죄를 고백한 후 목사에 의한 죄사함의 선언을 통해 칼빈의 스트라스부르 예전문의 놀라운 특징을 발견한다. 이것은 칼빈의 예배 개념의 중요한 요소로, 하나님께서 참회하는 신자의 죄를 용서하셨다는 목사의 선언으로 구성된다. 이와 같이 하나님께서 자기 백성이 죄를 용서히셨다는 선언은 로마 가톨릭의 사죄 사상과는 많이 나르다. 가톨릭에서는 사제가 직접 죄인에게 죄사함을 선언한다. 칼빈의 스트라스부르 예전문에서 죄사함의 선언은 잉글랜드 개혁주의에 의해 채택되었으며 잉글랜드 국교회 공동기도문에 들어가게 되었다. 칼빈은 제네바 교회가 예전문에 이러한 죄사함의 선언을 넣자는 주장을 반대하자 크게 당황하였다. 그는 다음과 같은 서신을 통해 개신교의 죄사함 개념 배후에 있는 신학적 사상에 대해 피력하였다. "우리는 죄를 고백한 후 죄사함과 화목에 대한 성경의 놀라운 약속이 따른다는 사실을 알아야 합니다. 나는 이러한 의식에 대해 (제네바에서) 처음부터 소개했으나 새로운 사상이 상처를 줄 수도 있다고 염려하는 사람들이 있었습니다. 그들을 설득할 여유가 없었던 나는 그 부분을 생략하였습니다. 이제 바꿀 수 있는 기회가 더 이상 없습니다.

5. 십계명 찬송: 매 계명이 끝날 때마다 자비를 구하는 기도(주여 우리에게 자비를 베푸소서[Kyrie eleison])를 하며, 4계명이 끝나면 하나님의 율법을 순종할 수 있는 은혜를 달라고 기도를 한 후 나머지 여섯 계명을 찬송한다)
6. 성령의 조명을 위한 기도(예전문에 모범 사례가 제시되어 있으나 목사가 별도로 기도할 수 있다)
7. 성경 봉독
8. 설교
9. 헌금(봉헌)
10. 본기도(중보기도): 기도 후 주기도문(긴 버전)이 이어진다 (예전문에 기록되어 있다)
11. 사도신경 또는 시편 찬송
12. 축도: 아론의 축복(민 6:24-26)

칼빈의 소망과 달리 스트라스부르의 판사들은 프랑스 회중에게 성만찬을 월 1회만 허용하였다. 칼빈은 성찬의 개념에 있어서 루터나 츠빙글리와 견해를 달리했다. 즉 그리스도는 떡과 포도주 안에 부분적으로 임재하거나 신성으로만 임재하는 것(츠빙글리의 주장처럼)이 아니라 성령의 능력으로 임재하신다는 것이다. 신자들이 떡을 먹고 잔을 마시면 성령께서 그들의 영혼을 승천하신 그리스도의 영광스러운 인간의 생명으로 채우신다. 칼빈은 성찬을 통한 신자와 그리스도의 연합에 대한 긍정적인 관점과 함께 만찬은 정규 주일 예배의 핵심적 요소라고 주장한다. 그는 성찬을 자주-적어도 매주 한 번-행하기를 원했다.[22] 칼빈은 스트라스부르나 제네바에서 이러한 주장을 관철시킬 수 없었다. 이러한 매주 성찬에 대한 명확한 입장표명이 불가피함에 따라 발생할 종교적 추방의 엄청난 파장을 우려하여 그 도시의 판사들이 반대했기 때

대부분의 사람들이 고백이 채 끝나기도 전에 꿇었던 무릎을 떼고 일어서기 시작했기 때문입니다"(Charles Baird, *A Chapter on Liturgies* [London: Knight & son, 1856], 22.

[22] Calvin, *Institutes*, 2:1421 §4.17.43.

문이다. 그러나 칼빈의 명확한 입장은 지역 교회가 예배로 모일 때마다 성찬을 거행해야 한다는 것이었다.

칼빈의 스트라스부르 성찬 주일 예배는 설교, 헌금, 중보기도 후 다음과 같은 순서가 이어졌다.

1. 회중이 함께 사도신경을 찬송한다. 그동안 목사는 떡과 잔을 준비한다.
2. 축사
3. 주기도문
4. 성만찬 제정사
5. 회중에 대한 권면
6. 시편을 찬송하면서 분병 분잔
7. 본기도
8. 시므온의 노래
9. 축도: 아론의 축복(민 6:24-26).[23]

칼빈은 예배의 개혁자로서 스트라스부르보다 제네바에서 더 많은 구속을 받았다. 따라서 제네바의 예전문은 칼빈의 이상을 구현하지 못했다. 그는 판사들 및 대중적 관습과 타협하였다. 그러나 제네바 예전문은 개혁주의 개신교의 국제적 사령부에서 시행된 예배형식으로서의 독특한 영향력으로 인해 충분한 연구의 가치가 있다. 제네바 예배의식의 구조는 다음과 같다.

1. 예배의 부름: 시 124:8
2. 시작하는 본기도: 죄의 고백(예전문에 기록된 대로)

---

[23] 잉글랜드와 스코틀랜드의 개혁주의 전승을 계승한 오늘날 칼빈주의자들은 칼빈의 스트라스부르 예배 순서에 담긴 강력한 예전문적 성격 및 프랑스 개혁주의자가 십계명, 사도신경, 주기도문에 부여한 높은 위상에 놀랄 것이다. 이것은 오늘날 영어권 지역의 개혁주의 예배가 칼빈보다 17세기 청교도에 더 의존했음을 보여준다.

3. 시편
4. 성령의 조명을 위한 기도(예전문에 모범 사례가 제시되어 있으나 목사가 별도로 기도할 수 있다)
5. 성경 봉독
6. 설교
7. 본기도(중보기도): 기도 후 주기도문(긴 버전)이 이어진다(예전문에 기록되어 있다)
8. 사도신경 암송
9. 시편
10. 축도: 아론의 축복(민 6:24-26)

성찬주일에는 설교와 도고기도 이후 다음과 같은 순서가 이어진다.

1. 회중이 함께 사도신경을 찬송한다. 그동안 목사는 떡과 잔을 준비한다.
2. 성만찬 제정사
3. 회중에 대한 권면
4. 축사
5. 시편이나 다른 성경 구절을 큰 소리로 읽으면서 분병 분잔
6. 본기도
7. 축도: 아론의 축복(민 6:24-26).

제네바 예배의식은 기본적으로 온전한 스트라스부르 예배의식을 간추린 것이라고 할 수 있다. 제네바 예전문에서 빠진 것은 성경의 용서에 관한 말씀, 목사에 의한 죄 사함에 대한 선언, 주기도문, 십계명 찬송, 시므온의 노래 및 헌금이다.

칼빈은 교회력(Christian year)을 축소된 형태로 준수하였다. 개혁된 제네바는 성탄절, 성금요일, 부활절, 승천절, 오순절을 모두 지켰다.

5. 청교도 전승의 예배

개혁주의 예배의 형성을 위한 가장 큰 실험 가운데 하나는 17세기 중반 웨스트민스터 회의에 의해 영어권 문화 안에서 시도되었다. 이 회의는 잉글랜드 감독제 및 스코틀랜드 주교제의 전통과 반대되는 잉글랜드 청교도와 스코틀랜드 장로교의 열정을 구현하고자 했다.[24] 그 결과는 공동 예배 모범(Directory of Public Worship)으로 나타났다. 이 예배 모범은 규범적 예배의식이라기보다 모든 예배가 준수해야 한다고 믿고 있는 웨스트민스터 신학자들의 기본적 원리(각 조항의 구체적인 내용에 대해서는 개별 목회자의 재량에 맡겼지만)연속이라고 할 수 있다. 그럼에도 불구하고 이 지침은 각 조항의 내용 및 진행순서에 대해 분명히 밝힌다.

1. 예배로의 초청
2. 경배와 탄원의 기도
3. 시편
4. 구약성경 봉독
5. 시편
6. 신약성경 봉독
7. 죄의 고백 및 중보기도
8. 설교
9. 감사와 특별 중보기도
10. 주기도문[25]

---

[24] 이것은 성공회가 개혁되지 않았다는 뜻이 아니다. 그들의 『공동 기도서』(The Book of Common Prayer)은 신학적으로나 구조적으로 개혁주의적 예전문에 속한다. 그러나 영어권 개혁주의 공동체 전체를 납득시키지는 못하였다. 소위 성공회와 청교도 학파는 사실상 애매한 영역에 속하며 "개혁주의 교회로서 잉글랜드 국교회의 예배와 정치를 무리 없이 충족시켰거나"(성공회) "충족시키지는 못하였으나 지속적인 개혁을 갈망한다"(청교도)고 할 수 있다.

[25] 공동 예배지침은 "그리스도께서 제자들에게 가르치신 기도는 기도의 전형일 뿐만 아니라 포괄적 내용을 담고 있으므로 이 기도가 교회의 기도로 사용되기를 원한다"고 말한다.

11. 시편
12. 축도

주기도문이 끝나고 성만찬을 거행할 때에는 다음과 같은 순서가 이어진다.

1. 봉헌: 떡과 잔을 식탁에 차린다(시편을 노래할 수 있다)
2. 초청
3. 떡과 잔에 대한 축사
4. 성만찬 제정사
5. 권면
6. 기도
7. 분병, 분잔
8. 권면
9. 기도
10. 시편
11. 축도

웨스트민스터 예배모범은 여러 면에서 칼빈의 제네바 예배의식과 궤를 같이 한다. 가장 중요한 차이는 목사를 위한 본기도와 사도신경이 빠졌다는 것이다. 이러한 생략은 주로 영국의 독립교회파 청교도 때문이다. 그들은 토마스 굿윈(Thomas Goodwin)이나 존 오웬(John Owen)과 같은 영적 거장들에 힘입어 숫자에 걸맞지 않는 영향력을 행사했다. 청교도주의는 예배와 같은 것들에 대한 접근이 획일적이지 않았으며 "급진적인" 청교도주의는 덜 제의적이고 보다 자발적인 예배 형식을 선호하는 경향이 뚜렷했다.

독립교회파는 기독교인의 영적 양심에 따라 사람이 부과한 것, 비정경적인 본기도나 사도신경 및 니케아 신경과 같은 비성경적인 형식을 인위적으로 사용하는 것에 반대했다. 이러한 경향의 대표적인 사례는

17세기 영국의 가장 탁월한 청교도 신학자로 불리는 오웬에게서 찾아볼 수 있다. 그는 성령을 소멸한다고 생각한 본기도에 대해 강력히 반대했다. 심지어 오웬은 주기도문의 사용에 대해서도 반대했다. 주기도문은 본질적으로 구약성경의 기도이며 지금은 부활이후 시대라는 점에서 기독교인의 삶에 부합되지 않기 때문이라는 것이다. 실제로 주기도문은 웨스트민스터 예배모범에는 명문화되어 있으나 청교도 예배에서는 사용되지 않았다.[26]

이러한 청교도 예배의 비동참적 동력의 또 한 가지 요소는 (찬송을 부르는 것과는 별개의 사안으로) 회중이 목소리로 예배에 참예하는 것에 대한 거부감이었다. 1661년의 사보이(Savoy) 회의에서 장로교는 잉글랜드 국교회의 향후 예배 순서와 관련하여 주교들과 논쟁하는 가운데 "공동 예배에서 성도들을 위해 임명된 목사는 하나님께 속한다…공적 기도에서 회중은 오직 침묵과 존경으로 동참하며 기도가 마치면 '아멘'으로 화답해야 한다"고 주장했다.[27] 따라서 장로교는 시편에 대한 화답을 비롯한 모든 회중적 반응을 배제했다.

이러한 급진적인 독립교회파의 예배 태도가 영국 비국교도를 지배했다면, 이것은 주로 1662년 이후 예전문을 중시하는 성공회로부터 당했던 피비린내 나는 보복적 박해에 대한 심리적 반작용 때문이었을 것이다. 1689년에 자유가 다시 찾아오면서 예전문을 박해자인 감독제 교회의 산물과 동일시하는 새로운 사고방식이 청교도 안에 자리잡게 된 것은 결코 놀라운 일이 아니다.[28]

이러한 사고방식은 스코틀랜드 언약파에게서도 찾아볼 수 있다. 이

---

26 그러나 Richard Baxter는 1661년에 작성한 개혁주의 예전문(*Reformed Liturgy*)에서 회중의 주기도문 암송을 유지했다.

27 Francis Proctor and Walter H. Frere, *A New History of the Book of Common Prayer* (London: Macmillan, 1908), 172. 어떤 사람들은 여기서 내향성과 외향성을 구분하는 청교도의 이분법적 경향(마치 내향성만이 참되거나 온전히 영적인 것처럼)을 발견한다. 결과적으로 신체적 활동에 의한 방해가 줄어드는 만큼 우리의 예배는 더욱 영적이 될 수 있다는 것이다. 이러한 진단이 정확하다면 사보이 회의에서 장로교는 회중의 실제적인 침묵과 수동성을 추구한 것으로 볼 수 있을 것이다.

28 또한 그들은 대륙의 개혁주의 전승과 달리 교회력에 대한 준수를 폐지하였다.

운동의 선구자들은 감독제도에 반발하여 즉석 기도를 주장하였으나 얼마 있지 않아 내부의 급진주의자들을 반대하고 본기도의 자유로운 사용을 주장해야 했다는 것을 알았다. 1660-89년, "학살의 시대"(killing times) 동안 주기도문과 사도행전 및 영광송(전통적으로 모든 시편 끝에 부르는 삼위일체에 대한 3중 영광)의 사용은 많은 장로교 신자에게 자신들을 잔인하게 박해했던 성공회 체제를 연상시켰다. 1690년 이후 극소수의 예외를 제외한 대부분의 장로교회가 이러한 제의적 요소를 생략한 것은 충분히 납득이 간다.[29] 더욱 놀라운 것은 스코틀랜드 장로교에서 공적 성경 봉독이 사라졌다는 것이다. 성경을 해석하면서도(종종 긴 시간에 걸쳐 풍성하게) 별도의 행위로서 성경을 읽지는 않았다. 1856년의 스코틀랜드 국교회 총회는 이러한 남용을 바로 잡고 모든 목사에게 예배를 드릴 때마다 신구약성경을 큰 소리로 읽으라는 웨스트민스터 예배모범을 준수할 것을 명했다.

   대륙의 개혁주의가 그들의 역사적 예전문을 포기하지 않음에 따라 청교도 운동은 적어도 한동안 대륙의 개혁주의 전통과 앵글로색슨 개혁주의 전통을 구별하였다. 대륙의 개혁주의는 비정경적 본기도와 주기도문 및 사도신경을 계속해서 사용했다. 청교도 예배의 영원한 힘은 모든 의식에 복을 주시는 성령에 대한 존경과 기대와 전적인 의지, 성찬에 대한 의식[30] 및 탁월한 설교적 능력에 있다(청교도 설교는 성경적 연구와 바른 적용으로 유명한 가장 영광스러운 강단 사역 가운데 하나로 남아있다).

---

29 Duncan Forrester and Douglas Murray, *Studies in the History of Worship in Scotland* (Edinburgh: T. & T. Clark, 1984), 52-62.

30 이러한 목록은 우리를 놀라게 할 수도 있다. 그러나 다음과 같은 John Owen의 말을 들어보자. "모든 기독교인이 공감하는 사실은 성찬의식에는 다른 의식에서 찾아볼 수 없는 그리스도와의 특별한 교제가 있으며 다른 의식에는 없는 특별한 믿음의 행위가 있다는 것이다. 이것은 모든 시대에 해당하는 그리스도의 교회 전체 믿음이다. 떡과 잔을 먹고 마심으로 그리스도를 받아들이는 방식은 기도나 말씀 또는 어떤 예배적 요소에서도 찾아볼 수 없는 가장 신비스러운 기독교적 행위에 해당한다."(*Sacramental Discourses, in The Works of John Owen* [repr. London: Banner of truth, 1966], 9.620). 19세기의 John W. Nevin은 청교도 성례의 반츠빙글리적 특징을 제시하면서 오웬의 이 구절을 인용했다(Nevin, *The Mystical Presence*). 사실 오웬은 성례가 "구원의 유효한 수단"이라는 웨스트민스터 신앙고백의 가르침(대요리문답 161문)을 제시했을 뿐이다.

6. 최근의 예배 추세

오늘날 개신교 예배는 역사상 어느 시대보다 획일적이다. 확실히 문화적 다양성은 물건을 마음대로 고르는 시장 개념적 신학에 기여한 것처럼 동일한 예배 스타일의 촉진과 무관하지 않다(복음주의 안에도 더 이상 확실한 사실은 없으며 모두가 나름대로의 통찰력을 갖는다). 그러나 18세기 이후 개신교 예배의 발전에서 유지되고 있는 한 가지 주제를 꼽는다면 주관성(subjectivity)일 것이다. 주관성은 예배를 신적 대상인 자존하시는 하나님의 관점이 아니라 인간의 경험, 감정, 반응이라는 인간 주체적 관점에서 예배를 구성하고 평가하는 경향을 말한다. 주관성은 다양한 형태를 취하지만 모든 예배는 본질적으로 우리가 드리는 무엇이 아니라 우리가 경험하는 무엇이며 이러한 경험의 질은 효과적인 예배의 척도가 된다는 공감대가 형성되어 있다.

이러한 생각은 논쟁이 될 수도 있는 부분이지만 18세기의 복음주의적 대각성은 이러한 예배의 주관성에 충격을 준 첫 번째 요소이다. 데이비드 웰스(David Wells)는 부흥은 진리에 대한 열정을 영혼에 대한 열정으로 대체하는 의도하지 않은 그물효과(net effect)를 가져왔다고 말한다. 우리는 조나단 에드워즈와 같은 천재에게서도 이러한 요소를 찾을 수 있다. 그의 부흥저서를 보면 예배의 기능은 죄인의 회개라는 인상을 강력히 받는다.[31] 우리는 선조들에게 이런 식으로 생각하도록 영감으로 역사한 힘을 이해한다. 그러나 그것은 주관성을 향한 여정의 결정적인

---

31 "그러나 죄인의 확신과 회심은 종교적 수단의 목적을 달성하는 것이다…하나님이 인간의 양심에 확신을 주심으로 그것을 밖으로 드러내지 않을 수 없다면, 설사 그들이 침석하는 공적 수단이 방해를 받고 중단이 될지라도 나는 이것이 혼돈이나 불행한 방해라고 생각하지 않는다. 그것은 마치 들판으로 야유회를 나온 어떤 단체가 비를 위해 기도한 응답을 받아 쏟아진 비로 행사를 취소하지 않을 수 없는 경우와 같다. 다음 안식일에 이 땅의 모든 공적 모임이 이러한 방해를 받아 모든 행사가 중단된다면 얼마나 좋겠습니까! (Jonathan Edwards, *The Works of Jonathan Edwards* (gen. ed. Perry Miller), vol. 4: *The Great Awakening* (ed. C. C. Goen; New Haven: Yale University Press, 1972), 267. 에드워즈는 여기서 큰 실수를 한다. 그는 공동체의 모든 지체가 회심한다면 모든 공동 예배를 중단해야 한다고 주장하는 것이기 때문이다.

한 걸음이었던 것이다. 이제 모든 예배의 구조는 "회심자를 얻는 데 얼마나 유익한가"라는 실천적 준거에 의해 판단을 받아야 할 위기에 처했다. 여기서부터 오늘날 대부분의 사용하기 쉬운(user-friendly) 예배 및 구도자 중심적(seeker-sensitive) 예배까지는 오랜 시간이 걸리지 않았다.

능률적 준거가 채택되는 즉시 하나님 백성의 공동체적 예배 생활은 일종의 연구소가 되고 만다. 지도자들은 원하는 결과를 얻기 위해 끊임없이 실험을 한다. 공동체의 분위기나 정신은 변하기 때문에 오늘의 성공적 방법이 내일은 낡은 골동품 조각이 되고 만다. 아무리 능률적이고 바람직한 방법도 변하기 마련이다. 이것이 회심인가? 이것이 신자들의 지적인 교화인가? 이것이 황홀한 신비적 경험인가? 수없이 다양한 회중의 예배 형태 속으로 끊임없는 유동성이 공급됨으로써 오늘날 우리는 10년 전과는 전혀 다른 방식으로 하나님을 예배할 것이다. 10년 후에는 예배가 또 어떻게 변할 것인가에 대해서는 아무도 모른다. 예배란 하늘 성소의 영원한 모형에 참예하는 것이라는 고전적인 이해는 시간과 유행의 변화무쌍한 흐름을 반영하는 예배로 바뀌었다.

개신교의 주관성 경향은 처음에는 새롭게 부각된 설교의 위상으로 나타났다. 다른 모든 것은 예비적인 것들에 불과하다는 것이다. 가장 중요한 것은 설교를 통해 지적으로나 감정적으로 자극을 받는 "설교적 경험"(preaching experience)"이었다. 윌리엄 맥스웰(William Maxwell)이 잉글랜드의 장로교와 회중교회에 말한 것은 영어권 세계의 비성공회와 비루터파 개신교에도 해당된다. "18-19세기 잉글랜드의 장로교와 회중교회 예배는 수준이 크게 떨어졌다. 그들의 예배 구조는 보잘 것 없고 기도는 길고 교훈적이며 설교는 공동 예배의 원리가 되었다."[32]

19세기의 위대한 회중교회 목사이자 찬송가 작가("Eternal Light, Eternal Light" 작사)인 토마스 빈니(Thomas Binney)는 자신의 친구인 유명한 설교자에게서 들은 비국교도 예배의 비참한 실태에 대해 다음과 같

---

[32] William D. Maxwell, *An Outline of Christian Worship* (London: Oxford University Press, 1949), 140.

이 기록한다.

> 일부 성도는 교회에서 멀리 떨어진 곳에 살았으며 종종 늦게 왔다. 예배 시간을 모르는 방문자들이 예배 시간 중에 오기도 하고 정확히 설교 시간에 맞추어 오는 사람들도 있다. 예배를 드리려는 진지한 마음이나 목적 없이 때가 되면 참석하는 "청중"은 언제 어디서나 볼 수 있다. 나는 예배가 시작되고 30분이 될 때까지-때로는 그 후에도-예배당으로 들어와 복도를 걸어다니는(부끄러움도 없이) 사람들로 인해 방해를 받곤 한다. 문 여는 소리, 의자에 앉는 소리, 발을 끄는 소리-그보다 훨씬 듣기 싫은 다른 소리는 말할 것도 없고-에 신경이 곤두선다. 기쁜 마음으로 시작한 기도와 찬송도 이런 소음으로 방해를 받곤 한다…심지어 예배가 끝날 무렵에 들어와 예배가 방금 시작된 것처럼 앞으로 나오는 사람도 있다.[33]

"예배가 방금 시작된 것처럼…" 우리는 여기서 복음적 삶에 최악의 파괴를 초래하는 설교적 경험의 모델을 보는 것이다. 회중은 청중이 되고 목사는 웅변가가 되었으며 다른 모든 것은 무시해도 좋을 임시적인 것들이 되고 말았다. 예전, 신경, 성경독송, 죄의 고백, 중보기도, 시편 및 찬양, 성찬식 등은 생략되거나 존재가치를 상실하고 말았다. 유일한 가치가 있는 것은 설교를 통해 강조되는 것뿐이다. 주관성의 첫 번째 승리는 이렇게 이루어진 것이다.[34]

---

33 Thomas Binney, *Are Dissenters to Have a Liturgy?* in a *Chapter on Liturgies*, by Charles Baird (London: Knight & son, 1856), 317-18.

34 William Hale White의 글("*Mark Rutherford*")에는 19세기 개혁주의 비국교도 예배의 보다 황폐화 된 모습이 기록되어 있는 것을 볼 수 있다. 그러니 이 내용은 깊은 환멸감에서 나온 것으로 그의 편견이 담겨 있을 수 있다. "모든 예배는 찬송, 성경 봉독, 두 번째 찬송, 기도, 설교, 세 번째 찬송 및 짧은 마무리 기도로 이루어진다. 성경 봉독은 어떤 소견이나 설명 없이 이루어졌다. 첫 번째 기도(또는 긴 기도)는 매우 위선적이었으며 설교자에게는 끝까지 듣고 있기에는 상처가 되는 부담이었다. 신약성경에서 우리에게 권하는 모델과 이보다 더 판이하게 다른 기도도 없을 것이다. 이 기도는 일반적으로 우리는 모두 죄인이라는 고백으로 시작하시만 개인적인 죄는 전혀 고백하지 않고 이어지는 내용은 일종의 하나님과의 대화이다. 그것은 (마치 내가 예전에 많이 듣던) 하원에서 하는 연설, 의회에서 발제자와 찬성자가 국왕에게 하는 개원 연설과 같다. 아무도 그런 공연에 귀를 기울이지 않을 것이다. 나도 당시에는

그러나 적어도 이 첫 번째 주관성의 물결에는 설교 속에 여전히 진리를 향한 통로가 열려 있었다. 그러나 두 번째 물결은 장기적인 영향을 통해 결국 남아있는 작은 교두보조차 날려버리고 말았다. 오순절주의는 먼저 1906-13년의 아주사 부흥(Azusa Street revival)을 통해 세계적인 운동이 되었으며 이어진 은사주의 운동을 통해 1950-60년대의 주류 교단으로 들어오게 되었다.[35] 이렇게 함으로써 예배 주체의 고양된 경험을 설교로부터 다양한 성령의 현시(manifestations)-방언, 예언, 치유 및 성령으로 자신을 죽임-로 되돌려놓는 강력한 흐름이 시작되었다.

아주사 부흥에 대한 설명 가운데 "공개적 애통함과 울부짖음, 기뻐 뛰며 춤을 춤, 회중 앞 강단에 무리를 지어 앉음, 뒤로 넘어짐, 아무도 알아들을 수 없고 방해할 수도 없는 방언을 끊임없이-때로는 저절로-쏟아냄"이라는 묘사가 있다.[36] 지금으로부터 토론토의 축복까지는 90년이라는 시차가 존재하지만 그것은 결코 개념상의 간격이 아니다. 주관성은 이와 같이 두 번째 승리를 쟁취한 것이다. 이제 예배는 전적으로 이러한-또는 이와 유사한-결과를 얻을 수 있는 능력에 따라 이해되고 통제되며 평가를 받는다(이전의 설교적 경험 모델과 달리 지성을 우회한다). 변화된 의식상태의 영성이 기독교 예배를 장악하게 된 것이다.

은사주의 운동의 광범위한 영향은 세속 문화적 미디어가 지배하는 오늘날의 상황과 결탁하여 신체적 및 감정적 자극과 자기만족에 갈급한 청중을 양산하였으며 우리의 예배는 이러한 경향을 추구함으로써

대체로 착한 어린이였지만 분명히 듣지 않았다고 말할 수 있다. 지금도 그 예배당이 있다면 우리가 앉았던 자리에 지루한 공연에 못 이겨 그려놓은 온갖 낙서가 아직도 남아 있을 것이다. 설교도 특별하지 않았다. 그것은 일 년 열두 달 똑같은 강화를 위해 본문을 한 곳 택하는 식이었다. 설교는 인간의 타락으로부터 시작해서 구속계획을 제시한 후 아침에는 성도들의 복에 대해, 저녁에는 불신자들의 운명에 대해 묘사하는 것으로 끝났다. 전통적으로 아침에는 선민들에게 위로가 되는 '경험'의 시간이었으며, 저녁에는 불행한 이웃에게 적용되는 시간이었다." William Hale White, *The Autobiography of Mark Rutherford* (14th ed.; London: N.P., n.d.), 6-7.

[35] 이에 대한 증거는 William Goode, *Charismatic Confusion* (Plas Gwyn: K&M, 2000)를 참조하라.

[36] G. H. Lang, *The Earlier History of the Tongues Movement* (Burnham-on-Sea: M. Lang, 1958), 10.

이미 가시적인 결과를 얻었으며 지금도 얻고 있다. 이러한 결과에 대해서는 자신의 교파보다 오늘날 복음주의에 훨씬 큰 영향을 미친 빈야드 운동의 창시자인 존 윔버(John Wimber)의 유산을 통해 대략적으로나마 살펴볼 수 있을 것이다.[37]

윔버는 회심하기 전에 "의로운 형제들"(Righteous Brothers)이라는 음악 그룹의 매니저이자 재즈 음악가였다. 그는 딱딱하지 않고 편안한 분위기와 자신이 심취했던 재즈 음악의 세계를 빈야드 예배로 들여왔다. 예배 밴드와 주관적인 노래 및 감정적이고 자극적인 싱커페이션 음악이 그날의 예배였다. 윔버는 이러한 스타일의 예배를 복음적 공동체 전역에 대중화 하는 데 핵심적인 역할을 했다. 사실 이러한 에토스(순수한 형식이든 희석된 상태든)는 오늘날 복음주의 교회에서 정상적인 예배형식으로 당연시할 만큼 일반화되었다. 우리는 윔버의 예배 스타일을 통해 진리 지향적 객관성으로부터 감정 지향적 주관성으로의 전환과 같은 유형을 찾아볼 수 있다. 윔버의 신학은 이러한 사상으로 가득하며, 그는 서양의 논리적이고 이성적인 인과 관계적 사고방식으로부터 동양의 경험적이고 직관적이며 불가해한(초자연적이고 기적적인, 또는 심리적이고 주술적인) 실재에 대한 인식으로 패러다임의 전환을 요구한다.

이것은 윔버의 예배 유산에서 또 하나의 중요한 요소인 '사역의 개념에 대한 재정의'로 인도한다. 예전의 개신교 전통에서 사역은 설교를 통한 전달에 초점을 맞춘 말씀 사역을 의미했다. 성령은 말씀의 도구를 통해 사람들에게 역사하는 것으로 인식되었다. 그러나 윔버의 관점에서 이러한 인식은 성령의 직접적인 사역에 대한 강조와 함께 급격히 바뀌었다. 사역은 더 이상 성경에 나타난 객관적인 하나님의 말씀에 바탕을 두지 않는다. 이제 초섬은 기도와 안수 및 다양한 구원적 방법을 통한 성령의 물리적 행위로 옮겨갔다. 윔버가 말한 두 가지 유명한 원리

---

[37] John Wimber에 대한 평가에 대해서는 UKFocus (December 1997); Phillip Jensen, *John Wimber-Friend or Foe?* (London: St. Matthias, 1990)을 참조하라. http://www.gospelcom.net/apologeticsindex/sva-tb0.1.html; http://www.rapidnet.com/-jbeard/bdm/exposes/wimber; http://www.banner.org.uk/tb/vnyd1.html; http://www.deceptioninthechurch.com/jwimber.html.

"하나님은 말씀보다 위에 계신다"라는 것과 "하나님은 말씀에 국한되지 않으신다"가 이러한 예배 행위로 결실을 맺은 것이다. 윔버의 체계를 도입한 교회의 사역은 음악, 노래, 춤, 지혜의 말씀 및 여타 직접적인 감정에 호소하는 행위와 연계되는 경향이 있다. 그러나 최고의 영광은 "사역의 시간"(ministry time)으로 문제가 있는 자들은 이 시간에 앞으로 나아와 기도와 안수를 받고 때로는 더욱 복잡한 처방을 받기도 한다.

결과는 무엇인가? 성령은 더 이상 하나님의 영원하신 말씀이나 성만찬에 있는 것이 아니라 이 새로운 사역시간에 있는 것이다. 따라서 결과적으로 성령 활동의 상징은 더 이상 죄에 대한 고백이나 회개, 영적 조명, 깨우침, 그리스도 안에서의 바르게 함에 있지 않으며, 사람들은 신체적 감각과 감정적 도취에 빠져 결국(진리가 사라지면 비감각적인 것이 득세하기 때문에) 광적인 웃음과 동물적 소음만 남고 마는 것이다. 우리의 모임에 성령이 역사하고 계신 것을 어떻게 아는가? 제인은 웃음을 멈추지 못하고 프레드는 수탉의 울음소리를 내기 때문이다. 성경의 성화는 어디에 있는가? 아무 곳에도 없다. 하나님은 말씀 위에 계시고 말씀에 국한되지 않기 때문이다. 주관성이 승리를 거둔 것이다.

물론 이들 가운데 어느 것도 윔버리즘(Wimberism)이 오늘날 예배의 주관성이 입고 있는 유일한 겉모습이라고 말하지 않는다. 내가 이것을 포함시킨 것은 이러한 경향을 극단적으로 보여주는 구체적이고 대중적인 사례이며 명백한 형식이기 때문이다. 또한 모든 복음적 교회가 이러한 흐름으로 가고 있다거나 정도가 동일하다는 것도 아니다. 소위 예배 논쟁에 있어서는 개혁주의와 청교도 전통에 속한 많은 사람이 느끼는 경고 정도다. 그러나 교부시대와 중세 및 개혁주의 시대의 그리고 복음주의 교회의 예배 형식과 비교해볼 때 오늘날의 예배-심지어 개혁주의 진영에서조차-는 상당부분 주관성에 잠식당하고 있음을 알 수 있다. 전통적으로 성경의 규정적 원리(그리고 교부적 가르침)에 의해 교회의 예배가 형성되어야 한다고 주장해온 개혁주의 기독교인들은 자신의 역사적 정체성을 상실하지 않기 위해 특별한 주의를 기울여야 한다.

한 때 역사를 존중하는 마음에서 역사를 모르는 자는 그것을 다시 체험할 수밖에 없다는 말이 있었다. 그러나 오늘날의 예배 역사적 상황에서 이 말은 역사를 모르는 자는 가지고 있는 역사적 유산을 날려버릴 수밖에 없다는 말로 대체되어야 할 것이다. 교회의 머리되신 주께서 우리에게 겸손과 지혜를 주시기를 바란다.

CHAPTER 17

칼빈의 예배신학

| 휴스 올리펀트 올드(Hughes Oliphant Old)
Center for Theological Inquiry in Princeton 교수

예전(liturgy)라는 말은 칼빈의 신학 용어에서 중요한 단어가 아니었다.[1] 사실 이 단어는 당시 신학자들이 거의 사용하지 않는 단어이다.[2]

---

1 이 논문은 탁월한 칼빈 신학자이자 기독교강요의 번역자인 Ford Lewis Battles의 요청으로 작성된 것으로 1981년 Grand Rapids, Michigan에 있는 Calvin College에서 열린 칼빈 세미나에서 발표되었으나 Battles 교수의 사망으로 출판되지는 못했다.
2 칼빈 자신이 liturgy라는 라틴어 단어를 사용하지 않았다고 해도 스트라스부르의 프랑스 교회를 위한 의식은 예전이라고 불릴 수 있는 서방 최초의 의식이었다. 1551년에 그의 후계자인 Valerand Poulllain은 스트라스부르의 프랑스 교회 예전문을 라틴어로 번역하였다. *Liturgia sacra, sue ritus ministerii in ecclesia peregrinorum profugorum propter euangelium Christi Argentinae* (Strasbourg: Stephan Mierdmann, 1551). 그러나 예전 학자들은 이러한 사실을 간과하고 다음과 같은 카톨릭 신학자 Georg Cassander의 저서에서 이 단어가 시빙에서 처음 사용된 것으로 보았다. *Liturgica de ritu et ordine dominicae coenae quam celobrationem graeci liturgiam latini missam appellarunt* (Antwerp, 1558) 및 *Liturgiae sive missae sanctorum patrum-Jacobi apostoli et fratis domini-Basilii magni...Ioannis Chrysostomi* (ed. Johannes a Sacto Andrea; Pais: Morel, 1560). 이 제목에 나온 단어는 헬라 교회의 의식에 적용되었다. 그러나 개혁주의 신학자들은 이 단어를 그 전부터 사용하고 있었다. Richard Baxter는 공통 기도서(*Book of Common Prayer*)의 장로교 버전에 *The Reformation of the Liturgy* 또는 일반적으로 *The Reformed Liturgy*라는 제목을 붙였다(1661; repr. Edinburgh: Banner of Truth, 1974). 이 단어가 신학적 어휘로 사용된 것은 Mabillon의 유명한 저서 *De liturgica gallicana*(1685)가 나온 이후이다. 그때까지 서방의 라틴 저자들은 "교회

학식이 있는 신학자는 헬라인들이 미사(Mass)라는 뜻으로 사용한 단어에 대해 알고 있었다. 그러나 당시 라틴어에서 이 단어는 오늘날 우리가 사용하는 신학적 어휘로 사용되지 않았다.[3] 물론 일부에서 주장하는 것처럼 칼빈이 이 단어를 "사람들의 사역"이라는 의미로 이해했다면 우리에게 특별히 권장할 만한 단어로 생각하지 않았을 것이다. 칼빈은 차치하고라도 초기 개혁주의 신학자들 가운데 어느 누구라도 그러한 함축에 대해서는 펠라기우스적인 개념으로 이해했을 것이다.[4] 칼빈은 이 단어를 공적인 사역이라는 뜻으로 이해했다. 즉 공동체나 국가의 유익을 위해 행한 일이라는 것이다. 물론 칼빈이 지적한대로 이 단어는 예배의 공적 사역을 지칭할 수 있다.[5]

그렇다면 칼빈은 우리가 생각하는 "liturgy"라는 의미에 해당하는 단어로 어떤 것을 사용하였는가? 우리는 칼빈이 사용한 어휘에 대한 간단한 연구만으로도 흥미로운 결과를 발견할 수 있다. 제네바의 예전문에 나오는 제목이나 서문으로는 칼빈이 예전이라는 뜻으로 사용한 단

의 예배식"(*offices of the church*)이라는 표현을 사용하였다. Isidore of Seville (600년경)는 교회의 예배에 관한 자신의 저서에 *De ecclsiasticus officiis*라는 제목을 붙였다. Rupert of Deutz는 *Liber de divinis officiis*라는 제목을 사용하였다. 그 외에도 이와 유사한 제목으로 *De ritibus ecclesiae*나 *De sacris ritibus*가 있다.

3 liturgy의 의미에 관해서는 많은 저서가 나왔다. 오늘날 이 단어를 정의하려는 운동에 대한 간략한 역사에 대해서는 A. B. Martimore, *L'église en prièr, introduction àla liturgie* (New York: desclee, 1961)을 참조하라. 이 주제에 관한 참고 문헌은 John Harold Miller, "Liturgy," in *New Catholic Encyclopedia* (Washington, D. C.: Catholic University of America Press, 1967), 8:928-37을 참조하라. 보다 발전된 통찰력에 대해서는 Bernard Capelle, *Travaux liturgiques de doctrine de d'histoire* (Louvain: Centre Liturgique, 1955), 1:11-118을 참조하라.

4 이 단어가 70인역 및 신약성경에서 사용된 사례에 대해서는 Hermann Strathmann 및 Rudolf Meyer의 *Theological Dictionary of the New Testament* (ed. Gerhard Kittel; trans. Geoffrey W. Bromiley; Grand Rapids: Eerdmans, 1967), 4:215-31에 나오는 *leitourgeō*단어 그룹에 대한 연구를 참조하라. *leitourgia*라는 명사와 *leitourgeō*라는 동사는 둘 다 *'ābad*와 *shārath*의 다양한 형태로 번역된다. 이들은 제사장과 레위인에 의해 성실히 수행된 직무를 일컫는다(출 29:30; 민 4:24; 16:9; 대상 9:13). 고전 헬라어에서 *leitourgia*는 부유한 시민이 자신의 비용으로 국가를 위해 한 일을 일컬었다(즉 백성의 일이 아니라 공적인 사역이다).

5 헬라어 단어 *leitourgia*에 대한 칼빈의 이해에 대해서는 누가복음 1:23; 사도행전 13:2; 로마서 15:27에 대한 그의 주석을 참조하라. 칼빈은 확실히 고전 헬라어 및 70인역 헬라어에 있어서 이 단어의 의미를 알고 있었다.

어에 대해 알 수 없다. 『제네바 시편』(*Genevan Psalter*)에는 『기도의 형식』 (*Form of Prayers*)이라는 제목이 있다.⁶ 다른 곳과 마찬가지로 여기서도 예배사역은 단순히 "기도"로 언급된 것으로 보이지만 이것이 우리가 찾는 것은 아니다.⁷

혹자는 일(service)이라는 단어를 동일한 단어로 생각할 수도 있다. 불어로 번역된 기독교강요 및 주석에서 칼빈은 "하나님의 일"(*le service de Dieu*)이나 "기념할 일"(*le service ceremonial*) 또는 "하나님을 섬기는 형식"(*la forme de servir Dieu*)이라는 언급을 한다.⁸ 이러한 표현이 예전을 나타내는 것은 분명하지만 일이나 섬김(*le service*)이 다른 수식어 없이 예전을 뜻하는 단어로 사용되었다는 인상을 받기는 어렵다. 그러나 칼빈의 라틴어 본문에서 "service"라는 단어는 매우 다른 의미로 사용된다. 먼저 우리는 이 단어가 자주 사용된 단어가 아니라는 사실을 알 수 있다. 라틴어 명사인 *servitus*와 동사인 *servire*의 사용에 있어서 칼빈은 우리가 생각하는 예전적 사역의 의미 이상의 무엇인가를 포함한 개념으로 이해한다. 하나님의 일은 도덕적인 것과 예배적인 것을 모두 포함한다. 칼빈은 우상숭배에 관한 논쟁에서 자신의 대적이 구별하려는 *douleia*(존경, 봉사)와 *latreia*(경배, 예배)에 대해 언급한다. 여기서 칼빈은 *douleia*를 섬김이라는 뜻으로 제시하며 "이것은 존경의 의미보다 노예적이라는 인

---

6 John Calvin, *La catechisme des prières et chantz ecclesiastiques*, in Calvin's *Opera selecta* (ed. Petrus Barth and Gulielmus Niesel; Munich: Kaiser, 1926-62), 2:11.

7 John Calvin, *Le catechisme de l'église de Geneve*, in Bekenntneisschriften und Kirchenordnungen der nach Gottes Work reformieerten Kirche (3d ed.; ed. Wilhelm Niesel; Zollikon: Evangelischer Verlag, 1938). 라틴어 개정판, *Catechismus ecclesiae Genevensis*는 칼빈의 *Opera selecta*, 2:59-157에 있다.

8 기독교강요 프랑스판은 John Calvin, *Institution de la religion chrétienns* (5 vols.; ed. Jean-Daniel Benoî; Paris: Vrin, 1957-63)에서 발췌한 것이다. 라틴어 본문은 칼빈의 *Opera selecta*, vols. 3-5에서 인용한 것이다. 영어 번역은 별도의 언급이 없으면 John Calvin, *Institutes of the Christian Religion* (2 vols.; ed. John T. McNeill; trans. Ford Lewis Battles; Philadelphia: Westminster, 1960)에서 발췌한 것이다. 영어판 기독교강요에 대한 언급은 Battles 개정판의 권수와 페이지 수로 표시했으며 권/장/단락의 수는 다른 개정판을 읽는 독자들을 위해 표시해두었다. 다른 특별한 언급이 없으면 칼빈의 주석에 대한 언급은 특정 개성판이나 번역판에 대한 언급보다 해당되는 성경구절만 표시했다. 위 본문에 제시한 세 개의 불어 인용구는 *Institutes* 1:348-50 §2.7.1 및 욥기 4:21-24 주석에서 따온 것이다.

식이 크다는 사실을 아무도 의심하지 않는다"라고 말한다.[9]

1542년의 『제네바 시편』(*Genevan Psalter*)에서 칼빈은 예배에 참석하는 것을 "하나님께 영광을 돌리고 섬기기 위해 함께 모이는 것"[10]이라고 말한다. 칼빈의 글에는 예배에 대한 이처럼 역동적인 언급이 자주 발견된다. 마찬가지로 예배는 하나님께 존귀와 영광을 돌리는 것으로도 종종 언급된다.[11] 이러한 구절은 칼빈이 의식에 대한 외적인 준수보다 내적인 것에 훨씬 많은 관심을 가지고 있음을 보여준다. 칼빈의 개혁의 초점은 예배의 내적 요소에 맞추어졌다. 그의 관심은 기독교 예배-기도, 설교, 성례-가 "성령에 의해 진행되는 살아 있는 움직임"이 되어야 한다는 것이다.[12]

예전에 해당하는 단어로 논의의 대상이 될 수 있는 또 하나의 단어는 "*caerimonia*"(종교적 의식)라는 라틴어이다. 칼빈은 구약성경 율법의 의식과 교황의 의식 및 성경에 나오는 의식에 대해 언급한다. 이 단어는 부정적인 의미만 있는 것은 아니다. 그것은 말보다 행위, 즉 제의적 기록보다 제의적 행위를 강조하는 것처럼 보인다. 오늘날 "liturgy라는 단어-특히 가톨릭 영역에서-는 칼빈이 말한 "의식"이상의 의미를 담고 있다.[13]

칼빈은 *ritus*(의식)라는 단어를 자주 사용하지는 않지만 *caerimonia*의 동의어로 사용한다. 두 단어는 고전라틴어에서 의식이 행해지는 방식 및 외적인 관습을 가리키는 말로 사용되었다. 그러나 *ritus*는 어떤 관습이나 전통에 대해서도 사용되지만 *caerimonia*는 종교적 관습이나 의식을 나타낸다. 이러한 설명은 왜 칼빈이 "rites"보다 "ceremony"라는 단어

---

[9] Calvin, *Institutes*, 1:118-19 §1.12.2.
[10] Calvin, *Opera selecta*, 2:12.
[11] Calvin, *Catechsme de l'égalise de Geneve*, Q. 124.
[12] "Mais est un mouvement vif, procedant du saint Esprit"; Calvin, *Opera seclecta*, 2:13.
[13] 가톨릭에서 사용되는 liturgy의 정의에 대해서는 Miller, "Liturgy"를 참조하라. 효과적인 정의에 대해서는 F. L. Cross and E. a. Livingstone, eds., *The Oxford Dictionary of the Chrisian Church* (3d ed.; Oxford: Oxford University Press, 1997), 988의 "개인 예배와는 다르며…성만찬의 제목으로서…교회의 규정된 일"을 참조하라.

를 자주 사용했는지를 보여준다.[14]

칼빈이 예배를 가리키는 말로 어떤 단어보다 많이 사용한 단어는 *cultus*(제의)이다. 그는 이 단어를 "liturgy"에 가장 가까운 개념으로 사용한 것으로 보인다. 이 단어는 *colere*(경작하다, 돌보다, 존경하다, 예배하다)라는 라틴어 동사에서 왔다. 키케로(Cicero)는 이 단어에 대해 다음과 같이 정의한다. "신들에 대한 가장 진실하고 가장 순수하며 가장 경건한 예배는 그들에 대해 순수하고 진실하며 순전한 마음과 음성으로 예배하는 것이다."[15] 스콜라 신학자들도 *cultus*를 동일한 방식(정확한 정의에 의해 국한된 형식이긴 하지만)으로 사용한 것으로 보인다.[16]

확실히 칼빈이 이 단어를 이해한 방식은 영어 단어 "cult"(제의, 의식)에는 담겨져 있지 않다. 그러나 라틴어 *cultus*는 내적인 종교적 감화와 외적인 종교적 의식을 모두 가리키기 때문에 칼빈에게는 바람직한 선택이라고 할 수 있다. 이 단어는 예배의 주관적 국면과 객관적 국면을 모두 가지고 있다. 이 단어는 공적인 예배와 개인적 신앙을 모두 포함한다. 다시 말하면 이 단어는 주로 공적인 예배를 가리키는 "liturgy"보다 광범위한 의미를 갖는다. 칼빈은 키케로가 사용한 이 라틴어 단어에

---

[14] 칼빈이 rite와 ceremony를 어떤 용도로 사용하였는지에 대해서는 다음 구절을 살펴보라. "Non absque fastidio audire sustinent tam multiplices ritus: neque solum mirantur cur Deus veterem populum fatigaverit tanta ceremoniarum congerie"(Institutes §2.7.1); "dum ubique magna est in ceremoniis ostentatio, rara autem cordis, synceritas" (§2.7.1) "Porro ut peitatis exercitia sint ceremoniae, ad Christum recta nos decucant neceseest"(§4.10.29); "legitimum colenㅇ‡ Dei ritum"(§4.10.9); "sacrificia aliique ritus ex Lege Mosaica"(§4.14.20); "Ceremonias omnes et externos ritus omniaque pietatis exercita"(§4.19.3); "quod superstitiosis ritibus legitimum sui cultum non vult profanari"(§2.8.17); "Eius modi attestationem, ubi rite peragitur, speciem esse cultus divini"(§2.8.23). 이러한 인용문들은 두 단어가 참된 예배와 거짓 예배, 유대의 의식, 로마의 의식 및 성경에 의한 의식 등을 가리키는 말로 사용될 수 있음을 보여준다.

[15] "Cultus autem deorum est optimus idemque castissimus atque sanctissimus plenissimusque pietatis ut eos semper pura integra incourrupta et mente et voce veneremur"; Cicero, *De natura deorum* (ed. H. Rackham; Cambridge: Harvard University Press, 1951), 2:xviii.

[16] 스콜라 신학자들이 *cultus*라는 단어를 사용한 사례에 대해서는 Thomas Aquinas, *Summa theologıca* (Madrıd: La editorial católica, 1962), 2:91, 93를 참조하라. *cultus*에 대한 스콜라적 정의에 대해서는 "Culte," in *Dictionnaire de théologie catholique* (ed. A. Vacant, E. Mangenot, and E. Amann; Paris: Letouzey & Ané, 1923-75), 3:2404-27을 참조하라.

관심을 가졌을 것이다. 이러한 관심은 이 단어에 종교적 의식의 외적인 부분과 함께 거룩한 삶 및 마음과 일치하는 신앙적 부분이 있기 때문일 것이다.

칼빈은 *cultus*가 *latreia*에 대한 바른 번역이라고 생각한다.[17] 그러나 제롬은 벌게이트에서 이 단어를 그런 식으로 번역하지 않았다. 이것은 아마도 이 단어가 스콜라 신학자들에게 큰 주목을 받지 못한 이유일 것이다. 제롬(Jerome)은 기독교인의 "논리적"이고 "합리적"이며 "영적인" 예배에 관한 로마서 12:1과 같은 핵심 본문에서 이 단어에 대한 번역으로 종종 *obsequium*을 사용했다.[18] 제롬은 요한복음 4:24의 영과 진리로 드리는 예배(헬라어로 *proskynein*)를 *adorare*로 번역하였다. 만일 제롬이 이러한 핵심적인 본문에서 이 단어를 사용하지 않았다면 고대 기독교 저자 가운데 이 단어를 사용한 사람은 락탄티우스(Lactantius)밖에 없었을 것이다.

락탄티우스는 칼빈과 같이 기독교 인문주의자로부터 교육을 받은 개혁주의자들에게 큰 영향을 미쳤다. 그가 구사하는 라틴어는 16세기 초의 모범적 사례로 꼽힌다. 락탄티우스의 라틴어가 좋은 평판을 받은 것은 사실이나 그가 신학자로서 특별한 인정을 받은 것은 아니다. 예를 들어 칼빈은 고대 교회의 대표적 신학자들을 열거하면서 그에 대해서는 언급조차 하지 않는다.[19] *cultus*라는 단어의 용례에 대해 간략히 살펴보면 칼빈이 왜 이 단어를 선호했는지 알 수 있다.

락탄티우스는 키케로의 라틴어에 정통한 초기 기독교 저자이다. 240년경에 태어난 그는 콘스탄틴황제가 회심하기 전까지 교회가 받은 박해를 경험하였다. 그는 디오클레시안황제에 의해 니코메디아에서 수사학 교수로 임명되었으나 300년경 기독교로 개종했다는 이유로 해고당

---

[17] Calvin, *Inststitutes*, 1:118-19 §1.12.2.
[18] *Dictionnaire de théologie catholique* 3:2404-27 and I. Wordsworth and H. I. White, eds., *Nouum testamentum latine secundum editionum sancti Hieronymi* (Oxford/London: British and foreign Bible Society, 1957), 387.
[19] Hughes Oliphant Old, *The Patristic Roots of Reformed Worship* (Zurich: Theologischer Verlag, 1975), 146-49.

했다. 그의 대표작인 『하나님의 사상』(*Divinae institutiones*)은 밀라노 칙령 이전에 쓰였기 때문에 니케아 교회에 반대되는 정신을 반영한다.[20]

락탄티우스는 자신의 학문으로 상당한 명성을 얻었다. 그의 말년에 콘스탄틴은 아들의 교육을 그에게 맡겼다. 사람들은 그를 기독교인 키케로라고 여겼다. 『하나님의 사상』은 제국의 지식인들에게 고하는 책이었다. 고대 문헌, 특히 키케로의 저서에 대해 상세히 논하는 본서는 위대한 로마니타스(Romanitas[로마의 라틴문화])의 전형이었다. 『하나님의 사상』은 키케로의 『신의 본성에 관하여』(*De natura deorum*)에 대한 기독교적 대답으로 여겨진다. 이 고전적 변증학에서 락탄티우스는 예배와 관련된 여러 가지 단어를 사용한다. 가장 자주 사용된 단어는 *veneratio*와 *adoratio*로 특히 이방신들에 대해 사용되었다.[21]

그러나 락탄티우스가 유일신 하나님에 대한 참된 예배에 관해 언급할 때 그가 선호한 단어는 *cultus*이다.[22] 고대 그리스 로마 종교에 맞선 반 니케아 논쟁의 대부분은 우상숭배를 직접 공격하였다. 락탄티우스는 동상 숭배의 무익함을 강조했다. 그는 공의와 도덕적 미덕 없이 종교적 의식을 수행하는 것이 얼마나 헛된 일인지를 보여주었다. 이교도의 미신과 제사 및 우상숭배에 대해 공격한 락탄티우스는 진정한 예배의 본질로 관심을 돌린다. 이 부분에서 그는 자신의 책 6권에 "진정한 예배에 관하여"(*De vero culltu*)라는 제목을 붙인다. 락탄티우스가 이해했듯이 진정한 예배는 의롭고 선한 사람의 입으로부터 나오는 찬양이

---

20 락탄티우스의 *Divinae institutiones*에 대해서는 *Lucii Caecili Firmiani Lactantii opera omnia in Patrologiae cursus completus, series latina* (ed. J. P. Migne; Paris: Migne, 1844), vol. 6을 참조하라. 락탄티우스가 기독교 인문주의에 미친 영향에 대해서는 Fritz Büsser, "Zwingli und Laktanz," *Zwingliana* 2 (1971): 375-99를 참조하라. Cf. Franz Fessler, *Benutzung der philosophischen Schriften Ciceros durch Laktanz* (Leipzig/Berlin: Teubner, 1913); and Old, *Patristic Roots of Reformed Worship*, 175, et passim.

21 두 단어가 사용된 본문은 다음과 같다. "Illis qui partim profuerunt, suam venerationem esse tribuendam" (Lactantius, *Divinae institutiones* 1.19 [Migne, Patrologia latina 6.214]); "qui aes, aut lapidem quae sunt terrena, veneratur"(ibid., 2.1 [6.258]); "statuam adorarte··adorant ergo insensibillia" (ibid., 2.2 [6.261]).

22 Ibid., 2.2; 6.1 (6.258, 633).

다.²³ 락탄티우스가 사용한 *cultus*는 진실한 마음으로부터 나오는 진정한 예배이다.

칼빈이 이와 동일한 단어를 사용했다고 해서 놀랄 일은 결코 아니다. 그는 사람에 따라 성례의 효력이 나타난다는 *ex opere operantis*(인효론)와 성례 행위 자체가 효력을 가져온다는 *ex opere operatio*(사효론)에 대한 스콜라적 논쟁을 넘어 신앙과 헌신 간에 그리고 종교적 의식의 외적인 수행과 내적인 성향 간에 통합이 있어야 한다는 초기 교부들의 관심을 회복하고자 했다.²⁴ 한편 칼빈은 도나투스파(Donatists)의 과오에 대해 특별한 매력을 발견하지 못하였다. 확실히 예배의 가치는 예배에 동참하는 자는 물론 예배를 인도하는 자의 신실함이나 도덕적 순수성에 의존하지 않는다. 그럼에도 불구하고 이 제네바의 개혁주의자에게 예배는 하나님이 그것을 요구하신 백성의 거룩한 삶 및 행위와 결코 분리할 수 없다. *cultus*라는 단어에는 동시대의 사람들이 일반적으로 알고 있던 의미보다 훨씬 광범위하고 깊은 개념이 포함되어 있기 때문에 칼빈이 이 단어를 예배적 의미로 사용했다는 것에는 의심의 여지가 없다.

1. 모세의 율법과 교회의 예배

아마도 칼빈의 예배 개념-또는 예전에 대한 개념-의 핵심에 도달하기 위해서는 그가 율법의 첫 번째 돌판에 대해 해석한 내용을 연구하는 것이 가장 좋은 방법이 될 것이다. 기독교강요는 율법에 대한 언급을 위해 한 장을 할애한다. 확실히 칼빈의 예배신학에 대한 온전한 연구는 성례에 관한 장들과 기도에 관한 장 및 제네바 시편을 비롯한 그의 문헌들을 다루어야 할 것이다. 그러나 여기서는 율법의 네 가지 계명에 대한 칼빈의 가르침을 통해 그의 예배신학에 대해 다룰 것이다.

---

23 Ibid., 6.25 (6.729-31).
24 Calvin, *Institutes*, 1:1302-3 §4.14.26; 27 이하 참조. 사효론에 대한 칼빈의 반대에 대해서는 아래 각주 47을 참조하라.

칼빈은 기독교강요에서 십계명의 첫 번째 부분은 "특히 위대하신 하나님에 대한 예배와 관련된 의무에 관해 다룬다"고 말한다.[25] 확실히 모세의 율법은 그리스도를 통한 성취라는 관점에서 다루어야 한다. 그러나 칼빈이 이해했듯이 "하나님께서 규정하신 공적인 예배는 여전히 유효하다."[26] 칼빈에게 있어서 진정한 예배의 근원은 율법을 통해 주어졌다. 모세 율법에서 발견되는 예배는 복음서의 영과 진리로 드리는 예배의 모형이다. 칼빈이 요한복음 4:20-23 주석에서 설명한 대로 그리스도의 오심으로 율법의 외형적 의식은 폐지되었다. "율법을 통해 주어진 예배는 본질상 영적이지만 형식에 있어서는 어느 정도 육신적이며 세속적이다."[27] 또한 율법 하에서도 하나님은 진정한 기도와 참된 감사에 의한 내적 신앙 및 순수한 양심으로 섬겨야 하며, 참된 봉헌과 참된 제물은 자신을 죽이고 하나님께 순종하는 것이다. "그러나 율법에는 여러 가지 부가된 것이 있어서 진리가 다양한 상징과 그림자에 의해 가려져 있다. 오늘날에도 인간의 연약함 때문에 몇 가지 외형적 의식이 남아 있기는 하나 그리스도에 관한 명백한 진리가 방해받을 만한 정도는 아니며 진리를 감추거나 방해하는 것들은 결코 없다."[28] 칼빈은 십계명을 연구할 때 두 언약 아래에 있는 신실한 자들에게 기본적으로 예배의 공통적인 본질을 발견하는 데 초점을 맞추었다. 칼빈은 우리에게 하나님이 율법을 통해 유대인과 기독교인 모두에게 "그의 거룩하심에 경배할 것을 말씀하시고 이러한 경배를 어디서 찾을 수 있는지에 대해 상세히 보여주신다"고 말한다.[29]

확실히 칼빈의 예배관 특징 가운데 하나는 이스라엘에 대한 하나님의 자기 계시에 대한 깊은 이해이다. 구약성경과 기독교인의 관계에 대

---

25 Ibid., 1:376-77 §2.8.11.
26 Ibid., 1:367 §2.8.11.
27 "Le service de la Loi en sa substance a ete spirituel; mais quant àla forme, it etait en quelque sorte charnel et terrien"; John Calvin, *Evangile selon saint Jean*, in Calvin's *Commentaires de Jean Calvin sur le nouveau testament* (ed. Michel Revillaud; Geneva: Labor et fides, 1968), 2:113-14.
28 Ibid., 114(원문 생략).
29 Calvin, *Institutes*, 1:367 §2.8.1.

한 이러한 이해는 칼빈에게만 국한된 것이 아니다. 그는 이러한 사상을 옛 동료인 외콜람파디우스(Oecolampadius), 카피도(Capito), 츠빙글리 및 부처로부터 전수받았다. 그들은 성경 히브리어의 회복을 주도한 선구자들이었다.[30] 칼빈은 히브리어에 대한 이처럼 깊은 이해를, 언약신학에 대한 연구를 통해 옛 언약과 새 언약의 통합을 강조한 불링거(Bullinger)와 함께 나누었다.[31] 확실히 칼빈은 다른 신학과 마찬가지로 이 부분에서도 어거스틴의 영향을 받았다.

구약성경에 대한 이러한 긍정적 접근은 한편으로는 루터와 또 한편으로는 재세례파와 다른 칼빈 사상의 특징이다. 루터는 율법과 은혜의 구별을 강조하고 둘을 하나의 변증법 속에 두지만 재세례파는 율법과 은혜의 구별을 변증법적 관점에서 보려는 경향이 있다. 칼빈이나 기독교 인문주의의 영향을 받은 라인강 북부 개혁주의자들(Upper Rhineland Reformers)에게 성경 히브리어의 회복은 관심의 대상이었다. 구약성경에 대한 새로운 이해를 자극한 것은 성경 히브리어의 회복이었다. 개혁주의학파가 형상에 대한 제의적 사용을 철저히 비판하고 주의 날의 회복에 관심을 가졌던 것은 놀라운 일이 아니다. 따라서 십계명의 전반부에 대한 칼빈의 주석을 통해 그의 예전 신학을 연구하는 것은 예전에 관한 개혁주의 전통의 독특한 요소에 초점을 맞추는 것이다.

---

30 Rhenish Christian humanists(라인강 지역의 기독교 인문주의자)의 성경 히브리어의 회복에 관해서는 다음 자료를 참조하라. Lewis W. Spitz, *The Religious Renaissance of the German Humanists* (Cambridge: Harvard University Press, 1963), 특히 61-62; Ernst Staehelin, *Das theologische Lebenswerk Johannes Oekolampads* (Leipzig: Heinsius Nachfolger, 1939), 55-56, 189-90, 396-97; Johannes Müller, *Martin Bucers Hermeneutik* (Gütersloh: Mohn, 1965), 200-201; Friedhelm Kruger, *Bucer und Erasmus: Eine Untersuchung zum Einfluss des Erasmus auf die Theologie Martin Bucers* (Wiesbaden: Steiner, 1970), 71-72; Gottfried W. Locher, *Die zwinglische Reformation im Rahmen der europäischen Kirchengeschichte* (Göttingen/Zurich: Vandernhoeck & Ruprecht, 1979), 162; Beate Stierle, *Capito als Humanist* (Gütershloh: Mohn, 1974); and Old, *Patristic Roots of Reformed Worship*, 109, 122, 124-25, 135, 145-46).

31 Ernst Koch, *Die theologie der Confessio Helvetica Posterior* (Neukirchen: Verlag des Erziehungsverein, 1968), 387-408; Jack Warren Cottrell, "Covenat and Baptism in the Theology of Huldreich Zwingli" (doctoral diss., Pirnceton Theological Seminary, 1971), 본서는 불링거가 말하는 언약 신학에 대해 다룬다.

2. 첫 번째 계명

칼빈은 첫 번째 계명에 대해 긍정적인 관점에서 접근하면서 하나님은 "우리에게 참된 경건으로 예배하고 경배할 것을 명령하신다"고 해석한다.[32] 우리는 칼빈이 이 명령을 교리적으로 발전시켰을 것이라는 기대를 가질 수 있다. 예를 들어 그는 첫 번째 계명이 우리에게 가르치는 것은 하나님에 대한 믿음이라는 사실을 말하고자 했다는 것이다. 확실히 이러한 생각은 그처럼 탁월한 개신교 종교개혁 지도자에게 기대해 봄직한 생각이다. 칼빈이 예배에 무관심했으며 오히려 교리와 사회 윤리에 관한 문제 및 교회 구조에 더 많은 관심을 가졌다는 주장은 잘못된 것이다. 율법이 우리에게 첫 번째로 가르친 것은 하나님에 대한 예배와 오직 하나님만 예배하라는 것이다.[33] 이 문제에 대해 조금 더 깊이 다루어보자. 칼빈이 이처럼 예배에 중요한 지위를 부여했다는 것이 놀라운 일이라고 생각하는가? 우리는 칼빈의 신학에서 인간이 하나님의 영광을 위해 창조되었다는 주장이 얼마나 강조되는지를 잘 안다. 그렇다면 이 제네바 개혁자가 첫 번째 계명에서 예배는 사람이 해야 할 첫 번째 일이며 인류의 궁극적 소명이라는 사실을 발견하는 것이 지극히 당연하지 않겠는가? 칼빈에게 다른 모든 것은 예배를 통해서만 의미를 가진다. 율법은 우리에게 이것을 모든 의무 가운데 첫 번째로 제시한다. "그의 위엄에 대해 묵상하고 두려워하며 경배하는 것, 그의 축복에 참예하는 것, 항상 그의 도우심을 구하는 것, 그의 사역의 위대하심을 인식하고 찬양하는 것만이 모든 삶의 유일한 목적이다."[34]

칼빈에게 다른 신들에 대한 예배는 기독교인에게조차 언제나 위험이 된다.[35] 우리는 참되신 하나님에 대해 마음과 뜻과 영혼을 다해 예배

---

[32] Calvin, *Institutes*, 1:367 §2.8.16.
[33] 우리의 관심을 끄는 것은 모세오경 가운데 나머지 네 권의 책에 대한 칼빈의 주석 역시 동일한 주제를 이어가고 있다는 사실이다. 여기서 칼빈은 예배에 관한 법을 첫 번째 계명에 대한 해석으로 다루듯이 의식에 관한 법을 첫 번째 계명 안에서 다룬다.
[34] Calvin, *Institutes*, 1:382 §2.8.16.
[35] Calvin, *Catechisme de l'église de Geneve*, Q. 140.

해야 한다. 우리에게는 문화와 민족주의, 행운의 신이나 풍성의 신은 거명조차 될 수 없다. 칼빈은 오늘날 자신의 인종이나 민족의 문화를 드러낼 목적으로 예배를 이용하려는 자들 및 정치적 기반, 사회적 인식, 마음의 평화, 경제적 성공, 자기 성취 및 가정의 단합을 위해 예배를 이용하려는 자들과 싸워왔다. "너는 나 외에는 다른 신들을 네게 두지 말라"(출 20:3)라는 말씀은 인간 중심의 예배가 아니라 하나님 중심의 예배가 되어야 한다고 가르친다. 칼빈의 하나님 영광에 대한 특별한 관심을 불온하게 생각하는 자들도 있을 것이다. 그들은 초월적인 것에 대한 강조에 큰 가치를 두지 않는다. 그러나 칼빈에게 있어서 참된 예배란 하나님께 영광과 경배와 존귀를 돌리는 것이다. "그러므로 우리의 마음을 참되신 하나님께서 돌아서게 하고 여기저기에 있는 온갖 신들에게로 인도하는 악한 미신을 경계합시다…우리는 우리가 만든 모든 신을 쫓아내고 오직 하나님이 우리에게 요구하신 예배만 드려야 합니다."[36] 첫 번째 계명에서 우리는 하나님께 예배를 드려야 하며 오직 하나님께만 그렇게 해야 한다는 의미를 찾아낸 칼빈은 오늘날 우리가 드리는 예배의 동기 및 정당성에 대해 여러 가지 문제를 제기한다.

자신의 만족을 위해 예배를 드리는 경향이 강한 오늘날 사회에 대해 칼빈은 예배란 거룩한 의무임을 강조한다.[37] 예배의 의무는 계시와 이성을 통해 배울 수 있다. 신적인 조명이 없는 이성이라도 예배는 인간의 상황에 적절하다고 가르친다. 자연인이 이러한 예배의 의무를 인식하는 것은 오직 모호한 방식을 통해서만 가능하다. 우리는 하나님의 말씀을 통해 가르침을 받지 않으면 참된 예배를 드릴 수 없다.[38] 그러나 우리는 처음부터 하나님을 예배하기 위해 창조되었다. 우리가 "그의 위엄을 만날 때" 그를 경배할 수밖에 없다.[39] 자연인에게 이러한 예배의 의무는 어쩔 수 없이 인식될 수도 있겠지만 경건한 자에게는 기쁨이 된다. 모

---

36 Calvin, *Institutes*, 1:382-83 §2.8.16.
37 Ibid., 1:369 §2.8.2.
38 Ibid., 1:367 §2.8.1.
39 Ibid.

르는 신에게 예배하는 자들에게는 이러한 의무가 끔찍한 두려움이 되겠지만 믿음으로 복음을 순종한 자들에게는 거룩한 두려움이 될 것이다. "이것은 그를 주와 아버지로 인정하는 것이기 때문에 경건한 자들은 모든 일에 그의 주권을 인정하고 그의 위엄을 인식하며 그의 영광을 위해 살고 그의 명령에 순종하는 것이 지극히 합당한 일이라고 생각한다…더구나 이러한 마음은…하나님을 아버지로 사랑하고 공경하기 때문에 그를 주님으로 섬기고 그에게 영광을 돌린다."[40] 율법 아래에서도 심판에 대한 두려움 때문에 이 의무를 행할 수 있지만 복음 아래에서는 자신의 구원에 대한 확신으로 인해 감사로 이 의무를 행한다. 우리는 예배가 거룩한 의무이기 때문에 하나님을 예배하는 것이다. "하나님은 우리의 창조자이시기 때문에 우리의 아버지와 주가 되실 권리가 있다. 이러한 이유로 우리는 그에게 영광과 존귀를 돌려드리고 그를 사랑하며 경외해야 하는 것이다."[41]

칼빈은 기독교강요에서 예배에 대한 개념을 자세하게 제시한다. "우리가 하나님께 해야 할 일은 수 없이 많지만 다음 네 가지 항목으로 분류할 수 있을 것이다. (1) 경배 (2) 신뢰 (3) 간구 (4) 감사.[42] 이제 이들 요소에 대해 순서대로 살펴보자. 명확성을 위해 칼빈이 자주 사용한 라틴어를 사용할 것이다.

1) 경배(adoratio)

경배는 "우리가 그의 위대하심에 복종하여 그에게 돌려드리는 존경과 예배"이다.[43] 칼빈에게 찬양 사역이 매우 중요했다는 사실은 두말할 필요도 없다. 이것은 그가 곡조 있는 시편 찬송을 교회에 보급하기 위해 얼마나 많은 애를 썼는지 생각하면 잘 알 수 있다. 이 제네바의 개

---

40 Ibid., 1:42-43 §1.2.2.
41 Ibid., 1:369 §2.8.2.
42 Ibid., 1:382 §2.8.16.
43 Ibid..

혁자에게 경배는 피조물이 하나님의 위엄 앞에서 가지는 당연한 반응이다. 하나님의 임재를 통해 경험하는 경외심은 우리의 예배와 신학이 취해야 할 자세이다. 예배는 주로 하나님께 영광을 돌리는 것이어야 한다. 칼빈의 관심은 교회의 예배가 기도, 설교, 성례와 함께 찬양을 포함해야 한다는 데 있는 것이 아니다. 그가 주장하는 것은 이 모든 것이 경배가 되어야 한다는 것이다. 예를 들어 (내가 그를 정확히 이해했다면) 설교는 하나님께 영광을 돌리는 것이어야 한다는 것이다. 즉 그것은 하나님의 위엄에 대한 새로운 인식으로부터 나와야 한다는 것이다. 설교는 성경을 통해 말씀하시는 하나님의 거룩하심에 사로잡혀 전하고 들어야 한다는 것이다. 선지자들이 그들에게 주어진 거룩한 말씀에 대한 거룩한 열심에 사로잡혀 전한 것처럼, 베드로가 "만일 누가 말하려면 하나님의 말씀을 하는것 같이 하고…이는 범사에 예수 그리스도로 말미암아 하나님이 영광을 받으시게 하려 함이니"(벧전 4:11)라고 한 것처럼 당시 교회의 설교가 경배의 행위가 되어야 한다고 칼빈은 촉구했던 것이다.

2) 신뢰(fiducia)

신뢰는 "그를 의지한다는 확신으로, 이러한 확신은 그의 속성에 대한 인식으로부터 온다. 즉 모든 지혜와 의와 능력과 진리와 선하심은 그에게 속하며 모든 복은 오직 하나님과의 교통을 통해서만 온다고 인식할 때이다."[44] 참된 예배는 하나님과의 교통을 얻으려는 시도가 아니다. 그것은 하나님과의 교통을 전제한다. 하나님과 교통의 본질이자 핵심은 "그를 의지하는 것"이다. 우리는 그의 속성을 인식할 때 그에게 의지하게 된다. 하나님에 대한 참된 지식은 이러한 신뢰를 가능하게 한다. 그것은 우리에게 믿음과 신실함을 허락한다. 그것은 우리에게 마땅히 하나님을 신뢰하고 모든 삶을 그의 손에 맡겨야 한다는 확신을 준

---

[44] Ibid..

다. 설교의 예를 다시 들면, 하나님의 말씀을 전하고 듣는 것은 믿음에서 나와 믿음에 이르러야 한다는 것이다. 그것은 믿음을 낳기 위해 믿음에 대해 증거해야 한다. 설교는 신실함을 낳기 위해 신실해야 한다. 하나님의 말씀을 믿음으로 전하고 믿음으로 들을 때 말씀의 열매를 맺게 된다. 확신 가운데 말씀을 전하고 확신 가운데 말씀을 듣기 때문에 열매를 맺게 되는 것이다. 이러한 확신은 말씀으로부터 온다. 왜냐하면 그 말씀이 누구에게서 나오는지 알기 때문이다. 또한 이러한 확신은 말씀에 대한 순종으로부터 온다. 참된 예배의 핵심은 바른 교훈이다. 개혁주의 예배는 언제나 이 원리에 충실해왔다. 예배의 교훈적 국면에 대해서는 예전에 관한 전승을 통해 거듭 확인되어 왔으며 지속적으로 주장되어야 한다. 하나님에 대한 참된 지식은 하나님에 대한 참된 예배의 핵심이다. 낭만주의시대에는 교훈적 설교와 하나님의 영광을 위한 설교가 대립적이었으나 칼빈에게는 양자가 상호보완적이다. 교회 예배에서 성만찬에 대한 기념은 예배가 하나님의 임재하심에 대한 끊임없는 신뢰임을 명확히 보여주는 또 하나의 요소이다. 찬양, 기도, 성경 봉독, 말씀 증거 및 성만찬은 우리가 이러한 신뢰와 확신을 경험하는 수단이다. 이 모든 예배 행위의 핵심은 이러한 신뢰와 확신이다. 이러한 행위는 하나님과 교통하는 행위이기 때문이다.

3) 간구(invocatio)

간구는 도움이 필요할 때 하나님을 찾는 것이다. 간구는 에피클레시스(*epiklēsis*)라는 헬라어의 라틴어 번역이다. 문자적으로 *invocatio*는 '부르다'라는 뜻이다. 그것은 우리의 유일한 도움이 되시는 하나님과 그분의 신실하심에 호소하는 것이다.[45] 인간은 끊임없이 도움이 필요한 상황에

---

45 Ibid. 라틴어 본문의 내용은 다음과 같다. "Invocatio, sit mentis nostrae, quoties urget ulla necessitas, in eius fidem atque opem receptus, tanquam ad unicum praesidium"; Calvin, *Opera selecta* 3.357. 프랑스 본문은 다음과 같다. "Invocation, est le recours que notre ame a luy, comme a son espoir unique, quand elle est pressee de quelque necessite; Calvin, *Institution de la*

처할 수밖에 없는 존재이다. 우리는 거듭해서 하나님의 도우심을 구해야 한다. 우리는 제네바 시편을 통해 "우리의 도움은 천지를 지으신 여호와의 이름에 있도다"(시 124:8)라는 부르짖음으로 예배가 시작된다는 사실을 볼 수 있다.[46] 계속해서 예배는 죄에 대한 고백으로 이어진다. 칼빈에게 찬양과 감사는 매우 중요하다. 그러나 그는 찬양과 감사가 죄의 고백이나 탄원보다 고상한 기도의 형식이라고 주장하지는 않는다. 우리는 필요할 때 하나님을 부름으로써 하나님을 영화롭게 한다. 죄의 고백은 칼빈의 말처럼 찬양의 기도이다.

예배는 영광송일 뿐만 아니라 간구(에피클레시스)가 되어야 한다. 에피클레시스는 제네바 예전문의 본질적인 요소이다. 예배는 에피클레시스와 함께 시작한다. 기도와 설교도 에피클레시스와 함께 시작한다. 세례를 위한 에피클레시스가 있으며 성찬을 위한 에피클레시스가 있다. 에피클레시스의 핵심은 우리의 예전 행위가 성령으로 충만해야 한다는 인식이다. 그것은 우리 안의 신적 역사로 말미암아 감화를 받고 능력을 입어야 한다. 예배는 마술이 아니다. 예배가 유효한 것은 우리가 그것을 행했기 때문이 아니라 하나님의 영이 그것과 함께 그리고 그것을 통해, 역사하시기 때문이다.[47]

여기서 우리가 한 가지 생각해볼 것이 있다. 그것은 하나님이 우리에게 요구하시는 예배는 우리의 필요에 무관심한 하나님의 영광에 초점을 맞추라는 것이 아니다. 우리에게는 하나님이 필요하며 하나님은 자신을 위해 우리를 창조하셨기 때문에 우리가 필요할 때 그에게로 향하는 것을 기뻐하신다. 하나님은 우리가 우리의 도움이시며 구원자로서 찬양을 드릴 때 영광을 받으신다. 하나님의 영광은 인간의 필요에 열려 있다. 하나님은 우리의 간구를 통해 섬김을 받으신다. 왜냐하면

---

religion chrétienne"(ed. Benoît), 2:149.
[46] Calvin, *Opera selecta*, 2:18.
[47] 칼빈이 인효론과 사효론에 관한 스콜라적 논쟁을 설득할 수 있었던 것은 기독교 예배의 간구적 성격에 대한 인식 때문이었다(Calvin, *Institutes*, 2:1302-3 §4.14.26). 칼빈이 말하려는 요점은 예배의 효력이 우리의 제의적 행위 때문이 아니라 하나님의 역사하심 때문이라는 것이다.

헬라 예전문이 선호하는 표현을 빌면 하나님은 '인간을 사랑하는 자' (*philanthropod*[자비하신 분])이시기 때문이다. 하나님은 그의 축복에 대한 우리의 간구를 통해 섬김을 받으신다. 왜냐하면 우리에게 복을 주시는 것은 그의 뜻이기 때문이다. 하나님은 진정한 예배를 통하여 영광을 받으시고 신자들은 교훈을 받는다. 제네바 시편에는 다음과 같은 감사의 기도가 나타난다. "우리가 당신의 영광을 높이고 이웃을 바로 세우는 삶을 살게 해주소서."[48] 두 가지가 밀접하게 연결되어 있다는 것은 분명하다. 사도 바울이 말했듯이 기독교인이 고난이나 어려움을 당하면 자기 자신이 아니라 하나님께 의지할 수 있다. 우리는 그렇게 함으로써 진정한 자아를 회복하는 것이다. 인간은 본래 도움이 필요한 존재이다. 우리가 하나님을 필요로 하고 서로를 필요로 한다는 것은 우리의 본성에 우연히 더해진 것이 아니라 본질적인 것이다. 인간과 하나님의 바른 관계는 그를 우리의 필요와 연관시킬 때 재정립된다. 하나님의 영광은 그가 우리의 필요를 채우시는 분으로 나타날 때 드러난다. "너희도 우리를 위하여 간구함으로 도우라 이는 우리가 많은 사람의 기도로 얻은 은사를 인하여 많은 사람도 우리를 위하여 감사하게 하려 함이라"(고후 1:11).

예배가 신실한 자들을 교훈하거나 바로 세워야 한다는 것은 칼빈이 좋아하는 주제이다. 교통은 신실한 자들의 영적인 음식이다. 따라서 의에 주리고 목마른 자는 배부름을 얻을 것이다. 그것은 영적인 아픔을 가진 자들에 대한 치료제이다.[49] 따라서 말씀전파는 교회의 신앙을 양육하거나 세운다. 하나님을 섬기는 것과 이웃을 섬기는 것이 불가분리 관계라는 것은 진정한 칼빈의 예배 개념이자 윤리적 단신론일 것이다. 두 가지는 하나님에 대한 예배가 첫 번째 계명들이며 이웃을 섬기는 것이 그 다음에 나오는 적절한 순서로 되어 있다.

---

[48] Calvin, *Opera selecta*, 2:49.
[49] Ibid., 2:47.

4) 감사(gratiarum actio)

이것은 "우리가 모든 좋은 일로 하나님께 감사의 찬양을 돌리는 것"[50]이다. 예배는 영광송으로 시작하여 감사로 마친다. 우리는 찬양의 충만, 성찬의 기쁨 및 기도의 응답을 경험할 때 이러한 그의 축복으로 말미암아 하나님께 감사를 드린다. 감사와 우리가 하나님의 위엄 앞에서 보이는 첫 번째 반응인 찬양과 경배 사이에는 실제적인 차이가 있다. 하나님의 위엄을 처음 접할 때 우리는 두려움과 놀라움으로 반응한다. 그러나 그의 은혜를 경험한 후에는 우리가 감사하는 하나님이 누구신지를 알게 되는 것이다. 칼빈은 감사를 하나님뿐만 아니라 사람에게도 할 수 있다고 말한다. 하나님께 대한 감사는 동시에 이웃에 대한 증거이기도 하다는 것이다. 칼빈은 이에 대해 "그의 위대하신 사역에 대해 찬송을 통해 인식하고 증거를 통해 경축한다"[51]라고 말한다. 여기서 칼빈은 히브리어 '야다'(yādâ)의 진정한 의미를 파악한다. 감사는 어려울 때 하나님의 도움을 받았다는 공적인 표현이다. 진정한 감사는 도움을 주신 하나님을 섬길 의무를 받아들인다. 우리는 여기서 하나님에 대한 참된 예배가 언제나 하나님 중심적이지만 이웃을 교화한다는 사실을 알 수 있다. 진정한 감사는 증거이다. 이웃을 사랑하는 박애적 감사야말로 진정한 하나님 중심적 감사이다. 그의 위대하신 행위에 대한 찬양, 그의 구원에 대한 증거, 그의 사역에 대한 기념, 그의 진리에 대한 고백, 이러한 섬김에 대한 헌신은 모두 경배와 함께 시작된 경험의 결론에 해당한다. 우리가 여기까지 왔다면 하나님에 대한 감사는 인간 존재의 완성이다.[52]

칼빈이 예배를 경배, 신뢰, 간구 및 감사로 규명할 때 그는 주관주의나 유심론에까지 들어간 것이 아니다. 칼빈은 이러한 것들이 재

---

[50] Calvin, *Institutes*, 1:382 §2.8.16.
[51] Ibid. 라틴어 본문의 내용은 다음과 같다. "Ad recognoscendum laudisque confessione eelebrandam operum magnificentiam" (Calvin, *Opera selecta*, 3:358). Battles는 이것을 다음과 같이 해석한다. "그의 위대하신 사역을 인식하고 찬양으로 경축한다." ibid., 1:382 n. 24.
[52] Ibid.

세례파에 존재한다고 보았다. 그는 칼슈타트(Carlstadt), 슈벵크펠트(Schwenckfeld)와 같은 사람에게서 이러한 경향을 발견하며 그들의 의견에 동조할 생각이 없었다. 칼빈에게 찬양과 말씀 전파, 기도 및 성례의 시행은 교회의 삶 및 기독교인 삶에 본질적인 요소이다. 그에게 순수한 영적 예배와 같은 개념은 결코 찾을 수 없다. 그러한 시도는 인간의 유한한 육체적 본성을 무시해야 할 것이다.[53] 그처럼 순수한 영적 예배는 하나님이 순수한 영적 존재로 창조하지 않은 피조물에게는 불가능하다. 칼빈은 순수한 영적 예배를 만들어내려는 자들을 향해 하나님보다 지혜롭게 되려는 시도라고 비난한다.[54] 하나님은 인간의 본성에 맞도록 예배의 외형적 형식(즉 말씀을 통해 세우신 의식)을 제정하셨다. 하나님께서 인간의 능력에 적합하게 맞추어주신 것이다. 칼빈에게 이러한 적응(accommodation) 개념은 중요하다. 그것은 거룩한 성경에 대한 교리 및 예배 교리에도 중요하다.[55] 칼빈이 성경을 신적 적응이라는 차원에서 이해한 것이 기록된 말씀이나 전파된 말씀에 대한 비하가 아니듯이 그가 예배를 하나님의 적응이라는 차원에서 이해한 것은 결코 성경에 대한 비하가 아니다. 참된 예배는 교회의 정규 예배를 통해 찬양을 부르고 신조를 고백하며 성찬을 나누는 행위와 별개의 무엇이 아니다. 외형적 형식은 참된 예배의 훈련이다.[56] 교회는 찬양과 간구 및 감사의 훈련을 통해 교화되고 바로 세워진다. 예배의 외적 의식과 기념을 통해-그리고 그것을 수단으로-참된 예배가 이루어진다. 우리는 시편과 영적인 노래 및 은혜로운 찬양을 부름으로써 입술과 함께 마음의 곡조

---

[53] Calvin, 요한복음 4:20-24 주석.
[54] Calvin, *Opera selecta*, 2:13.
[55] Jack B. Rogers and Donald D. McKim, *The Authority and Interpretation of the Bible: An Historical Approach* (San Francisco: Harper & Low, 1979), 98-99.
[56] 칼빈, 시편 22:22-24 주석. "내가…회중 가운데에서 주를 찬송하리이다"라는 본문에 대해 칼빈은 공적 감사의 목적이 신자가 서로 격려하기 위함이라고 말한다. 이것을 실습(exercise)이라고 부르는 이유는 회중 가운데 한 구성원의 감사의 행위가 다른 구성원에게 감사할 힘을 주기 때문이라는 것이다. 감사의 표현은 감사를 쌓고 더 많은 감사를 하기 때문에 훈련인 것이다. 칼빈의 동시대인인 Ignatius of Loyola는 The Spiritual Exercises(영신 수련)이라고 부른다.

를 만들어야 한다.⁵⁷ 제네바 요리문답에는 아무도 자신이 공적 예배모임의 설교를 무시해도 좋을 만큼 영적이라고 생각해서는 안 된다는 언급이 있다.⁵⁸ 그리스도는 기도, 성례와 함께 설교를 교회의 공적 질서의 한 부분으로 제정하셨다. 이러한 것들은 확실히 외적인 형식에 속하지만 하나님은 복을 주실 목적으로 정하셨다. 물론 이러한 것들 자체에 어떤 능력이 있는 것은 아니나 성령께서 그들을 이러한 목적에 효과적이 되게 하신 것이다.⁵⁹

이 부분에서 칼빈은 경배와 신뢰와 간구와 감사를 강조하는 이유가 제의적 형식이 불필요하다거나 무관하다고 생각하기 때문이 아니라 제의적 형식이 살아 있다고 생각할지도 모른다는 염려 때문이라고 말한다. 그는 누구보다 생명이 없는 죽은 예배에 대해 잘 안다. 그는 자신을 위해 드리는 예배에 대해 너무나 잘 안다. 그가 염려하는 것은 대부분 제의적 행위가 진정한 종교적 감화로부터 나오며 인간의 사역이 아니라 성령의 사역이라는 사고이다.⁶⁰ 칼빈이나 동료 개혁자들에게 제의적 개혁과 관련한 가장 큰 관심은 제의적 형식과 신앙적 감화의 결합이었다. 이러한 결합은 예배의 객관적 요소와 주관적 요소의 균형을 맞추는 것이다.

이것은 칼빈의 첫 번째 계명에 대한 주석에 명확히 나타난다. 칼빈은 이 계명의 마지막 구절에 초점을 맞춘다. "너는 나 외에는[내 얼굴 앞에] 다른 신들을 네게 두지 말라."⁶¹ 칼빈은 제네바 요리문답에서 이 구절의 의미에 대해 "하나님이 고백하기를 원하는 것은 외형적 신앙고백뿐만 아니라 진정한 마음의 헌신"이라고 말한다.⁶² 우리는 기독교강

---

57 Calvin, 골로새서 3:16 주석.
58 Calvin, *Catechisme de l'église de Geneve*, Q. 306.
59 Ibid., QQ. 300-312.
60 Calvin, *Opera selecta*, 2:13.
61 Calvin, *Institutes*, 1:382-83 §2.8.16. RSV 성경은 "내 얼굴 앞에" 대신 "내 앞에"라고 번역한다. 이 구절에 대한 해석의 역사에 대해서는 Brevard S. Childs, *The Book of Exodus: A Critical, Theological Commentary* (Old Testament Library; Philadelphia: Westminster, 1974), 402-3를 참조하라.
62 "Il signifie, que non seulement par confession exterieure, il veult estre advoue Dieu: mais ausse en pure verite et affection de cueur": Calvin, *Catechisme de l'église de Geneve*, Q. 142.

요에서도 동일한 주장을 발견한다. 하나님의 거룩하신 영광에 대한 찬양은 외형적 고백뿐만 아니라 하나님만이 감찰하시는 마음속 은밀한 곳에서 우러나와야 한다는 것이다.[63] 그러나 여기서 알아야 할 것은 칼빈에게 있어서 예배의 주관적 요소는 내적 감정의 문제라기보다 내적 순수성의 문제라는 것이다. 참된 예배는 성령의 사역이다. 그것은 우리를 성화시키고 부르짖게 하며 우리의 육신에 그의 영광을 나타내고 우리를 거룩한 제사장이 되게 하시는 성령의 사역이다. 베드로전서의 말씀에 따르면 그것은 물로 우리의 겉을 씻을 뿐 아니라 순수한 양심의 응답이다.[64] 참된 예배는 믿음으로 의롭다함을 받고 은혜로 거룩하게 된 자들이 외적 형식을 지킬 때 이루어진다.

3. 두 번째 계명

형상을 제의적으로 사용한 것에 대한 반대는 라인강 상류지역의 종교개혁(High Rhenish Reformation)으로 거슬러 올라간다.[65] 칼빈은 이러한 관심을 부처와 츠빙글리 및 외콜람파디우스로부터 물려받았다. 예배에 성화나 동상을 사용한 것에 대한 개혁주의 개신교의 역사적 입장은 개혁주의 예배 이해에 대한 기초가 된다. 이러한 입장은 라인강 종교개혁이 북부 독일이나 루터파 종교개혁과 다른 점 가운데 하나로, 남부 독

---

[63] Calvin, *Institutes*, 1:382 §2.8.16.
[64] Ibid., 2:1300 §4.14.24.
[65] 형상의 사용이 중요한 문제로 대두된 것은 1523년에 "형상과 미사"에 대해 논의하기 위해 모인 Second Zurich Disputation이다. Locher, *Die zwinglische Reformation*, 130–31. 그 외 Martin Bucer, *Grund und Ursach auss gotlicher schrifft der newwerungen an dem nachtmal des herren... feyrtagen, bildern und gesang in her gemain Christi, wann die zusammenkempt* (Strasbourg: Kopfel, 1524) 및 현대 개정판인 Martin Bucer, *Martin Bucers deutsche Schriften* (ed. Robert Stupperich; Gütersloh: Mohn, 1960), 1:194–278도 참조하라. Bucer는 왜 형상이 교회에서 제거되어야 하는지에 대해 한 장을 할애한다. 마찬가지로 *Tetrapolitan Confession*도 이 주제에 대해 다룬다 (Bucer, *Bucers deutsche Schriften*, 3:150–60; Old, *Patristic Roots of Reformed Worship*, 33–34, 46, 59–60, 66, 69 n. 2, 85, 121, 125, 132, 187).

일의 자유 도시들 사이에서 상당한 대중적 지지를 받았다. 츠빙글리와 부처 및 외콜람파디우스의 뜻과는 달리 재세례파는 수많은 성상파괴적 폭동을 야기하였다. 이것은 금박을 입힌 제단 조각 및 다양한 색상의 동상들에 수많은 돈이 들어간 것에 대한 가난한 자들의 광범위한 분노로 설명된다.⁶⁶ 이 성상파괴적 폭동의 전천년설주의는 개혁주의자들에게 상처가 되었다.⁶⁷ 그들은 교회의 장식(kirchenzierden)을 보다 평안하고 질서 있는 방식으로 제거해야 했지만 강제로 형상을 철거하였다.⁶⁸ 칼빈은 교회에서 동상과 성화를 제거해야 할 신학적 근거를 가지고 있었다. 이 문제에 대한 칼빈 입장의 이해가 없는 한 칼빈의 예배신학을 온전히 이해하기 어렵다. 이러한 반대가 두 번째 계명에 대한 그의 주석에서 어떻게 나타나는지 살펴보자.

첫째로 칼빈은 이 계명에서 기독교인의 예배는 하나님의 말씀에 따라야 한다는 원리를 발견한다. 이 명령에 대한 칼빈의 입장은 명백하다. 하나님이 말씀을 통해 우리에게 명령하신 대로 하나님을 예배하자는 것이다. 우리는 기독교강요에서 다음과 같은 구절을 읽을 수 있다. "이제 그는 하나님이 어떤 분이시며 우리는 어떠한 예배를 통해 그를 영화롭게 해야 하는지에 대해 보다 확실하게 선언한다…이 계명의 목적은 하나님이 예배가 미신적 의식으로 오염되는 것을 원하지 않는다는 것을 보여주는 것이다."⁶⁹ 칼빈에게 하나님이 제정하신 예배의 형식과 인간이 고안한 의식 은 큰 차이가 있다.

---

66 스트라스부르에 관해서는 Bucer, *Grund und Ursach in Bucers deutsche Schriften*, 1:271-72를 참조하라. 취리히에 관해서는 Oskar Farner, *Huldrych Zwingli* (Zurich: Zwingli Verlag, 1943-60, 3:424-51), 483-500을 참조하라.

67 재세례파 운동의 성상파괴에 대해서는 George H. Williams, *The Radical Reformation* (Philadelphia: Westminster, 1962), 89-101을 참조하라.

68 형상의 사용에 대한 반대는 초기 개혁주의 고백적 진술의 변함없는 특징이다. 예를 들면 *Ten Theses of Bren* (1528), *Tetrapolitan confession* (1530), *First Confession of Basel* (1534), *Lausanne Articles* (1536), *First Helvetic Confession* (1536) 등이 있다. 이들 문헌의 영어 번역은 Arthur C. Cochrane, *Reformed Confessions of the Sixteenth Century* (Philadelphia: Westminster, 1966)을 참조하라.

69 Calvin, *Institutes*, 1:383 §2.8.17.

칼빈은 두 번째 계명을 금송아지 사건에 대한 해석과 유사한 방식으로 이해한다.[70] 아론의 신성모독은 하나님이 산 위에서 모세에게 다른 종교적 의식을 주실 때 산 아래에서 하나님을 섬길 종교적 의식을 스스로 고안해낸 것이다. 이것은 계시 종교와 자연 종교 간의 오래된 논쟁이다. 현대적 표현을 빌면 칼빈은 우상을 예배에 대한 "대안적 접근"으로 본다. 이러한 대안적 접근은 논리적으로 자연종교로부터 나온다. 기독교인에게 성경을 통한 하나님의 자기 계시는 중요한 역할을 하듯 현대의 철학적 인문주의나 헬라의 고전적 인문주의에서 예술은 핵심적 위치를 차지한다. 오늘날 예술은 많은 사람에게 자기 계시의 형식이다. 이탈리아 르네상스에서도 예술은 이와 동일한 역할을 시작했다. 이탈리아의 인문주의를 접한 개혁주의자들이 기독교 예배에서 예술의 제한적 사용에 대해 가장 많은 관심을 보인다는 것은 흥미로운 사실이 아닐 수 없다. 칼빈은 하나님은 자신에 대한 유일하고 충분한 증인이시라는 힐러리(Hilary of Poitiers)의 유명한 말에 대해 언급한다. "우리가 자신의 말씀을 통해서만 알 수 있는 그분은 자기 자신에 대한 합당한 증인이 되신다."[71] 칼빈은 신명기 두 번째 계명에 대해 4장 12절의 주석에 초점을 맞춘다. "너희가 그 말소리만 듣고 형상은 보지 못하였느니라."[72] 칼빈은 확실히 하나님이 우리의 눈과 귀에 계시하실 수 있다고 생각한다. 칼빈은 신명기사가도 이러한 논리적 흐름에 대해 알고 있다고 주장한다. "결론적으로 그는 우리가 하찮은 육신적 관찰에서 전적으로 물러나기를 바란다. 어리석은 마음으로는 하나님에 대해 결코 바로 생각할 수 없다는 것이다. 따라서 그는 우리에게 합당한 예배를 따르라고 명한다."[73]

칼빈에게 있어서 성경에 의한 예배는 직접적인 방식으로 표현된 것은 아니다. 이것은 라인강 상류지역의 초기 종교개혁자들-츠빙글리, 부처, 특히 외콜람파디우스-이 유아세례에 관해 재세례파와 논쟁을 벌

---

[70] Calvin, 출애굽기 32:4 주석.
[71] Calvin, *Institutes*, 1·100 n. 2 §1.11.1.
[72] Ibid., 1:100 §1.11.2.
[73] Ibid., 1:383 §2.8.17.

일 때에도 분명히 나타난다.[74] 그들은 루터와 마찬가지로 성경이 기독교 예배의 모든 제의적 형식을 제시했다고는 생각하지 않았다. 칼빈과 라인강 상류지역의 개혁주의자들이 이해했듯이 성경은 분명히 복음 전파와 함께 세례 및 성만찬에 관한 성례를 제정하였다. 또한 성경은 우리에게 기도와 헌금의 방식에 대해서도 제시하지만 세부적인 내용에 대해서는 교회에 맡겼다. 그러나 이러한 것들의 시행에 있어서 교회는 성경-즉 성경의 기본적 원리-에 따라야 한다. 교회가 이러한 것들을 시행하는 방식은 교회가 선포하는 복음과 일치해야 하며 교회의 기본적 교리 및 신학적 특징과도 일치해야 한다.

확실히 공동 예배에는 "대수롭지 않은" 문제들이 존재한다.[75] 칼빈이 기도문을 사용한 것은 그가 이러한 문제에 대해 어떻게 이해했는지를 보여주는 좋은 사례가 된다. 그는 부처가 스트라스부르의 교회를 위해 작성한 기도문을 주저 없이 사용하였다. 칼빈은 제네바 시편에 사용된 고백기도와 중보기도가 부처에 의해 작성된 것을 알았지만 이러한 기도가 철저하게 성경적 가르침에 따라 작성되었다고 생각했다. 일반적 고백은 다니엘서 9장의 고백적 기도를 모델로 하였으며 대부분의 언어는 시편 25편의 영감을 받았다. 중보기도는 디모데전서 2:1-8 및 다른 신약성경의 기도에 관한 권면을 따라 작성되었다.[76]

이러한 기도문은 성경을 그대로 인용한 것은 아니지만 성경에 기초한 내용으로 되어 있다.

칼빈은 기독교 예배가 단순한 인간의 사역 이상의 것이라는 사실을 중시한다. 그는 우리의 예배가 하나님의 명령에 따라 순종하는 마음으로 이루어질 때만이 신적인 사역이 될 수 있다고 믿었다. 예배가 성령

---

[74] 이것은 특히 재세례파와 논쟁을 벌인 외콜람파디우스의 세 권의 저서에서 분명히 드러난다. (1) *Ein gesprech ettlicher predicanten zu Basel, gehalten met etlichen bekennem des widentouffs* (Basel, 1525); (2) *Antwort auff Balthasar Huomeiers buchlein wider die der Predicanten gesprach zuo Basel, von dem Kindertauff* (Basel, 1527); and (3) *Underrichtung von dem Widertauff, von der Oberkeit und von dem Ed, auff Carlins N. Widertauffers Articbel* (Basel, 1527).

[75] Calvin, *Institutes*, §4.

[76] Old, *Patristic Roots of Reformed Worship*, 223-24.

께서 마음속에 역사하심을 통해 살아 있는 예배가 될 때 우리의 예배는 성령의 사역이 된다. 이것이 진정한 영적 예배이다. 칼빈에게 영적인 예배란 무엇보다도 하나님의 계시된 뜻에 순종하는 예배이다. "이어서 그는 우리에게 합당한 예배-즉 그가 친히 제정하신 영적인 예배-를 따르게 한다."[77] 요한복음 주석에서 칼빈은 영과 진리로 드리는 예배와 관련하여 "그것은 영적인 문제이다. 왜냐하면 기도로 자신을 표현하는 내적 신앙이기 때문이다. 그것은 하나님을 순종하며 헌신적으로 섬기기 위해 자신을 부인하는 순전한 양심이다"[78]라고 말한다.

영적인 예배와 반대되는 것은 미신적 예배이다. 미신적 예배는 성령에 의한 것이 아니라 하나님에 대한 두려움(거룩한 경외가 아니라)과 우리를 향한 그의 뜻에 대한 불안에서 비롯된다. "알지 못하는 하나님"에 대한 예배는 오랜 세월 동안 하나님을 알고 그의 계명을 지켜온 자들이 바라보는 은혜의 관점이 아니라 그의 명령을 순종치 않는 죄인의 관점에서 바라보는 희미하고 어두운 신성을 진정시키려는 미신적 예배이다. 확실히 칼빈의 미신에 대한 개념을 온전히 이해하기 위해서는 락탄티우스의 글을 읽어야 할 것이다. 락탄티우스에 의하면 미신은 인간이 만든 종교이다.[79]

기독교인은 예술작품을 예배에 사용해서는 안 된다. 왜냐하면 첫째로 하나님이 그것을 예배의 형식으로 주시지 않았기 때문이다. 하나님은 우리에게 형상을 만들어 예배하거나 이러한 형상을 숭배하라고 말씀하지 않으셨다. 하나님께서 요구치 않은 일을 해서는 안 된다. 참된 종은 주인이 요구한 일만 해야 한다. 이것은 예배에 형상을 사용해서는 안 되는 충분한 이유가 된다. 그러나 칼빈이 이해했듯이 하나님은 예배에 형상을 사용하지 말라고 분명히 금하셨다. 그렇다면 우리는 예술 작

---

[77] Ibid., 1:383 §2.8.17.
[78] "Le service de Dieu git en esprit, parce que ce nest rien d'auter qu'une foi interieure de coeur, qui engendre l'invocation, et puis une puret de conscience et un renouncement de nou-memes, afin qu etant deies àla obeissance de Dieu": Calvin, *Evangile selon sainte Jean*, 113.
[79] Lactantius, *Divinae institutiones* 1.8, 15, 18.

품을 사용하여 하나님을 예배해서는 안 되는 것이다. 칼빈이 생각한 것처럼 하나님이 형상을 예전적 목적으로 사용하는 것을 금한 데에는 타당한 이유가 있다.

두 번째 계명의 기독교적 이해에 대한 칼빈 사상은 사도 바울이 아덴 사람들의 우상에 대해 반박한 사도행전 17장 주석에 잘 나타난다. "하나님은 그림이나 조각으로 나타낼 수 없다. 그는 우리에게서 자신의 형상을 나타내려 하셨기 때문이다."[80] 우리는 여기서 성경(신약이든 구약이든)이 형상의 제의적 사용을 금지한 것에 대한 통찰력을 발견할 수 있다. 칼빈은 형상을 만드는 것이 모세의 율법은 물론 기독교의 복음과도 일치하지 않는다는 사실을 바로 이해하였다. 이러한 사실은 아덴에서 행한 바울의 설교로부터 분명히 알 수 있다. 이교도가 하나님의 형상을 만들었을 때 그들은 사실상 자신의 형상을 만들어 하나님 대신 숭배했던 것이다. 사도 바울이 말했듯이 그들은 창조주보다 피조물을 더 섬겼던 것이다. 기독교인은 유대인과 마찬가지로 하나님의 형상을 만들지 말고 그의 형상이 되라는 명령을 받았다.

조각이나 그림이 하나님의 선물인 것은 분명한 사실이지만 그들은 합당하게 사용되어야 한다.[81] 칼빈이 이해했듯이 금과 은의 형상이나 나무와 돌의 형상은 율법에 배치될 뿐만 아니라 속이는 것이다. "…하나님을 잘못된 방식으로 예배한다. 그의 위엄이 눈에 보이는 형식으로 나타나듯이 그의 진리는 거짓으로 바뀐다…그러나 선지자가 항상 반대해온 것은 무의미한 것이 아니며…바울도 그렇게 말한다. 하나님은 나무나 돌이나 금으로 만들 수 없으며 그러한 형상은 죽어서 부패한 재료로 만

---

[80] John Calvin, *The Acts of the Apostles* (trans. John W. Fraser; Calvin's New Testament Commentaries 7; Grand Rapids: Eerdmans, 1973), 2:121-22.

[81] Calvin, *Institutes*, 1:112 §1.11.12. Marta Grau, *Calvins Stellung zur Kunst* (Würzburg: F. Staudenraus, 1917); Karl A. Plank, "Of Unity and Distinction: An Exploration of the Theology of John Calvin with Respect to the Christian Stance toward Art," *Calvin Theological Journal* 13 (1978): 16-37; Charles Garside, *The Origins of Calvin's Theology of Music*, 1536-1543 (philadelphias: American Philosophical Society, 1979). 그 외 유익한 자료로는 Charles Garside, *Zwingli and the Arts* (New Haven: Yale University Press, 1966)가 있다.

드는 것이다."⁸² 칼빈은 하나님께서 인간의 육신을 입으셨기 때문에 이러한 신체적 아이콘(성상)들이 가능하다는 비잔틴 신학자들의 주장을 잘 알고 있다. 칼빈은 선지자들의 주장을 예로 들며 바울 사도가 이러한 접근을 명확히 무시한다는 사실을 지적한다. 하나님은 물질이 아니기에 그를 물질적 형식으로 나타냄으로 그의 영광을 손상시켜서는 안되는 것이다. 이러한 점에서 형상의 제의적 사용에 대한 칼빈의 반대는 구약성경뿐만 아니라 신약성경에도 확실한 기초를 두고 있는 것이다.

4. 세 번째 계명

"너는 네 하나님 여호와의 이름을 망령되게 부르지 말라"라는 세 번째 계명은 우리에게 거룩한 것에 대한 존경과 공경을 가르친다. 칼빈이 기독교강요에서 제시하듯이 "이 명령의 목적은 하나님이 자신 이름의 위엄이 거룩히 여김 받아야 할 것을 가르친다…우리는 그의 이름을 경건한 존경심으로 존귀히 여겨야 한다. 그러므로 우리는 마음과 입술을 통해 하나님과 그의 신비에 대해 공손함과 진지함 없이 아무렇게나 말하거나 생각하지 않아야 한다.⁸³

칼빈은 세 번째 계명을 주기도문의 첫 번째 간구("이름이 거룩히 여김을 받으시오며")와 직접 연결한다. 우리는 여기서 다시 한 번 기독교 예배가 반드시 하나님의 영광을 위한 것이어야 한다는 칼빈의 강조를 읽을 수 있다. 칼빈에게 예배는 우리의 마음을 위로 향하게 하는 것이다. 그것은 하늘에 있는 위엄을 이 땅에서 찬양하는 것이며, 하늘에 있는 영광을 우리 가운데서 나타내는 것이다.⁸⁴ "우리의 마음이 하나님에 대해 무엇을 생각하고 우리의 입술이 하나님에 대해 무엇을 말하든, 그의 탁월하심을 드러내고 그의 거룩하신 이름을 높이며 궁극적으로 그의

---

82 Calvin, 사도행전 17:29 주석 (trans. Fraser, 2:122).
83 Calvin, *Institutes*, 1388 §2.8.22. Cf. Calvin, *Catechisme de l'église de Geneve*, QQ. 162-63.
84 Calvin, *Catechisme de l'église de Geneve*, QQ. 265, 267.

위대하심을 찬양하는 것이 되어야 할 것이다."⁸⁵

칼빈은 모세의 율법에 관한 주석에서 세 번째 계명에 대해 설명하기 위해 희생 제물에 관한 의식법을 다룬다. 의식법 가운데 이 부분은 기독교인에게 신앙적인 문제에 있어 말을 삼가하여 조심스럽고 공손하게 말해야 할 것을 가르친다. 우리는 하나님의 이름을 가볍게 또는 하찮게 사용하지 않아야 한다.⁸⁶ 칼빈은 우리에게 이 계명의 표현에는 제유법이 들어 있다고 말한다. 세 번째 계명은 단지 여호와 이름(YHWH)의 사용에 관한 것뿐만 아니라 예수께서 산상수훈을 통해 가르치신 것처럼 하나님이 자신을 알리신 모든 방식에 대해서도 다룬다.⁸⁷ 이 계명은 우리에게 하나님의 일을 근엄하고 엄숙하게, 칼빈 자신의 말을 빌면 "공경과 근엄함"으로 다루어야 할 것을 가르친다.⁸⁸

칼빈이 히브리 노예 생활에나 적합한 예전-광야로의 순례길을 떠나지 않고도 애굽에서 평안히 드릴 수 있는 예배-나 세속적 예전을 발전시키려 했다고 생각하는 사람은 없을 것이다. 칼빈의 전통에서 예배는 언제나 단순하다. 그러나 이러한 단순함에는 엄숙함이 깃들어 있다. 역설이라고 할 수 있겠지만 칼빈에게 이처럼 엄숙한 단순성은 초월적 영광에 대한 증거이다. 단순성은 영원에 초점을 맞출 수 있는 방식이다. 전성기의 개혁주의 예배는 일종의 훈련으로서 단순한 솔직성을 목표로 삼아왔다. 우리는 이것을 금욕적 훈련이라고까지 부를 수 있을 것이다. 이러한 단순성의 훈련은 증거를 명확히 하도록 돕는다. 그러나 한 걸음 더 나아가 초월적 영광은 의와 순전한 마음 및 성결한 삶을 통해 이 땅에서 드러난다. 한편으로 예배는 평범하면서도 다른 한편으로는 하나님께 영광을 돌리는 것이어야 한다는 칼빈의 주장에도 이와 동일한 역설을 찾아볼 수 있다.⁸⁹ 칼빈에게는 거룩함과 부정함 사이에 명백한 구

---

85 Calvin, *Institutes*, 1:388 §2.8.22.
86 Calvin, 민수기 30:1 주석.
87 Calvin, 출애굽기 20:7 주석.
88 Calvin, *Institutes*, 1:388 §2.8.22.
89 Calvin, *Opera selecta*, 213.

별이 있다. 우리의 삶이 하나님의 거룩하심을 반영할 때 우리는 하나님의 이름을 거룩하게 한다. 우리의 삶이 진리로부터 거짓으로 바뀔 때 우리는 그의 이름을 모독하는 것이다.[90] 예배자의 죄는 그 예배를 더럽힌다. 하나님 백성의 예배는 그들이 거룩한 백성이 될 때 거룩해진다. 하나님은 영과 진리로 드리는 예배를 찾으신다. 칼빈에게 이것보다 긴급한 제의적 개혁은 없다. 즉 하나님의 이름이 삶을 통해 거룩하게 되어야 한다는 것이다. 하나님의 이름은 거룩한 용도를 위해 구별되지만 우리가 하는 모든 일은 그리스도의 이름으로 행해야 한다.[91] "이름이 거룩히 여김을 받으시오며"는 논리적으로 "뜻이 하늘에서 이루어진 것 같이 땅에서도 이루어지이다"라는 구절로 이어진다. 하나님의 영광을 드러내는 것은 기독교인이 받은 거룩한 소명이며 우리가 이 땅에서 하는 모든 일 가운데 가장 중요한 일이다.[92]

칼빈의 예전문은 하나님의 이름을 거룩하게 하는 것에 대한 관심을 폭넓게 보여준다. 예배의 순서는 "우리의 도움은 천지를 지으신 여호와의 이름에 있도다"(시 124:8)라는 말씀으로 시작한다.[93] 또한 예배는 하나님의 이름으로 회중을 축복함으로써 끝난다. 이 축도는 하나님의 이름을 세 번이나 반복한다. "여호와는 네게 복을 주시고 너를 지키시기를 원하며/여호와는 그의 얼굴을 네게 비추사 은혜 베푸시기를 원하며/여호와는 그 얼굴을 네게로 향하여 드사 평강 주시기를 원하노라"(민 6:24-26).[94] 이와 같이 예배는 이름으로 시작하고 이름으로 마친다. 사실 예배는 그의 이름으로 함께 하는 모임으로 간단히 언급되기도 한다("*quand nous convenons en son nom*"[우리가 그의 이름으로 모일 때]). 끝으로 가장 놀라운 한 가지 사실은 제네바 시편에 인쇄된 예전문에 예수님의 이름이 전부 대문자

---

90 Calvin, *Institutes*, 1:390 §2.8.24.
91 Calvin, 골로새서 3:17 주석.
92 Calvin, *Catechisme de l'église de Geneve*, QQ. 268-72.
93 Les ordonnances ecclesiastiques 역시 "AU NOM DE DIEU"로 시작한다. Niesel, *Bekenntnisschriften und Kirchenordnungen*, 43.
94 1542 *Genevan Psalter*에 제시된 아론의 축복 및 다윗의 간구의 의미에 대해서는 Old, *Patristic Roots of Reformed Worship*, 219-20, 330-31을 참조하라.

로 기록되어 있다는 것이다. 이것의 신학적 배경에 대해서는 다른 사람들에게 맡겨두겠지만 한 가지 사실은 분명하다. 즉 모세 율법에 대한 칼빈의 그리스도중심적 접근을 명백히 보여준다는 것이다. 사도 바울과 마찬가지로 칼빈에게도 예수의 이름은 모든 이름 위에 뛰어난 이름이다. 율법은 하나님의 이름을 존귀히 여길 것을 명령하며, 우리가 그리스도의 이름을 존귀히 여길 때 이 명령은 온전히 성취되는 것이다.

5. 네 번째 계명

라인강 상류지역의 종교 개혁자들에게 기독교 달력은 예배 개혁 리스트에 있어서 중요한 위치를 차지한다. 그들이 보았던 대로 안식일은 인간의 전통이라는 깊은 장막에 가려 있는 성경적 지표 가운데 하나이다. 절기, 금식일, 성인의 날 및 이러한 날을 지키는 방법 등은 큰 관심의 대상이 되었다. 츠빙글리는 사순절을 1522년부터 지켰다는 주장을 반대한다.[95] 외콜람파디우스는 성탄절, 부활절 및 오순절에 대한 준수와 함께 주일성수를 새롭게 강조했다.[96] 부처는 1524년의 『근본적 원인』(*Grund und Ursach*)에서 주의 날에 대한 회복을 개혁의 주요 지표로 생각했다.[97] 스트라스부르의 재세례파는 토요일 준수로 돌아가자고 주장했으며 카피토는 주일 예배를 주장했다.[98] 16세기 초에는 기독교 달력의 재구성에 대한 활발한 논쟁이 있었다. 루터는 한 가지 방법을 고안했다. 야코부스 파버(Jacobus Faber)는 다른 방법을 주장하였다. 칼빈이 1541년 제네

---

95 Farner, *Zwingli*, 3:237-52 Locher, *Die zwinglische Reformation*, 96-98.

96 교회 개혁에 대한 Oecolampadius의 사상에 대해서는 나의 "The Homiletics of John Oecolampadius and the Sermons of the Greek Fathers," in *Communio Santorum: Mélanges Offerts à Jean-Jacques von Allmen* (by Boris Bobringskoy et al.; Geneva: Labor et fides, 1982), 239-50.

97 Bucer, *Grund und Ursach in Bucers deutsche Sehriften*, 1:262-68.

98 Capito의 대답을 포함하는 두 가지 문헌은 다음과 같다. Manfred Krebs와 Hans Georg Rott, eds., *Quellen zur Geschichte der Taufer*, vol. 7: *Elsass*, part 1: *Stadt Strassburg, 1522-1532* (Gütersloh: Mohn, 1959), 363-93.

바 사역을 재개할 때까지 개혁주의 진영에는 기독교 달력의 핵심이 주일성수라는 공감대가 형성되어 있었으나 여기에 덧붙여 매년 "복음적 성일"-성탄절, 성금요일, 부활절, 승천절, 오순절-을 지키도록 하였다. 교회력에 의한 절기, 특히 사순절에 대한 준수는 조심스럽게 배제되었다. 근본적인 변화는 개혁주의 교회들이 교회력에 의한 절기보다 주일성수를 강조한 달력을 개발했다는 것이다. 네 번째 계명에 대한 칼빈의 해석은 이처럼 간단한 교회력의 배경을 통해 살펴보아야 할 것이다.

칼빈이 이 주제에 대해 해야 할 말은 극도로 제한되어 있는 듯하다. 이것은 특히 그의 후계자들 사이에 주일을 주제로 한 연구 자료가 풍성하다는 사실에서 분명히 드러난다. 네 번째 계명에 대한 그의 해석에는 많은 의문점이 남는다. 예를 들어 우리는 그가 정확히 어떤 의미에서 기독교인의 안식일을 주일이라고 생각했는지를 알고 싶다는 것이다. 율법의 조화에 대한 주석에서 칼빈은 매년 유월절과 오순절 및 성막절에 대한 준수를 안식일을 지키라는 계명에 대한 해석으로 제시한다. 이것은 그가 부활절과 오순절 및 성탄절을 기독교인이 지켜야 할 절기로 선호했다는 것인가? 왜 그는 첫째 날에 부활이 있었다는 사실을 강조하지 않는가?[99] 이 주제에 대한 칼빈의 사상이 완성되지 않았다고 생각하는 만큼 우리는 그의 예배신학에서 몇 가지 중요한 요소가 네 번째 계명에 대한 해석의 핵심적인 초점이 되고 있음을 알 수 있다.

칼빈은 안식일에 대한 명령과 관련하여 세 가지 사항을 제시한다. "첫째로 하늘의 율법수여자는 일곱째 날에 안식함으로써 이스라엘 백성에게 영적인 안식을 제시하고자 했으며 신자들은 이러한 영적 안식을 통해 하나님이 그들 가운데 역사하시도록 자신의 일을 멈추어야 했다."[100] 칼빈은 안식일을 중요한 성경적 상징으로 보았다. 그는 다양한 구약성경 본문에서 안식일이 얼마나 자주 상징으로 불렸는지 회상한다. 그는 이에 관해 길게 설명하지 않고 한정된 수의 전통적 안식일에

---

[99] Calvin, 마태복음 28:1; 요한복음 20:1; 사도행전 20:5-7 주석을 참조하라.
[100] Calvin, *Institutes*, 1:395 §2.8.28.

관한 주제만 발전시킨다. 먼저 그는 안식이라는 주제를 다룬다. 이 개혁자는 펠라기우스파에 반박하는 글 가운데 하나에서 어거스틴의 사상에 근거하여 안식일은 영적인 쉼의 상징이라는 주장을 제시한다. 우리는 여기서 이신칭의에 관한 변증을 발견할 수 있다. 확실히 안식일의 쉼에 대한 개신교의 강조는 개혁주의자들의 어거스틴적 구원론에 중요한 귀결이 된다. 안식일은 우리가 자신의 공로로 구원받은 것이 아니라 하나님의 전능하신 구원적 행위로 구원받았음을 상기시킨다. 칼빈에게 안식일은 쉬는 날이지만 무엇보다도 예배하는 날이다. 안식일에 쉬어야 하는 가장 중요한 이유는 예배에 전념하기 위해서이다. 우리는 하나님의 역사를 위해 자신의 일을 멈추어야 한다.[101] 칼빈의 누가복음 4:16 주석은 안식일에 대한 진정한 준수가 하나님의 일에 대한 묵상에 있다고 말한다. 기독교인은 이 계명을 유대인이 그것을 준수하듯 지켜야 한다. 우리는 함께 모여 말씀을 듣고 공적인 기도 및 다른 경건한 행위를 한다. 이러한 준수를 통해 기독교인의 주일은 유대인의 안식일을 계승한다.[102] 이날은 하나님의 사역을 기억하면서 지킨다. 이날은 하나님이 무슨 일을 하였으며 무엇을 약속하셨는지를 기억하는 회상(anamnēsis)의 날이다. "그러므로 하나님은 일곱째 날을 통해 자기 백성에게 장차 올 종말론적 안식일의 완전한 모습에 대한 밑그림을 그리신 것처럼 보인다."[103] 우리는 여기서 칼빈이 기독교 예배의 종말론적 영역에 대해 어떻게 이해하는지에 대한 중요한 통찰력을 얻는다. 예배는 우리를 미래로 향하게 한다. 기독교 예배는 하나님이 과거에 행하신 전능하신 구원적 행위를 회상하고 하나님의 약속을 선포하며 그 약속이 성취될 마지막 날을 기대한다. 우리는 이러한 예배를 통해 하나님이 우리 안에서 역사하시며 그의 약속을 이루어가시게 하는 것이다.

칼빈은 계속해서 "둘째로 그가 말하려는 것은 그들이 함께 모여 율법을 듣고 의식을 거행하거나 적어도 그의 사역에 대해 묵상하며 이러

---

[101] Calvin, 마태복음 12:1-8 주석.
[102] Calvin, 누가복음 4:16 주석.
[103] Calvin, *Institutes*, 1:396 §2.8.30.

한 회상을 통해 경건 훈련을 받을 수 있는 고정된 날이 있어야 한다는 것이다."[104]라고 말한다. 칼빈은 율법의 절기와 안식일이 장차 올 일의 그림자일 뿐이며 그리스도가 오심으로 완성되었다는 신약성경의 언급에 대해 알고 있다. 사도 바울처럼 이 제네바 개혁자도 날을 미신적으로 지켜서는 안 된다고 강조한다. 그러나 칼빈은 우리에게 예배를 위해 특별한 시간과 날을 구별하는 것은 매우 유익하다는 사실을 회상시킨다. 교회는 이 일을 기독교인의 훈련과 질서에 관한 문제로 다루었다. 칼빈이 말한 대로 주의 날을 말씀을 듣고 성례를 거행하며 공기도를 위한 날로 정한 것은 교회다.[105] 칼빈은 교회가 사도시대에 이러한 결정을 했다고 생각하였음이 틀림없다.[106] 그는 분명히 세례가 할례의 성취인 것과 마찬가지로 주의 날이 안식일을 성취한다고 생각하지 않았다. 그러나 한편으로 그는 주의 날이 유대인의 안식일을 계승한다고 말한다.[107] 칼빈은 왜 토요일이 아니라 주일날에 예배를 드리느냐는 질문을 받고 "유대인에게 거룩한 날이 제외된 것은 미신을 제거하는 데 편리했기 때문이며 다른 날이 지정된 것은 교회의 단정함과 질서와 평안을 유지하는 것이 필요했기 때문"이라고 대답했다.[108]

칼빈은 계속해서 "셋째로 그는 종에게 안식할 수 있는 날을 주기로 결심하셨다"[109]라고 말한다. 칼빈은 여기서 네 번째 계명에 대한 신명기적 해석-특히 5장에 제시된 율법의 독특한 형성 및 23장에 제시된 율법의 발전은 종된 자와 가난한 자 및 어려움을 당한 자들에 대한 관심을 촉구한다-에 초점을 맞춘다. 그 외에도 칼빈은 사도 바울이 주의 첫 날에 예루살렘의 가난한 자들을 위한 구제헌금을 지시했는지에 대해 언급한다.[110] 칼빈의 예배에는 확실히 이러한 봉사적(diaconal) 요소가 들

---

104 Ibid., 1:395 §2.8.28.
105 Ibid., 1:399-401 §2.8.34.
106 Calvin, 사도행전 20:7 주석.
107 Calvin, 누가복음 4:16 주석.
108 Calvin, *Institutes*, 1.399 §2.8.33.
109 Ibid., 1:395 §2.8.28.
110 Ibid., 1:398 §2.8.32.

어 있다. 우리는 여기서 다시 한 번 칼빈이 헌금을 예배의 정규 순서에 넣었던 부처를 따르고 있음을 본다. 부처는 사도행전 2:42을 교회의 공동 예배가 네 가지 영역으로 구성되어야 함을 보여준다고 해석한다. 네 가지 영역은 사도의 가르침과 구제헌금, 성만찬 기념 및 공적 기도이다. 칼빈은 이 점에서 부처를 따른다.[111] 확실히 칼빈은 이러한 예전적 요소를 스트라스부르의 부처나 바젤의 외콜람파디우스만큼 발전시키지는 않는다. 그럼에도 불구하고 칼빈은 실제로 구제를 지속적인 가치를 지닌 네 번째 계명의 중요한 요소로 생각했다. 사도 바울의 행위에 대한 그의 언급은 주목할 만하다. "사실 그가 세운 교회에서 안식일은 이러한 목적으로 유지되었다. 그는 그날을 고린도 성도들이 예루살렘 형제들을 위해 부조를 거두는 날로 정했다."[112] 우리는 여기서도 칼빈의 예배에 대한 하나님 중심적 접근이 인간을 사랑하는 박애적 결과로 나타나는 것을 볼 수 있다. 하나님은 진실로 우리가 가난한 자들을 도울 때 섬김을 받으신다. 이것은 예수님이 수차례 가르치신 대로 하나님을 영화롭게 하는 예배이다. 이것은 성경에 따른 예배의 한 부분이다. 칼빈의 네 번째 계명에 대한 주석에서 가장 많은 관심을 끄는 것은 "회상"(기념)이라는 주제의 발전이다. 히브리학자였던 칼빈은 히브리어 자카르(zākar)의 풍성한 의미를 이해하고 있었다.[113] 기독교인의 예배, 설교, 헌금, 기도 및 성례는 모두 그리스도를 기념하기 위한 것이어야 한다. 이 계명이 구약성경의 유대인과 신약성경의 기독교인에게 말하고자 하는 핵심은 우리가 하나님의 창조 사역 및 구속사역을 기념하고 경

---

111 Calvin, 사도행전 2:42 주석.
112 Calvin, *Institutes*, 1:399 §2.8.33. 사도 바울이 헌금을 별도로 모아두게 한 것은 주의 첫 날이 분명하다(고전 16:2). 그럼에도 불구하고 칼빈은 안식일에 헌금을 모아두라고 말한다 (Siquidem in ecclesiis ab eo institutes sabbathum in hunc usum retinebatur. Illum enim diem praescribit Corinthiis, quo symbola ad sublevandos Hierosolymitanos fratres colligatur); Calvin, *Opera selecta*, 3:375. 칼빈은 여기서 주의 첫 날을 안식일이라고 부른 것이 분명하다. 이것은 그의 실수일 수도 있으나 그의 사상의 모호성을 보여주는 부분이기도 하다.
113 Cf. Brevard S. Child, *Memory and Tradition in Israel* (London: SCM, 1962); Johannes Behm, anamnēsis in *Theological Dictionary of the New Testament* (ed. Gerhard Kittel; trans. Geoffrey W. Bromiley; Grand Rapids: Eerdmans, 1964), 1:348-49.

축하는 것으로 하나님을 예배해야 한다는 것이다. 기독교인으로서 우리는 이것을 행하여 그를 기념해야 한다"(고전 11:25["이것을 행하여…나를 기념하라"]). 우리는 그리스도를 통한 하나님의 구속 행위를 경축해야 한다. 이 계명의 핵심은 이날을 지키는 데 있는 것이 아니라 경축하고 기념하는 것에 있다. 칼빈이 이해한 기독교적 해석에 의하면 이 계명의 본질은 안식일(Sabbath)이라는 단어에 있는 것이 아니라 기억하여(remember)라는 단어에 있다. 기독교인은 그리스도 안에 있는 구속을 기념하고 축하함으로써 이 계명을 지키는 것이다.

6. 결론

최근의 다양한 예전 운동에서 존 칼빈이라는 엄격한 인물은 종종 걸림돌이 되었다. 고딕 복고양식의 장식은 이 제네바의 개혁자와 어울릴 수 없었다. 확실히 칼빈은 고교회파 운동이 철저한 의식주의임을 발견했을 것이다. 그는 고교회파의 예술적 위선과 로맨티시즘 및 화려한 치장에 대해 참을 수 없었을 것이다. 그는 미국의 텐트 부흥회에서 볼 수 있는 동물적 감정주의는 물론 아이비리그 채플의 세련된 감정주의에 대해서도 마음이 편치 못했을 것이다. 랄프 아담스 크램(Ralph Adams Cram)과 그레고리 딕스(Gregory Dix)가 칼빈을 비난한 것은 당연한 일이다. 1960년대 예배 운동이 현대화 되면서 칼빈이 예전에 대해 어떤 생각을 가지고 있는지 아무도 관심을 갖지 않았다. 아론의 집(the House of Aaron) 미국 지부가 주창한 진부한 표어들, 깡충거리고 춤추는 예배, 거룩한 포옹은 칼빈을 철저히 무시했다. 그것은 당연한 결과였다. 그러나 이제 포크송과 함께 드리는 예배(folk masses)에는 새로운 것이 없고 기타의 신선함은 사라졌으며 어떻게 예배할 것인가의 문제는 여전히 대답을 기다리고 있다. 지금도 예배 운동은 진정한 예배에 대한 굶주림과 갈증을 호소한다. P. T. L.(Praise The Lord)로 돌아선 수많은 굶주린 사람이 여전히 참된 예배를 기다리고 있다.

연출된 "예배경험"을 넘어서려는 자들에게 저 엄격한 제네바 신학자는 할 말이 많다. 확실히 그는 프랑스 개신교에 다양한 시와 찬미를 예전에 사용하도록 하였다. 그러나 그에게 무엇보다 중요한 것은 이러한 찬양이 하나님의 백성의 마음속에 살아 있는 성령의 사역이어야 한다는 것이다. 이러한 시편을 노래할 때 하나님이 받으시는 진정한 찬양이 되는 것이다. 칼빈은 성만찬을 위한 예전문을 작성했으나 그의 관심은 의식을 거행하는 자들이 진정한 교제를 통해 그리스도 안에 있는 구속을 영과 진리로 기념해야 한다는 사실에 초점을 맞춘다. 칼빈은 세속적 기도 및 성도의 간구에 관한 문제를 다룬 글을 썼다. 당시로서는 이 글이 예전에 관한 문제를 다룬 것이었다. 그는 자신의 회중을 위해 기도문을 작성했다. 그는 제네바 사역 당시 날마다 즉흥적으로 기도하는 은사를 발전시켰다. 그러나 그는 기도는 기도문이나 즉흥적으로 공중기도를 하는 능력 이상의 것이라는 사실을 알았다. 그에게 기도는 중요한 경건 훈련이었다.

기도를 배우는 것은 성화와 함께 하는 평생의 훈련이다. 그에게 교회의 기도 생활의 개혁은 교회의 신앙을 깊게 하는 중요한 관문이었다. 칼빈에게 있어서 기도를 가르치지 않는 예전의 개혁은 존재하지 않는다. 오늘날 칼빈의 주장에 귀를 기울이려는 예배학자들은 예배의 의식과 형식의 문제를 넘어설 준비를 해야 할 것이다. 확실히 이러한 문제들은 해결되었으나 이와 함께 보다 깊은 영적 문제들도 해결되어야 한다. 칼빈에게 예배는 하나님 백성의 마음속에 있는 성령의 거룩하게 하시는 사역이다. 오늘날 칼빈의 말을 들으려는 자들은 우리의 예전의식 속에 성령의 사역을 발견하는 데 관심을 기울여야 한다. 그들은 무엇보다 영과 진리로 하나님을 영화롭게 해야 한다. 그들은 예전에 관한 문제를 넘어서 예배의 문제로 나아가야 한다.

CHAPTER 18

오늘날 목회사역에 대한 도전과 기회

| 마이클 호튼(Michael S. Horton)
Westminster Theological Seminary 변증학 및 역사신학 교수

유명한 시트콤 "사인펠드"(*Seinfeld*)는 자칭 "아무것도 아닌 쇼"(the show about nothing)이다. "앤디 그리피스 쇼"(*The Andy Griffith Show*)나 "올 인 더 패밀리"(*All in the Family*) 같은 이전 프로그램과 달리 사인펠드는 비틀즈의 "노웨어 맨"(*Nowhere Man*)의 전형이다.

> 어디에도 찾아볼 수 없는 땅에 살면서
> 누구를 위한 것도 아닌 계획을 세우고
> 어떤 뚜렷한 관점도 가지지 아니한 채
> 어디로 흘러가고 있는지도 모르는 그는
> 어쩌면 나와 당신의 모습이지 않는가?

사실이다.
안타까운 것은 내가 "사인펠드"를 좋아한다는 것이다. 나는 그의 성격이나 맨해튼에서 버림받았다는 사실에 공감한다. 더욱 어울리지 않

는 것은 "프렌즈"(Friends)에 나오는 인물들이다. 그들은 성인인가? 그들은 언제나 진지한가? 그들은 자신을 희생해가면서까지 사람이나 신앙 또는 제도에 전념하는가? 그들이 공동체를 원하는 것은 분명하지만 막상 자신이 기여할 시간이 되면 그들은 자주성을 재확인할 방법을 찾는다. 이 모든 것은 나에게 익숙하다. 이것은 비단 나만이 머리를 끄덕이고 손가락을 흔들며 동의하는 현상은 아니다. 나는 이 시대의 산물이자 포스트모더니즘의 산물이다.

모세가 금송아지 주변에서 우상을 숭배하며 흥청거리고 있는 회중에게 내려왔을 때 그는 자신을 돕는 자인 아론에게 왜 이런 일을 허락했느냐고 물었다. 아론은 무기력하게 "이 백성의 악함을 당신이 아나이다"라고 대답하였다. 우리는 사람들이 어떠함을 안다. 우리는 오늘날 사람들이 어떤지를 안다. 오늘날 갤럽이나 바나(Barna) 및 수많은 자료수집회사는 소비자 프로파일링에 대한 관심으로 우리의 습관을 모니터링 함으로써 세계 공동체 구축에 앞장서고 있다. 오늘날 예배를 수종드는 우리 사역자들도 아론처럼 최근의 동향만 들먹이며 자신을 정당화한다.

본장에서는 세 가지 목적을 성취하고자 한다. 첫째, 우리는 이 특정 역사적 순간의 어디쯤 와 있는지를 보여주는 큰 지도를 제시한다. 둘째, 우리가 참으로 이 문화의 산물인가에 대한 문제를 제시한다. 셋째, 구원자의 죽음과 부활을 통해 제시된 "새로운 창조"를 토대로 앞으로의 방향에 대해 제시한다.

1. 우리가 선 곳

이것은 새롭게 부상한 중요한 문제이며 따라오지 못하는 자는 뒤쳐질 것이다. 물론 우리는 현대화 프로젝트 시리즈의 최신 경향이라고 할 수 있는 포스트모더니즘에 대해 논한다. 우리가 이 글을 통해 제시하고자 하는 것은 기독교 영역에서 포스트모더니즘의 본질에 관한 광범위한 공감대가 형성되어 있는 몇 가지 명백한 가정에 대해 도전하는 동시에 다음과 같은 질문을 던지는 것이다. "우리는 포스트모더니즘—그것을 문명의 종말로 생각하는 자든 넋을 잃고 바라보는 자든—을 너무 진지하게 받아들인 것은 아닌가?"

모든 것에는 "포스트"(post)라는 이 시대의 접미사가 붙어 있는 듯하다. 복음주의 신학적 영역에서도 우리는 이 말을 항상 듣고 있다(포스트 교단적, 포스트 비평적, 포스트 자유적, 포스트 복음적, 포스트 보수적). 그러나 이러한 "포스트" 열병은 실제로 새로운 브랜드인가 아니면 동일한 옛 것의 급진적 변형에 불과한가?

계몽주의(모더니티)의 후손인 레싱(G. E. Lessing)은 『인류의 교육』(*Education of the Human Race*)이라는 제목의 저서에서 이 시대의 세속적 종말론에 대해 요약하였다. 전통과 권위의 과거는 끝났으며 현재와 미래가 자주성과 자유에 대한 억누를 수 없는 열망과 함께 들어왔다. "네 스스로 생각하라"고 외쳤던 임마누엘 칸트에게는 수많은 팬이 몰려들었다. 이 시대의 사상은 역사가 원시적이고 저차원적인 형식의 문명으로부터 시작하여 보다 복잡하고 고상한 형식의 문명으로 이동하며 결국 유토피아-이전 체제에서 살던 사람들이 부인해 왔던 완전한 사회-로 향하게 된다. 아방가르드는 에즈라 파운드(Ezra Pound)의 "새롭게 하라"(make it new)와 같은 슬로건을 중심으로 모여들었다. 20세기 초 예술의 모더니스트 운동은 과거의 유물에 대한 완전한 청산을 요구했다. 수세기동안 내려온 건물과 산책로는 유토피아적 계획에 의해 파괴되고 유리와 콘크리트로 이루어진 중심으로부터 빛이 발산되는 넓은 가로수 길과 현대식 마천루가 들어서고 질서정연한 교외가 조성되었다. 진보는 모더니티의 구호가 되었으며 펠라기우스주의(인간의 본성에 대한 확신)는 그것을 뒷받침하는 신학적 배경이 되었다. 위반(transgress)에 대한 한계는 더 이상 존재하지 않는다. 또는 선구적 심리학자인 존 로프턴(John Lofton)이 설명한 대로 원래 다중 인격은 일종의 질환이었으나 오늘날은 많은 사람에 의해 정상적인 상태로 인식되고 있다. 이것이 모던인가? 포스트모던인가? 대답하기 어렵다.

물론 모더니티가 어느 정도 가치 있는 목적들을 성취했다는 사실에는 의심의 여지가 없다. 누가 봉건주의나 노예제도 또는 여성의 투표권도 없던 시대를 동경하겠는가? 관용의 수사학만큼 바보스러운 것도 국가에 의한 편협함보다는 낫다. 오늘날의 민주주의는 봉건주의보다 낫다. 물론 모더니티에 대한 평가는 다르며 교회에서조차 그렇다. 그러나 이러한 역사의 새로운 지평에서도 하나님의 섭리적 손길을 인식할 수 있는 여지는 있어야 한다. 지금까지 지상의 수많은 이상과 열망-때로는 하나님과 그리스도의 권위에 맞선 자기 확신으로부터 나온 것이라 할지라도-은 성취되었다.

그러나 이제 바퀴가 떨어져 나가버리고 말았다. 정확한 날짜는 모르지만 많은 사람은 위기에 처했다고 생각한다. 포스트모더니즘은 세계화라는 자본주의의 세 번째 단계와 연관되며 "저자의 죽음", "하나님의 죽음", "자아의 죽음", "거대 담론에 대한 불신", "기록", "실수", 또는 허무주의와 유사한 말과 깊은 관련이 있다.

우리가 모더니티에 대해 시대를 어떻게 산정하고 어떤 식으로 규명하든, 많은 사람은 모더니티가 명백히 규명된 일정한 특징이 있다는 사실에는 공감한다. 일반적으로 모더니티는 진보에 대한 열망, 하나님의 은혜나 계시와 무관한 인간의 능력, 특정 신조와 제도적 교회(어떤 형식이든)로 부터의 독립, "완전한 사회"에 대한 청사진, 모든 삶의 국면에 대한 합리화로 인식된다. 우리는 이러한 바퀴가 언제 떨어져 나갔는지는 정확히 모르지만 많은 사람은 그렇게 확신한다. 얼마 전 음악가 스팅의 냉소적 노래를 이단으로 여겼던 때가 있었지만 오늘날 이 노래는 방황하는 자들의 입장을 대변한다.

> 당신은 내가 과학과 진보로 인해 신앙을 잃었다고 말해도 좋다.
> 당신은 내가 거룩한 교회로 인해 믿음을 잃었다고 말해도 좋다.
> 당신은 내가 방향감각을 상실했다고 말해도 좋다.

바꾸어 말하면 마돈나는 허무주의적 연예인으로 언급되며 미국은

"아무것도 아닌 쇼"에 집중한다는 것이다.

그러나 포스트모던은 단지 모더니티의 다른 면에 해당하지는 않는가? 다시 말하면 사람들이 과학과 진보를 우상으로 삼은 적이 없다면 왜 그러한 것들에 대해 환멸을 느끼는가라는 것이다.

진보라는 주제는 어떤가? 자칭 포스트모던주의자들은 용어 자체에 헌신의 뜻이 담겨 있는 모더니티의 진보 개념을 비난한다. 마치 르네상스 사상가들이 이전의 모든 것을 "암흑 시대"(Dark Ages)라고 명명한 것처럼 많은 포스트모더니스트는 가장 새롭고 역사적이며 신기원적인 것에 사로잡혀 있는 모더니티의 집착을 흉내 낸다. 많은 기독교 작가, 특히 교회성장 전문가는 포스트모던이라는 이름을 차용하여 진보적 믿음, 기술, 실용주의, 소비자운동 및 뚜렷한 모더니티의 특징을 주창한다. 이것에 대해 종종 운명론이 제기되기도 한다. 우리는 더 이상 안정된 시대, 상응하는 가치를 지닌 전통적 문화를 누릴 수 없다는 것이다. 모든 것은 허공에 떠 있다. 세상은 미쳐 있다. 모든 것은 가변적이다. 모든 삶은 변화한다. 이것이 포스트모더니즘의 가면을 쓴 참된 모더니티의 실상이다. 교회성장 전문가들은 앞서 언급한 운명론에 빠져 있다. 이것이 오늘날의 실상이다. 더 이상 논의할 것도 없다. 사회적 "사실"(is)이 신학적 "의무"(ought)의 도전을 받는 것이 아니라 전자가 후자를 결정한다. 오늘날 교회는 이 악한 세대에서 수동적으로 존재할 것인가 아니면 하나님의 말씀으로부터 반문화적 정체성을 도출할 것인가라는 문제가 반드시 제기되어야 한다. 이것은 우리에게 다음 문제로 넘어가게 한다.

2. 운명이냐 망상이냐?

서구 문화에 패러다임의 전환이 있었다고 믿을 만한 충분한 이유가 있다고 해도-그러한 전환은 실제로 있었을 것이다-왜 많은 목회자와 교회 지도자들은 그것을 그처럼 결정적으로 다루는가? 역설적이지만 복음적 변증학과 선교는 광범위한 기독교 포스트모던의 "교양 있는 경멸자"라는 이름으로 시장에서 종종 가장 현대적인 기업이 되었다. 우리는 예수 그리스도의 약속과 성취라는 거대 담론에 굴복하지 않을 만큼 모더니티/포스트모더니티(목적도 계획도 없는 "범죄" 그리고 기술혁신이라는 죽은 신, 예능, 섹스, 권력, 소비주의 및 존 시브룩[John Seabrook]이 말한 "마케팅의 문화와 문화의 마케팅" 등을 포함하여)라는 거대 담론에 깊이 빠지게 된 것이다.[1] 이 이야기가 지금까지 들은 가장 위대한 이야기와 견줄 수 있다는 말인가?

나는 우리 시대와 중세 시대가 성경(복음에 의해 선포된 거대 담론)의 충분성을 실제적으로 부인한다는 유사성을 발견하지 않을 수 없다. 하이델베르크 요리문답은 "그러나 형상을 교회에 허용한 것은 배우지 않은 것을 가르치는 데 도움을 주기 위한 것이 아닙니까?"라고 묻는다. "아닙니다. 우리는 하나님보다 지혜로운 자가 되려고 해서는 안 됩니다. 그는 자기 백성이 살아 있는 말씀 전파에 의해 교훈을 받기를 원합니다"(Q. 98). 이처럼 "시대적 조류에 맞선" 태도를 다음과 같은 철저히 소심한 어떤 목회자의 운명론과 대조해보라. "복음주의적 교회들은 성경에 대한 철저한 강해와 긴 설교를 통해 살아남았다. 그러나 우리는 설교에 아무런 지적 내용이 남아 있지 않은 곳으로 다가가고 있다. 따라서 우리는 예술을 통한 복음의 교제 및 예전의 능력을 추구하게 될 것이다."[2] 왜 금송아지로 돌아섬으로써 설교에 지적 내용이 없음을 말하는가? 이것은 진정 우리가 피할 수 없는 불변의 운명인가? 왜 본질적인 것들을 제시함으로써 얕은 설교의 수준에 관한 문제를 거론하지 않는가? 이것이 우리가 오늘날의 설교자들에게서 기대할 수 있는 전부이며 다른 수단을 발견했다는 것으로 위안삼아야 하는가? 예전의 능력이란 예배에 대한 초청으로부터 축도에 이르기까지 강단으로부터 다른

---

[1] John Seabrook, *Nobrow: The Culture of Marketing, the Marketing of Culture* (New York: Knopf, 2000).

[2] David Lyle Jeffrey, in Richelle Wiseman, "Riding the Tidal Wave," *Faith Today* (Sept./Oct. 1999): 23.

모든 것으로 떨어지는 말씀의 능력에 지나지 않는다. 만일 예전이 스스로 독립적인 능력을 가지고 있으며 예술이 우상적 문화에 다가갈 수 있는 유일한 희망이라면 복음주의와 전도는 배교의 완곡어법에 지나지 않을 것이다.

때때로 우리의 판단을 흐리게 하는 것은 "이 백성의 악함을 당신이 아나이다"라는 운명론적 안개이다. 부시 대통령이 9. 11 테러리스트의 공격에 대해 그러한 수동성으로 대처했다면 어떻게 되겠는가? 만일 참모들이 다음과 같이 대통령을 설득했다고 가정해보라. "각하 이 사태를 받아들이기 어렵다는 것은 잘 압니다. 우리는 모든 일을 항상 특정 관점에서 대처해왔습니다. 자유, 민주주의와 같은 것들입니다. 그러나 이제 우리는 다른 세계에 살고 있습니다. 우리는 더 이상 '해결사 비버에게 맡기는'(비버는 해결사[Leave It to Beaver]) 시대에 살고 있지 않습니다. 우리는 테러리즘이 하나의 중요한 힘이 된 세상에 살고 있다는 것을 받아들여야 합니다." 그러나 부시는 미국인에게 원칙을 호소하고 이를 행동으로 뒷받침했다. 지도자와 따르는 자들의 차이는 후자가 세상을 있는 대로 받아들이는 반면 지도자는 세상을 다른 위치에 둘 수 있다는 것이다. 복음은 우리의 삶을 지배하는(또는 지배하는 척하는) "정사와 권세들"에 대해 새로운 힘을 불어넣는다. 신자가 사라져가는 헛된 문화의 유혹에 맞서 죄와 사망의 지배, 세상, 육신, 사단에 대해 '아니오'라고 말하는 것은 지극히 당연하다. 예수 그리스도는 살아계시며 사망과 음부의 열쇠를 쥐고 계신다. 그는 우리 마음에 자신의 영을 보내어 하나님의 백성이 아니었던 우리를 그의 백성으로 삼아주셨다. 우리는 이 악한 세대의 힘에 굴복하지 말고 용사가 되어 자신을 의지할 것이 아니라 신랑을 사모하는 신부처럼, 하늘에서 내려오고 있는 하나님 나라의 실재에 의지해야 한다.

성경은 모던/포스트모던 시대의 사람들과 무관하다거나 성경의 메시지가 그들에게 이미 실제적이지 못하다는 주장은 복음이 "모든 믿는 자에게 구원을 주시는 하나님의 능력이 됨이라"(롬 1:16)는 확신에 대한 심각한 도전이다. 이것은 적어도 함축적인 의미에서 오늘날 사람들의 실제적인 필요가 고대인들의 필요와 일치하지 않는다고 주장하는 것과 같다. 따라서 우리에게는 "전환"(translation)이 필요하다. 즉 죄 문제의 해결책이자 하나님과의 화목에 필요한 기독교를 인간의 목적을 위해 치유적으로 사용할 수 있는 종교로 전환해야 한다는 것이다. 이것은 그의 말씀이 우리가 듣는 설교처럼 가까이 있다는 사실을 상기시키고 있는 로마서 10장의 귀한 말씀은 신경 쓰지 않아도 된다는 것이다. 그것은 우리가 아래로 끌어내리거나 위로 끌어올릴 수 있는 것이 아니라 언제나 준비되어 있는 능동적인 말씀이다.

우리는 이 과정에서 잃어버린 자를 찾아가는 것이 아니라 이미 찾은 자들을 놓치고 있는 것은 아닌가? 다시 말하면 우리의 "전환"은 사실상 그들이 영적인 것에 대한 외형적 열광에도 불구하고 더욱 세속화될 만큼 그들의 믿음에서 내적 원천들을 제거해버리고 있는 것은 아니냐는 것이다. 복음주의가 하나님에 의해 많은 사람을 그리스도의 구원의 지식으로 인도하는 도구로 사용되었다는 데에는 이의를 제기할 사람이 없다. 그러나 수세대에 걸친 결과는 무엇인가? 모든 세대가 저마다 본질적이고 중요하며 신기원적인 역사적 사건이라면 우리가 시공을 초월하는 일관성을 유지할 수 있는가? 틈새시장을 노리는 니치마케팅(niche marketing)이 주도하는 사회에서 교회가 세대를 초월한 토대로서의 역할을 감당할 수 있는가?

한 대표적인 주류 신학자가 나에게 자신은 성인이 된 자녀를 따라 복음주의 교회에 가본 적이 있노라고 했다. 활력에 넘치는 그 대형교회는 자신을 "포스트모던 사회"로 복음을 전하는 교회라고 홍보를 했다. 집으로 돌아오는 길에 아이들이 교회에 대한 생각을 물었다. 이 교회가 적절하고 살아 있는 교회가 아니냐는 것이었다. 아버지는 잠시 자신의 생각을 정리한 후 이렇게 대답했다고 한다. "나는 평생 주류 개신교에 있으면서 항상 감성적 자유주의를 향해 신랄한 비판을 해왔지만 오늘처럼 기독교인의 특징적인 요소가 의도적으로 배제된 교회는 본 적이 없다." 이 논지에 대한 스탠리 하우어워스의 언급은 매우 인상적이다. "우리는 전환 정책을 받아들였다. 이유는 불신자나 반쪽짜리 신자는 물론 우리도 그리스도께서 말씀하신 제자도에 복종할 수 있을 것이라는 기대를 충족시키지 못할 것이라고 생각한 때문이다."³ 그가 바르게 지적한 것처럼 이것이 바로 우리가 도전해야 할 가정인 것이다.

우리는 새로운 성경 해석과 관련된 한 광고가 계속해서 나타나는 것을 볼 수 있다. 이 광고는 지적인 외모의 한 젊은 여성의 칼라 사진을 냉소주의에 대한 암시와 함께 싣고 있는 전면 광고이다. 이 사진에는 "목회자여, 그대가 나에게 영향을 주고 싶다면 언어에 조심하라"라는 타이틀이 붙어 있다. 광고문구는 다음과 같다. "마감시간과 법안 때문에 바쁜 그녀에게 이 한 시간은 그녀가 자신의 영적인 생명을 양육할 수 있는 유일한 시간이다. 당신이 너무 고상하고 어려운 구절을 언급하면 결코 그녀의 관심을 끌지 못할 것이다." 우리는 이러한 광고를 내일 해가 뜨는 것처럼 기정사실로 받아들인다. 이 여성이 오늘날 교회의 많은 사람이 어떤 생각을 하며 어떻게 살고 있는지를 전적으로 대변한다면 우리는 이 광고의 충고를 따르지 않을 수 없을 것이다.

그러나 왜 선한 목사는 다음과 같이 대답할 수 없는가? "아니오, 이것은 결코 당신을 편안하게 해 줄 수 없다. 당신이 세례를 받았다면 성경에 나오는 모든 언어는 당신의 언어이다. 당신은 그것을 이해하고 그 말씀대로 살며 그것을 호흡하려고 노력해야 한다. 당신이 마감시간과 법안 때문에 바빠서 자신의 신앙을 위해 매주 한 시간밖에 시간을 낼 수 없다면 내가 당신 때문에 나머지 회중을 세상에 빼앗길 수 없다는 것을 이해해야 할 것이다." 우리는 고객을 잃을지도 모른다는 두려움 때문에 겁을 내고 있는 것이다. 그리고 그 과정에서 성령의 능력으로 그들을 잘못된 길에서 돌이켜 예수 그리스도의 세계로 인도 할 수 있는 메시지로 그들에게 나아갈 기회를 놓치고 마는 것이다. 우리는 수많은 선구자가 경험을 통해 알았던 그것을 언제나 깨달을 수 있는가? 즉 기독교 복음의 성공은 정확히 말해 공격을 받을 때 거둘 수 있다는 것이다. 우리가 이러한 역설을 무시하는 순간 우리는 "이 악한 세대"의 일

---

3 Stanley Hauerwas, "Preaching as though We Had Enemies," *First Things* 53 (May 1995): 46.

원이 되어 그들의 반역적 음모에 가담하게 되는 것이다.

피터 와그너(C. Peter Wagner)는 "전통적 교회 모델은 더 이상 급속히 변화하는 세상에서 효력을 갖지 못한다. 잃은 자를 찾는 사명은 새로운 사도적 교회로 하여금 지상명령을 성취할 새로운 방법을 찾도록 촉구한다"[4]고 주장한다. 이 관점에서 "급속히 변화하는 세상"–성경에서 말하는 '사라져가는 시대'–은 준거가 되며 교회 모델은 철저히 상대론적 관점에서 조명되고 있다(마치 하나님이 21세기 교회들에게 말씀과 성례 대신 "지상명령을 성취한 새로운 방법"을 찾으라고 명령하신 것처럼). 20세기가 시작될 무렵 작가이자 사회 평론가인 월터 리프만(Walter Lippmann)은 이렇게 말했다. "모든 과정에 영감을 주는 철학은 이론에 근거한다. 현대적 상황에서 많은 사람은 지속적 확신과 전통에 예속되지 않는 반면 끊임없이 모험적 스릴을 원하며 또한 그렇게 한다는 것은 분명한 사실이다."[5] 스타이너 카발레(Steinar Kavale)는 최근 "매력이 묵상의 자리를 대신하고 유혹이 논증의 자리를 대신할 수도 있다"고 말한 바 있다.[6] 리프만이 글을 쓸 때는 "모던 시대"(modern age)라 불렸으나 카발레는 그것을 "포스트모더니즘"이라고 부른다. 그러나 둘 다 동일한 문화적 예속에 해당한다.

한 가지 반가운 소식은 베이비부머 세대의 유혹에도 불구하고 이후의 세대는 근본적인 것에 대한 새로운 관심을 보인다는 것이다. 이것은 이 시대–무슨 이름으로 불리든–가 자주성(autonomy)이라는 가치관에 의문이 제기될 때 적개심을 품고 대하는 바로 그것이다. 최근의 수많은 연구는 "포스트모던 문화를 향한 선교"라는 교회론적 이상이, 가장 많은 감동을 받았을 것이라고 생각되는 사람들–소위 X세대 및 이후 세대–에게 사실상 큰 영향을 주지 못했다고 확신한다. 이것은 성경에 대

---

4 C. Peter Wagner, "Another New Wineskin," *Next* 5.1 (Jan.–March 1999): 3.
5 Walter Lippmann, in Neal Gabler, *Life the Movie: How Entertainment Conquered Reality* (New York: Knopf, 1998), 78.
6 Steiner Kavale, "Themes and Definitions," in *The Truth about the Truth*, ed. *Walter Truest Anderson* (New York: G. P. Putnam's Sons, 1995), 25.

한 가장 중요한 도전에 있어서는 물론 통계수치조차 이러한 속임수-즉 선교와 예배에 대한 현대적 접근을 거의 절대적으로 지배한다-를 지지하지 않는다.

모던/포스트모던 예표론에 대한 예속은 최근 가장 중요하고 흥미로운 것으로 거래된 모든 것을 무비판적으로 수용하도록 부채질만 하는 것은 아니다. 이러한 예속은 보다 보수적인 국면에 대한 우리의 증거를 무능하게 만들어버리는 반 모던적(antimodern) 절망감을 촉발시킨다. 포스트모던 상대주의에 관한 철저한 일반화와, 합리주의에서 비합리주의로의 패러다임의 전환은 세부적인 사항에 있어서 기술적으로 부정확할 뿐만 아니라 시대정신의 또 다른 후예들이 누렸던 "예전의 좋았던 시절"에 대한 향수적 그리움을 창출할 수 있다. 왜 이러한 예속을 포기하지 못하는가? 왜 그리스도의 부활과 함께 밝아오는 "성령의 시대"와, 역사를 통해 여호와와 그의 기름부음 받은 자를 대적하는 나라들을 지배하는 "이 시대의 정신"을 구별하지 못하는가? 우리가 성령께서 바울의 설교를 통해 마음을 열어주신 자주장사 루디아에 관한 이야기를 하든, 앞서 언급한 광고에 나오는 오늘날의 직장여성에 관한 이야기를 하든, 그리스도의 나라와 이 세상 나라 사이에는 분명한 구별이 있다.

3. 두 시대 사이: 다른 예표론

포스트모더니즘과 모더니티의 관계의 본질에 대한 학문적 논쟁은 많은 힘을 소진한 나머지 거의 포기 단계에 들어갔다. 그러나 교회 안에는 이러한 예표론이 타당성의 수사학을 추구하는 결정적 역할을 한다. 만일 역사를 모던과 포스트모던으로 나누는 방식 대신 신약성경이 구별하는 대로 "이 악한 세대"와 "장차 올 세대" 그리고 "육신에 속한" 삶의 실재와 "성령 안에서의 삶"으로 구별한다면 어떻겠는가? 예수님은 이러한 대조에 대해 자주 언급하셨으며 바울은 더 많은 강조를 한다. 어떤 세대가 설득력을 가지든, 이 세대의 거민은 "사라질 세대"나

"장차 올 세대" 가운데 하나에 속한다. 이러한 예표론에서 "포스트모던적인 것"은 더 이상 '아무나 구출해 줄 수 있는 프리 카드'(get-out-of-jail-free card)가 아니다. 즉 더 이상 복음주의, 선교, 포스트모던 문화에 대한 접근이라는 이름으로 역사적 기독교의 규범으로부터 나온 온갖 종류의 구원을 정당화할 수 없다는 것이다. 루디아와 함께 서 있는 자는 실제적 의미에서 고대 로마인도 아니고 동시대의 미국인도 아니며 "하나님이 계획하시고 지으실 터가 있는 성"(히 11:10)에 속한 자이다. 하우어워스는 "우리의 눈과 설교가 진리만큼 두려운 것"이 되어야 할 것을 상기시킨다. "실제로 우리는 사람들이 테러리스트라고 부를 만큼 진실된 설교를 할 수 있다. 만일 당신이 그런 설교를 한다면 다시는 당신의 설교가 '의미가 있느냐'의 여부로 염려하지 않아도 될 것이다."[7]

하나님은 말씀과 성례를 통해 성령으로 역사하시겠다고 약속하셨다. 그는 우리를 죽이신 후 새 생명으로 다시 살리실 것이다. 만일 "장차 올 세대"가 십자가의 말씀을 통해 "이 악한 세대"에 들어온다면 우리는 실제로 위대한 경륜, 즉 우리를 살리시고 "어디에도 있을 곳이 없는" 이방인과 나그네를 아브라함, 이삭, 야곱과 함께 어린 양의 식탁에 앉게 하실 수 있는 능력의 큰 그림-앞에 서 있는 것이다. 그리고 모든 사람이 우리를 좋아하는 것은 아니라고 해도(오늘날 우리에게 가장 큰 위협이 되는 요소이지만) 그것은 우리가 바른 길에 있다는 사실을 다시 한 번 확신시켜 줄 뿐이다.

그러나 이 길에 대한 전통주의자의 입장과 관련하여 한 가지 살펴보아야 할 것이 있다. 하늘로부터의 새로운 음성, 기적적 장면, 극적인 즐거움을 줄 수 있는 새로운 형태의 예배에 대한 갈구가 많은 이유 가운데 하나인 것은 우리가 보수적 교회 안에서 전개되고 있는 구속 역사 및 하나님의 무게감에 대한 인식이 사라졌다는 것이다. 이러한 교리가 거짓 없는 확신으로 시행되고 있는 곳에서도 오늘날 교회들은 종종 드라마 수준의 불모의 환경에 처해 있다. 설교라고 주장하겠지만 드라마

---

[7] Hauerwas, "Preaching as though We Had Enemies," 49.

가 아닌가? 예배는 거의 설교로 전락하고 다른 모든 것은 겉치레에 불과하다. 그 결과 예배는 어설픈 상태로 끝없이 반복된다. 이어서 설교는 종종 정보 전달 및 호소로 전락하게 된다. 사람들이 삶의 의미를 깨닫기 위해 대안적 이야기를 찾아서 그것을 구성하고 연기할 등장인물을 세울 때 우리는 예전부터 들어오던 위대한 이야기를 기쁨으로 선포할 것이다.

모든 예배는 하나님의 부르심을 받은 그의 백성이 시온산 아래 모여 심판과 의롭다하심을 받고 구속사 드라마에서 자신의 역할을 맡아 하는 언약 갱신적 기념이 되어야 한다. 예전, 음악, 설교 및 성례에 대해서는 거의 생각을 할 수 없을 정도로, 즉 하나님이 지정하신 말씀과 성례라는 수단에 지겨움을 느낄 만큼 익숙해야 한다. 바람직한 것은 신학적으로 엄격한 목회자들이 이러한 드라마에 대해 더욱 많이 생각해야 한다는 것이다. 그러나 그것은 하나의 패러다임으로서 우리의 드라마가 아니라 하나님의 구속사적 드라마가 되어야 한다. 왜냐하면 하나님은 예배를 통해 자신의 구원 드라마를 연출하시고 로암미(내 백성이 아닌 자)-어디에도 갈 곳이 없는 자-를 취하셔서 살아계신 하나님의 백성으로 삼으신다. 이것은 우리의 노력이 아니라 그가 택하신 방법을 통한 하나님 자신의 사역으로 말미암는다. 하나님은 자신이 작가이자 주요 등장인물인 드라마를 직접 연출하시기 때문에 우리는 더 이상 이 시대의 문화에 수동적으로 갇혀 있는 존재가 아니라 그리스도 안에 있는 새로운 피조물임을 발견하게 된다.

모던과 포스트모던 대신 우리의 범주는 "이 사라질 악한 세대"와 "장차 올 세대"가 된다. 하나님의 말씀에 따르면 장차 올 세대는 그리스도의 부활로 말미암아 이미 이 악한 세대에 들어와 있다. 그는 마지막 추수의 첫 열매이시며 지금도 그가 보내신 성령으로 말미암아 말씀과 세례와 성찬을 통해 모든 것을 새롭게 하고 계신다. 이것은 모더니티나 포스트모더니티보다 훨씬 흥미로운 거대담론이다. "이 백성이 어떠함을 당신이 아나이다." 이것이 바로 우리가 그리스도와 함께 죽고 그와 함께 부활하여 새로운 생명을 입어야 하는 이유이다. 또한 이러한 이유로 우리는 그들이 생각하는 필요를 무시하는 대신 메디슨 거리(Madison Avenue)가 결코 가르쳐 주지 않는 실제적인 필요를 가르쳐주고 촉구해야 함은 말할 것도 없다. 지겨울 정도의 보수주의와 자신 마음대로 하는 새로움! 진실로 근본적이 되어 이 시대의 우상을 영원히 끊어버리자. 그리고 다시 한 번 구속사적 드라마로 향하자.

어느 쪽을 택할 것인가? 새롭고 거대한 포스트모더니즘인가? 아니면 오래된 옛 것인가? 적어도 선교에 있어서는 큰 문제가 되지 않는다. 그것이 무엇이든 그것은 영원한 시온의 기쁨에 비교조차 할 수 없는 사라져가는 꿈일 뿐이다. 하나님의 백성은 자신의 노래가 모세의 노래로 바뀌어야 한다는 사실을 깊이 명심해야 할 것이다.

> 내가 여호와를 찬송하리니
> 그는 높고 영화로우심이요
> 말과 그 탄 자를 바다에 던지셨음이로다
> 여호와는 나의 힘이요 노래시며 나의 구원이시로다
> 그는 나의 하나님이시니 내가 그를 찬송할 것이요
> 내 아비의 하나님이시니 내가 그를 높이리로다(출 15:1-2).

AFTERWORD

후기

| 에릭 알렉산더(Eric J. Alexander)
Alliance of Confessing Evangelicals 자문위원

짐 보이스(Jim Boice)의 죽음으로 우리는 가까운 친구이자 신학적 멘토이며 진정한 목회자 한 사람을 잃게 되었다. 그는 지혜롭고 통찰력 있는 조언가이며 우리가 알고 있는 가장 마음이 맞는 동역자 가운데 한 사람이었다.

아마도 책을 통해 그를 만난 모든 사람은 우리와 같은 생각을 가질 것이다. 그는 죽기 전에 60권 이상의 책을 저술하였다. 그러므로 우리가 그를 기념하여 저술한 본서를 통해 그의 생애를 기리고 영향을 끼치는 것은 합당한 일이라고 하겠다.

나는 종종 그가 남긴 방대한 분량의 저술보다 놀라운 것은 책의 헌정 방식이라고 생각한다. 무슨 말인지 이해가 되는가? 내가 알고 있는 한 그의 책은 예외 없이 모두 적절한 형태로 하나님의 이름과 영광과 존귀에 헌정되었다. 예를 들어 그는 빌립보서 주석을 "우리 안에서 착한 일을 시작하시고 그리스도 예수의 날까지 이루실" 그분께 헌정한다. 로마서 9-11장 주석은 "만물이 나오고 말미암고 돌아갈" 그분께 헌정

된다. 제10장로교회(Tenth Presbyterian Church)의 1829-1979년 역사를 기록한 책(*Making God's Word Plain*)은 "우리를 사랑하시고 그의 피로 우리를 죄에서 자유케 하시며 우리를 그의 아버지 하나님을 섬기는 나라와 제사장으로 삼으신" 그분께 헌정된다. 모든 책이 이런 식이다.

이것은 한번 시작하면 쉽게 바꿀 수 없는 단순한 습관이 아니다. 사실 이것은 다른 무엇보다 제임스 보이스의 삶의 비밀을 잘 보여주는 의도적인 습관이다. "오직 하나님의 영광을 위하여"는 그에게 단순한 신학적 슬로건이 아니었다. 그것은 그의 존재 전체의 원동력이었다. 이러한 사실을 떠나서는 그에 대해 어떤 이해도 불가능하다.

강단에서 설교할 때, "성경 연구 시간"(*The Bible Study Hour*)이라는 방송 프로그램을 진행할 때, 하나님의 백성을 목양할 때, 컨퍼런스를 계획할 때, 연구할 때나 글을 쓸 때, 그의 모든 행동을 이끌고 통합하는 일관된 이유는 하나님의 영광에 대한 열정이었다. 그러므로 여러분이 손에 들고 있는 본서는 불가피하게 제임스 몽고메리 보이스의 삶의 특징을 요약한 글과 함께 끝나야 하는 것이다.

오직 하나님의 영광을 위하여!

CONTRIBUTORS

기고자 명단

에릭 알렉산더(Eric J. Alexander): M. A., B. D., University of Glasgow
  영국 에어셔(Ayrshire)에서 교역자로 15년간 섬겼으며 글래스고에 있는 St. George's-Tron Parish Church에서 담임목사로 20년간 섬기다가 1998년 은퇴하였다. 은퇴한 후에는 Regent College Vancouver, The Master's Seminary, Beeson Divinity School 및 Westminster Theological Seminary 등 유럽과 북미 신학교에서 가르쳤다.

매리언 클라크(D. Marion Clark): M. Div., Gordon-Conwell Theological Seminary
  플로리다주 Gainesville에 있는 Faith Presbyterian Church의 6대 담임목사로, 그 전에는 필라델피아에 있는 Tenth Presbyterian Church에서 7년간 사역하였다.

에드먼드 클라우니(Edmund P. Clowney): Th. B., Westminster Theological Seminary; S. T. M., Yale Divinity School; D. D., Wheaton College
30년간 웨스트민스터신학교 교장으로 있었으며 그곳에서 실천신학을 가르쳤다. 그는 교회론, 예배학 및 성경신학의 권위자로 잘 알려져 있고 몇몇 유명 도서의 저자이기도 하다. 그는 버지니아주 Charlottesville에 있는 Trinity Presbyterian Church 및 텍사스 휴스톤에 있는 Christ the King에서 신학자로서 주재하며 가르쳤다.

마크 데버(Mark E. Dever): M. Div., Gordon-Conwell Theological Seminary; Th. D., Southern Baptist Theological Seminary; Ph. D., Cambridge University, as J. B. Lightfoot scholar
워싱턴 D. C.에 있는 Capitol Hill Baptist Church의 담임목사로 있었으며 캠브리지대학교에서 신학을 가르쳤다. 워싱턴에 있는 Center for Church Reform의 연구원으로 있으면서 국제 목회자 컨퍼런스 및 캠퍼스 사역을 수행하였다. 저서로는 *Nine Marks of a Healthy Church*가 있다.

리곤 던컨 3세(J. Ligon Duncan III): M. Div., M. A. Covenant Theological Seminary: Ph. D., University of Edinburgh
미시시피주 Jackson에 있는 역사적인 First Presbyterian Church의 담임목사로 이전에는 Reformed Theological Seminary에서 John R. Richardson 조직신학 교수로 있었다. 그는 Council on Biblical Manhood and Womanhood and the Alliance of Confessing Evangelicals에서 섬겼다.

윌리엄 에드가(William Edgar): M. Div., Westminster Theological Seminary; D. Th., University of Geneva
그는 웨스트민스터신학교 변증학 교수이다. 이전에는 프랑스

Aix-en-Provence에 있는 Faculte Libtre de Theologie Reformee의 교수로 있었다. 저서로는 *The Face of Truth: Lifting the Veil* 및 *Reasons of the Heart: Recovering Christian Persuasion*이 있으며 문화 변증학, 브라스 음악 및 아프리카-미국 심미학에 관한 논문들이 있다. 그는 부업으로 프로 재즈 피아니스트일도 했다.

로버트 갓프리(W. Robert Godfrey): M. A., Ph. D., Stanford University; M. Div., Gordon-Conwell Theological Seminary

그는 캘리포니아에 있는 웨스트민스터신학교 교장으로 있으면서 그곳에서 교회사를 가르쳤다. 저서로는 *Reformation Sketches: Insights into Luther, Calvin, and the Confessions* 및 *John Calvin: His Influence on the Western World, Reformed Theology in America and Scripture and Truth*가 있다. 그는 기독교 컨퍼런스의 연설가이다.

마이클 호튼(Michael S. Horton): M. A. R. Westminster Theological Seminary in California; Ph. D., Wycliff Hall, Oxford University, and the University of Coventry

그는 웨스트민스터신학교 변증학 및 역사신학 교수이다. Alliance of Confessing Evangelicals의 의장이자 *Modern Reformation*의 편집자이다. 또한 라디오 대담프로인 "*White Horse Inn*"의 공동 저자이다. 주요 저서로는 *Covenant and Eschatology* 및 *A Better Way*가 있다.

테리 존슨(Terry L. Johnson): M. Div., Gordon-Conwell Theological Seminary, as a Byington scholar for David F. Wells; diploma in higher education under J. I. Packer, Trinity College in Bristol, England

그는 조지아주 Savannah에 있는 Independent Presbyterian Church의 담임목사이다. 개혁주의 진영의 예배에 관한 연구를 이끌고 있는 존슨의 주요저서는 *Trinity Psalter*, *When Grace Comes Home*,

Leading in Worship 및 *The Family Worship Book*이 있다.

폴 존스(Paul S. Jones): M. M., D. M., Indiana University
그는 필라델피아 제10장로교회의 오르가니스트이자 음악 감독이다. 그곳에서 교회합창단 지휘자이자 실내악단 연주자이며 음악 프로그램을 감독한다. 그는 Philadelphia Biblical University 의 교수로 8년간 섬겼으며 Alliance of Confessing Evangelicals의 음악 감독이기도 하다.

앨버트 몰러(R. Albert Mohler Jr): M. Div., Ph. D., Southern Seminary
Southern Baptist Theological Seminary의 교장으로 미국 최대 개신교 교단을 재구성하는 데 지대한 역할을 한 것으로 잘 알려져 있다. 복음주의 진영에서 그의 리더십은 타임지, 크리스챤 투데이 및 그 외 유수 출판사로부터 인정받은 바 있다. 그는 CNN 래리 킹 라이브 등 국영 TV, 뉴스 프로그램의 주요 게스트이며 뉴욕 타임스, 워싱턴포스트지 및 여러 매체에도 자주 등장한다. 그의 주석은 *Religion News Service* 및 *World magazine*에 자주 인용된다.

닉 니덤(Nick R. Needham): B. D., Ph. D., University of Edinburgh
스코틀랜드의 침례교 목사로 Highland Theological College에서 가르치고 있다. 그는 두 권의 스코틀랜드 교회사의 저자로 2,000 Years of Christ's Power 제1부: The Age of the Early Church Fathers 및 제2부 The Middle Age–다섯 권으로 이루어진 시리즈 가운데 두 권으로 기독교 교회의 역사에 대해 다룬다–와 함께 *The Triumph of Grace*를 저술했다. 니덤은 아프리카에서도 가르쳤다.

휴스 올리펀트 올드(Hughes Oliphant Old): B. D., Princeton Theological Semianry; D. theol., Universite de Neuchatel
그는 뉴저지주에 있는 Center for Theological Inquiry in Princeton

의 회원으로 전직 목사이다. 주요 저서로는 *The Reading and Preaching of the Scriptures in the Worship of the Christian Church*와 *Worship: Reformed according to Scripture*, *The Shaping of the Reformed Baptismal Rite in the Sixteenth Century*, *Themes and Variations for a Christian Doxology* 및 *Leading in Prayer*가 있다.

리차드 필립스(Richard D. Phillips): M. Div., Westminster Theological Seminary

그는 플로리다주 Margate에 있는 First Presbyterian Church of Coral Springs의 담임목사이다. Philadelphia Conference on Reformation Theology의 책임자이며 Reformation Societies International의 부책임자이다. 주요 저서로는 *Turning Back the Darkness: The Biblical Pattern of Reformation* 및 *Faith Victorious*가 있다.

필립 그레이엄 라이큰(Philip Graham Ryken): M. Div., Westminster Theological Seminary; D. Phil., University of Oxford

그는 필라델피아 제10장로교회의 담임목사이다. 그는 council of the Alliance of Cnfessing Evangelicals에서 섬겼다. 주요 저서로는 *The Heart of the Cross*(James Montgomery Boice와 함께), *Jeremiah and Lamentations*, *The Doctrines of Grace*(Boice와 함께), *The Message of Salvation* 및 *My Father's World*가 있다.

R. C. 스프롤(R. C. Sproul): B. D., Pittsburgh Theological Seminary; Drs., Free University of Amsterdam

그는 플로리다주 Orlando에 있는 Ligonier Ministries의 설립자이자 의장이다. 또한 그는 플로리다주 Sanford에 있는 Saint Andrew's Chapel의 담임목사이기도 하며 라디오 프로그램, *Renewing Your Mind*를 진행한다. 그는 *Saved from What?* 및 *When Worlds Collide*를 포함하여 50권 이상의 책을 저술하였다.

데릭 토마스(Derek W. H. Thomas): M. Div., Reformed Theological Seminary; Ph.D., University of Wales, Lampeter

그는 미시시피주 Jackson에 있는 Reformed Theological Seminary에서 실천신학 및 조직신학을 가르치는 John E. Richard 교수직을 맡고 있다. 그는 또한 First Presbyterian Church에서 교육목사로 섬기고 있다. Wales 출신인 토마스는 Belfast, Ireland에서 18년 동안 목회했다. 그는 많은 저서를 남겼으며 *Evangelical Presbyterian*의 편집자로 섬겼다.

도날드 휘트니(Donal S. Whitney): M. Div., southwestern Baptist Theological Seminary; D. Min., Trinity Evangelical Divinity School

그는 미주리주의 Kansas City에 있는 Midwestern Baptist Theological Seminary 의 조교수로 있다. 이전엔 일리노이주 Glen Ellyn에 있는 Glenfield Baptist Church에서 15년간 목회했다. 주요 저서로는 *Spiritual Disciplines for the Christian Life*, *How Can I Be Sure I'm a Christian? Spiritual Disciplines within the Church* 및 *Ten Questions to Diagnose Your Spiritual Health*가 있다.

BIOGRAPHICAL SUMMARY FOR JAMES MONTGOMERY BOICE

제임스 몽고메리 보이스에 대한 전기적 요약

BORN

   Pittsburgh, Pennsylvania, July 7, 1938

DIED

   Philadelphia, Pennsylvania, June 15, 2000

FAMILY

Wife Linda Ann McNamara Boice, born January 24, 1937
Children Elizabeth Anne Dawson, born August 5, 1964
    Heather Louise, born March 7, 1970
    Jennifer Sue, born February 27, 1972

EDUCATION

1956 Diploma, The Stony Brook School
1960 A.B., Harvard University
1963 B.D., Princeton Theological Seminary

1966   D.Theol., University of Basel, Switzerland
1982   D.D., The Theological Seminary of the Reformed Episcopal Church

CAREER

1966–68   Assistant Editor, *Christianity Today*
1968–00   Senior Minister, Tenth Presbyterian Church, Philadelphia, Pennsylvania
1969–00   Speaker, The Bible Study Hour
1974–00   Chairman, The Philadelphia Conference on Reformed Theology
1977–88   Chairman, The International Council on Biblical Inerrancy
1985–89   Editor, *Eternity* magazine
1985–00   President, Evangelical Ministries, Inc., Philadelphia (until 1997), then the Alliance of Confessing Evangelicals

SERVICE

1970–82   Board of Trustees, The Stony Brook School
1978–00   Board of Trustees, The Huguenot Fellowship
1985–00   Board of Trustees, Bible Study Fellowship

BOOKS

1970   *Witness and Revelation in the Gospel of John* (Zondervan)
1971   *Philippians: An Expositional Commentary* (Zondervan)
1972   *The Sermon on the Mount* (Zondervan)
1973   *How to Live the Christian Life* (Moody; originally, *How to Live It Up*, Zondervan)
1974   *Ordinary Men Called by God* (Victor; originally, *How God Can Use Nobodies*)
1974   *The Last and Future World* (Zondervan)
1975–79   *The Gospel of John: An Expositional Commentary* (5 vols., Zondervan; issued in 1 vol., 1985; 5 vols., Baker 1999)
1976   *Galatians* in the Expositor's Bible Commentary (Zondervan)
1977   *Can You Run Away from God?* (Victor)
1977   *Does Inerrancy Matter?* (Tyndale)
1977   *Our Sovereign God*, editor (Baker)

1978	*The Foundation of Biblical Authority*, editor (Zondervan)
1979	*The Epistles of John: An Expositional Commentary* (Zondervan)
1979	*Making God's Word Plain*, editor (Tenth Presbyterian Church)
1980	*Our Savior God: Studies on Man, Christ and the Atonement*, editor (Baker)
1982–87	*Genesis: An Expositional Commentary* (3 vols., Zondervan)
1983	*The Parables of Jesus* (Moody)
1983	*The Christ of Christmas* (Moody)
1983–86	*The Minor Prophets: An Expositional Commentary* (2 vols., Zondervan)
1984	*Standing on the Rock* (Tyndale); reissued 1994 (Baker)
1985	*The Christ of the Open Tomb* (Moody)
1986	*Foundations of the Christian Faith* (4 vols. in 1, InterVarsity Press; original vols. issued, 1978–81)
1986	*Christ's Call to Discipleship* (Moody)
1988	*Transforming Our World: A Call to Action*, editor (Multnomah)
1988, 98	*Ephesians: An Expositional Commentary* (Baker)
1989	*Daniel: An Expositional Commentary* (Zondervan)
1989	*Joshua: We Will Serve the Lord* (Revell)
1990	*Nehemiah: Learning to Lead* (Revell)
1992–94	*Romans* (4 vols., Baker)
1992	*The King Has Come* (Christian Focus Publications)
1993	*Amazing Grace* (Tyndale)
1993	*Mind Renewal in a Mindless Age* (Baker)
1994–98	*Psalms* (3 vols., Baker)
1994	*Sure I Believe, So What!* (Christian Focus Publications)
1995	*Hearing God When You Hurt* (Baker)
1996	*Two Cities, Two Loves* (InterVarsity)
1996	*Here We Stand: A Call from Confessing Evangelicals*, editor with Benjamin E. Sasse (Baker)
1997	*Living by the Book* (Baker)
1997	*Acts: An Expositional Commentary* (Baker)
1999	*The Heart of the Cross*, with Philip Graham Ryken (Crossway)
1999	*What Makes a Church Evangelical?*
2000	*Hymns for a Modern Reformation*, with Paul S. Jones

2001   *Matthew: An Expositional Commentary* (2 vols., Baker)
2001   *Whatever Happened to the Gospel of Grace?* (Crossway)
2002   *The Doctrines of Grace*, with Philip Graham Ryken (Crossway)
2002   *Jesus on Trial*, with Philip Graham Ryken (Crossway)

CHAPTERS

1985   "The Future of Reformed Theology" in David F. Wells, editor, *Reformed Theology in America: A History of Its Modern Development* (Eerdmans)
1986   "The Preacher and Scholarship" in Samuel T. Logan, editor, *The Preacher and Preaching: Reviving the Art in the Twentieth Century* (Presbyterian and Reformed)
1992   "A Better Way: The Power of Word and Spirit" in Michael Scott Horton, editor, *Power Religion: The Selling Out of the Evangelical Church?* (Moody)
1994   "The Sovereignty of God" in John D. Carson and David W. Hall, editors, *To Glorify and Enjoy God: A Commemoration of the 350th Anniversary of the Westminster Assembly* (Banner of Truth Trust)

INDEX OF SUBJECTS AND NAMES
주제 및 인명 색인

ㄱ

가나안 신들 86
가디너 스프링 206
가이사랴의 바실 595
가인 73
가정
  가정에서의 언약적 책임 509
  가정 예배 507-534
  가정의 영적 건강 509, 511, 522, 525-526
  하나님이 세우신 가정 509, 510
간구, 예배에서의 간구 647, 648, 649
감정 469, 566
  감정의 위험 574-578
  믿음과 예배를 통한 감정 564-568, 572-573, 638
개혁주의 예배
  개혁주의 예배와 인간의 감정 563
  개혁주의 예배의 기초 653
  비교문화적 사례 369
개혁주의자
  규정적 원리 481-483, 489, 495, 497, 630
  예전 613
  예배 615, 640, 655

음악 613
인문학 655
자유기도 254, 257, 262, 593
경배(adoratio) 645
계명
  계명과 가정의 관계 510
  계명과 예배의 관계 81, 84
  이스라엘의 위반 87
  존 칼빈의 계명 640-644, 649, 654-660, 665-667
고르반 93
고린도 100, 104, 176, 181
고백적 복음주의 연맹 20, 32, 48
고어 154, 155, 169
『공동 예배 지침』 468, 582, 621
과부 545, 587
관용, 현대적 정의 672
교독문 447
교리문답 522, 531, 532, 533
교부시대의 예배 586
교회
  교회 돌아보기(shoping)
  교회와 성경적 권위 41
  교회 성장 401, 459, 461

교회와 세례 184, 189, 191, 289, 319-320
교회의 직분자 118, 163
시대적 및 복음적 연계 674
초기 교회 예배 588-591, 593, 615
현대적 경향 142
구속사
  구속사와 성만찬 328, 340
  구속사와 예배 372, 681
구약 성경
  공적 봉독 588, 590, 599, 621, 624
  예배에 관한 교훈 85
권위
  권위에 대한 두려움 202-203
  설교의 권위 204-206
규정적 원리
  규정적 원리에 대한 비판 481-482
  규정적 원리와 개인 예배 481, 483
  규정적 원리와 그리스도인의 자유 482
  규정적 원리와 창조주-피조물의 구별 109, 112
  성경적 근거 630
  정의 495
그래함 스크로기 277
그랜트 왝커 576
그레고리 교황 601
그레고리 딕스 667
그레이엄 골즈워디 214
그리스도인
  그리스도인과 성찬 340, 362
  그리스도인과 시편의 감정 429, 464
  그리스도인과 예배에 대한 의무 128, 571, 641, 644-645
  그리스도인과 재자도 677
  그리스도인에 대한 설교 116-117, 132
  그리스도인의 소명 137, 351, 539, 554
  그리스도인의 영적 변화 44, 534
  기도 265
  이웃과 원수에 대한 사랑 283, 449, 650
금송아지 71, 75, 80, 84, 85, 86, 87, 88
기도
  개인 기도 263, 287, 474
  공적 기도(공중기도) 524, 666
  기도와 찬양 43, 574, 578
  성경적 기도 272
  오늘날의 기도 133, 137, 263, 278
  역사적 기도 형식 253-256

예배 기도 408, 589, 636
자유 기도 254, 257, 262, 593
중보 기도 243
청교도의 기도 287, 518
초기 교회 591
기도에 관한 지침 253
기도할 대상의 이름을 기록한 공식 명부 600, 602
기독교인의 자유 150

ㄴ

나답 90, 117
나훔 사르나 78
낸시 드모스 505
네티 보이스 32
노래
  개인 예배 483-484, 488, 495-496
  영적인 노래 179, 651
  찬양 367-465
노르만 가이슬러 19
농신제 595
뉴턴 보이스 33
니케아 공회 593
닐 포스트만 79

ㄷ

다니엘 475, 597
다마스커스의 존 353
다윗 283, 399, 434, 437, 443, 444, 448, 490
단순성 476, 483, 660
대각성 566, 625
대륙의 개혁주의 624
더글라스 배너만 170
더글러스 배너만 170
더글러스 켈리 533
데이비드 고든 164
데이비드 로버트슨 140
데이비드 웰스 58, 145, 164, 197, 625
데이비드 잉게 545
데이비드 클락슨 471
데이비드 트레이시 197
데이비드 피터슨 64, 180
데일 맥콘케이 536
도나투스파 640
도날드 그레이 반하우스 27, 32, 34

도날드 코건 277
도날드 허스태드 370, 380
동방정교회 604, 607, 610
디오클레시안황제 638
딕 루카스 141

ㄹ

라오디게아 공회 438
라인강 지역의 기독교 인문주의자 642
라일 132, 566
라자루스 슈펭글러 613
락탄티우스 638, 639, 640, 657
란스 루이스 139
랄프 아담스 크램 667
레싱 671
레오나르 페이튼 382
레위인 394
로마 가톨릭
   성만찬 336-338, 341, 343
   중세시대의 예배 598-610
   찬송가 374
   형상의 사용 607
로버트 갓프리 350, 469, 561, 687
로버트 다브니 116, 578
로버트 라몬트 38
로버트 레이번 140, 260
로버트 머레이 맥체인 140
로버트슨 스미스 455
로버트 웨버 102
로버트 할데인 540
로스 올리보스 140
로저 니콜 19
론 클라크 266
롤런드 워드 141
루이스(C. S. Lewis) 440, 522, 545, 582
루이스 벌코프 328
루이스 베일리 475
루이스 벤슨 460
루이스 부르주아 617
루터파
   루터파의 찬송가 612-613, 616
   성만찬에 대한 관점 336-337
   예배 482, 610-611
리델보스 554
리차드 니버 551

리차드 백스터 254
리차드 세넷 202
리차드 쉽스 564
리차드 프랫 277
리차드 필립스 189, 323, 689
리차드 후커 160
린다 맥나마라 36

ㅁ

마르바 던 58, 145
마샬 맥루한 79
마음의 감정 563
마이클 그린 195
마이클 호튼 360, 582, 669, 687
마크 데버 140, 188, 213, 686
마크 존스턴 141
마키즈포트 17, 33
마틴(R. P. Martin) 99, 115
마틴 로이드 존스 204, 225, 477
마틴 루터
   마틴루터의 찬송 380-383, 393, 612
   말씀론 209
   성례론 611
   시편론 381, 425, 427
   예배론 193, 210
마틴 부처 146
마틴 홀트 479
매클라우드 259
매튜 알렌 159
매튜 헨리 134, 157, 255, 264, 268, 425, 474
맥퍼슨 561, 562
머피 257, 280
메리디스 클라인 296, 298
메리 베리 438
멜기세덱 330, 355
멜랑히톤 150, 345, 613
모더니티 536, 582, 671, 672, 673
모리스 로버트 500
모빙켈 434
모세 74, 85, 270, 330, 347, 417
모어 크래프트(Joe Morecraft III) 167
모티어 438, 533
목사
   목사와 세례 290-293, 305, 311-318
   목사의 기도 242-243, 263, 278-279

목사의 음악적 훈련 401, 406-412
여자목사 104
몬트 윌슨 172
무오성 35, 212, 224, 273
문화
   문화를 변화시킨 그리스도 551
   문화의 규범 120
   문화의 쾌락주의 369, 462, 542
미리엄 크리스만 461
미사 602, 604, 605
미쉬나 170
미카엘 부셀 172
믿음
   믿음과 감정 363, 568, 571
   믿음에 대한 확신 305
   믿음과 참된 예배 115-117
   세례에서의 고백 304-307, 318, 320
밀(J. S. Mill) 533
밀란의 암브로시우스 598

ㅂ

바리새인 91, 92, 93, 496, 497
바울
   바울과 골로새 이단 98-100
   바울과 기독교 갱신 519 522
   바울과 영광송 541, 588, 613, 624, 650
   바울과 우상숭배 121, 122
   바울과 성만찬 347, 350, 354, 356-360
   바울과 세례 291, 295, 298, 299
   바울과 시편 179, 415, 427
   바울의 말씀 전파 133, 180
   예배에 대한 교훈 102-107, 542, 543
   성경연구의 중요성 131, 395, 486
반율법주의 568
방언 100, 101, 102
벌카우어 18
베드로
   베드로의 복음주의적 설교 215, 216
   세례 292
   예배 475, 646, 653
벤자민 워필드 325
보 라이케 36
보름스 의회 610
복음 191, 221
복음주 542

복음주의자
   모더니티에 대한 반응 536, 672-674, 679
   복음주의자와 음악 444, 450
   복음주의자와 반율법주의 568
   복음주의자의 교회론 68
봉헌
   존 칼빈 618, 622, 641
   중세시대 601-602
   초기 교회 589-591
   휴스 올리펀트 올드 374
부림절 170, 171
부활절
   부활절과 성만찬 603
   부활절과 초기 교회 593
부흥 191, 238, 263
불신자
   예배 591
   전도 551
   초기 교회 591
브라가 공회 438
브라이언 슈버틀리(Brian M. Schwertley) 167
비질란티우스 596
빈야드운동 629

ㅅ

사단 218
사마리아인 94
사무엘 크로스만 223
사소한 문제(adiaphora) 155
사울 90, 120
살라미스의 에피파니우스 597
샤를마뉴 601
선교
   세계 선교 139, 286, 551
   지역 선교 551
설교
   강해적 요소 191-212
   복음적 강해 192, 197, 230
   복음적 설교 219-222, 238
   설교와 성만찬 347, 356
   설교의 요소 393
   오늘날의 설교 203, 674
   중세시대의 설교 613, 615
성가대 407
성경

개인 예배에서의 성경 484-491
보이스의 설교 225
보이스의 전기
성경과 공적 기도
성경과 인간의 감정 571-578
성경에 대한 해석 60, 131, 179, 191-212
"성경 연구 시간" 351-352, 384-386, 683-684
신약성경 및 구약성경 참조 39, 555, 588, 659, 666
역본에 대한 선택 249
에디스 블룸호퍼 561-562
예배관 582, 641
예배에 대한 개혁의 핵심으로서 성경 62-67
제임스 몽고메리 보이스 26-29, 47, 189, 211, 225, 383-386
토마스 빈니 626
성도 178, 179, 180
성령
성령과 개인 예배 177
성령과 부흥 628
성령과 성경 읽기 179, 182, 197
성령과 성만찬 587, 591
성령과 세례 65
성령과 예배 69, 128, 185, 497, 657
성령의 설교사역 200, 202
성령의 소멸 161, 623
성례 112, 123, 131, 135, 136, 166, 168, 180, 184, 188, 191, 246, 253, 287, 291, 297, 301, 302, 305, 306, 307, 309, 310, 311
성막 71, 90, 127
성만찬 590, 591, 656, 668
개혁주의 예배에서의 성만찬 611, 614-615
성경적 제도로서 324
성만찬의 제정 327, 338, 350, 355, 363-364, 656
신학적 이슈 647
중세시대의 성만찬 611, 666, 668
청교도 전통에서의 성만찬 622
초기 교회의 성만찬 590
성직자의 예식 335
성직자의 예전 349
성체축일 605
성탄절
성탄절의 제정 595
성화 122, 154, 299
세계관

거룩한 세계관과 세속적 세계관 514, 559
세례 193, 289-322
세빌레의 이시도레(Isidore of Seville) 634
셋 257, 279, 280, 281, 282
소그룹 510, 529, 530
소명 204, 205
송가 373, 374
수찬자 340, 341, 342, 344
순교자 저스틴 435, 586, 588
스타이너 카발레 678
스탠리 하우어워스 553, 676
스테판 차녹 498, 573
스티브 슬리셀 167
스프롤 16, 110, 383, 689
시대적 속물근성 522, 582
시릴 595
시므온의 노래 374, 615, 616, 617, 620
시편
기도로 사용된 시편 487
복음송과의 비교 577
시편 영창 189, 368, 373, 438, 458, 465
시편 찬양 617
예배 시편 419-465
초기교회의 시편 376
신뢰 646, 647
신약 성경
공적 봉독 42, 590, 599
예배에 대한 가르침 39, 495
우상숭배 597

ㅇ

아놀드 토인비 556
아론 85, 86, 286, 612, 619, 655, 667
아리스토텔레스 441, 564, 606
아벨 73, 178
아브라함 275, 297, 298, 306, 330, 355, 510
아브라함 카이퍼 552
아브라함 키취 296
아비후 90, 117
아이작 왓츠 255, 373, 428
아이콘 596, 597, 598, 607, 608
아타나시우스 426, 428, 436, 439
아폴리나리스 시도니우스 437
안식일 181

알란 콜 83
알렉산드리아의 클레멘트 597
알론조 라미레스 139
애찬 593, 594
야코부스 파버 662
약식 설교 599
어거스틴 133, 135, 427, 436, 439, 442, 446, 450, 540
어거스틴 므퓬 141
어니스트 라이징거 159
어린이
    가정 및 예배 참조 45, 516
    어린이와 성만찬 358
    어린이의 예배 참석 37, 44, 351
    영적 필요성 351
에드먼드 클라우니 27, 150, 175, 260, 293, 383, 686
에드워드 어빙 252
에롤 헐스 296
에릭 리델 477
에릭 알렉산더 383, 402, 685
에스라 194, 207
엘리자베스 크루시거 613
엘머 타운스 148
여호수아 330, 347
연옥 605
영광송 541, 613, 624, 648
영국의 예배 163, 621
영원한 우상의 공장 583
영혼, 하나님의 형상에 대한 반영 564
예루살렘 39, 127
예배
    가정 예배 507-534
    개혁주의 예배 58, 262, 290, 469, 563, 582, 611, 621
    거짓 예배 87, 639
    내적 예배와 외적 예배 564
    반문화적 예배 673
    비교문화적 예배 630
    새 언약의 예배 72, 110, 127, 136, 180
    성경적 사례 489
    영과 진리로 드리는 예배 163, 641, 657, 661
    예배의 역사 582, 585-586
    예배의 요소 187-465
    예배의 형식 63, 109, 168, 574, 578, 611, 654, 657
    옛 언약의 예배 70, 90, 105, 541
    오늘날의 예배 630-631
    진정한 예배 97, 188, 484, 564, 639, 641, 667
예배 논쟁 105, 582, 630
예배로의 초청 621
예배에 사용된 라틴어 610, 611, 612
예배에서의 감사 650, 651, 652
예배에서의 고백 148, 182
예배에서의 양심 101, 162, 163
예배에서의 예언 100
예배 행위 92
예수
    바리새인의 예배에 대한 거부 91-94
    성만찬과 예수 325, 337, 363
    시편에서의 예언 377
    시편 인용 270-271
    예배 39, 97
    예수님과의 연합 292, 293
    예수님에 대한 찬양 394, 395
    예수님의 개인 예배 177, 474
    예수와 설교 217
    우물가 여인에 대한 말씀 39, 94-98
    율법의 성취 377
예수회 16
예술
    기독교적 관점 556
    예배 654-658
    카타콤 597
예전
    갈리칸 예전문 599, 601
    개혁주의적 관점 262, 621, 624, 642
    낭만주의 137, 647
    로마의 예전 595, 599, 601
    루터의 예전문 99, 611, 612
    미들스버그 예전문 254
    스트라스부르의 예전문 617
    예전의 요소 168, 666
    오늘날의 예전 310, 668
    제네바 예전문 619-620, 648
오순절 177, 603, 662
오직 성경 62, 161
외콜람파디우스 642, 653, 654, 655, 662
요한 발터 382, 613
요한 세바스티안 바흐 402
요한 줄리앙 406

요한 크리소스톰 381
우상 86, 115, 121, 122
우상을 만들어내는 공장 54
우상을 만들어내는 영원한 공장 151
우상을 위한 공장 271
옷사 90, 117
월터 리프만 678
월터 스콧(Walter Scott) 경 454
웨스트민스터 대요리문답 339, 345, 358, 512
웨스트민스터 소요리문답 296, 516
웨스트민스터 신앙고백서 64, 67, 96, 109, 114, 116, 119, 130, 147, 151, 152, 154, 155, 160, 162, 166, 188, 242, 246, 290, 295, 296, 306, 308
웨스트민스터 예배규칙서 137, 141, 155, 158, 244, 250, 254, 261
웨스트민스터 총회 531
웨슬리 아이젠버그 371
위그노 463
위그노회 26, 27
윌로우 크릭(Willow Creek) 모델 161
윌리엄 맥스웰 181
윌리엄 바커 32, 262
윌리엄 영(William Young) 172
윌리엄 윌리몬 259
윌리엄슨(G. I. Williamson) 167
윌리엄 카스트로 140
윌리엄 커닝엄 162, 170
윌리엄 퍼킨스 220, 256
윌리엄 호슬리 427
유월절 170, 180, 325, 326, 327
울리히 츠빙글리
　성만찬 333
　예배 613, 615, 616
　예배 찬송 614
은사 100, 101, 102, 176, 575, 576
은혜
　은혜와 가정 생활 514
　은혜와 성만찬 341-347
　은혜와 세례 307
　은혜의 수단으로서의 예배 179
음악
　멜로디 612, 617
　성경적 교훈 368, 370-380
　악기 173, 381, 588, 605, 616
　예배 음악 134, 164, 367
　지침서 406
의지 564, 565, 567, 568, 569, 573, 574, 575
의지적인 예배 81, 99
이그나티우스 16, 435
이삭 330
이안 머레이(Iain Murray) 476, 477
이스라엘
　이스라엘과 유월절 170, 326
　이스라엘에서의 예배 70-71, 370
　하나님에 대한 관점 78, 80
　하나님에 대한 반역 85, 87
이슬람 175, 177
이집트 594

ㅈ

자본주의 672
장로교인 49, 118, 149, 463, 465
장로교인들 313
재세례파 642, 650
전통 92
제2 스위스 신앙고백서 290
제4차 라테란 공의회 605
제10장로교회 19, 27, 31, 32, 38, 42, 139, 146, 157, 168, 189, 313, 352, 557
제롬 35, 436, 638
제리 마르셀리노 515
제이 아담스 260
제임스 더럼 132
제임스 배너만 118, 153, 170
제임스 케네디 454
제프리 토마스 129
조나단 에드워즈 168, 469, 476, 625
조셉 캠벨 315
조셉 플레처 161
조지 뮐러 476, 484
소시 바나 196
족장 114
존 거스트너 19
존 게리 152
존경
　설교 188, 576
　예배 131, 645
존 기라르도 169
존 낙스 62

존 네빈(John W. Nevin) 624
존 로프턴 671
존 리드 밀러 244
존 맥아더 201
존 머레이(John Murray) 296, 331
존 번연 221
존 브로더스 269
존 스토트 38, 145, 194
존 시브룩 674
존 오웬 116, 157, 168, 170, 471, 622
존 웨슬리 122, 540
존 웨트릿 447
존 웜버 629
존 칼빈 334, 368, 614, 667
   감정론 667
   규정적 원리 482-483
   성례론 665
   성찬론 668
   시편론 651
   예배론 634-668
존 커리드 242
존 파이퍼 125, 127, 146, 222
존 프레임 72, 163, 164
존 화이트 479
죄인 239
주권 552
주의 날 126, 253, 527
주일학교 529
중세시대 서방의 가톨릭 예배 598
중세시대 성직자의 교육 수준 598
증언 235, 236
지성 565, 569, 570, 573, 574, 577
진 보이스 33
진 에드워드 베이스 58
짐 길모어 311

ㅊ

찬양
   성경적 찬양 372
   시편 찬양 419-465
   예배 찬양 494-496
   중세 시대의 찬양 605
   초기 교회의 찬양 376, 588
찬양과 찬송가
   기도로서의 찬송 397-403

복음송과의 대조 447, 577
선포로서의 찬송 391-397
예배에서의 용례 463
중세기의 찬송 438, 447, 611
찬송가 작사 180, 412-417
찬양으로서의 찬송 386, 391
초기 교회의 찬송 376, 588
찰스 피니 575
찰스 핫지 328
찰스 해돈 스펄전 168
천사들 178
청교도
   성경 읽기 59
   예배 전통 166, 167
   자유 기도 257
   주의 날 526
축복 388, 591
출애굽 74
츠빙글리 642, 662

ㅋ

카산더(Georg Cassander) 633
카슨(D. A. Carson) 170
카슨 할로웨이(Carson Holloway) 441
칼 바르트 540
칼케돈 공회 438
칼 헨리 37
캔 톰빙 139
캠브리지 선언 20
켄 마이어스 58
크래프트 576
클레멘트 마롯 616
클레아톤 17
클로댕 르 쥔 381
클로드 구디멜 381, 617

ㅌ

터툴리안 436, 593, 596
테런스 프레타임 88
테리 존슨 58, 82, 133, 165, 188, 241
테오도르 베자 462
토니 페인(Tony Payne) 106
토랜스 533
토론토의 축복 628

주제 및 인명 색인_ 703

토마스 굿윈 622
토마스 머피 269
토마스 아 켐피스 423
토마스 아퀴나스 604, 606
토마스 오덴 258
토마스 찰머스 252
토마스 팩 169
토저 191, 473
특별한 가운 595
팀 켈러 68

ㅍ

파울라인(Valerand Poulllain) 633
파렐 462
파커(T. H. L. Parker) 199
판사 618, 619
패트릭 페어베언 268
팻 몰리 126
페루 139
펠라기우스주의 575, 671
평안의 입맞춤 590, 600, 602
포드 루이스 배틀스(Ford Lewis Battles) 144, 302, 334, 563, 633, 635
포스트모더니즘 196, 670, 672, 673, 678, 679
폴 스페라투스 613
폴 알트하우스 205
폴 웨스터마이어 380, 391, 440
폴 웨이리치 537
프라우드 533
프란시스 쉐퍼 19, 540
프란시스코 랜디노 607
프란시스 튜레틴 345, 571
프레드 크래덕 203
플라톤 79, 441, 442, 541
피에르 쿠르티엘 28
피터 와그너 678
피터 화이트 265
필립 그레이엄 라이큰 31, 689
필립 도드리지 406
필립 라이프 196
필립스(J. B. Philips) 545
필립 젠센(Phillip Jensen) 106, 629
필립 핸슨 33

ㅎ

하나님
 예배를 통한 임재 487
 예배의 제정자 152, 188
 하나님과 언약 상징 296-297, 288-289
 하나님에 대한 상징적 묘사 78, 80
 하나님에 대한 예배 80, 482, 486, 649
 하나님의 본성 40, 110-112
 하나님의 영광 122, 127, 201, 211, 423, 643, 648, 659, 684
하누카 170
하늘에서의 예배 471
해롤드 존 옥켕가 34
해롤드 칼리메앙 28
하벨 537
하이델베르크 요리문답 674
하트 164, 267
할례 291, 306
해돈 로빈슨 200
해리 에머슨 포스딕 198
향 595, 609
허버트 로키어 277
헨리 워드 비처 256
현대 기독교 음악 576, 577
현대 기독교 음악 세계 430
현대 기독교 음악 운동 401, 416
형상 77, 78, 79, 80, 81, 82, 85, 110, 224, 653, 654, 655, 657, 658, 659
호라티우스 보나르 354
호튼 데이비스 153, 377
화체설 336, 338, 339
회당 370
히폴리투스 591, 592
힐러리 655

개혁주의 예배학: 예배 개혁을 위한 비전
Give Praise to God: a vision for reforming worship

2012년 9월 5일 초판 발행
2018년 9월 30일 초판 2쇄 발행

편집 | 필립 그레이엄 라이큰 · 데릭 W. H. 토마스 · J. 리곤 던컨 3세
옮김 | 김병하 · 김상구

펴낸곳 | 개혁주의신학사
등록 | 제21-173호(1990. 7. 2)
주소 | 서울시 서초구 방배동 983-2
전화 | 02) 588-8546(본사) 031) 942-8761(영업부)
팩스 | 02) 597-1642(본사) 031) 942-8763(영업부)
홈페이지 | www.clcbook.com
이메일 | prpkor@gmail.com
온라인 | 기업은행 073-073466-01-010
        예금주: 개혁주의신학사

ISBN 978-89-7138-020-8(93230)
* 낙장 · 파본은 교환해 드립니다.

총판 | 사) 기독교문서선교회 clckor@gmail.com